마이너리티 코뮌

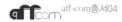 aff-com총서04

마이너리티 코뮌 Minority Commune

지은이 신지영
펴낸이 조정환
책임운영 신은주
편집 김정연
디자인 조문영
홍보 김하은
프리뷰 아프꼼

펴낸곳 도서출판 갈무리 **등록일** 1994. 3. 3. **등록번호** 제17-0161호
초판1쇄 2016년 3월 18일
초판2쇄 2017년 6월 20일
종이 화인페이퍼 **인쇄** 예원프린팅 **라미네이팅** 금성산업 **제본** 은정제책

주소 서울 마포구 동교로18길 9-13 [서교동 464-56]
전화 02-325-1485 **팩스** 02-325-1407
website http://galmuri.co.kr e-mail galmuri94@gmail.com

ISBN 978-89-6195-131-9 94300 / 978-89-6195-049-7(세트)
도서분류 1. 인문학 2. 사회비평 3. 에세이 4. 사회학 5. 사회운동 6. 사회사상 7. 정치학

값 25,000원

이 도서의 국립중앙도서관 출판예정도서목록(CIP)은 서지정보유통지원시스템 홈페이지(http://seoji.nl.go.kr)와 국가자료공동목록시스템(http://www.nl.go.kr/kolisnet)에서 이용하실 수 있습니다.(CIP제어번호: CIP2016003669)

마이너리티 코뮌

Minority Commune

동아시아 이방인이 듣고 쓰는
마을의 시공간

신지영 지음

일러두기

1. 인명을 비롯한 고유명사 원문 표기 원칙
- 인명, 지명, 단체명, 행사명의 원문은 본문에서 처음 언급될 때 넣어 두고 찾아보기에 병기한다. 또 지명은 잘 알려지지 않은 경우에만 병기한다. 즉 도쿄, 뉴욕, 오사카 등은 병기하지 않는다.
- 일본어 표기는 국립국어원 외래어 표기법에 따랐다. 그 외 외국어는 원어 발음과 가장 가깝게 표기하였다.

2. 부호 표기 원칙
- 단행본, 전집, 정기간행물, 보고서에는 겹낫표(『』)를, 논문, 논설, 기고문 등에는 홑낫표(「」)를 사용하였다.
- 단체(위원회), 회사, 학회, 협회, 연구소, 학교, 재단, 프로젝트, 행사, 영상, 텔레비전 프로그램 이름, 전시, 공연물, 법률, 조약 및 협약에는 꺾쇠(< >)를 사용하였다. 정부 부처나 민간 단체임을 쉽게 알 수 있는 고유명사에는 가랑이표를 사용하지 않았다(예 : 교토 대학, 미야시타 공원 등).
- 규약, 법, 보고서, 지라시, 단체명, 선언문은 꺾쇠(< >) 안에 넣는다. '국무부'처럼 잘 알려진 것은 예외로 한다.
- 단체(위원회), 회사, 학회, 협회, 연구소, 재단, 프로젝트, 행사, 영상, 음악, 텔레비전 프로그램 이름, 전시, 공연물, 법률, 조약 및 협약에는 가랑이표(< >)를 사용하였다.

3. 주석 표기 원칙
- 인용한 신문, 잡지, 팜플렛, 지라시 등은 원문의 제목과 출처를 처음 나올 때 병기했다.
- 지은이 주석과 옮긴이 주석은 같은 일련번호를 가지며, 옮긴이 주석에는 [옮긴이]라고 표시하였다.
- 기사, 단체, 운동, 글 등의 인터넷 출처와 홈페이지는, 현재 유효한 것만 사이트 주소를 병기했다.

마이너리티 코뮌

2장 파국에서 시작되는 코뮌

3장 거리로 나온 소수자들

마이너리티 코뮌

'이후'와 '계속' 사이에서

듣고-쓰기 통신 2009~2015

저는 <나>의 흔들림이라는 사실을 계속해서 인정해 갈 용기를 지니고 싶어요.
그것이 사상을 빚어낼 것이라고 기원하고, 그것이 제 개인의 점유물로서 사멸하는 것을
막을 방법을 찾아내는 것이, 제 인생이라고 생각하고 있을 뿐이지요.

모리사키 가즈에,「두 개의 말 두 개의 마음」1

낯설고 생생한 만남

누군가에게 무엇인가를 믿고 맡긴다는 건 신비로운 일이다. 이 책은
2009년 가을부터 2015년 초까지, 나를 믿고 글을 맡겨 주고 기다려 주고, 함
께 가보자고 말을 건네준 사람들 덕에 쓸 수 있었던 마이너리티 코뮌에 대한
이야기다. 이 이야기 속에 그분들과 만나 알게 된 경험과 감성과 네트워크가
모두의 것으로 녹아 있다면 좋겠다. 이 낯설고도 생생한 만남과 '듣고-쓰기'
가 외국 생활 동안 저쪽과 이쪽을 이어 주며 여전히 나를 붙잡아 주고 있다.

처음 글쓰기를 부탁받은 것은 2009년 초여름이었다. 그린비 출판사에
서 블로그를 만드는데 그곳 <해외 통신>란에 일본에서 경험한 이야기를 보
내 주지 않겠느냐는 제의를 받았다. 나는 일본의 여러 코뮌적 공간들을 "마
을 만들기"라는 테마로 소개하고 싶었다. <수유+너머>에서 배우고 경험하고
고민했던 문제들을 일본 속 고번석 활동과 공산 속에서, 소금은 서리를 둔
상태로 생각해 보고 싶었기 때문이다. 대안적 코뮌을 형성하는 문제뿐 아니

라 대안적 코뮌 내부에서 생겨나는 생로병사를 낯선 눈으로 다시 경험하면서 내 속의 그것들을 깊이 이해함으로써 자유롭게 해 주고 싶었다. 마침 당시는 일본에 도착하고 일 년 반 정도가 흘러, 일본어를 몰라서 '반쯤만 보였던' 세상에서 벗어나고 있었기 때문에, 모든 것이 신선하게 느껴졌다. 무엇보다 나는 검증되지 않은 필자였다. 글을 부탁한 쪽에서는 불안한 점이 많았겠지만, 내 쪽에서는 오히려 내 눈으로 투명하게 부딪치며 글을 쓸 수 있을 것 같았다.

우연한 행운들도 있었다. 2000년 후반 경부터 일본 학계에서는 전후 직후의 서클 운동들이 연구되기 시작했다. 당시 막 발굴되기 시작하던 재일조선인 문학잡지 『진달래』나 탄광촌 코뮌을 다룬 『서클마을』 같은 코뮌적 활동과 만났다. '마을'村이라는 말은 그들의 활동과 글 속에 무수히 나왔다. 만약 재일조선인이나 일본 속 마이너리티의 언어로 '코뮌'을 번역한다면 '마을'이 되어야 한다고 생각했다. 그래서 책 제목과 장별 제목, 그리고 문맥상 어쩔 수 없는 부분을 제외하고, 가능한 한 '코뮌' 대신 '마을'이라는 말을 사용하려고 노력했다. 일본에서 만난 소수자들의 '마을'을 내 친구들에게 전하는 순간, '코뮌'도 '마을'도 변형될 계기를 발견할 수 있으리라고 생각했다. 어찌 보면 촌스러워 보이는 이 말이 맘에 들었던 것은 동아시아론의 영향 때문이었을 것이다. '동아시아적 담론의 필요성'이 제기되던 당시 분위기에 힘입어 나는 서구 중심의 이론을 내가 살던 곳의 습속 속에서 어떻게 이해하고 다시 별자리를 그릴 것이냐는 문제의식을 공유하고 있었다. 이러한 문제의식은 글쓰기 방식과도 관련되었다. 서구적 장르로서의 소설, 수필, 비평, 시, 논문과 같은 구별이 아니라 역사적 깊이와 문학적 섬세함과 정치적 비판과 항간의 감성이 두루 녹아 있는 잡문들을 동아시아의 사상사 속에서 많이 접할 수 있었다. 그러한 잡문을 써 보고 싶었다.

그런데, 책의 제목을 결정할 때 다시금 '마을'村과 '코뮌'commune 사이에서, 또 '소수자'少數者와 '마이너리티'minority 사이에서 망설이게 되었다. 그리고 최종적으로 '마을' 대신 '코뮌'을, '소수자' 대신 '마이너리티'를 선택하기로 했다. 이 선택 속에는 여러 가지 정황이 있었다. '코뮌'이란 말을 내가 공부하고 만난 동아시아의 맥락 속으로 가져오면 그 생경함을 감출 수가 없었다. 그래서 '코뮌'을 '마을'이라고 번역해서, '코뮌'이란 말의 파격 속에 동아시아에서 형성되어 온 마주침接觸과 집단集團의 감각을 집어넣어, 서로 부딪치게 하고 싶었다. 그래서 이 책의 본문에서는 주로 코뮌 대신 마을이라는 말을 사용했다. 그리고 처음 '마을'이라는 말이 나올 때 한자 '村'을 병기했다. 일본의 '무라'村와 토지를 공유했던 중국의 '츤샤'村社의 반향이 남길 바랐기 때문이다. 이처럼 나는 한국의 사회과학 사상 안에 있는 서구 중심성과 그 언어에 깃든 언어 제국주의를 편안히 넘기지 못하고 안절부절 못하기 일쑤다.

그러나 이 '마이너리티 코뮌'이라는 말은 단순히 서구사상만 표현하는 용어가 결코 아니다. 이 말은 사회주의권 붕괴 이후 1990년대부터 한국에서 형성된 수많은 대안적 코뮌의 활동과 투쟁과 모색 속에서 깊이 있고 넓게 단련되고 변형되었다. 마치 블랙들의 '영어'처럼, 서인도제도의 '크레올'처럼, 한계와 잠재성을 동시에 지닌 한국의 대안적 활동이 빚어낸 변형된 개념, 변형된 언어다. 그 활동 중 하나인 〈수유+너머〉에서 나는 공부와 활동의 걸음마를 시작했다. 여기에 쓰인 글은 근본적인 의미에서 바로 그 활동들의 모색과 고민에서 출발하면서도, 동시에 함께 가기 위해서라도 독자적인 길을 모색해야 한다고 깨달았기 때문에 나름대로 애써 본 흔적이기도 하다. 나는 이 책에 관심을 가져 줄 독자들은 바로 이러한 대안적 활동들을 함께 만들어 왔던 그/녀들이며, 또 아직 만나지 못한 그/녀들일 것이라고 생각한다.

그래서 나는 책의 제목을 "마이너리티 코뮌"으로, 부제는 "동아시아 이방인이 듣고 쓰는 마을의 시공간"으로 했다. 제목과 부제가 언어 표현에서는 상이하게 부딪친다. 이를 통해 코뮌과 동아시아의 마을이, 소수자(이방인이 듣고 쓴다는 행위)와 마이너리티의 구성조건이 순환적으로 읽혔으면 좋겠다. 코뮌과 마을, 마이너리티와 소수자, 이 응축된 반작용을 포함한 순환 속에서 언어적·지역적·경험적·감정적 차이들이 갈등하며 접촉할 때, 또 다른 마이너리티 코뮌, 소수자 마을의 표현이 도래할 것으로 생각한다.

또한, 이 책에서 사용하는 소수사 마을(마이너리티 코뮌)이란 말의 사상적 의미를 간략하게나마 언급해 둬야 할 것 같다. '소수자 마을'은 우리에게 익숙한 감각을 깨뜨리는 '~이 아닌 것'으로 정의될 수 있을지도 모른다. 소수자 마을은 약자들의 집합이 아니다. 동일한 이익이나 목적을 추구하는 집단도 아니다. 고정되고 단일한 정체성을 의미하는 것도 아니다. 지속해서 모이는 공간을 의미하는 것도 아니다. '인간'만의 집합체도 아니다. 집 밖에만 있는 것도 아니다. 바로 이러한 의미에서 소수자 마을은 기존의 가치·질서로 보면 낯설기 때문에 마치 기존의 가치에서 벗어나 무리를 이룬 듯이 보이며, 여태까지 감지하지 못했던 새로운 가치와 정체성을 '인간'을 넘어서 질문하게 하며, 그 질문의 순간이 지속적인 낯섦과 파열음 속에서 쌓여감으로서 만들어지는 것이다.

소수자 마을 속에서도 소수자 마을을 새롭게 구성해 내려는 시도, 코뮌commune 안에서도 늘 코뮌적인 것을 새롭게 모색하려는 시도, 기존의 '사회'社會 속에서 또 다른 '사/회'私/會를 구축하려는 시도 속에서, 소수자 마을은 잠재적으로 도래할 수 있다. '응축된 반작용'이 작동하는 특이성의 집합, 혹은 '私'와 '會' 안팎에서 일어나는 '마주침'接觸의 순간, 익숙한 감각에 파격이 가해질 때의 반짝임, 이 책은 바로 이러한 순간들의 기록이다. 또 그 순간들은 나를 둘러싼 인연관계가 지속적으로 또 다른 만남을 불러 왔기 때문에 마주할 수 있는 것이기도 했다.

요즘은 좀 줄었지만, 〈수유+너머〉에서 알게 된 활동가들 덕분인지 멋진 우연인지, 여러 활동 단체들로부터 자원봉사 통역이나 편지 번역이나 다리를 놓아 달라는 의뢰가 많았다. 지금 생각해 보면 당시의 내 일본어는 진짜 형편없었는데, 밥 먹고 이동하고 만날 수 있으면 되니까, 일단 나와서 대충 말이라도 통하게 해 달라는 부탁이 많았다. 지금도 그렇지만 활동가들 사이에서 통번역을 해 줄 사람을 찾기는 쉽지 않다. 보수가 없고, 노동 및 빈곤 혹은 이주자 문제와 관련된 특이한 전문용어들을 익혀야 하며, 통역만 하고 끝나는 경우는 거의 없고 꼭 통번역 전후에 여러 일이 따라 붙기 마련이다. 그러나 나는 이런 곳에 가는 것이 좋았다. 함께 무엇인가를 하는 것이 좋고 감사했다. 가끔 바쁠 때는 가야 한다는 마음과 해야 할 일 사이에서 무척 갈등했다. 그때마다 마음을 달래기 위해서 '공덕' 혹은 '우정'이라는 이름을 붙인 폴더를 두었다. 그 폴더는 활동가들이나 학자들 사이의 편지 번역, 문건 번역으로 채워졌다. 시간이 없어 못 한다고 거절해야 하는 일이 있으면 일본어를 더 잘하게 되면 더 빨리 할 수 있을 텐데……아쉬운 마음이 들었다. 내가 일본어를 배우고 싶었던 것은 바로 그러한 관계 속에서였다.

일본어는 그러한 통역과 편지로 조금씩 성장했다. 차차 마이너리티 코뮌이나 활동가들과의 네트워크도 긴밀해지기 시작했다. 그중에서도 스콰터 김강 씨와 친구인 우자의 소개로, 야숙생활자² 코뮌의 이치무라 미사코ぃち むら みさこ 씨의 활동과 만날 수 있었던 것은 일본에서의 내 생활에서 가장 비밀스럽고 큰 원동력이 되었다. 야숙생활자 코뮌에는 야숙자에 대한 강제 추방과 같은 문제가 생길 때나 파티나 행사가 있을 때 잠시 가보았을 뿐이었지만, 때때로 외로운 명절이나 그곳이 문득 생각난 늦은 저녁에 슬쩍 찾아가 보기도 했다.

그린비 연재는 일 년을 채우지 못하고 끝났다. 슬펐다. 이런 글이 내 삶에서 어떤 의미를 지니는지 깊이 생각해 볼 수 있었다. 그때『수유+너머 위클리』가 만들어졌고, 고병권 선배의 부탁을 받아 일본에서 경험한 '마을'과 관련된 글들을 계속해서 보낼 수 있었다. 기뻤다. 2010년에 접어들면서 점차 여러 집회나 이벤트에도 참여하면서 네트워크도 넓어졌다. 당시 일본에서는 미야시타宮下 공원을 나이키 파크가 인수하는 것을 둘러싼 반대 운동과 반反 빈곤 운동이 결합하여 활기를 띠고 있었다. 미야시타 공원과 주변 거리에서 이뤄졌던 집회, 이벤트, 일상적인 점거 행위, 전위적인 실험들은 거리에서 만들어지는 일종의 순간성을 지닌 마을이었다! 내 관심도 노동 빈곤 운동에서 오키나와, 재일조선인, 퍼포먼스 예술가 등 보다 역사적이고 풍성한 영역으로 확장되어 갔다. 1장「다시, 코뮌을 듣다」에는 이처럼 2009년 가을부터 2010년까지, 일본에서 만나 활기와 상상력을 얻었던 소수자 마을과 길에서 만들어졌던 마을에 대한 이야기를 넣었다.

2장「파국에서 시작되는 코뮌」은 2011년 3월 11일에 일어난 지진, 쓰나미, 원전 사고 직후 1년간의 기록이다. 이 시기부터 '마을 만들기'라는 주제는 내게 다른 의미를 띠기 시작했다. 그전까지는 빈곤과 추방 속에서 형성 중인 마을들과 만난 이야기였다면, 재해 이후는 모든 것이 파괴된 상태에서, 과연 마을을 상상해 낼 수 있느냐라는 근본적인 문제와 부딪쳤다. 일본의 재해는 마치 거대한 심연을 지니고 지속적으로 진행하는 균열 같았다. 이것은 일본 국민들 자신의 지위가 순식간에 절하되는 순간인 동시에 일본 사회 속 보이지 않은 채 침묵하던 소수자들이 비명을 지르며 드러나는 순간이기도 했으며, 그 순간들은 겹겹이 지속적으로 쌓여 갔다. 그 속에서 나는 재해를 3월 11일과 같은 특정한 날짜를 기점으로 이야기할 수 없다는 것을 느끼게 되었다. 계속되는 방사능 오염에 대한 공포 속에서 나는 천천히 진행되는 죽음이 무엇인지를 조금 알게 되었고, 재해가 없었으면 보지 못했을 일본 사회의 복잡한 갈등구조들을 보게 되었다. 동시에 도쿄의 모든 거리가 매일같이 시위에 참여하는 사람들로 가득 차는 광경도 처음으로 목격하게 되었다. 2장은 아직 그 어떤 해석도 불가능한 혼돈 속에서 거리로 쏟아져 나왔던 사람들의 모습을, 최대한 다양한 정체성을 지닌 그룹들의 활동 속에서 자세히 기록하려고 했다. 이 과정이 당시의 나를 일본 외부의 공간 혹은 일본 내부의 외부적 공간들과 연결해 주었다. 가만히 있어도 어쩐지 몸이 긴장되는 상황에서, 그것은 마치 작은 숨구멍처럼 소중했다.

시위대로 거리가 넘쳐나는 분위기는 2013년 초반까지 쭉 이어졌다. 그러나 재해 직후보다 훨씬 다양한 문제들이 재해와 관련해서 이야기되기 시작했다. 예를 들면, 오키나와의 미군 기지와 후쿠시마의 원전 사고를 같은 맥락에서 이야기할 수 있을까? 일본의 이른바 '내부 식민지'인 동북지방과 구 식민지인 재일조선인들 사이의 관계성은 어떻게 이야기 될 수 있을까? 재해 대책을 위해 야숙자들을 쫓아내는 상황에서, 야숙자 운동과 재해로 인해 확산된 운동들은 어떻게 공존할 수 있을까? 3장 「거리로 나온 소수자들」에서는 이처럼 재해 직후 확산된 운동과 거기서 만나게 된 활동들 사이의 내부적 갈등을 다루고 있다. 이 과정에서 나는 점차 일본 내부로 향하던 눈을 조금 틀어 다른 지역과의 연결을 생각할 수 있었다. 그것이 필요하다고 느꼈기 때문이다. 한국의 두물머리에 가서 내가 좋아하는 활동가 친구를 오랜만에 만나보고 싶었던 것은 이런 상황 속에서였다. 소수자 마을이나 활동이 형성되는 곳은 일본과 한국과 같은 국가경계나 지역별 경계를 넘어서 있다고 생각했고 '저곳'의 이야기가 '이곳'에 도움이 되리라고 확신했다. 특히 방사능에 자연이 오염되어 미래를 구상하기 어려운 일본 곳곳에서 당시에 두물머리가 거둔 일종의 승리는 과연 어떤 의미를 가질 수 있을지 질문해 보고 싶었다.

2013년 중반부터 2014년 중반까지 쓴 글은, "운동 이후"란 어떤 것일까라는 질문을 담고 있다. 재해 이후 거리에 가득 찼던 시위대와 생산적인 문제 제기들은 2013년 중반부터 조금씩 잊혀 갔다. 도쿄 올림픽 유치 결정 및 〈특정비밀보호법〉 통과, 그리고 최근의 전쟁법안 통과로 이어지는 과정은 이러한 망각의 결정적 증거였다. 2013년부터 거리는 반원전 탈원전 시위뿐 아니라, 〈재특회〉在特会 3 등 외국인이나 재일조선인 등에게 배타적인 헤이트 스피치로 차올랐으며, 대학 내의 인종주의적 차별 때문에 친한 재일조선인 친구가 어려운 일을 당하기도 했다. 4장 「다시, 심화된 인종주의 속에서」는 바로 이러한 '운동 이후(어쩌면 재해 이후)'의 우경화되는 분위기 속에서 어떻게 전 세계적 파시즘화에 대항할 것이냐는 질문을 담았다.

4장의 일곱 번째 글인 "전 세계적 우경화 속 특수성을 듣고-쓰는 법—「일본 대학에서 재일조선인 여성 강사가 강의하는 법」 1, 2에 대하여"는 일본 → 한국 → 미국으로 움직이는 과정에서 쓰였다. 그 과정 속에는 일본 내부의 인종주의로 고통을 당했던 친구가 서울로 찾아와 만들어진 '듣고-쓰기'의 순간이 있다. 나는 친구가 이 문제를 생각하고 풀어가는 방식에 깊이 공감했고, 대화하기 위해 먼 길을 와 준 드물고 귀한 우정에 감사했다. 그 몇 주 후 나는 미국 컬럼비아 대학에서 1년간 머물게 되었다. 그 1년 동안에도 미국에 오기 전 만났던 친구와의 그 순간들 덕분에 '인종주의'라는 화두를 놓지 않을 수 있었다. 더구나 2014년 8월 9일 마이클 브라운의 죽음 이후 뉴욕에서는 경찰 인종주의 및 국가 폭력에 대한 '블랙 저항 운동'이 거세게 일어났다. 따라서 마지막 글인 "무엇이 블랙인가"는 뉴욕에서 경험한 블랙 저항 운동을 다뤘다. 이 글을 쓰면서 전 세계적인 인종주의의 심화가 지닌 여러 가지 구체적인 상황이나 문제들과 만날 수 있었으며, 뉴욕에서 보이지 않는 동아시아적 상황을 어떻게 번역하고 연결할 수 있을까라는 과제를 갖게 되었다.

4장에 실은 일본에서 쓴 일곱 편의 글과, 미국에서 쓴 여덟 번째 글 사이에는 대략 5~6개월의 시차가 있고 형식도 일지 형식을 취하고 있으며 다른 글보다 길다. 이 시차 속에는 『수유+너머 위클리』가 종결되면서 더 이상 글을 보내고 답 글을 통해 소통할 사람들이 없어졌던 사정이 있다. 그러나 그뿐은 아니다. 이 글의 형식, 길이에는 불안정한 이주자로 사는 삶의 시간도, 비록 가벼운 형태이지만 표현되어 있다. 이주자가 새로운 공간에 익숙해지고 정치적인 행위에 참여하게 될 때까지는 언어와 생활이 익숙해지는 시간, 그곳의 네트워크나 모임 관습에 익숙해지는 시간이 필요하다. 나는 일본에서의 인종주의를 계속 생각하기 위해서, 또 서구이론의 막강한 보편성 속에서 '도무지 스스로의 좌표계를 찾을 수 없는 상황'을 들여다보기 위해서 블랙 저항 운동을 기록해야겠다고 생각했다. 그렇게 어느 날인가부터 블랙 저항 운동에 대한 일지를 적기 시작했다. 이러한 습관은 아마도 2011년 재해 이후의 일본에서 습득된 것이리라. 뉴욕에서 '집회에 참여하기까지'의 과정으로 시작하는 이 글은, 기록한 일지 중 중요한 집회나 이벤트나 사건이 있었던 날을 중심으로 뉴욕에서의 인종주의와 그에 대한 저항 활동이 지닌 내재적인 문제들을 하나씩 부각시키는 형태로 구성했다. 이 각각의 순간들에서 얻은 질문들을 '이곳'과 '저곳' 사이를 연결하며 새로운 질문으로 변형할 수 있다고 기대했기 때문이다.

4장의 마지막 글인 "'~이후 시간'들의 아카이브 ─ '저곳'에서 '이곳'을 말하기"는 다른 글과는 조금 다르다. 친구 케이의 부탁을 받아 한국의 세월호 1주기의 정황을 쓴 것이지만[4], 특정 지역의 특정 테마를 다뤘다기보다는 '저곳'의 시각을 통해 '이곳'을 봄으로써, 이곳에서 저곳과 접촉하는 방식을 열고 싶었다. 케이 덕분에 여러 시공간의 코뮌들 사이의 접촉이 어떻게 가능할 것인가, 또한 그 접촉의 순간 어떤 가치가 생성될 수 있는가에 대해서 스스로 질문할 기회를 얻어 기뻤다. 코뮌 간 접촉은 '필요하다'기보다는 '원하게 된다'는 편이 옳을 것이다. 왜냐하면, 어떤 코뮌도 코뮌적인 운동도 생로병사를 겪기 때문이다. 병이 든 순간에 다른 코뮌과 접촉하는 것은 '이쪽'의 무거움을 덜어 주고 숨 쉴 구멍을 마련해 준다. 또한 '저쪽'을 통해 '이쪽'의 폐쇄성을 극복할 수 있는 힌트를 발견하기도 하며 고립감에서 벗어날 출구가 되기도 한다. 물론 이런 접촉이 늘 성공적인 것은 아니며 '저쪽' 코뮌의 특수성이 벽처럼 단단하고 높고 괴이하다는 것을 경험하게 되는 경우가 더 많다. 때로 그런 순간은 코뮌 자체를 붕괴시키기도 한다. 그러나 적어도 '저쪽'의 특수성을 통해 '이쪽'의 특수성을 알게 되거나, '이쪽'에 있는 특수성을 통해 오히려 '저쪽'의 특수성을 깊게 이해하는 순간과 마주하게 되거나, 그러한 이해나 공감이 바로 표현되지는 않아도 몇 년이고 지난 어느 날 퍼뜩 섬광처럼 떠오르기도 한다. 이러한 익숙한 낯섦과 오래된 생생함이 지닌 힘을 동아시아의 소수자 코뮌 사이의 접촉, 그 한계와 잠재성으로 삼고 싶었다. 코뮌적 접촉의 방법론을 그 불/가능성 속에서 모색해 보려 했다는 점에서 이 장은 실질적인 프롤로그의 의미를 지닌다.

그러나 나는 이 책이 '종결'이 아니라 다시 시작하는 느낌으로 끝맺어지길 바랐다. 이는 내가 처한 상황에서 비롯되었다. 미국에서 일본으로 돌아오자 심화된 인종주의, 국가 폭력의 제도화, 담론의 우경화가 진행되고 있었고, 그것이 담론장에, 친구관계에, 매일의 삶에 스며들고 있었다. 동시에 전쟁헌법, 오키나와의 신기지 건설, 도쿄 올림픽에 대항하는 새로운 형태의 코뮌과 코뮌적 순간들도 단단한 힘으로 뭉쳐 올라오고 있었다. 어떤 긴장감 속에서 나는 이 상황과 함께 이 상황에서 벗어나려는 힘들에 대해서 기록하는 것을 계속해야 한다는 생각이 들었다. 에필로그「끝나며 시작하는 글―어떤 긴장감 속에서, 2015년 4월 11일~8월 13일의 기록」은 이렇게 쓰였다. 나는 에필로그가 될 수 없는, 이 글의 '시작'이라는 느낌이 맘에 든다.

장별 리뷰에서 느껴지듯이 여기에 모은 글은 정식으로 출판된 문자 텍스트만을 기반으로 한 것이 아니다. 지하 출판된 온갖 출판물, 집회나 모임 현장에서 배포된 작은 단체들이 만들고 복사한 얇은 소식지, 며칠 후면 흔적도 없이 사라질 크기도 다종다양한 지라시, 인터넷으로 보내온 안내나 유튜브의 영상, 무엇보다 모인 사람들의 수군대는 풍문과 같은 이야기, 누군가가 내밀하게 다가와 말해 주었던, 들은 그대로는 결코 쓸 수 없는 증언과도 같고 고백과도 같은 이야기들, 그날의 날씨와 공기와 냄새와 같은 분위기, 장소가 지닌 느낌과 흔적, 모인 사람들의 몸에서 느껴지는 활기와 에너지의 강도 등 '거리와 코뮌에서 얻은 지식'이 글쓰기의 재료였다. 글을 쓸 때에는 역사기록, 신문기사, 서적, 논문 등 보다 사회적으로 인정된 명확한 전거들을 통해 나의 느낌과 거리에서 얻은 지식을 다시금 점검하고 사실들을 호도하지 않으려고 애썼다. 그러나 그럴 때조차도 거리에서 얻은 정보, 풍문, 지식, 감각, 진실을 우선시하려고 했다. 몇 가지 구호나 슬로건을 원문이 지닌 언어학적 문법을 크게 거스르지 않는 한에서 거리에서 느껴지는 분위기를 담은 말로 번역하고 주를 붙였던 것은 그 때문이었다. 혹은 거리에서 느껴진 의미와 나중에 기사를 검색해서 얻은 의미가 달랐던 경우, 그 차이에 대해서 주를 붙이기도 했다. 실증주의의 엄격함이 지닌 미덕은 매우 중요하지만 동시에 실증주의가 간과할 수 있는 소리들을 듣고-쓰기 위해서 실증적인 자료나 일반적인 번역의 문법에서 조금 벗어날 필요가 있다고 생각했다. 그런 점에서 이 책의 모든 정보나 번역은 그것이 발화된 분위기와 함께 읽혀야 하며, 동시에 그것을 읽는 '지금 여기'의 감각을 통해 계속해서 다시 번역되고 느껴지고 전달되어야 한다고 생각한다.

　　그러나 보다 엄밀한 의미에서 거리에서 움직이는 대중의 일부였던 내 위치에서는 아무리 애써도 불분명한 정보나 판단이 있을 수밖에 없다고 생각한다. 더구나 출판을 앞두고 사실을 확인하고 번역을 점검하려고 찾아도, 이미 사라진 지라시나 출판물, 게시물이 많았다. 누군가에게 감수를 부탁하려고 해도 그 모든 순간을 경험했거나 이해해 줄 사람을 찾는 것이 쉽지 않았다. 또 나는 '그 순간들'을 '기록'하기 위해서 사진을 찍었지만 늘 대중의 일부이기도 했기 때문에 집회나 장면 전체를 조망하는 사진보다는 내가 참여하고 움직이는 주변을 찍은 것이 더 많았고 따라서 사진이 흔들리거나 출판에 적절치 않은 것이 많았다. 지금은 다시 찾을 수 없는 정보나 그 순간의 감각들을 사진이 보충해 줄 수도 있었을 것이라고 생각하면 아쉬움이 남고 이 책에 쓴 내용에 대한 책임감도 무거워진다. 단지 이 모든 오류와 오해를 포함한 그 전체가, 또한 그 오류와 오해를 집단 지성을 통해 수정해 가는 과정 전체가, 어쩌면 늘 생성 중인 마이너리티 코뮌의 어떤 또 다른 진실을 말해 주는 것이면 다행이고 좋겠다고, 사실 확인이 불가능한 진실들 앞에서 바라게 된다.

이러한 경험 전체는 앞으로 글을 쓰고 사진을 찍기 위한 소중한 공부가 되었다. 거리의 지식과 코뮌의 이야기들, 즉 일반적으로는 실증적 자료가 될 수 없는 것들을 자료로 만들기 위한 여러 가지 방법과 인식의 전환을 모색해야 한다고 생각하고 있다. 〈비밀안보법〉이나 〈애국자법〉, 〈테러방지법〉 등이 만들어지고 있는 상황 속에서 이러한 거리의 지식이 갖는 의미는 더욱 중요해질 것이라고 생각한다.

일본, 미국, 한국에 대한 이야기가 아니다.

이 책에 묶인 글은 '일본의 이야기'를 듣고 싶다는 청탁에서 시작되었지만, 일본이나 뉴욕이나 한국이나 대만에 대한 이야기가 아니다. 일본에서는 한국에서의 경험이 떠올랐으며, 방학 때 한국에 잠시 가면 일본에서의 일이 떠올랐다. 뉴욕에서는 일본과 한국에서의 경험이 늘 함께해서 소란스러웠다. 외국에 있을 때 오히려 토착민과 같은 편안함을 느끼기도 했고, 한국에 있을 때 마치 이방인처럼 느끼기도 했다. 코뮌적 순간들에 만났던 구체적인 얼굴들은 이 각각의 시공간 속에서 겹쳐지고 연결되었다. 이처럼 마을에 대한 경험이나 감각은 어느 순간 국민국가의 제도적 언어적 지도적 경계를 훌쩍 넘어서 버린다. 비록 내가 거주하거나 방문한 곳이 주로 한국, 일본, 미국, 대만이고, 중국, 러시아, 중동이 아니라는 점에서, 나도 모르는 사이에 냉전 질서의 지리구획을 반영하고 있다고 할지라도 말이다.

사람들: 제발 지도를 좀 봐!
나: 보면 더 모르겠어요.
사람들: 구글 길 안내가 있는데도 몰라?

나:그거 보느라고 길을 잃었어요.

친구들이 걱정스레 하는 말이다. 극심한 길치인 나는 집회를 통해 도쿄의, 뉴욕의 길을 익혔다. 구스 반 산트의 영화 〈아이다호〉에 나온 리버 피닉스가 내뱉는 대사 "나는 길의 감식가야. 평생 길을 맛볼 거야"와 같은 말에 가슴 떨리지만, 사실 길은 나에게 완전히 믿고 사랑할 수 있는 곳은 아니다. 일본의 길은 재해 직후 시위대의 흐름으로 가득 찼지만, 역사적 학살의 기억과 헤이트 스피치로 가득 찬 곳이기도 하다. 뉴욕의 길은 흑인 저항 운동으로 타오르고 있지만, 뉴욕의 밤길은 두렵고 뉴요커들은 너무 빨리 걸어서 뒤처지는 나는 자꾸만 사람들과 몸을 부딪치며, 매일같이 만나는 야숙자들로 눈이 아픈 곳이다. 그러나 길거리에 사람들이 모여들어 외칠 때, 그때 길은 변화하고 사람들도 변화한다. 나는 이러한 이중의 변화 속에서만 길을, 거리를 사랑하게 된다.

뉴욕에서는 집회 구호를 익히고 정치 연설이나 발언의 의미를 알고 싶어서 집회 순간을 녹음해서 듣기도 했다. 그 긴장된 라임을 갖춘 구호, 때때로 끊기며 들리는 숨소리, 타다닥 뛰는 소리, 여기저기서 산발적으로 들리는 외침 들이 온갖 소음을 뚫고 들린다. 뉴욕 집회의 연설이나 구호는 짧고 단순하고 강렬하다. 그러나 이 모든 집회의 소리는 뉴욕만의 것이 아니다. 도쿄에 처음 갔을 때도 나는 마찬가지로 녹음을 했다. 언어도 쟁점도 모인 사람들도 거리도 완전히 달랐지만, 그 둘 사이에는 공통성이 있다. 그 순간에만 형성될 수 있는 독특한 시공간이 있다. 집회가 일어나는 거리에서, 뉴욕은 뉴욕만이 아니며 도쿄는 도쿄만이 아니다. 혹은 뉴욕도 도쿄도 아니다.

물리적 이동은 큰 변화다. 그러나 길거리에 사람들이 모일 때, 국민국가나 지역성에 포박당하지 않은 또 하나의 시공간이 만들어진다. 무엇보다 하나의 모임 속에서 겪는 문제는 공간을 바꿔서 생각해 볼 때 그 의미가 분명해지는 경우가 많다. 현장성을 떠나서도 안 되지만, '저곳'에서 '이곳'을 보는 시선을 갖고 '이곳'의 상황을 '저곳'으로 연결해 보는 것은 큰 의미가 있다. 어떤 현장을 떠나서 그곳의 진짜 문제를 느끼는 것은 불가능하지만, 동시에 그 현장에만 있을 때 더 짙은 망각과 마취가 진행되기도 하기 때문이다. 도쿄에서 나는 〈수유+너머〉의 시간과 대추리의 시간과 크고 작은 집단에서의 시간을 다시 새롭게 경험하는 듯했다. 실제로 글 속에는 여러 가지 공간이 함께 뒤엉켜 묘사되어 있다. 예전의 마을에서 느낀 것들을 그 각각 단체의 고유명을 반복하지 않으면서도 어떻게 좋은 방향으로 변형시켜 갈 수 있을까를 생각해 보곤 했다.

그런 점에서 최근에 사용되고 있는 '마을'이라는 맥락과 내가 사용하는 '마을'이라는 맥락이 구별될 필요가 있을지도 모른다. '마을'이라는 말은 이미 행정적 프로젝트 속에서 빈번하게 등장하게 되어 버렸다. 얼마 전 활동가 친구가 '마을'이란 말 대신 '동네'라는 말을 쓰는 것을 본 적이 있는데, 나는 '언어의 경직성과 정책적 패러디'로부터 미꾸라지처럼 빠져나갈 줄 아는 그녀들의 명명법이 아주 맘에 들었다. 무엇보다 최근에는 권력이 우리의 말을 패러디하는 게 문제다. 마을도, 표현의 자유도, 친환경도, 공생도, 다문화도 다 그러하다. 마을은 정부 정책 프로젝트를 떠올리게 하고 (또 원래 새마을 운동의 경험이 있는 우리로서는 이상한 것도 아니다), 일본에서 재일조선인(때로는 한국인과 중국인 등)에 대한 헤이트 스피치를 하는 사람들도 샤를리 에브도를 빌미로 이슬람을 배제하는 사람들도, '표현의 자유'라는 말로 자기의 타자 포비아를 리버럴한 자유주의 이론으로 포장하려 하며, 무분별하고 파괴적인 개발은 꼭 친환경이라는 이름을 달고 시작하며 일본 정부가 가장 '크린하고 안전'하다고 선전하던 원전은 가장 예측할 수 없는 위험이 되고 있다. 공생을 주장하는 곳에는 위계가 있고, 다문화를 외치는 곳에는 결국 '다양성'을 빌미로 선 긋기가 진행된다. 내가 사용하는 '마을'이라는 말은 과거 진행형의 미래와 미래 완료의 과거가 공존하는, '저곳'에서 '이곳'을 느끼는 감각을 통해 '이곳'에서 '저곳'을 사는 방식에 대한 상상이다. 언어의 변화가 현실의 변화를 이끌어내는 것은 아니라는 점에서 '마을'이라는 말을 교체할 다른 말을 찾는 것은 괜한 유희로 끝날 수도 있기에 일단은 '마을'이라는 말을 사용해 본다. 그러나 '마을'이라는 말을 혹은 '마을'을 둘러싼 맥락을 비껴가야 할 때가 온 것 같기도 하다.

위와 비슷한 의미에서 이 글은 한국이나 미국이나 일본에 대한 여행기가 아니다. 여행자의 시선은 늘 위로부터 내려다보거나 멀리서 조망하는 것이다. 그러나 나는 몇 개월을 머물더라도 그 내부로 들어감으로써 빠져나오는 길을 발견하고 싶었다. 왜냐하면, 여행자와 이방인이라는 것은 자기 혼자서 만들 수 있는 주체성이 아니기 때문이다. 여행자는 그 마을에 들어왔기 때문에 여행자가 된다. 이방인은 그 마을에 들어왔기 때문에 이방인이 된다. 만약 그들이 그 마을 속의 일부로 들어오지 않았다면 그들은 여행자가, 이방인이 될 수 없다. 따라서 역설적이지만 여행자나 이방인, 이상한 놈이야말로 그 마을의 가장 내부적 시선을 통해서만 도래할 수 있는 외부다.

그런 의미에서 근본적인 의미에서 '떠남'이란 물리적인 여행과는 다른 특질을 지니는 것 같다. 우리가 어떤 시공간을 '새롭다'라고 느끼는 것은 그 이전에 있던 시공간의 느낌이 여전히 강하고 영향을 미치기 때문이다. 오히려 이 각각의 마을이 지닌 자장이 서로 부딪치고 변화하는 순간들을 '떠남'이라고 부를 수 있지 않을까 생각한다. 여행자, 이방인, 이상한 놈은 그 마을의 내부에 들어가 그 마을과 함께 스스로가 변화함으로써만 여행자, 이방인, 이상한 놈이 될 수 있다고 생각한다.

이후와 계속 사이에서 — 아카이브와 냄새

일본에 돌아온 지 4~5개월이 흘렀다. 더욱 심화하는 인종주의 속에서, 〈특정비밀보호법〉에 이어 전쟁 헌법이 체결되려는 상황 속에서, 동북아시아에서 강화되는 미국의 위치 속에서, 어떤 긴장감을 느낀다. 그리고 무엇인가를 기록하는 행위를 멈출 수가 없다. 그렇지만 나 자신조차 믿을 수 없는 우경화하는 담론상황 속에서, 과연 어떤 표현이 가능할까?

프리모 레비는 그의 마지막 작품 『가라앉은 자와 구조된 자』를 "기록될 수 없는 이야기"라는 문제로 시작한다. 유태인 강제 수용소의 경험이 과연 기록될 수 있는가라는 문제 제기다. 수용소에 대한 소식들은 1942년부터 퍼지기 시작했으나, "전해 온 소식들이 묘사하는 학살은 규모 면에서 너무나 방대했고, 극단적으로 잔인했으며, 복잡다단한 동기를 지니고 있었다. 대중은 그 소식들이 전하는 엄청남 때문에 그 이야기들을 거부"하려 했다.[5] 프리모 레비는 당시 나치 친위대Shutx-staffe(약자로는 SS) 나치 친위대가 포로들 앞에서 바로 이러한 상황을 경고하며 즐거워했다고 한다.

> 이 전쟁이 어떤 식으로 끝나든지 간에, 너희와의 전쟁은 우리가 이긴 거야. 너희 중 아무도 살아남아 증언하지 못할 테니까. 혹시 누군가 살아 나간다 하더라도 세상이 그를 믿어 주지 않을 걸. 아마 의심도 일고 토론도 붙고 역사가들의 연구도 있을 테지만, 확실한 건 아무것도 없을 거야.…… 설령 몇 가지 증거가 남는다 하더라도, 그리고 너희 중 누군가가 살아남는다 하더라도 사람들은 너희가 얘기하는 사실들이 믿기에는 너무도 끔찍하다고 할 거야. 연합군의 과장된 선전이라고 할 거고 모든 것을 부인하는 우리를 믿겠지. 너희가 아니라, 라거lager(강제수용소)의 역사, 그것을 쓰는 것은 바로 우리가 될 거야![6]

연이어 프리모 레비는 이것과 "똑같은 생각(우리가 이야기한다 하더라도 우리를 믿어 주지 않을 거야)"이 한밤중 자주 꿈의 형태로 포로들을 찾아와 가장 큰 고통을 주었다고 한다. 그들이 살아서 집에 돌아가 가장 사랑하는 사람들에게 자신들의 이야기를 꺼내고 위로를 받으려고 해도, 그들이 믿어 주지 않고, 들어 주지 않고, 가장 무섭게는 침묵을 지키고 돌아서 버리는 꿈을.

인간이라는 존재 자체에 대한 의심을 품게 하는 수용소의 경험을 현재 상황과 연결시키는 것은 비약이 있을지 모른다. 그러나 그의 글은 '기록에 대해 매우 중요한 몇 가지 시사점을 준다. 하나는 사람들은 자신들이 믿고 싶은 것만을 '사실'로 믿는다는 것. 다른 하나는 증거가 인멸된 상황 속에서 새로운 기억은 과연 어떻게 가능할 것인가이다. '기록의 부재'라는 상황 속에서 증언은 어떻게 힘을 발휘할 수 있을까? 그리고 왜 나치 수용소에 대한 소문은 이렇게 늦게 퍼진 것일까?

프리모 레비는 바로 이 지점에서 독일인들의 비겁함에 대해서 말한다. 독일인들은 라거(유대인 수용소)에 대한 진실을 확산시키지 않았고 소문이 퍼질까 봐 쉬쉬했다. 레비에 의하면 이것이 바로 독일 민족이 저지른 가장 중대한 범죄고 그들이 "다다른" 비겁함을 가장 명백하게 증명해 준다. 레비는 "관습 속으로 들어와 버린 비겁함"이라고 표현하는데, 너무나 깊어서 남편이 아내에게, 부모가 자식에게도 입을 열지 못하게 만드는 비겁함"(14)이 상황을 극단적으로 악화시켰다고 말한다. 이 비겁함이 없었다면 아우슈비츠의 소문은 훨씬 빨리 확산되어 알려졌을 것이고, 유럽과 세상이 달라져 있을 것이란 토로다.

소문의 확산은 정치적이다. 만약 우리가 이러한 비겁함을 극복하고 이야기를 증언하고 퍼뜨려 갈 수 있다면 어떨까? 심화하고 있는 전 세계의 인종주의와 파시즘화 속에서 나는, 여러 가지 갈래로 겹쳐지는 길에 대한 경험을 담은 일지형식의 기록이, 비겁함을 넘어서고 세상의 비밀들을 비밀스럽게 누설함으로써 우리가 서로 연루되어 있음을 선언하는 소문이 되길 계속해서 바란다. 나는 이러한 소문의 증언자/조작자가 되고 싶다. 그렇게 될 때, 코뮌적 순간들을 글로 씀으로써 나 자신의 것이나 개인의 것으로 소유해 버릴지 모른다는 위험에서 조금 자유로워질 수 있을 것 같다.

그런데 프리모 레비의 이 글에는 기록에 대한 또 하나의 질문이 있다. 소문을 내고 싶어도 그것을 할 수 없을 정도로 '인간의 인식 조건'을 뛰어넘는 극한의 폭력을 경험하게 될 때, 우리는 어떻게 그 순간들을 증언할 수 있을까? 프리모 레비는 자신을 비롯한 유태인 수용소에 대한 증언자들이 실상 바닥까지 가지 않았던 사람들임을 명시해 둔다. "바닥까지 가본 사람은 돌아오지 못했거나, 자신의 관찰 능력이 고통과 몰이해로 마비되어 있었던 것이다."(17) 따라서 우리는 그 바닥까지 갔던 경험들에 대해서는 알지 못한다. 생존자들의 이야기를 듣더라도 이해할 수 없거나 괴로워 모른 체 할는지도 모른다. 우리는 이러한 순간을 우리의 상상력으로 예상하고 대비하고 이러한 폭력이 되풀이 되지 않도록 노력할 수밖에 없다. 이때 필요한 것은 들을 수 있는 또한 상상할 수 있는 민감한 감각을 고통으로부터 눈을 돌리지 않도록 애쓰면서 키워 가는 것이리라.

따라서 냄새라는 감각을 어떻게 변화시킬 수 있을까에 대한 고민을 담은 일화로 여는 글을 마치고 싶다. 여러 곳의 거리에서 함께 외칠 때, 그 모든 중요한 논의에도 불구하고 나에게 이질적인 느낌을 주었던 것은 사람들의 언어보다도 그들의 냄새였다. 냄새는 우리가 서로 다른 종족임을 느끼게 할뿐 아니라 계급적 차이를 드러내는 것이기도 했다. 반대로 냄새는 사람들이 모여 있는 시공간을 감싼 뭐라고 표현하기 어려운 강한 전염력을 지닌 힘이었다. 어쩌면 유대인 수용소에 대한 소문을 내지 않는 비겁함은 비겁함에 대한 비판으로는 바뀌지 않는 강렬한 인종적·계급적 냄새 혹은 맛이었던 것이 아닐까 생각하기도 한다. 또한, 반대로 냄새는 "정체를 알 수 없는 것"에서 느껴지는 것이며, 그것을 거부하면서도 그 안으로 휘말려 들어가 만들어지는 자기 변혁이란 의미에서 '언제나 이미' 불온한 코뮌적 힘이 될 수도 있다.[7]

그런데 냄새 간의 갈등은 어쩌면 비슷한 처지인 사람들 사이에서 더 강하게 느껴지고 위계화되는 것 같기도 한다. 2014년 12월 26일, 오스트리아 출신 독일인 친구 캐롤라인과 함께 뉴욕에 있는 〈연대 센터〉Solidarity Center NYC를 방문했을 때의 일이다. 인종차별적인 경찰에 의한 아프리카인의 연이은 죽음 속에서 이 폭력에 앞으로 어떻게 대처할지에 대한 활동 계획을 듣고 있는데 두 명의 야숙자처럼 보이는 사람들이 들어왔다. 언뜻 보면 어머니와 아들 같기도 하고 언뜻 보면 동반자 같기도 했는데, 몸집이 무척 커서 금방 내 시야를 가렸다. 그들도 그 사실을 아는지 몸가짐을 무척 조심하고 있었는데 워낙 큰 짐 보따리도 들고 있었기 때문에 눈에 띄지 않기란 좀 힘들었다. 최대한 모른 척하면서 이야기에 집중하고 있는데 어디에선가 싸구려 로션 냄새가 강하게 나기 시작했다. 옆을 보니 그 남자분이 작은 병의 뚜껑을 열고 손에 스킨로션 같은 것을 발랐다. '손을 씻지도 않았는데 왜 로션을 바르지⋯⋯ 더구나 날씨도 추운데⋯⋯ 오히려 손이 트겠다' 등등의 생각을 하고 있었다. 그런데 한 5분쯤 지났을까 다시금 강렬한 스킨로션 냄새와 힘께 척착 손을 맞부딪치는 소리도 났다. 그가 또다시 스킨로션을 바르고 있었다. 잠시 뒤엔 그가 로션을 여자에게 건넸다. 그녀도 탁탁탁 손을 마주치며 로션을 발랐다. 그들은 그곳에 있는 동안 5분에서 10분 간격으로 서너 번 그 행위를 반복했다.

그들의 스킨로션 냄새가 그들의 야숙생활에서 배긴 냄새를 지우게 해주었을까? 배가 고픈 듯 음식을 가져다 먹는 그들의 큰 몸집을 가려주었을까? 아니, 이러한 질문은 잘못되었다. 그들은 왜 소수자들의 연대 회의에 와서 편안하게 냄새를 피우고 있을 수 없었을까? 그들은 왜 소수자들 속에서도 다시금 자신들의 냄새를 감추기 위해 애쓰는 어둠 속 어둠이 되었을까? 그들을 보는, 아니 그들의 냄새를 맡고 있던 나는 그들에게 왜 자꾸만 신경이 쓰였던 것일까? 가난한 자들은 같은 가난한 자들의 냄새에 민감하다. 그들은 서로 가장 잘 이해하지만 그렇기 때문에야말로 또 가장 서로에게 억압적일 수 있다. 또한, 반대로 그들은 서로 가장 잘 이해하기 때문에 극한의 상황 속에서 결국 서로 도울 수도 있을 것이다.

또 나는 뉴욕에서 인종주의에 대한 저항에 참여하면서, 동시에 내 속에 있었던 나도 모르는 인종주의적인 성향을 자각하게 되었다. 이때 강하게 환기되는 것은 냄새이다. 도쿄의 땀내 나는 집회에서 또 야숙자들과의 만남에서 냄새는 넘어설 수 없는 어떤 부분이었다. 그리고 나는 그들이 나에게서 맡을 (그러나 나는 맡을 수 없는) 냄새를 상상해 보곤 했다. 뉴욕에서는 더욱 섬세하고 다양한 냄새들과 반응하고 있는 나 자신을 느낀다. 그 속에는 구별 짓기만 있는 것이 아니다. 어떤 냄새들은 이질적임에도 너무나 매력적이어서 어떤 활동이나 집단들과 빠른 속도로 가까워지도록 했다. 우리는 어떻게 익숙하거나 낯선 냄새, 좋은 냄새와 나쁜 냄새의 관습적인 구별에서 벗어나 냄새의 증언자/조작자가 될 수 있을까?

자신의 감성과 투명하게 대면함으로써 삶의 존엄을 사유하는 방법은 수잔 손택에게서, 타자의 냄새를 그들에 대한 구별 짓기와 위계 없이 온몸으로 받아들여 "듣고 쓰는" 방법은 모리사키 가즈에로부터 배우고 있고 배우고 싶다. 그리고 4·19가 일어나던 거리에서 40살이 가까워진 시인 김수영이 이렇게 노래했던 것을 기억/기록해 두고 싶다. "어째서 자유에는/피의 냄새가 섞여 있는가를/혁명은/왜 고독한 것인가를"(「푸른 하늘을」 중에서). 그가 말한 피의 '냄새' 속 '냄새'가 또 다른 것이 되었다는 소문이, 그래서 자유와 혁명과 고독이 그 자체로 변신하여 새로운 코뮌의 감각이 되었다는 소문이, 거리에서 거리로, 다시 여러 갈래의 거리 속의 거리로 퍼져나가, 거리의 모습과 그 위에 모인 사람들을 함께 변혁시키길 기대하면서.

'삶의 방식'에 대한 책

쓸 때는 몰랐는데, 4~5년간 거의 매달 보냈던 글을 모아 놓으니 볼륨이 두껍다. 시간의 흐름이나 생각의 변화도 엿보인다. 다시 읽어 보니 다소 부끄러운 생각도 들고, 내가 저랬구나 싶은 구석도 있다. 고치고 싶은 부분도 많았지만, 시간의 흐름이나 당시의 분위기가 반영된 것은 그대로 두었다. 이것은 누군가가 소유(점유)할 수 있는 이야기가 아니기 때문이다. 누군가가 나를 믿고 글쓰기를 제안해 주지 않았다면, 누군가가 나에게 함께 가보자고 권해 주지 않았다면, 또 하나의 세상을 꿈꾸는 사람들이 없었다면, 그들이 만들어 낸 빛나는 순간과 공간이 없었다면, 내가 그곳에 들어갔을 때 나를 환대해 주는 사람들이 없었다면, 자신들의 이야기를 해 주고 기록할 수 있게 해 준 사람들이 없었다면, 그리고 나에게 한국에서 겪었던 수많은 코뮌의 경험들이 없었다면, 아마도 계속해서 쓸 수 없었을 것이다. 그 모든 신비로운 믿음에 마음 깊이 감사한다. 그리고 그들이 빛났고 넉넉했고 아름다웠기 때문에, 그 순간을 글로 옮기는 것이 그 순간이나 활동을 내가 개인적으로 소유 혹은 점유하는 것이 되지 않을까 하는 염려와 늘 직면했다. 아직 답은 없다.

그러나 꾸준히 온 삶을 다 바쳐 싸우는 사람들이 있다는 것을, 늘 새로운 코뮌을 실험하는 사람들이 있다는 것을 꼭 기록해 두고 싶다. 나는 집회에 참여할 때에도 늘 내일까지 마감인 글이니 며칠 뒤까지 미감인 논문이나 번역 등을 끌어안고 있었다. 늘 부족한 시간 때문에 활동에 충분한 힘이 되거나, 나 스스로 새로운 운동을 만들어 내는 일을 적극적으로 기획할 수는 없었다. 한편 공부의 영역으로 돌아오면 자신의 모든 시간을 바쳐 공부하고 글을 쓰는 사람들이 있었다. 내 전공이 식민지기 및 전후의 조선(한국) 문학 및 동아시아 사상사였기 때문에, 자료수집 및 분석에는 절대적인 시간이 들었다. 따라서 이 글을 쓴 매 순간들은 집회나 활동에 참여하는 것, 자료를 찾고 이론공부를 하는 것, 그리고 생계를 유지하는 것 사이에서 갈등했던 순간들이기도 하다. 따라서 나는 친구들과의 여유로운 만남을 가지는 일에는 충분한 시간을 할애할 수 없었고 생활은 극히 단순하게 하려고 했다. 그렇지만 함께하지 못하는 소중한 친구들의 고마운 제안 앞에서 늘 미안하고 부끄러웠다. 어떻게 하면 좋은 연구자이면서 동시에 표현자이면서 매일 매일의 관계성을 소중히 하며 살아가는 사람일 수 있을까라는 갈등은 쉽게 풀리지 않는 수수께끼다.

그런데도 왜 나는 누가 시키지도 않은 이 일이 이렇게 소중할까? 거리에서 마을들과 함께할 때 코뮌적 순간을 느낄 때 나는 그야말로 건강하고 풍부해졌다! 어떤 글을 써야 할지 또렷해졌고, 수많은 영감을 받았고, 그 순간의 공기와 냄새와 감촉들을 통해 '이곳'과 '저곳'을 연결할 수 있는 원동력을 얻었다. 장학금이나 비자 문제 등으로 일 년씩 분절되는 오랜 외국 생활을 건강하게 버틸 수 있었던 것은 바로 이 글을 통해 맺어질 수 있었던 그 작은 마을들의 그 살뜰함 때문이었다. 그리고 일본에서 미국으로 떠나오고, 『수유+너머 위클리』 연재가 마무리되면서, 나는 이 글들을 출판해야겠다고 생각했다. 이유는 다음과 같다.

모든 글에는 그 글을 쓴 사람이 꿈꾸는 세상이 담겨 있다. 동시에 그 꿈꾸는 세상은 결국 새로운 삶의 방식에 대한 제안이다. 말하자면, 이 글들은 "삶의 방식"에 대한 글이다. 혹은 "삶의 방식"을 고민했던 순간들에 대한 글이다. 나는 연구자로서의 내 삶의 일부분이 늘 이러한 활동에 참여하고 투명하게 느끼고 생각하고 표현하는 시간으로 채워지길 바란다. 코뮌의 경험을 더 많은 사람들의 것이 되도록 변형시켜 가야 한다는 것이 내가 〈수유+너머〉의 활동을 통해서 배운 최대치의 가치다. 이런 상태를 지속하기 위해서는 어떻게 해야 할까에 대해서, 이 글을 매달 쓰면서, 여러 상황 속에서 갈등하면서, 그것을 내가 아는 사상가들의 사유와 연결해 생각해 보았다. 아무리 긴급한 정치적 활동이라도 그 시급한 윤리적 요구에 응답하는 것에만 몰입하여 조선, 한국, 동아시아의 문학과 역사에 대한 사상적인 좌표를 잃어버리면 나는 쉽사리 지치고 말았다. 집회 현장에서의 앎과 깨달음은 "깨달음 이전의 깨달음"(고병권)이어서, 낯설고 생생하고 강하다. 그러나 그것을 사유하고 표현하는 "붐비는 고독"(들뢰즈Gilles Deleuze)의 순간들이 없다면 파시즘이나 전체주의와 닮아 버리거나 기존의 관계성을 반복하게 되거나, 활동을 맹신하거나 숭배하게 된다. 반대로 세상에 눈을 닫은 지식이 어떤 결과를 낳는가에 대해서는 수많은 역사가 말해 줄 뿐 아니라 현재 일어나고 있는 과학자들 행정가들 이론가들의 과오들을 볼 때 그 해악이 너무나 명백해 더는 말할 필요도 없어 보인다. 일상적인 생활도 중요하다. 이러한 여러 영역 사이의 긴장을 명료한 정신으로 버티게 해 주는 것은 적어도 나의 경우 단순하고 정갈하게 지속하는 매일 매일의 삶과 편지 한 통도 허투루 보내기 싫은 나의 사랑하는 친구들과 친구와 같은 가족들의 힘이었다. 이 책을 출판하고 싶다고 결심하게 되기까지는 시간이 필요했지만, 내가 먼저 스스로 서지 않으면 함께 갈 수도 없다는 것을, 여러 개의 집단들 속에서 겨우 조금 알게 되었다. 그래서 나는 이 글을 세상에 조심스럽게 밀어 넣고 이러한 활동과 연구와 표현을 계속해 나가는 데 필요한 원동력을 얻고, 이러한 삶의 방식을 만들어 가는 일을 지속할 수 있는 기반으로 삼고 싶다.

그런 내 마음을 이해하고 격려해 주고 길을 찾아 주신 권명아 선배와 이진경 선생님께 마음 깊이 감사드린다. 처음부터 출판을 염두에 두고 글을 쓰고 사진을 찍지 않은 탓에, 내가 보낸 사진 중 많은 것이 인쇄에 적합하지 않았다고 한다. 방대한 사진을 일일이 검토하고 선별해 주시고, 이 책을 처음부터 끝까지 정성들여 편집해 주신 김정연 선생님과 갈무리 출판사 분들께 특별한 감사를 드린다. 또 책의 느낌을 표지로 멋지게 표현해 주신 아프콤의 차가녕 선생님과 쁘리뷰를 해 주신 아프콤 분들께 마음 깊이 감사드린다.

무엇보다 매달 늦게 긴 글을 보내는 내게 늘 시공간을 활짝 열고 기다려 준 『수유+너머 위클리』 친구와 처음으로 내게 글을 부탁해 준 그린비 출판사의 친구들 덕분에 글쓰기를 지속할 수 있었다. 재일在日 〈수유+너머〉인인 나에게는 〈수유+너머〉'들'이라고 밖에 말할 수 없는 모든 친구들, 선생님들은 언제나 그리고 여전히 내가 코뮌에 대해서 생각할 때마다 가장 근본적인 질문을 던져 주고 있다. 일본에 오기 직전 〈수유+너머〉에 인사드리러 갔을 때, 복도에서 만나는 친구마다 손에 쥐어 주었던 작은 선물과 덕담들이 아직까지도 일본 생활에서 길을 잃지 않게 도와주는 힘이다. 내게 동아시아적 시각을 최초로 열어 주었던 최원식 선생님, 이정훈 선생님, 류준필 선생님, 권보드래 선생님, 정선태 선생님께도 처음으로 감사의 말씀을 드리고 싶다. 한국의 한국문학을 연구하는 장에서 만난 선후배와 동료들은 나에게 학문의 엄격함과 치밀함, 그리고 현실과 소통하는 것의 중요성을 환기시켜 준다. 특히 연세대학교와 인하대학교의 선생님들과 선후배들은 내가 발 딛고 있는 '한국문학'이라는 지반을 소중하게 여기도록 해 주고 동시에 그것에 속박되지 않을 수 있는 자유로운 사상적 지평을 보여 준다. 특히 김영민 선생님, 김현주 선생님, 이경훈 선생님, 김예림 선생님, 박진영 선배, 송은영 선배, 이화진 선배, 차승기 선배, 정한나에게는 늘 최선을 다하는 모습으로 고마운 마음을 전하고 싶다.

일본의 '태평양을 헤엄치는 마을' 연구 모임의 다케모토 니나, 가타오카 유스케, 요시다 유타카, 오노 유리꼬, 니시 료타, 마쓰다 준, 반조노 히로야, 이마즈 유리, 로빈, 모리 게스케 그리고 지금은 대만으로 돌아간 아베베許倍榜(쉬베이롱)와 한국에서 공부 중인 와다 요시히로에게 마음 깊이 감사한다. 풍부하고 민감한 지성, 정의롭고 성실한 마음, 마음을 터놓고 밤새도록 함께 논의하길 좋아하는 감성을 지닌 이 친구들과의 모임이 최근 내게는 가장 깊은 의미에서 코뮌의 경험이다! 또한, 일본의 아나키즘과 코뮌론에 대해 생각하도록 해 주었던 나카타 노리히토, 구리하라 야스시, 가와우치 요코의 우정, 오키나와를 통해 만나게 된 우에하라 고즈에와 무라카미 요코, 그리고 대만의 식민지 문학과 에스페란트어를 통해 만나게 된 류메이친과의 앞으로가 더 기대되는 우정에 감사한다. 텐트 연극 〈야전의 달〉 멤버들은 일본에서 내가 엿볼 수 있는 가장 래디컬한 일본 속 외부였다. 한국 문학 연구 모임인 〈인문평론 연구회〉의 선생님들과 동료인 다카하시 아즈사, 류충희, 김경채, 김모란, 이정희, 조은미 언니 등은 일본에서 '소수 문학'인 조선 문학을 연구하는 것이 지닌 풍부한 의미와 경험을 전해 준다. 일본에서 내게 가르침과 삶의 지혜와 따뜻한 격려와 값진 만남의 기회를 한결같이 베풀어 주시는 와타나베 나오키 선생님, 요네타니 마사후미 선생님, 우카이 사토시 선생님, 이연숙 선생님, 하타노 세쓰코 선생님, 이정화 선생님, 호시나 히로노부 선생님, 쓰보이 히데토 선생님, 스즈키 마사히사 선생님, 마루카와 데쓰시 선생님, 이케가미 요시히코 선생님, 오세종 선생님, 도바 고지 선생님, 세리카와 데쓰요 선생님께는 늘 더 노력하는 모습으로 조금이나마 감사한 마음을 전할 수 있었으면 좋겠다.

미국에 있는 동안 내게 새롭고 값진 길들을 보여 주셨던 테드 휴즈 선생님, 로잘린드 모리스 선생님, 이벳 크리스티앙제 선생님, 사카이 나오키 선생님께 마음 깊이 감사드린다. 낯선 미국에서 매일 매일을 지켜 주며 그곳의 코뮌과 거리를 경험하게 해 준 신애, 제니, 정민, 존 키프와 경진 씨, 고소 이와사부로, 미령, 존 박, 캐롤, 경문, 의정에게는 변함없는 우정으로 답하고 싶다. 미국에서 일상생활을 살펴 주었던 재필 오빠와 올케언니, 조카들, 동주 오빠, 큰 아버지, 영어 공부반 친구들에게도 감사한 마음을 전한다.

내가 어디에서 무엇을 하든 늘 변함없는 신뢰를 보내 주는 나의 케이, 연미 언니, 김우자, 디온, 그리고 내게 최초로 코뮌을 경험하게 해 준 인하대 그림패 '터갈이' 친구들과 연극배우 이쁜이(김지연)와는 평생 기꺼이 함께하고 싶고 함께할 수 있다면 좋겠다. 특히 케이(김미정)는 이 글이 인터넷에 연재될 때부터 책의 표지를 고를 때까지 모든 순간을 함께 해주었다. 친구란 번뇌를 뽑아주는 것, 그리고 정치적 비밀을 공유하는 것, 그리하여 더 깊고 멀리 나아가게 하는 것! 정확히 이러한 의미에서 또 그 이상으로 케이는 나의 소중한 친구다. 앞으로 함께 할 시간들이 벌써 기다려진다. 늘 변함없이 그 자리에 있어 주는 엄마, 깊은 너싱으로서 세상을 살아가는 동반자가 되어주는 언니에게는 늘 미안하고 고맙다. 아버지는 여기에 쓰인 모든 글의 첫 번째 독자다. 정치적 성향이 나와 완전히 다른 아버지는 글을 받을 때마다 못마땅한 표정을 지으면서도 늘 꼼꼼히 읽고 코멘트를 해 주셨다. 덕분에 나는 늘 나와 생각이 다른 사람이나 다른 연령층의 마음을 조금이라도 상상하며 그들에게도 읽힐 수 있으면 좋겠다는 바람을 갖고 글을 쓸 수 있었다. 마지막으로 나와 만나 준 무한히 많은 코뮌과, 코뮌적 순간들과, 그 순간의 친구들에게, 그 모든 신비로운 믿음에 마음 깊이 감사한다.

서클지 『진달래』의 진달래는 붉다

재일조선인 서클지 『진달래』심포지엄

무장, 혹은 활기를 위한 마스크

일본 간사이 지역에 일주일간 휴교령이 내렸고 마스크가 동 났다는 기사가 연일 헤드라인을 장식했다. 돼지 인플루엔자가 확산되었기 때문이다. 공교롭게도 나는 바로 그때 오사카에 가야 했다. 심포지엄 『지금 진달래, 카리옹을 어떻게 읽을까』에 참여하기 위해서였다.

최근 일본에서는 전후를 어떻게 파악할 것인가에 대한 논의가 활발해지고 있다. 그중에서도 1950년대에 걸쳐 진행되었던 서클 운동을 조망하려는 움직임이 있다. 정치와 문화, 도시와 지방을 연결하며 활동했던 이름 없는 자들無名의 서클 운동을 통해 전후를 다시 읽으려는 시도이다. 후지ㅈ_출판은 이에 발맞춰 1950년대 서클 잡지 복간작업에 박차를 가하고 있다. 최근엔 1950년대 오사카를 중심으로 했던 재일조선인 문화활동잡지 『진달래』ヂンダレ, 『카리옹』カリオン(몸이 희고 갈기가 검은 제주도 말, 1959~1963)이 복간되었다.

복간에 발맞춰 일이 년 전부터 도쿄와 간사이 지역 양쪽에서 『진달래』를 읽는 연구모임이 만들어져 교류해 오고 있다. 나는 도쿄에서 『진달래』 연구회에 참여하고 있었고 이번 심포지엄은 그 연구회가 주축이 되어 그간의 공부성과를 나누고 교류하는 장이기도 했다.

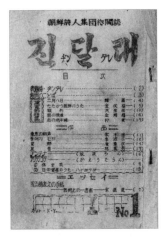

재일조선인 서클지 『진달래』(ヂンダレ) 1호 표지(1953.2. 발행)

그런데 나는 망설이고 있었다. 돼지 인플루엔자도 심하다는데 갈까 말까? 마스크를 사 가야 하나? 너무 요란 떠는 게 아닐까? 동경에서 지방으로 갈 때의 묘한 우월의식 아닐까? 순간, 내 머릿속을 스친 것은 일주일 전 한국에 갔을 때, 한국공항에서 본 일본인 아주머니들이었다. 일본 아주머니들은 한국에 내리자마자 요란을 떨며 마스크를 썼다. 나는 '너무 오바 하는 거 아냐? 미개국가라도 왔나? 저 극성에 인플루엔자는 벌써 도망갔겠다'고 생각했다. 민족주의와 진보주의를 비판하고 싶었던 나 역시, 그런 순간엔 민족적인 저항감에 휩싸이고 마는 것이다. 내가 오사카에 도착하자마자 마스크를 쓴다면 그 아주머니들처럼 보이지 않을까? 병에 걸리기 싫다는 단순한 생각이 마스크를 한 구체적인 내 모습과 만났을 때, 내 눈앞에는 다양한 종류의 지역적 민족적 위계들이 펼쳐졌고, 우월감과 열등감을 갈팡질팡하면서 그 위계적 회로에서 빠져나올 수가 없었다. 그러나 솔직히 마스크를 한 일본인 아주머니들의 수다를 보면서, 어떤 활기를 느꼈음을 고백해야만 한다. 살기 위해 자신을 무장한 마스크의 활기는 괜한 민족주의적 감정들에 비해 얼마나 경쾌한가? 마스크를 둘러싼 복잡한 망설임이야말로 늘 옳은 자리에 있고 싶은 지식인의 비겁한 무장이 아닐까?

그리고 나는 돼지 인플루엔자 마스크를 둘러싼 망설임이 내가 『진달래』 연구회에 참여할 때마다 느끼는 묘한 망설임과 닮았다는 것을 깨달았다. 실제 삶에서건 책에서건 '재일 조선인'과 만날 때면, 나는 어떤 마스크(얼굴표정)를 씨야 힐지, 이니 미스그릅 씨야 할지 말이야 할지 고민히게 되었던 것이다. 한국에서 태어나고 자란 나에게 재일조선인의 역사와 존재는, 늘 삶 속에 함께 있었음에도, 일본에 오기 전까지는 진정한 의미에서 만나본 적이 없었다. 그 신체적 가까움과 심정적 거리감 사이의 간극이 스스로가 태어나고 자란 지반을 자꾸만 되돌아보게 했다.

『진달래』, 재일조선인의 원점, 혹은 시작

『진달래』는 1953년 2월에서 1958년 10월까지 오사카에서 활동했던 조선 시인 집단에 의해 발간된 서클지다. 특히 김시종, 양석일, 정인과 같은 대표적인 재일조선인 문인, 문화인들이 주도했기 때문에 재일조선인 사상과 문학의 원점으로 평가된다. 따라서 『진달래』를 새롭게 해석하는 것은 재일조선인 문학과 역사에 대한 이해를 새롭게 할 수 있는 저력을 품고 있다.

내 느낌이지만 일본에서 재일조선인 활동, 위치, 문학을 둘러싼 해석은 꽤 단단한 몇 개의 이미지, 즉 마스크들로 존재하는 듯했다. 일본 안에서 언제든지 고개를 들곤 하는 역사 왜곡, 그리고 다른 인종에 대한 배타적인 태도들을 볼 때, 재일조선인 역사에 대한 보다 풍부하고 다양할 수 있는 해석들이, 일본의 우경화 속에서 곡해될 위험성이 크기 때문이다. 이러한 단단한 마스크들이 형성된 이유는 어떤 의미에서 재일조선인이 일본 사회에서 처해 있는 고통스러운 위치를 가장 잘 표현해 주는 것이기도 하다. 그 고통은 단지 물리적이고 제도적인 차별만은 아니다. 이처럼 가해자 일본인과 피해자 재일조선인이라는 구도가 절실한 정치적 요청이 되는 이 상황에서 식민자의 사죄와 책임론이 여전히 너무나 부족할 뿐 아니라 더욱 강조되어야 할 필요성이 생긴다. 그러나 나는 책임이란 말을 들을 때마다 왜 책임지고 반성하고 성찰하는 주체의 자리는 가해자에게만 주어지는가 라는 질문이 맴돌곤 했다. 주체의 입장에 서고 싶다는 게 아니며, 책임론이 피해자를 피해자의 위치에 있게 만든다는 의미는 더더욱 아니다. 오히려 식민지 지배에 대한 정확한 역사인식이 이뤄지지 않은 상황에서, 가해자의 책임을 논하기 위해서 피해자의 슬픔을 계속 말해야 하는 상황이 주는 중력감, 그 중력에 빨려 들어가 피

해자 안의 차이와 가능성을 드러낼 수 없는 숨 막힘, 자신의 슬픔을 보느라
또 다른 타자와 연대할 수 없게 되는 긴장된 시야, 그것들이 마치 나의 상황
인 것처럼 고통스럽다. 그리고 피해자가 안심하고 보다 내밀하고 섬세한 감정
과 경험을 말할 수 있도록 명확한 역사 서술과 폭력에 대한 비판이 이뤄지지
못한 일본과 한국의 역사에 대한 망각과 우경화에 분노를 느낀다.

한국 유학생인 나는 이 구조 속에서 식민통치의 피해자로 분류되기 때
문에 곤혹스러울 때도 있으며, 반면 나를 잘 모르는 재일조선인과 만나면 어
떤 통과의례나 신앙고백을 거쳐야 할 것 같은 기분에 안절부절못하기도 한
다. 더구나 남북의 분단은 재일조선인에게도 민단과 총련의 분열로 이어져
훨씬 더 깊은 상처로 재현되어 있다. 또한, 해방직후 재일조선인의 신산한 삶
에 도움을 주었던 것은 북한과 총련이었고 남한과 민단은 도움을 주지 않았
다는 것에 대한 부끄러움이랄지 죄책감이랄지 형언할 수 없는 복잡함도 느
낀다. '재일'在日(일본에 있다라는 의미에서) 조선인 안에서도 식민지 시기(특
히 1939년 이후 도항 저지제 폐지 후)에 부산과 제주도에서 오사카로 연결되
던 배를 타고 반강제로 거주지를 옮겼던 사람, 제주도 4·3학살 사건을 피해
온 사람, 뉴커머1, 유학생 등 다양한 분열이 있다. 이 구분은 재일 1세, 2세, 3
세, 4세라는 표현에서 드러나듯이 가족의 역사와 관련된다. 이러한 민족적,
국가적, 가족적 정체성의 물음 속에서 통과의례와 신앙고백은 끝없이 이어
지고, 마스크의 제작 연도, 색깔, 크기와 기능 사이에서 흔들리게 된다. 이런
분열들 속에서 나는 재일조선인들이 지닌 이 마스크 변신술이 지닌 노하우
는 오히려 정체성에서 자유로워질 수 있는 잠재적 힘이지 않을까 멋대로 공
상하기도 하지만…….

망설임 속에 도착한 곳은 오사카 문학 학교2였다. 이곳은 1954년 〈오사
카 사회주의 청년동맹〉이 중심이 되어 만들었는데 재일조선인들이 많이 참
여했다. 현재 김시종 시인이 특별고문으로 있다. 각지에서 몰려든 사람들로
심포지엄은 만원이었으나 교실은 낡고 좁았고 덥고, 그러나 정감 있었다! 더
구나 그 누구도 마스크를 하고 있지 않았다. 내게 어찌 된 일이있을까?

간사이에서는 우노다 쇼우야宇野田尚哉와 정장丁章, 도쿄에서는 최진석이

발표를 했다. 우노다는『진달래』에 나타난 전후 일본에서 조선인 청년들의 경험을 일본인의 경험과 연관시킴으로써 동아시아 현대사를 새롭게 파악하자고 요청했다. 최진석崔真碩은 도쿄의『진달래』연구회에 대해 보고했다. 〈도쿄연구회〉는 잡지 전체를 함께 낭독하면서 이뤄지는데 사가미코相模湖에서 열린다. 그곳은 1937~45년 사이 약 360만 명이 댐 건설에 참여했는데 그중 삼분의 일이 조선인이었다. 댐 건설 중 사고와 질병으로 많은 사람들이 죽었지만, 조선인은 사망자 수에 포함되지 못했다. 도쿄 모임 참여자 중 절반은 텐

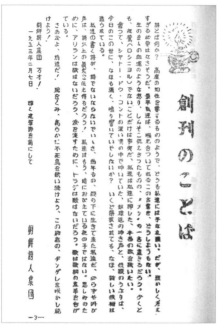

「창간의 말」(創刊のことば).『진달래』, 1953년 2월, 3쪽.
"시란 무엇인가? 고도의 지성을 필요로 하는 것이어서, 아무래도 우리가 하기 어려워 보인다. 그러나 어렵게 생각할 필요는 없을 듯하다. 이미 우리는 목구멍 안쪽에서 흘러나오는 이 말을 어찌할 수가 없다! 날 것 그대로인 핏덩어리 같은 분노, 정말로 굶주린 자의 '밥'. 그 한마디밖에 없다.……우리는 우리에게서 나온 진정한 노래를 부르고 싶다."

트 연극에 참여하고 있는 배우들이었기 때문에,『진달래』의 시들은 그들이 만든 텐트연극인 〈아큐의 전생〉阿Qの前生 속 대사로 삽입되기도 했다. 최진석은 낭독과 연극처럼『진달래』의 활동을 현재화하고 침묵하는 하층에게 전달하는 방법을 모색하자고 했다. 동아시아를 둘러싼 해방기의 정황, 그리고 침묵하는 하층. 이 두 방향은 현재적 활동으로 이어질 수 있을까? 동아시아라는 말도 침묵하는 하층이란 이미지도 벗어 버려야 할 또 하나의 마스크일지 모른다. 적어도 이번 심포지엄과『진달래』의 풍부함은 재일조선인을 둘러싼 나 자신의 익숙한 사고회로를 바꿀 수 있으리란 기대를 품게 했다.

마을과 만난, 혹은 마을을 만드는 이야기

　연구회에 계속 참여한 이유도 『진달래』와 그것을 읽는 친구들이 지닌 이 풍부함에 있다. 『진달래』 창간선언은 "시란 무엇인가"라고 질문한 뒤 다음과 같이 적는다. "날 것 그대로인 핏덩어리 같은 분노, 정말로 굶주린 자의 '밥', 그 한마디밖에 없다.……우리는 우리에게서 나온 진정한 노래를 부르고 싶다." 『진달래』는 나약하고 슬픈 피해자의 마스크를 하고 있지 않다. 창간 선언에서 보이듯, 전력을 다해 구체적이면서도 독특한 또 하나의 세계를 발명하기 위한 열정으로 가득하다. 『진달래』는 김시종이라는 개인의 잡지가 아니며, 그런 의미에서 김시종 또한, 개인이 아니다. 1950년대 오사카 서클 활동의 열기 속에 구성된 문화적 공공재로서의 성격을 지니고 있다. 심포지엄의 발표 후 김시종 씨와 정인 씨가 들려주었던 『진달래』의 활동 분위기 – 정인 씨 집에서 이뤄겼던 문학회, 연구회, 일상적인 모임 – 가 이를 입증한다. 이러한 읽기 모임을 통해, 잘 알려진 시인 외에도 권동택(권경택으로 이름 바뀜), 임일호 등 훌륭한 재일조선인 시인과 만날 수 있었다.

　특히 『진달래』는 재일조선인의 문제만을 다루는 것이 아니다. 일본 정부에 대한 비판, 조선 전쟁에 대한 반대는 전체적으로 깔린 정서이거니와, 4호에 실린 김시종의 시 「마음속」ふところ에는 재일조선인의 슬픔과 미 제국주의에 대한 저항이 베트남 전쟁에 대한 비판으로 이어진다. 북한에서 이뤄진 임화, 이승엽의 숙청에 동조하는 등 섬세하고 비판적인 분석을 필요로 하는 부분도 있지만, 재일조선인 청년들이 조선학교를 만들면서 적극적으로 삶을 구성하고 정치활동을 벌이는 모습이 흥미롭다. 또한, 한국어와 일본어 중 어떤 언어를 쓸 것인가를 둘러싼 갈등도 엿볼 수 있다. 이후 토론에서는 1950년대 다른 지역의 서클 활동과 한국어와 일본어 사이에서 변형되어 가는 다양한 언어적 실험들을 『진달래』의 활동과 연관 짓는 해석 등이 나왔다. 그중에서도 내 친구 우자는 이렇게 이야기했다. "저는 김시종 선생님보다 함께 활동했던 여성들 이야기가 듣고 싶은데 어쩐지 묻는 게 무섭다." 이러한 실문들은 『진달래』를 현재화하는 여러 개의 회로가 되리라 생각한다.

김시종 시인의 기억 속 진달래는 분홍이 아닌 붉은 색이다. 실제로 제주도의 진달래는 한국 남쪽 진달래보다 붉은 종류가 있다. 잡지 『진달래』는 '한'의 정서로 굳어져 버린 김소월식 분홍 진달래에 붉은 진달래를 덧씌운다. 재일조선인의 진달래가 한국의 진달래를 변화시킨다. 우리는 재일조선인의 진달래에 어떤 색을 칠할 수 있을까? 우리가 서로의 마스크를 벗기고 새로운 마스크를 만들면서 만날 수는 없을까? 마스크를 씀으로써 기존의 정체성을 버리고 새로운 '우리'가 되어 새로운 '역사'를 살았던 사빠띠스따Zapatista들처럼. 어차피 돌아가야 할 얼굴이란 없으므로. 그리고 나는 신앙고백 없이 그 마을에 들어갈 수 있을까?

　　뒤풀이에서 만난 아주머니는 자신의 어머니가 오사카에 정착했을 때의 이야기를 들려주셨다. 그곳에 정착한 이유는 먹을 것을 키울 산이 있었기 때문이었다고 했다. "봐, 산이 있지? 여기라면 굶어 죽지 않아." 심포지엄 장소에서 그다지 멀지 않은 곳에 가마가사키釜ヶ崎라는 빈민부락이 있다. 그곳은 전후 일본의 일용 노동자 부락으로 유명했던 곳인데, 현재는 그분들이 나이가 듦에 따라 야숙자 마을이 되어 가고 있다. 이 근처에는 여전히 '요세바'寄せ場(인력시장)와 '도야'ドヤ(쪽방), 그리고 야숙자들의 쉼터가 모여 있다. 나의 첫 오사카 경험은 이 가마가사키였다. 그곳에서 한국말을 하며 걷자니 지나가던 노숙자가 말을 붙였다. 자신은 한국인인데 1970년대에 일본으로 건너왔다고 하면서, 여기엔 가난한 타국인이 많이 있다고 했다.

　　나에게 재일조선인 잡지 『진달래』는 한국의 외국인 노동자 잡지로 보인다. 한 50년쯤 뒤 한국의 외국인 노동자와 나는, 아니 우리는 어떤 마스크를 쓰고 있을까? 또 하나의 마을로 태어날 수 있을까? 앞으로 연재할 것은 이런 마을에 대한 것이다. 아직 이름 없는 마을과 만난, 혹은 들은 이야기이다. 그리고 마을을 만드는 이야기가 되길 바란다.

'마을'을 시작하는 법

다니가와 간谷川雁과 1950년대 서클마을サークル村

여기는 바다 위 네트워크-마을

사진 한 장을 오래도록 들여다보고 있다. 이곳엔 두 개의 문명, 두 개의 종교, 두 개의 바다가 공존한다. 아시아와 유럽이, 비잔틴과 오스만이라는 두 거대제국의 역사가, 기독교와 이슬람이, 마르마라해와 흑해가 공존한다. 아시아와 유럽을 양쪽에 거느리고 있는 보스포루스 해협이다. 이 공존 혹은 섞임이 가능한 것은 두 지역을 잇는 다리 덕분이다. 그 다리 위엔 통행이 끊이지 않고 다리 밑으론 매년 5만 척이 넘는 선박들이 통과하며, 곧 기차 터널도 건설될 예정이다. 나는 이 해협에 매료되고 말았다. 그 해협을 연결하는 다리를 보았을 때, "바다 위에 떠 있는 네트워크 마을이잖아"라고 소리치고 싶었다. 그리고 다니가와 간(1923~1995)의 글 「여기는 도마뱀의 머리」가 떠올랐다.

보통 '마을'이라고 하면 작고 안정된 시골을 떠올린다. 그러나 다니가와는 차별받는 부락민, 나병환자, 외딴 섬의 어민, 재일조선인 등이 도달한 규슈의 탄광촌, 집도 절도 없이 변방을 떠돌던 그들의 경험 속에서 이질적인 것을 연결하고 변화시키는 "네트워크 노시"의 삼세성을 본다. "규슈를 코르시카Corsica식으로 보는 사람들이 많긴 하지만, 난 역시 이 지역 속의 알제리적인 것에 희망을 품는다. 아니 서해와 동중국해가 우리들의 지중해가 될 때는, 아테네와 로마와 알렉산드리아를 하나로 뒤섞은 듯한 도시가 반드시 건설될 것이라고 공상하기도 한다."[3] 다니가와 간. 그가 보르포루스 해협을 잇는 다리를 보았다면, 그 다리가 바로 마을이라고 했을 것이다.

일본의 사상동향을 전달하는 게 이번 연재에서 내가 맡은 몫이다. 그러나 나는 다니가와 간을 이른바 "일본", "사상", "동향"으로 말하는 데 일종의 저항을 느끼면서도 동시에 바로 그 파격의 힘 때문에야말로 "일본", "사상", "동향"으로 소개해야만 한다고 느낀다. 그는 사회의 가장 어두운 곳에 있는, 이름조차 없는 잠재력을 보고, 그것을 마을 형태로 실험하면서, "한 공동체", "한 학문체계", "고정된 지금"과 대결했던 네트워크 운동체였기 때문이다. 다니가와 간은 오직 다니가와적인 방식으로만 말할 수 있다. 이미 존재하는 사상동향이 아니라 앞으로 일어날 사건으로서만. 그리고 그 사건은 '마을'이 되어야 한다고 생각한다.

여기는 공작자-마을

사건은 한 번으로 시작되지 않는다. 첫 번째 공작. 올해 중순쯤, 일본경제평론사에서는 『다니가와 간 셀렉션』谷川雁セレクション 1권과 2권을 출판했다. 1권은 「공작자의 윤리와 배리」로 이와사키 미노루岩崎稔가 편집을 맡았고 2권은 「원점이 존재한다」로 요네타니 마사후미米谷匡史가 편집을 맡았다. 일본경제평론사의 셀렉션은 현재적 의미를 지닌 일본 사상가를 발굴해 내는 힘이 있다. 다니가와 간은 1950년대에 일본 공산당의 당원이자 시인으로 활동했으나, 1958년부터 규슈의 후쿠오카 현福岡県 나카마 시中間市 다이쇼 탄광大正炭鉱에 살면서 서클문학운동(서클지 『서클마을』サークル村을 간행했다)과 탄광노동운동(다이쇼 투쟁大正闘争)에 참여한다. 이런 다니가와의 활동은 소수의 전위가 주도하는 공산당의 민주집중제와 달랐다. 그의 활동은 단일한 중심이 없는 네트워크로 이루어졌고 소수의 전위가 중심이 되는 게 아니라 모

보스포루스 해협의 다리. 바다 위에 떠 있는 네트워크 마을

순되고 어두운 탄광의 잠재성을 통해 새로운 마을을 만드는 것이었다. 그는
결국 일본 공산당과 어긋났고, 1960년대 안보 투쟁이 한창이던 때 공산당에
서 이탈한다. 그 뒤 그는 기존 혁신정당이나 노동조합에서 자립하여, 새로운
좌익운동의 카리스마로서 코뮌적 활동을 벌인다.

그의 말년은 현재도 수수께끼인데, 1965년 도쿄로 이주하여 라보[4] 영
어 교육운동에 관여하고 혁명운동이나 비평활동에서는 침묵을 지키는 한
편, 경영자 측의 입장을 대변하기도 하여 변절했다는 비판을 받는다. 1980년
대에는 〈십대회〉十代の会나 〈이야기문화회〉ものがたり文化の会를 조직해 미야자와
겐지宮沢賢治(1896~1933)의 동화를 인체 교향극으로 표현하는 코뮌 활동을
하다가 1995년에 죽는다. 여러 가지 수수께끼와 허점이 있지만 다니가와 간
은 전후 일본에서 전위·도시·지식인과 같은 중심적 권력구도를 비판하고 원
섬·마을·민중의 잠재성 속에서 공동체를 모색했던 공작자(사건을 일으키는
자)였음은 분명하다. 그의 공작들은 이번 셀렉션 출판을 통해 현재적 사건

모리사키 가즈에가 탄광촌 여성들과 만든 잡지 『무명통신(無名通信)』 1호, 1959. 8. 표지. 권두언의 제목은 이렇다. "도덕이라는 요괴를 퇴치하자 — 쌈짓돈적인 사상을 둘러싸고"

으로 되살아 날 사상적 기반을 마련했다. 그리고 이 책을 일본의 사상으로서가 아니라 동아시아의 소수자 마을의 사상으로서 알리는 일이 우리 손에 주어졌다고 느낀다.

두 번째 공작. 6월 6일엔 이 셀렉션의 출판을 기념하는 심포지엄이 열렸다. 제목은 "다니가와를 다시 읽는다 — 지금 되살아나는 원점/공작자의 사상." 기조 발표는 오키나와 티칭, G8 반대 포럼 등 활동하는 학자인 우카이 사토시鵜飼哲 씨와 오사카에서 반빈곤 활동에 관여하고 있기도 한 사카이 다카시酒井隆史 씨였다. 우카이는 '혁명가 다니가와 간과 언어/신체를 새롭게 구성하려 한 다니가와 간'이라는 이 단절이 지닌 울림을 그대로 계승하는 것이 중요하다고 말했다. 사카이는 다니가와의 공간 감각이란 어떤 지역에 잠수한 뒤 엄청난 크기로 확장되며 중앙 자체를 무의미하게 한다고 말했다. 1권의 해설자인 사토 이즈미佐藤泉 씨는 다니가와 간을 집단적 존재로 읽을 때, 현재의 비정규직 운동과 연결될 가능성이 있다고 주장했다. 2권의 해설자인 나카자토 이사오仲里効 씨는 오키나와에서 있었던 다니가와 간의 강연을 오키나와의 일본 복귀나 1980년대 동아시아의 난민확산 및 민중문화의 흐름 속에 위치시켰다. 사쓰마 번薩摩藩이 오키나와를 침략한 지 600년이 되는 해이자 류큐 처분 130년을 맞는 올해, 나카자토 씨의 지적은 동아시아의 유민의 흐름을 잇는 실마리가 될 수 있으리라.

드디어 편집자들의 차례가 돌아왔다. 1권을 편집한 이와사키는 다니가와 간의 '공작자'란 사이에서 사건을 만드는 자라고 강조하고, 비정규직 활동인 파견마을 활동, G8 반대 활동 등과 같은 활동 속에서 다니가와 간을

"현재적으로 오독"해야 한다고 말했다. 2권을 편집한 요네타니는 이번 셀렉션 편집 작업 전체가 코뮌적 네트워크였다고 말했다. 〈수유+너머〉를 통해서 네트워크적 코뮌의 가능성을 보았고, 나카자토 씨와의 만남을 통해 오키나와와 연결되었으며, 〈이야기문화회〉 등과의 교류가 이번 편집을 가능하게 했다는 것이다. 1958년부터 2~3년간 지속한 서클마을 활동 또한 다니가와 간 외에도 모리사키 가즈에森崎和江, 우에노 에이신上野英信, 이시무레 미치코石牟礼道子 등 동료들과 함께 이루어진 것이었다. 심포지엄 발표자들은 이처럼 자신의 활동 속에서 다니가와 간과 접속했다. 나는 이 공작들이 심포지엄과 책이란 틀을 깨고 흘러넘쳐 새로운 마을을 만드는 꿈을 꾼다.

여기는 어둠 속의 어둠, 침묵하는 마을

네트워크가 되고 마는 심포지엄처럼, 다니가와 간의 글은 네트워크 없이 독해가 불가능하다. 그의 글은 누군가와의 만남을 통해서 시작되는 경우가 많고, 편지글, 공동선언문도 다수를 차지한다. 다이나믹한 1950년의 구체적 활동, 그 안에서만 의미를 지닌 단어들·인명·지역명·사건명이 어지러울 정도로 비약적인 이미지로서 등장하며, 때로는 깊고 어두운 심연을 지니고 있어서 건너가지질 않는다. 이런 구체성들은 우리가 경험했던 마을들을 상기시킨다.

연구공간 〈수유+너머〉, 대추리, 일본의 야숙자마을, 오키나와의 산호초……내 속에도 혼란스러운 몇 가지 마을 이미지가 있다. 그것들은 결코 밝지만은 않다. 공동체에도 다시 그림자가 생기고 차별이 생기고 어둠이 생긴다. 그러나 마을의 어둠 속엔 단지 어둠으로 끝나지 않을 아름다운(감히 '아름다운'이라고 말한다) 빛깔이 있다. 다니가와는 그 어둠에 '밝음'이나 '진보'란 이름을 붙이지 않는다. "혁명의 음극陰極", "마이너스의 극한치"에 "원점"原點이라고 이름붙이고, 오히려 그것이야말로 어둠 속에서 눈을 밝히고 있는 삼세석 에너지의 소용돌이라고 말한다. "내가 말하고 싶은 것은 최근 정겸한 어렴풋한 놀라움이다. 그건 정말이지 평범한 사실이지 않느냐고 몇 번이나 자신을 납득시키려고 했지만, 그때마다 윙윙 바람이 부는 듯한 기분이다. 이것이 어디로 가서 닿을까, 나는 아직 확실히 알 수 없다. 그렇지만 분명 그것이 여태껏 한 번도 본 적 없는 것을 생성할 것이란 느낌이 든다."(「여자들의 새로운 밤」).5

그런 점에서 다니가와 간의 서클마을 활동은 함께 활동했던 동료들과의 관계 속에서 조명해야 한다. 특히 모리사키 가즈에는 다니가와 간과 연인 사이로 함께 서클마을 활동을 했다. 그러나 그녀는 탄광의 가장 하층 여성들과 함께였다. 그녀는 당시 만들었던 잡지 『무명통신』無名通信의 복간을 거절하고 있다. 그 잡지는 그 여성들과의 관계 속에서 만들어진 것이므로 자신 혼자 복간을 결정할 수 없다는 게 이유이다. 그 잡지는 이렇게 침묵함으로써 자신의 존재를 알린다. 그리고 다니가와 간에서 시작된 내 마음은 자꾸만 모리사키 가즈에를 향해 간다.

밤에 불을 밝힐 때 밤은 사라지거나 더 깊은 어둠 속으로 숨는다. 밤을 낮이 아니라 밤 자체로 말할 수 없을까? 밤을 밤 자체로, 침묵을 침묵 자체로, 마이너스와 결여 그 자체를 가치로서 말하는 법, 그래서 세상의 좌표계를 완전히 새롭게 하는 법을, 1950년대 서클마을의 활동들은 알려 줄는지도 모른다.

우리, 어두운 낙천주의자들의 마을

다시 사진으로 돌아가자. 보스포루스 해협. 이질적인 것들이 뒤섞여 스파크를 일으키는 네트워크-마을. 그러나 움직이고 있는 것은 다리만이 아니다. 사진에서는 평온해 보이지만, 사실 보스포루스 해협은 깊고 거칠다. 해협의 직선 길이는 20.9km이고 폭이 넓은 곳은 3,500m나 된다. 수심도 50m~120m로 깊다. 북에서 남으로 진행하는 남류와 남에서 북으로 진행하는 북류 두 가지 해류가 흘러 물 흐름은 세차고 소용돌이친다. 수면은 흑해에서 지중해 쪽으로 흐르지만 바닷속은 지중해에서 흑해로 흐르고 있는 셈이다. 좁은 수로, 급격한 만곡, 바람, 안개 등은 수많은 해상사고를 일으킨다. 다니가와 간의 글을 읽을 때 건너야 하는 심연들, 이른바 구체적이고 독특한 활동어와 고유어, 공동체 속의 다시금 생기는 어둠, 어둠 속의 어둠이 내뿜는 숨 막힐 듯한 에너지처럼. 그러나 새로운 마을을 만드는 일은 이런 심연이 지닌, 어쩌면 현재 우리의 눈에는 어둡고 괴상하게만 보이는 그러한 에너지를 통해서 가능하지 않을까.

나는 조금은 이상한 눈으로 여전히 사진을 쳐다본다. 아니 사진을 움직이려고 애쓰고 있다. 깊은 어둠 속에 아직 아무도 만나 보지 못한 마을이, 우리 어두운 낙천주의자들의 마을이, 그 구체적인 숨결을 시작하고 있는 듯하다.

야스쿠니 앞에서의 '광복'

2009년 8월 15일, 야스쿠니를 둘러싼 사건들

'광복절'이라는 말

친구의 전화를 받았다. "8월 15일에 집회 올래요? 우익과 충돌이 심한 집회라 위험할 것 같긴 하지만. 야스쿠니 근처예요." "아, 광복절에 집회가 있나요?" "네? 광복저얼…… 아, 한국에서는 8월 15일을 광복절이라고 부르지요?"

한국에서는 8월 15일을 광복절이라고 부른다. 한국에서 8월 15일이 의미하는 것은 해방과 독립과 광복이지만, 일본에서는 전후 혹은 패전을 의미한다. 몇 월 며칠을 기념일로 정하는가를 보면 상황은 훨씬 더 복잡하다. 8월 15일을 기념하는 것은 동아시아에서 한국과 일본뿐이다. 대만은 10월 25일, 중국과 필리핀은 9월 3일, 싱가포르와 말레이시아는 9월 12일, 타이와 버마(미얀마)는 9월 13일을 기념일로 삼고 있다. 어떤 역사적인 사실을 "기념"한다는 것은 이처럼 기념하는 공동체를 주어로 갖고 그 공동체의 시공간을 확정 짓는다. 한 공동체에 의해서 '기념할 이름'과 '시공간'과 그 '내용'이 만들어지는 것이다. 그러나 그러한 공동체의 경계는 늘 모호하며 시공간은 복수적이며 기념할 내용 또한 단일할 수 없다.

한국에서 8월 15일을 '광복절'이라고 부르는 이유는 일본 제국주의에 저항한 민족투쟁을 기념하기 위한 것이리라. 그러나 실상 8월 15일은 일본이란 국가가 조선에 항복한 날도, 조선의 국왕이 일본의 패전을 선포한 날도, 독립투사들의 투쟁이 성공한 날도 아니다. 미국에 대한 일본의 항복을, 일본 천황이 모호한 수사로 잘 들리지도 않는 라디오를 통해 고백(?)했고 그것이 조선 전체에 울려 퍼진 날일 뿐. 또한, 그 고백을 경성 방송국이 한국어로 번역하여 설명까지 곁들여 그 다음 날인 8월 16일에 조선 곳곳에 다음날 방송한 날일 뿐이다. 어쩌면 한국에서 광복절로 기념해야 할 날은 따로 있을지도 모른다. '광복절'에 '광복'을 맞이한 자, 빛을 되찾은 자는 과연 누구였을까? '해방과 독립'의 순간에 정말 해방과 독립을 한 자는 누구였을까? 만약 이 '광복절'이란 이름을 계속 사용하는 게 의미가 있다면, 그것은 어떻게 사용될 때일까?

내게 한국에서 맞는 광복절은 휴일 이상의 것은 아니었다. 그런데 희한하게도 일본에 있자니 광복절이 새삼스럽고 8월 15일의 야스쿠니가 궁금해졌다. 친구에게서 전화도 받았겠다, 〈야스쿠니 신사 참배 반대 및 외국인 추방 반대〉 집회에 참여해 보자 생각하며 집을 나섰다. 그러나 막연히 야스쿠니에 가면 좌파집회에 참여할 수 있겠거니 했던 건 나만의 착각이었다. 야스쿠니에서는 우익 등쌀에 좌파집회 자체가 불가능하다는 것을 8월 15일의 야스쿠니에 가보고서야 확실히 깨달았다. 그리고 광복절에 야스쿠니에서 길을 잃은 나는 문득, 8월 15일 야스쿠니 앞에서 비로소 '광복'이라는 말이 어떤 의미를 띠게 되지 않을까 생각했다.

죽음에 바치는 늙은 욕망의 코스프레

8월 15일 야스쿠니 앞은 일본 우익단체의 종합선물세트다. 구단시타 역에서 야스쿠니를 향해 걸으니, 티베트 탄압을 비판하며 중국의 제국주의(?)를 사죄하라는 구호, 중국인과 조선인은 일본에서 나가라, 재일조선인은 들어가라, 등의 구호가 난무했다. 〈외국인의 참정권을 반대하는 모임〉이 서명

야스쿠니 신사. 야스쿠니 신사는 천황을 숭배하고, 내전에서 희생한 사람들을 애도하기 위해 세워졌다. 야스쿠니는 '평화로운 나라'를 의미한다.

을 받거나, 〈새로운 역사교과서를 만드는 모임〉이 "민주당은 매국노"라고 외치기도 했다. 민주당의 하토야마 유키오가 중국과의 외교관계 개선을 위해 야스쿠니 신사 참배를 그만두고 새로운 국립추도시설을 건립하겠다고 발언했기 때문이다. 며칠 뒤의 중의원 선거에서 전통적 우파정당인 자민당을 누르고 민주당이 집권할 가능성이 크기 때문인지, 우파의 움직임은 격화되어 있었고 얼굴엔 위기감이 역력했다.

　　야스쿠니에 가까워질수록, 과격한 구호는 전쟁 코스프레로 변화한다. 젊은 시절의 군복을 입고 일본도를 차고 나와 피로 오염된 일장기를 하늘 높이 들고 대로에 정렬한다. 누군가가 하모니카로 군가를 연주하자 할머니들은 손수건으로 눈을 닦고, 할아버지들은 마치 가미카제에 타기 직전이라도 되는 듯한 긴장된 묵념 끝에 소리를 지르며 행진한다. 그 옆으로 맥주 두 캔을 놓고 군가를 연주하거나 조용히 읊조리기 시작하는 할아버지도 있고, 한편 군가를 따라 하는 할아버지 무리도 보인다. 노인들뿐만이 아니다. 젊은 우파들은 더욱 비장하게 군복을 갖춰 입고 정렬하고 행진한다. 이들에게 이 날은 일종의 축제이다. 전쟁을 빼곤 회상할 수 없는 젊은 날의 추억이며 자신의 삶이 무의미하지 않았음을 국가적으로 인정받는 늙고 슬픈 존재 증명인 코스프레. 비록 죽음의 축제라고 할지라도, 이들의 코스프레는 어떤 욕망으로 가득 차 있었다.

야스쿠니라는 잡다함

야스쿠니 주변의 "코스프레"가 욕망의 뜨거운 표출이라면, 야스쿠니 안에서 이루어지는 "참배"는 욕망의 차가운 표출이다. 우익들의 뜨거운 울분을 정돈된 슬픔으로 만들어 주는 곳이 야스쿠니의 참배소, 하이덴拜殿이다. 일종의 대기실인 산슈덴参集殿에서 본전本殿 앞 참배를 위해 지어진 건물인 하이덴까지 들어가려면 이름과 주소를 등록용지에 쓰고 돈을 내고(많은 이들이 10만 원 이상을 낸다) 차례를 기다려야 한다. 한 팀이 들어가면 큰 정자에 모여 앉아 마음을 가라앉힌다. 주변에서는 "차분해진다. 좋다"는 읊조림이 들린다. 반대로 나는 가슴이 뛴다. 내가 외국인이며 반대쪽 데모에 참여하러 왔다는 걸 안다면? 그러나 그런 일은 일어나지 않는다. 주변을 보니 외국인, 휠체어를 탄 할머니, 가족 전체가 온 경우도 눈에 띈다. 대체 이들에게 이 참배는 무엇을 의미하는가?

야스쿠니의 참배소에서 느낀 불안감은 기우에 불과했다. 8월 6일 한국에서도 개봉된 리잉 감독의 다큐멘터리 〈야스쿠니〉(2007)를 보면, 외국인을 배제하는 것은 사실 야스쿠니의 본류가 아니다. 오히려 야스쿠니는 다양한 국적을 지닌 전사자들을 '제국'적 시선으로 관리하는 잡식성의 장소, 제국의 무덤이다.

"평화로운 나라"라는 의미를 지닌 야스쿠니 신사에는 1869년 이래 일본 전쟁 희생자들, 동경재판의 A급 전범들, 강제 동원되어 희생된 자들이 함께 모여 있다. 다큐멘터리에는 대만 원주민 치우스 아리가 야스쿠니에 묻힌 아버지의 위령을 돌려달라고 요구하는 장면이 나온다. 그러나 야스쿠니는 진범을 야스쿠니에서 삭제해 달라는 요구뿐 아니라, 강제 동원되어 죽은 가족

야스쿠니 신사에서 광복절마다 벌어지는 전쟁 코스프레 (촬영 2013.8.15.)

의 이름을 지워달라는 피식민자 자손들의 요구 또한 거절한다. 야스쿠니는 종교도 민족도 상관없이 모든 전몰자의 영령이 기병도[6]에 깃들어 있다고 믿는다. 피식민자들은 죽어서야 비로소 평등한 대우를 받는 것이다.

한편 다큐멘터리는 '야스쿠니 칼'靖国刀을 제작해 온 90살이 넘은 장인 가리야 나오하루刈谷直治의 모습을 줄곧 쫓는다. 그는 12년 동안 전쟁장교에게 하사하는 '야스쿠니 칼'靖国刀을 8천1백 개나 제작했다. 그러나 나는 그를 쉽게 비난할 수 없다. 쉬는 날이면 천황 히로히토의 목소리를 반복해서 듣고, 야스쿠니 칼의 의미를 온 힘을 읊는 장인. "쉽게 더럽히지 말아라 일본 칼"이라고 힘주어 말할 때 풍겨오는 모순된 삶의 '신앙'들을 어떻게 말해야 할까?

모두가 단 하나의 길이 옳다고 입을 모을 때, 그것이 틀렸다고 말하는 것은 정말 중요하지만, 그것은 과연 어떻게 가능할까? 이처럼 이 다큐멘터리는 인간이 하나의 공동체에 소속되어 살아갈 때, 그 평범한 삶이, 연대에 대한 욕망이, 왜 파시즘으로 귀결되어 버리는가에 대한 깊은 통찰과 질문을 담고 있다.

좌우가 대립할 때면 잊히는 것

나는 좌파 집회에 합류하려 했으나 길을 잃고 계속 우익 집회와 만났다. 우파 집회가 훨씬 더 많고 대규모였기 때문이다. 솔직히 우파집회도 선동하고 삐라를 돌리고 플래카드를 들고 행진한다는 점에서 좌파집회와 동일하지만, 미묘한 차이가 있다. 집회의 소리가 다르다. 우파집회의 선동은 절반 이상이 '빠가(바보)'라는 욕이며 그것이 다양한 음색과 음조로 변화했다. 경찰들은 우파차량이 좌파집회와 충돌하지 않도록 길을 막기도 했는데

리잉 감독의 다큐멘터리 〈야스쿠니〉(2007) 포스터. "국가가 만들어낸 '기억', 그것은 나라마다 다르다는 것을 말하고 싶었다."

우파 차량에 탄(대개 젊은 남성) 사람들이 확성기로 "자유국가 경찰이 시민을 막느냐, 빠가! 직진! 빠가! 너 어느 나라 경찰이냐! 빠가!" 등을 외쳐댔고 주변에선 킥킥거리며 '빠가'를 반복했다. 나는 '빠가'로 점철된 빈곤한 상상력과 과장되고 필사적인 몸부림을 보면서 묘한 기분에 빠져들었다. 그들에게 8월 15일은 삶의 울분을 모조리 발산하는 날인 듯했다. 그들은 이 국가적이고 장엄하고 필사적인 하루를 엄청난 양의 일본 술로 마감하지 않을까?

길을 헤매던 나는 결국 경찰에게 좌파 집회장소를 물었다. 경찰만큼 좌파와 우파의 움직임을 소상히 아는 이들도 드물었기 때문이다. 이때 우파 집회와는 다른 소리가 들리기 시작했다. 덜 필사적이며 더 웅성거렸고 잡음이 많았다. "겨우 찾았구나!"하면서 사진부터 찍으려는 순간, 친구들과 눈이 마주쳐 데모대 안으로 들어갔다. 나중에 안 것이지만 사진을 찍으려던 내 위치는 이날 데모대를 폭력적으로 공격했던 우파들의 자리, 바로 그것이었다. 데모대로 들어가자, 조금 전까지 내 옆에 있던 사람들이 나를 향해서 욕을 해대기 시작했다. 데모대의 안과 밖. 그 작은 차이가 나를 우파로 혹은 좌파로 들변시켜 보이도록 했다.

자민당의 낙선이 점쳐지기 때문인지 우파의 공격은 극히 폭력적이었다.

데모대는 경찰의 보호 없이는 움직일 수가 없었고, 경찰 보호막에 빈공간이 생기면 우익 청년들이 바로 치고 들어와 육탄전이 벌어졌다. 친구들은 두건이나 마스크를 쓰거나, 변장하고 있었다. 그렇게 하지 않으면 사진을 찍어 나중에 공격한다는 것이었다. 몇 명이 다쳤고 "일본에 파시즘이 다시 도래했다"고 누군가가 외쳤다. 집에 돌아갈 때도 우파가 따라붙지 않는가를 경계해야 했다. 그러나 나는 이러한 좌-우의 대립구도 속에서는 잊히는 질문들도 있지 않을까라고 생각했다. 실상 이날 도로를 장악한 것은 좌도 우도 아닌 경찰이었다. 좌-우의 대립이 거세다 보니 좌-우 모두를 떼어 놓기 위해서라는 이유로 도로를 관리하는 경찰국가에 대한 비판을 잊었다. 또한 평범한 시민인 그들이 왜 그렇게 난폭해지느냐는 보다 근본적인 질문 또한 잊어버린 것은 아니었을까.

일본에서 마을을 말한다는 것

우리가 어떤 단체에 참여하는 이유는 '연대의 쾌감' 때문일 것이다. 소속감, 함께 미래를 계획할 때의 두근거림, 일상적인 친밀함. 비록 그 소속감만큼이나 거리감을 절감하게 된다 해도, 그러한 공동성에 대한 기쁨이 마을을 만드는 기본적 정동 affect이 되리라 믿는다. 그런데 데모에 모여든 일본의 활동가들을 보면 어떤 큰 집단에 소속되어 있다기보다는 개인적 결사라는 느낌이 강하다. 이런 경향은 일본의 역사가 지닌 식민주의의 경험과 일본 민족주의가 지닌 파시즘적 성향을 견제하기 위해 생긴 특성이리라. 따라서 일본에서 '마을'을 만드는 것은 다른 곳에서보다 위험을 동반한다. 그러나 나는 오히려 그렇기 때문에야말로 이곳에서 더욱더 동아시아의 '마을'에 대한 반성적 모색이 이뤄져야 한다고 느낀다.

대중적 욕망이 지닌 파시즘적 성격은 비단 일본만의 이야기는 아니다. 한국의 경우 광복절이 되면 서울 경찰청 교통안전과는 바싹 긴장한다. 광복절은 "대폭"이라고 해서 폭주족들의 생일"이라 불린다. 이날을 택한 특별한

야스쿠니 칼의 장인, 가리야 나오하루(다큐멘터리 〈야스쿠니〉 중에서). 영화는 일본 문화 정신을 상징하는 '국화와 칼', 두 개의 부호를 탐구하며 일본인들에게 '정신적 보루'인 야스쿠니 신사와 신사를 찾는 사람들을 관찰하여 스크린에 담았다. 현역 최고의 야스쿠니칼 장인 가리야 나오하루를 비롯한 다양한 인물들의 전쟁 후유증에 대한 행동반응을 다각도로 투시한다. 그리고 현재 일본의 역사와 동아시아인, 일본인들의 무의식 속에 잠재된 야스쿠니 신사의 의미를 재조명한다.

이유는 알 수 없지만 어쨌든 주족들은 이날 모여 태극기를 달고 폭주한다. 왜 폭주하는가 하고 묻자, "무엇 하나 내세울 것이 없는 애들이 뭉쳐서 힘을 과시할 수 있다는 게 뿌듯했다", "'폭주 한 번 뛰어봤냐'고 자랑하는 게 인생을 업ᴜᴘ 시키는 것 같아 좋다"고 말한다.7 이러한 폭주족의 행위와 야스쿠니 앞에서 벌어지는 우파의 폭력성은 묘하게 닮아 있다. 열정'적'으로 보이는 코스프레의 일원이 됨으로써 고통스러운 삶의 순간적 의미를 찾은 죽음의 열정. 그것이 파시즘이 아닐까? (한편 혁명이 지닌 극단적인 열기는 이러한 우파적 양상과 어떻게 다르며 또 달라질 수 있을까.)

　　타인과 연결되고 싶다는 욕망 없이는 어떤 마을도 구성할 수 없다. 문제는 그 원초적 욕망을 어느 방향으로 틀 것인가이다. 이 지점에 야스쿠니의 문제, 마을의 문제, 민족의 문제, 파시즘의 문제가 가로놓여 있다. 일본에서 혹시 마을을 만들 수 있다면, 그것은 야스쿠니 신사를 참배하거나 코스프레를 하거나 좌파 집회를 공격하는 이 늙고 위험하고 보수적인 대중의 동력이 선환될 때, 즉 대중의 욕망과 동력이 '고기'로부디 해방/독립될 때일 것이다. 그것이 야스쿠니 앞에서 '광복'이 의미하는 바가 아닐까?

폐를 끼치면서, 비로소, 살고 싶다

야숙자 마을 '가마가사키'에서

메이와쿠^{迷惑}('폐'라는 뜻의 일본어)라는 사이렌

도쿄로 집을 옮긴 뒤의 일이다. 혼자 집에 있는데 비가 쏟아지기 시작했다. 빗소리를 듣고 있자니 이방인인 나도 이 낯선 도시 일부분인 듯한 기분에 빠져들었다. 빗소리는 경계선을 지우고 모든 것이 우주의 한 부분인 듯이 느끼게 하는 마력이 있다. 인간과 자연 사이, 집안과 집밖의, 나와 내가 아닌 것 사이의 경계가 아스라이 멀어져 가는……그때였다. 사이렌 소리가 울려 퍼지기 시작했다. 호우경보/주의보 사이렌이었다. 모든 소리를 지우고 자신의 소리만을 남기는 날카롭고 강력한 사이렌. 일순 나는 욕구불만과 고립감에 휩싸였다. 자연의 폭력은 경계를 지우지만 인간의 폭력을 경계를 긋는다. 일본 전국이 그러한지는 모르겠지만, 내가 사는 곳에서는 다소 폭우가 내릴라손치면 사이렌이 울려댄다. 빗소리를 좋아하는 나는 이곳에 오고부터는 빗소리를 편안히 들을 수 없다.

위험을 알려 사람들을 구해 내는 소리는 생존을 위해서 필요한 것이리라. 그러나 나는 내 생존을 위해 국가장치가 '발령'하는 '지령'인 사이렌이, 이 고마워야 할 삶의 안전벨트가 달갑지 않다. 폭우의 위험을 '경고'하는 사이렌을 듣고 있자면 "고멘나사이, 스미마셍", 결정적으로 "메이와쿠카케루나!"

오사카 야숙자 마을 가마가사키의 블루텐트, '폐'의 브리콜라주

따위의 일본어가 들리는 듯하다. 이것은 "죄송합니다, 미안합니다, 폐 끼치지마"에 해당하는 일본어들이며, 일상생활에서 가장 많이 듣는 말이기도 하다. 조금만 가까이 다가가도 "너무 가까워 너무 가까워! 그건 민폐야 그건 민폐야!" 경계경보를 울려대는 말들. 관계들에서 상처를 받거나 민감해진 결과, 이질적인 존재와의 연결을 거부하게 되는 것은 비단 일본만의 일은 아닐 것이다. 단지 일본에서는 그러한 과민반응이 정서상 당연한 것으로 인정되는 듯하다. "타인에게 폐를 끼치면 안 된다." 이것은 가상 기본적인 정서이다. 이 서민적 윤리를 형성하는 은근한 정서는 국가장치의 관리를 정당화하기도 한다.

다치가와 삐라투입 사건 : 우편함은 국가의 것?

다치가와 삐라투입立川ビラ投函 사건은 적절한 예가 될 것이다. 이 사건은 반전/반기지 운동을 하는 단체인 〈다치가와 자위대 감시 텐트 마을〉立川自衛隊監視テント村이 일본 자위대 파병을 반대하는 삐라를 우편함에 넣었던 것이 빌미가 되어 일어났다. 이 단체는 자신들이 발간하는 월간신문을 메일로 보내거나 우편함에 넣는 식으로 활동을 해 왔다. 2003년 12월에도 그들은 일본 자위대의 이라크 파병을 반대하는 삐라를 인근 자위대 숙소인 아파트 우편함에 넣는다. 내용은 다음과 같았다. "자위대 가족 여러분에게. 자위대의 이라크 파병 반대! 함께 생각하고 반대의 소리를 냅시다." 이를 발견한 입주자는 상부의 지시대로 경찰에 신고했고 삐라 배포는 금지된다. 삐라를 배포했던 사람들은 "폐를 끼치려는 생각은 없다"고 항변했지만 그들의 행위를 불법 주거침입으로 간주하여 체포하기에 이른다. 이후 이 사건은 여러 번의 재판을 거치지만 결국 2008년 최고재판소 판례에 의해 유죄판결을 받음으로써 다시 한 번 이슈화되고, 일본 내 '언론의 자유'를 요구하는 목소리가 높아진다.

그러나 이 사건을 좀 더 들여다보면, 언론의 자유라는 구호로도 해결되지 않는 문제에 봉착하게 된다. 보통 우체통에 광고지를 넣었다고 해서 불법침입자가 되진 않는다. 삐라배포를 불법침입과 연관시키는 엄청난 비약은 대

가마가사키 마을의 공공 놀이터. 한쪽에는 함께 볼 수 있는 텔레비전이 있다. 함께 모여 음식을 나누고 운동을 하는 장소이다.

체 어떤 정서를 기반으로 가능했던 것일까? 그것은 '폐를 끼치지 말라'라는 정서가 아닐까? 자신의 의견을 우편을 통해 알리는 것이 '폐'가 되고 심지어 '죄'가 되는 사회. 그러나 우편이나 메일, 삐라나 선전물, 책 등의 인쇄 매체를 통해

야숙자들을 위한 지원 센터 〈고향의 집〉(ふるさとの家). 2007년 겨울에 교토에 오신 한국의 스쾃터 김강 씨 등과 함께 소개를 받아 들어갔다.

자신의 의견을 알리는 방법이 이른바 '폐'라고 한다면, 대체 어떤 방식으로 자기 생각을 알리고 뜻을 같이하는 친구와 만날 수 있을까? 더구나 메인 매체에 발언의 공간을 갖지 못한 사람들의 경우는? 삐라, 전단지, 문건이란 바로 이러한 대중들의 입이자 소식통 역할을 해 왔다. 때로는 민족이나 공동체 간의 싸움을 야기하기도 했으나, 때로는 새로운 삶의 염원을 담기도 했고 때로는 혁명의 도화선이 되기도 하지 않았는가? 사이렌을 울리며 빗소리를 없애듯이, 경찰차 경보음을 울리며 사람들 사이의 정치적 발언공간을 없애 버리는 것. '폐를 끼치지 말라'는 격언 속에서는 정치적 발언 공간을 무기력하게 만드는 정서가 도사리고 있는 듯했다.

가마가사키의 주민등록 말소사건 : 사회에 폐를 끼치는 국가

그러나 일본은 점점 폐를 끼치지 않고 살기 어려운 나라가 되어 가는 것 같다. 『홈리스 중학생』[8]의 유행이 증명하듯, 일본에서는 날로 야숙자가 늘어나고 있다. 젊은 세대부터 늙은 세대까지 야숙자는 일본에서 전국가적 상태다. 국가적 입장에서 보자면, 이른바 "폐를 끼치는 행위"를 하지 않고서는 살아갈 수 없는 그들이야말로 '폐의 집합체'이다. 공원, 거리와 같은 "국가적 공

공재"를 멋대로 차지하면서도, 거리에서 폭동이나 문제를 일으키는 무법자들, 공동체 내부에 있는 한편 공동체 외부에서, 국가적 관리를 어렵게 만드는 불평분자들이라고 이야기되는 그들. 그러나 '공공'을 위한 장소인 공원, 거리 등을 맘껏 활용하는 것이 왜 잘못인가? 아니, 살기 위해서 끼치는 폐라면 그게 왜 잘못인가?

일본 최대의 야숙자 마을로 여겨지는 곳은 오사카의 가마가사키이다. 도쿄, 요코하마, 나고야, 고베, 등 일본 전국에는 이러한 일용노동자, 야숙자가 밀집한 마을이 형성되어 있다. 이러한 야숙자 마을은 전후 일본의 고도성장이 만들어 낸 것으로 가마가사키는 그중 가장 큰 규모라고 할 수 있다. 이곳은 1960년대부터 국가가 전략적으로 형성한 거대한 독신남성 일용노동지대였고, 버블이 무너지고 더는 일용노동자가 필요치 않게 된 이후, 거대한 야숙자 마을이 되었다. 가마가사키에는 숙박시설, 의료시설 지원, 직업 안정을 도와주는 NGO들이 밀집해 있으며 사람들이 모두 모여서 티브이를 보는 공원이 있고 축제도 열린다. 주택지에 자리 잡은 도쿄의 산야山谷에 비해 일거리를 찾아 이동하기 편리한 지리적 조건도 이 마을의 활기에 한몫하고 있다.

그러나 야숙자 마을에서도 야숙자들은 환영받지 못한다. 야숙자 마을 중심에 있는 오사카 시립 하기노차야 소학교大阪市立萩之茶屋小学校의 경우, 야숙자들이 학교 담벼락에 기대 자지 못하도록 학교 담벼락에 물이 떨어지는 관을 설치했다고 한다. 그러나 반대로 야숙자 입장에서 생각해 보자면, 그 학교 담벼락의 물 떨어지는 장치야말로 이곳에서 생활하는 사람들에겐 엄청난 폐를 끼치고 있는 셈이다. 다음의 사건은 야숙자들을 '폐'를 끼치는 존재로 만들어 낸 '국가장치'가 오히려 야숙자들에게 얼마나 폐를 끼

〈고향의 집〉 내부의 공동 침대

첬는가를 잘 보여 준다. 가마가사키의 야숙자나 일용노동자들은 가마가사키 해방회관釜ヶ崎解放会館에 주민등록을 해야 한다. 주민등록을 하지 않으면, 복지 지원을 받을 수 없으며 일을 얻기도 어렵고 참정권도 부여되지 않는다. 그러나 이들은 일거리를 찾아 떠돌아야 하기 때문에 가마가사키에만 머물 수는 없다. 특히 파견

오사카 시립 하기노차야 소학교 담벼락. 야숙자들이 기대 자지 못하도록 학교 담벼락에 물이 떨어지는 관을 설치했다고 한다.

노동이나 알루미늄 캔 줍기 등은 한곳에 밀집해 있으면 일을 따내거나 돈 벌기가 어려워지는 일이기도 하다. 생각해 보라. 알루미늄 캔 줍기가 생계 수단인 야숙자들이 잔뜩 밀집한 야숙자 마을에 과연 캔이 남아나겠는가? 그들은 단지 가마가사키에 지원시설이 많고 사람들이 많이 모여 있으므로 일자리에 대한 소문을 들을 수 있기 때문에 이곳에서 잠을 청할 뿐이다. 따라서 이곳의 야숙자를 도우려고 만들어진 주민등록은 이동해야 살 수 있는 그들의 발을 이곳에 묶어 둘 뿐이다. 더구나 이 회관에서는 한동안 가마가사키에 돌아오지 않는 사람들을 조사해 주민등록을 말소해 왔음이 드러났다. 이에 따라 선거에 참여할 수 없게 된 그들은 항의활동을 벌인다.

이처럼 이른바 '폐를 끼치는 존재'로 규정된 이들에겐 국가관리 그 자체가 바로 '민폐'이다. 어떤 의미에서 그들은 '일자리를 찾아 이동'하는 행동을 통해 국민으로부터의 탈퇴를 선언한 것이기도 하다. 이미 "폐를 끼치는 존재=국가 외부존재"인 그들에게 국가의 보호는 삶에 보탬이 되지 않았다. 물론 어떤 의미에서 일자리를 찾아 이동하는 그들의 행위는 국가를 넘어서는 자본의 신자유주의적 흐름과 닮아 있는 듯이 보인다. 그러한 측면이 있음을 부인할 수 없지만 동시에 그늘이 주민등록 말소에 따른 참정권 박탈에 대항하는 힘을 볼 때 국가와 자본의 흐름과는 다른 내재적 동력이 있음을

알 수 있다.

폐를 끼칠 때, 비로소 가능해지는 관계성

'폐를 끼친다'고 할 때 이 '폐'라는 일본어 단어에는 또 한 가지 숨겨진 의미가 있다. 그것은 '불편함, 괴로움'이란 뜻이다. 일본에서는 스팸메일을 '메이와쿠 메일(폐 메일)'이라고 표현한다.

그러나 메이와쿠 메일이란 한국의 스팸메일처럼 상품광고와 같은 상업성 메일만을 의미하지 않는다. 다소 관계의 선을 넘거나 그다지 필요치 않은 메일을 보내거나 받거나 하면 그것을 메이와쿠 메일이라고 부르기도 한다. 고요한 '내 땅'에 갑자기 날아들어 신경 쓰이게 하는 '불순물'은 불편하다는 것이다. 따라서 국가의 정책에 반대하는 불순물을 우체국에 넣으면 불법침입이 되며, 공원에서 자는 것이 '우리'의 공공성에 폐를 끼치는 것이 되며, 주민등록을 하고선 신고도 없이 이동하는 것은 주민의 자격을 잃는 것이 된다. 정말 이상하지 않은가? 살기 위해서, 공공공간을 거리를 자원을 이용하는 것이, 장소를 이동하는 권리를 갖는 것이 왜 폐이고 죄인 것일까?

그들은 과연 누구를 불편하게 한 것일까? 내가 '폐를 끼치지 말라'는 정서에서 느끼는 위화감은 훨씬 더 깊다. 이 말을 자주 활용하는 사람들을 관찰해 보면, 일본에서 태어나고 자란 사람들이라기보다, 일본으로 이주해 와서 오랜 시간 일본에서 살았던 사람들인 경우도 많다. 그들은 '폐'라는 말을 통해서, 신참 이방인과 거리를 두는 한편, 일본인과 가까워지려는 노력을 통해 고참 일본인(이방인)이 되어 간다. 이런 특성은 '폐를 끼친다'는 말이 지닌 역설적 상황과 관련된다. 그 말은 공동체에 '오래 있었던 외부인'으로부터 공동체에 '막 들어온 외부인'을 향해 발화되는 것이다. 따라서 그저 외부인인 채 공동체의 규율 밖에 있으면 폐를 끼치는 것도 불가능하다. 매우 역설적이지만, 더는 외부인일 수 없을 때, 즉 하나의 공동체 내부에 들어갔을 때, 비로소, 폐를 끼치는 것이 가능해진다. 그런데도 공동체에 들어온 그 무엇이 그

2010년 〈자유와 생존의 메이데이〉. '폐'를 끼치며 거리를 활보하는 민폐적 존재들(?)의 용기와 활기!

공동체와는 완전히 동화되지 않는 독특성을 통해서 그 공동체를 변화시키고 있다는 것을 '폐를 끼친다'는 말은 뜻하고 있다. '폐를 끼친다'는 것은 적극적으로 말하자면 '만남'과 '변화'가 일어났다는 증거, 새로운 형태의 관계성이나 마을이 형성 중이라는 증거인 것이다. 왜 우리는 이 폐를 끼치는 존재를 공동체의 축복으로 받아들일 수 없는 것일까?

폐를 끼치더라도 "~고 싶다!"

올해 일본 메이데이의 구호는 "폐를 끼치더라도 살고 싶다"였다. '폐'를 끼쳤던 여러 가지 경험을 듣던 중 어떤 장애인의 이야기가 가슴에 남았다. "나는 장애인으로 대어났다. 대어나면서부디 내 존재 지체가 민폐었다. 그러니 나는 폐를 끼치더라도 살고 싶다." 사람들은 더 잘 살고 싶기 때문에 폐를 끼친다. 아니 폐를 끼치면서 비로소, '살고' 싶어지고, 더 좋은 관계를 '만들고' 싶어지고 친구가 된다. 관계성이라는 것은 나와 너를 가르는 선을 넘거나 지우지 않으면 생기지 않는다. 이날 메이데이에 참여한 사람들은 일본 최고의 번화가 시부야를 지나가면서 엄청난 폐 끼치기를 몸소 실천했다. 클럽 음악을 크게 틀어대고 소리를 지르고 춤을 추면서 거리를 활보했다. 그리고 "히키코모리[1], 야숙자, 동성애자 만세!"를 외쳤다.

우리는 폐를 끼치지 않고서는 살아갈 수 없다. 아니, 우리는 서로에게 폐를 끼치는 용기를 갖는 한에서만, 기꺼이 각각이 들어가 있는 방의 문지방을 넘는 한에서만, 너와 나라는 관계성을, 너와 나의 동시적인 변화를, 또 하나의 새로운 마을을 시작할 수 있지 않을까? 오늘도 아랫집 꼬마는 큰 소리로 인사를 한다. "다녀올게요!" "다녀왔어요!" 그 소리는 우리 집 문지방을 넘어 내 방에 도착한다. 나에겐 얼굴도 모르는 그 꼬마의 인사만큼 활기를 주는 '폐'가 없다.

---

1. 히키코모리(引き籠もり): 장기간 자신의 집이나 방에 틀어박혀 사회적 활동에 참가하지 않는 상태나 그러한 사람을 일컫는 일본어.

신주쿠 246번지, '거리-밥상'에 초대합니다

이주노동자 민우 씨와 야숙자의 <246키친>

그'들'의 추방, '우리'의 귀환

미누가 한국에서 추방당했다. 미누는 이주노동자이고, 이주노동자 밴드 〈스탑크랙다운〉StopCrackDown(단속을 멈춰라)의 보컬이며, 나의 좀 먼 벗이다. 오늘 나는 그를 추방한 한국으로 가는 비행기에 타고 있다. 자유롭게(?!) 공항의 출입국 절차들을 통과하면서 점차 묘한 기분에 빠진다. 과연 내가 누리고 있는 이 이동의 자유란 무엇을 바탕으로 한 것일까? 일본과 한국을 왕복하는 자유로운(?) 이동이 가능한 것은 "움직이지 않는 한국 국적" 덕분이다. 이것은 과연 자유일까?

내게 한국에 '돌아간다'는 것은 친숙함을 의미한다. 그곳엔 모국어, 집 앞 떡볶이, 된장찌개와 김치와 나물이 있고, 밥 먹는 내 앞에 앉아 내 낯빛을 살펴주는 사람들이 있다. 어머니가 햇빛에 말려 놓은 이부자리에 누우면, 내 방 냄새와 한낮의 태양 냄새 속에서 길고 편한 잠에 빠진다. 이것이 나의 한국이다. 일본에서 그 친숙한 것들이 떠오를 때, 나는 내가 재일在日 중임을 느꼈다. 반면, 일본에서도 친숙함은 생긴다. 일본 집 앞 삼각김밥 아주머니에게 니는 "곤부(다시마)"로 통힌다. 밥 하기가 귀찮을 때마다 "곤부 후타쓰!(다시마로 두 개요!)"라고 외치는 나를 기억하시곤, "정말 콘부 좋아하네!" 웃으시며 아는 척을 해 주신다. 내가 일본에서 경험한 친숙함은 언젠가 한국에 돌아왔을 때 순간순간 떠올라, 나를 '재한'在韓하도록 만드는지도 모른다. 이 친숙함에 우리는 '한국적' 혹은 '일본적'이라는 수식어를 붙이지만, 실상 이 감각들은 개인의 것도 가족의 것도 국가의 것도 아니다. 굳이 이름을 붙이자면, 그것은 사람·자연·음식과 맺는 관계이며, 그 관계에 대한 욕망이라고 할까?

미누는 20대에 한국에 왔다. 그가 18년째 한국에 머물며 경험했을 다양한 친숙함에 대해서, 또 이주노동자라는 위치에 대해서, 아득히 멀고 먼 벗인 나는 알지 못한다. 단지 나는 미누를 민우 씨라고 불렀다. 내게는 미누보다 민우라는 이름이 익숙하기 때문이다. 네팔인 미누와 한국인 민우 사이에서 그는, 그만의 친숙함, 그만의 삼각김밥 아주머니를 만났을 것이다. 민우이자 미누이듯이, 이동은 머묾과 관련된다. 이동의 자유는 머묾을 전제로 하며 머묾의 자유는 이동 뒤에야 가능하다. 이동과 머묾 사이를 유동하는 이방인의 감각, 그것이 마을을 풍요롭게 한다. 비행기에 오른 내 귀엔 환청처럼 밝고 강한 민우의 노래가 들린다. 그가 추방됨으로써 한국의 밝음은 그만큼 줄어들었다. 그러나 그 분노의 무게만큼 밝음에 대한 사람들의 욕망은 커졌으리라. 그 욕망만이 내게는 자유로워 보인다. 다른 감각을 꿈꾸는 자, 우연한 만남을 긍정하는 자, 다른 감각에 대한 기억을 가진 자, 그들은 단지 '머물' 뿐 '정착'하지 않는다. 이방인의 감각이 정착민들의 친숙함을 변화시킨다.

〈246키친〉에서 고미니케이션('ゴミ쓰레기'+'communication대화'의 합성어)을~

도쿄는 이방인들의 도시다. 도쿄에 처음 왔을 때 나를 당황하게 했던 것은 길을 물어도 쌀쌀맞은 사람들의 태도였다. 도쿄 한복판을 걷는 사람 중 도쿄 토박이는 많지 않다. 대다수가 관광이나 일자리를 찾아 몰려든 이방인들이다. 떠돌이들은 떠돌이에게 친절하지 않다. 가난한 자가 더 가난한 자를 피하듯, 이방인은 새로운 이방인을, 한국 노동자는 외국인 노동자를 피하지 않던가. 왜냐면 그들은 떠도는 삶의 스산함을 너무 잘 알기 때문이다. 이 슬픈 배려는 실상 서로의 처지에 대한 깊은 이해를 바탕으로 한다. 나는 '외지에서 살아남기' 위한 그 스산하고 슬픈 배려가, 그들을 스산하고 슬프게 만드는 권력 그 자체에 의문을 제기하는 것이 될 때, 이방인들 사이의 연대가 만들어지리라 생각한다.

도쿄 길거리 한복판에는 이삼 주에 한 번 씩 밥상이 펼쳐진다. 야숙자들과 함께하는 노상 밥상 〈246키친〉²⁴⁶キッチン이다. 10월 15일의 메뉴는 카레라이스. 누군가에게서 채소 무더기와 쌀을 받았거나 뭉텅이로 주운 모양이었다. 나는 숟가락과 그릇, 엄마가 보내 주신 늘 혼자 먹긴 너무 많은 음식을 챙겨 들고 시부야 역 옆 246번지로 갔다. 〈246키친〉에 빠진 적 없는 야마구치 씨가 샐러드를 만들고 있고 어제 이곳으로 이사 왔다는 분이 밥을 푸고 있다. 밑동만 남은 양상추도 다른 채소와 섞고 보니 꽤 근사하다. 〈246키친〉엔 쉐프도 있다. 그곳 거주민인 그는 부침개를 만들 때부터 두각을 나타내기 시작했는데, 솜씨가 아주 좋다. 그가 음식 맛을 보고 오케이를 외치기 전까진 요리는 완성된 것이 아니다.

〈246키친〉에선 음식 재료를 사는 법이 없다. 받은 것, 남은 것, 주운 것을 한데 모아 음식을 만든다. 〈246키친〉에 오는 사람들은 다른 지역 야숙자, 활동가, 246번지 거주자, 외국인 활동가 등 다양하므로 모이는 음식들도 짬뽕이다. 쉐프는 그것들을 정통 프랑스 요리처럼 보이게 한다. 물론 어려움도 있다. 가까운 공중 화장실에는 세면대 물이 쪼록쪼록 조금씩만 나온다. 야숙자들이 물을 사용하지 못하도록 잠가 놓기 때문이다. 차가 다니는 철교 밑이기 때문에 시끄러움과 먼지도 감수해야 한다. 또한, 나는 야숙자 아주머니들과는 말 붙이기 쉬운데 아무래도 야숙자 아저씨들과는 서먹서먹하다. 그러나 도쿄의 번화가 한복판에, 버려진 것들로 이렇게 멋진 식탁이 만들어질 수 있다니!

〈246키친〉의 이치무라 미사코 씨는 이렇게 말한다. "쓰레기는 정말 훌륭

하게 공공의common 것이에요. 누구의 것도 아니죠. '이걸 어쩔까? 나라면 이렇게 해!' 하면서 이상한 것을 만들거나 하면서 인간관계를 배워 갑니다. 말하자면 고미니케이션(ゴミ쓰레기+communication대화)이죠. 중요한 건 누구와 같이 노는가가 아닙니다. 상대의 프라이버시야 어찌 됐든 좋죠. 중요한 건 놀이에 얼마나 집중하는가, 시간을 얼마나 공유하려고 하는가. 얼마나 열심히 그 장소를 함께 만들어 가는가 입니다." 부모와 아이로 이뤄진 가족이 아니라 더욱 유동적인 가족이 가능하지 않겠냐고 넌지시 제안하는 "야숙자의 고미니티(ゴミ쓰레기+community코뮌)", 〈246키친〉. 그러나 이것이 가능했던 것은 시부야나 신주쿠였기 때문이다. 쓰레기가 잔뜩 널브러져 있어 먹거리가 풍부하고, 각지의 이방인이 몰려들어 문화적으로 다양해진 대도시이기 때문이다. 아니, 이들 야숙자 코뮌은 대도시에 기생하지만, 대도시 한가운데 형성된 주변부이자, 동시에 대도시가 아닌 또 하나의 시공간을 열어젖힌다.

〈246키친〉은 그 자체로 저항적 퍼포먼스가 되기도 한다. 9월 14일의 〈246키친〉은 미야시타 공원에서 열렸다. 최근 나이키 기업이 시부야 근처의 미야시타 공원을 인수하려고 하고 있다. 미야시타 공원이 나이키 파크가 되면, 공원은 유료가 되고 그곳에 살던 야숙자들도 그곳에서 놀던 스케이트 보더들도 쫓겨나게 된다. 미야시타 공원을 구하기 위한 회의 후에 열린 〈246키친〉은 "함께 음식을 만들고 먹는 공간"에는 주인이 없음을 몸소 보여 주는 퍼포먼스가 되었다. 밥 한술 뜨며, 미야시타 공원은 나이키의 것이 아니다. 또 한술을 뜨며 공원은 함께 밥을 먹는 곳이다. 또 한술을 뜨며 이곳은 이곳에 머무는 우리 모두의 것이다. 세계의 그 어떤 곳도 그래야만 한다.

매일같이 즐거운 이사를!

이치무라 씨는 여성이자 예술가이자 야숙자이다. 그녀가 사는 곳은 246번지 길가와 요요기 공원의 블루텐트 마을이다. 요요기 공원엔 현재 50

[좌] 이방인들 사이의 연대. 도쿄 길거리에서 차려지는 노상 밥상 〈246키친〉. [우] 〈246키친〉 세프의 '246카레'

명 남짓한 블루텐트가 남아 있을 뿐이지만, 2003~4년 사이에는 인구가 350명을 넘는 마을을 형성했었다. 이치무라는 그 무렵부터 요요기 공원에 거주하면서 물물 교환 카페인 〈에노아루〉(그림이 있는 곳)ェノアール, 〈그림 그리는 회〉絵を描く会, 야숙자 여성들의 수다 장 〈파티파티〉パーティー パーティー, 면 생리대 제작소인 〈노라〉ノラ등의 활동을 해 왔다. 요요기 공원에서의 경험을 쓴 책이 『기쿠치 씨에게—블루텐트마을과 초코렛』Dear キクチさん,ブルーテント村とチョコレート 9이다.

위 책에서 이치무라는 "매일같이 즐거운 이사를!"이라고 말한다. 이주상 태가 존재조건인 home-less(집-없음). 즉 자신의 환경을 스스로 바꿀 수 있다는 희망! 그것이 야숙자들에겐 있다. 한 명의 개인이 이사할 수도 있지만, 환경 전체를 이사시킬 수도 있다. 자신을 둘러싼 환경을 이사(변화)시키는 것, 익숙한 감각을 이사시키는 것. 그것이야말로 일상과 혁명의 구분을 넘어선 혁명적 비전이다.

〈246키친〉에 미누 씨 석방을 위한 서명지를 들고 갔을 때 나는 그 감각의 이사를 경험했다. 서명 용지엔 이름·주소·이메일을 적게 되어 있지만, 야숙자들에겐 주소가 없다!! 이런! 야숙자들의 서명을 받는다는 건 서명에 대해서 근본적으로 질문하게 했다. 서명이란 자신의 몸에 대해, 거주공간에 대해 소유를 증명하는 행위이지 않을까? 이동의 자유와 이방인의 점유권을 요구하는 민우 씨의 석방을 위해서 서명이라는 방식을 사용하는 것은 뭔가 살못된 것이 아닐까? 이리하여 민우 씨 서명용지에는 주소가 아닌 것이 있다.

24번지 R246 철교 아래 서쪽 종이박스 로켓.24番地 R246ガード下西 ダンボールロケット

이것은 〈246키친〉이 열리는 거리에 있는 종이박스 우편함의 주소다. 길거리 한복판에 우편함이라니! 과연 편지가 도착할까? 놀란 나에게 이치무라 씨는 자랑스럽게 이야기했다. "거리에 우편함을 만들고 우체국에 가서 주소를 등록해 달라고 했어요. 실랑이도 있었지만, 우편함에 엽서가 도착했을 때, 그것은요, 그건 정말 감동이었어요! 갑자기 확~하고 눈앞이 환해지는 것 같았어요." 민우 씨의 새로운 서명용지를 생각해 본다. 이름 대신 사랑하는 친구를, 주소 대신 사랑하는 거리를, 메일 대신 넷 공동체를 적는, 적는 순간 연결되고 거리가 모두의 것이 되는 그런 서명을. 서명이 필요 없어졌을 때의 무기명無記名, 아니 다기명多記名의 서명을.

아름다운 피고들, 가장 이상적인 현실주의자들

소유권을 넘어서 점유권을 요구하고 그것이 인정될 때, 한편으로 점유권이 텃새나 악습의 근거가 되는 경우도 많다. 생각해 보면, 우리 모두 어떤 공간에 대해서든 늘 최초의 이방인이다. 토박이도 원래 그 마을의 이방인이었다. "매일같이 즐거운 이사를" 하는 야숙자들의 존재조건은 실상 우리 자신의 존재조건이다. 그런데도 먼저 도착한 야숙자(이방인)는 나중에 도착한 야숙자(이방인)에게 적대적이기 쉽다. 이 지점에서 야숙자의 문제는 이주노동자의 문제와 만난다. 기존의 야숙자가 자신이 먼저 이곳에 왔으므로 자신에게 권리가 있다고 할 때, 새로 온

"고미니케이션(ゴミ쓰레기+communication대화)"을 말하는 이치무라 미사코 씨

야숙자는 어떻게 자신이 자고 먹고 활동할 공간을 확보할 수 있을까?

한편 공간이 있어도 선뜻 끼어들 수 없는 여성 야숙자들도 있다. 여성 야숙자의 경우 성폭력 피해의 대상이 되기 쉽기 때문에 서서 잔다. 이치무라 씨는 이 문제에 대해서 다시금 연대를 형성하는 방법밖에 없다고 말한다. "숨는 방법밖에 없구나 싶을 때도 있지만, 한 가지 느낀 것이 있어요. 단지 모인다는 것만으로도 매우 큰 힘을 발휘한다는 것입니다." 야숙자 여성의 이야기를 듣는 〈파티파티〉는 그렇게 시작된 활동이다. 야숙자 안에서도 새로운 연대와 공간 사용법을 발명해 내는 것의 중요성! 그것은 '매일매일 이뤄지는 이방인의 이사'다.

야숙자들은 동정의 대상이다. 그러나 나는 매일 즐거운 이사를 감행하는 야숙자의 존재조건을 긍정한다. 민우 씨의 추방을 보면서 사람들은 이렇게 말한다. 한국인이라는 것이 너무나 부끄럽다. 그러나 우리는 거기서 조금 더 나아가 이렇게도 말해 보자. "미누와 같은 在韓으로서, 在日로서, 在世界, 在宇宙로서 분노한다." 그리고 그 부끄러움과 분노가 在韓, 在日, 在世界, 在宇宙를 통해 일본을 한국을 세계 우주를 변화시킬 힘이 될 수 있었으면 한다.

미야시타 공원에서 쫓겨난 야숙자. 한국에서 추방당한 이주노동자 민우. 이 두 개의 추방은 두 명의 아름다운 피고를 만들어 낸다. 그들은 피고가 됨으로써 여태껏 느끼지 못했던 공동체의 폐쇄성과 국가의 폭력을 드러냈다. 그 아름다운 피고들, 아름다운 범법자, 아름다운 추방된 자들은, 다시 저 대도시의 어느 한복판에 밥상을 차릴 것이고, 국경을 넘어 노래할 것이다. 우리는 어쩌면 인간이기를 포기한 자들이 야숙자이며 이주노동자는 불법체류자라는 익숙한 감각을 바꾸고, "돈이 좀 없으니까 야숙자 하고 올게"라든가, "잠깐 쉬고 싶으니까 야숙자가 될래, 저 친구들이 맘에 드니 여기서 살래"라든가, "이곳은 과일이 맛나니까 좀 더 불법체류할래"라고 말할 날이 올는지도 모른다. 아름다운 피고들은 매우 이상적인 현실주의자들이기 때문이다.

만국의 루저들이여, 속이 후련한 축제를!

고엔지의 '아마추어들의 반란'素人の乱

이봐~ 가난뱅이! 한판 신나게 놀아 보자구!

1970년대. 한국에는 독재정권 산성이 높이 높이 쌓여 갔다. 사람들의 불만, 고통, 비명은 그 산성에 부딪혀 부서져 내렸다. 1972년 고우영은 그 소리를 모으고 모아 『임꺽정』을 『일간 스포츠』에 연재하기 시작한다. 『임꺽정』은 당대 사회현실과 교묘하게 겹쳐졌다. 인기는 폭발적이었다. 해학과 조롱을 통해 독재정권을 살살 조롱하는 맛이 기가 막혔기 때문이다. 1970년대, 고우영의 『임꺽정』을 읽은 자들은 반란을 꿈꾸었을 것이다. 고우영의 손을 빌어 유비는 "쪼다"로 그려지고 『수호지』의 무대는 무능하고 어설프지만 사랑스러운 캐릭터들이 살아가는 곳이 된다. 그리고 지금 한국사회야말로 쪼다와 루저들의 생명력을 펌프질할 임꺽정 이야기가 필요한지도 모른다. 쪼다와 루저들의 유쾌한 임꺽정 마을을 상상해 볼 수 있지 않을까?

일본에 첫발을 디딘 가난뱅이들과 함께 가보고 싶은 곳은 단연 고엔지高円寺의 기타나카北中 거리의 상점가, '아마추어들의 반란'이다. 이 마을 놈들은 거리 한복판에 떡하니 온갖 잡동사니와 음식을 벌여놓고는 쾅쾅 음악을 틀어재끼며 우리를 불러 세운다. 이봐! 가난뱅이, 오합지졸, 무직자, 한량, 바보, 멍청이, 루저 제군! 한판 신나게 놀아 보자구!

"자네도 이미 각 잡힌 가난뱅이란 말씀이야~"

'아마추어들의 반란'[10]은 1호점부터 14호점까지(이사를 하면 점호 수가 바뀌므로 14호점까지 있지만 실제로는 8개의 점포) 있는 상점들의 네트워크 마을이다. 헌 옷, 헌 가구, 헌 가전제품, 잡동사니 등 주로 재활용 상점들로 구성된다. 그 외에 카페와 다목적 홀(아지트라고 부른다)도 운영된다. 인터넷 라디오, 아마추어 대학, 각종 영화상영회나 축제가 열린다.

12호점인 아지트와 채식주의자 카페인 9호점은 특히 매력적이다. 아지트는 열린 공간이다. 값싼 사용료를 내고 청소 등 간단한 룰을 지키면 영화 상영, 강연, 축제, 등 다양한 활동을 할 수 있다. 내가 이곳을 처음 방문했을 때는 G8반대 데모가 한창이었다. 아지트엔 세계 각국에서 몰려든 활동가들이 회의하고 집회 물품을 만드느라 소란의 도가니 그 자체였다. 색색의 페인트, 기상천외한 집회 도구, 그 사이에서 들리던 외국어들의 활기를 기억한다.

9호점인 카페 세피아^{セビア}에는 매주 수요일 저녁에 채식식당이 열린다. 정말 싸고 정말 맛있다. 신선하고 맛난 채소로 뱃속 가득 흐뭇해진 나는, 그곳을 운영하는 요요짱에게 채소들을 어디서 가져오는지 물었다. 요요짱은 야채들의 특별함을 느꼈냐고 기뻐하면서, 야마모리 농원[11]에서 가져온 것이라고 말했다. 야마모리 농원에서 야채들을 재배하는 사람들은 지적 장애자들이다. 홈페이지에 소개된 농원의 특색은 이렇다. "다소 핸디캡이 있을 수 있지만, 우리는 사계절을 통틀어 자연 속에서 대지와 만나고 서로 협력하며 채소를 재배해서 정신적·육체적으로 단련된 인간으로 성장할 수 있다." 표어는 이렇다. "한 사람은 모두를 위해, 모두는 한 사람을 위해."

'아마추어들의 반란' 상점 마을이 활기가 넘치는 것은 일과 놀이가 일치된 형태로 네트워크가 확산되기 때문이다. 네트워크는 네트워크를 부른다. 채식식당은 야마모리 농원으로. 아지트는 세계화 반대 집회로, 〈지하대학〉^{地下大学}으로, 사회과학서점 〈모색사〉^{摸索社}로. 또 어딘가로.

근데 왜 하필 재활용 상점인가? '아마추어의 반란'을 처음 시작한 사람은 마쓰모토 하지메^{松本哉}로 지금은 '아마추어의 반란' 5호점 주인장이다. 그

아마추어 반란 13호점. 자본주의 주류 경쟁 질서에서 살지 못하는 고엔지 사람들이 무능한 사람들일까? 그들에게는 주류 질서와는 전혀 다른 척도 속에서, 전혀 다른 삶의 방식을 찾아내는 능력이 있다

가 폐점 직전이던 고엔지 기타나카 거리의 점포를 싼 값에 얻어 시작한 재활용점이 '아마추어 반란 1호점'이다. 공간이 생기자 사람들이 모여들고, 기획이 생기고, 영화를 좋아하는 사람들이 영화관을 만들고 아마추어 대학도 생긴다. 손님과 점장 사이가 가까운 재활용 상점의 특징도 한몫했다. 그는 재활용 상점은 버려진 물건을 맡아서 수리하고 재생시켜 필요한 사람에게 팔기 때문에 자본주의 경제와 다른 경제를 구성한다고 말했다. 자본주의의 틈새시장, 가난뱅이들의 판로인 것이다.

이 마을 이야기는 한국에도 번역되었다. 『가난뱅이의 역습』[12]이다. 이 책은 우리에게 말을 건넨다. 어이~ 모범수! 세상이 감옥인 걸 모른단 말이야? 에이, 좀 솔직해져 보시지? 오늘만 해도 배알이 꼴리는 일이 한둘이었어? 죽도록 일해도 별 볼 일 없잖아? "자네도 이미 각 잡힌 가난뱅이란 말씀이야~"(11) 자, 어쩔 텐가? 평생 모범수로 살 텐가? 아니면 우리랑 놀 텐가? 어렵지도 않아. 중고 주전자 사는 게 반체제 행동인 거라고!(77)

가난뱅이들의 서바이벌 기술 실용서, 개봉박두요~!

『가난뱅이들의 역습』은 실용서다. 이 책 한 권 있으면 의식주 걱정이 덜어진다. 노숙하는 법, 돈 없이 먹고 자는 법, 노는 법, 이동하는 법이 소개되어 있다. 이 책의 "필살" 비법 중 쌈박한 것으로 세 가지만 공개하겠다.

첫째로 촌스런 상점가에서 살아가기. 그는 가난뱅이들에게 과분하게 멋진 상점가에서 굶어 죽기 전에 어서 빠져나오라고 경고한다. "인간관계가 밀집한 곳에 가난뱅이가 살아갈 수 있는 비결이 숨어 있다"는 것이다. 재활용 가게는 상점가의 노른자다. 바가지를 씌워대는 "소니 기업sony 電通 연합군"에 당하지 않고 자급자족을 할 수 있기 때문이다. 어려운 동료에게 살림을 마련해주거나 마을 축제 때 공연무대나 음향시설을 빌릴 수도 있다. 쓰고 가져다 놓으면 되기 때문이다. 재활용 가게는 "가난뱅이 사회의 공유재산"(82)이다.

둘째로 지역 사람들과 친밀한 관계를 유지할 것. 그래야 축제건 집회건 할 수 있다. 마쓰모토 씨는 도나리 구미隣組(일종의 반상회)의 조장을 맡은 일이 있었다고 한다. 도나리 구미란 일본이 제국주의 전쟁을 벌일 때 산간벽지까지 관리하기 위해 만들어진 가장 말단의 지역 단위로, 마을 회의를 열고 서로를 감시하고 비방토록 했던 악명 높은 제도이다. 그러나 마쓰모토 씨는 이러한 반상회, 아니 다른 말로 하자면 마을회의를 잘 이용하면 그런 악명 높은 제도에도 대비할 수 있다고 말한다.

마지막으로, 마을 만들기. 그는 아마추어 공방, 자비출판 인쇄소, 영화상영이나 공연 등이 열릴 다목적 놀이터, 세계각지의 친구들을 재워 줄 게스트하우스를 만들길 권한다. 이 책은 돈 없이 살 수 있는 비기이자 마을 만들기 실용서이기도 한 것이다. 이 비법들은 먹고 사는 문제만 해결하려고 하지 않는다. '아마추어의 반란'에는 수동적 독자에게 "이놈들아, 작전 개시다. 빈집을 찾아라! 물건을 찾아내라!! 바가지나 씌우는 부자 계급 주제에 이 책을 읽고 이해하는 척하는 당신! 남아도는 물건이나 공짜로 빌려줘!!"(100)라고 말하는 활기, 뒤통수를 땅 때리는 풍자와 파격이 있다.

"네놈들의 이야기를 들을 우리가 아니야!"

정말이지 요즘 같은 때 집회를 할라치면 직구보다는 변화구다. 생명력이 실리고 쌈 날 때 할 수 있고 웃기기 때문이나. 득이 면화구를 던실 때 어니서 굴러먹다 온지 모를 흐릿한 눈동자와 엉성한 폼으로 엉덩이라도 몇 번 흔들어 냄새라도 피우면서 상대방의 진지함에 홈런을 날려주는 것은 무엇보다 중요하다. 이 책은 이런 후련하고 통쾌한 홈런들로 가득하다. 홈런을 치는 방법은 가지가지다. 반칙, 거짓말, 헛소문, 조롱, 소동과 소란이 난무한다. 이 난리법석 아수라장에서 "가난뱅이"라는 결핍투성이의 말이 유쾌한 말로 재탄생한다! 얼쑤~ 우리는 가난뱅이다! 얼쑤~ 신나 죽겠네!

마쓰모토는 고우영의 임꺽정 저리 가라 할 괴짜다. 그는 대학이 기업에나 적합한 인재양성기관으로 바뀌는 것에 저항해 "호세 대학의 궁상스러움을 지키는 모임"을 결성한다. 그들은 맛없고 양이 적고 비싼 학생식당에 난입해 싼 밥을 많이 달라고 난동을 부리고, 식당 바로 옆에서 학교 전기를 끌어다가 헐값에 카레를 팔다 학교 전기를 방전시키기도 한다. 학교에서 오래 머물기 투쟁을 위해 교정에서 찌개를 끓이기도 한다. 학교 측은 경고문으로 게시판을 도배했는데 이게 역선전효과를 낳아 찌개인파는 일파만파로 번졌다. 당시엔 저녁 시간에 대학에 가면 언제나 누군가가 찌개를 끓이거나 고기를 굽고 있어서 곳곳에서 연기가 무럭무럭 피어올랐고, "걸어 다니기만 해도 친구가 생겼다"(113)고 한다.

사실 그들에 의하면 통쾌하기론 고엔지의 데모만 한 게 없다. 집회엔 사전신고가 필요하다. 경찰에겐 세 명이 데모한다고 접수한 뒤 벌떼처럼 대오를 모집해 하드코어 밴드를 쾅쾅 울리며 "내 자전거를 돌려줘"(131) 데모를 한다. 그 다음에는 정말 세 명만 모일 거라면서 "역 안 화장실에서 휴지를 100엔에 팔지 않으면 좋겠다"는 데모를 한다. 경찰은 저번의 사태를 생각하고 장갑차까지 출동시켰으나 정말 세 명이 데모하러 나온다. 크리스마스이브와 섣달그믐에 데모를 신청해 놓고 아무도 나가지 않거나, 월세 공짜를 위한 데모에서는 "이동 가능한 마루를 단란하게 연출"하곤 "집이 코딱지만 하다"하고 외치거나 경찰이 불어나자 "이거는 방세를 낼 수 없는 경찰들의 데모랍니다"하고 거짓말을 하는 둥, 그들은 경찰까지도 그들 편으로 끌어들이는 기지를 발휘한다.

거리에서 맘껏 떠들고 놀기 위해 마쓰모토는 2007년 4월 22일에 투표하는 쓰기나미 구의회 의원 선거에 입후보하고, 선거 기간 동안 고엔지 역

앞은 가난뱅이들의 해방구가 된다. 그들은 장소
만 만든다. 그 뒤엔 그곳이 소문, 유언비어, 전단
지, 소동 등에 의해 저절로 움직인다. 풍문은 대
중들의 욕망을 대변하고 다시 그 풍문이 대중들
의 물꼬가 된다. 그는 말한다. "제대로 살아야 한
다"라거나 "세상을 위해 도움이 되는 일을 해라"
등의 시시껄렁한 설교 따위는 집어치우라고. 우
리들은 "누군가의 이야기를 듣는 그런 놈들이 아
니"라고.

가난뱅이들의 생존 기술 실용
서. 마쓰모토 하지메의 『가난
뱅이의 역습』의 한국어판 표지

　　그러던 그는 갑자기 일침을 가한다. "자유롭
게 산다는 것은 자기 힘으로 무슨 일이든 해 나가
야 한다는 것을 의미하므로 '뭔가 재미있게 좀 해 주쇼'하는 소비자 감각으
로 접근했다가는 당장 내쳐질 수 있다"(175)고. 최근엔 크리스마스 분쇄데모
가 우후죽순 늘고 있다고 한다. 신주쿠, 시부야, 교토, 삿포로, 등등. 마쓰모
토는 말한다. "크리스마스가 반란의 날이 되어 가고 있네요." 크리스마스가
코앞이다. 한국에서도 일루미네이션의 사이키델릭한 불빛을 조명 삼아 명동
한복판에서 한판 어떨까? 크리스마스, 반란의 축제가 시작된다! 특히 한국
은 조명발 좋아 주시고!

가난뱅이들의 바이블이여, 감정적 루저들의 바이블도 되어다오!

　　'아마추어의 반란'은 가난뱅이들의 유쾌한 유혹이다. 그런데도 나는 살
짝 불만을 감지한다. 이 실용서를 따라 하려면 조롱할 수 있는 강인한 심장
과 재기발랄한 눈치도 필요하다. 그렇다면 마음약한 감정의 루저들, 곰탱이
들은 어쩌나? 그 순간 나는 이 불만 속에 있는 중산층들이 가지고 있는 감
성에 대해서 생각한다. 중산층은 점차 얇아지고 있나. 만년 중산층석 삼성은
뿌리 깊다. 만약 이 마을이 정말 혁명이 될 수 있다면, 이 실용서가 이런 내밀

한 감성들과 마주할 때일 것이다. 그런 감성들을 반성하는 것이 아니라, 그 속에 있는 욕망 중 혁명적으로 변환시킬 수 있는 게 무엇이 있을까 생각한다. 감정의 훈육이 아니라 감정의 변환이 절실하다.

또한, 나는 그들의 유머에서 조금 더 찐한 페이소스를 원하는 것일지도 모르겠다. 가난한 것과 부자의 경계선은 훨씬 더 다양한 결들에서 발생한다. 예를 들어 이 책의 노숙법이나 공짜로 차를 타는 법 등은 여성에게 무리처럼 느껴지기도 하는 것이다. 가난한 자들 안에 더 가난한 자들이 생긴다고 생각한다. 나에게는 에너지의 근원이기도 한 마을의 어둠이 미궁으로 남는다. 어둠의 어둠. 그 반짝이는 어둠들 말이다. 아직 그게 무엇인지 모르지만 '아마추어의 반란'에 직접 갔을 때, 어둠과 그 어둠을 해결할 힘을 동시에 느꼈던 것 같다.

아마미야 가린의 말처럼 그리고 마쓰모토의 바람처럼 이 마을은 가난뱅이들의 바이블이 될 것이다. 그리고 나는 그 바이블에 더 빛나는 오류들과 더더욱 빛나는 어둠들이, 독재 산성에 부딪쳐 떨어지는 역사적 날개들의 알록달록한 반짝임이 아름다운 무늬로 기록되길 꿈꿔 본다.

자치 기숙사, 학생 공동체의 갈라파고스

교토대학의 "요시다"吉田 자치 기숙사

학교, 작은 모임으로 이루어진 생태계

올해 2월이 지나면 나는 드디어 학교로부터 자유로워진다. 내게 학교란 작은 모임들로 기억되어 있다. 고등학교 때에는 신문 반에, 인하 대학교 때에는 걸개와 판화를 하는 동아리에, 연세 대학원 때에는 학교 밖 연구 공동체들에 들어갔다. 몸도 맘도 좀 쉽게 예민해지는 편이라 늘 혼자 있고 싶어 하면서도, 나는 참 이상하게 늘 작은 모임과 함께인 쪽을 택했다. 혼자인 것보다는 사람들과 함께인 편이 어찌 됐든 좋다는 것을 나도 모르는 사이에 알고 있었던 모양이다. 그 모임들을 통해 인간 사이에 일어나는 수만 가지 감정들과 대처법들을 엄청난 실수를 해대면서 배웠고, 지금도 집에 돌아와 머리를 쥐어뜯는 것은 여전하지만, 글을 쓸 때면 그 모임들의 친구들이 불쑥불쑥 튀어나와 함께한다. 일단 모임 안에 들어가면 원래 갖고 있었던 옳고 그름의 기준은 도무지 알 수 없는 것이 되어 버리고 복잡한 관계성과 감정의 폭풍만이 눈앞을 가득 채우게 되는데, 그 혼돈 속에서 나를 바꾸고 타인이 바뀌는 과정을 통해 취향과 감정과 감각을 형성해 갈 수 있었기 때문이다. 만약 이러한 감수성의 습득과 변화에 대한 욕망이 우리에게 없었다면 삶의 존속이건 혁명이건 가능했을까. 이처럼 학교 안에서 자생하는 작은 모임들은 우연으로 가득 찬 삶 전체를 떠받치고 있는 작고 분주한 생태계와 같다.

생태계와 마찬가지로 작은 모임들이 풍부하게 유지되려면 충분한 시간, 빈번한 상호작용, 다양성이 필요하다. 그런 점에서 일본의 대학들은 생물학적 위기에 처한 듯이 보인다. 일본에서 무엇보다 놀랐던 것은 대자보 하나 없이 깨끗한 대학이 대다수이며, 밤 10시나 11시가 되면 대학이 문을 걸어 잠근다는 것이었다. 이런 조건에서는 대학에서 학생들의 자생적 모임이 생기기 어렵다. 일본 대학생들의 발목을 잡고 있는 것은 일 년에 1천만 원을 육박하는 등록금과 일본식 '장학금 제도'이다.[13] 장학금이라고 불릴 뿐, 학생들에게 대출을 해 주고 졸업 후에 되돌려 받는 제도이다. 만약 돈을 갚지 못하면 신용카드를 만들 수 없게 되거나 집을 얻기 어려워진다고 한다. 고가의 등록금과 장학금 제도를 비판하고 '무상교육' 운동을 하고 있는 나카타 노리히토와 구리하라 야스시는 이 제도에 대해서 "학생을 블랙 리스트에 올리는 것"이라고 비난한다. 이들은 〈블랙 리스트 모임 in 도쿄〉The Association of Blacklisted Students of Tokyo을 결성해 활동하고 있다. 그들 스스로가 이 장학금 제도의 피해자로 각각 6천만 원 이상 빚을 지고 있다.

기존의 등록금 인상 반대 투쟁이 단지 등록금의 정도 차이를 문제 삼았던 것과 달리, 그들은 대학의 역할을 완전히 새롭게 해석하고 있어서 눈길을 끈다. 그들은 대학에서 배우는 학생들의 활동이 이미 지식과 문화를 생산하고 있는 것이므로 무상교육이 이루어져야 한다고 말한다. 학생들이 대출을 받고 그것을 갚기 위해 아르바이트를 하고 경제적 안정을 위해 취직을 준비할 시간에, 진리를 탐구하고 사회문제에 참여하고 연애하고 친구와 우정을 나눌 수 있다면 대학은 훨씬 더 생산적이 되지 않겠는가라고 반문한다. 학자금 대출은 대학의 작은 모임들을 불가능하게 하고 학생들을 획일적인 노동자로 길러낼 뿐이라는 비판이다.

리모델링을 거부하고 자치를 선택한다

일본 전체의 분위기에 비춰볼 때 교토대학의 요시다 기숙사는 독특하다. 요시다 기숙사는 여러 가지 소문의 대상이자 온상이다. 더럽고, 벌레 투성이이고, 지진이나 화재에 약하다. 장판지를 청테이프로 몇 겹씩 막아 놓아도 그것을 뚫고 바퀴벌레가 나온다거나, 음식을 내놓으면 벌레로 뒤덮인다거나, 사생활이라곤 존중되지 않는다는 등의 소문이 그것이다. 반면 무척 싸고 외국 학생들도 잘 받아 주며, 학교의 간섭을 받지 않아 자유롭다고 한다. 그곳에 살던 친구 중 하나는 이렇게 표현했다. "정말 지긋지긋하게 안 치워. 그리고 정말 지긋지긋하게 말도 많은 곳이야. 그런데 정말 싸." 전기, 수도세, 자치회비는 별도이지만 숙박료는 월 400엔(한국 돈 5천 원가량)으로 믿을 수 없이 싸다.

　싼 숙박료와 학교의 간섭에서 자유로운 분위기는 기숙사가 학생자치활동으로 운영되어 왔기 때문에 가능했다. 입주자 선발은 기숙사 자치회에서 하는데, 입주자격이 계속해서 확대되었다. 1985년에 남자 학부 학생만을 받던 규정을 바꾸어 여학생의 입주를 허락한다. 1990년대부터는 유학생의 거주를 허락하며 1991년도부터 대학원생·청강생·연구생·의료 기술 단기 대학생을 포함한 모든 교토대생에게 주거 자격이 주어진다. 1994년에는 학생이 아닐지라도 '교토대 학생과의 동거가 절실히 필요하다'고 인정되는 경우 입주 자격을 갖게 되었다. 예를 들어 신체장애자와 그를 돌보는 사람, 부모와 자식, 부부 등이 그들이다. 이에 따라 입주 희망자가 많이 증가해, 개인실로 운영되던 방을 공동으로 이용하기도 했다.

　요시다 기숙사는 1913년에 준공된 이후, 몇 차례의 화재가 있었으나 일본에서 현존하는 가장 오래된 기숙사이다. 이 긴 역사가 가능했던 것은 요시다 기숙사 자치회뿐 아니라, 이 기숙사를 사랑하는 학생들 전체, 졸업생, 주민의 힘이다. 1970년대에 학생운동의 온상으로 지목되었던 기숙사를 폐쇄하는 〈기숙사 정상화〉14가 선포되었을 때나 국립대학의 기숙사를 폐쇄하는 전국적 흐름 속에서도 요시다 기숙사는 학생들의 반대 운동을 통해 살아남았나. 예들 들어 1982년 12월에는 학교 평의회가 기숙사에 나시 서수할 수 있는 기한을 1986년 3월 31일까지로 마음대로 결정해 버리자, 기숙사 자치회와 졸업생이 힘을 합쳐 반대운동을 벌인다. 이 운동은 "재료기간투쟁"在寮期間鬪爭 (기숙사에 머무는 기간을 둘러싼 투쟁)이라고 불리는 새로운 형태의 학생운동으로 발전한다. 그 결과 기숙사 거주 갱신 시기가 되었을 때 오히려 더 많은 수의 기숙사생이 거주하게 된다. 1989년에는 교토대 당국과 요시다 학생 기숙사 자치회 사이에 합의가 성립하여, 기숙사가 존속하게 된다.

1995년에는 한신·아와지 대지진阪神·淡路大震災 이후 기숙사의 내구성, 내진성에 대한 의문이 제기된다. 2006년 2월 요시다 기숙사 집행부는 한 해 전의 내진 조사결과를 근거로 요시다 기숙사 식당의 보수를 신청하지만 받아들여지지 않는다. 이후 대학으로부터 기숙사의 리모델링 구상이 제기되지만, 기숙사 자치회는 이를 받아들이지 않고 있다. 물론 이러한 자치회의 입장은 안전에 대한 강조 앞에서 논란을 불러 올 수도 있을 것이다. 그들이 이러한 입장을 고수하는 이유가 궁금했다.

작년 요시다 기숙사를 방문했을 때, 자치회의 활동을 하는 친구에게서 요시다 기숙사의 리모델링을 반대하는 이유에 대해서 들을 수 있었다. 학교는 단지 주거환경의 개선 차원에서 리모델링을 제안하고 있으나, 그것을 받아들이면 기숙사를 자치적으로 운영할 수 없게 되고 학교의 통제와 관리 아래 놓이게 된다는 것이었다. 기숙사가 리모델링되면, 입주자격에 돈과 학점이 영향을 끼치게 되며, 학생들의 자유로운 활동도 방해를 받게 될 수 있다는 것이다. 따라서 그들은 리모델링을 거부하고 외국인과 가난한 학생, 장애인 가족까지 입주 대상자로 포괄하고 다양한 주거자들이 북적거리면서 발산하는 생명력을 유지하는 편을 택했다.

요시다 기숙사, 자치적 공동체의 갈라파고스

요시다 기숙사를 방문할 기회를 얻었던 것은 작년 9월 말경이었다. 당시는 축제철로 기숙사 옆 노상에서 연극과 공연, 술 파티가 벌어지고 있었다. 먼저 들어간 곳은 예전에 기숙사 식당으로 사용되던 곳이었다. 이곳은 1996

일본의 갈라파고스 '요시다 기숙사'. 이곳은 일본 학생 사회의 생태학적 보고이자 새로운 활동의 잠재성을 담고 있다. 따라서 이곳은 "일본의 갈라파고스"라고 불린다.

년 10월 31일 화재로 인해 서쪽이 불타 버렸는데 그 이후 온전히 남아 있던 곳을 활용하여 각종 라이브, 연극 등의 이벤트를 열고 있다고 했다. 그곳에 들어가자 예전 교토에서 살던 당시 집회에서 만났던 친구들 몇 명을 우연히 만나게 되었다. 교토대 축제 한복판의 그 식당은 교토대 사람뿐 아니라 다양한 활동가들이 자연스럽게 어우러지는 교류의 장이기도 했다. 나중에 들은 것이지만 최근엔 학교 축제 행사에 학생들만 참여하는 것이 아니라 마을 주민들이 함께 참여해 만들어 가고 있다고 했다. 요시다 기숙사는 교토대학 학생활동의 원동력이자, 마을 주민과의 교류공간이었다.

식당을 나오니 뒤뜰 한 쪽에는 야외 무대 공연이 한창이었고, 다른 한쪽 천막에는 술판이 벌어지고 있었다. 한잔하고 싶은 아쉬움을 뒤로 하고 기숙사 안으로 들어갔다. 기숙사 입구에는 간이 우편함이 만들어져 있었고 신발이 어지럽게 벗어져 있었다. 축제 때였기 때문일 테지만, 현관에서부터 장기를 두는 학생들과 마주쳤으며 복도마다 사람들이 모여 이야기를 하거나 놀거나 하고 있어 활기가 느껴졌다. 이층으로 가니 긴 복도를 두고 방이 늘어서 있었다. 설명을 듣자니 이곳은 대략 9명이 4개의 방을 공동으로 사용하는 장소라고 했다. 한 사람이 한 방을 차지하는 게 기숙사의 일반적 모습일 텐데, 그곳은 방마다 용도를 나누어 공동으로 이용하고 있었다. 이층 침대가 놓인 침실방, DVD가 나뒹구는 영화방, 담소를 나누는 다용도 거실, 책상이 있는 공부방이 있었다. 방마다 방의 용도를 표현해 주는 문 장식이 있는 점도 흥미를 끌었다. 우리를 안내해 준 자치회의 학생은 이처럼 작은 공간을 공동으로 이용하는 방식을 통해서 공동체를 실험하고 있다고 말했다. 그는 요시다 기숙사 전체를 〈수유+너머〉처럼 바꾸어 볼 수 없지 않겠냐고 은근슬쩍 말을 건네기도 했다.

요시다 기숙사의 동력은 역사 속에서 형성되어 왔다. 1970년대 일본의 학생운동은 전국적으로 퇴조기에 들어선다. 그러나 교토대학은 자치 기숙사, 학부 자치회를 거점으로 운동세력이 지속되었다고 한다. 따라서 당시 교토대의 자치 기숙사는 '일본의 갈라파고스'라고 불렸다. 남태평양의 갈라파고스제도가 육지에서 고립되어 고유한 생태계가 만들어진 것과 같이 일본 학생사회에서 중요한 생태학적 보고이자 새로운 활동이 전개될 수 있는 잠재성을 담은 학생운동의 생태계라는 의미였다. 현재에도 그곳은 주민들과 함께 공동 주거나 이벤트 공간을 모색하는 자치적 공동체였다. 그런 의미에서 이 기숙사는 1970년대보다 더욱 갈라파고스로서의 의미를 지니고 있었다. 다양한 학생들이 상호교류와 공동생활을 통해 대학과 지역의 풍부한 자생성을 실현해 가는 생태계 말이다.

대학에서 다양한 마을의 실험장으로

한국에서도 새 학기부터 '취업 후 학자금 상환제'를 실시할 예정이라는 보도가 있었다. 일본에서 졸업도 하기 전에 학생을 빚쟁이로 만들어서 블랙리스트에 올리고, 아르바이트와 취업활동에 시달리게 하여, 대학의 작은 모임들이 자생할 수 없게 만들었던 그 장학금법 말이다. 이 상환제가 실시되면 한국의 대학 풍경도 앞으로 크게 변화하게 될는지도 모르겠다. 휴학하고 잠시 삶을 고민하거나 학사경고를 맞거나, 취업이나 성적보다는 동아리 활동이나 사회활동에 참여하거나, 하는 모습이 사라질는지도 모른다. 대학 내 자생적 공동체를 유지시켜 주는 여유, 그 여유를 통해 맺어지는 관계와 경험,

성적과 취업으로 단일화되지 않는 다양성이 사라질지도 모른다. 나는 밤 10시면 완전히 어두워져 문이 닫히고 대자보 하나 붙어 있지 않는 그런 대학을 보고 싶지 않다. 한국에서 새 학기에 시작될 예정이라는 '학자금 상환제'는 대학 내의 작은 모임들, 대학 내 생태계를 파괴할 위험성이 크다. 학생들에게 빌려주는 돈의 금리를 더욱 낮추고 복리 이자를 단리로 하는 등의 조치를 임시방편으로 실시하되, 궁극적으로는 무상교육을 지향해 가야 한다.

생각해 보면, 고등학교 때 신문 반은 선생님의 눈을 피해 노닥거리면서 온갖 일을 꾸미기 좋은 장소였고, 대학 때 동아리방이 밀집해 있던 가건물은 "쓰레기"라는 이름으로 통했다. 대학원 때 들어간 〈수유+너머〉를 포함한 여러 모임에서는 공부하는 시간만큼이나 잡일하고 잡담하고 집회에 나가는 등 이른바 노닥거리고 쏘다니는 시간이 많았다. 대학의 상상력, 작은 마을들을 구성하는 원동력은 이 더럽고 시끄럽고 알 수 없는 작은 모임들의 일상적 시간이 떠받치고 있는 것이 아닐까? 심지어 요시다 기숙사는 벌레와도 공생하지 않는가! 대학이 작고 다양한 마을의 실험장이 되길 꿈꿔 본다.

지식게릴라들의 대학제도 이용법

비정규대학 <지하대학>에서 다큐멘터리 <철학에의 권리>를 보고

우리는 국가 등록 인문학자

학교에 대해 논의하는 건 고리타분한 기분이 들어서 싫다. 그러나 고백하건대 나는 대학제도가 너무나 필요해 속앓이를 한 적이 있다. 무작정 일본으로 온 탓에 한동안 소속이 없었던 때의 일이다. 당장 써야 할 글이 있는데 대학 도서관을 이용할 수 없으니 손발이 꽁꽁 묶인 듯했다. 책을 찾아볼 수도 빌릴 수도 없고, 인터넷도 프린트도 복사기도 이용할 수 없었다. 동네 도서관에 등록해 보았지만, 내게 필요한 책도 검색기능도 그곳에는 없었다.

그때 두 가지를 깨달았다. 한국에서 나는 대학 밖에 있다는 자세를 취하고 있었지만, 실은 대학에서 부여해 주는 여러 요소를 손쉽게 이용할 수 있었다는 것. 제도권 밖이라고 생각했던 공동체도 나에게 이른바 제도처럼 안정적인 공부환경을 제공해 주었다. 나는 그것이 제도라고 생각하지 않았기 때문에 무의식중에 폭력적으로 그 안정적인 지위를 이용했을 수도 있다. 활용하기에 따라서 대학 안은 대학 밖이 될 수 있으며, 제도권 밖은 늘 제도가 될 위험과 직면해 있었다. 또한, 불안정한 신분 때문에 제도가 탐날 때는 그 제도에 대해서 비판하기 어려워진다는 것. 그런 점에서 '고리타분'이라는 말을 새롭게 이해하게 되었다. '고리타분'이란 인류가 오랜 기간 여러 차례의

실수를 통해 습득한 필요요건을 갖추어 놓았음을 의미하고 있기도 했다. 나는 고리타분이라는 안전장치 속에서 보호를 받았기 때문에, 고리타분하다고 불평할 수 있는 도련님이었다.

또한, 고백하건대 최근 나는 국가 등록 연구자가 되었다. 이른바 '학진 시스템' 안에 들어가지 않으면 공부와 연구로 돈을 벌 방법이 없다. 등재 학술지에 발표한 논문이 아니면 실적으로 인정되지 않는다. 내가 써온 글은 학술잡지에 실리지 않은 게 대부분이라, 그곳의 기록방식에 따르면 내 몇 간은 실적 없는 공백이다. 한국의 모든 연구자가 거기에 등록되어 있다! 대학원까지 졸업하면 모든 제도로부터 훨씬 자유로워질 줄 알았는데 오히려 졸업한 지 한 달 만에 먹고 살기 위해서 국가적이고 자본주의적 평가제도와 일대일로 대면하기 시작한 느낌이 든다. 그나마 학진 시스템 덕분에 혈연 지연에 따른 연구풍토가 개선되었다고 하니, 그 이전의 상황에 대해서는 말할 나위도 없을 것이다.

사건으로서의 다큐멘터리 상영 〈철학에의 권리〉哲学への権利

한국뿐 아니라 일본에서도 '인문학과 대학의 위기'는 죽은 유행어가 되어 있다. 그러나 최근 일본에서는 '대학'을 새롭게 묻는 움직임도 보인다. 최근 1~2년 사이에 대학의 기능과 역사에 관해서 물음을 던지는 책들이 출간되고 있다.『대학의 탄생』15,『대학의 역사』16,『대학의 반성』17(『일본경제신문』 2009년 12월 26일자 소개) 등이 그것이다. 또한, 유명한 잡지『현대사상』現代思想은 2008년 8월에 〈대학의 곤란〉大学の困難이란 특집을, 2009년 11월에 다시금 〈대학의 미래〉大学の未来라는 특집을 다룬다. 특히 2008년 특집에는 2004년 국립대학들의 독립 행정 법인화 이후 대학의 문제들을 구체적으로 지적하는 글과 함께, 일본의 대안적 지적 공간들을 소개했다. 그 대안 공간들은 〈대학의 밤〉大学の夜이라는 와세다 대학 생활 협농 소압, 고엔시의 〈지하대학〉, G8 서미트 반대 운동 기간 중 북해도에서 생겼던 〈캠프 대학〉

キャンプ大学 등이었다.

대학에 대한 반성과 성찰이 시작된 것은 1991년 일본 대학의 설치 기준 자유화 이후 교양과목의 축소, 2004년 국립 대학의 독립 행정 법인화 이후 대학에 대한 포괄적 평가와 운영 시스템이 확립됨에 따라 진행된 대학의 기업화 및 그에 따른 고학력 실업자의 증가와 관련된다. 이런 경향은 한국도 마찬가지이다. HK와 BK 사업단이 고학력 실업자의 수를 줄였으나 동시에 기업과 같은 관리체제가 대학 안으로 깊숙이 침투했다. 등재지 논문의 실적 주의는 글쓰기 방식을 논문형태로 고정시키고 있으며 연구자들 사이의 경쟁을 부추길 뿐 아니라, 연구자들이 천천히 시간을 들여 스스로 대면할 주제를 찾아갈 짬을 주지 않는다.

이런 분위기 속에서 니시야마 유지西山雄二 씨는 파리의 국제철학 콜레주에 대한 다큐멘터리 〈철학에의 권리〉를 만들어 일본의 대학 및 대안적 지식 공간을 돌며 상영하고 있다. 무엇보다 흥미로운 것은 상영방식이다. 도쿄뿐 아니라 각 지방의 주요 대학 및 자생적 지식 공간을 돌며 상영한 뒤, 지적 공공 공간의 문제를 전면에서 논의한다. 그 토론내용을 찍어서 인터넷에 올려 공유한다.[18] 일본의 순회 상영이 끝나면 프랑스와 미국, 한국 등지에서도 상영할 계획을 하고 있다고 한다. 다큐멘터리를 상영하는 것 자체가 논의를 불러일으키는 '국제적 사건으로서의 상영'인 셈이다.

다큐멘터리 〈철학에의 권리〉는 현재 파리의 국제 철학 콜레주에 참여하고 있거나 참여했던 사람들의 인터뷰를 담고 있다. 국제 철학 콜레주는 1983년 자크 데리다가 중심이 되어 만들었던 자유대학이다. 누구든 커리큘럼을 짜서 강의하고 누구든 들으러 올 수 있다. 국제 철학 콜레주에 참여하는 사람들은 세계적으로 유명한 학자부터 정규 교육을 받지 않은 사람들까지 다양하며, 전문분야나 관심 분야도 천차만별이다. 이 활동을 위해 필요한 돈은 프랑스 국가로부터 나온다. 그러나 한국과 일본의 대학처럼 돈을 주는 대가로 연구활동을 보고하게 하고 관리하고 있지는 않은 듯했다. 지식인과 대중이라는 틀을 넘어서 다양한 위치의 발화자들과 다양한 학문이 접속하는 장인 국제 철학 콜레주, 그리고 그것을 찍어서 일본의 대학 상황 속에 집어

던지는 행위. 그것은 '철학'이라는 이름으로 '철학'의 전제를 깨뜨려 갈 권리에 대한 요구이자, 그것이 가능한 공간에 대한 요구였다.

지식게릴라들의 아지트 〈지하대학〉

내가 〈철학에의 권리〉를 〈지하대학〉에서 볼 수 있었던 것은 행운이었다. 두 번째로 이 영화를 보러 온 친구는 이렇게 말했다. "확실히 누구랑 어디서 보는가가 중요한 것 같아." 그렇다. 지하 대학은 그런 곳이고 "그런" 사람들이 "함께"한다. 소속도 연령도

다큐멘터리 〈철학에의 권리〉 포스터. 이 다큐멘터리는 파리의 국제 철학 콜라주 (Collège international de philosophie, CIPh)에 참여하고 있거나 참여했던 사람들의 인터뷰를 담고 있다.

제각각이지만 어떤 식으로든 자신의 삶을 구성하는 조건에 진지하게 개입하려는 사람들이다. '그런'이 무엇을 의미하는지는 불확실하지만, 적어도 "함께"가 갖는 의미는 매우 중요하다. 새로운 윤리를 만들어 내는 것은 함께 먹는 것, 함께 보는 것, 함께 듣는 것, 함께 행동하는 것, 함께 논의하는 것에서 시작되기 때문이다. 그런 점에서 〈지하대학〉의 시도는 〈철학에의 권리〉가 추구하는 바를 현실 속에서 구현해 가고 있었다.

〈지하대학〉에는 "비정규대학을 위하여"라는 부제가 붙어 있다. 〈지하대학〉은 고엔지 마을[19]의 제12호점인 다목적 아지트에서 열리는 논의공간이다. 〈지하대학〉의 선언문은 이렇게 시작한다.

말을 빼앗기고 있다. 노래를 빼앗기고 있다. 사상 등은 먼 옛날에 사라져 버렸다……. 그리고 〈지하대학〉이 시작된다. 여기서 말하는 것은 쇠사슬을 자르는 '지식'이며 철의 이빨을 부수는 '기술'이다. 교양주의를 파괴하는 '교양'이다. 대항 심포지엄을 대학 밖으로 거리로 밤으로 열어젖히는 시도이다……. 〈지하대학〉은 신음이 소리가 되고 소리가 노래가 되는 바로

그 일보 직전에 머물 것이다. 〈지하대학〉은 밤의 거리, 그 수렁을 방황하는 TAZ(일시적 자율 공간)가 될 것이다. 왜냐면 장소를 빼앗기고 있기 때문에.

한 달에 한 번 열리는 〈지하대학〉에서는 다니가와 간과 같은 사상가 혹은 이 혁명이 일본에서의 정치투쟁에 대한 다큐멘터리 상영, 사회운동에 관련된 서적 평론회, 정치 문화 모임 소개 등이 이루어진다.

〈철학에의 권리〉가 상영되던 날, 45석쯤 되는 〈지하대학〉은 금방 만석이 되었고 서서 보는 사람들도 많았다. 〈지하대학〉을 주도하는 히라이 겐平井玄(음악 평론가), 대학에 대한 논의를 주도하는 시라이시 요시하루白石嘉治(죠치上智대학)가 참여한 토론은 열기가 뜨거웠다.[20] 히라이는 『계몽이란 무엇인가』에서 칸트가 마이너리티minority도 이성이라고 했음을 상기시키면서, 국제 철학 콜레주에 누구나 참여할 수 있다는 것이 지닌 의의를 설명했다. 마이너리티란 미성년이자 소수자를 동시에 지칭하는 말로, 비합리적인 것을 통해 새롭게 형성되는 이성이 필요함을 역설한다는 것이다. 또한, 국제 철학 콜레주가 68혁명의 분위기에서 비롯된 것임을 강조하면서 일본의 68~69 정치활동에 끼쳤던 영향과, 현재의 게릴라적 지식활동에 끼칠 수 있는 영향을 강조했다. 이 다큐멘터리는 데리다의 『조건 없는 대학』을 근간으로 한 것이지만 이 영화에 데리다는 단 한 번도 등장하지 않는다. 이처럼 과거의 영광에 대한 기억이 아니라, 현재의 사건이 되고 싶어 하는 다큐멘터리. 그것이 〈지하대학〉에서 매번 새롭게 상영될 수 있는, 〈철학에의 권리〉였다.

다큐멘터리가 끝난 뒤 잡담 시간에, 고엔지의 채식주의자 카페의 식단을 담당하고 있는 요요짱은 "전부 공짜라는 게 무척 놀랍다"고 했다. 나는 국제 철학 콜레주가 여러 공간을 전전하면서 이루어진다는 점이 놀라웠다. 논의는 논의의 배경에 대한 심각한 고민 이전에, 새로운 사실과 지적 자극에 대한 이런 놀라움과 호기심으로 차 있어야 한다. 그러나 연구자 등록을 눈앞에 두고 있던 나로서는 강렬한 공감과 강렬한 반감을 동시에 느꼈다. 이 다큐멘터리가 표방하는 것이 만인을 위한 철학의 권리라는 점이나, 국제 철학 콜레주를 사랑하는 사람들의 열정적인 인터뷰가 마음을 쳤다. 반면 '대학'을 재건하려는 듯한 분위기와 '국가로부터의 지원'을 최대한 끌어내는 데 모두 동감하고 있다는 것에는 어쩐지 거리를 두게 되었다.

지식 게릴라들의 제도 이용법

집에 돌아오는 길엔 두 명의 친구와 "만났고", 길가에 서서 "토론했다." 친구와 나는 가장 래디컬하게 보이는 일본 지식인조차 왜 늘 '국가의 지원'에서 시작하는가에 관해서 이야기했다. 제도의 밖이 없다는 것엔 나도 그녀도 공감할 수밖에 없다. 나는 연구자 등록을 해야 그나마 연구비 신청이라도 할 수 있다. 그녀는 시인이나 소설가들도 등단하게 되면 국가에서 지원금을 받는다고 말했다. 그러나 우리는 그럼에도 불구하고 제도 혹은 국가의 바깥을 상상하길 멈추어선 안 된다는 데 동감했다. 많은 일본 지식인들의 발상법에는 복지국가에 등록된 지식인이 지닌 무기력과 허무주의의 그림자가 너무 짙은 듯이 느껴졌다. 길거리에 서서 열변을 토하고 있으니 사회 활동을 열심히 하는 친구 나카타가 나타났다. 그 친구는 아마 〈지하대학〉의 뒷정리를 하고 오는 참이었을 텐데, 우리가 오래 서 있긴 했던 모양이었다. 그 친구는 "이번 〈지하대학〉엔 활동가들이 별로 안 왔어요"라고 아쉬움을 표했다. 동네 도서관에서 내게 필요한 책을 구할 수 없는 것처럼, 대학을 논의하는 장에는 활동가들이 필요한 무언가가 없는 것일까…….

그러나 그날의 무엇보다 중요한 성과는 우리가 다큐멘터리와 〈지하대학〉의 열기에 힘입어 전철역에 한참 서서 이야기했다는 것이었다. 우리가 원하는 것은 이런 우연하고 우발적인 토론의 공간들일지도 모른다. 이는 그렇게 어려운 일은 아닐지도 모른다. 한 달에 한 번 자신의 집을 토론공간으로 개방하는 것에서 시작될 수도 있는 누구나 가능한 일일지도 모른다. 아직 확실히 말할 수는 없지만, 대학을 패러디하기 혹은 대학을 전전하기 혹은 대학을 이용하기, 그 매뉴얼들이 다양해졌으면 좋겠다. 나에게도 그것은 이세 현실적인 문제로 시작되고 있다.

싸우면서 태어나는 미야시타 마을

미야시타 공원의 나이키화를 막기 위한 싸움

사라지는 마을, 태어나는 마을

봄은 태어남의 계절이다. 따라서 봄에 죽거나 사라지는 것들은 더욱 강렬한 에너지로 살아난다. 그러나 불행히도 봄의 자연법칙은 자본의 개발이 판을 치는 요즘엔 통하지 않는 듯하다. 봄은 개발공사나 악법을 새로 실행하기에도 좋기 때문일까. 최근 몇 년간, 내 봄은 장례식과 함께이다. 2007년 봄. 나는 황새울 벌판에서 꽃배 상여를 울며 따르는 할머니·할아버지들 사이에 있었다. 그날이 지나면 대추리 도두리엔 미군 기지가 들어설 것이며, 1952년부터 그 땅을 개간해 살아온 마을 주민들은 공동이주단지로 쫓겨날 것이었다. 도두리에 있던 거대한 문무인상이 불에 탔고, 촛불집회가 열리던 대추분교 한복판에 판 구덩이엔 다시 이 마을에 돌아올 날을 바라는 소원을 적은 향나무 판과 마을 주민들의 손때 묻은 보물들이 묻혔다. 그것은 국가로부터 쫓겨나는 '국민=난민' 및 침묵하는 황새울 벌판의 희망을 담은 무덤이 되었다.

2010년 봄. 나는 일본 미야시타 공원 근처에서 장례 퍼레이드에 참여하고 있었다. 〈연간 자살자 3만 인을 생각하는 모임〉 주최로 일본의 엄청난 자살률을 생각하는 동시에, 미야시타 공원에서 대중들이 내쫓기는 상황에 항

미야시타 나이키 공원이라니, 말도 안 돼! Get out from our park!

의하기 위한 장례 퍼레이드였다. 대추리의 꽃상여 대신 미야시타 공원 사진에 검정 띠를 두르고, 울음과 풍물 대신 손으로 만든 각종 악기가 구슬프고도 신기한 소리를 냈다. 이에 맞춰 장례 복장, 유령, 등으로 변장한 70명가량의 사람이 시부야 거리 한가운데에서 춤추며 활보했다. 퍼레이드가 끝나자 미야시타 공원에 모여 땅을 파고 항의 글귀들을 묻었다.[21] 그 무덤은 31일에 개최될 대규모 집회의 집결지로 결정되었다.

2010년 봄, 미야시타 공원의 유쾌하고 기괴하며 시끌시끌한 '장례 퍼레~이드!'에서 2007년 대추리의 무덤이 열리고 마을에 대한 희망의 글귀들이 뛰쳐나오는 것이 느껴졌다면, 그건 단지 나의 환상일까? 싸우다 사라진 마을들은 또 다른 싸우는 마을로 이어져 다시 태어나는 게 아닐까?

마을 되기 1 : 네 몸으로 표현해 봐

최근 미야시타 공원을 지키기 위한 크고 작은 싸움이 벌어지고 있다. 나이키사는 미야시타 공원을 스케이트 보드장, 암벽등반 시설을 갖춘 나이키 파크로 개축하는 명의로 매년 1,700만 엔을 시부야 구에 지불하기로 한다. 미야시타 공원이 유료 나이키 파크가 되면 야숙자들은 추방당할 것이며, 집회 장소로서의 기능을 잃을 것이며, 스케이트 보더들은 정해진 길로만 스케

28일의 장례 퍼레이드. 살았으나 죽은 셈 쳐지는 유령들의 거리행진.

이트를 탈 것이다. 3월 24일 나이키가 공사 설명회를 개최했고 4월 1일부터 개수공사를 착수할 계획을 밝혔다. 미야시타 공원 주변엔 거대 나이키 쇼핑몰이 들어섰으며 시부야 역 근처엔 나이키 거대 광고판이 개설되었다. 야숙자, 활동가, 지식인, 예술가 등 다양하고 작은 집단들의 네트워크로 이루어진 〈모두의 미야시타 공원을 나이키화에서 지키는 모임〉[22]은 이러한 흐름을 막기 위하여 28일에는 장례 퍼레이드를 31일에는 대규모 집회를 계획했다.

　　그러나 내가 쓰려는 것은 국가와 자본이 결탁해 공공공간에서 대중들을 추방하고 있음을 전달하고 항의하려는 것만이 아니다. 내가 쓰고 싶은 것은 이러한 싸움 속에서 태어나는 이질적인 마을의 생성운동이다. 미야시타 마을은 탄생속도가 빠르고 독특한 감각과 활력을 지니고 있다. 그것은 어느새 다가와 이렇게 속삭인다. "마을에 참여하고 싶지? 그렇다면 네 감각과 생활을 바꿔 봐"[23] 따라서 나는 공부하고 글 쓰고 일본과 한국 사이에서 편지왕래를 도우며 대부분의 시간을 보내는 내 생활반경 및 습관들과 다퉈가면서 점차 미야시타 마을의 전염력에 감염되어 가고 있다. 미야시타 마을은 각자가 지닌 익숙한 삶의 감각에 싸움을 걸고 있다. 이것이 미야시타 공원을 지키기 위한 싸움이 지닌 가장 빛나는 지점이다.

28일 장례 퍼레이드에는 "상복으로 참여하거나 코스프레를 하거나, 악기 연주 등이 있습니다. 자살자 3만 인의 장례식에 제각각의 방식대로 참여해 주세요"라고 쓰여 있었다. 이것을 힐끗만 보았던 건 실수였다. 28일 장례식 퍼레이드에는 폐품을 이용한 다양한 변신술과 플래카드, 국자나 냄비 등을 개조한 악기가 출몰했다. 맘에 들었던 것은 흰 천을 뒤집어쓰고 유령처럼 너울너울 춤추는 모습이었다. 그것은 죽은 사람이 장난치면서 함께 걷는 듯이 보였다. 장례 복장으로 꽃을 들고 미야시타 공원 사진에 검은 띠를 둘러 들기도 했다. 그 숙연한 복장과 얌전한 모습이 양갓집 부인을 연상시켰기 때문에 이렇게 외치는 것 같았다. 새침한 양갓집 부인도 미야시타 공원을 지키는 마을의 일원이랍니다! 한국에서 집회가 있는 날이면 나는 청바지에 운동화 복장을 고수했더랬는데, 미야시타 공원을 지키기 위한 집회에서 사람들은 일부러 뾰족 구두를 신고 아가씨 복장을 하기도 하는 것이다. 더구나 그들은 야숙자들의 사진이 아니라 미야시타 공원 사진을 들고 있었다. 추방당하는 것은 인간만이 아니다. 흙과 곤충과 벌레와 지나가는 사람과 공기와 세월과 분위기, 그 모든 흐름이 마을을 구성한다. 어떤 공간을 추방하는 것은 그 마을 전체와 흐름을 추방하는 것이다.

나도 나름 준비를 하긴 했다. 하얀 마스크에 테이프로 엑스 표를 해서 미야시타 공원의 말 못하는 것들을 표현하자는 게 내 취지였다. 유학생답게 돈이 들지 않는 방식으로! 그런데 막상 기상천외한 장례 행렬과 비교해 보니 영 재미가 없었다. 더구나 그들은 돈 주고 산 게 없었다. 종이박스, 천 쪼가리 등 버려진 것들로 만들어 낸 기막힌 변신술! 31일 집회의 변신은 더 요란했다. 온몸을 나뭇가지로 감싼 사람, 종이박스를 몸 전체에 두른 사람, 흰 미니스커트 드레스에 핑크 머리를 한 남자, 온갖 종류의 플래카드와 깃발, 형형색색의 형광물질, 국자나 널빤지로 만든 기상천외한 악기들. 31일 집회는 저녁 6시 반부터 진행되었다. 나는 어두울 테니까 촛불집회를 하면 어떨까……생각하면서 꽤 많은 초와 종이컵을 가져갔다. 그런데 도쿄 한복판인 시부야는 사이키델릭한 조명으로 충분히 밝았고, 빈 캔에 돌멩이를 넣어 만

미야시타 공원 완전 좋아!

든 악기를 자루 한가득 들고 와 나눠주는 걸 보자 촛불을 꺼낼 생각이 쑥 들어갔다. 저 깡통을 흔들며 소란을 떨어야 하니까. 해질녘에 사이키델릭한 조명에 온갖 요란한 음악에 맞춰 춤추며 행진하는 사운드 집회는 일본에서 가장 흥미로운 집회형태다. 직접 만든 악기로 시내 한복판에서 소란을 떨고 춤추며 괴상망측하게 어울리는 라이브 물결.[24] 일본의 사운드는 한국의 촛불이었다. 그리고 미야시타 공원을 위한 집회는 이미 미야시타 마을이었다. 개인의 감각과 소리를 깨뜨리는 불협화음 속에서 공동의 소리를 만들어 간다는 점에서.

마을 되기 2 : 현장감을 유지하라

사운드 데모가 끝나고 어두컴컴해진 미야시타 공원에 모였다. 한쪽에서는 밥을 짓고, 새로 쳐진 텐트도 눈에 띄었다. 한편 고토부키나 가마가사키 등에서 몰려든 사람들의 이야기가 이어졌다. 일본 각지에서 야숙자나 주민들을 내쫓는 일들이 벌어지고 있으며 미야시타의 싸움이 다른 마을에도 매우 큰 영향을 준다는 이야기들을 했다. 다른 집회보다 많은 수를 차지했던 야숙자들은 고토부키나 가마가사키에서 온 모양이었다. 사람들은 내일 아침에 시작될 강제 공사를 막기 위해 밤을 새울 모양이었다.

미야시타 공원의 개축공사가 개시된다면 내일 아침 8시. 공원에 머무는 것이 가장 힘을 보탤 수 있는 길이란 생각이 들었지만, 역시 야숙에는 자신이 없었다. 일단 집으로 돌아왔다. 그러자 집회의 장면들은 마치 꿈처럼 조금씩 실감을 잃어갔다. 결국, 나는 늦잠을 잤고, 4월 1일 행동에 힘을 보태지 못했다. 다행히 4월 1일엔 개축공사가 진행되지 않았지만, 마을의 한 일원이 된

다는 것은 그러한 현장감
을 어떤 식으로든지 유지하
려는 노력일 터였다. 그리고
그것은 기존의 내 삶의 방
식들을 어떤 형태로든 조금
씩 변화시키라고 요구하고
있었다.

한쪽에는 텐트촌과 카페도 생겼다. "돈 내지 못하는 자는 오
지 말라." JUST DO IT (나이키 로고 패러디)

그중에서도 최근 내 마
음을 가장 사로잡고 있는
것은 이렇게 수동적으로 참여하는 데 그치는 게 아니라 '나도 미야시타 공원
에서 뭔가 해 보고 싶다'는 생각이다. 미야시타 공원은 싸움 속에서 다양한
문화 교류 마을로 바뀌고 있다. 미야시타 공원에 머무는 사람들이 많아짐에
따라서 텐트, 플래카드, 생활 도구가 늘어나며 점차 알록달록한 색깔을 드러
내기 시작한다. 또한, 다양한 소규모 영화제, 카페, 음악회가 기획되고 있다. 8
일에는 〈아티스트 인 레지던스〉Artist in Residence, A.I.R. 사람들이 공원 벤치를
만들고 공간을 기획하는 활동이 예정되어 있다. 9일에는 〈아워 플래닛 TV〉
가 찍은 최근 미야시타 활동 영상과 사토 레오佐藤零郎 감독이 찍은 〈나가이
청춘 취몽가〉長居青春酔夢歌가 상영될 예정이다. 이 영화는 2007년 겨울 나가이
長居 공원 텐트 마을의 추방 속에서 한 젊은이가 그곳 주민들과 연극을 했던
과정을 찍은 것이다.

무엇보다 흥미로운 것은 이 활동들이 작은 단체들이나 한두 명의 개인
에 의해 기획된다는 것이다. 5일에는 불쑥 미야시타 공원에 가보았다. 비가
온 탓에 '니트는 재즈'라는 음악회 일정이 취소된 데다가 대부분이 시부야 구
청 지하도에 사는 야숙자들을 쫓아내는 일을 저지하러 간 탓에, 미야시타
공원은 한산했다. 그런데도 빵, 초코렛, 치킨 등 음식을 가져오는 사람들이
끊이지 않았다. 나는 그녀가 권한 초코렛 맛에 반해 이야기하게 되었는데 거
기서 4월 중순 쯤에 카페를 하려고 기획 중이고 함께할 사람을 찾는다고 했
다. 교토의 자기 친구들도 부를 생각이라고 했다. 커피를 잘 만들고 노래도

잘하는 재밌는 친구라고 했다. 앞뒤 생각지도 않고 도와주겠다고 말하고 말았다. 아……말하는 순간 소심증이 몰려왔으나 지나쳐 버리는 사람도 잠시 쉬면서 미야시타 공원에 대한 이야기를 나누는 공간을 만들자는데 우선 응하지 않을 수가 없었다. 계속 생각하게 된다. 나는 과연 그곳에서 무엇을 할 수 있을까?

또 다른 봄, 또 다른 마을

미야시타 공원은 언제 가보든지, 여기저기서 음식들이 몰려들고 뭔가 해 보려는 사람들도 몰려들고 있다. 이렇게 함께 음식이나 영상이나 음악을 나누고 우연히 만나는 순간들이 겹쳐져, 더 많은 사람을 전염시키고 심지어 나 같은 책상머리에 있기 좋아하는 사람까지도 들썩거리게 한다. 그리고 그 순간마다 나는 꿈쩍도 하지 않는 내 몸의 완강한 보수성을 느끼는 동시에 그것으로부터 조금씩이나마 벗어날 수 있기를 바라는 것이다. 이런 들썩거림은 집회에 참여한 사람뿐 아니라 집회를 본 사람들, 지나가는 사람들, 저 먼 곳에서 소식을 전해 들은 사람들에게 점차 확대되어 가지 않을까. 실제로 여기저기에서 동시 행동이 일어나고 있으며 〈미야시타 공원……〉 홈페이지에 그 상황이 보고되고 있다. 1일에는 프랑스, 2일에는 오스트레일리아, 4일에는 방콕 등. 한국은 어떨까?

어쩌면 마을이란 사라지는 것이 아니라 유쾌한 싸움이 지닌 전염력 속에서, 익숙한 감각과 이질적인 감각 사이의 갈등 속에서, 늘 태어나고 있는 것일지도 모르겠다. 아니, 마을은 이질감을 느끼고 불협화음을 연주하길 그치는 순간, 정말 사라져 버리는 것은 아닐까? 마을은 감각이 변화하는 괴롭고도 기쁜 순간들을 늘 포함하고 있어야 한다. 그런 점에서 불협화음으로 가득한 미야시타 마을의 이후를 기대하면서, 나도 그 마을이 되고 싶어진다. 익숙한 자연법칙이야 아무래도 좋다. 우리는 또 다른 봄과 또 다른 마을을 맛볼 셈이다. 이 거리의 불협화음 속에서.

정치적 계절'들'과 마을

일본의 <자유와 생존의 메이데이>

우리 안의 계절감각

노동절, 어린이날, 어버이날, 스승의 날, 광주항쟁, 석가탄신일까지 총출동하는 5월이 되면, 30년이나 익숙해져 있었던 시간과 지금 내가 일본에서 보내는 시간이 두 갈래로 갈라지는 듯한 묘한 기분에 휩싸인다. 순간 깨닫게 된다. 가족행사, 심지어 석가탄신일조차 국가의 계절감각과 무관하지 않다는 것을. 그러나 한편 생각해 보면, 한 국가나 한 민족이 동일한 계절감각을 가진 경우도 드물다. 예를 들어 내 방에는 일본 아나키스트 친구로부터 받은 달력이 걸려 있다. 요일 등은 에스페란토로 쓰여 있고, 일본의 건국기념일에는 해골이 그려져 있다. 국가 기념일을 부정하는 것을 통해 시간을 기억하는 달력이다. 이 달력을 보고 있으면 일본국가나 민족과 다른 시간을 사는 사람들의 마을이 동그랗게 입구를 보여 주는 듯하다. 그럴 때, 시간은 셀 수 없이 많은 갈래로 갈라지고 어긋나고 만나고 뻗어 간다.

4·3을 시작으로 4·19, 5·1, 5·18, 6·10까지 이어지는 한국의 '봄에서 여름으로'란, 그야말로 뜨거워지는 정치적 계절이어야 했다. 그 날들은 때로는 '국가' 때로는 '민족'과 겹쳐졌지만, 동시에 그 모든 것들을 넘어서는 여러 갈래의 길을 지니고 있었다고 생각한다. 그래서 나는 정치적 계절이 지닌 반복

〈자유와 생존의 메이데이〉. 플래카드에는 '역습하는 기민' '나도 인간입니다'라고 쓰여 있다.

의 힘을 믿는다. 이런 계절감각의 반복 속에서 한해의 중요한 이슈들은 힘을 얻고, 사람들은 대규모로 결집하며, 서로 연대를 만든다. 그리고 반복은 반드시 차이를 만들어 낸다. 그러나 때때로 반복을 통해서는 드러나지 않는 차이도 있지 않을까? 노동절 전야제 공연은 재미있었고 한낮의 뜨거운 태양과 선동가는 나름의 단단한 맛이 좋았다. 그러나 침묵하는 문제들이 어딘가에 꼭꼭 숨어 있는 것 같은 기분도 쉽사리 떨칠 순 없었다. 그랬던 것이 일본에 오니까 정치적인 계절이라 부를 만한 것이 별로 느껴지지 않았다. 어떤 이유에서인지 일본의 정치적 계절은 힘을 잃었지만, 국경일들은 기승을 부리는 듯했다. 대중들이 자신들의 시간을 표현하고 싶어도 시간을 만들어 내는 감각을 잃어버린 느낌이랄까? 그러던 중 국적불명 호적불명 정체불명의 정치적 계절과 만났다. 〈프리타 전반노동조합〉フリーター全般労働組合과 프레카리아트[25]들이 중심이 되어 만드는 〈자유와 생존의 메이데이〉라는 활동이다.

프레카리아트의 계절 ― 〈자유와 생존의 메이데이〉

〈자유와 생존의 메이데이〉는 '프레카리아트'가 중심이 되어서, '생존의 권리'를 요구하는 메이데이이다. 이 메이데이의 주체와 목소리는 현재 정치적인 문제가 어떤 지점에서 발생하고 있는가를 대변한다. 문제는 노동이 아니라 생존이며, 대중은 그야말로 복잡다단하다. 이번 〈자유와 생존의 메이데이〉는 주제는 "역습의 기민棄民, 판도라의 상자가 열리다"였다.

우리가 기민이다. 처음 뵙겠습니다. 오래간만.

이 사회가 당당히 만들어 내는 격류. 정원사, 청소부, 경비, 테마파크의 잔디 관리, 거푸집 목수, 다다미 직공, 배우 대역cast, 아이누모시리[26]부터, 돌봄노동, 다스킨[27], 막노동자, 학원 강사, 니트, 카약, 일찍이 남미 대륙으로, 웨이터, 파칭코 가게의 줄, 도시락 공장, 작가, 대만으로, 교정, 농업, 중노동, 히키코모리, 채소가게, 리넨リネン, 항공우편, 우편분류, 금속판(프레스판) 칠하기, 행동주의자, 지금 남미 대륙으로부터, 주유소, 디자인, 리사이클 가게, 애니메이터, 편집자, 그림 선생님, 조선반도로, NPO 직원, 교통량 조사, 불법출판 sleeper, 수도 공사, 파견 영업, 숍 점원, 데리 헬デリヘル, 실업자, 정당 직원, 대학원생, 카메라 조수, 류큐琉球로, 사쿠라, 절 사원의 사무, 조선반도에서, 카운터보는 일レジ打ち, 검품, 운전기사, 게이머, 사무원, 중국에서, 카메라맨, 빵 직공, 성적 소수자sexual minority, 종업원, 바텐더, 앙케이트 조사원, 세크캬바セクキャバ [28], 겐카이나다玄界灘 [29]를 넘어서, 야숙자, 신문 권유, 캐치, 생활보호 대상자, 프로그래머, 과자 판매, 전화세일즈, POP 작성, 포스팅, 편의점, 라이터, 주차 감시원. 그것이 우리입니다.

뉴 딜러를 넘고, 판도라의 상자가 열린다.

생존과 존엄의 뚜껑.[30]

프레카리아트라는 말은 실업자, 파견, 비정규직, 고학력 실업자, 여성, 성노동자, 난민, 이주노동자, 정신 장애자, 히키코모리 등 '버려진 대중'棄民들이, 생존에 대한 절박한 요구를 통해 국경과 바다를 넘어 연대하면서, 스스로를 적극적인 삶의 주체로 부르는 이름이다.

이 자랑스러운 오합지졸들이 거리를 활개 치며 만들어 내는 불협화음이 〈자유와 생존의 메이데이〉가 생존을 요구하는 방식이다. 그리고 〈자유와 생존의 메이데이〉는 정치적 계절로 정착해 가고 있다. 두 번째 참여하는 나조차도 늦봄 하늘하늘한 옷을 입을 때쯤이면 떠올린다. 〈자유와 생존의 메이데이〉에 가서 스트레스를 날려 버려야지!

'베이직 인컴'[31]이란 말을 둘러싼 프레카리아트의 싸움

〈자유와 생존의 메이데이〉는 3일 동안 열렸다. 첫날(5월 2일)에는 센다가야千駄ヶ谷 구민회관에서 집회 형태의 심포지엄이 열렸다. 작년 메이데이에서 일본과 세계 각지의 메이데이 보고(영상, 편지)를 공유했던 것에 비하자면, 올해는 일본 내부의 문제에 집중된 듯했다. 하토야마 정권 이후 추진된 정책들의 허와 실을 심도 있게 점검하는 기획이 필요했던 것일까? 1부에서는 하토야마 정권 하의 빈곤 정책에 대한 비판적인 분석이 이어졌다.

다노 신이치田野新一(〈프리타 전반노조〉 공동대표) 씨가 '고용 및 보험'에 대해서, 아마미야 가린雨宮処凛 씨가 '생존 안전망'safety net에 대해서 설명했다. 현재 일본의 생존 안전망 정책엔 허점이 잔뜩 있다는 보고였다. 더구나 최근 생존 안전망, 베이직 인컴과 같은 말이 유행하면서 악용되는 경우도 적지 않다고 지적했다. 예를 들면 '베이직 인컴'이 있으니까 다른 안전망 제도는 폐지해도 된다거나, '베이직 인컴'이 있는데도 그런 상태에 처하다니……하며 프레카리아트에게 책임을 전가하는 경우도 있다는 것이다. 그들은 '베이직 인컴'이나 '생존 안전망'은 너무 당연한 요구이며, 정책들의 내실을 철저히 따져, 그 말을 프레카리아트들의 것으로 되살려야 한다고 역설했다. 세 번째 발언자인 A 씨는 생활 보호 신청이 얼마나 어려운가를 경험을 바탕으로 이야기했다. 그는 생활 보호 신청을 거부당해 비디오를 들이대고 "생존권을 지켜주세요"라고 항의했다는 이유로 반년을 감옥에서 지내야 했다. 마지막으로 생존 안전망 정책에서 소외되고 있는 지방과 가족 안 여성의 문제에 대해서 보고가 있었다. 가타다 가오리堅田香緒里(〈베이직 인컴 일본 네트워크〉)는 베이직 인컴이 기존 노동정책을 기반으로 하기 때문에, 여전히 여성노동에 대한 대책이 되지 못한다고 지적했다.

안타깝게도 2부의 이야기는 듣지 못하고 나왔으나 〈자유와 생존의 메이데이〉는 '생존의 말'을 되찾기 위한 투쟁이기도 하다는 것을 명확히 느낄수 있었다. 구멍투성이 정책과 번지르르한 말이 홍수처럼 쏟아질 때, 그중 프레카리아트의 것이 되어야 할 말들을 되찾아 그 말로 생존을 요구하는 것,

그것은 아마 프레카리아트들의 경험담으로부터 가능할 것이다.

공공공간의 해방을 위한 천사의 싸움

사운드 데모(5월 3일)는 〈자유와 생존의 메이데이〉의 피크였다. 신주쿠 중앙 공원新宿中央公園에서 함께 카레를 만들어 먹고 신주쿠 서쪽 출구까지 행진해서, 2차로 동쪽 출구 광장에서 합류하기로 되어 있었다. 나는 2차 합류 지점으로 갔는데, 신주쿠 한복판에 가득 찬 인파 속에 핑크색과 노랑색 어릿광대 두 명이 키다리 기구에 올라 불쑥 솟아 있었다. 옆에 있던 여자 분은 내게 페이스페인팅을 해 주고, 좀 있다가 뿌릴 거라면서 의기양양하게 위조 지폐를 쥐여 주었다. 그때 저 멀리에서부터 알록달록한 복장에 심상찮은 잡음이 들려오기 시작했다. 신주쿠의 소음과는 또 다른 형태의 잡음들.

사운드 데모는 폭발하는 감각으로 충만했다! 제이팝, 레이브, 록, 엔가를 가리지 않고 틀어대는 디제이의 선곡에 맞춰, 밍키 공주 미니스커트에 흰색 머리띠를 한 남자, 떠돌이 악사, 아라비아 공주, 귀신, 어릿광대, 웃기고 별난 행렬들이 맥주를 마시고 소리를 지르고 춤추면서 행진했다. 인형을 매단 피켓과 알록달록한 깃발과 상여가 노을 지는 하늘로 휘날릴 때, 그때 이미 프레카리아트들은 생존 이상을 요구하고 있었다. 디제이의 뒤편으로는 손수 만든 악기를 든 행렬이 이어졌다. 텐트 연극 〈야전의 달〉 팀이 구슬픈 음악을 틀고 춤을 추었다. 그들이 건네준 전단지에는 한국 민중가요 〈죽창가〉(김남주 작시)가 일본어로 번역되어 있었다. 대학 시절 집회에 나가면 듣던 노래를 그곳에서 듣는 기분이 좋았다. 1980년대 한국 운동은 일본의 단카이 세대団塊(1947~49년경 일본의 베이비붐 시대에 태어난 세대)들에게 일종의 선망의 대상인 면이 있지만, 한국의 운동이 괜한 선망에서 벗어나 일본의 현장 속으로 바로 끼어들어 현장 속에서 번역되어 불리는 〈죽창가〉 같은 것이 되면 좋겠다고 생각했다. 무엇보다 신났던 것은 미군 악기를 두드리고 춤추고 소리를 지르면서 〈단결된 인민은 결코 지지 않는다!〉El pueblo unido, jamás será vencido!를 부를 때였다. 대열이 멀어져 가는 것도, 경찰의 구박에도 아랑곳하지 않고 미친 듯이 춤을 추던 움직임의 도가니! 사운드 데모는 디제이와 노래방 기능, 생음악 기능을 탑재한 무료 댄스클럽이었다.

아마미야 씨를 비롯한 몇 명은 대열 앞뒤를 종횡무진 움직이며 끊임없이 외쳤다 "프레카리아트 만세, 말하는 걸 듣는 놈들이 아니야. 주7일 휴업, 늦잠 만세, 히키코모리 만세, 실업자 만세, 급료 올려라! 잔업 반대, 신주쿠 해방하라, 기민의 역습." 목록은 끝도 없었고 외침도 끝이 없었다. 무엇보다 내 눈을 사로잡은 건 〈프리타 전반노동조합〉의 후세 씨의 싸움이었다. 그녀를 본 순간 나는 내가 방관자라고 자각할 수밖에 없었다. 그녀는 우리를 보호한다는 명목으로 대열을 자꾸만 좁히는 경찰들을 온몸으로 밀어내면서 "좁아서 못 걷겠다. 경찰은 돌아가라. 도로를 해방해라"라고 외치고 있었다. 나도 그녀의 말을 따라 외쳤다. 그녀의 복장이 하늘하늘 날리고 반짝반짝 빛나는 파란색 깃털 날개를 단 천사였음을 꼭 적어 두고 싶다.

〈자유와 생존의 메이데이〉가 지닌 힘들이 결코 그날만의 흥분으로 가능하리라고 생각하지 않는다. 메이데이 첫째 날 발언했던 A군이 이런 저항적인 활동을 하면서 자존감이 생기고 즐거워진다고 말했듯이, 메이데이를 준비하는 모든 만남과 대화의 과정들이 메이데이에 참여한 모두의 자존감을 고양시키고 이것이 이후 다른 활동의 원동력이 되는 것이리라.

정치적 계절과 또 다른 계절들

다소 차분하게 말해 두고 싶은 게 있다. 사운드 데모에 처음부터가 아니라 조금 늦은 2차부터 합류하게 되었는가 하면, 전철 자살사고人身事故로 전차가 한동안 정지한 탓이기도 했다. 전차 안에 자살 사고가 있었음을 알리는 방송이 나오자, 사람들은 죽은 자에 대한 애도는커녕, 짜증을 쏟아냈다. 유난히 날이 더웠던 탓에 나도 짜증이 솟아나긴 했지만, "생존"을 요구하는 집회에 가기 위해 탄 전차에서 듣는 자살소식은 찡한 고통을 동반했다. 메이데이에 가

는 것도 타인의 고통에 공감
하는 것도 어느 정도 마음과
시간의 여유가 있을 때 가능
하다. 나는 메이데이 활동에
참여하고 있지만, 실상 메이데
이에 오지 못할 정도로 절박
한 상황에 있는 프레카리아트
들이 훨씬 많고 대다수일 것
이다. 그리고 나는 전철 자살

메이데이 참여자. 1만 엔(약 10만 원) 가짜 지폐를 뿌리
며 행진했다.

사고에 대한 일상적인 무감각이, 사운드 데모의 강렬한 해방감과 어쩌면 긴밀
히 연관되어 있을지도 모른다는 느낌이 스쳤다.

그런 점에서 여성 메이데이에 참여하지 못한 것이 못내 아쉽다. 나중에
야 5월 16일에 〈여성과 빈곤 네트워크〉女性と貧困ネットワーク 주최로 열린 여성메
이데이가 있었음을 알게 되었다. 표어는 "여성이 걷고 여성이 일하는 메이데
이." 지라시에는 "직장의 이지메(왕따, 집단학대)를 견딜 수 없다! 쉬고 싶다!
울음을 그치지 않는 아기를 어쩌나! 간호가 힘들다! 결혼하지 않으면 떳떳
할 수 없다니 싫다! 제복 세탁비 정도는 회사가 내라!" 등이 써 있었다. 그 절
박한 불만목록과 함께 관심을 끈 것은 행진 주의문구였다. "외부로부터의
도발에 응하지 마세요", "3열로 나열해 걷습니다. 흩어지지 않고 가능한 함
께 움직이려 하니 협력해 주세요." 〈자유와 생존의 메이데이〉가 가지고 있
는 자유로움에 비해 조심스러워 보이는 이 문구들을 보면서, 메이데이의 '폭
발적인 해방감'과 전철 안의 '냉소적인 불감증'이란 두 극단적인 정치적 계절
사이에서, 여성 메이데이는 분명 또 다른 목소리를 더하고 있다는 생각이
들었다.

"여전히 놓지고 마는 나의 배"(김시종)

우카이 사토시는 김시종이 "일본의 계절을 정치화"함으로써 표현했고, 거기서 걸작이 탄생했다고 말했다. 이에 더해 나는 김시종이 어떤 정치적 계절에도 있는 '그늘'과, 낮도 밤도 아닌 '잃어버린 시간'과 교감하고 있어서 좋다. 한국의 정치적인 계절은 김시종의 시를 통해 다시 태어날 수 있는 게 아닐까? 김시종은 「그림자에 그늘지다」[32]에서 이렇게 쓴다.

하필 슬쩍 엿본 아침이
정오였으므로
밤과 낮이
마침내 백주 대낮에
고정되고 말았다.
터뜨려지는 시간을 미처 빠져나오지 못한 채
어디를 어떻게 향한들
나의 삶은 내 그림자로만
숨 쉬게 되어 있다.⋯⋯
32년은
잃어버린 시간의 그림자다

제국의 시간, 국가의 시간, 가족의 시간, 단일 민족의 시간 속에서 〈자유와 생존의 메이데이〉는 또 다른 정치적인 계절을 일본에서 만들어 내고 있다. 〈여성이 걷고 여성이 일하는 메이데이〉는 그 정치적 계절 속에 드리워지는 또 하나의 그림자를 드러내고 있다. 일본의 프레카리아트들과 교감하는 아직 이름 없는 세계의 대중들이 또 하나의 계절을 살고 있다. 김시종 시인이 "36년을 거듭해도/ 여전히 놓치고 마는 나의 때가 있다. 〈스러지는 시간 속에서〉"라고 말했듯이. 그 "여전히 놓치고 마는 나의 때"는 정치적 계절 속에 더 강렬하게 휘몰아치는 여러 갈래의 계절, 그 시간時의 중심들을 무수히 만들면서 서로 연대하고 있을 게다.

나는 한국의 6·2 지방선거를 하루 앞두고 이 글을 쓰고 있다. 현재의 한국이라면 프레카리아트라는 이름에 젊은 군인들과 4대 강들과 그 강들에서 사는 작은 생물들이, 또 그 무엇과 무엇들이 들어가야 했을 것이라고 생각하면서. 그리고 나는 이 글을 한국과 시차를 지닌 일본에서 쓰고 있다. 이 글이 포스팅될 때엔 선거가 끝나 있을 것이다. 이 글 밑에 이번 6·2 지방선거에서 프레카리아트들이 승리했다는 답글이 달리길 기대하면서. 내일의 선거가 벌써 1천 일에 가까워진 잘못된 대중의 선택을 되돌리는 정치적 계절이 되길 바란다.

무서워하는 마을에서 무서운 마을로

"여자와 퀴어들의 외치는 모임"

집회에 가는 이유

고백하자면 일본에서 나는 소리 지르러, 심호흡하러, 운동 삼아, 집회에 간다. 아마도 나는 스스로 고립되어 있지 않다는 것을 집회에서 함께 걷고 소리를 지르면서 느끼는 모양이다. 집회는 급히 잡히기 때문에 혼자 갈 때가 많다. 그렇지만 돌아올 때는 둘 셋이 된다. 우연히 만난 사람들과 두런두런 이야기하다 보면 마음에 안정감이 되살아난다. 집회는 목소리를 낼 수 없었던 자들이 모여 목소리를 내고 보이고 들리게 하는 곳이라고 생각해 왔다. 그런데 집회는 단지 이런 '발화 공간'의 역할만 하는 것은 아니다. 사실 일본에서 내 건강에 가장 큰 보탬이 되는 것은 집회다. 그래서 나는 집회에 또 하나의 상상력을 더하고 싶어진다. 집회란 '누군가에게'가 아니라 그곳에 모인 서로가 서로에게 더 좋은 삶을 살도록 해 주는 친근하지만, 파격적인 코뮌이 되어야 하지 않을까? 굳어 버린 몸을 풀어 주는 헬스장, 잡담으로 스트레스를 날려 버릴 카페, 숨겨진 목소리를 끄집어내 주는 콘서트장 등이 되어야 하지 않을까?

연말 연시고 바쁘다 보니 집회를 가지 못한 날이 길어지고 있었다. 가슴이 답답하고 몸이 무거워지던 중 이치무라 씨로부터 메일을 받았다. "여자와

"여자와 퀴어들의 외치는 모임"

퀴어들의 외치는 모임"女とクィアの「叫ぶ会」을 하자는 것이었다. 외치는 모임! 이건 완전히 나를 위한 집회잖아! 이치무라 씨는 여성이고 야숙자이고 작가이다. 요요기 공원과 246 철로 밑에서 살면서 야숙자들 특히 여성 야숙자들과 함께 면 생리대 만들기, 그림 그리는 회, 물물교환 에노아루 카페絵のある(그림이 있는 카페라는 뜻), 줍거나 받은 음식으로 야숙자들과 함께 밥을 지어 길에서 먹는 〈246키친〉 등을 해왔고 하고 있다. 최근 수개월간은 시부야에 있는 미야시타 공원이 '나이키 파크'로 재개발되고 유료화되려는 것을 막는 활동에 집중하고 있다.

미야시타 공원을 지키는 활동에는 운동단체, 아티스트, 학자, 개인 참여자 등 다채로운 사람들이 참여했다. 미야시타 공원에 텐트를 치고 살기도 하고, 찻집, 영화제, 파티, 강연회 등의 활동이 이뤄졌다. 미야시타 공원은 점차 '싸우는 코뮌'이 되어 가고 있었다. 그러나 9월 24일 행정 대집행으로 활동가와 야숙자는 쫓겨나고 텐트와 벤치는 파손되었다. 현재 나이키 파크는 4월 오픈을 향해 공사가 진행 중이다. 그리고 여러 가지 일들이 있었다고 들었다…….

그런 일이 있었던 뒤 '여자'와 '퀴어'들의 "외치는 모임"을 미야시타 공원 옆 육교에서 하자는 메일을 받은 것이다. 그 육교는 지금은 막혔지만 미야시타 공원과 연결되는 가장 큰 통로이다. 이번 모임은 회사 측이 "여성과 아이가 사용하기 어렵다. 무섭기 때문"에 공원을 재개발해야 한다고 한 발언에 저항하기 위해서 계획되었다고 한다. 메일에는 이렇게 써 있었다. "여성과 아이들의 공포를 마주하지 않고 야숙생활자의 탓으로 돌려, 여성과 아이들을 야숙자와 대립시키"려는 논리에 반발하면서 "저주, 화, 한, 분노, 슬픔, 증오,

원망, 비방과 같은 소리들을 회복시키기 위해, 여성과 퀴어의 외치는 **모임**"을 연다고. "보다 큰 소리로, 보다 찢어진 소리로."

우리의 저항이 권력과 닮아 버린 것은 아닐까?

나이키 회사가 든 공사 이유는 "여성과 아이의 권리"이다. 권력이 어느새 우리의 저항적 언어들을 차용하기 시작했다. 이 발언에서 '여성'과 '아이들'은 보호의 대상이 되고 '두려워하는 존재'가 된다. 반면 야숙자=남성=어른이 된다. 그러나 야숙자 속에는 적지만 여성도 있고 아이도 있다. 오히려 **핵심**은 왜 여성이 훨씬 더 심각한 빈곤상황에 있으면서도 여성 야숙자가 **이렇게 적**은가 이다. 또 그들은 "공공의 권리"를 증진시켜야 한다고 말한다. 그러나 이는 시민권을 지닌 사람들의 공공이다. 이처럼 미야시타 공원의 싸움에서 기존의 가치들이 개발과 폭력을 정당화시키는 말로 이용되고 그 **결과 마이너**리티는 내부 분열을 겪는다. 여성은 야숙자와, 시민은 야숙자와 적대적인 듯이 이야기되기 때문이다. 그러나 미야시타 공원을 지키는 활동 속에서 미야시타 공원은 아이들의 더 좋은 놀이터가 되었다고 생각한다.[1] 미야시타 공원의 나이키화 반대에 참여한 〈구멍을 파는 모임〉穴あきの会, 〈퀴어 페미텐트〉クイアフェミテント들은 이러한 재개발 속에서 젠더의 문제가 재생산되는 점에도 꾸준히 문제를 제기해 왔다.

따라서 어떻게 민주주의를 지킬까, 어떻게 여성과 아이를 보호할까 같은 물음이 아니라, 대체 무엇이 민주주의이고 누가 누구를 왜 '보호'해야 하는가를 물어야 한다. 권력이 저항의 언어를 차용함에 따라, 어느새 우리의 저항이 권력과 닮아 버릴 위험성도 생겼기 때문이다. 요즘엔 인간의 보편적인 존엄성을 위해 만들어진 기존의 말들을 쓰는 순간, 그 말이 지닌 속임수에 걸려들고 만다. 그리곤 자신이 권력과 똑같은 짓을 해 '버렸다'는 것을 알게 될 때도 있다. 대체 이 속임수는 언제 왜 일어나는 것일까? 이 가치들을 래디컬하게 재점검하기 위해서는 파격이 요청된다. 우리의 외침은 이 언어의

봉쇄당한 미야시타 공원 출구. "위험해요! 들어오지 마세요." "정비공사 준비 때문에 지나갈 수 없습니다." "폐를 끼쳐 죄송합니다만, 안전과 주변 환경에 특히 신경 쓰며 작업하고 있습니다."

속임수를 깨기 위한 일종의 파격이었다.

시나리오에 파격을!

오랜만의 미야시타 공원이었다. 벌써 사람들이 미야시타 공원 옆 육교 위에서 소리를 지르고 있었다. 다리 밑으로는 시원한 8차선 도로에 차들이 싱싱 달렸다. 나는 차보다 빨리 뛰어 그들에게로 갔다. 오랫동안 멈춰 있었던 것처럼 심장이 쿵쿵 울렸다. 함께 "으아아악, 아아악" 소리를 질렀다. 어쩐지 눈물이 펑펑 쏟아질 것 같았다. 미야시타 공원 봉쇄, 자살자 3만 인, 등 사회적 이슈는 내 몸 구석구석을 조이고 막고 있는 답답한 부분들과 연결되어 있었던 게 분명했다. 아니, 이미 머릿속에 그러한 의미들은 사라진지 오래였다. 그저 좋았다. 속이 시원했다. 함께 소리를 지른다는 고양감도 좋았다. 이미 목소리가 걸걸해진 누군가가 말했다. "소리를 지르더니 모두 좋은 얼굴이 되었다!" "속이 시원하다!" "더 지르고 싶다!"는 등 왁자지껄 떠들며, 아, 우리는 보고 말았다. 함께 소리를 지르고 어린애들처럼 환해진 서로의 얼굴들을.

사실 소리를 처음 질렀을 때 우리는 매우 놀랐다. 왜 영화에서 보면 여자들이 비명을 지를 때 소프라노로 "꺄악~"하지 않는가? 그런데 우리가 내지른 소리는 남자나 동물 소리에 가까웠다. 일부러 입을 동그랗게 해서 영화의 비명을 흉내 내려 했더니, 소리가 크게 나지 않고 가슴도 전혀 시원하지 않았다. 누군가 말해. "나는 소프라노 소리가 나올 줄 알았는데 아니었네!" 기존 시나리오들은 우리의 외침조차 얼마나 왜곡시켰는지……. 이치무라 씨가 저쪽에서 외쳤다. "외치는 것도 자주 해 봐야 잘할 것 같아요." 우리는 정말이지 소리쳐 본 적이 없었다. 한 번이라도 저 뱃속 깊이에서 우러나오는 자신의 외침을 들어 본 적이 있는가? 그날 우리는 그것을 함께 해 보았다. 부서질 듯 맑은 날이었고 바람이 강하고 추웠으며, 자동차가 지나가거나 바람이 불 때마다 육교가 미세하게 흔들거렸다.

이번엔 번갈아 한 명씩 꽃과 천으로 장식된 깃발을 들고 봉쇄된 미야시타의 울타리 앞에 서서 소리를 지르기로 했다. 깃발을 들고 홀로 서니 다리의 흔들림이 더 강하게 느껴졌다. 흔들리는 한 명 한 명이 "안전제일"이라고 쓰인 봉쇄된 울타리 앞에서 온 힘을 다해 소리를 질렀다. 얌전하게 생긴 수줍고 자그마한 분이 있어서 소리를 지를 수 있을까 내심 걱정스러웠다. 그런데 갑자기 권투선수처럼 발을 쿵쿵 구르더니 울타리 앞까지 한달음에 뛰어가서는 "웃기지 마!"라고 소리를 질렀다. 만약 우리의 외침이 1백 명이 되고 1천 명이 되고 만 명이 되었다면, 그 굳건한 벽도 꽃잎처럼 흩어져 내렸을 것이다. 아니 그날 조금은 그 벽이 부서져 내리는 것을 보았던가?

공공연히 고백하건대 이 외침에는 비밀이 가득했다. 법은 아무리 좋은 법일지라도 재판장으로 사람을 소환한다. 피해자이건 가해자이건 법원에서는 말해야 한다. 법원의 문법으로 법원에 먹히는 방식으로. 언어는 어떤 언어일지라도 오랜 전통과 문법 속에 갇히게 한다. 모국어이건 외국어이건 그 문법을 통해서 말해야 한다. 외침도 이런 것들에서 완전히 자유로울 수는 없다. 나는 "당신들이야말로 방해자다"라고 했는데, 나중에 누군가가 살짝 와서는 "'당신들'은 친절한 말이에요. '네 놈들(데메라)'이라고 해야지" 했다. 나는 외칠 때조차 외국인이 배운 착한 일본어 문법에서 자유롭지가 못하다. 그냥 소리나 실컷 지를 걸……후회했다. 외침은 법원의 증언이 될 수 없고, 절차를 무시하며, 문법을 파괴한다. 나처럼 목적의식이 강한 사람도 소리를 지르려면 "비켜" 정도의 외마디를 내뱉을 수 있었을 뿐이다. 그리고 더욱 공공연히 고백하건대, 모두 개인적인 답답한 순간들을 그 외침에 실었다고 생각한다. 그래서 그 외침은 정말이지 비밀과 잉여성으로 가득했다. 생각해 보면 비밀이 없는 존재들은 참으로 지루하다. 비밀이 없는 진회도 참으로 지루하지 않을까? 그래서 나는 비밀스러운 소리를 지르러 비밀스러운 소리를 들으러 집회에 간다.

무서워하는 존재에서 무서운 존재로

몇 가지 해프닝도 벌어졌다. 육교는 꽤 넓었고 우리는 15명 정도였기 때문에 통로는 충분히 확보되어 있었다. 그런데도 몇 명의 통행인이 지나가고 1시간쯤 지났나, 경찰이 찾아왔다. 경찰이 "뭘 하고 있는 겁니까?"라고 묻자 이치무라 씨는 "그냥 소리가 지르고 싶어서요"라고 귀엽게 말했다. 누군가가 "통행에 방해되진 않았어요"라고 했다. 그러자 경찰이 "남자들 견학 금지"라고 써 있어서 "사람들이 모여서 이상한 짓을 해서 무섭다"고 신고를 받았다고 했다. 우리는 "직접 말했으면 양해를 구했을 텐데……"라며 "신고한 사람이 남자예요?"라고 물었으나, 말해 줄 수 없다고 했다. 그런데 나는 "두렵다"라는 그 말이 뱃속 깊이부터 기뻤다. 우리는 '무서워하는 존재'에서 '무서운 존재'가 되었던 것이다.

이번 집회는 드물게 여성과 퀴어만 참여하도록 기획되었다. 남자는 견학도 금지되었다. 그런데 경찰과 옥신각신하면서 그 이유가 비로소 이해되었다. 이 모임에 한 명이라도 남자가 섞이면 그냥 '모임'이 되고 여자들이 보이지 않게 된다. 때로는 '평등'보다 '차별'이라는 말이, '개방'보다 '폐쇄'가 사태를 더 명확히 보여줄 때도 있다. "외침"을 들리게 하기 위해서는 공통성의 범위를 선택하고 제한할 필요성도 발생한다. 왜냐하면 권력은 평등을 말하면서 차별을 감추고, 개방을 말하면서 더욱 폐쇄적인 노동력 착취의 구조를 감추고 공공을 말하면서 모두의 공간을 자본화하기 때문이다. 이번 집회는 야숙자 배제에 여성과 아이들을 이용하는 것에 문제를 제기하기 위한 것이자, 여성을 보호의 대상으로 만들고 야숙자를 남성화하는 문법에 저항하기 위한 것이었다. 이러한 활동이 지닌 정치성은 지나가던 어떤 행인을 민감하게 반응하도록 했다. 우리의 외침이 그들이 여성과 거리를 정의하는 시나리오를 파괴했던 것이다. 그들은 "이상한" 우리를 신고했고 경찰은 이게 집회인지 아닌

"안전제일"이라고 쓰인 팻말 앞에서, "웃기지 마!!"라고 소리치는 그녀들

지 헷갈려 하고 있었다.

　경찰과 옥신각신하고 있을 때였다. 조금 늦게 꽃을 들고 나타난 한 분이 갑자기 소리를 질렀다. 꽃을 꼭 부여잡고는 "으아아아아!" 옥신각신하던 경찰이 놀라서 그녀에게로 갔다. 우리는 그녀에게 "경찰이 그러면 안 된대"라고 꼬마 아이가 형이나 누나에게 이르듯이 말했다. 그러자 그녀는 "오, 그래요? 몰랐어요……" 하곤 순진무구한 얼굴로 꽃을 부여잡고는 아이처럼 질문했다. "그럼요, 이 거리가 경찰 거예요?" 그러자 경찰이 그런 말이 아니라면서 마구 화를 내기 시작했다! 오 나의 비밀스럽고 두려운 그녀들의 변신술! 그러자 그녀는 침착하고 순진하게 "미안해요. 몰랐어요. 그냥 소리가 지르고 싶어서요"라고 했고. 우리는 그녀를 둘러싸곤 "경찰이 그러면 안 된대." "경찰이 그러잖아……"라고 왁자지껄 떠들어댔다.

　과연 무엇이 무섭고 무엇이 위험한 것일까? 야숙자를 내쫓고 만들어진 코뮌을 파괴하면서 나이키 파크를 만드는 다국적 기업과 국가권력인가, 아니면 야숙자인가? 꽃을 들고 소리를 지르는 여자와 퀴어들인가 아니면 거리를 관리하는 사람들인가? 야숙자를 '무서워한다'고 정의된 여자들은 소리를 지름으로써 그들 스스로 "무서운" 존재가 되었다. "비명"이라는 두려워하는 소리가 아니라, "외침"이라는 두렵게 하는 소리로. "두려워하는" 수동태가 아니라 "두려운" 능동태로. 그러므로 우리를 두려워하는 그대들, 당신들은 누구인가?

어둠 속의 어둠이 다른 어둠과 동거하는 방법

야숙자 배제의 이유로 '여성과 아이들의 안전'을 들고 있듯이 '미야시타 공원의 나이키화'를 정당화하는 가장 큰 논리는 '공공권'이다. 그러나 '공공'을 정하는 건 누구일까? '공'이란 무엇일까? 미야시타 공원의 활동은 작년 여름을 기점으로 새로운 단계로 들어선 것이 확연히 보였다. 텐트를 치고 상주하는 사람들이 늘었고, 〈Miyashita Park Artist in Residence〉(번역하면 '미야시타 공원에 사는 예술가'이지만, 다들 번역하지 않고 영어명 그대로 부르거나 Artist in Residence의 앞 글자를 따서 AIR이라고 불렀다.)라는 아티스트 단체가 적극적으로 활동에 합류했다. 미야시타 공원 안에 공동경영 '찻집'이 들어섰고, 채소를 키우거나 강연회·음악회·영화제 등의 이벤트도 봇물 터지듯 이루어졌다. 처음엔 공공의 장소에 대한 문제 제기로 시작했던 이 활동이 이제 '공공의 장소 그 자체'의 문제가 되었다. 점거운동은 대개 원래 살던 곳에서 쫓겨나는 경우에 일어난다. 그러나 미야시타 공원은 원래 소유자가 없던 곳에 여러 형태의 주거가 형성되었다. 그곳은 이미 다채로운 실험이 이뤄지는 마을이었다. 당연히 동시에 이 활동은 '코뮌'의 문제에, 즉 내부의 여러 가지 갈등에 직면하고 있었다. 예를 들어 다음과 같은 의문과 문제 제기들도 떠돌았다. "이젠 아티스트들이 공원을 점거하고 있다. 투쟁이 아니라 표현에만 집중한다. 싸움의 방식이 애매하고 나약하다" 등의 이야기들도 돌았다. 이런 이야기들은 9월에 있었던 행정 대집행을 막지 못한 이후 더 확산되었다. 행정대집행으로 그간의 활동들이 많이 망가졌고, 그러한 실패의 원인으로 여러 가지가 이야기되었으리라. 운동이 활기를 잃는 순간에는 운동 주체들도 마치 국가처럼 주동자를 찾기 마련이다.

한 인터뷰에서 이치무라는 미야시타 공원은 공원을 나이키화하려는 권력과 대치하는 상황 속에서 매우 불가사의한 공간이 되었다고 말한다. 야숙자만이 사는 것이 아니라 누구든 와서 사는 곳이 되었다. 따라서 여러 가지 권력관계가 생기기도 하고, 정말 살 곳 자체가 없는 마이너리티에 대한 물음이 되기도 하고, 공원이 무엇인가, 사적인 것과 공적인 것은 분리가능한가 등이 논의되기 시작했다는 것이다. 한편 그는 소유와 점유의 문제에 대해서 이렇게 말한다. 인간이 육체를 가지고 있는 한 살아가기 위해서 일정한 공간을 점유하는 것이나, 어떤 공간에 더 애정을 갖는 사람과 그렇지 않은 사람이 생기는 것은 자연스러운 일이라는 것이다. 문제는 옳고 그름이 아니라 이러한 다양한 문제를 이야기하고 공감하면서 공간을 함께 열어 갈 방식을 모색하는 것이다.

이치무라 씨와 함께 활동하는 표현자[2]이자 야숙생활자인 오가와 씨는 한 인터뷰에서 이 문제에 대해서 이렇게 말한다. 아티스트들은 처음에는 공공을 위한 운동으로 접근했지만, 점차 점거의 정치적 의미, 함께 생활을 만들어 간다는 의미, 새로운 표현 등을 생각하게 되었다고 말한다. 그는 이런 활동은 미지근한 것이었던 게 아니라 오히려 적확했다고 강조한다. 또한, 의식주의 공간이 있는 사람들이 말하는 '공공권'과 야숙자나 자신처럼 생활 근거 없이 여기서 사는 사람들이 말하는 '공공권'이 다르다는 것이다. 그는 말한다. "비판하는 사람들은 공유지니까 점유하면 안 된다고 말하는데, 그들도 이미 돈을 내고 자신의 집을 점유하고 있는 것 아닌가?" 공원은 살 곳이 없는 사람들이 점유의 형태로 삶의 공간을 확보했던 흔적이 남아 있는 중요한 장소라고 한다. "공원에 노숙하는 것은 공유와 사유의 장소가 겹쳐진 상태"이며, 이것은 인간의 근본적인 조건이기도 하다는 것이다. 물론 그는 최근에는 조심하는 점도 있다고 했다. 그들은 카페라는 말 대신 찻집이라는 말을 사용하고 차는 셀프 서비스이다. 공원에 오래 머무는 사람이 차를 준비하게 되면, 주인과 손님 관계가 되고, 밖에서 사람들이 오기 어려워지기 때문이라는 것이다. 이 예는 공간이 어느 순간 '폐쇄적인 소유'의 형태

나는 미야시타의 자연과 함께 싸운다는 메시지와 함께, 제2, 제3의 미야시타를 만들자는 의미로 씨앗을 준비했다.

로 변해 버리는가를 살펴보는 데 중요한 참고가 된다.

이처럼 미야시타 공원의 활동은 정확히 '마을 만들기' 활동으로 전개되고 있었다. 코뮌의 문제에 대해서 사유와 공유의 문제에 대해서 깊고 구체적으로 파고들기 시작하고 있었다. 이 실험은 삶의 근본적인 문제들을 모두 건드릴 힘을 갖고 있었다. 그런 중요한 순간에 행정 대집행이 이루어졌다는 것이 너무나 안타깝다. 그러나 미야시타 공원을 지키는 활동은 여전히 마을 만들기에 관련된 많은 질문을 던져 준다. 우선 이것이다. 고정된 장소성이 사라졌을 때 우리는 어떻게 마을 운동을 지속할 수 있을까? 미야시타 공원 없는 미야시타 공원 운동은 가능한가?

나의 비밀스럽고 무서운 마을들

정말이지 나는 이 글을 '공'과 '샤'에 대한 이 감각을 새롭게 만들 필요성을 느껴서 쓰고 있다. 이는 사건의 순간과 지속적인 일상이 어떻게 겹쳐질 수 있는가에 대한 물음이다. 또한, 국제적인 연대를 모색하는 좌파적 코뮌이 민족적이고 내밀한 공동체주의와 어떻게 만날 수 있는가에 대한 물음이기도 하다. '마을'이라고 부르는 것은 그 모든 질문과 실험을 담고 있는 시공간을 의미한다. 래디컬한 질문과 표현의 파격, 그리고 어떤 섬세한 지속성이 필요하다. 문제는 그림자이다. 그림자 속에 다시 생기는 그림자이며, 그 그림자

각각이 지닌 농도와 색감의 차이들이 어떻게 공존할 수 있을까 하는 것이다. 문제는 어둠이다. 어둠 속의 어둠을, 코뮌을 분열시키거나 에너지를 약화하지 않는 방식으로 말하는 방법에 대해서 생각해 보고 싶다.

우리는 제국을 살았고 살고 있다. 저항의 언어를 권력이 흉내 내고 우리의 언어가 어느새 권력의 언어와 닮아 있는 제국. 그러나 어디에나 제국이 있듯이, 어디에나 제국의 틈새, 유동하는 마을들이 있다. 여성과 퀴어들의 외치는 모임도 그 순간이 하나의 마을이었다. 미야시타 공원을 지키기 위한 집회에 가면 늘 먹을 것, 변장술, 소리, 꽃이 있다. 여자들은 가방에서 주섬주섬 먹을 것을 꺼낸다. 오니기리, 홍차, 녹차, 오키나와 과자, 소리를 지르던 날 먹은 것들이다. 그날은 티셔츠도 하나씩 나누어 가지면서 다시 모여 소리 지르기로 약속했다. 알록달록한 옷들과 가방, 꽃으로 장식한 깃발이 사람들이 움직일 때마다 출렁거린다. 나는 내가 본 비밀스럽고 풍성한 이 제국의 틈새들을 내가 사는 이곳으로부터 풀어내 우주 어딘가의 작은 섬, 모임, 거리 순간들로 흘려보내고 싶다. 그것이 제국의 틈새를 확 열어젖히고는 작은 마을들의 네트워크가 되기를 꿈꾼다.

제국은 작은 마을들을 파괴하는 일을 계속하고 있다. 미야시타 공원 봉쇄는 내가 경험했던 마을들의 이주와 겹쳐진다. 그럴 때마다 꼭 해 보고 싶은 것이 있었다. "마을 옮겨심기." 작은 씨앗들을 담아 "미야시타 마을"이라고 써서 사람들에게 나누어 주고 길거리에 씨앗을 심으면서 행진하는 것이다. 만약 제국이 제1의 미야시타를 봉쇄했다면, 제2, 제3의 미야시타를 우리의 상상 속에서 먼저 만들어 가면 된다. 함께 외치던 날, 미야시타는 분명 우리의 얼굴에 우리의 외침 속에 있었다. 앞으로 쓸 글들은 '마을'이 과연 무엇이어야 하는가를 질문하는 이야기다. 그리고 아직 이름은 없지만 이미 우리 옆에 있는, 비밀스럽고 무시무시하게 풍성한 마을들에 대한 이야기이다.

오키나와와 연대의 온도차,
마을은 마을을 들을 수 있을까?

신죠 이쿠오^{新城郁夫}의 『오키나와를 듣는다』^{沖縄を聞く}에 부쳐

손잡기의 즐거움과 어려움

"네가 양손으로 친구 손을 꼭 잡고는 막 뛰어가더라구. 그래서 안심했지." 내가 유치원에 들어가던 날 큰삼촌은, 맞벌이 부부였던 나의 부모님을 대신해, 사회로 첫발을 딛는 조카를 조마조마한 마음으로 지켜보았다. 양손으로 친구의 손을 꼭 잡고 유치원으로 뛰어 들어가는 뒷모습을 보면서, 큰삼촌은 매우 안심했다고 한다. 그러나 이제는 그렇게 친구의 손을 무턱대고 꽉 움켜잡고 숨이 찰 때까지 함께 뛰는 건 불가능할 뿐 아니라 그다지 좋지만도 않은 듯이 느껴진다. 악력도 조절해야 하고 잡은 손의 온도차이도 민감하게 느껴야 한다. 나에게는 따뜻한 눈으로 지켜봐 주는 여러 명의 사회적 삼촌들과 고모들이 있지만 언제 누구와 손을 잡아야 할지 손을 잡고 어디로 가야 할지 스스로 판단하고 책임을 짊어져야 할 순간들과 자주 만난다. 그런데도 언제든 과감히 손을 덥석 잡거나 두 어깨에 짐을 턱 짊어질 수 있는 용기를 잃지 말아야 한다?! 어떻게!? 이른바 "연대"의 어려움과 기쁨에 대한 질문이 어느새 내 속에 똬리를 틀고 있다. 하나의 마을은 다른 마을과 어떻게 만날 수 있는가? 만난다는 것은 무엇일까? 나는 혹은 우리는 그것을 좋아하고 필요로 하는가? 등등.

최근 G20에 반대하는 "쥐낙서"를 했다가 재판에 회부당한 선배에게 도움이 될 의견서를 일본의 친구, 선생님, 활동가들에게 부탁한 일이 있었다. 이런 전달자 역할은 꽤 자주 하는 일이지만, 그럴 때 최소한 지키려고 노력하는 '연대를 위한 준비운동' 같은 것도 있다. 의견서를 부탁할 사람들이 관련되어 있을지 모르는 정치적 상황들을 살펴보고, 안부라도 전하려고 노력하는 것이 그것이다. 의견서를 보내줘서 고맙다는 답신을 하려면, 그 친구의 안부를 물어야 하고, 그런 친구들의 안부란 개인적

오키나와 다카에에 헬리포트를 건설하는 공사가 강행되었다는 기사 (『도쿄신문』, 2011.3.13.)

인 것인 동시에 그들이 활동하는 정치적 상황과 늘 긴밀히 관련되어 있기 때문이다. 그래서 나는 친구에게 의견서를 부탁하는 덕택에 친구에게 안부를 묻고, 안부를 묻는 덕택에 정치적인 상황에 조금이나마 관심을 기울일 수 있으며, 그 별개의 사건들을 하나의 평면 속에서 겹쳐놓고 생각해 볼 수 있다. 참으로 내밀한 성향을 지닌 '전달자'인 나는, 양쪽의 친구들이 내게 부여해 주는 그러한 정치적 요청들이 고맙다.

이번 의견서 중에는 오키나와 운동을 연구하고 활동하는 친구가 보내준 서신도 있었다. 오키나와 집회에서 만나면 돌아가는 길에 밥이라도 먹으면서 이야기를 나누곤 하는 친구다. 그 친구에게 답장을 쓰려고 오키나와의 최근 기사를 검색하다가, "아뿔싸" 했다. 몇 가지 바쁜 일로 이번엔 상황을 충분히 살펴보지 못하고 의견서 요청 메일을 보냈었는데, 내가 요청서를 보낸 바로 그 시기쯤에 두 가지 사건이 있었다. 2월 20일에는 오키나와 다카에高江로 미군 헬리포트(헬기 정차장)를 이설하는 데 항의하는 시위 도중 2명이 체포당했으며, 26일에는 고등학교 무상화 방침에서 조선학교만이 배제된 것에 항의하는 서명을 요청하고 있었다. 한두 마디 안부라도 건넸다면 좋

앉을 것을……. 누가 뭐라는 것도 아닌데 혼자 조바심쳤다. 물론 모든 것에 관심을 기울일 수는 없다. 공부하고 생각하고 쉴 시간과 여유를 갖는 것은 지치지 않고 활동하고 글쓰기 위해서 아주 중요하다. 또한, 아무리 노력해도 시야에는 늘 맹점이 생긴다. 그렇지만 그 맹점을 줄이는 노력을 해야 한다고 생각한다. 하나의 마을이 지닌 내재적인 시선이, 그 마을 내부로 게토화되는 것을 피해, 다른 마을의 내재적인 시선과 공감하는 방법은, "잘 말하는 것"이 아니라 "잘 듣는 것"에서 시작되는 것 같기 때문이다.

2월 20일, 2월 26일, 3월 9일. 그리고 온도차

내가 의견서를 부탁하고 있을 때 몇 군데 마을들에서 일어났던 일들은 이러하다. 2월 20일 도쿄의 미국 대사관 앞에서 오키나와沖縄의 다카에高江에 헬리포트 건설공사에 항의하던 시위대가 무력으로 진압당해 그중 2명이 체포되었다. 다카에라는 곳에는 4년 전 미군 헬리포트 건설 공사가 착공되었지만, 다행히 주민들의 반대로 거의 진행되지 못한 채였다. 그러던 중 작년 말부터 갑자기 공사가 강행되었다. 올해 2월에는 오키나와에서 연좌농성 중이던 참가자를 무력으로 진압해 부상을 입는 사태도 발생했다. 이에 대항하기 위해서 도쿄에서도 〈오키나와를 짓밟지 마라! 긴급행동실행 위원회〉 주최로 미국 대사관 앞에서 항의 데모를 하다가 체포당하기도 하였다.

참여자들에 따르면 항의 행동은 아카사카赤坂 경찰서의 허가도 받아 이루어진 평화로운 의사 표현이었음에도, 경찰은 갑자기 경비체제를 강화하고, "해산하라"고 압력을 가했다고 한다. 시위대 중 한 명은 머리채를 잡혀 강제로 끌려가 체포당했고, 경찰로부터 "이유 따위는 나중에 갖다 붙이면 된다"는 폭언을 듣는 등 진압과정이 폭력적이었다고 한다.[3] 집회 주최 측은 이러한 탄압에는 다카에의 상황이 주목받지 못하게 하려는 의도가 감춰져 있다고 비판하면서 국제적 연대와 지지를 호소했다. 이 편지는 몇 번의 '전달'을 거쳐 발신인을 만나본 적도 없는 내 메일함에까지 도착했다. 그리고 이 편지

끝 부분에는 "체포된 사람들에 대한 지원을 요청하고 있습니다. 한국에도 이야기를 퍼뜨려 주시면 고맙겠습니다"라고 쓰여 있었다. 다행히 3월 3일에 두 명 모두 석방되었지만, 현재 불기소 처분을 얻어내기 위한 활동은 계속되고 있다. 무엇보다 다카에의 상황은 현재 진행 중이라고 한다.[4]

26일에는 일본 전국의 고등학교가 무상화되는 과정에서 재일조선인 학교만 배제되었던 것에 항의하는 전국의 대학 교원들이 중심이 된 집회가 열렸고, 공동 성명서가 일본 정부에 전달되었다. 한국에서는 3월 9일 '쥐낙서'에 대한 재판이 시작된다. 또 내가 모르는 많은 일이 한국의 작은 마을들에서, 일본의 작은 마을들에서, 동아시아의 작은 마을들에서, 세계의 작은 마을들에서, 마을 속의 보이지 않는 마을들에서 일어나고 있을 것이다.

그런데 내가 말하고 싶은 것은 이 모든 부당한 폭력들이 하나의 마을에서 다른 마을로 전달될 때 생기는 온도차에 대해서이다. 이는 단지 국경을 건너는 문제가 아니다. 오히려 국경 내부에 존재하는 온도차들이 있고 국경을 건너 그 온도들이 공감을 얻을 수도 있다. 예를 들어 작년 초 하토야마 정권이 "후텐마 기지의 현외縣外 이전"이라는 공약을 배신하고, 미군 기지를 오키나와 현 안에서 여기저기로 돌려가면서 이전시킬 계획을 시작하자 오키나와인人들은 크게 반발했다. 당시 도쿄에서도 항의에 동참하여 대규모 시위가 벌어졌다. 그 시위에서 나는 평소 참으로 얌전해 보였던 오키나와 친구를 만났다. 그 친구가 배고프지 않느냐길래 집회가 끝난 뒤 함께 밥을 먹으러 갔다. 그리고 그 친구와 함께 한 그 우연하고 평범한 밥상은, 여태껏 내가 알 수 없었던 도쿄와 오키나와의 온도차를 느끼게 된, 잊을 수 없는 따뜻함으로 기억되었다.

도쿄에서 공부하고 있는 그 친구는 자신이 도쿄에서 느끼는 온도차에 대해서 어렵게 이야기를 꺼냈다. 대부분의 도쿄 사람들은 오키나와에서 일어나는 일들에 무관심하며, 관심이 있다고 하더라도 온도가 너무 차가워서 함께 분노를 나눌 사람을 만나기 어렵다는 것이었다. 도쿄 사람들은 쉽게 오키나와와의 연대를 말하지만, 그 연대가 오키나와인에 의해서 거절당할 것이라곤 생각해 보지 못하는 것 같다고 말했다. 연대를 요구하고 거부하는 선택권이 마치 자신들에게 있는 것처럼 행동하는 태도야말로, 그가 말하는 온도차의 근원, 차별의 근원과 통하는 것이리라. 또 '일본'이라는 하나의 국가 안에서 위계화되어 온 도쿄와 오키나와의 관계이자, 오키나와 안에서도 다시 반복되는 위계화된 권력관계일 것이었다. 그는 그것을 분노와 피곤이 뒤섞인 '온도차'라는 말로 표현했다. 나는 그 친구의 눈물과 함께 내가 그 이야기를 여기에 적어도 될지 어떤 비밀을 누설할 때와 같은 망설임을 느끼면서, 그래도 이 온도차를 전달하는 것이 나를 위해서도 그 친구들을 위해서도 우리의 작은 마을들을 위해서도 중요하다는 생각이 드는 것이다. 이러한 이야기를 글로 적을 수 있는 나와 그 친구의 어쩔 수 없는 온도차와, 그러한 차이에도 불구하고 함께 이야기를 나누었던 따뜻함을 동시에 느끼면서.

거부당한 연대, 그럼에도 불구하고, '연대의 쾌락'

연대는 거부될 경우가 훨씬 더 많고 만남은 의도치 않은 방향으로 전개되기 마련이다. 예를 들어 하토야마 정권에게 배신당한 오키나와인들의 구호는 "미군 기지를 현 밖으로"였다. "오키나와 현의 바깥"이라는 것은 특정 지역을 염두에 둔 것은 아니었다. 일미 동맹관계를 유지하기 위해 싫은 것들은 모조리 오키나와에 몰아넣어 버린 일본 중심부에 대한 분노의 표현이었다. 따라서 오키나와인들이 "미군 기지의 현 밖 이전"이라고 말할 때, 그 말을 오키나와인들이 오키나와 현 바깥이면 미군 기지가 어디로 가든 상관없다고 생각한다는 식으로 이해해선 결코 안 된다. 그들만큼 미군 기지가 야기하는 고통을 잘 아는 사람들도 없다.

그러나 역시 나에게는 그 말이 지닌 무게감이 쉽게 떨쳐 버릴 수 없는 것으로 남았다. 그 "현 밖"이라는 표현이 수사적으로나마 세계의 어딘가를 가리킬 수 있다는 점에서 오키나와인이 아닌 나는 무조건 찬성하고 지지와 연대를 보낼 수는 없었다. 한국에도 미군 기지 문제는 심각하며 만약 그 "현 밖"이 한국이 된다면 어쩌나⋯⋯하는 식으로 생각은 흘러갔고, 대추리가 생

오키나와에 있는 산호 마을 바닷가. 우리는 오키나와인과 자연이 겪어 온 역사와 경험을 망각하고, 그저 아름다운 휴양지로 기억하기 쉽다. 제주도를 신혼 여행지로 기억하듯이.

각나고, 그랬다. 연대가 '슬픔과 분노'를 통해서 이루어질 때, 그 연대는 거부당하거나, 연대하는 약자들 사이에 또 다른 싸움을 야기할 수밖에 없다. 왜냐면 슬픔과 분노로 점철된 마을은 '최고의 악'을 설정함과 동시에, '최고의 슬픔'을 그 마을의 것으로 소유하려고 하게 되기 쉽기 때문이다. 그렇게 되면 연대해야 할 다른 마을과 누가 더 무거운 슬픔을 가지고 있는지 슬픔의 무게를 재거나 각각의 이익을 놓고 경쟁하면서, 자신들이 고통받았던 권력을 다시 한 번 더 처참하게 반복할 수도 있기 때문이다. 따라서 우리는 '현 밖'이라는 말의 의미를 '오키나와'라는 특정 지역에 한정시켜서 파악하는 것이 아니라, 오키나와인들이 오랜 세월 동안 홀로 짊어져 온 고통의 무게를 직시하면서 삶이 형성되고 이뤄지는 모든 장소의 바깥을 의미하는 것으로 해석해 낼 통로를 마련해야 할 것이다.

　무엇보다 연대의 쾌락은 분명히 존재한다. 다니가와 긴 谷川雁은 「정치적전위와 서클」이라는 글에서 대중들이 발견한 연대의 쾌락을 날카롭게 포착한다. 이른바 전위당들은 '계급연대'를 부르짖을 때 "이해의 일치"라는 점에 기반 해 대중을 설득한다. 그리고 "개인의 작은 이익을 버리고 집단의 큰 이익에 붙는 것"을 "의"義라고 말한다. 다니가와 간은 전위당이 주장하는 이러한 연대에 대해서 다음과 같이 비판한다. "개인의 이익"을 출발점으로 하는 한 연대는 "일종의 기능집단에 불과한 것"이 된다. 따라서 개개인의 이익과 공공의 정의를 접속시키는 것에는 늘 무리가 따를 수밖에 없다. 이에 반해 그는 대중의 연대법에 지지를 표한다. 대중이 선택했던 것은 "이익도 정의도 아니고 연대의 쾌락"이었다는 것이다. 그것은 "체제에서 소외된 대중의 재산이며, 대중은 그 감각의 전통을 하급 공동체의 저변에서 계속해서 유지해 왔"다. 일본의 대중은 여기에서 비로소 "계급적인 연대의식을 우리의 것으로 할 자연적인 발생조건을 발견"했다는 것이다.[5] 슬픔의 무게를 경쟁하는 이익집단 간의 연대가 아니라 "연대의 쾌락"을 함께 만들어 가려면 어떻게 해야 할까?

사실 내겐 아직 답이 없고 영원히 없을지도 모른다. 오키나와 문제에 깊이 관여하고 있지도 못하고, 어떤 일이 벌어질 때마다 친구들 덕분에 허덕거리면서 상황을 겨우 살펴볼 뿐이다. 그럼에도 나는 언제가 손을 잡아야 할 때가 온다면, 그 순간을 느끼고 손을 번쩍 내밀거나, 불쑥 끼어든 손을 덥석 잡을 수도 있을 것 같다. 그것은 오키나와 집회에서 만난 친구들의 말이, 그리고 오키나와를 방문했을 때 느낀 몇 가지 인상들이 내가 공부하고 글 쓰고 평범하게 생활하는 순간순간에서 들리기 때문이다. 그 소리는 오키나와인들이 느끼는 피곤과는 또 다른 의미에서 "깨어진 오키나와"의 모습을 하고 있다.

첫째로 오키나와를 처음 방문했던 2008년에 내가 가장 놀랐던 것은 오키나와 안에는 오키나와라고 불리지 않는 작은 섬들이 무수히 많다는 것이었다. 한편으로 그 섬들은 오키나와 본토와 본토 이외의 작은 섬으로 위계화되어 있다. 따라서 일본 안에 도쿄와 오키나와가 있듯이, 오키나와 안의 본토와 작은 섬들이 그 위계질서를 반복하고 있는 듯이 보이기도 한다. 다시 말해 오키나와는 야에야마 열도를 비롯한 수많은 섬과 작은 마을들로 이루어져 있다. 그중에는 산호로 이루어진 마을도 있다. 오키나와가 아니라 오키나와들'이라는 것, 이것은 오키나와와 만날 때 기억해야 할 부분이다. 둘째로 오키나와를 둘러싼 바닷길을 보면, 오키나와는 일본이라는 땅덩어리보다 대만과 가깝다. 도우진하카唐人墓는 오키나와에 왔던 대만 이주노동자 마을에 있는 무덤을 지칭한다. 즉 오키나와는 '일본영토' 안에 속해 있지만, 일본보다는 대만과 하나의 생활권으로 묶인다. 셋째로 오키나와 본토에는 일본의 그 어느 곳보다 잡다한 아메리카 상상으로 가득 찬 '국제거리'가 있고, 미군 기지와 자위대가 함께 주둔하고 있으며, 적어도 내가 만난 관광 택시아저씨들은 오키나와 사투리를 쓰지 않았다. 즉 오키나와는 일본의 '지방'이라는 느낌이 덜하다. 전쟁과 점령의 역사 속에서 기묘한 국제성을 축적해 왔기 때문이다. 넷째로 오키나와는 천혜의 관광지이지만, 그곳의 자연은 결코 아름답다고만 말할 수 없는 어떤 괴기함을 동반한다. 이시가키 섬의 서쪽의 바다가 내려다보이는 경치 좋은 곳에는 고급 별장단지가 들어서 질펀하게 음식을 먹는 놀이판이 벌어지곤 한다. 글로벌 자본주의 시대의 새로운 식민지인 것이다. 이리오모테섬에 가면 깜짝 놀랄 만큼 아름다운 바위들과 모래사장이 펼쳐진 바다가 나오는데, 바로 이곳이 태평양 전쟁 당시 일본 정부 명령에 의해 오키나와인들이 말라리아 섬으로 강제로 이주 당해 무참히 죽어 갔던 곳이다. 그곳의 바닷물과 모래에는 전염병의 섬으로 강제로 이주 당했던 사람들의 시체가 담겨 있을 것이다……등등.

오키나와인들에게 현재에도 계속되고 있는 이 상황들, 오키나와 안에 내면화되어 나타나는 위계질서들, 오키나와인들이 느끼는 피로, 이것들은 우리에게 "공동체의 이상이 깨어져 버렸을 때, 그 깨어진 거울을 갖고 계속 싸워 갈 수 있는가"라는 질문을 던져 주는 것 같다.

"오키나와를 듣는다"

깨어진 오키나와 이미지, 오키나와인의 피로와 같은 말들은, 사실 내 경험 속에서 우러나온 말들은 아니다. 이런저런 말들로 바꾸어 보아도 역시 뭔

오키나와 전투 당시 오키나와 주민들이 이주했던 일명 '말라리아 섬'의 해안. 첫 번째 사진에 찍힌 비석 뒤에는 "일본군의 명령"에 의해서 말라리아 섬으로 이주했다는 것이 명확하게 쓰여 있다. 이처럼 아름다운 자연환경 깊숙이 폭력의 역사가 감춰져 있다.

가 석연치 못한 기분을 지울 수 없다. 다니가와는 오키나와에서 했던 강연에서 오키나와인의 얼굴에 서린 피로를 언급하면서 이렇게 말한다. "오키나와는 도쿄, 간사이, 규슈와 지나치게 사귀고 있다. 무언가 심하게 피로해져 있다는 것이 멀리서부터도 느껴진다. 예전엔 피곤해져 있을 때야말로 반짝 빛났던 피부 밑 결정 조각이 마멸磨滅되어 있다. 오키나와는 친구들을 바꾸어야 하지 않을까? 새로운 친구를 찾아야 하지 않을까?[6] 한국의 어떤 마을들이 오키나와의 새로운 친구가 될 수 있을까?

그날 나에게 온도차를 들려주었던 그 친구는 하와이와 오키나와 사이에서 의견서를 전달하며 번역하는 활동을 하고 있다. 그 친구는 하와이가 건넨 연대의 요청이 오키나와에서 거부당했던 경험에 대해서 들려주었다. 이처럼 "연대의 거부"라는 경험을 공유한 이 마을들 사이를, 또한 마을 속 마을과 마을 속 마을들을 그녀는 계속해서 연결하고 있다. 이것은 "주고받는 행위"라기보다는 "끊임없이 건네지는 행위"에 가깝다. 이 행위들이 일종의 네트워크 마을로 구성될 날이 올지도 모른다. 그리고 이것은 "끊임없이 듣는 행위"일지도 모른다.

이번 글 전체를 관통하고 있는 것은 '듣는다'는 행위를 통해서 오키나와에 대해 쓴 신간 『오키나와를 듣는다』[7]의 모티프이다. 이 책의 맺음말은 한마디 외침을 들려주고 있다. 미군에게 죽느니 일본이라는 공동체 속에서 죽는 것이 낫다는 게 일종의 윤리로서 강요당했던 사건, 즉 '공동체'라는 윤리로 아버지가 부인을, 부인이 아이를 서로 죽이도록 강요당했던 '집단자결'이라는 처참한 사건 속에서 들려왔던 한마디 외침, "엄마 죽지 마!"라는 외침을 들려주는 것이다. 집단자결의 체험자 한 명은 이렇게 증언한다. "엄마 죽지 마!"라는 소리를 듣고 살아남기로 했다고. 이 책은 미국과 일본 정부에 저항하면서도 오키나와인 남성 사이에서 반복되는 젠더/섹슈얼리티적 식민지화의 문제를 다룬 책이다. 그러나 내 식으로 바꿔 말하자면 자기가 속한 공동체 내부에 있는 '타자'의 소리를 듣고, 그 말이 울려 퍼지게 하는 것의 중요성을 말하고 있다는 생각이 든다. 그 타자의 외침이 '삶에 대한 욕망'과 '함께라는 욕망'이라는 너무나 당연히 강조되는 윤리 속에서 잊혀 지기 쉬운, 또 하나의 윤리를 말해 주는 것이다.

이 책은 그것을 '말하는 것'이 아니라 '듣는다.' 오키나와인을 계몽시켜 말하도록 하거나(오키나와가 말한다), 오키나와인을 대상으로 삼아 관찰해서 말하거나(오키나와를 말한다) 하는 것이 아니라, "오키나와를 듣는다." 이 복수의 웅성거리는 소리 앞에서 우리의 눈과 입은, 우리가 믿고 있던 주체성은, 뭉그러지고, 깨어지고, 우리는 스스로 타자가 되어 타자와 만나게 되는 것일지도 모르겠다.

친밀성만큼 무서운 것은 없다. 나는 이 글에서 수없이 '마을'이란 단어를 쓰고 있지만, 내게는 마을만큼 무서운 것도 없다. 연대를 말하지만, 연대만큼 거부당하기 쉬운 것이 없듯이. 그렇지만 연대의 쾌락은 분명히 존재한다. 친구들로부터 의견서를 받아 읽고 번역하고 그것이 힘이 되리라 믿으면서 전달할 때 느끼는 그 벅참을 어떻게 쾌락이라고 말하지 않을 수 있을까? 그날의 따뜻했던 밥상을 어떻게 쾌락이라고 말하지 않을 수 있을까? 한국의 쥐낙서가 오키나와의 연좌농성과 겹쳐져서 들릴 순간들을 상상하면서 이 책의 마지막 부분을 인용해 본다.

오늘도 오기니외코부디 요청들이 도착하고 있다. 그 요청을 어떻게 하면 받아 안을 수 있을까? 오키나와를 듣는 시도는 이제 막 시작되었다.

떠나온 자와 떠나는 자들

3월 11일 일본 대참사, 그리고 이동과 만남의 문제

세계 일주하는 재난

3월 11일 이후 일본은 전후 최대의 위기를 맞고 있다고들 한다. 28일 현재 행방불명자 포함 사망자는 2만 8천 명을 넘는다. 후쿠시마의 토양은 말할 것도 없고 근해의 방사성 물질 수치는 기준치의 1,250배에 달해 일본산 수입품에 대한 각국의 규제는 강화되고 있다. 2호기 물웅덩이에서는 기준치 10만 배가 넘는 방사성 요오드가 검출되었다. 그러나 과연 이번 대참사는 일본만의 문제일까? 쓰나미는 일본의 동북 지방에 이어 대만과 하와이에 연속적으로 영향을 줬다. 23일 경 방사성 물질은 세계 일주를 해 미국과 중국을 걸쳐 한국에 도달했다. 이번 대참사는 전 세계가 공기, 물, 먹거리로 연결되어 있음을 매우 폭력적인 방식으로 보여 주었다.

3월 11일 2시 46분에 나는 도쿄 내 방에 있었다. 똑바로 서 있기 힘들 정도의 흔들림으로 방이 난장판이 되었지만, 지진을 별로 경험한 적 없는 나는 '지진은 다 이런 건가……'라고 생각했다. 얼마나 엄청난 일이었는가는 잠시 뒤부터 울리기 시작한 가족과 친구들의 전화와 메일을 통해서야 실감했다. 곧 전화는 불통되었고 며칠 뒤부터 귀국행렬로 공항은 포화상태가 되었다고 한다. 외국인들의 대규모 이동은 위험지역을 떠나 고향으로 돌아간다는 점에서 스스로 '외국인'임을 증명하는 것이었지만, 반면 일본과 한국이 가족·친척·친구 등 수많은 인간관계로 연결되어 있음을 보여 주는 것이기도 했다. 사촌 동생은 이렇게 말했다. "언니, 요즘 매일매일 일본날씨랑 풍향이 9시 뉴스에 나오잖아! 이마트 해외 배송량이 2배나 증가 했대." 언니는 걱정을 담아 이렇게 말했다. "얘, 도쿄도 후쿠시마에서 그리 멀지 않아 위험하다며. 요즘 일본지리 공부 확실히 하구 있잖니?" 한국인들은 이제 "해일" 대신 "쓰나미"라고 말하며, 후쿠시마가 도쿄와 얼마나 떨어져 있는지 안다. 이런 소소한 걱정과 위로들은 일본에 대한 감각을 바꾸면서 일본과 한국 사이에 다양한 연결선, 더 정확히는 생명선을 만들어 내고 있다…….

……라고 말하기에 앞서, 마음이 아프다. 이 글은 상황을 전달하고 연대를 호소하기 이전에, 추위와 방사능과 피난생활에 고통을 받는 분들, 가족과 집과 마을을 한순간에 잃어버린 분들의 마음을 위로하고 조금이라도 도움이 되는 방식으로 쓰여야 한다. 그들은 내 친구의 친척이거나 친구이거나 가족이기도 하다. 위로는 국가적 차원의 더딘 지원이나 후쿠시마 원전을 냉각시키는 일에 소방대원을 내몰면서 영웅시하는 것과는 다른 형태이어야만 한다. 한 마을 깊숙이에서 비어져 나오는 말에 귀 기울여 밖으로 나르고, 그 마을 깊숙이 들어갈 수 있는 작은 샛길들에 힘을 불어넣어 촘촘한 생명선들이 무수히 연결되어야 한다.

대참사 속, 만남의 중요성

지진이 있던 다음날 계속되는 여진에 불안해하다가 사람들의 얼굴이 보고 싶어서 집 근처 카페로 향했다. 후쿠시마 원전 1호기 폭발 소식을 들은 것은 4시경 그 카페의 라디오를 통해서였다. 황급히 집에 돌아가려는 나에게 주인아주머니는 의아한 표정으로 물었다. "지금 나가려고요? 위험할 텐데." 12일 저녁부터 마스크 쓴 사람이 늘었다. 슈퍼마켓 식료품은 눈에 띄게 줄어들고 있었다. 거리에는 "절전"을 외치는 활동가가 등장했다. 그렇지만 14일경

거리의 쇼핑몰과 작은 가게들은 일제히 휴점 공고를 내걸었다

까지 도쿄는 평정을 유지하고 있었다. 13일에 나는 마스크도 없이 친구들을 만나 피폭예방에 도움이 된다는 다시마를 나눠 먹고 '환경에 좋은 원자력 발전' 따위 다 거짓말이었다는 등 정부에 대한 뒷담을 나누곤, 안정된 기분을 되찾아 집으로 돌아왔다. 사람들을 만나 정보를 나누고 이야기한 것은 공포와 불안을 안정시키는 데 큰 도움이 되었다.

그러나 14일 이후 상황은 돌변했다. 1호기에 이어 3호기에서도 수소폭발이 일어났고, 14일 오후부터 2호기의 연료봉이 노출되기 시작해 방사성 물질이 대량 방출되기 시작했다. 14일경부터 도쿄 일대를 5개의 그룹으로 나누어 순환 정전이 실시되었고, 그 부작용으로 갑자기 전철이 서거나 정전이 되었다. 정전이 돌연 취소되어 급히 문을 여는 가게도 있었다. 정전이 되건 안 되건 불안하긴 마찬가지였다. 여진은 하루에 1~2차례 일어나서, 별것 아닌 흔들림에도 몸을 움츠리며 생각했다. "또 지진인가?" 피난소 생활에 대한 보도가 본격화되고 야외 모금운동이 시작된 것도 이쯤이었다. 도쿄도 방사능 공포에서 안심할 수 없었으므로 외출을 자제해 달라는 보도가 있었다. 물, 쌀, 라면, 초콜릿, 휴지, 생리대, 마스크 등이 동났고 그나마도 30분쯤 줄을 서야만 살 수 있었다. 14일 밤에서 15일을 기점으로 온갖 모임이 취소되기 시작했고, 유학생들은 본국이나 간사이 지방으로 이동하기 시작했다. 14일에 일본 주재 프랑스 영사관에서는 프랑스인에게 대피령을 내려졌고, 미국 유학생들은 미국 본교로부터 대피지시 메일을 받았다. 한국 정부는 아무런 소식이 없었다. 일본정부를 믿고 도쿄에 머물러도 괜찮을지 헷갈리고 불안한 시간이 시작되었다. 사람들은 대피하거나, 집에 틀어박혔다.

15일은 한 달에 한 번씩 내 방에서 하는 연구회 날이었다. 그 전날까지만 해도 이런 때일수록 서로 모여 정보를 나누고 도움이 되는 활동방식을 찾고 사상적으로 생각해 보자고 입을 모았다. 그러나 15일경부터 도쿄의 세슘 농도는 급격히 상승하여 "외출자제" 보도가 내려진 상태였다. 나는 사람들을 집으로 부르는 것에 부담을 느꼈다. 한 명 한 명 전화를 걸어 의견을 듣기 시작했다. 간사이 지역으로 가거나 가족과 집에 머물고 싶다는 의견이 절반, 이런 때일수록 만나야 한다는 사람이 절반이었다. 그러나 점차 상황이 악화되었고 오기로 했던 사람들도 절반의 절반으로 줄었다. 그런데도 "자신의 건강을 위해서 정보와 이야기를 나누고 싶은 사람"만이라도 모이기로 했던 것은, 진위를 알 수 없는 보도 속에서 모두 각자의 방에 갇혀 버리는 게 더 문제가 아니겠냐는 연구회 멤버 중 한 명의 말이 지닌 무게감 때문이었다. 정말 그러했다. 13일까지 공포와 불안이 그나마 해소될 수 있었던 것은 모여서 이야기를 나눌 수 있었기 때문이었다. 방사성 물질의 공포는 모두를 집 안에 가두어 버렸다. 구호물자가 도착할 길을 내고 피해지와 외부를 연결하는 것이 곧 생명과 직결되는 것처럼, 대참사를 이겨내는 힘은 '만남'과 '이동'의 자유라고 직감했다.

마을에서 떠나온 자와 마을에서 떠나는 자

연구회에서는 다음과 같은 이야기를 나누고 싶었다. 가능하다면 멀리 떠나자. 방사성 물질에 대처할 수 있는 소소한 정보를 교환하자. 우리가 힘을 합해서 도울 일이 있을지 논의하자. 그러나 첫 번째 이야기부터 민감한 분위기를 감지할 수밖에 없었다. 유학생이나 단기 체류자들은 다소간의 망설임은 있을지언정 피난이 당연하다고 여겼고 대부분이 귀국한 상태였다. 그러나 피해를 입은 친척, 가족, 친구들이 있는 일본태생 거주민이 '대피'에 대해서 갖는 감각은 나의 같은 단기 체류자와 달랐다. 나는 "공동체와 함께 죽음을~"처럼 끔찍한 도덕은 없으니까, 갈 곳이 있다면 간사이나 후쿠오카 쪽으로 잠시라도 피하는 게 좋지 않겠냐고 이야기했다. 연구회에 참여하기 위해 단기간이나마 곧 후쿠오카로 갈 예정이었던 나로서는 어쩐지 미안한 마음이 들었기 때문이기도 했다. 그러나 이동은 모두에게 공평하게 주어지는 권리가 아니었다. 일본 서쪽이나 남쪽, 혹은 해외에 연고가 있는 자와 없는 자, 이동할 돈이 있는 자와 없는 자, 가볍게 떠날 수 있는 자와 그렇지 못한 자 등 제각각이었다. 대참사와 대이동의 순간엔 각각의 고향, 국적, 민족성, 경제적 능력 등이 드러났다. 이동이 절실해질수록 모든 발언에는 그 차이들이 복잡 미묘한 배경음으로 울렸다.

　몇몇에게는 "가능한 한 멀리"라는 내 말이 "외지인"의 가벼움으로 비춰졌을지도 모른다. 우리 연구회에 가끔 참여하는 친구 한 명은 쓰나미로 휩쓸려간 마을 출신으로 마을사람 대부분이 친구이거나 친척이라고 했다. 마을 동사무소에서 근무하다 도쿄로 공부하러 떠나는 그녀를 마을 사람 전체가 배웅해 주었다고 했다. 그녀는 가족의 생사조차 확인하지 못한 상태였다. 그녀의 몸 전체는 피해 마을과 함께 움직이고 있었다. 그러한 그녀에게 "가능한 한 멀리"는 불가능했다. 그녀는 "가능한 한 가까이" 가기 위해서 노력하고 있었다. 마찬가지로 고향을 떠나서는 살아갈 길이 막막한 노인들에게 아무리 방사능의 오염이 있다고 해도 '피난'은 쉬운 결정이 아닐 것이었다. 그렇지만 일본에 깊은 연고가 없을 뿐 아니라 지진을 겪어본 경험조차 없는 단기 체류자의 불안감은 일본 태생의 사람들보다 컸다. 한 재일조선인 친구는 이런 순간에 정부를 믿어서는 안 된다고 당연히 최대한 빨리 도망쳐야 한다고 이야기했다. 나도 위험한 상황에서 도움을 줄 친구나 가족, 친척이 적다는 게 불안했다. 그래서 우리 이방인들은 더 빨리 더 멀리 떠나갔을 것이다. 그리고 떠나가는 이방인들의 등뒤로 수많은 소문들이 떠돌았을 것이다.

　대참사와 대이동이 일어날 때 에스닉한 감정은 폭발한다. 그러나 그 에스닉한 감정이란 한 개인이 그 마을과 얼마나 긴밀한 관계를 맺고 있는가, 얼마나 보호받을 수 있는가 하는 삶의 실감을 반영한 것이었다. 내 마음속에도 다음과 같은 물음이 일어났다. 물이나 생필품이 모자랄 때, 나에게 그것을 나누어 줄 사람이 있는가? 자국민도 버리는 일본 정부가 과연 나를 보호해 줄 것인가? 이처럼 '이동의 가벼움과 무거움'은 그 마을이 자신의 삶과 얼마나 깊이 연결되어 있는가와 직결된다. 내 메일엔 "오사카로 와라" "한국으로 돌아와라"라는 말이 빗발치며 나의 태생을 확인시켜 주고 있었고 나는 정말이지 어딘가로 피하고 싶었다. 반면 마음 한구석에는 이곳을 떠나는 것에 대한 불편함이 깊이 자리 잡았다. 이곳을 떠나는 것은 내가 이 마을과 맺는 연결고리가 약하다는 것을 인정하는 셈이었다. 친구들을 믿지 못함으로써 친구들의 신뢰를 잃을까 봐 두려웠다. 나는 더 좋은 삶을 찾아 무리를 지어 이동하고 싶었다. 이때부터 나는 이번 대참사에서 일어나는 모든 사건, 이동, 애도들, 이 복잡하고 솔직한 이름 없는 감정들은, 오직 픽션으로만 쓰일 수 있으리라는 생각이 들기 시작했다.

　뉴스는 사망자 전체를 통계 숫자로 보여 주고 우리는 그것을 '일본인 사망자 수'라고 받아들이기 쉽다. 그러나 그 사망자 수에는 외국인, 재일조선인 등, 다양한 사람들이 포함되어 있다. 예를 들어 16살 때부터 종군 위안부로 고통을 받았던 송신도 할머니는 지진이 일어난 동북 지방 해안가에 살고 있었다. 그녀는 한동안 행방불명이 되었다가 18일 미야기 현 대피소에 생존하고 있음이 확인되었다. 우리는 자연재해란 누구에게나 공평한 것으로 생각한다. 그러나 '이동조건'을 생각해 보면, 여성과 남성, 노인과 아이, 부자와 빈자 사이에 차이가 있다. 피해를 당한 마을에는 과연 누가 살고 있었는가? 누가 어떻게 대피했고 누가 왜 죽음을 맞이했는가? 더욱 구체적인 물음이 필요하다. 그 옛날 어떤 마을에서 떠나와 이와테 현, 미야기 현, 아키타 현, 후쿠시마 현 등에 정착해서 살아왔던 그 모든 세월들과, 그 마을 전체의 힘이었던 유형무형의 모든 것들에 대해서. 떠날 수 있는 자가 떠날 수 없는 자에게 바치는 애도가 아니라, 떠나온 자가 떠나갈 자들에게 바치는 지혜를.

지속하는 불안과 확산하는 루머

　불안과 긴장은 일상 곳곳에서 느껴진다. 정전으로 전철운행은 더디고,

겨우 열린 쇼핑몰의 식료품과 생필품이 동나기 시작했다. [좌] 가공식품 판매대 매진. [우] 비닐, 마스크, 등의 가판대도 매진 공고가 붙었다.

전철 가로등은 절반만 켜 놓아 컴컴하며, 에스컬레이터는 중요한 역을 제외하곤 운행을 정지한 상태다. 그러나 무엇보다 사람들을 긴장시킨 것은 흔적도 없이 퍼지고 언제 증상이 나타날지 모르며, 인간 수명보다 더 오래 영향을 미치는 방사성 물질이다. 22일과 23일에는 동북지방과 도쿄에 비가 내렸다. 비를 한 방울도 맞지 않는 것은 정말 어려운 일이었다. 23일에는 수돗물에서 유아 기준치 두 배의 방사성 요오드가 검출되었다. 슈퍼마켓으로 뛰어갔지만, 물은 동난 상태였다. 사다 놓은 게 몇 병 있었지만, 다음날에는 도쿄에서 재배한 채소에서 세슘이 검출되었다. 공기, 물, 먹거리가 불안해지자 심리적 한계치를 느꼈다. 정부발표에 대한 불신이 퍼지면서 루머가 돌기 시작했다. 보도와 소문 중 어느 쪽이 진실인지 알 수 없었다. 아니, 국가 보도보다 소문이나 친구나 활동가 들이 보내 주는 메일이 훨씬 더 믿을 만했다.

　도쿄전력은 2호기 물웅덩이의 방사능이 기준치의 천만 배라고 발표한 뒤 하루 만에 십만 배라고 뒤집었다. 방사성 물질이 흘러나오는 상황을 개선하는 게 우선임에도 방사성 물질의 기준치를 완화한다고 발표했다. 원자력 사고에 대한 기억들도 새롭게 주목받았다. 1999년 도카이무라東海村에서 핵연료 재처리 과정에서 피폭당했던 오우치 히사시大內久는 처음엔 "문제없다"는 판정을 받았지만 괴사한 세포들에서는 다량의 체액이 스며 나왔고 목과 장에서는 출혈이 계속되었으며 형체를 알아보기 어려운 상태로 죽었다. 죽은 후에도 방사능 오염이 진행되었기 때문에 납관에 보관되었다. 매일 10리터 이상의 수액을 투여해 83일 고통스런 생명을 유지했던 것에 대해 논란이

일기도 했었다.[8]

불안이 가중되자 간 나오토 총리는 국민담화를 갖고 도쿄 도 지사는 스스로 수돗물을 마셔 보였으나, 찡그린 도쿄 도 지사의 얼굴은 모두의 조롱거리가 되었을 뿐이었다.

1923년 관동대지진이 일어났을 때, 일본 정부는 흉흉해진 민심을 관리하고 3·1운동이 일본으로 퍼지는 것을 막기 위해 사회주의자, 재일조선인 등이 약탈을 일삼고 폭동을 일으킨다는 소문을 퍼뜨렸다. 그 소문은 일본 대중에 의해 확산되어 조선인 6천 명 이상이 학살당했다.[9] 소문은 왜 대중들에 의해 더 과격한 형태로 확산되었던 것일까? 이번 대참사의 민감한 상황들을 겪으면서 민족적인 갈등이 확산하는 순간이 언제인지 조금 알 것 같았다. 불안은 그것이 머물 곳을 배타적 외부를 만들어 냄으로써 찾는다. 설사 그것이 폭력일지라도. 재일조선인들이 바로 떠나야 한다고 느꼈던 것은, 사회 전체의 불안이 어디로 향하는가를 역사적으로 경험하고 학습해 왔기 때문일 것이다.

개개인의 민족·국적·고향이 노출되고, 무형의 공포가 지속하면서, 생필품의 불안감이 가중되자, 일본 천황은 국민에게 전하는 메시지를 통해 침착한 대응을 호소했다. 뉴스에서는 피폭의 위험에도 원전 복구 작업을 하는 소방대원과 자위대, 도쿄전력 직원들을 영웅시하며 비참한 피난소의 실정을 중점적으로 보도했다. 이와 동시에 외국인들이 약탈과 강간을 일삼는다거나 일본의 불행을 기뻐한다는 식의 소문이 돌았다. 이번 지진이 자연재해가 아니라 **나라에서 개발한 신무기 공격이라는 소문까지도 있었다. 천황의 당부와 위기극복을 위한 국민적 영웅 만들기는 타민족에 대한 배타적 소문과 함께 확산해 가는 듯했다. 장기간 지속하는 대중의 불안과 공포는 그것을 잊기 위해 집중할 대상을 원하며, 대중의 슬픔과 고통은 그 책임을 돌릴 적을 원한다. 즉 타민족에게 배타적인 소문들은 오히려 바로 일본의 공동체, 마을, 코뮌이 붕괴하고 있음을 반영하고 있었다.

일본 내부의 피난 행렬과 정부의 관료성

16일부터 원전 사고 지역에서부터 야마가타山形 현, 니가타新潟 현, 미야기宮城 현, 도치기茨城 현, 이바라키茨城 현 등 인근 지역으로 이동하는 인파가 급증했다. 방송에는 주로 버스를 통한 이동행렬이 보도되었으나, 급격히 추워진 날씨 속에서 휘발유 부족 등으로 대피 행렬은 어려움을 겪었고, 피난소에서 사망하는 사람도 늘고 있었다. 그러나 일본 정부는 원전 사고 발생지에서 2~30km 떨어진 지역의 주민들에게 "집안 대피" 혹은 "자발적 피난"을 지시했다. 그곳 주민들은 떠날 수도 머물 수도 없는 애매한 상태에서 방사성 피폭의 위험에 노출되었고, 피폭의 공포 때문에 물자나 가솔린의 공급이 원활하게 되지 못했음은 물론, 자원봉사자나 의료진도 들어가길 꺼렸다.

주민들의 원활한 이동에 걸림돌이 되는 정부 지시나 정책은 '자원봉사자', '구호물품'을 각국 및 각지에서 받아들일 때도 확연히 드러났다. 피해 지역으로 자원봉사 차량이 들어가기 위해서는 통행증이 필요했으며, 자원봉사자에게는 이력서가 요구되었다. 3월 28일 자 한국 〈연합뉴스〉에 따르면 전 세계에서 일본을 향한 지원과 구호 물품이 쇄도하고 있지만 일본 정부는 쌀을 지원하는 태국 정부에 "국내에 3백만 톤의 쌀 재고가 있다"고 거절하거나, 남미 일부 국가로부터의 식료품과 음료수 제공제의를 사양하는 등, 식료품 지원에 까다로운 기준을 제시하고 있다고 한다. 일본 정부는 "식품 안전성이 일본 기준에 맞는지를 분석해야 하고 배포해봤자 수요가 없을 것이라고 판단"한 때문이라고 말했다. 그러나 이러한 일본의 관료적 구호 정책은 세계에서 피해지로 수없이 불어나는 샛길들을 가로막는 벽이 되고 있었다.

오히려 피해지로 길을 내는 것은 메일, 트위터 등을 통한 작은 집단들의 연락망이다. 방사능의 위험을 실

초콜릿 가판대도 매진되었다

감한 것은 원자력 발전 반대 활동을 하면서 다큐멘터리를 찍어왔던 사람들의 '피난 권고' 메일을 통해서였다. 이어 대피 혹은 이동을 결심한 사람들의 사연 및 피난 경로, 가족과 친지의 생사확인이나 지원금 협력 요청, 정보제공과 모금에 대한 감사, 외국 기사나 피해마을 기사의 링크 모음 등이 도착했다. 원전 사고 발생지에서 2~30km 떨어진 곳에 사는 주민들이 휘발유와 물자 부족으로 고통받고 있다는 소식이 그곳 활동가의 트위터를 통해 직접 전달되어 또 다른 메일 리스트로 확산되어 갔다. 〈여성과 빈곤 네트워크〉에서는 가난한 여성들이 재난 시 당할 수 있는 성적·물리적 피해에 대한 대응책을 보내준다. 이러한 메일 중에는 다소 입증되지 않은 정보들도 섞여 있다. 그러나 그 불확실성까지 포함하여 진심 어린 호소, 일상생활에서 활용 가능한 방법, 정부에 대한 가감 없는 비판, 구체적인 지원방법, 마을의 실제상황 등을 접할 수 있었다. 이 메일들은 관료적인 대응책 사이로 무수하고 다채로운 샛길을 내고 있었다.

피해 마을로 연결되는 샛길들

일본 국내외에서 일어나고 있는 대규모 인구, 정보, 물자의 이동은 하나의 마을이 다른 마을을 인식하는 태도에 큰 변화를 가져오리라고 생각한다. 일본 정부가 식품 안정성 등을 들면서 원조를 사양하는 이유에는, 일본 정부의 잘못뿐 아니라 일본 국민이 타국에 대해 지닌 편견도 반영되어 있는 것이 아닐까?

슈퍼마켓 긴 줄에 서서 차례를 기다리고 있으면 다양한 이야기가 들려온다. 어떤 부부의 대화는 이러했다. "중국도 원조해 준다던데?" "중국이……?!" 몇 년 전 중국 만두 사건 이후 일본에는 중국음식에 대한 불신감이 있다. 그러나 이번 일본의 대참사를 계기로 일본보다 경제력이 약한 수많은 국가에서 너나나노 일본에 원조를 해 주고 있다. 그것이 충분히 전달되지 못한다고 하더라도 원조를 제의받았다는 사실만으로도 일본인의 편견은 바뀔 수 있다.

친구 중 몇 명은 일본이 식민 지배를 한 중국·한국·대만 등에서 자원봉사 및 구호 물품·성금 등이 활발히 이루어지자, 자신들이 과거에 잘못을 했음에도 지원해 주는 것에 깊은 감사를 표했다. 일본에 그리고 동아시아에 이것은 아프지만 새로운 경험이다. 파키스탄 카레를 지원받아 먹은 피난소의 한 어린 아이는 이렇게 외쳤다. "좀 맵다. 그렇지만 맛있어!"

도쿄 사람들은 자신들이 쓰는 전기가 후쿠시마 원전에서 온 것임을 자각하고 이번 사고에 대한 공동책임을 통감하면서 에너지원에 대한 인식을 새롭게 하고 있다. 2차 오염의 위험성 때문에 가족에게 인도될 수도 땅에 묻힐 수도 없는 방사능에 오염된 1천 구의 시체 앞에서, 원자력 발전을 그만두고 대체 에너지를 모색하자는 소리가 전 세계로 확산되어 가고 있다. 중국은 푸젠, 후베이 성의 신규 원전 중단을 선언하면서 대규모 프로젝트를 축소할 움직임을 보이고 있다. 한국원전에 대한 안정성 여부도 도마 위에 올라 있다. 미국에서는 새로운 원전 건설이 며칠 전 통과되었으나 여론조사에 따르면 53%가 신규원전에 반대하고 있다. 무엇보다 일본에서는 원자력 발전소 반대 시위가 확산되어 가고 있다. 27일에는 도쿄전력 본사 주변에 시민단체 회원 약 1천2백 명이 모여 일본 전국의 원자력 발전소 운영 중단을 요구하는 거리 행진이 있었다. 독일에서는 25만 명이 모여 격렬한 원전 반대 시위를 벌였고 원전반대를 당론으로 채택한 녹색당의 득표율이 두 배로 상승했다. 며칠 전 서울에서도 〈환경운동연합〉 회원들이 원전확대 정책 중단을 촉구하는 퍼포먼스를 벌였다.

자국과 타국을 인식하는 감각의 변화는 구호 손길과 집회 등의 '이동'과 '만남'을 통해서 확산되고 있다. 물론 이런 경험들은 다시금 내셔널리즘의 틀에 갇힐 위험성도 있다. 일본이 역사 교과서에서 위안부 언급을 삭제하고 독도의 영유권을 주장하는 발언을 강화하고 있는 상황은 한국인들이 일본의 고통에 공감했던 것에도 지대한 악영향을 주고 있다. 그러나 일본의 대참사는 원자력 발전 사고의 고통과 비참함을 해결하기 위해서는 필연적으로 국경을 넘어서는 연대가 필요하다는 것을 보여 주고 있다. 만약 일본이 독도가 일본 영토라고 억지를 부린다면, 우리는 일본 정부에 의해 점점 더 위험에 노출되고 있는 후쿠시마의 주민들을 우리의 친구라고 말하고, 일본 정부에 의해 버려지고 미군 기지로 고통받는 오키나와를 우리 삶의 터전이라고 말하는, 그러한 멋진 억지를 부려 보면 어떨까? 우리의 샛길을 통한 연대는 "안전"을 외치는 정부와 도쿄전력이 위험으로 내몬 "후쿠시마의 피난민들"과 방사능의 위험에 방치된 "대다수의 일본인들"을, 우리의 친구라고 부르는, 우주적 차원의 공감과 관용에 입각해 있다. 우리의 샛길-인터내셔널이 갖는 의미는 건강하게 분노하면서 역사와 자연을 존중할 줄

그나마 남은 물건들을 사기 위해서는 오랫동안 줄을 서서 기다려야 했다. 줄을 서서 기다리는 동안, 사람들은 불안한 말들을 속삭였다.

아는 피난민들과의 연대를 통해서, 왜곡된 교과서와 원자로를 만들어 우리를 위험에 처하게 하는 자들을 고립시키는 데 있다. 관동대지진에서 민족학살을 일으켰던 소문은, 지진의 고통으로 분노한 일본 대중들과 3·1운동을 일으킨 조선 대중들이 서로 연대할까 봐 두려웠던 일본 정부가 퍼뜨린 이간질이었다. 이처럼 우리의 인터내셔널한 샛길-연대가 "그들"이 두려워할 정도의 힘을 지녔다는 것을 잊지 말자.

　작은 샛길들이 만들어 내는 인터내셔널한 연대의 필연성 앞에서 후쿠시마는, 원전 사고 발생지에서 2~30km 떨어진 곳에 사는 주민들은, 도쿄 사람들은, 한국 사람들은, 세계의 어떤 마을 사람들은 새로운 이동과 만남의 경험을 하고 있다. 이는 "다른" 마을에 대한 감각을 변화시킬 것이다. 이 변화가 어디로 흘러갈지는 아직 모른다. 단지 통행증, 이력서, 식품안전기준, 배타적 루머를 넘어서 마을과 마을을 연결하는 작은 샛길들과 진심이 담긴 소문들이 무한히 증식되길, 그것이 피해 기여을 조금이라도 빨리 회복시키길, 이런 사건이 반복되지 않도록 하는 힘이 되길 바랄 뿐이다.

3·11 이후, 드러나는 우리'들' 차이'들'

불안은 새로운 분노가 되어 가고 있다

불안은 분노가 되어 가고 있다

한국의 한 문학 비평가는 이렇게 질문했다. "불안은 어떻게 분노가 되어 갔는가?"[10] 삶의 한 단면을 파고드는 이 날카로운 질문은, 도쿄에서는 현재형이며, 도호쿠東北 지방에서는 두려운 현재형일 것이다. 불안은 분노가 되어 가고 있다. 그리고 어쩌면 절실한 요청이기도 할 것이다. 불안은 분노가 되어야 한다……

3·11 이전에 일본 정부는 이렇게 말했다. "원자력 발전은 에코이고 자연이고 안전한 미래다." 그리고 지금은 이렇게 말한다. "당장은 큰 문제가 없다." 천황이 피해지를 찾아 격려하는 모습이 연일 방송된다. 이런 말이나 방송은 사람들의 불안과 공포를 봉합하려고 하는 듯이 보인다. 더구나 방사능에 오염되었을지 모르는 불안한 먹거리를 먹지 않는 것이 후쿠시마 지역 주민들에 대한 죄이자 건전한 시민의식이 없는 것처럼 비난하기도 한다. (그렇다고 도쿄 주민들에게 면죄부가 주어지는 것은 아니지만.) 문제의 원천은 국책의 일환으로 원전을 만든 도쿄전력과 국가의 책임임에도, 도호쿠 vs. 도쿄, 혹은 생산자 vs. 소비자 문제로 뒤바꾸어 놓고 있다. 이상한 시민의식에 대한 미묘한 강조이다. 반면 15일 발표에 따르면 3호기의 온도는 계속 상승하고

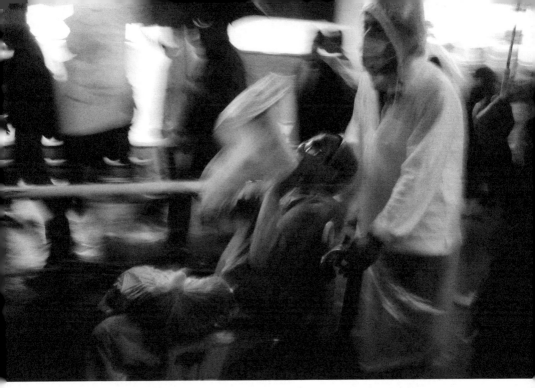

〈자유와 생존의 메이데이〉. 휠체어를 타고 반원전을 외쳤다. 방사능에 대한 공포는 장애인에 대한 차별과 복잡하게 연결되어 갔다.

있다. 14일에는 원자력 발전소 작업원이 방사능에 오염되어 처음으로 사망했다. 도쿄의 수돗물이나 후쿠시마에서 꽤 멀리 떨어진 농작물에서도 세슘이 검출되고 있다. 방대한 양의 오염수가 계속 생산되고 있어 연말엔 수십만 톤에 이를 전망이라고 한다. 이처럼 3·11 이후 상황이 지닌 특성은 조용히 그러나 꾸준히 나빠진다는 점에 있다.

꾸준하고 조용한 악화와 애매한 정부의 보도 속에서 막연한 불안과 공포는 일상적인 것이 되었다. 마스크를 쓰지 않고 가끔 귀찮아서 우산 없이 비를 맞기도 하고, 물이나 채소에 대한 경계심도 다소 느슨해졌다. 그러나 원전 근처의 주민뿐 아니라, 임신부, 어린아이가 있는 부모들, 유치원이나 학교 선생님들은 이 상황에 매우 민감하게 반응하고 있다. 매스컴-천황-정부 슬로건을 통해서 눌려 있는 "불안과 공포"는 "소문과 유언비어", 각종 집회와 성명시를 통해서 돌출하고 있고 여태껏 목소리를 높이지 않았던 주부나 여성의 발언이 늘어나고 있다. 보이지 않게 되어 버리는 불안과 공포와 두려움을 느낄 수 있는 날카로운 "감성"mentalité을 대중 스스로 만들어 내고 있다. 지금은 민감한 두려움과 불안이 요청되는 사회다.

'불안'의 힘, 알고자 하는 힘

"분노"가 아니라 "불안"이 요청되는 사회란 어떤 사회인가? 아키타 현에 사는 작가 스노우치 게지簾內敬司는 이렇게 쓰고 있다. "너무나 정보가 부족했다. 혹은 정보 자체가 추상성으로 싸여 있었다. 어쩐지 공연히 분노를 느꼈다. 하루 늦게 미증유의 삼중고 안으로 결정적으로 비집고 들어왔던 원전 사고는 거대한 배신처럼 느껴졌다."[11] 이번에 피해를 입은 산리쿠三陸 지역은 역사적으로도 지진과 쓰나미가 잦아서, 이에 대처하는 감성과 지혜도 풍성히 이어져 왔다고 한다. 그러나 3·11은 워낙 큰 쓰나미나 지진이었을 뿐 아니라, 원자력 발전소의 사고는 자연과 함께 호흡해 온 사람들의 지혜로는 해결할 수 없었다. 마을의 감성이 대처할 수 없을 뿐 아니라 정부의 뭔가 숨기는 듯한 추상적인 방송이 이어지자, 대중들은 불안해했고, 스스로 알고자 하는 욕망은 급격히 확산되었다. 가장 빨리 움직인 것은 독립 미디어와 인터넷이었다. 이후 『주간 금요일』과 같은 주간지, 『현대사상』, 『세계』, 『임팩션』 등의 잡지들은 원전 반대 특집을 꾸리기 시작했다.

3·11 이전에는 원자력 발전소가 어디에 있는지도 몰랐던 사람들이 3·11 이후 두 달 동안 원전 전문가가 다 되었다. 여성지들은 먹거리에 대한 자세한 특집들을 실었다. 사람들은 원전에 의존하는 에너지양, 방사능 수치가 건강에 미치는 영향, 과거의 원전 사고에 대해서 공부하고 있다. 〈프리타 전반노조〉는 원전 노동자들과 3·11 이후 오랜 기간의 휴업과 해고로 고통을 겪는 비정규직 노동자들의 입장에서 분노의 대상을 명확히 했다. 정부는 3·11을 "천재"天災 혹은 "상정 외의 사태"로 말함으로써 "이 한마디로 수만에 달하는 사람들의 죽음을 합리화하고 있다."[12] 수많은 지진과 쓰나미, 그때마다 반복되는 국가의 거짓말을 경험한 대중은 인간의 일과 완전히 분

리된 "천재"天災란 불가능하다는 것을 감지했다. 도쿄에 전력과 노동력과 농작물을 공급해 오던 도호쿠 지방민들은 분노를 느꼈고, 국가를 믿어선 안된다는 것도 알았다. 3·11의 원인과 방사능의 위험성을 알게 됨에 따라서, 불안은 점차 분노가 되어 가고 있다. 불안의 힘은 곧 알고자 하는 힘이었고 분노의 촉발제이기도 했다.

새로운 분노 ─ "16세 소녀와 83세 할머니", 그리고 "이동하는 드림서클"

왜 불안한가라는 질문은 누가 무엇에 어떻게 분노해야 하느냐는 물음을 촉발했다. 분노는 일본 전역에서 집회, 연구회, 데모를 확산시키고 있고, 인터넷에서는 선언서와 성명서가 줄을 잇는다. 상징적인 출발점은 4월 10일 고엔지의 〈가난뱅이들의 반란〉 팀이 주도했던 〈고엔지, 원전 그만둬!〉高円寺·原発やめろデモ! 데모였다. 1만 5천 명이 모였다. 노인, 아이를 비롯해 데모에 처음 참여하는 사람들이 많았고 대부분이 개별참여자들이었다. 일본에서는 유래를 찾아볼 수 없을 정도로 많은 숫자였다. 5월 3일에는 〈프리타 전반노조〉 주도로 〈자유와 생존의 메이데이〉가 열렸다.

데모 전 집회에서는 "원자력 산업과 노동자 ─ '후쿠시마 50'의 진실"이라는 이름으로 히구치 겐지樋口建二가 원자력 발전소에서 일하는 노동자들의 실태에 대해서 강연을 했다. 절전 때문에 넓은 회의실을 빌릴 수 없는 상황에서도 사람들은 빽빽이 모였다. 좁은 회의실에 들어오지 못한 사람들은 외부에서 영상중계를 들었다. 이후 쏟아지는 빗속에서 프리타, 야숙자, 비정규직 노동자, 원전 노동자들은 거리를 행진했다. 한국 〈서부 비정규직 센터〉에서 온 이류한승 씨는 일본의 원전 노동 상황을 한국에 알리겠다고 선언했다.

두 번째 계기는 5월 7일에 시부야에 있었던 〈가난뱅이들의 반란〉 팀이 주도해서 열렸던 데모이었다. 비기 오는 상황에서도 1만 5천 명이 모였다. 이날 모인 사람들은 형형색색의 코스프레, 원전 반대 포스터, 플래카드와 인형,

원전을 본뜬 형상물, 온갖 종류의 악기들로 장관을 이루었다. 어릿광대 분장을 한 사람들이 음식 칼로리를 기재하듯이 방사선량이 기재된 페트병, 방사능이 섞인 공기 등을 들고는 "방사능이 잔뜩! 안전해요! 한잔 할래요? 당장은 안 죽어, 마셔 봐요"라고 하면서 사람들에게 말을 걸었다. 무엇보다 가슴을 뜨겁게 달군 것은 거리의 분위기였다. 나는 도쿄 시민들이 데모에 이렇게 우호적이었던 것을 본 적이 없다. 콘서트를 기다리던 사람들도, 음식점에 앉아 있던 사람들도, 무심히 지나가던 사람들도 모두 손을 흔들고 격려해 주었다.[13] 그러므로 집회에 모인 1만 5천 명 배후에는 엄청난 양의 잠재적 참여자가 있을 것이다. 불안은 분노를 촉발했고, 분노는 사람들을 거리로 불러냈다.

녹초가 되어 돌아온 내 가방에는 형형색색의 지라시가 가득 차 있었다. 오키나와 원전 노동자, 피해를 입은 재일조선인 학교 지원, 오키나와 기지 문제, 에너지의 전환, 어린이들을 지키자는 발언 등 '반핵'이라는 하나의 기치 아래 모였지만, 그 안에는 다양한 입장의 목소리가 함께 섞여 나오고 있었다. 분노한 대중은 '우리'가 되는 동시에 '우리들'이 되었다.

5월 7일 시부야 집회에서 큰 박수를 받은 것은 14살인 후지나미 고코

프리타 노조 큐티 씨의 반전 코스프레

로藤波心의 〈고향〉이라는 노래와 83세인 사에토 미치코齊藤美智子의 발언이었다.[14] "일본에도 원전이 있어요? 어째서? 당신들 나라는 히로시마와 나가사키가 있었잖아요? 당신들은 왜 멈추지 못하는가? 일본인은 대체 무엇인가? 여러분 이것을 어떻게 생각하십니까? 저는 정말이지 저 세상에 가서도 반핵을 외치겠습니다. 저 세상에 가면 유감스럽지만 소리를 낼 수 없습니다, 여러분. (웃음) 지금, 우리들은 '반핵'이라고 소리를 낼 수 있습니다. 우리들은, 지금까지 우리 자신만 생각하며 살아온 것을 지금이야말로 반성

어릿광대의 풍자극. 어릿광대 분장을 한 사람들이 '도쿄물'이라고 쓰인 페트병을 '안전해요!'라고 소리치며 권했다.

해야 하지 않겠습니까?" 〈고향〉이라는 노래의 민족주의적 색깔에는 거부감이 느껴졌지만, 이 두 여성의 발언에는 다른 정치적 발언과도 다르고, 민족주의적 호소와도 다른 떨림과 불안이 뒤섞여 있었다. 분노는 명확한 대상이 있고 사람들을 결집시키며 그 힘은 밖으로 분출한다. 불안은 일상 속에 늘 함께 있지만, 대상을 알 수 없으며 내면적이다. 따라서 분노는 전통적인 혁명의 감정이라면 불안은 내밀한 여성적인 감정이라고도 할 수 있을지 모른다. 두 여성의 발언은 전통적인 정치적 발언과는 다른 불안과 떨림을 갖고 있었다. 생활 그 자체에 기반해서 이 떨림과 불안이, 전통적인 정치 운동에서 결여된 부분들을 드러낼 수도 있다고 생각한다. 그러므로 불안은 새로운 형태의 분노가 되어야 한다.

집회나 데모, 연구회 등에 참여하기 위한 이동들은 도호쿠와 도쿄의 거리감을 줄이는 역할도 하고 있다. 5월 15일에는 피해가 극심했던 후쿠시마 현 이와키 시에서 "안녕 원전", 즉 원전 폐쇄를 요구하는 집회가 열렸다.[15] 외부에서 모인 사람들과 이와키 시의 사람들을 합쳐 대략 5배 명이 무였다. 집회 영상을 보면 도쿄에서 더욱 과격한 분노가 느껴진다. 〈일코먼즈〉

라는 활동가 블로그에 따르면 집회 도중에 여러 개의 자생적인 드럼 서클이 생겨 소리와 춤의 도가니였다고 한다. 피난소 앞에서도 드럼 서클이 생기자 피난소의 사람들이 손을 흔들어 주며 동참했고 이와키 역에서는 고교생과 중학생들의 발언과 드럼서클로 열기가 뜨거웠다고 한다. 그는 이 모습을 "이동하는 드럼 서클"이라고 지칭하면서 앞으로 다른 피해 지역에도 가고 싶다는 뜻을 밝히고 있다.[16]

도쿄전력 앞에서는 매일매일 집회가 있고 주 중에는 대학별로 원전에 대한 연구회가 열리며, 주말에는 대규모 집회가 이어진다. 이러한 분위기가 두 달 동안 지속하면서 주류 신문의 논조도 정부에 대해 비판적으로 바뀌고 있고 텔레비전도 조금씩 비판적인 발언들을 내보내고 있다. 불안할 줄 아는 '우리'들은 분노를 표출함으로써 자신을 정보 피폭에서 구해 내고 있다.

"힘내라 니뽄"がんばろう, 日本 안에는 과연 누가 있는가?

그러나 상황은 더욱 복잡하다. 3·11이 보여 준 것은 자연재해는 결코 모두에게 평등하지 않다는 것이었다. 바닷가 근처의 가난한 사람들, 노인, 장애인, 이주 하층 노동자, 도호쿠 지방이 피해를 당했다. 이것은 일본 근현대사의 계급적·민족적·경제적 차별 구조를 그대로 반영하고 있다. 그런데도 최근 일본의 미디어이건 일본 이외의 미디어이건 "힘내라 일본"을 반복한다. 이러한 슬로건 속의 "우리"란 대중이 만들어 내는 '우리'들을 배반한다.

3·11 이후의 상황들은 '일본'이라는 주어로 표현될 수 없다. 오히려 '일본'이라는 주어에 의해 오랫동안 배제당하면서 침묵해 왔던 존재들이 얼굴을 내밀고 있다. 그러므로 불안도 분노도 데모도 하나가 아닐 것이다. 그러나 동시에 불안과 분노를 하나로 모아야 한다. 이 역설 속에서 나는 이족들의 마을을 생각하고 있다. 해외 언론이 '일본'을 주어로 말할 때면 나는 3·11을 겪고 있으면서도 그 속에 내가 없음을 느낀다. 앞서 예를 든 후지나미 고코로의 '고향'이라는 노래나 사에토 미치코가 히로시마와 나가사키를 강조할 때, 그들의

발언이 비록 일본의 상황을 비판하
고 있다고 할지라도, 그 비판이 뿌
리 깊게 일본인의 정체성에 기반을
두고 있다는 점을 이 떨림과 불안
속에서 감지하고 마는 것이다. 이
불편함과 동시에 '3·11'을 말할 때면
내가 노력해도 알 수 없는 원전 노
동자의 위험과 도호쿠 지방민의 분
노와 도호쿠 지방 속의 재일조선인
들과 아이누들과, 도호쿠 지방으로
결혼해 온 이주 여성들과,또 이름조

시부야 집회 광경. 일본의 전통적인 가락과 인터
내셔널한 민중가요가 접목되어 울려 퍼졌다.

차 알 수 없는 존재들의 말을 전달할 수 없을까 봐 두려워지는 것이다.

"힘내라 니뽄"에 분노하는 원전 노동자·도호쿠 지방민·재일조선인, 그리고……

40년간 원전 노동자의 사진을 찍어온 히구치 겐지 씨[17]는 원전은 파이
프 숲과 같아서 사람의 손이 꼭 필요하며, 사고가 빈번하기 때문에 원전 노
동자는 피폭을 당할 수밖에 없다고 한다. 히라이平井憲夫 씨는 원전에서 일할
때는 방사선량을 측정하는 알람 미타를 갖고 들어가는데 그게 울리면 당장
밖으로 나와야 한다고 한다. 그러나 원전 안은 장소나 시기에 따라 방사능의
양이 다르게 나타나므로 언제 알람이 울릴지를 알 수 없으며, 울리면 끔찍하
게 큰 소리가 나서 두렵다고 한다. 히구치 씨의 원전 사진에는 숨 막힐 듯한
마스크에 우주복을 입고 무수히 많은 파이프 속으로 걸어 들어가는 원전
노동자의 모습이 있다.

원전에서 일하는 사람들은 티브이에서 보여 주듯이 기술자들이 아니
다. 피차별 부락민이나 이주노동자 오키나와인 등 '이주/유동 노동자'가 대부

분으로 "원전 집시"라고 불리기도 한다. 이들은 하청, 재하청, 재재하청 등 비정규직으로 고용되어, 원전을 점검해야 하는 기간에 투입된다. 원전에서 일하면 병에 걸려 죽는다는 것은 소문을 통해 알고 있지만, 상대적으로 높은 임금을 주는 점이나 신분보장 없이 가능한 일이기 때문에 "어쩔 수 없는 운명"[18]으로 받아들인다. 원전 노동은 비정규직 노동이 지닌 문제를 극단적인 형태로 반영한다. 최근에는 생계를 위해 어쩔 수 없이 원전복구에 투입된 그들이나 자위대, 소방관을 "일본을 지키는 자"로 찬미하는 분위기가 확산되고 있다. 이에 대해 〈프리타 전반노조〉의 야마구치 씨는 최근 국가적 애도와 영웅 만들기로 소방수들이나 비정규직 노동자들을 원전 수습 작업에 동원하는 현상을 비판하면서 '누구도 죽이지 마라'는 의미를 담은 글을 발표하기도 했다.[19]

3·11은 일본 미디어에서 "동일본 지진 쓰나미"라고 불린다. 그러나 이렇게 불리는 순간, 이번 피해 지역인 '도호쿠' 지방에 대한 역사적인 차별의 문맥이 감추어져 버린다. 도호쿠 지방은 근대 이전부터 '이역'異域으로 여겨져 차별과 가난 속에 있었으며, 쓰나미와 지진이 잦아 대규모 봉기가 빈번하게 일어났다. 이역의 역사는 전후의 일본재건 속에서도 이어졌다. 도호쿠 지방은 도쿄에 전력, 노동자, 농작물을 공급해 왔다. 도호쿠 지방 사람들은 3·11

다양한 형상의 상징물들이 거리를 메웠다.

이란 사태는 도호쿠 지방이 일본의 내부 식민지였음을 증명한 것이었다고 분노한다. 이러한 물결은 구체적인 감각의 차원에서 매우 폭발력을 갖고 있다. 그러나 용기를 갖고 말하자면 이러한 견해는 원전 지역을 돌아다니는 유동 노동자의 존재, 도호쿠 지방의 구 식민지인들, 그리고 무엇보다 도호쿠 지방에서 지금 일어나고 있는 많은 갈등을 감추어 버릴 위험성도 있다. 피해 복구가 늦어지면서, 방사능의 피해 정도, 원전을 받아들인 지자체와 그 옆 지자체 간의 갈등 등이 확산되고 있다고 한다. 합심하는 것이 가장 필요할 때 분열해 버릴 수밖에 없는 내부 식민지의 고통스러운 상황을 생각하면 내 글은 너무나 쉽게 쓰이는 것이다. 그러나 도호쿠 지방을 통해서 발신된 '내부 식민지'라는 말이, 원전오염을 둘러싼 새로운 차별의 구조로 반복되지 않기 위해서는, '도쿄'의 중심성을 비판하면서도, '후쿠시마' 혹은 '도호쿠'로 이번 3·11이 표현되는 것에 대해서 문제를 제기할 필요가 있지 않을까? '후쿠시마'라는 말이 방사능의 대명사가 되거나 '도호쿠'가 내부 식민지의 대명사가 되어 가는 경향이 있지만, 후쿠시마 전체 도호쿠 전체라는 것은 없고 그 안에 수많은 차이가 있다. 이러한 말들이 그 지역에 겹겹이 차별을 안겨 줄까 싶어 걱정스럽다.

또한, 도호쿠 지방 안에는 수많은 구 식민지의 흔적이 존재한다. 미야기 현에 살던 송신도 위안부 할머니를 비롯하여 그곳에 있던 '도호쿠 조선 초중급학교'가 큰 피해를 입었다. 벽이 무너지고 교실 바닥이 들려 올라가고 방사능 문제도 심각하다. 그런데도 다른 일본 학교에는 지급된 방사능 측정기가 조선학교에는 지급되지 않아서 어려움을 겪고 있다.[20] 도호쿠 지방은 홋카이도와 지리적으로 가까워 이곳으로 흘러들어온 아이누들이 많다. 도호쿠 지방에 아이누의 언어의 흔적이 남아 있는 이유이다. 이처럼 도호쿠 지방에 대한 도쿄의 경제적 식민지화 이면에는 '동아시아 유민들의 역사'가 있다. 도쿄 안에도 수많은 유민, 외국인이 존재하며 그들은 도호쿠에서 온 사람들이기도 하고 원전노동에 투입되는 자들이기도 하다. 도쿄, 도호쿠, 일본과 같은 주어를 사용할 때면 이들 이름 없는 기민棄民, 유민流民, 피식민자들은 파르르 떨며 저항하는 것처럼 느껴진다. 도호쿠 vs. 도쿄라는 구도가 아니라

동북지방의 조선학교. 도호쿠 조선 초 중급 학교는 일본인 학교가 아니라는 이유로 여러 재해 지원에서 제외되었다. 현재 자발적인 지원금을 받아 무너진 학교 건물을 정리하고 새로운 건물 건설 계획에 착수하고 있다.

3·11 이후 발생할 수 있는 새로운 차별을 방지하고 이족들 간의 연대를 모색할 수 있었으면 좋겠다.

　3·11 이후 후쿠시마에서 한국 노동자를 모집한 게 논란을 불러일으켰다. 높은 임금, 짧은 노동시간, 한국식 음식 제공이 조건이었다. 한국에서도 90명가량이 신청했으나 "새로운 징용"이라는 반발에 부딪혀 취소된다. '징용'이란 말이 보여 주듯이 3·11은 원전 노동자들의 노동자문제 및 이주노동자 문제, 도호쿠 지방의 내부 식민지 문제와 유민들의 구식민지 문제 등이 긴밀히 연결되어 있음을 보여 주었다. 노동운동·환경운동·식민지문제 등 이질적인 영역들을 함께 생각할 수 있는 에코소피ecosophy(가타리, 『세 가지 생태학』)가 요청되고 있다.

에코소피ecosophy : 자연의 순환, 인간의 혁명, 코뮌의 생성

　도쿄에 이주해 온 아이누들과 모임을 꾸리면서 "도쿄의 아이누"로서 살아갈 것을 선언한 우카지 시즈에宇梶静江 씨는 3·11이 직후 "대지여 무거웠는가, 아팠는가"라고 시작하는 시를 쓴다. 자연과 함께 살아가는 지혜를 지닌 아이누인은 3·11이 일어나자 인간뿐 아니라 대지를 걱정한다. 아키타 현에 사는 작가 수노우치는 도호쿠 지방에서는 지진과 쓰나미가 일어난 직후에 봉기가 일어나는 경우가 잦았다고 말한다. 자연의 생태계가 요동을 치면 이에 호응해 인간생활도 요동을 치면서 혁명을 일으킨다. 아니 인간의 생활이 고통스러워진다는 것은 자연 생태계가 고통을 겪고 있다는 것이다. 따라서 인간의 혁명은 자연을 치료하고 자연재해를 막는 힘이 될 수도 있다. 천만 년에 한 번씩 피는 꽃처럼 지구 전체의 병을 치료하기 위해서 모든 존재가 힘을 낼 수도 있다. 3·11 이후 기민, 유민, 피식민지인, 그리고 자연은 지구 전체의 고통을 민감하게 느끼고 듣고 두려워하는 감성을 배우고 있다. 또한, '일본'이라는 폭력적인 주어 속에 다양한 차별이 존재하고 있음을 드러내는 중이다.

원전 노동자, 도호쿠 지방민, 유민과 기민들은 자신들이 경험하고 있는 원전의 위험성과 두려움을 어디에 있을지 모를 당신에게 발신하고 있다. '한국의 한 문예비평가', 아니, 서울의 어느 방에서 글을 쓰던 그녀는, 일본 안의 기민, 유민, 피식민자들이 발신하는 불안과 분노를 서울의 어느 마을에서, '발 밑 저 깊은 곳'으로부터 느꼈던 것이 아닐까?

나의 '애착'이 너의 '애착'과 만날 수 있을까?

6·11 탈원전 데모, 공통의 언어를 찾아서

두 갈래의 시간 : 6·11과 6·10

6월 11일은 지진, 쓰나미, 원전 사고가 발생한 지 3개월이 되는 날이자 탈원전을 위한 세계 동시 행동의 날이었다. 일본 전국에서, 그리고 오스트레일리아, 벨기에, 프랑스, 이탈리아, 아메리카, 캐나다, 한국, 홍콩, 대만에서 집회가 있었다. 도쿄만 해도 10군데에서 데모가 일어났고 규모도 규모지만 각각이 링크되어 갔다는 점이 흥미로웠다. 그중 가장 대규모 집회였던 신주쿠 집회의 요구사항은 가동 중인 원전폐지, 정기검사 등으로 멈춰있는 원전을 재가동하지 말 것, 원전 증설 중지, 아동의 허용 피폭량(년간 20msv/h) 완전 철회, 원자력 발전에서 자연 에너지 발전으로 정책을 전환할 것이었다. 3시에 출발한 데모 행렬은 6시 신주쿠 아루타 앞 광장에 모였다.[21] 모두가 함께 "내가 바로 에너지다"라고 외치며 점프하며 집회를 마쳤지만, 아루타 앞의 음악과 춤과 외침은 오래 계속되었다. 이시하라石原 자민당 간사장은 14일 기자회견에서 대규모 집회를 "집단 히스테리"라고 말했지만, 〈가난뱅이들의 반란〉의 마쓰모토 씨는 이시하라를 비판하면서 "이제 겨우 제 정신이 든 것"이며 "서서히 바람구멍을 열어 가고 있다"[22]고 말했다.

세계 각지에서 6만 7천 명 정도가 모였다고 추산되는 6·11을 하나의 목소리로 정리할 수는 없다. 다만 몇 가지 공통점은 있다. 나는 구니타치 집회에 참여한 뒤 신주쿠로 합류했는데 개인 참여자들이 자발적인 목소리를 내기 시작했으며, 여성과 아이들의 참여 비율이 매우 높았으며 다양한 퍼포먼스가 펼쳐져 표현의 밀도가 강해져 있었다. 이날 집회의 원동력은 일본의 미래 세대에 대한 책임을 회피해선 안 된다는 절박함이었다. 그러나 나는 결혼해서 낳을 아이라든가 하는 식으로 일본의 미래와 직접적인 연결고리를 발견할 수는 없었다. 6·11 탈원전 집회에 참여하는 내 속에는 또 하나의 시간이 흐르고 있었다. 6월 11일은 6월 10일 다음 날이다. 1926년 조선의 마지막 황제 장례식을 계기로 일제에 저항해서 만세운동이 일어난 날이자, 1987년 전두환 정권에 저항해서 민주화 항쟁이 일어났던 날. 이날 한국에서도 탈원전 집회가 있었지만, 그보다 훨씬 크게 6·10 24주년을 기념한 반값 등록금 대규모 촛불집회가 있었다. 최근에는 연예인, 학자 등도 참여하면서 미래를 짊어질 다음 세대에 대한 응원을 아끼지 않고 있다.

6·10과 6·11. 미래를 위한 이 두 공간의 집회 속에서 나는 내 몸이 사안의 절박성과는 관계없이 6·11보다 6·10과 더 자연스럽게 어우러지고 있음을

통제 불가능할 정도로 군중이 모여들자 경찰은 바리케이드를 치는 대신 조용히 군중 사이로 섞여 들었다.

느낄 수밖에 없었다. 그리고 나는 6·11 집회 등 최근의 활동에 깊이 들어가면 갈수록, 내가 감성적으로 넘어설 수 없는 몇 가지 벽을 느끼고 있음을 비로소 알아챘다. 후쿠시마에 지역에서 있었던 무신 전쟁 때부터의 오래된 갈등도, 도호쿠 지방에 속속들이 배어 있는 독특한 언어와 역사와 풍경과 감성도, 일본 집회의 구호들도, 깊이 알려고 하면 할수록 어딘지 모르게 이물감이 느껴진다. 그리고 이물감이라는 단어를 떠올릴 때마다 내 안에 있는 익숙한 것들 또한 얼마나 단단한 벽처럼 돌출되는지……. 나는 그 익숙한 것들을 또한 마치 생전 처음 본다는 듯이 낯설게 느끼는 것이다. 그래서 나는 계속 묻게 된다. 외부의 벽을 느끼는 내 내부의 벽이, 오히려 우리 사이의 그러한 벽들을 넘어서는 원동력이 될 수 있을까? 스스로 태어나고 자란 동네와 모국어에 대한 애착이, 다른 곳에서 태어나고 자란 사람들의 동네와 모국어에 대한 애착과 만나 이물감을 느낄 때, 그 이물감이 오히려 서로를 만나게 하는 보편적 지반이 될 수 있을까?

애착 — 친밀감 : 6·11 in 구니타치国立

쓰나미와 지진의 피해를 입은 도호쿠 지방의 사람들과 후쿠시마의 원전 근처의 사람들이, 아마도 자신에게 던졌을 질문, 그리고 수많은 이주자들이 던졌을 질문, "일본에서 대체 나는 무엇인가"라는 질문을, 3·11 쓰나미, 지진, 원전 사고 속에서 나도 던지게 된다. 우리는 6·11이라는 같은 시공간 속에 있는 것 같지만 자라난 문화가 다르고 따라서 같은 상황을 다르게 경험한다. 그러나 그 감정을 나눌 단어를 아직 발명하지 못한 것 같다. 우리는 아직 그것을 생소한 질문으로만 나누고 있을 뿐이다. 그리고 이러한 상황은 비단 내가 외국인이기 때문에 느끼는 것은 아닐 것이다. 도쿄 신주쿠의 집회는 이날 세계 각국의 시간과, 그리고 직접 후쿠시마나 도호쿠 지방과 어디까지 링크될 수 있을까?

6월 11일 낮, 나는 다마 지역 구니타치에 있었다. 신주쿠 집회와 별도로

[좌] 방사능의 위험을 묘사한 다채로운 변장과 퍼포먼스를 볼 수 있었다. [우] 무등을 타고 춤추는 군중

다마 지역에 사는 시민들의 모임과 히토쓰바시 대학의 우카이 사토시 씨가 중심이 되어서 6·11 행동을 준비해 왔고 나도 그 모임에 참여해 왔다. 시민들 쪽에서는 "원전 어쩌나! 다마워크 in 구니타치"原発どうする!たまウォークin国立라는 이름으로 구니타치 일대를 걷는 기획을 했다. 우에마쓰 씨를 비롯해서 이 모임을 주도했던 분들은 일부러 '탈원전'이라는 슬로건을 내걸지 않았다고 했다. 집회에 참여해 본 적이 없는 사람들이 자연스럽게 참여할 수 있도록 하기 위해서였다. 지라시의 핵심문구는 "전전긍긍"이었다. "후쿠시마 사고에 화난 사람, 고통스러운 사람, 슬픈 사람, 후쿠시마의 미래가 걱정인 사람, 자신의 미래가 걱정인 사람, 소중한 사람의 미래가 걱정인 사람, 속았다고 느끼는 사람, 막연한 불안을 품고 있는 사람, 의견 대립이 무서운 사람, 논의할 기회가 없는 사람, 계속 '전전긍긍'하는 사람, 그런 사람들이 모여 걸으면서 외친다. 느낌을 표현한다. 생각한다. 아는 사람 모르는 사람과 만나서 이야기한다. 중얼거린다. 메일을 보낸다."

한편 히토쓰바시에서는 〈이야기하자, 재해와 원전 사고 teach-in@히토쓰바시대학〉語り合おう災害と原発事故,ティーチイン@一橋大学을 우카이 사토시와 언어사회학과 선생님 및 대학원생이 중심이 되어 열었다. 티치인teach-in은 베트

남 전쟁 반대를 외치기 위해 컬럼비아 대학에서 시작된 것으로 일반인들에게 대학을 개방하고 토론의 장을 마련했던 것에서 유래했다. 이날 구니타치 워크와 티치인에 참여한 인원은 애초 예상했던 2백 명을 훌쩍 넘어 7백 명이 모였다. 참여자 중 여성과 아이들이 남성의 2배를 훌쩍 넘었다. 그러자 데모대의 소리 자체가 틀렸다. 부드럽고 정답고 온화했고 강했다. 티치인에서는 히토쓰바시 대학 내의 방사선량이 시민들에게 공개되었다. 히토쓰바시는 주말이면 주민들이 아이들을 데리고 소풍을 오거나 노인들이 그림을 그리러 오는 등 지역의 공원과 같은 역할을 하기 때문이다. 더구나 이 지역에 재난이 생겼을 때 주민들의 일시적인 피난소이기도 하다. 시민활동가인 한 분은 자신이 우울증을 앓았던 경험을 이야기하면서 불안을 말하지 않으면 그것이 쌓여 결국 우울증과 자살로 이어진다고 말하면서, 지금은 불안과 공포를 표현해야 할 때라고 강조했다. 또 다른 활동가는 이미 후쿠시마에서 내부피폭이 진행되고 있다는 증거를 제시하면서 하루빨리 어린아이들을 대피시켜야 한다고 주장했다. 신주쿠 데모에 대해서는 집회에 처음 참여하는 사람들을 흡입하기 어려웠던 측면들도 있었고 좌파와 우파의 충돌도 있었다고 들었다. 구니타치에서의 활동은 대학과 시민이 연대하면서 지역 사회에 뿌리를 내린 활동을 전개했고, 여성과 아이들, 노인들, 처음 참여해 보는 분들이 손쉽게 참여했다는 점에서 의의가 컸다.[23]

그런데 무엇보다 내가 다마 집회에 애정을 느낀 이유는, 이 집회를 준비하면서 느꼈던 어떤 친밀감 때문이다. 오랜만에 친구들과 함께 입간판에 그림과 글자를 그리면서 대학 시절 걸개 동아리 〈터갈이〉에서 느꼈던 감정들이 새삼스럽게 떠올랐다. 커다란 그림을 함께 그린다는 뿌듯함, 누군가 내가 그린 부분 위에 덧칠하고 또 다른 누군가가 덧칠을 해서 완성되는 과정, 그 사이로 불어오는 바람과 나누어 먹는 음식 등. 히토쓰바시 대학은 이런 활동에 친절하지 않았고, 학생들에게 배포한 지라시를 회수한다든지 정치적인 행위를 하지 말라고 경고했지만, 이 활동을 통해서 우리는 조금씩 변화했다고 믿는다. 또한, 걸개 동아리에서 맛보았던 '연대의 쾌락'에 대한 친밀함이 어쩐지 쭈뼛거리고 있는 나를 이번 활동에 심정적으로 조금 더 깊게 들어가게 해 주었다고 믿는다.

애착 — 환경 : 6·12 in 잡담 토크 다카
에ゆんたく高江

12일에는 오키나와의 다카에高江에 헬리
콥터 정차장이 설치되는 것을 반대하는 미니
콘서트 & 토크가 있었다. 6월 11일의 전국적인
대규모 집회와 큰 관련성이 없어 보일 수도 있
지만, 사실 그렇지 않다. 자신들이 사용하지도
않는 전력을 도쿄에 끊임없이 대주고 있었던
동북 지방민들의 울분을, 일본 내 대다수의 미
군 기지가 분포해 있는 오키나와인들은 그 누
구보다 잘 이해하고 있기 때문이다.

다카에는 얀바루やんばる, 山原라고 부르는
오키나와 본토 북부의 풍부한 숲에 있는 촌락
의 이름이다. 일본 전 면적의 0.1%밖에 안 되

〈이야기하자, 재해와 원전 사고
teach-in@히토쓰바시 대학〉이 열
렸다. 우카이 사토시 선생님을 비
롯한 히토쓰바시 대학의 교원과 대
학원생들이 중심이 되어 지역 주민
들과 함께 토론하고 고민했다. 이
"전전긍긍"이라고 쓴 입간판은 히
토쓰바시 대학원 친구들과 함께 제
작했다.

는 곳이지만, 이곳에는 많은 희귀종을 비롯해 일본 전체 고등식물의 27%가
자생하고 있다. 다카에는 정글 훈련을 목적으로 지어진 미군 북부의 훈련장
(7천8백 헥타르)과 접하고 있다. 다카에가 속해 있는 히가시 마을에는 현재
에도 15개의 헬기 정차장이 있어서 사람들은 폭음과 추락의 위험에 노출되
어 있다. 다카에 주민들은 2006년 2월 23일에 헬기 정차장 건설에 반대의사
를 표명한다. 그럼에도 2007년 3월 다카에 주민들은 자신들의 땅에 헬기 정
차장 6개가 새로 건설된다는 것을 신문기사를 통해 알게 되었고 2007년 7월
부터 막무가내로 공사를 시행했다고 한다. 2008년 2월에는 2만 2천 통의 반
내서명을 모아서 국회에 제출했으며 현재 디기에 주민들과 활동가들이 다
카에에 살면서 농성 중이다.

그리고 현재 수많은 사람들이 방사선을 피해 바로 이곳 오키나와로 이주하고 있다. 이들의 이주를 오키나와인들은 실로 복잡한 심경으로 맞이하고 있을 것이다. 그리고 방사능의 위험을 피해 더 나은 삶의 환경을 찾아 떠난 이들은 오키나와에서 미군 기지의 문제와 부딪치지 않을 수 없으리라. 이러한 이주가 오키나와인이 아닌 사람들이 자신들의 더 나은 삶에 환경에 대한 욕망을 통해 오키나와인들과 만나고 그들의 고통을 공감하게 되는 계기가 되리라고 기대할 수는 없을까?

이날 다카에의 이야기를 해 준 〈다카에 주민회의〉 분은 현재 다카에에서 일어나고 있는 활동은 "누구든지 자신이 내밀 수 있는 만큼의 손을 내밀어 주면 그것이 연결되어 가는 것"이며 따라서 어떤 활동이건 "손님은 없다. 모두가 주인이다"라고 말했다. 그리고 전쟁을 막고 오키나와의 자연을 지키기 위해서 다카에에 꼭 놀러 오라고 말했다. 집회의 순간에도 거주의 순간에도 복잡다단한 문화적 경험과 언어적 거리에도 불구하고 "손님은 없다. 모두가 주인이다"라고 말할 수 있을 길을, 그 각각이 지닌 더 나은 삶의 환경에 대한 애착을 통해 발명해 낸다면 좋겠다.

애착-언어 : 4·12 in 김시종金時鐘과 3·19 in 우카지 시즈에

6·11의 티치인을 이끈 사람 중 한 명인 우카이 사토시 씨는 대학원 수업 시간에 다음과 같은 문제를 제기했다. 일본은 수많은 피해와 가해의 역사를 지녔음에도 불구하고 그것을 표현할 언어를 발명하지 못했다. 자연과 인간의 관계를 진정으로 모색해 본 적이 없다. 따라서 3·11 재해와 원전 사고를 표현할 언어를 갖고 있지 않다. 그런 뒤 그는 두 개의 글을 소개했다. 하나는 김시종 시인이 4월 12일에 쓴 「봄이 되면」[24]이었다. "기억에 스며든 언어가 없는 한 기억은 단지 흔적에 불과하다." 우카이 씨는 김시종이 지적하듯이 조선의 시인들이 식민지의 피해를 넘어서 봄을 다양한 방식으로 노래했던 데 비해, 일본은 피해와 가해를 표현할 언어를 역사 속에서 만들어 내지 못한

"원전 어쩌나 다마워크 in 구니타치". 히토쓰바시 대학 교원과 구니타치와 다마 지역 주민들이 함께 마을을 행진했다.

결과, 시어가 하이쿠 등의 단가적 서정으로 후퇴해 버렸다고 비판한다. 따라서 3·11재해와 원전 사고라는 현재 상황에 응답하고 고통받는 사람들을 위로할 언어가 없다는 것이다.

또한, 그는 도쿄에 이주해 온 아이누들과 모임을 꾸리면서 "도쿄의 아이누"로서 살아갈 것을 선언한 78세 우카지 시즈에 씨가 3월 19일에 쓴 「대지여」大地よ라는 시를 낭독한다. "무거웠는가/아팠는가/너를 더욱 깊이 느끼고 공경하여/그 무거움과 고통을 느꼈어야 했던/가졌어야 했던/많은 백성이/너의 무거움과 고통과 함께/파도에 사라지고 대지로 돌아갔다/그 고통을 지금/우리 남겨진 백성이/명확히 느끼고/경외의 마음으로/손을/마주한다." 우카이 씨는 이 시에 자연과 일체화된 삶을 살았던 아이누의 사상이 잘 나타나 있다고 하면서 일본의 문화가 아이누의 전통과 문화를 배제했던 깃이 3·11의 재해와 원진 시고로 이이긴 것이 아닐까 믿고 이러한 상항을 표현할 일본의 시어를 만들어 내야 한다고 말한다.

여성, 아이, 노인의 참여 비율이 압도적으로 높았다. 피켓에는 구니타지에 살았던 음악가의 모습과 함께 "Don't give up the fight"(물러서지 마라!)라고 쓰여 있다.

재일조선인 김시종과 아이누인의 시를 통해서 우카이는 3·11의 비극을 낳았던 일본의 근대화 과정 — 타민족에 대한 지배 및 배제의 역사와 문화 — 를 반성하고 이러한 타민족의 역사와 문화를 통해 일본의 문화와 언어가 새롭게 만들어져야 함을 말했다. 식민지의 경험 속에서 싸우면서 만들어진 정치적 봄에 대한 시어가, 근대 사회가 타자화했던 자연과 일치된 삶을 살아 온 아이누의 시어와 서로 만나서 호응하고 있다. 비록 이 만남이 일본 문학 속 시어의 부재를 그 계기로 하고 있다고 하더라도 말이다.

애착 — 소문자 역사 : 6·11 in 어떤 다른 곳들에서

이 글은 6·11의 전야인 6월 10일에 〈가난뱅이들의 반란 TV〉의 방송을 본 뒤의 느낌에 기반해 쓰였다. 이 TV는 "방사능은 누구도 차별하지 않는다"는 랩송으로 시작하여 몇 사람들의 인터뷰를 싣고, 밤을 새워서라도 사람들의 마음에 울리는 플래카드를 만들어 모두 신주쿠에 모이자고 외치고 있

할머니가 들고 계신 피켓 문구. '왜 이렇게 된 것일까?'라고 후회해 보았자 늦는다! 지금 당장 탈원전!

다. 인터뷰를 보면 다음 세대로부터 "바보들"이라는 말을 듣지 않기 위해서, 미래 세대를 위해서라는 것이 주조음을 이룬다. 발언들을 들어 보자. "아마도 시간이 걸릴 테니까 서두르지 말고 천천히 해 나갑시다. 우리들 한 명 한 명이 브레이크가 되어야 하기 때문에 저도 브레이크가 되지 않을 수가 없어요. 딸이 둘 있는데……5년 지나고 10년 지나 절 원망하지 않도록 반원전의 소리를 높여가고 싶습니다." 이후 이어지는 노래에는 다음과 같은 가사가 나온다. "도쿄는 이미 틀린 걸까? 이미 틀린 걸까? 필리핀인에게 맡기는 편이 나을까나? 조선인에게 맡기는 편이 나을까나?……도쿄는 이미 틀린 걸까?……아니라고 말해 줘요." 한 외국인은 피해지에서 〈친구여〉라는 노래를 부른다. "새벽이 멀지 않았으니~ 함께 가자~~ 친구여."

이것을 보면서 감동하고 눈물도 흘렸고 6·11에 참여할 의지를 다시 한번 다졌고 〈가난뱅이들의 반란TV〉에 감사했다. 그러나 아주 깊숙이는 일본의 다음 세대를 위한 이 절실하고 열정적인 요청과 수많은 호명에 명쾌하게 '네'라고 대답하지 못하는 내 자신도 있다. 오히려 내 속에서는 서경식의 글이 울려 퍼졌다. 그는 일본 친구로부터 "베트남 반전 데모에 참가하자"는 권유를 받았을 때 "나는 너희와는 입장이 다르다"며 거절했다고 한다. "정치활동에 참가하고 싶은 의욕은 남 못지않았지만 나에게 그것은 일본인의 그것과는 다를 것"이라고 생각한 탓이었다고 한다. 그렇지만 친구는 이해해 주지 않았고 결국 서경식 씨는 "나는 일본사람이 아니니까"라고 말하자 그 친구는 "왜 귀화하지 않는 거지?"라고 되물었다고 한다. 그는 "무엇보다 여자에게 마음이 끌릴 때마다 끊임없이 '나는 누구인가'하는 물음을 주체할 수가 없었다"[25]고 고백한다.

또한, 그는 재일 1세로서의 이우환이란 작가와 2세인 작가 문승근의 차이에 대해서 이렇게 말한다. 조선 문화에 대한 소양도 풍부하고 조선어가 모국어인 이우환이라는 작가에게는 있는 전통이, 조선 문화에 대한 기본적인 소양조차 없는 문승근이나 자신에게는 없다는 점을 느꼈다는 것이다. 어느 날 문승근이 한밤중에 이우환을 찾아가 토로했던 고민은 단지 일본사회에서 재일조선인으로서 살아갈 때 느끼는 열등감뿐이 아니라는 것이다. 그것은 "문화를 빼앗긴 자가 바로 그 지점에서 문화 창조에 참여한다는 일에 따르는, 더욱 깊은 고뇌"[26]였을 것이라고 말한다. 문승근의 고통이 '전형 없는 창조'에 있었다면, 나는 굳건한 저항적 전형을 습득해 온 자로서, 스스로 파고들어 갈 수 없는 또 하나의 전형 앞에서, 아니 나의 전형이 저항의 대상으로 삼았던 나라의 저항적 문화 앞에서, 나 자신도 모르게 자꾸만 벗어나 버리고 싶어지는 나 자신의 감각을, 어찌할 바 모른 채 보고 있는 것 같다.

나의 애착이 너의 애착과 만날 때 : 다시 6·11 in 어떤 다른 곳들에서

마음속에는 또 다른 외침도 있다. "이런 한가한 고민을 할 때가 아니야!" 너는 후쿠시마의 갈등을 직접 경험하지도, 동북지방의 잔해들이 풍기는 악취도, 오키나와 다카에의 폭력도 경험한 적이 없지 않은가? 이때 동시에 쿵 울리는 한 장면도 있다. 일본에 오기 전 한국의 어떤 집회에건 참여해서 싸워 주었던 이주노동자들의 빨간 조끼와 "투쟁"이라는 독특한 억양이다. 그들은 자기 자신들의 권리를 주장하는 동시에 어떻게 그 이상을 말할 수 있었을까? 아니 그들은 어떻게 한국말로 '투쟁'이라고 외칠 수 있었을까?

"겐빳쓰한타이(원전 반대)"까지는 괜찮은데, 데모 도중 사람들이 "왓쇼이! 왓쇼이!(일본 전통 축제에서 힘내라는 뜻의 소리로 한국의 영차라는 의미)"하면 어쩐지 두 손에서 힘이 쭉 빠지곤 하는 나는, 한국의 이주노동자들이 온 힘을 담아 '투쟁'이라고 외칠 때 느껴졌던 떨림과 긴장감과 강렬함의 의미를 지금 여기서 새삼스럽게 느낀다. 그들은 어떻게 속속들이 전형화된 한국 좌파들의 용어인 '투쟁'을 자신들의 말로 할 수 있었을까?! 이주노동자들의 몸에 속속들이 새겨져 있던 그들의 다양한 문화와 냄새와 언어와 역사를 떠올리면 그들이 한국에서 투쟁하면서 얼마나 많은 통로와 문을 만들어 내고 있었는가를 동시에 기억하게 된다. 그들의 그 뿌리 깊게 냄새나는 삶과 문화에 대한 애착은 다른 문화와 역사에 대한 애착으로 이어질 수 있는 출구이기도 했던 것은 아닐까?

6월 20일이면 3·11 재해와 원전 사고 이후 1백 일째가 된다. 9월 19일에는 5만 인 대규모 집회가 준비 중이다. 지금은 좌파/우파, 민족적 계급적 경계를 뛰어넘어 힘을 합쳐야 할 때다. 동시에 힘을 합치는 방법도 새롭게 발명해 내어야 할 때일 것이다. 그것은 아마도 후쿠시마와 도호쿠 지방과 오키나와와 식민지의 경험들과 등등……. 그것들이 함께 호흡할 방법을 궁리하는 것에서 시작될지도 모른다. 공통의 언어를 만들어 낸다는 것은 같은 역사나 문화를 갖고 있기 때문이거나 같은 경험을 했기 때문에 가능해지는 것은 아닐 것이다. 속속들이 구수한 냄새를 풍기는 그 애착들을 통해서, 애착이라는 벽은 단단한 것이 아니라 실은 무르고 풍부하고 따뜻한 여러 개의 통로를 지녀서, 다른 시공간의 애착과 만나게 된다는 것을 알게 되기를. 나의 애착이 너의 애착과 만나게 되기를.

이제, 깊은 땅속에는 '불확실성'이 묻혀 있다

3월 11일의 재해 이후 일어난 감수성의 변화

자연 재해는 땅속 깊이 묻혀 있던 야만을 드러내고……

이틀 전 새벽 3시 54분. 후쿠시마 현 하마토오리에서 리히터 규모 5강의 지진이 있었다. 크고 작은 지진은 계속되고 있지만, 이번 지진은 꽤 커서 도쿄도 리히터 규모 3 정도의 흔들림이 있었다. 자다 말고 온몸이 흔들려서 벌떡 일어나 TV를 켰다. 그때 머리를 스친 것은 쓰나미뿐이 아니었다. "후쿠시마 원전은 괜찮을까!" 3월 11일에 일본 동북 지방에서 일어난 재해는, 자연과 과학에 대한 감각을 바꾸어 놓았다. 지진과 같은 자연재해는 원전 사고와 같은 인간재해로 이어졌기 때문이다. 천재지변은 땅속 깊이 묻혀 있었던 과학의 야만성을 드러냈다. 우리가 오만하게 '안전'하다고 완전히 통제할 수 있다고 외쳐왔던 과학은 사실 예측 불가능한 자연의 일부였던 것이다. 이는 결코 일본만의 상황은 아니다.

서울에서 홍수가 났을 때 내 머리를 스친 것은 한국원전에 영향이 있거나 혹은 내가 모르는 오염물질이 역류하면 어쩌나 하는 것이었다. 서울의 물 폭탄은 땅속 깊이 묻혀 있던 한국 현대사 속 식민성의 상징인 지뢰를 드러냈다. 대인지뢰 설치는 한국 전쟁 때 미군이 중공군의 남하를 막기 위해 매설하면서 시작되어, 1961년 쿠바 사태와 1968년 김신조 사건, 이후 북한에 대한 억지력의 일환으로 1988년까지 군부대 주변에 매설되었다. 우리가 오만하게 '끝났다'고 생각해 왔던 식민성은 사실 언제든 폭발 가능한 과학무기를 품은 현재다.

일본의 재해, 한국과 세계 여러 곳에서 발생하는 천재지변은 우리에게 이런 메시지를 보내고 있는 듯하다. 천재天災는 인재人災이다. 원전 노동자나 삼성의 예에서 볼 수 있듯이, 환경운동은 노동자의 근로조건과 관련된다는 점에서 노동운동과 함께 이뤄져야 하며, 일상의 변혁까지 요구하고 있다. 형해形骸화된 살풍경 속에서 우리는 인간과 자연의 관계, 과학과 자연의 관계, 감추어지고 묻힌 과거의 차별과 고통과 다시금 만나게 된다. 그리고 이 만남은 과학과 자연과 음식과 예술과 지식에 대한 새로운 감수성과 방향성을 요구하고 있다.

'부흥'이 아닌 '복원'을 향해서 : "피난할 권리"와 "폐기를 위한 기술"

6월 11일의 대규모 집회 이후, 7월 한 달 동안 대규모 집회의 움직임은 내가 아는 한 없었다. 그러나 3개월에 걸친 대규모집회에서 형성된 네트워크는 지속적인 연구회, 강연, 소규모의 자원봉사, 영화상영, 전시회 등으로 지속하고 있다. 이러한 흐름 속에는 눈에 띄는 현상이 있다. 정치적 활동들이 과학적 지식과의 연계를 절실하게 필요로 함에 따라 재야의 과학 연구 모임이 활성화되고 있다는 점이다. 예를 들면 다카키 학교[27]라는 곳이 있다. 대중 편에서 활동했던 고인이 된 과학자 다카키 진자부로高木仁三郎가 플루토늄의 위험성을 세계에 알린 업적을 인정받아 받은 상금과 성금을 합쳐, 대중을 위해 일할 과학자를 육성하기 위해 세운 학교이다. 멤버는 연령·성별·분야 불문하고 매우 다양하다. 그룹별로 조사 연구 발표활동을 한 뒤, 성과를 시민강좌나 모고십·소책자 등을 통해서 공유하고 있다. 다카키는 생전에 "과학자가 과학자일 수 있는 것은 사회가 그 시대의 과학에 위임한 기대에 부응하기 위해 과학자 자신이 노력하는 것을 통해서"라고 하면서 대중의 "불안을 공유하는 것"에서 시작할 것을 강조했다고 한다.

내가 이 학교의 이름을 들은 것은 〈히토쓰바시 교직원 노조〉에서 마련한 〈원전재해라는 경험 – 피해지의 지금과 우리들〉이라는 강연회에서였다. 6월의 〈teach-in@히토쓰바시〉의 연장선상에서 준비된 강연회에서 다카키 학교 출신인 수미다 쇼이치로隅田聡一郎 씨는 〈은폐된 내부피폭〉이라는 강연을 했다. 그는 〈세이 피스 프로젝트〉Say Peace Project의 사무국장을 하면서 〈방사선 피폭에서 어린이들을 구하기 위해서〉라는 리플릿을 만들어 배포하는 등, 어린이들의 피폭을 막기 위한 활동을 벌이고 있다. 그는 "원전은 핵의 평화이용"이라는 논리부터 비판했다. 후쿠시마 원전은 40년이 지난 노화된 원전으로, 다량의 핵폐기물과 핵 원료가 보존되어 있어서 언제든 무기가 될 수 있다는 것이다. 특히 그는 현재의 피폭측량에서는 내부피폭의 위험성이 간과되고 있다고 강조했다. 언론에서는 피폭량을 엑스레이 촬영 등과 비교하곤 하지만, 이는 '외부 피폭'만 고려한 발상일 뿐이다. 피폭된 직후 증상이 나타나지 않지만, 방사능은 고 에너지이기 때문에 한 번의 피폭에도 DNA가 파괴되거나 파괴된 세포가 분열함에 따라 유전자가 불안정한 상태에 놓여 병을 발생시킬 수 있다. 특히 세포분열이 활발한 어린이들은 "방사선 감수성"이 어른보다 훨씬 높아 체르노빌 지역의 어린이에게서는 갑상샘 암, 백혈병, 급작스러운 노화 등이 일어나고 있다고 한다.

그는 방사능 피폭량 기준에 대해서도 문제를 제기했다. 일본에서는 ICRP(국제 방사선 방호 위원회)의 기준에 근거하여 연간 1 미리 시버트 이하면 안전하다고 하지만, 일본정부는 이보다 완화된 수치를 적용한다. 더구나 ICRP의 기준 자체도 문제가 있다. 이 기준은 물리적 모델에 근거한 것으로 세포분열이나 분자생물학 차원에서 발생할 수 있는 더욱 심각한 문제들을 고려하지 않은 기준이다. 예를 들어 ECRP(유럽 방사선 리스크 위원회)는 "국소적으로라도 강한 방사선을 가까운 거리에서 오랜 시간 반복해서 쬐면, 저선량일지라도 위험성이 높다"고 표명하고 있다.

실제로 적은 양이라도 음식이나 호흡기 등을 통해서 지속적으로 체내에 농축될 경우 심각한 내부피폭도 예상할 수 있다고 한다. 최근 후쿠시마에서는 내부 피폭량을 재기 시작했지만, 요오드 등이 이미 반감기를 지나 체내에 피해를 주었더라도 측정되지 않거나 감마선만을 재고 있어 베타선을 발산하는 세슘에 대해서 충분히 대응하지 못한다. 앞으로 25년 후의 건강상태는 그 누구도 확신할 수 없는 셈이다. 그는 개별적인 피난을 지시해 가난한 사람들이 피난할 수 없게 된 상황이나 피폭의 위험성이 있음에도 안전캠페인을 벌이고 있는 정부를 비판하면서 "피난할 권리"를 요구하는 것이 중요하다고 역설했다. 그리고 그는 앞으로 우리에게 필요한 것은 방사능 개발 기술이 아니라 "폐기 기술"이라는 말로 끝맺었다.

또 다른 강연자였던 가토 요스케加藤洋介는 미나미 소마 시와 이와키 시에 자원봉사를 한 경험을 이야기 했다. 현재 미나미 소마 시로 들어가는 도로는 복구되어 있지 않고 방사능에 대한 위험성 때문에 자원봉사가 잘 이루어지지 않고 있다고 한다. 그런데도 행정측은 피폭에 대한 대책 없이 성급히 '부흥'을 외치며 서두르고 있다는 지적이었다.

두 강연을 종합해 보면, 정치와 과학의 벡터가 "과거 → 현재"로가 아니라 "현재 → 과거"로 변화해야 할 지점에, 우리가 서 있음을 느끼게 된다. 새로운 에너지를 '개발'해야(탈원전) 할까? 아니면 원자력 '폐기'를 위한 기술(반원전)을 모색해야 할까? 혹은 '부흥'을 위해 나아가야 할까? '복원'의 정치를 모색해야 할까? 양쪽 모두 불가능하다. 나아갈 미래도 불명확하지만, 돌아갈 과거도 없다. 단지 정치와 과학의 협업이 절실하게 요청되는 현재를 통해, 미래뿐 아니라 과거를 새롭게 상상해야 할 상황에 봉착했다는 느낌! 이것이 3·11 이후 품게 된 새로운 감수성이다.

다큐멘터리 〈10만 년 후의 안전〉 1 : 확실한 것은 모든 것이 예측불가능하다는 점뿐이다

재해가 일어난 뒤 3개월 이상 지나면서 예술적인 전시회나 다큐멘터리

상영회 등도 활발해지고 있다. 그중 〈UP Link〉에서 보급한 마이클 마도르센의 다큐멘터리 〈10만 년 후의 안전〉은 시사적이다. 이 다큐멘터리는 방사능 폐기물 지하 저장고 '온칼로'의 건설과정을 다루고 있다. 플루토늄의 경우 반감기가 2만 5천 년이다. 따라서 '온칼로'는 5백 미터 아래에 개미굴과 같은 터널을 뚫어 10만 년의 세월을 견디는 지하 건축물을 짓는다는 야심 찬 기획으로 시작한다. 방사능 폐기물을 바다에 버리기엔 해수 오염의 위험이, 우주에 버리기엔 발사 단계에서 폭발할 위험이 있었기 때문에, 18억 년간 변함없었던 핀란드 오지에 저장고를 건설하게 된 것이다. 감독은 이 소식을 들었을 때, 이것이 "완전히 새로운 무엇"이자 "우리의 시대를 상징하는 것"이라고 느꼈다고 한다.

영화는 10만 년 뒤의 '너'에게 말을 걸며 진행된다. "너는 우리의 문명을 뭐라고 생각할까?"라는 질문 앞에서 관객들은 우리가 불과 1백 년 후도 예측할 수 없다는 것을 깨닫는다. 온칼로 프로젝트에 참여한 전문가들의 인터뷰를 통해 드러나는 것은 우리가 방사능에 대해서뿐 아니라 미래에 무슨 일이 일어날지 전혀 계산할 수도 예측할 수도 없다는 것이다.

과학을 떠받쳐 온 것은 "계산 가능성, 예측 가능성"이다. 온칼로 프로젝트 또한 10만 년 뒤를 과학이 예측할 수 있다는 믿음에 기초해 있다. 인간이 과학 발전의 결과를 예측하고 통제할 수 있다는 믿음은 하룻밤의 꿈보다도 허약하다. 그렇지만 인간은 예측 가능한 과학에 대한 믿음을 너무 깊이 전제해 버렸고, 이제는 그 시작을 물을 수 없을 만큼 멀리 와 버렸다. 그 과정에서 과학뿐 아니라 과학에 대한 믿음까지 만들어 냈던 것이다. 따라서 과학에 대한 믿음은 인간에 대한 믿음이기도 하다.

이미 과학에 대한 믿음은 인간의 능력을 넘어서 버린 듯하다. 예를 들어 전 세계 방사능 폐기물량은 20만 톤~30만 톤 사이로 추정되고 더 늘어날 전망이다. 방사능의 위험성은 전쟁에 의한 피해처럼 직접 드러나는 게 아니라 무색무취 무촉감이다. 인간의 감지능력을 넘어선 유해물질이다. 그렇지만 어떤 식으로 다루더라도 그것을 관리하는 인간이 필요하다. 즉 오염되는 사람이 꼭 발생하게 되어 있다. 첨단의 과학이지만 지극히 인간적인 과학이다. 이 인간적인 과학으로부터 구원받기 위해서는 방사능이라는 불을 만든 인간의 손으로 방사능이라는 불을 폐기할 수밖에 없다. 최초에 제우스에게서 불을 훔친 프로메테우스가 독수리에게 간을 쪼이는 형벌을 받았던 것처럼. 그러나 불행하게도 우리는 이 폐기를 위한 기술에 대해서도 그 무엇도 예측할 수 없다. 우리가 아는 것은 단지 이것, 그 무엇도 예측할 수 없다는 것뿐이다.

이 불확실성 속에서 온칼로는 인간 없이 작동하면서 10만 년을 견딜 수 있다는 전제하에 건설 중이다. 그야말로 과학의 예측 불가능성을 만천하에 공개하는 프로젝트이다. 한 과학자는 이렇게 말한다. "예측 불가능한 것이 있음을 속속들이 드러내야만 합니다." 감독은 이렇게 말한다. "오랜 옛날 사람은 불을 사용하는 법을 배웠다. 다른 생물은 할 수 없는 것이었다. 그리고 세계를 정복했다. 어느 날 새로운 불을 발견했다. 꺼지지 않을 정도로 강력한 불이었다. 사람은 우주의 힘을 얻었다고 기뻐하며 빠져들었다. 그리고 잠시 후 새로운 불에 파괴력이 있음을 알아챘다. 대지와 생물을 불태워 죽일 수 있었다. 자신의 어린아이나 동물, 작물까지 재로 변했다. 사람들은 구원받길 바랐지만, 구원은 없었다. 그리고 지구 깊숙이 매장실을 만들었다. 불은 그 장소에서 인간이 모르는 영원한 잠에 든다."

다큐멘터리 〈10만 년 후의 안전〉 2 : "방사능"을 잊어야 한다는 것을 잊지 말라

'온칼로'는 '숨겨진 장소'라는 뜻이다. 인간이 접근해서는 안 되는 위험한 장소이다. 온칼로를 만드는 사람들은 그곳을 밀봉한 뒤에는 그 저장고의 존재를 인류가 잊고, 그 위에 생물이 자라고 사람들이 자손을 낳고 살아가길 바란다. 6만 년 뒤에 빙하기가 올 것으로 추정되는데 그때에는 모든 것이 소멸할 것이다. 그렇지만 만약 누군가 이 금기의 저장소를 우연히 발견하게 된다면? 따라서 인간은 10만 년 이후의 인간들에게 이곳의 위험성을 알려야할 필요가 있다. 과학자들과 책임자들은 고민을 시작한다. 그 미래의 인류는

〈현대 미술 제작소〉(C. A. Factory)의 〈아토믹 사이트〉 전시 입구

과연 방사능을 알고 있을까? 우리의 언어를 이해할까? 우리보다 더 진보한 문명일까 후퇴한 문명일까?

　　그들의 의견은 두 개로 나뉜다. 하나는 핵폐기물의 위험성을 알리기 위해 언어가 아닌 해골 표시나 뭉크의 〈절규〉와 같은 그림으로 표시하고 저장고 속에 도서관을 두어 자세한 설명을 전달하는 것이다. 반면 아무런 표시도 해선 안 된다는 의견이 점차 설득력을 얻어 간다. 그러한 경고 문구가 인간의 호기심을 더욱 자극할 수 있기 때문이다. 고고학자들이 수많은 경고에도 불구하고 피라미드를 파헤쳤듯이, 인간이 수많은 위험성에도 불구하고 방사성 물질을 개발하고 사용해 왔듯이. 인간의 호기심. 어쩌면 그것이 우리가 진보라고 부르는 것의 실존적 근거일지도 모른다. 따라서 우리가 미래에 전달해야만 하는 메시지는 "그곳에 가지 말라"도 아니고 "그곳은 위험하다"도 아니다. 오직 "그것을 잊어야 한다는 것을 잊지 마라." 인류가 미래의 인류를 위해 할 것은 오직 "망각을 위한 숨겨진 기념비를 세우는 것"이다.

　　그러므로 수많은 신화와 전설이 노래하듯이, 이제 땅속에는 보물이 있지 않다. 지구의 땅속 깊이에는 핵폐기물이, 인간의 호기심이, 파괴의 불이,

〈아토믹 사이트〉 전시 연결통로에 있는 신전(神殿). 반원전 운동 영상, 멈춰있는 시계, 죽은 새들, 방사능 복, 등 원자력 에너지에 대한 비판적 이미지들이 모여 있다.

불확실성이 잠들어 있다. 이 현실은 신화와 전설에 대한 우리의 감수성을 바꾼다. 어쩌면 보물과 금기에 대한 전설이나 신화란 이렇게 예측 불가능한 인간의 호기심에 대한 경고가 아니었을까? 거꾸로 핵폐기물이 10만 년 이후 공포스러운 보물이 될 가능성은 없는가? 마치 우리 시대에 발굴된 피라미드처럼. 호기심 덩어리에다 예측 불가능한 인간에게 보물이란 드문 것, 금지된 것, 감춰진 것이다. 금기와 호기심의 미묘한 대조 속에서 보물과 신화와 전설이 탄생하기 때문이다. 만약 그렇다면 우리의 문명은, 우리의 호기심은, 그야말로 최악의 보물을 만들어 낸 셈이다.

　이미 발생한 방사능 폐기물을 무해한 것으로 만들기 위해서는 10만 년의 시간이 필요하다. 어쩌면 이 유해함과 무해함의 기준도 불과 인간의 것일 뿐일지도 모른다. 그렇지만 분명한 것은 인간이 만든 인간에게 유해한 과학조차도 앞으로 1백 년 이상 지속하지 못할 것이라는 점이다. 우라늄의 양은 한정되어 있고 폐기물의 처리방법은 발견되지 않았다. 고작 1백 년 정도 사용할 수 있는 원자력 에너지를 위해서 10만 년의 미래를 불안 속에 밀어 넣

다니! 10만 년 이후의 인류에게 남기고 싶은 말을 묻자, 핵연료 폐기물관리 회사 과학편집자는 이렇게 말한다. "지상으로 돌아가 우리보다 좋은 세계를 만들어 주세요."

집단지성은 집단적 감수성의 변화에서 '에너지'를 얻는다

구원은 어디에서 오는가? 일본에서는 현재 정치와 과학이 시민 레벨에서 결합하고 있다. 이는 집단적 감수성을 바꾸게 될 것으로 생각한다. 이러한 징후를 일 코먼즈라는 활동가와 젊은 아티스트가 함께 기획한 〈아토믹사이트〉アトミックサイト 전에서 느꼈다. 이 전시는 대중 감성의 조직방식이 미래적이다. 전시 포스터에는 몇 가지 주의 표시가 있는데 이것이 우리의 표현 욕구와 호기심을 자극한다. "입장 무료, 지원금 없음, 전관 냉방 없음, 정부를 신용하지 않기 때문에 1W도 절전하지 않습니다, 미디어를 신용하지 않기 때문에 매스컴 선전 안 합니다, 카메라 비디오 촬영 및 U-STREAM(트위터 생방송) 배포, 모두 가능합니다."

전시장소는 전기차단용 고무장갑 고무장화를 생산하던 공장을 개조한 것이다. 이 고무장갑 등은 전기 전력 노동자가 보수나 점검을 할 때 몸을 지키기 위해서 사용하는 장비다. 회사 이름은 주식회사 조토 제작소㈜ 城東製作所. 도쿄전력이 원전을 시작한 전후 부흥기부터 1990년대 초반까지 가동된 공장으로 일본의 각종 대표적인 전력 전기회사에서 사용되었다. 이 장비들은 전기 전력 노동자들

도쿄 전력(東京電力)의 포스터 "나가자, 일억 불의 왕국으로"를 반원전 비밀그룹 〈도쿄 천둥칼〉(東京雷刀)이 패러디한 스티커. 〈도쿄 천둥칼〉은 1999년 도카이무라(東海村)의 원전사고를 계기로 이 반원전 스티커를 곳곳에 붙이고 무료 배포했다. 스티커에 쓰인 "가자, 일억 불덩이가 되어!"는 태평양 전쟁 때 일본군의 슬로건 "가자, 일억 불덩이다"를 차용한 것으로 이중의 패러디다.

夢の原子力エネルギーから
悪夢の原発事故までの半世紀
黒い雨にうたれて
ライオンブックス
東京の青い空
科学図鑑
科学大観
原子力安全白書
DANGER DO NOT ENTER

꿈의 원자력 에너지에서 악몽의 원전 사고까지의 반세기

의 안전을 전혀 지켜 주지 못했음이 명확해졌지만.

전시장에는 공장처럼 큰 선풍기가 돌아가고, 창고와 연결되는 야외 통로엔 데모 영상이 반영되는 비디오와 죽은 새, 멈춘 시계, 인형 등으로 장식된 신전이 있었다. 바람이 불면 바람개비가 돌거나 디스플레이가 변형되곤 해서 어쩐지 섬뜩한 기분이 들었다. 특히 이 신전에는 전후 일본에서 사용된 간호복을 입은 여성 마네킹이 잔뜩 늘어서 있고, 어린아이들의 죽음이나 장애아를 상징하는 듯한 '바람개비'에 태어나서 미안하다는 문구 등이 적혀 흔들리고 있었다.

무엇보다 인상 깊었던 것은 인간의 감각이 감지할 수 없는 방사능 수치, 일상생활 속에 파고든 방사능에 대한 감수성, 감추어진 방사능 개발의 반세기 등을 느끼고 체험할 수 있었다는 점이었다. 전시를 열정적으로 설명해 주는 스태프 덕분에 방사능 측량기를 들고 여러 곳의 방사능 수치를 재볼 수 있었다. 평범한 흙에서는 0.6~1.0mSv를 기록하던 기계가 후쿠시마에서 가져온 밀봉된 흙 위에 갖다 대자 붉은색으로 변하면서 엄청난 경고음을 쏟아냈다. 수치는 5.6mSv. 창고로 가니 일본의 만화, 소설, 음악 등의 서브컬처가 방사능을 어떻게 형상화했는가를 보여 주면서, 동시에 반원전 운동의 흐름도 함께 늘어놓았다. 〈아키라〉 등의 익숙한 만화를 비롯해서, 〈심슨 가족〉의 심슨도 원자력 발전소 노동자였음을 알게 되었다. 〈원전 기타〉라는 작품은 방사능이 검출될 때마다 기타 줄이 퉁겨져 아름다운 소리를 냈다. 그 외에도 '절전'을 외치는 국가 캠페인에 대해서 절전이 반원전이나 탈원전과 직접 연결되지 않음을 보여 준 작품도 눈에 띄었다. "끝나지 않는 이상한 일상을 직시"하게 했던 이 전시는 일상과 감각의 레벨로부터 반원전이나 탈원전의 감수성을 느끼게 하려는 시도였다.

〈크라프트베르크〉Kraftwerk가 부른 〈방사능〉Radioactivity(1975)를 기억하는지? 이 노래가 처음 발표될 당시에는 방사능에 대한 비판적 내용이 없었다. 스리마일과 체르노빌을 겪으면서 방사능에 대해 비판적인 가사가 포함되었고 많은 이들에게 반핵노래로 감동을 주었다. 과학은 예술에 변화를 야기하지만, 예술이 그 과학에 대한 감수성을 자체를 변화시킬 수도 있다.

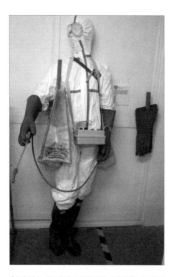

원자력 노동자의 복장이다. 장갑은 오래전 이곳에서 일했던 전력 노동자들의 것이다. 이 고무장갑이 전력 노동자들의 안전을 지켜 주지 못했듯이 방사능 보호복은 방사능 노동자들을 보호해 주지 못한다.

우리 내부의 과학과 "지하"의 깊이

이광수는 『무정』(1917)에서 플랫폼의 열차소리와 일본인들의 게다(일본전통 나막신) 소리를 듣고 그것이야말로 문명의 소리라고 흥분한다. 조선에는 아직 그 소리가 없지만, 앞으로는 우리의 손으로 만들어 내야 한다고 역설한다. 1917년의 이광수에게는 자연에 직선의 길을 뚫는 열차와 식민자의 발자국인 게다소리가 '문명의 소리'였다. 이처럼 일본과 한국과 같은 동양권에서 문명과 과학은 '외부에서 들어온 신기한 것'이다. 따라서 과학과 문명에 대한 동양의 열등감과 분함

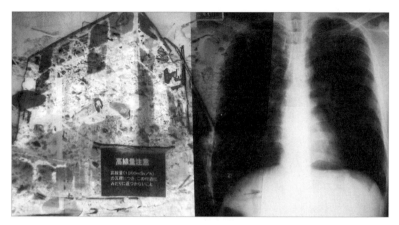

고선량 주의. 후쿠시마 원전을 상징하는 구조물을 x-ray 사진처럼 찍었다. 그 위에 "고선량(1000mSv/h) 방사능을 담은 잔해들이 있으므로 이 주변에는 함부로 가까이 가지 말 것!"이라고 쓰여 있다.

만큼이나 그것들은 동양인들의 호기심과 욕망을 자극해 진보를 향해 내달리게 해 왔다. 반면, 그것은 "외부에서 온 것"이기 때문에 과학과 문명에 따르는 피해와 책임은 '외부'에게로 미뤄지기도 했다. 나쁜 것은 외부일 뿐 우리가 아니란 논리였다. 그러나 이광수가 열광했던 문명의 소리는 일본의 자연재해 속 원전 사고, 한국의 홍수 속 대인지뢰라는 형태로 우리 속에 묻혀 있던 야만성을 드러냈다. 과학과 문명의 야만은 이 땅 깊숙이 묻혀 우리의 일부가 되어 있는 것이다. 우리는 이제 외부에서 온 것들과 함께 과거를 수선해 미래를 만들며, 음식과 예술과 신화와 전설과 마을을 새롭게 구축해야 할 때에 봉착했다.

　이번 재해 이후, 적어도 일본에서는 자연과 음식과 공기와 공동체의 시공간과 예술에서, 예측할 수 없는 과학의 불안이 깊이 느껴진다. 그러나 이렇게 형성된 정치와 과학, 예술과 과학의 밀접한 관계는 대중 지성을 불러일으킬 새로운 감수성으로 전환되고 있기도 하다. 다만 이러한 흐름을 피해지 사람들의 눈으로 보면 단지 '외부'의 일시적인 관심에 그치고 마는 것이 아닐까 걱정스럽다. 그래서 역시 나는 그 마을에 가봐야겠다고, 온칼로의 깊이로, 지하 깊숙이 내려가 봐야겠다고, 나노 보르게 중얼거리는 것이다.

반년 후의 마을이, 40년 지속한 마을에게~

3월 11일 이후 반년이 흐른 시점에

local : 전기 콘센트 저 너머의 삶

우연이었지만, 최근 '지방'을 깊게 생각해 볼 기회가 있었다. 도쿄에서 부산으로 다시 부산에서 규슈를 거쳐 도쿄로 돌아오는 여행을 하게 되었다. 지방을 말하는 것은 어렵다. 불과 며칠 동안 외부 사람으로서 살짝 엿본 경험일지라도. 겪은 것은 구체적이며 오랜 세월의 무게가 느껴진다. 그러나 그것을 말하려고 하면 손가락 사이로 스르르 빠져나가 버린다. 너무나 구체적이어서 구체적으로 말할 수 없게 되어 버린다.

중심과 주변의 구조를 변화시키려는 운동이 무의미하게 끝나는 경험이 반복될 경우, 폐쇄성은 일종의 전통적 외장을 취하게 되는 것 같다. 이 절박한 전통에 대한 튼튼한 믿음과 믿어야 한다는 당위성이 지방의 분위기를 결정한다. 이 흔하고 절박한 전통은 지방 토박이와 외부 사람 모두에게 울분을 품게 한다. 지방 토박이의 울분은 외부에 대한 것이고 외부 사람의 울분은 지방 내부에 대한 것이지만, 그 둘 모두 상대방의 구체적인 내면을 향해 발산된다는 점에서 닮았다.

이질적인 상대방의 내면을 향해 있는 만큼 우리들의 울분은 너무나 구체적이어서 말할 수 없다. 말하면 아무것도 아닌 이야기가 되어 버린다. 그러나 도쿄나 서울에서 지방으로 이동할 때, 그 구체적인 무엇이 감각에 육박해 온다. 서울과 지방 사이, 도쿄와 동북지방 사이, 그리고 어쩌면 도쿄와 미국 사이. 또 어떠한 중심과 주변 사이의 말하기 어려운 구체적인 온도차 속에서, '지방을 둘러싼 토박이와 외부 사람이 함께 만들어 내는 울분'을 생각하면서, 10월을 맞이했다.

3월 11일에 일어난 쓰나미 지진 원전 사고 이후 반년이 지났다. 일본의 언론은 9월에 접어들면서 부쩍 3·11을 미국의 9·11과 비교했다. 이 비교급 담론은 마치 3·11을 9·11과 동일한 위치에 있는 듯이 느끼게 한다. 그러나 이때 동등한 위치에 놓이는 것은 피해지의 삶이나 고통이 아니다. 오히려 일본이라는 중심과 미국이라는 중심이 동등한 위치에 놓이고, 그 때문에 도쿄나 뉴욕에서 보이지 않는 구체적인 무언가를 망각한다. 이 망각과 '지방'이라는 경험이 겹쳐지면서 떠오른 질문이 있었다. 어떤 블로거의 말을 패러디하자면, 도쿄 한 구석에 사는 나는 과연 전기 콘센트 저 너머의 세계를 상상할 수 있을까? 전기 콘센트 저 너머, 즉 전기를 보내 주는 지방의 삶을 느끼는 일은 과연 가능할까? 대답하기 어렵다. 이 대답하기 어려움은 도쿄에 사는 모든 토박이, 외부 사람, 떠돌이의 명확한 한계이자 느슨한 잠재성일 수도 있지 않을까?

9·11 : 人工의 꽃, 데모대 제군! 걸어라

도쿄에서는 9월 내내 이름 모를 다양한 집회가 열렸다. 그중에서도 9월 11일에 〈가난뱅이들의 반란〉이 주도가 되어 연 집회와 19일에 6만 명 이상이 모인 집회는 단연 눈에 띈다. 그러나 11일의 집회와 19일의 집회가 지닌 분위기는 판이했다. 〈9·11 신주쿠 원자력 발전을 멈춰라 데모〉9·11 新宿·原発やめろデモ는 〈가난뱅이들의 반란〉팀이 3월 11일 이후 매달 개최해 왔던 것으로 젊은이들의 집회라는 이미지가 강했다. 그리고 이날의 탄압은 노골적이었다. 원래 신주쿠 아루타 앞에서 열리기로 되어 있었던 집회는, 시사 식전에 경찰에 의해 중앙공원으로 장소가 변경되었다. 이유는 "공공의 질서를 지키기 위

해"였다. 아루타 앞보다 중앙공원이 불편함은 명백했고 혼란을 일으킨 사람들이 우왕좌왕했다. 장소가 변경된 줄 모르고 아루타 앞으로 갔던 나는, 나처럼 길을 헤매는 사람들과 함께 중앙공원으로 삼십 분 이상을 걸어갔다. 언젠가부터 신주쿠 아루타 앞에는 투명 벽이 설치되어 모이는 것을 방해했다. 그 투명 벽에는 달력에 나올 법한 꽃 사진이 붙여져 있었다. 벽이 처음 설치되었을 때에는 흰색이었는데 누군가 낙서를 하자 낙서가 보이지 않도록 벽을 투명하게 바꾸었다고 한다. 사람들 사이에 소리 없이 찾아들어 모임을 해체하는 투명한 벽, 그것은 일본 경찰 권력의 성질을 그대로 보여 주고 있었다.

이날 집회에서는 12명이 체포당했다. 20년 만에 처음 있는 일이라고 들었다. 한국은 체포도 많은 편이고 하루 이틀 만에 쉽게 풀려나지만, 일본은 한번 체포당하면 석방이 쉽지 않다. 『요미우리 신문』은 「탈원전 데모 12명 체포, 기동대원 폭행 등으로」라는 제목을 뽑았지만 이건 거짓말이다. 이날은 출발 직전부터 사운드 데모를 위해 음악 셋트를 올리는 사람들 사이로 경찰이 끼어들었다. 일본에서는 교통질서를 지키기 위해서 집회 대열을 50명~100명 단위로 끊어서 행진하게 하는데 나로서는 이 점이 늘 불만이었다. 그런데 이날은 경찰이 무리를 훨씬 작은 단위로 끊어서 행진시켰기 때문에 대열이 자주 멈추고 흐름을 형성할 수 없었다. 경찰이 "빨리 가"라고 소리를 치거나 몸으로 부딪쳐 도발하거나 행진하는 무리에 도중에 합류하는 행위를 막기도 했다. 결국 체포에 대비할 수 없는 집회 경험이 적은 사람들이 많이 잡혔다.[28] 나는 일본에서 데모에 참여하면서 사람이 잡혀가는데 왜 모두 달려들어 막지 않는가, 왜 이렇게까지 교통질서를 착실하게 지키며 행진하는가 등이 의문스러울 때가 있다. 그러나 저항이 쉽지 않은 것은 일본 경찰이 매우 교묘하기 때문이기도 하다. 일본 경찰은 경찰복을 입은 상태로 대열 속으로 조용히 끼어들어 경찰들 사이의 대열을 형성하곤 한다. 경찰복을 입고 있어도 드러나지 않는 조용한 권력이다.

이날의 무리한 진압은 19일의 대규모 데모에 대한 경고의 의미를 지니고 있었고 젊은 사람들이 주축이 되었기에 얕잡아 본 점도 있었다. 경찰은 데모에서도 나이를 따지는 예의바른 족속들인가 보다. 경찰들이 훌륭히 알아챈

것처럼 〈가난뱅이들의 반란〉 집회가 지닌 힘은 가난한 청년층에 있었다. 행진하면서 한국의 청년빈곤이나 실업에 대한 이야기도 나눌 수 있고, 생기 넘치는 활동가들이 많이 참여한다. 이번 대규모 체포는 경찰들이 이 혈기왕성한 프레카리아트들의 범람하는 연대를 얼마나 두려워하고 있는가를 드러냈다. 뉴욕의 월가 집회는 이곳 탈원전 가난뱅이들의 반란과 이어진다. 11일에 인기를 끈 랩은 이렇게 외친다.

> 데모대 제군! 너희는 거리의 꽃이다! 번개처럼 가로지르며 피는 식물이다! 순간처럼 거리에 흔적을 남기는 자들이다! 풀을 얽고, 차를 멈추고, 들판을 무성하게 하는 자들이다!/데모대 제군! 자네들은 人工의 꽃이다! 건설적인 인간이다! 걸어라, 걸어라, 걸어라, 걸어라, 인류의 역사를 새기자! 바람에 흔들려, 일곱 색으로 부풀어 올라, 소리를 높이는 것이다!……원자로를 폐기하라 폐기하라! 원자로를 폐기하라! 폐기하라! 원자로를 폐기한 뒤 꽃으로 뒤덮자![29]

이 젊은 인공의 꽃들은 동북지방이나 피해지가 겪고 있는 구체적인 그 무엇인가를 놓치고 있을 수 있다. 그렇지만 이 꽃들이 나이가 들었을 때, 뜨거웠던 2011년의 가을은, 새로운 거리의 꽃으로 이어지고 있지 않을까?

9·19 : 결코 소박할 수 없는 'local', 40년간의 울분

19일에 열린 〈모여라. 5만인! 안녕 원전 1000만인 액션 — 탈원전, 지속 가능한 평화로운 사회를 향하여〉さようなら原発, 1000万人アクション—脱原発·持続可能で平和な社会をめざして는 다양한 측면에서 기록될 만했다. 6만 명이 집회에 참여한 것은 3~40년 만이었을 뿐 아니라, 다양한 입장들의 사람들이 한데 섞였다. 엄청난 양의 깃발이 나부꼈다. 〈밤을 걸고〉[30]의 배우 야마모토 다로도 보았다. 미야시타 공원 나이키화 반대활동 등 다양한 운동이 19일 거대 데모 속에서 각각 목소리를 냈다. 나중에 안 일이지만, 소련의 수소폭탄 실험에 대한 찬반차이로 갈라졌던 공산당과 구 사회당계가 함께 집회를 하는 것도 몇 십 년 만이라고 한다.

19일 집회를 전후해서 다양한 집회와 이벤트들이 있었다. 무엇보다 18일에는 각 지방에서 올라온 대표들이 '총평회관'에 모여 〈원전 폐지를 향해서! 전국 교류 집회〉原発廃止に向けて!全国交流集会를 열었다. 피해지인 후쿠시마福島 대표는 190만 명이 20만 톤에 달하는 오염물 속에서 강제 피폭을 당하고 있다고 분노했다. 팔려나가는 식품에 대한 조사도 충분히 이루어지지 않는 경우가 있으며, 주민들에 대한 방사선량 측정도 행동반경을 기록한 뒤 그것에 근거해 20만 명을 샘플로 뽑아 진행하기 때문에 주민 모두에 대한 건강대책이 될 수 없다는 것이다. 미야기宮城 대표는 오나가와女川 원전 사고는 막을 수 있었지만, 그 주변 마을이 전부 사라졌다고 했다. 마을의 부흥을 위해서 원전이 재가동되어야 한다는 이야기가 있지만, 이 둘은 완전히 별개의 문제라고 했다. 이바라키茨城대표에 이어 니가타新潟, 하마오카浜岡, 시마네島根원전 대표들이 원전 재가동을 막기 위한 활동을 소개했다. 하마오카 원전은 도쿄에서 180km 떨어진 곳에 있을 뿐 아니라 지진이 예상되던 곳으로, 1천8백 명의 서

명으로 원자로 폐쇄에 성공했다. 그런데 재가동을 막기 위한 여러 지역의 활동을 듣던 중 나는 정말 깜짝 놀랐다. 그렇게 많은 원전이 멈추어 있어도 전기 공급에 전혀 문제가 없다는 것을 깨달았기 때문이다. 그러니 원전은 이대로 없어도 좋지 않을까?

원전 건설지로 예정된 가미노세키上関와 아마쿠사天草 대표는 이를 저지하기 위한 활동을 보고했다. 아마쿠사의 경우 가난한 마을을 살릴 방법은 원전 유치뿐이라는 논리가 있었지만 3·11 이후 분위기가 변했다고 한다. 그 외에도 아시하마芦浜, 구마노熊野, 마키巻 등 원전 유치를 막은 마을에 대한 소개, 핵연료 사이클로 이용되고 있는 아오모리青森와 오카야마岡山의 이야기를 들었다. 원전 재가동, 원전 유치, 핵연료 사이클을 막는 데 성공한 곳은 지역 주민들의 의지가 강하고, 지역주민과 노동단체의 원활한 네트워크가 있던 곳이었다. 마을의 운명은 결국 그 마을 사람들에게 달려 있었다. 아마쿠사의 예가 보여 주듯이 마을 사람들이 원전 유치를 받아들이는 이유는 그것이 마을을 살릴 것이라 생각하기 때문이다. 시골이나 지방은 이러한 이유로 도시보다 더욱더 자본주의와 개발주의에 노출되기 쉽다. 젊은이들은 도시로 떠나고, 학교도 병원도 변변히 없는 지방의 울분을 개발주의와 자본주의는 이렇게 쉽게 이용한다. 그러나 원전 사고는 개발주의적인 마을 살리기가 실질적으로는 마을을 죽이는 것으로 귀결됨을 보여 준다.

이날 총평회관에 모인 각지에서 온 대표들은 30년~40년간 반원전 활동을 해 온 사람들이었다. 그들은 3·11 이후에 반원전 분위기가 확산되면서 원전 재가동이나 신설을 막는 성과가 늘어나고 있다고 보고했다. 또한, 그들 모두 공통적으로 이렇게 말했다. "분하다!" 그렇게 오랜 시간 노력해 왔음에도 3·11의 사고를 막지 못했다는 것이 분하다는 것이었다. 이번에 막지 못한다면 과연 얼마나 더 큰 사고가 닥쳐와야 원전을 막을 수 있을지 생각하면 두렵다고도 했다. 3~40년 동안 지방 각지에서 반원전 운동을 해오면서, 이 운동이 누군가의 죽음 없이는 (아니, 엄청난 죽음을 통해서도) 진전하지 못한다는 것을 가장 아프게 경험한 사람들의 말이다. 그들은 지방의 깊은 심연을 통해서, 도시의 그 어떤 비평가보다도 더 날카로운 메시지를 발신하고 있

2011년 9월 19일의 집회는 40년 만에 6만 명이 참여한 집회였다. 공산당과 사회당이 함께 참여한 것도 40년 만이라고 했다.

었다. 원전이나 개발은 마을을 살리는 것이 아니라 죽인다는 것을.

　이 모임에 참여한 이후, "6만 명이나 모인 것은 40년 만이다, 공산당과 사회당이 함께한 것도 40년 만이다"라는 말들이 예사롭지 않게 들렸다. 다시 말해 40년 전에는 6만 명이나 모인 반원전 데모가 있었고 공산당과 사회당이 함께했으며, 그들이 지금까지도 운동을 계속해 오고 있다는 것이니까. 그러니까 운동을 계속해야 하는 상황이 변함없이 지속하고 있다는 것이니까. 그리고 생각했다. 내 사촌 동생 련이가 울 언니가 사 주는 맛난 것들을 쏙쏙 받아먹고 볼이 동그스름해지듯이, 이들이 지닌 40년 운동경험을 9월 11일의 〈가난뱅이들의 반란〉이, 원전 유치를 거부하는 지방이, 쏙쏙 받아들여 풍성해지는 그러한 역사를 만들 수는 없을까? 누군가의 희생이나 죽음 없이. 방사선을 피해 규슈 사가 현으로 두 살배기 아이를 데리고 이주한 여성은 이렇게 말했다고 한다. "여기서 평생 살고 싶어요. 이 작은 아이가 사가 현 사투리를 쓸 때, 그때에는 모든 원전이 다 사라지면 좋겠어요."

메구미와 유코, 그리고 메구미의 아들과 만난 날

한 블로그에 따르면 지난 5개월간 큰 집회가 20번 있었다고 한다. 〈가난뱅이들의 반란〉이 5회, 트위터 데모가 4회, 채소 데모가 2회, 이와키 시에서 2회, 후쿠시마에서 1회, 도쿄전력 앞에서 1회, 세다가야 1회, 다치가와 1회였다. 여기에 9월에 열린 집회를 합산하면 일주일에 최소 1회 이상의 대규모 집회가 열린 셈이다. 반원전·탈원전 분위기와 활동을 어떻게 하면 지속시킬 수 있을까? 활동의 즐거움은 중요하다. 또한, 그 즐거움은 각자의 삶 전체와 잘 결합하여야 오래갈 수 있다. 그런 점에서 최근 대규모 집회와 소규모 집회가 동시에 일어나는 점은 눈여겨볼 만하다. 탈원전·반원전이라는 슬로건이 각각이 처한 조건 속에서 어떤 의미를 지니는가가 모색되고 있기 때문이다.

재해가 일어났을 때 피난이 어려운 것은 장애인, 아이들, 노인, 동물들이다. 9월 15일 2시에는 〈IPACS〉(어린이들의 안전을 위한 전국적 부모의 회)가 주최한 〈칠드런 프라이드〉チルドレン·プライド가 열렸다. 장애인들도 목소리를 높이기 시작했다. 현재 남 소우마 시, 이와키 시, 고리야마 시에서는, 재해가 일어났을 때 피난을 시키기 위해 돌봄 시간을 증가시키는 것, 한 돌봄 시간의 연장, 중증 장애자의 방문 돌봄 시간의 연장, 돌봄 급부 증가 등의 조치를 결정해, 장애인의 피난 생활을 개선하고 있다. 또한, 이러한 돌봄에 대한 증가나 개선과 같은 보상을 받지 못하고 어려움을 겪고 있는 다무라 시를 중심으로는 돌봄을 요구하는 서명운동이 일어났다. 피난지에 남겨진 동물들을

2011년 9월 18일에는 후쿠시마를 비롯하여 각 지방에서 올라온 활동가와 마을 대표들이 '총평회관'에 모여 〈원전 폐지를 향해서! 전국 교류 집회〉를 개최했다.

찍고 구출하는 활동을 벌이는 사진가 오오타 야스스케太田康介의 사진전 〈남겨진 동물들 – 후쿠시마 제 1원전 20킬로 권내의 기록〉[31]도 열린다. 〈피난의 권리〉 블로그에는 다양한 서명서가 등장하고 있다.[32] 자신의 신체적 조건 속에서, 자신이 아끼고 잘할 수 있는 기술을 통해서, 자신의 입장을 통해서 발언하는 사람들이 생기고 있다. 이러한 접속은 탈원전·반원전 운동을 다양화하고, 지속적인 삶의 활동으로 변화시킬 힘이 될 것 같다.

무엇보다 두드러지는 것은 여성들의 움직임이다. 〈원전을 반대하는 후쿠시마의 여성들〉[33]은 경제산업성 앞 농성을 준비하고 있다. 얼마 전 경제산업성 앞 농성장에서는 나베(일종의 찌개) 파티가 열렸다. 이 농성은 〈9조 개헌 저지의 회〉가 주축이 되어서 하고 있지만, 〈246 표현자 회의〉의 요시다라는 분이 노상 나베 파티를 제안했던 것이다. 그날 나는 메구미와 유코 그리고 메구미의 건강한 5살짜리 아들을 만났다. 직장 동료라는 메구미와 유코와 나는 채소를 어떻게 사서 먹고 있는지, 물은 어떻게 해결하는지, 집회에서 잡히면 어디로 전화를 해야 하는지 등의 정보를 교환했다. 통신판매로 서쪽 일본의 채소를 사서 먹는다는 메구미는 그렇지만 그럴 때마다 서쪽 사람들이 먹을 채소는 어쩌나 싶기도 하고 돈이 있는 사람과 없는 사람의 차이가 있으니까 마음이 복잡하다고 했다. 농성장 한쪽에는 후쿠시마로 야채를 보내 준 사람에게 감사하면서 후쿠시마 아이들이 그린 그림일기가 걸려 있었다. 그녀들이 싸 온 야채들을 잔뜩 넣은 나베를 오래간만에 맛있게 먹고 함께 집에 돌아왔다. 농성장에서 나베 파티를 하면서 먹거리에 대한 이야기를 나누는 것은 누구에게나 매우 중요한 정보 제공처가 될 것 같은 기분이 들었다. 단지 자신의 가족만을 생각하는 것이 아니라, 자신의 아이들과 후쿠시마의 아이들을 함께 생각하면서.

집회에 참가할 때 잊어버리는 것들

집회에 다녀온 날은 정보도 얻고, 수다도 떨고, 뭔가 사회적 역할도 한 것 같아서 어쩐지 안심이 되곤 한다. 그러나 그런 순간에 나는 무언가를 놓치고 있는 것 같기도 하다. 그럴 때 스스로 어떤 현기증을 느낀다. 나 자신의 말이 소란스럽게 느껴지고 전기 콘센트 저 너머의 구체성과 점점 더 멀어지는 듯하다. 만약 내가

"지금 목소리를 높여야 한다. 고향을 잃은 우리, 그 삶의 의미로서"(2011.9.19.)

피해지에 어쩔 수 없이 머물러야 하는 상황이라면, 나는 과연 얼마나 강렬하게 탈원전·반원전을 외칠 수 있었을까?

반년 전에 비해 후쿠시마, 미야기, 이바라키 등의 피해지역 소식은 더욱 듣기 어려워졌고 후쿠시마를 느끼기 위해선 집회에 가야 한다는 모순적인 상황도 있다. 집회에서 만난 후쿠시마 출신 친구는 이렇게 말했다. "후쿠시마에서 떠날 사람들은 이미 다 떠났어요. 남아 있는 사람들은 떠날 수 없으니까 차라리 괜찮다는 말을 듣고 싶어 해요. 방사능의 위험에 대해 말하는 것을 거부하는 분위기도 있어요. 저는 후쿠시마 출신이지만 도쿄에 살지요. 후쿠시마의 위험을 말할 수 있는 건 저 같은 사람인 것 같아요." 후쿠시마의 위험은 명확하지만 해결할 길이 없는 채로 시간이 지나면서, 결국 그 위험을 말하는 것조차 불가능해져 가고 있다. 지방의 무서움은 이것이다. 구체적이고 명확한 문제지만 그 속에 있을 때는 말할 수 없고, 그곳을 벗어나면 느낄 수 없는 것들. 벗어날 수 없어서 나쁜 것을 두 눈 꼭 감고 묵인해 버리면, 자신도 모르는 사이에 그러한 상황에 익숙해진다. 나는 혹시라도 지금 후쿠시마를 비롯한 피해지에서 이러한 상황이 벌어지고 있을까 싶어 두렵다. 또한, 도쿄에서는 집회에 참여하는 것으로 마치 책임을 다한 양 안심하여, 도쿄의 위험성과 피해지의 구체성을 보려 하지 않을까 봐 두렵다.

두려움 때문에 정말 보고 정말 밀해야 할 것들에 맹목이 되어 버린 지방은, 지방에만 있지 않다. 도쿄 한가운데에도 이렇게 맹목이 되어 버린 지

열정적으로 탈원전·반원전 집회에 참여하는
영화배우 야마모토 다로

방이 있다. 집 근처 대형 쇼핑몰에 가면 후쿠시마산 토마토, 이바라키산 채소가 즐비하다. 어느 날인가는 식료품 안에 다음과 같은 쪽지가 들어 있었다. 후쿠시마 현 지사 사토佐藤雄平가 쓴 글로 "소비자 여러분께"라는 제목을 달고 있었다. 이 글에 따르면 후쿠시마 현을 부흥시키기 위해서, 후쿠시마와 전국을 연결하는 프로젝트 〈후쿠시마 신발매〉가 시작되었다는 것이다. "소비자 여러분에게 우리 현에서 나온 농림수산물을 안심하고 구입할 수 있도록, 방사능 모니터링 검사를 매일 실시하고 있으며, 대부분 품명이 규제치를 대폭 밑돌고 있음을 확인하고 있습니다"라고 쓰여 있었다. 우리는 정부와 자본에 의해 통제되는 생산 유통 속에서 이 말을 과연 어디까지 믿을 수 있을까? 도쿄에 사는 우리가 어떻게 동북지방과 후쿠시마 지방의 농축산 농가와 직접 연결될 수 있을까? 동시에 슈퍼마켓에는 수입산 값비싼 통조림이나 수입 채소나 과일이 눈에 띄게 늘고 있다.

최근 일본에서는 지방이나 마을을 말하기 어려운 시간이 이어지고 있다. 심지어 "원자력 무라"原子力村라는 말도 생겼다. 번역하자면 '원자력 마을'이다. 번역하고 나니 가슴이 철렁한다. 이는 원자력 기술자, 산업, 중력회사, 브랜드메이커, 경찰관청 등의 기관이 연계되어 형성된 상황을 부르는 말이다. 이 원자력 이른바 "무라(마을)" 속에서는 탈원전을 상상할 수도 새로운 코뮌의 비전도 생각할 수 없다. 이러한 결속에서는 자신의 윤리감각이 잘못될 수 있다는 자각이 무뎌져 버린다. 그러나 동시에 마을을 말하기에 좋은 조건들이 형성되고 있기도 하다. 40년의 세월에도 3월 11일의 비극을 막지 못해 "분

원전을 멈춰라! 안전이라니 완전히 거짓말!

하다!"며, 이 이상의 희생은 없어야 한다고 외치는 활동가 할머니·할아버지
와 주민들과, 순간의 피는 거리의 꽃인 도쿄의 떠돌이, 외부인, 젊은이들과,
주부, 아이, 장애인, 여성, 그리고 이름 없는 그 모든 우주가 함께 만들어 내
는 또 하나의 마을이 있다. 나는 이 또 하나의 마을이 미래를 말하기 이전에
지금을 말함으로써 미래를 과거로부터 바꿔 내는 힘이 되길 기대한다. 너무
구체적이어서 말하기 힘든 지방의 문제, 가정의 문제, 삶의 문제를 언어화해
주길 기대한다.

　　잠시 반년 전 그때를 돌이켜 본다. 문득 1년 전에는 뭘 하고 있었더
라……생각하니 아득해졌다. 반원전·탈원전은 1~2년 사이에 쉽게 이루어지
긴 어려울지도 모른다. 또 기회만 있다면 원전은 다시 고개를 들 것이 분명하
다. 노다 정권은 안전장치만 확보된다면 재가동할 수 있다는 입장을 취하고
있기도 하다. 그렇다면 내년 이맘때 나는 우리는 무엇을 하고 있을까? 영혼
을 치고 지나가는 맹목적인 마을의 시간 속에 둔감해지지 않을 수 있을까?
또 하나의 마을이 내년 이맘때쯤 무성하게 피어나, 자신의 내부에 있는 두려
움과 마주하고 있기를. 먼저 가 본 반년 후의 마을이, 40년간 이어져 온 마을
에게 보내는 편지가 지금 여기에 쓰이기를.

그녀들은 운다

'불안해하는' 여성들의 '불안하게 하는' 점거

울며 울리는 그녀들, 김진숙들, 김 상(씨)들

2011년 11월 10일. 85호 타워크레인 위의 그녀가 309일 만에 내려왔다. 해고자와 비해고자의 구분이 사라진 직후였다. 파란색 작업복을 입은 '철의 노동자'들도 울고, 그녀도 울고, 대한민국의 모든 비정규직이 울고, 하늘도 울고 땅도 울고, 땅속의 전태일도 울었을 것이고 그렇게 울음이 웃음이 되었다. 일당이 좀 세서 용접을 배웠고 돈 벌어 대학 가는 게 소원이었다던 그녀는, 조선소의 하루하루가 지옥 같아 무던히도 울었고 "어머니 아버지 보세요" 한 문장 쓰면 눈물범벅이 되곤 했던 그녀는, 이제는 수많은 사람의 가슴을 울리고 그들을 모이게 하고 세상을 바꾸는 존재가 되고 있다.

그녀의 소식을 일본에서 처음 접했던 사진에서는 그녀를 찾을 수가 없었다. 파란색 작업복을 입은 수많은 '철의 노동자'들과 한참이나 떨어져 공중에 솟아 있는 타워크레인만이 보였다. 대체 그것은 무엇일까? 보이지도 않는 그녀를 저 단단한 철의 노동자와 연결하는 힘은. 그것은 소금꽃의 냄새를 맡고 느끼고 그 앞에서 뜨거운 눈물을 흘릴 수 있는 솔직하고 섬세해서 강한 감정이었을 것이라고 지금은 선명히 느낀다. 소금꽃이란 더운 여름 땀으로 젖고 젖은 작업복이 젖었다 말랐다 하며 만들어 낸 무늬를 의미한다. 그녀의

후쿠시마 여성들에게 보낸 전국의 격려 메시지. 그녀들은 도쿄 경제산업성 앞에서 3일간 점거 농성을 벌였다.

글과 연설에는 유독 서러움, 눈물, 땀, 분노가 많다. 약하고 부정적인 단어들이지만, 그의 연설과 글 속에서는 따뜻하고 부드럽고 긍정적이고 강하다. 강렬한 냄새를 풍기며 우리들의 감각으로 직접 파고든다. 그리고 우리는 발견하게 된다. 어느새 눈물을 펑펑 쏟고 있는 자신을. 희망 버스에 몸을 싣고 있는 자신을. 85호 타워크레인을 향해 휘말려 드는 자신을. 더 나은 세상을 온몸으로 꿈꾸고 있는 자신을. 꿈꾸고 싶은 자신을.

일본에서도 그녀들이, 또 다른 김진숙들이 울고 있다. 당장 먹고 마실 것이 불안하다고, 아이들이 숨 쉬는 공기가, 늘 노는 공원이, 내리는 비가 불안하다고 말하는 그녀들. 집회나 데모엔 참여해 본 적이 없어 아이를 데리고 꽃 모자를 쓰고 도시락을 싸들고 나와 탈원전을 부르짖는 그녀들. 자신의 아이들을 지켜야 한다고 후쿠시마의 아이들을 지켜야 한다고 부둥켜안고 울며 말하는 그녀들. 누군가는 그녀들로부터 집구석 장롱 속 곰팡내 나는 어머니의 마음을 찾을지도 모른다. 그리고 누군가는 '또다시 일본 어머니의 모성인가'라고 비판하는지도 모른다. 그러나 내가 그녀들을 통해서 느끼는 것은 집구석 장롱 속 곰팡내 나는 어머니의 마음이, 장롱 문을 활짝 열어젖히곤 길 위에 펼쳐지고 있다는 것이다. 여기에는 무언가 새로운 것이 있다. 이것을 뭐라고 부르면 좋을까? 우선 그녀들/비남성들을 '일본의 김진숙들'이라고 불러 볼까……. 아, 일본식으로 하면 김 상들인가?

불안의 과학자, 거리의 과학자, 그녀들

김진숙이 조선공이 되었을 때 유일한 처녀 용접공이었듯이, 여자들은 철의 세계 과학의 세계를 모르는 혹은 몰라야 하는 존재들이었다. 합리적인 과학을 알기에 여성들은 너무 감각적이어서 이성적으로 사고하지 못한다는 것이 전통적인 편견이다. 이 논리는 일상생활 속에서 다양하게 변형되어 나타난다. 여성은 곧잘 울고 여성은 쉽게 감정적이 되어 버리고, 여성은 쉽게 삐지고 질투하고 등등……. 그러나 이 계산 가능하고 합리적이고 하나의 정답만을 허용했던 과학의 최첨단 산업인 원전에 사고가 발생했다. 계산 가능하고 예측 가능할 것이라고 믿었던 인간의 합리성은 계산도 예상도 불가능한 자연 재해 앞에서 여지없이 무너졌다. 그 이후 일본에서 일어난 탈원전/반원전 활동에서 두드러지는 것은, 감정적이고 비합리적이고 과학을 모르던 여성들의 불안한 목소리이다.

분노가 명확한 대상이 있고 밖으로 분출하는 혁명적 감정이라면, 불안은 대상이 명확하지 않은 상태로 일상에 뿌리내린 감정이라고 할 수 있다. 이 일상에 뿌리내린 그녀들은 말한다. 음식은 정말 괜찮은 것인가? 기준치라는 걸 믿어도 되는가? 아이에게는 더 큰 영향이 나타나는 건 아닌가? 우리들에게도 측량기를 달라, 후쿠시마의 아이들은 어떻게 하는가? 등등. "식품의 방사능 오염이 걱정되어 노이로제에 걸릴

후쿠시마 여성들이 돌아간 뒤에도 여성들의 점거 농성이 이어졌다. 피켓에는 이렇게 쓰여 있다. "거짓말하면 엄마한테 혼난다."

것 같은데, 남편은 이해해 주지 않"아서 거리로 나오게 되었다[34]고 토로하는 여성들도 있다. 이처럼 위험을 더 깊고 빨리 느끼는 비합리적 감각, 일상 속의 불안이 그녀들을 길로 나서게 했다. 길 위에 나선 그녀들은 그 길 위에서 비합리적인 감성적 과학을 얻고 만들고 확산시키고 있다.

미즈시마 노조미水島希는 여성들은 불임치료, 예방접종, 식품과 화장품의 첨가물 등을 늘 고려해 왔기 때문에 생활의 과학을 일상적으로 접해 온 셈이라고 말한다.

채소를 보내준 것을 기뻐하는 후쿠시마 아이들의 그림일기

삶과 직결된 과학자들이었던 그녀들은, 원전 사고가 일어나자 일상적 모임을 가장 빠르게 혁명적 집단으로 변형시켰다. 내 친구의 부인은 일본에서 생활하는 한국 부인 동호회에 참여하면서 다양한 먹거리 육아 정보를 그 동호회 홈페이지를 통해서 얻고 있었다고 한다. 원전 사고가 터지자 그 동호회 사이트는 원전 상황에 대한 다양한 정보를 공급하고, 활동이나 행동을 지시하고, 집회나 연구회를 알리는 장으로 변화했다. 최근에는 어머니들이 중심이 된 원전 지식 사이트 〈떡갈나무 엄마들의 방사선 편지〉[35] 등이 활발히 만들어졌고 그녀들은 〈방사선 피폭에서 아이들을 지키기 위해 ─ 버전2, 원전 사고 대책〉放射線被ばくからこどもを守るために, NOP法人セイピースプロジェクト과 같은 소책자들을 모으고 읽고 생산하기 시작했다.

그녀들의 이러한 마술 같은 변신에는 비합리적이고 감성적인 그녀들의 과학 지성이 있었다. 어느 날인가, 나는 마트에서 토마토 안에 방사능 검사를 철저히 했음은 밝히는 쪽지가 들어 있는 것을 발견했다. 그 쪽지 뒷면에서는 안전을 증명하는 과학적 수치들이 나열되어 있었다. 데모에서 우연히 만난 어떤 여성에게 그 이야기를 했더니, 일단 수치가 많으면 의심부터 해 봐야 한다고 말했다. 그녀들에게는 수치, 계산 가능성, 예측 가능성을 의심하고 불안해하는 감성적 과학이 있다. 핀란드의 한 조사에 따르면 "교육 정도가 높은 여성일수록 원자력 발전을 강하게 거부하는 한편, 남성의 경우는 교육정도가 높을수록 원자력을 적극적으로 받아들이는 경향"[36]도 있다고 한다. 이는 위험을 느끼는 능력이 여성이 더 뛰어나기 때문이라고 설명되어 있었지만, 그보다 이렇게 질문해 보고 싶다. 왜 '남성'들에게 지식은, 세상을 더 민감하게 느끼고 근본적인 질문을 던지는 힘으로서가 아니라, 세상의 기존 법칙에 공헌하는 방식으로서만 활용되는 것일까? 현재 이곳에서는 불안이라는 민감하고 본질적이고 강한 감성적 과학지식으로 무장한 그녀들이 길거리로 몰려나오고 있다.

그녀들은 거리에서 외치고, 울고, 먹고, 수다 떤다

3월 이후에 열리고 있는 집회의 사진들을 그 이전 집회들과 비교해 보면 여성과 아이들이 압도적으로 늘어났다는 점이 눈에 띈다. 여성과 아이들이

울먹이고 격앙된 낭송. 원전이여 고이 잠들어라!

손으로 만든 천 그물을 든 그녀들

잔뜩 참여함에 따라서 우선 데모대열의 눈높이도 색깔도 걸음걸이도 목소리도 바뀌었다. 색깔은 더 알록달록해졌고, 데모대열의 눈높이는 낮아졌고, 걸음걸이는 재고 당차졌으며, 목소리는 떨리면서 격앙되었다. 불안해하면서 주섬주섬 도시락을 싸들고 길 위에 모인 그녀들은 집회와 데모의 모습을 바꾸고 있다.[37]

그중에서도 일본 전체에 충격을 주었던 것은 경제산업성 앞에 모인 후쿠시마 여성들의 점거농성이었다. 도쿄 중심부에는 태어나서 처음 와 봤다고 하는 사람들도 있고 원전 옆에서 30년간 운동을 지속한 사람도 있고, 가족들이 뿔뿔이 헤어져 사는 사람들도 있었다. 그 뿔뿔이 흩어진 그녀들이 한 목소리로 요구했다. 후쿠시마 어린이들에게 피난의 권리를 인정해 줄 것, 가동 중인 원전과 원전 재가동을 멈출 것. 그녀들의 영상을 보라.[38] 번역할 필요가 없는 소리가 들릴 것이다. 인터뷰하는 목소리에는 울음과 한숨과 격앙된 분노가 켜켜이 들어 차 있다. 그녀들은 울음을 참느라 말이 끊긴다. 그 끊긴 침묵 사이로 강하게 다잡는 마음이 드러나고 다시 말이 끊긴다. 그 끊긴 사이사이로 영상을 보는 우리의 마음이 철썩철썩 파도처럼 움직인다. 그냥 한번 보라. 이것은 말이 아니라 우리를 울리고 우리를 온몸으로 끌어당기는 강력한 힘, 에너지이다.

이 힘을 이어받아 10월 30일부터 11월 5일까지는 도쿄 경제산업성 앞에 도쿄와 전국의 여성들이 점거 농성을 했다. 마지막 날인 5일에 가보았더니 앉은뱅이 의자들만 쪼르륵 있고 아무도 없었다. 놀라서 여쭤보니 11시부터는 그 근처에 있는 히비야 공원에서 회의가 있어 모두 그리로 몰려갔으니 어서 가보라는 것이었다. 히비야 공원에서는 누군가가 선언문인지 시인지 구별할 수 없는 것을 낭독하고 있었다. 원전에게 고이 잠들라고 말하는 그 낭독을 듣고 있자니 눈물 어린 격앙된 감정이 전해져 왔다. 주변에 서 있는 여성들은 손으로 엮어 만든 천 그물을 손에 손에 이어서 들고 있고 낭독자 옆에는 푸른색 공 같은 것이 있었다. 그것은 후쿠시마 여성들이 만든 천 그물을 둘둘 말아 만든 푸른색 지구라고 했다.

도쿄 한가운데에서 손으로 만든 천 그물을 든 그녀들은 후쿠시마의 여성과 자신들이 지켜야 하는 아이들과, 그리고 지구 전체와 연결해 가고 있었다. "여자들은 원전을 원치 않는다. 모두 원전을 원치 않는다. 여자는 아이들을 지킨다. 모두가 아이들을 지킨다. 여자는 세계를 바꾼다. 모두가 세계를 바꾼다. 여자는 연결되어 간다. 모두가 연결되어 간다……." 그 순간 누군가

[좌] 점거농성을 한 후쿠시마의 여성들이 천 그물을 뭉쳐 만든 푸른 지구. [우] 사랑을 먹이고 싶다.

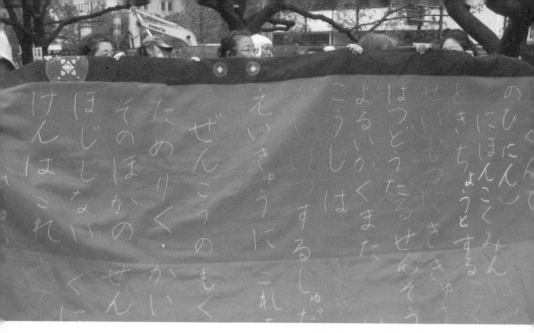

장애인들이 누빔 천에 새긴 〈평화헌법〉

가 달려 왔다. 장애인들이 손으로 〈평화헌법〉 9조를 새겼다는 붉고 큰 누빔 천이었다. 그 천의 뒷면은 훨씬 더 아름다웠다. 작은 천 조각들이 알록달록 불규칙하게 이어져서 따뜻한 느낌이 들었다. 알록달록한 천 조각과 영롱한 눈물로 얼룩진 분위기가 맘에 들었다.

그녀들을 따라 점거농성장으로 되돌아오자 12시가 좀 넘어 있었다. 그 순간 기막힌 장면이 연출되었다. 그녀들은 갑자기 약속이라도 한 듯 도시락, 빵, 오니기리 등을 꺼내더니 당연하다는 듯이 모여 먹기 시작하는 것이었다. 농성장에서 음식을 먹는 건 흔하지만, 이렇게 천으로 도시락, 오니기리, 음료수 등을 알뜰하게 골고루 싸 와서 나눠가면서 먹는 모습은 드물다. 나도 배가 고픈 듯한 생각에 앉아 있자니, 초코렛·빵·오키나와 설탕 등이 연이어 전달되어 왔다. 그 음식들과 함께 어떤 음식을 먹어야 할지 방사능의 오염에서 식탁을 어떻게 지켜야 할 지 수다를 떨곤 했다. 가정의 식탁이 길 위에 펼쳐졌고, 음식을 나누어 먹기 시작했다. 음식 먹기가 끝나자 그녀들은 바느질로 천 그물을 엮기도 하고, 털실을 짜기도 하고 노래도 하고 춤도 췄다. 그녀들은 단지 점거 농성은 한 것만이 아니라, 길 위에 식탁과 살림을 펼쳐놓고 점거 농성의 풍경을 바꾸고 있었다.

내 오른편에는 한 40살쯤 되어 보이는 활달한 여자 분이 앉아 있었고, 왼편에는 젊고 예쁘게 생긴 분이 있었다. 40세쯤 되어 보이는 여자 분의 피켓이 재미났던지 신원을 모르는 사람이 그녀에게 인터뷰를 요청해 왔다. 그런데 옆에서 듣기에도 인터뷰 질문이 좀 이상했다. 이러한 점거 농성으로 세상이 바뀐다고 생각하느냐? 자신은 선거 등 제도적인 힘이 꼭 필요하다고 생각하고 그런 사람이 많다는 질문이었다. 인터뷰가 그렇게 진행되자 그 여자 분은 질문에 문제를 제기했다. 결론이 있어서 이 자리에 있는 것이 아니라, 자신은 의지표명을 하러 왔다는 것이었다. 결론은 잘 모르겠지만, 답은 하나가 아니라고 주장했다. 그러자 내 옆에 앉아 있던 젊은 여자 분이 "저도 그 말에 찬성이에요!"하더니 거들기 시작했다. 뭘 할지 알아서 여기 있는 게 아니라 뭐든 해야 하기 때문에 와서 앉아 있다는 것이었다. 그렇다. 원전을 만든 것은 모든 문제에 답이 하나밖에 없다고 생각하는 사람들, 즉 경제 발전을 위해서는 꼭 원전이 있어야 한다고 믿었던 사람들에 의해서 만들어진 것이었다. 그러나 우리는 답이 하나가 아니라는 것을 안다.

나도 어쩐지 한마디 거들어야 할 것 같아서 주섬주섬 말을 시작하니, 저쪽 건너편에 있던 여자 분이 어디 출신이냐고 묻는다. 한국이라고 하니까, 내 옆의 젊은 여자 분이 내 어깨를 감싸면서 "환영해요"하면서 기뻐해 주었다. 갑자기 화제가 일본은 오염물질을 바다에 버린 게 가장 나쁘다, 세계를 오염시켜서 정말 미안하다는 쪽으로 변화하였다. 나는 그 이야기의 내용보다도 그 말이 나에 대한 관심과 배려의 표현이기 때문에 기뻤다.

그 이후에는 "저쪽 언니한테도 좀 물어봐요, 그쪽 언니도 예쁘다. 어떻게 생각해요?" 등등 인터뷰는 단독 인터뷰에서 집단 인터뷰처럼 되어서 소란해졌다. 나는 한 사람에 대한 인터뷰가 옆의 사람으로 퍼져나가면서 서로 거들어 주는 이 분위기가 참 좋았다. 집회나 데모에 사람들을 끌어들이는 힘은 뭔가 대단하거나 훌륭한 말이 아니다. 울음 섞인 진실에 고양되거나, 이렇게 따뜻한 배려와 관심과 맛난 음식이나 관계들에 이끌리게 되고 그 분위기를 사랑하게 될 때, 그 집회는 커지고 지속하고 끈끈해진다. 나는 트위터 데모에 참여한다는 그녀와 함께 전철로 향했다. 그녀는 자기 이름이 J라고 했다.

나도 이름을 말해 주었다. 우리는 언젠가 다시 길 위에서 만나자고 약속하며 헤어졌다.

길 위에 펼쳐진 울음-가족

히키타 가스미疋田香澄는 어머니들이 강연 후에 부둥켜안고 울고 이야기하는 모습을 보면서, "이 사회에서 아이를 기르는 여성의 입장이 이렇게 약한가"라고 느꼈다고 쓴다.[39] 그러나 이것은 약함이 아니라 강함이다. 그녀들은 불안해하고 울고 음식을 나누고 격려해 주고 방사능으로부터 아이들과 자신들과 지구를 지키자고 약속한다. 그녀들은 불안을 느껴야 할 때 불안을 느끼며 울어야 할 때 울 수 있는 감성을 지니고 있다.

다니가와 간은 1959년 「어머니 운동에 대한 직언」[40]이라는 글에서, 전쟁에 참여한 아들의 입장으로서 어머니 운동에 직언한다. 그녀들이 진정으로 울이야 힐 때 울지 않았던 탓에 태평양 선생기에 수많은 아들을 선생에 참여하도록 내몰았다는 비판이다. 2011년의 그녀들이 길 위에 펼쳐놓고 있

점거 농성에 참여한 꼬마. 피켓에는 후쿠시마 여성들의 3일간의 마음(3일간의 점거 농성)을 이어 간다고 쓰여 있다.

는 울음-가족들은 어떠할까? 나로서는 왜 그들 중 일부가 일본 전통 의상을 입고 와서 말해야 하는지 의아할 때도 있다. 또 결혼도 하지 않았고 아기도 없는 나로서는 자신들의 이야기가 아니라 아이들의 이야기만 하는 이유는 무엇일까 궁금해질 때도 있다. 또 방사능에 대한 이 불안과 분노가 장애인에 대한 차별을 기반으로 한 것은 아닐까 하는 불편함도 있다.

그러나 그녀들은 불안해야 할 때 불안해하고, 울어야 할 때 울고, 소리쳐야 할 때 소리치고 있다. 불안에 떠는 그녀들이 울음이, 그녀들의 몸속을 휘감고 나온 감정들이, 어느새 나에게도 육박해 온다. 그리곤 위험에 눈 감아 버리고 싶어 하는 자기기만이, 일본 공동체의 눈 가리고 아옹 식의 안전 선전 속에 둔감해져 버렸던 감각이, 서서히 깨어나는 걸 느낀다. 그러므로 불안에 떠는 그녀들은 자신들의 불안을 통하여 대중의 감각을 마비시키려는 온갖 선전, 온갖 거짓말쟁이 과학자·전문가·정치가들을 오히려 불안하게 만든다. 그렇게 그녀들은 불안한 존재에서 불안하게 하는 존재로, 두려워하는 존재에서 두려운 존재로 변해 간다.

두려운 존재인 그녀들이 길에 차려놓는 밥상, 길에서 꾸리는 울음-가족들의 살림, 길의 정치 자체를 따뜻하고 섬세한 강렬함으로 채워 사람들을 불러 모으고 울린다. 그러므로 우는 그녀들, 일본의 김진숙들, 일본의 김 상들은, 강하다.

점거 텐트, 그 마을들의 노래

11월 19일, 오랜만에 만난 오키나와 친구 고즈에

　한 달쯤 전이다. 오키나와의 아라사키 모리테루新崎盛暉 선생님이 도쿄에 오신다는 소식에 〈연속 티치인 오키나와〉連続ティーチ·イン沖縄에 갔다. "고즈에, 오랜만! 근데 왜 이렇게 오랜만인 것 같지?" 고즈에는 나에게 오키나와와 도쿄의 온도차에 대해서 느낄 수 있게 해 준 오키나와 출신 친구다. 하와이 유학 기간 중 오키나와와 하와이의 연대가 왜 이렇게 어려운가에 대해 깊이 고민했던 적이 있는, 말이 통하는 사이다. 한두 달에 한 번씩 오키나와 데모에 가면 어김없이 고즈에가 있고, 배고파지는 시기가 비슷한 탓에 둘만 빠져나와 밥도 먹고 이야기도 나눴다. 선두에서 말하는 편은 아니었지만 섬세한 마음을 지닌 고즈에 덕에 오키나와를 내 일처럼 느끼게 될 때가 많았다. 그런데 우리 왜 이렇게 오랜만이지?

　3월 11일의 재난 이후, 반원전·탈원전 데모가 일본 전역을 휩쓸었다. 그만큼 절실했던 탓이다. 한편 7~8개월 동안 〈연속 티치인 오키나와〉도 매달 있던 〈신주쿠 한복판의 오키나와 강좌〉도 정지했다. 오랜만에 열린 티치인이 주제는 "3·11 재난 후 동아시아의 오키나와"였다. 탈원진 운동에 집중해 있는 사이에 오키나와 다카에에 미군 기지 공사가 재개되었다. 이것이 3월 11

일 이후의 상황과 오키나와 미군 기지 문제를 함께 생각해 보는 계기가 되었다. 3월 11일 이후 불거진 문제들을 기존의 사회운동 즉 오키나와, 식민지, 재일조선인, 비정규직, 빈곤, 야숙자 등과 동일한 선상에 놓고 사고할 필요성이 대두하기 시작한 것이다.

자신의 백성을 버리기로 작정한 국가와 행정은 참으로 부지런했다. 도쿄에서 탈원전·반원전 소리를 높이는 중에도, 행정과 국가는 후쿠시마 주민들을 방사능 오염으로부터 피난시키거나 도호쿠 주민들의 생활 대책을 제대로 마련해 주기는커녕, 오키나와에서는 미군 기지 건설을 본격화하는 예산을 책정했고, 비정규직 노동자들이 해고당하거나 월급을 받지 못하는 것을 '비상시'라는 이유로 정당화했으며 아라 강荒川 하천 부지에서 야숙자들을 몰아내는 행정 대집행을 서둘렀다. 3월 11일이라는 날짜는 마치 그 이전과 이후가 단절된 듯한 인상을 주었고, "동일본 대지진"이라는 호명은 '포스트 전후' 혹은 '새로운 일본의 부흥'이 시작되는 듯이 보도되었지만, 상황은 '변화'했다기보다는 '악화'되었다. 기존의 문제들이 3월 11일 이후 대두한 국가와 대기업의 폭력 속에서 드러난 폭력과 겹쳐지고 반복되면서 그 깊은 심연을 드러내는 데에는 일종의 섬뜩함마저 느껴진다.

물론 탈원전에 집중하고 있는 사이에 또 다른 폭력의 그림자들이 조금씩 조금씩 진행되고 있었음에도 그것을 충분히 감지하지 못했음을 반성하게도 된다. 그러나 현재의 이 상황은 탈원전이냐 탈미군기지냐, 탈원전이냐 탈빈곤이냐 하는 식으로 우리를 분열시키는 것이 아니라 후쿠시마, 오키나와, 빈곤층, 재일조선인 등이 서로 더 강하게 연결되어야 할 필요성을 보여준다. 국가와 자본의 폭력은 평시건 위기시건 늘 부지런히 작동하며, 국가·행정·기업 등이 긴밀히 협조하고 있음을 피부로 느끼게 되었기 때문이다. 따라서 최근 3월 11일 이후의 문제들을 기존의 문제들과의 연속성 속에서 사고하고, 각 운동 분야들이 서로의 문제를 함께 논의해 가려는 시도들이 두드러지는 것은 3월 11일 이후 1년간의 운동이 날카롭게 획득한 중요한 연대의 방향성이다.

12월 17일, 점거텐트 속 〈지하대학〉과 후쿠시마 출신 히마와리 씨

"오늘 왔으면 참 좋았을 텐데. 류큐 대학의 아베 고스즈阿部小涼 씨가 왔었어. 헬리콥터 기지 건설 반대운동을 하는 분인데 자신이 왜 오키나와에서 이 경제산업성 점거 농성장까지 오게 되었는가, 우리가 왜 여기에 있는가에 대한 이야기였는데, 어째 설명하려니까 잘 말이 안 나온다. 그보다 넌 왜 운동에 참여하게 됐어? 우리는 왜 여기에 있는 걸까?"

고즈에와의 짧은 대화는 내 마음을 쳤다. 우리는 왜 "여기"에 있는 걸까? 오키나와의 아베 씨는 왜 도쿄의 경제산업성 앞 점거 텐트까지 오게 되었던 것일까? 12월 17일에 열린 〈지하대학〉 유스트림ustream 중계를 찾아보았다. '반기지 반원전, 미래의 상상력'이란 테마로 열린 〈지하대학〉 소개 글은 다음과 같았다.

원전 문제가 끝없이 계속되는 한편, 오키나와에서 다나카田中 방위성국장이 '범하다犯す 41 등의 폭언을 했다.⋯⋯오키나와 북부 히가시 마을 다카에東村高江에 미군 헬리콥터 기지 건설공사가 다시 시작되었다.⋯⋯설령 원전이 전부 사라져도, 오키나와에 기지가 계속 남아 있다면,⋯⋯후쿠시마에 방

경제산업성 앞 점거 텐트

사선 피해를 강요하고 있다면, 이 모든 것은 동일한 문제다.……오키나와-도쿄-후쿠시마를 왕복해 가면서 우리들이 지금 하고 있는 반원전 운동 과제와 관련지어 이야기해 보자.

첫 번째 강연자는 아베 고스즈 씨였다. 그러나 그의 강연은 유스트림에서는 들을 수 없었다. 미군 기지 건설 반대를 위한 모든 활동이 정부에 대한 방해 증거로서 재판에서 불리하게 이용되고 있으므로 정말 죄송하지만 유스트림 중계를 할 수 없다고 했다. "다카에에 오시면 뭐든 다 이야기해 드릴게요. 정말 죄송해요." 갑자기 끊긴 영상. 그 침묵 속에서 오키나와에 건설 중인 미군 기지의 폭력성, 오키나와의 마을을 침묵시키는 국가 권력의 횡포가 육박해 왔다. 그리고 그 침묵 속에서 반원전 점거 텐트에 온 그녀의 무게감이 전해져 왔다. 몸소 오지 않으면 전할 수 없고 왔음에도 말할 수 없는 것들이지만, 그 말할 수 없는 것들의 강렬한 온도를 온몸으로 전해 주고 있었다.

두 번째 강연자는 우에마쓰 세지植松青児 씨였다. 그는 대규모 집회가 진행될 때 후쿠시마와 도호쿠 마을의 복잡성을 도쿄에서 공감하자는 소규모 집회를 만들어 왔다. "후쿠시마의 복잡한 상황과 수도권의 우리들" 데모라든가 "배상과 자주 피난을 추구하는 사람들을 고립시키지 않기 위한 데모" 등이 그것이다. 그는 '엄청난 사고'가 없으면 우리는 생각도 하지 못하는가 하고 질문을 던지면서 피해지의 복잡한 사정을 도쿄에서 공유할 수 있는 방법을 모색하자고 했다.

세 번째 강연자는 후쿠시마 출신 〈경제산업성 여성 점거 사무국〉福島青ち, 経産省前女性座り込みの事務局의 히마와리(해바라기라는 뜻) 씨였다. 그녀의 말은 터질 듯한 울음이 뒤섞여 있어서 옮길 수가 없다. 또랑또랑하고 명쾌한 울음에 정신이 번쩍 차려졌다. 단편적 말들만 겨우 옮겨 본다.

처음엔 탈원전 데모에 참여하지 않았어요. 도쿄에서 동북지방의 전기를 써온 것에 대해 어떤 반성도 없이 단지 (원전이) 싫다고 하는 게 아니겠느냐는 위화감이 있었어요. 저도 후쿠시마 출신이지만 도쿄에서 후쿠시마 전기를 썼으니까, 내게도 그런 가해성이 있어요.……. 피난소에 많은 여자 친구들이 있어요. 경제적인 이유로 피난하지 못하는 사람들이 많아요. 피난에 대해서는 가족 사이 의견차가 너무 커서 이혼하는 경우도 많아요. 도망칠 수 없는 자신의 상황을 아이에게 미안해하면서, 마음속으로 미안해하면서 생활해요……. 후쿠시마 사람들은 포기한 게 아니에요. 하루하루가 생활이니까 생각하는 게 힘든 거죠……. 비가 오니까 후쿠시마 아이들이 "우비, 우비"라고 외치기 시작해요. 엄마들이 조금이라도 비를 맞으면 안 된다고 했으니까…… 아이들이……아이의 생명과 생계 사이에서 선택하는 거예요. 피난 생활을 유지할 돈이 없어서 돌아간 사람들도 있어요. 후쿠시마 사람들은 죽음을 강요당하고 있어요……뭐든 해야겠기에 이 텐트와 관계를 맺게 되었어요. 이곳에 오면 이런 기분들을 말할 수 있고, 어떻게든 해야겠다는 사람들을 만날 수 있으니까……후쿠시마 상황은 복잡해요. 나카토오리, 하마토오리, 아이즈가 분열되어 있고. 당사자들이 왜 움직이지 않느냐고들 하는데, 여러 활동으로 정말 바쁘고 마을의 상식이나 통념들도 있어서……여성들이 움직이기 어려워요. 저는 그녀들이 온 순간 눈물이 났어요. 정말 힘든 상황에서 잘 와 주었다고……도쿄와 온도차가 정말 커요……예전에는 나도 오키나와에 대해 잘 몰랐어요. 그렇지만 그 아픔을 알아요. 후쿠시마는 정말 자연이 좋은 곳이라서……그거 빼면 아무것도 없는데, 이제는 눈에는 안 보이지만 다 오염되었죠. 편안한 마음으로 산과 하늘을 볼 수가 없어요. 오키나와의 다카에 헤노코도 모두 그런 곳이지요……원전이나 기지가 있다는 것 자체가 누군가가 희생당하고 있다는 것을 의미해요. 그런 일에 스스로가 당사자가 아니라고 해서 관계가 없을 수가 없어요. 당사자성을 공유하고 싶어요.

오키나와의 아베 씨, 도쿄의 우에마쓰 씨 후쿠시마의 히마와리 씨의 말을 통해서 나는 그들이 살아온 마을과 내가 살아온 마을 사이의 있는 온도차를 느꼈다. 노력해도 아베 씨처럼 오키나와를 느끼는 것도 히마와리 씨처럼 후쿠시마를 느끼는 것도 가능하지 않으리라. 그러나 그 온도차를 느끼는 사람들의 가슴은 그 차이를 넘어설 수 있는 뜨거운 온도를 지닐 수도 있다.

점거 농성이 21일째 접어들었다는 안내 팻말이 나무에 달려 있다.

텐트에 와서도 오키나와의 언어를 전달할 수 없는 아베 씨의 침묵이 보여 주는 고통과 긴박함을 느끼는 순간. 히마와리 씨가 후쿠시마에 대한 애정을 통해서 오키나와의 고통과 슬픔을 이해하는 순간. "우비 우비"라고 외치는 아이들의 비명이 내 가슴으로 파고든 순간. 오키나와, 후쿠시마, 도쿄 사이에는 각각의 거리를 뛰어넘을 수 있는 뜨거운 온도가 형성되었다고 믿는다. 우리는 왜 여기에 있는 걸까? "여기"는 어디인가? 오키나와의 아베 씨는, 도쿄의 우에마쓰 씨는 후쿠시마의 히마와리 씨는 우리는, 도쿄가 아니라 "점거 텐트" 속에 있다. "이곳"에서, 탈원전의 기치는 탈기지, 탈빈곤, 탈식민지주의와 연결되어 가고 있다.

온도차는 연대로는 넘을 수 없는 한계가 아니라 실은 연대의 시작이다. 자신의 뜨거움을 통해서 타인의 뜨거움이 지닌 색깔과 온도의 차이를 느끼지 못한다면, 어떻게 가슴을 뜨겁게 만들 수 있겠는가? 만약 내가 그 마을 사람들과 똑같아져야 한다면, 어떻게 차이를 지닌 연대가 가능하겠는가? 벽을 느끼지 않는다면 어떻게 벽을 넘어설 수 있겠는가? 벽을 느끼고 그 벽을 통해서 공감하기 위해 우리는 "이곳 텐트"에 함께 있다. 동화되거나 정착하는 게 아니라, 드높게 달라지고 더 멀리 이동하기 위해서.

12월 14일, 텐트 마을의 "노래"들 人工의 날갯짓들

12월 중순에 접어들면서 한국으로부터 소식들이 빗발쳤다. 수요집회 1천 회를 둘러싼 동아시아 전역의 공감, 김정일의 죽음이 몰고 온 불안, 〈나꼼수〉의 실형 선고를 둘러싼 반발. 내년에는 한국, 대만, 미국에서 일제히 대통령 선거가 예정되어 있다. 일본 내부의 문제들이 이 외부로부터의 소식과 얽혀 들어갔다. 이때 다시 내 머릿속에 떠오른 것은 바로 오키나와 친구의 그 질문이었다. 우리는 왜 여기에 있는 걸까? 그러나 그 순간 어찌해도 주어가 바뀌어 버린다. 나는 왜 여기에 있는 걸까?

이 일련의 사건들은 전 세계적 냉전 체제에 변화가 발생할 수 있다는 것을 예고한다. 수요집회 1천 회는 한국과 일본이 맺은 65년 조약이 적용될 수 없는 방대한 영역을 보여 주며, 김정일의 죽음은 북한을 둘러싼 역학을 공고하게 하겠지만 동시에 그것이 매우 약한 고리가 되어 가고 있음을 보여 주기 때문이다. 시간으로 볼 때 이것은 3월 11일부터 확대되는 재해가 일본의 전후 55년 체제에 일으킨 변화를 볼 때 일맥상통하는 점이 있다. 그러나 '후쿠시마-도쿄-오키나와'를 생각하는 것과, 식민지문제, 위안부 문제나 북한 문제를 생각하는 것은 굉장히 다른 감촉을 준다. 아무래도 나에게는 이른바 한국과 관련된 역사적인 문제들이 훨씬 더 직접적이다. 그런 느낌을 받으면, 내 속에서 후쿠시마·도쿄·오키나와라는 마을들의 위치가 살짝 어긋나 버린다. 일본 내부 지역 간 '온도차'와 한국에서 절실한 문제의 '어긋남' 사이에서, 올해 1년 동안 자주 길을 잃었다.

비슷한 느낌을 일본의 젊은 대학생들에게 조선의 식민지 문학을 가르칠 때 느끼곤 한다. 한국에서 일본의 식민지 지배는 너무나 당연한 비판대상이어서 설명할 필요가 없었다. 그러나 일본의 학생들의 눈빛 앞에서 나는, 과연 식민지 지배가 한 사람의 구체적인 삶 속에서 어떻게 나빴는지 구체적이고 보편적인 가치의 차원으로 끌어올려 설명해야 한다. 어떤 작품에서 내 피가 뜨거워질 때 그녀들의 피가 식거나 망설이고 있으면, 이 온도차와 어긋남 사이의 비밀을 알기 위해, 여러 지역 여러 민족 여러 국가 여러 운동의 입장에 자기를 기대어 놓고 생각해 보야 했다. 그러다 보면 그 수많은 경계선이 이 긋나면서 발밑이 흐물흐물해진다. 그리고 깨닫게 된다. 내가 건너온 것은 일

구본웅이 그린 이상. 〈친구의 초상〉
(1935)

본과 한국의 국경이 아니라는 것을. 빛과 어둠이 수없이 겹쳐진 여러 개의 국경과 이곳에서 새롭게 만나고 있다는 것을. 그때마다 떠올리는 것이 이상 李箱의 도쿄행, 그리고 도쿄에서의 그의 죽음이다.

이상이 처음 도쿄를 향했을 때 그는 도쿄=근대의 첨단이라는 동경을 품고 있었다. 그러나 도쿄에 온 순간 그는 도쿄가 서양 근대의 모조품임을 날카롭게 알아차린다. 또한, 서로를 모방하면서 위계화하는 근대의 본질 속에서 식민지 지식인인 자신이 처한 위치란 절망뿐임을 알아차린다. 그는 자신이 꿈꾼 근대가 도쿄에 없음을, 그리고 식민지인인 자신이 이 세계에 존재할 수 없음을 알았다. 따라서 그는 「오감도」에서처럼 무서워했고 동시에 무서운 아이가 되었다. 그러나 생각건대 그는 자유로웠을 것이고 그곳이 도쿄이든 경성이든 상관없었을 것이다. 그가 넘어선 것은 조선과 일본 사이의 국경이 아니라, 현존 세계=근대의 극한이었기 때문이었다. 이 세상에 자신이 존재할 수 없다는 자각이 그를 더 깊이 추락시켰지만, 동시에 그 추락 속에서 그는 더욱 드높은 세계를 꿈꾸었다. 소설 『날개』의 마지막 장면, 인공의 날개가 돋았던 흔적은 바로 그러한 시도의 흔적들인 것이다.

후쿠시마와 오키나와와 도호쿠에서 만들어 내고 있는 '텐트 마을'과 그곳에서 울려 퍼지는 '노래'는, 바로 이상 李箱이 꿈꾸었던 인공의 날개들이다. 일본 내부에는 후쿠시마의 원전노동자, 후쿠시마의 주민, 도호쿠의 주민, 오키나와의 주민, 도쿄 및 전역의 빈곤층과 비정규직들, 오늘도 쫓겨나고 있는 야숙자들, 이 모든 '국가 내부의 식민지'가 가시화되고 있다. 이 모든 '배제당한 우리'는 일본 어디에도 한국 어디에도 세계 어디에서도 살아갈 권리를 박탈당한 현대판 이상 李箱들인 것이다. 그래서 우리는 민족/국경/지역 간의 온도차와 어긋남을 끌어안고 '우리들의 이곳'인 점거 텐트를 만든다. 도쿄 한

가운데에, 오키나와에, 공원에, 빈터에. 그리고 '이동'과 '삶'을 점거하자고 노래한다. 후쿠시마로부터의 피난의 권리를 요구함으로써. 민족/국가/지역 간의 경계만을 넘기 위해서가 아니라, 우리가 함께 당면한 생존의 문제를 함께 해결하고 전후 냉전 체제 이후의 집단과 삶을 상상하기 위해서. 식민지 현실 속에서 스스로 '부재'하는 방식을 선택함으로써 드높은 인공의 꿈을 점거하려 했던 '이상/李箱'처럼.

지하대학을 주도하고 있는 히라이 겐은 이번 모임을 텐트와 노래라는 두 단어로 정리했다. 〈지하대학〉을 고엔지가 아니라 경제산업성 점거농성 텐트에서 하자고 결정했을 때, 그에게는 여러 가지 텐트의 기억들이 떠올랐다고 한다. 가스미가세키霞ヶ関의 텐트 앞은 히비야 공원의 파견 마을派遣村이 있었던 곳이며, 그전에는 신주쿠 서쪽 출구에 골판지 박스마을段ボール村이 있었고 그 훨씬 전부터 산야의 다마히메 공원玉姫公園의 월동준비가 계속되고 있었으며, 오키나와 다카에의 도로변에는 늘 텐트가 있다. 나에게는 걸개그림을 그렸던 옥상, 대추리의 점거 가건물과 텃밭, 미야시타 공원의 텐트, 그리고 이상이 헤매여 다니다가 감옥에 수감되었던 1930년대 중반 도쿄의 거리가 떠오른다. 'Occupy'는 미국 월가에서 이제 시작된 것이 아니라, 이미 어느 곳에서든 시작되어 있었다.

텐트가 있던 곳에는 늘 노래와 음식과 자연의 웅성거림이 있었다. 노래와 음식과 공기에 실려 텐트의 기억은 몸속에 각인되었다. 히라이 겐 씨는 그것이 노래가 지닌 망령성이라고 한다. 빅토르 하라가 부른 〈평화롭게 살 권리〉[42]라는 노래는 전쟁반대 노래이지만 그가 죽은 뒤에도 그 망령성이 남아 일본의 일용 노동자 마을 산야에서 불리고 4월 10일 고엔지의 반원전 데모에서 불렸다. 〈평화롭게 살 권리〉도 〈불굴의 백성〉[43]도 허밍하고 싶어지는 노래들이다. 이 망령성과 허밍성이 우리를 다른 곳으로 움직이게 한다는 것이다.

그의 말처럼 텐트와 노래는 우리를 이동시킨다. 자신의 마을로부터 다른 마을로. 따라서 1년간 도쿄의 거리가 집회로 넘쳐났던 것은 단지 3월 11일 이후의 상황에 따른 것만은 아니었다. 이전부터 사람들의 몸속에 각인되어 왔던 텐트 마을, 그 점거와 연대와 노래의 쾌감들이 다시 우리를 거리로 나서게 했다. 근대성의 경계를 훌쩍 넘어 꿈꾸었던 식민지 조선의 문학가 이상李箱은 이 도쿄에서 죽었지만, 천차만별의 국적과 성향을 지닌 이상/李箱들이 도쿄에서 다시 텐트를 치고 노래하고 있다.

12월 24일, 아라 강 하천 부지의 떡방아 소리

며칠 후면 일본의 연말연시가 시작된다. 12월 31일부터 3일간은 모든 가게와 공장이 멈춘다. 그동안 가장 고통스러운 것은 기존의 야숙자와 빈곤층들과 3월 11일의 재해로 새롭게 형성된 빈곤층들이다. 이런 혹독한 계절에 아라 강 하천 부지의 야숙자와 노동자들은 20년간 살아왔던 텐트에서 쫓겨날 위기에 처해 있다.

24일에는 그곳에서 떡방아 찧기 대회가 있었다. 그곳에도 텐트와 노래와 음식과 이야기가 있었다. 크리스마스이브에 나는 왜 여기에 있는 걸까? 우리는 왜 여기에 있는 걸까? 복수의 시간 속을 스쳐 지나갔던 그 모든 텐트 속 연대의 쾌감과 고통이 없었다면, 그들은 이곳에 있지 않을 것이란 생각이 들었다. 3월 11일 이후 일본 전역에서 만들어지고 있는 텐트에서는 그 이전보다 더 복잡하고 다양한 노래가 뒤섞여 들린다. 언어도 시간도 공간도 사람들도 다른데 기묘하게도 그 마을들의 노래는 마치 하나의 노래 같다.

[좌] 야숙 활동가 요시다 씨의 집. 교토대의 자치 기숙사 "요시다 기숙사"와 이름이 같아서, "요시다 여자 기숙사"라고 불린다. [우] 아라 강 야숙자 텐트 근처의 고양이 텐트. 이 텐트의 주인은 고양이이다.

모두 다른 사람들인데 어딘가에서 만났던 친구 같다.

올해 이곳에 연재한 글들은 주로 3월 11일 이후 주목받는 문제들에 초점을 맞추었다. 따라서 잊힌 문제도 있지만, 이전부터 지속되어 온 문제들을 더 깊이 들어다 볼 수 있기도 했다. 앞으로는 3월 11일 이후의 상황 속에서 기존의 문제들과 마을들이 어떻게 서로 연대하고 있는가를 보여 주고 싶다. 기억의 속임수에 속지 않고, 망각의 달콤함에 지지 않기를 바랄 뿐이다. 아니면 기억의 달콤함과 망각의 속임수를 이용해 멋진 거짓말을 만들어 내거나.

1년 동안 일본에서 만들어진 여러 텐트 마을들에서 친구들이 들려주는 이야기를 전달해 보았다. 그 이야기를 접할 때 어떤 온도차와 어긋남을 느꼈을지 나는 알 수 없다. 우리가 느끼는 온도차와 어긋남이 낯선 서로를 끈끈하고 강렬하게 끌어들여, 각자가 몸에 간직하고 있던 텐트 마을의 노래와 음식과 이야기를 꺼내 놓는 계기가 되었기를 바란다.

'이곳'에서 '저곳'과 함께하는 방법

생존 그 이상을 상상하는 야숙자들의 월동준비

이곳저곳에서 반짝이는 물음, "손수건 있니?"

구소련 강제 노동 수용소로 추방당했던 오스카를 구한 것은 곱고 흰 아마포 손수건이었다. 늙은 러시아 여인은 굶주린 오스카를 집안에 들이고 뜨거운 수프를 내준다. 그가 접시에 콧물을 흘리자, 한 번도 사용한 적 없는 흰색 고급 아마포 손수건을 준다. 그리곤 운이 좋다면 너도 집에 돌아갈 것이고 내 아들도 집에 돌아올 것이라고 말한다. 헤르타 뮐러는 「노벨문학상 수상 연설문」[1]에서 이렇게 말한다. "고운 망사로 테두리를 두르고 섬세한 사슬뜨기로 장식하고 명주실로 장미꽃을 수놓은 그 손수건은 정말 아름다웠습니다. 그 아름다움은 걸인을 부둥켜안는 동시에 그의 자존심을 다치게 했습니다. 그것은 복합적이었습니다. 한편으로는 고운 아마포로 걸인의 마음을 위로했고, 다른 한편으로는 명주실 사슬뜨기로, 그 흰 눈금으로 스스로의 참담한 처지를 가늠하게 했습니다.……여인은 오스카 파스티오르에게 낯선 러시아 여인인 동시에 '손수건 있니?'라고 걱정스럽게 묻는 어머니이기도 했습니다."

헤르타 뮐러는 이러한 "손수건 있니?"라는 물음은 "모든 국경을 넘어, 형무소와 강제 노동 수용소로 가득 찬 거대한 제국을 깊숙이 뚫고 들이"긴다고 말한다. 스탈린주의가 아무리 많은 수용소를 지어 사람들을 재교육시키

"손쉬운 추방의 결과는 살인. 좀 더 상상력을 발휘해 봐!"

고 망치와 낫을 휘두른들, "손수건 있니?"라는 물음을 결코 말살할 수 없다고. 이 물음은 삶에 대한 애틋한 희망이자 사랑하는 사람들이 전해 주는 마음이다. 삶이 애틋할수록 그렇게 살아 내지 못할까 봐 강해지는 두려움이다. 이러한 "희망과 두려움의 끈"을 놓아 버리고서는 더는 살아갈 수가 없다.

작년 말부터 올해 초에 걸쳐 도쿄에서는 "야숙자 동료"들을 내쫓고, 점거텐트를 파괴하는 일이 이곳저곳에서 동시에 일어나고 있다. 다테 강竪川 하천 부지竪川河川敷, 스미다 강隅田川 부근, 아라 강 하천 부지, 경제산업성 앞 탈원전 텐트, 요요기 공원의 블루텐트……여기저기 자본주의의 강제 수용소와 스탈린주의와 망치와 낫이 숨어 있다가 모습을 드러낸다. 그러나 배제와 추방의 표지가 붙은 마을의 저항에서는 품위 있고 드높은 삶의 상징과 같은 "손수건 있니?"라는 물음들도 반짝거리면서 나타난다. 그리고 깨닫게 된다. 생존을 요구하는 것은 곧 생존 그 이상을 요구하는 것이다. 수용소 속 곱고 흰 아마포 손수건처럼.

2월 6일, 블루텐트 마을의 'U 씨와 개'

2월 6일, 활동가이자 야숙자인 오가와 씨와 이치무라 씨로부터 급박한 메일이 왔다. 요요기 공원 블루텐트 마을에 살던 U 씨가 불을 냈다는 이유로 공원에서 쫓겨날 위기에 처해 있으니 도쿄 도에 항의 전화와 팩스를 보내 달라는 것이었다. U 씨는 도쿄 도에 몇 번이나 이 명령에 응할 수 없다고 전했지만 받아들여지지 않았다. 화재원인은 불분명하지만, 텐트 밖에서 난 불이었다. 아니, 화재 원인이야 어찌 되었든, 공원은 도쿄 도의 것이 아니라 그곳을 이용하는 U 씨를 비롯한 모두의 것이다. 누구도 자기 집에 불났다고 그 집에서 쫓겨나진 않는다. 그런데 왜 이 원인불명의 화재에 책임을 지고 U 씨가 공원에서 추방당해야 할까? 도쿄 도는 공원이 이곳을 이용하는 사람들의 것이 아니라 도쿄 도 소유라고 생각하는 것일까?

U 씨는 블루텐트 마을에서 9년째 큰 개와 함께 사는 여성이다. 원래 요요기 공원의 블루텐트 마을은 3백 명도 넘는 야숙생활자들이 집결되어 있던 활기찬 마을이었다. 2006년 가을에 야숙자들의 아파트 이행사업이 대대적으로 벌어지고 관리 센터는 얼마 남지 않은 야숙텐트들을 한 곳으로 모으기 위해 대체지역을 마련한다. 이 대체지로 이행할 때 센터 측은 야숙자들에게 강제적으로 계약서에 서명하도록 했다. 이번 퇴거는 그 계약서에 근거한 것이라고 하지만 그 계약서에는 "자주적인 퇴거"라고 되어 있을 뿐, 강제 퇴거에 대한 문구는 없다. 그런데도 U 씨는 공원에서의 퇴거를 명령받았고, 함께 살던 개는 보건소에 맡겨질 위기에 처해 있다. 오가와 씨와 이치무라 씨에 따르면 U 씨는 시종일관 손으로 얼굴을 가리곤 이렇게 말했다고 한다. "이대로 죽을 수밖에 없는 걸까요?"

"이대로 죽을 수밖에 없는 걸까요?"라는 반문에는 이대로 쫓겨날 수 없다는 의지가 뒤섞여 있었다. 오늘(7일) 16명의 사람이 모였고 전화와 FAX로 많은 항의가 있어서 8일 퇴거는 일단 막을 수 있었다고 한다. 당장 추방 명령에 직면한 다테 강과 아라 강 주변의 사람들까지도 달려와 주었기 때문에 U 씨는 힘을 얻고 울면서 이렇게 말했다고 한다. "복지과에 가도 개와 함께 들어갈 수 없다고 했어요. 보고서에 응하지 않겠어요. 나는 절대로 움직일 수 없어요." 그리곤 이 뜻을 U 씨 자신이 직접 쓴 문서로 전달했다고 한다. 그 문서에는 이렇게 쓰여 있었다. "서약서는 스스로 작성한 것이 아닙니다. 8일 강제 퇴거 철회를 요구합니다." 이어서 U 씨는 "무슨 일이 있어도 저 아이(개)와 함께할 겁니다. 마지막까지"라고 말했다고 한다. U 씨는 내일(2월 8일) 현지 조사를 앞두고 있다.

니는 U 씨의 민니 본 적이 없다. 그러니 오가와 씨와 이치무라 씨의 메일을 통해서 그녀를 구체적으로 느끼기 시작한다. 9년간 블루텐트 마을에서 개와 함께 삶을 가꾸어 온 그녀. 그녀는 단지 생존을 위해서 싸우고 있는 것일까? 개와 함께라면 들여보내 줄 수 없다는 복지부 사람들 앞에서, 개와 함께가 아니라면 들어가지 않겠다고 하고, 살아온 곳에서 움직일 수 없다고 외치고, 2006년의 계약서가 강제에 의한 것이었음을 자필편지로 쓰는 그녀. 이러한 그녀의 몸짓 속에는 오랜 시간 동안 공원의 동료들과 개와 생활하면서 그녀가 소중하게 느끼고 만들어 온 '생존' 이상의 관계, 곱고 흰 아마포 손수건을 닮은 무엇인가가 느껴진다.

'야숙생활자'라는 말은 활동가들이 홈리스, 노숙자 같은 말 대신에 사용하는 말이다. 활동가라고 해도 그 자신이 야숙생활자이기도 한 그들은, 자기 자신의 삶 형태를 스스로 만들어 낸 말로 표현하고 긍정한다. 이 표현법 또한 '생존' 이상의 무엇, 곱고 흰 아마포 손수건과 같은 무엇인가 – 모든 살아 있는 존재의 존엄 – 를 담고 있다.

2월 1일, 다테 강 하천 부지 A 씨의 속도

"공원 봉쇄를 당장 풀어라!" "야숙자를 추방하지 말아라." "살 권리는 평등하다." 요즘 고토 구江東区 구청 주변의 아라 강, 다테 강, 스미다 강의 야숙자 거주 지구에서 울려 퍼지는 소리다. 최근 고토 구의 하천 부지가 재개발됨에 따라서 야숙자들에 대한 배제가 노골적으로 일어나고 있기 때문이다.

그중 가장 위협에 처해 있는 것은 다테 강 주변이다. 고토 구의 〈물가와 녹지과〉 과장인 아라키 다케오荒木猛男는 "주민이 불안을 느끼기 때문에 배제되어도 당연"하다는 이유로 1월 27일 다수의 경비원과 작업반을 동원하여 공원의 3분의 1을 봉쇄했다. 봉쇄된 지역은 다케 강 하천 부지공원에 있는 가메지마 다리亀島橋에서 고노 다리五之橋 사이에 야숙자들이 주로 사는 "다목적광장"多目的広場의 일부이다. 철조망 안에는 여전히 야숙자 15가구가 살고 있다.[2] 야숙자들은 정말 무서운 건 자신들이 아니라 폭력을 행사하고 나쁜 소문을 흘려 야숙자들이 소년들의 습격대상이 되게 하는 고토 구라고 말한다.

구청은 야숙자를 추방하지 않겠다고 약속했고, 그 약속을 전제로 야숙자들은 공사에 방해가 되지 않는 이전지로 거주지를 옮겼다. 그러나 현재 강압적으로 봉쇄와 추방이 일어나고 있다. 실은 이

거리가 집인 야숙자들은 바로 그 자신의 집에서 행진을 시작한다

개수공사는 야숙자를 추방하고 민간기업에 하천 부지와 공원을 팔기 위한 것이었기 때문이다. 고토 구는 "공사 후에는 공원 야숙자를 제로로 한다"는 취지로 "어떻게 하면 야숙자가 살기 어려운 공원으로 만들 것인가"라는 대책 문서도 만들었던 것으로 알려졌다. 하천 부지 중 일부는 작년 7월 31일 카누와 카약 연습장을 운영하는 개인 기업에게 위탁되었고, 앞으로 미니 축구장 사업자에게도 위탁할 예정이다. 공사가 진행되는 8개월간 수시로 야간 경비원이 들이닥쳐 텐트를 들추고 손전등을 얼굴에 가져다 대곤 했으며 작년 10월에는 아라키 과장이 직접 사복경관 20명과 함께 들이닥쳐 야쿠자와 같은 말투로 "니들 내가 바보 줄 알아?" "배짱도 좋네" 등의 공갈 협박을 했다. 결국 12월 22일에는 15개의 텐트에 「변명 기회 부여 통지서」弁明機会付与通知書를 발행하고 1월 27일에는 철조망 봉쇄했으며, 1월 30일에는 이전지로 옮기지 않았던 1개 텐트에 행정대집행 고지서를 발행했다.

현재 다테가와 하천 부지 공원에서 고토 구江東区가 강행하고 있는 야숙자 강제추방에 반대하는 항의 서명이 진행 중이다. 요구사항은 공원 봉쇄를 철회할 것, 야숙자에 대한 폭력에 사죄할 것, 행정대집행을 멈출 것, 야숙자에 대한 유언비어를 퍼뜨리지 말 것, 거짓 약속을 하고 불시에 추방명령을 내리지 말 것, 공공공간에서 가난한 사람들을 내쫓고 스포츠시설로 만드는 것을 그만둘 것. 요구사항을 모넌 이블의 서상은 "야숙사=위험세력=쏙력과 차별의 대상"이라는 인식에 대한 저항임을 알 수 있다.

2월 1일 항의 데모에 참여했을 때 나는 집회 인원보다 더 많아 보이는 경관, 경비원 그리고 사진을 찍어대는 공안들의 숫자에 깜짝 놀랐다. 그러나 참여자 한 명 한 명의 목소리에서 결연함이 느껴졌다. 바로 며칠 전 야숙자 동료들이 폭력으로 부상을 입고 피투성이가 되고 통로를 차단당했다. 참여자 중에는 요요기 공원에서 온 오가와 씨와 이치무라 씨, 24일부터 강제퇴거 명령 위기를 넘긴 '경제산업성 앞 탈원전 텐트광장'의 소노 씨와 히마와리 씨, 다테 강, 아라 강과 스미다 강 주변의 야숙자들과 활동가들이 뒤섞여 있었다. 3월 11일 이후 일본 전역에서 확산된 점거 텐트가 야숙자 운동과 결합하고 있다는 것이 느껴졌다.

다테 강 주변은 처음 가보는 곳이었다. 단출한 고층 임대 아파트들이 쭉 늘어서 있었다. 작은 집집마다 널린 빨래가 울긋불긋 바람에 휘날렸다. 그때 그 속에서 주민들이 나타나 손을 흔들었다. 우리도 열심히 손을 흔들었다. 주민들이 야숙자들을 두려워하기 때문에 주민의 안전을 위해서 공사를 강행해야 한다는 구청의 이유는 거짓말이었다. 야숙자들과 활동가들에 따르면 이곳 주민들과 야숙자들 사이에는 인사를 하거나 의류나 먹을 것을 받는 등의 관계가 형성되어 왔다고 한다.

생존은 그 삶을 둘러싼 주변과 긴밀한 관계를 맺을 때 가능해진다. 공원에서의 삶이 중요한 것은 그곳에서라면 야숙자들이 서로를 돌봐 줄 수 있기 때문이다. 야숙자들이 모여 있어서 문제가 발생하는 것이 아니라 그들이 자신들의 규칙과 리듬을 만들어 살 수 있도록 내버려 두지 않기 때문에 문제가 발생한다. 2006년 요요기 공원의 행정 대집행으로 인근 임대 아파트로 들어갔던 야숙자들은, 공원에서 서로 맺고 있었던 보살핌의 관계를 맺을 수 없게 되자 알코올 중독이나 도박, 우울증에 심각하게 노출되었다. 다테 강 근처의 야숙자들도 이대로 행정 대집행이 강행될 경우 일 년간 집세가 면죄되는 아파트를 제공받는다. 〈다테 강 하천 부지공원 노상생활자 자립지원사업〉에 의한 것이다. 그러나 일 년 이후의 삶이 막막할 뿐 아니라 입주권은 심히 제한된다. 더구나 구청 직원이나 위탁 단체인 사회복지법인 신에카이新栄 숲가 입주자 허가 없이 집에 들락날락하는 것을 용인해야 하는 등의 굴욕적인 계약을 강요당하고 있다.

생존을 요구하는 야숙자들의 몸짓은, 단순히 생명을 연명하는 것이 생존이 아니라 주변의 동료 및 자연과 관계를 만들어 가는 것이 생존임을 보여준다. 행정대집행 통보를 받은 A 씨는 60대 중반으로 몸 상태가 좋지 않다. 그가 요구하는 것은 자신의 삶의 속도에 맞춰 이사하는 것이다. A 씨의 요구는 일률적인 '생존'이 아니라, 각자의 속도에 맞게 이동하는 것이 생존임을 주장한다. 삶에 대한 희망과 관계에 대한 두려움과 같은 다채로운 감정을 느끼면서 서로에게 "손수건 있니? 밥은 먹었니? 잘 잤어? 파티할까?" 등을 묻고 계획을 세우는 것이 생존임을, 생존 그 이상의 것이 생존을 가능하게 함을 역설하고 있다.

12월 24일, 아라 강 하천 부지의 떡방아 대회

"오랜만이에요. 건강하셨어요?" "네. 늘 똑같지요……뭐……." 눈을 마주치면서도 동시에 피하는 그는 미야시타 공원 점거 투쟁에서 알게 된 오가와 씨다. 긴 이야기를 나눠 본 적은 없지만, 그와 이치무라 씨는 늘 그곳에 가면 있다. "드문드문 와서 미안해요"라고 말했지만, 마음속에서는 이런 말들이 소용돌이쳤다. '이번에는 아라 강 하천 부지네요. 또 "이곳"에서 만나네요. 사람들이 텐트를 치고 모여서 살 수 있는 땅은 점점 사라져 가는데……그렇지만, 반가워요!' 세간에 의해서 '추방과 배제'로 이름 붙은 "이곳"에 오면, 즐겁다. 음식이 있고 이야기가

약자를 왕따시키지 마!

야숙자의 경제적 기반인 빈 깡통과 잠자리인
사과 박스로 만든 선전 용품. 없는 셈 쳐졌던
야숙자들의 모습은 집회의 순간에 겨우 반짝
그 모습을 드러낸다.

있고 친구가 있고 앞으로도 끊임없이 점거 텐트 마을이 생길 것이란 믿음이 생긴다.

마지막으로 소개할 "이곳"은 아라 강 하천 부지다. 전통적인 남성 일용 노동자 마을인 산야 근처이자 다테 강 근처이기도 하다. 원래 40명 정도가 텐트를 치고 20년 이상 살고 있던 곳이었는데 지금은 10가구 정도가 남아 있다. 국토 교통성国土交通省과 스미다 구墨田区에 의한 '스미다 자연재생공사'墨田自然再生工事 때문이다. 이 공사는 "갈대 등 하천 주변의 동식물을 소중하게 하고 싶다" "자연공원을 만든다" 등을 이유로 들고 있지만, 실제 목적은 야숙자들을 추방하기 위한 공사다. 환경을 위한 공사라는 이 공사는 야숙자 거주지의 나무에 번호를 붙여 모조리 베어 버렸다. 나무숲 사이에 숨어 있던 텐트들은 갑자기 모조리 드러났고 철조망으로 둘러쳐졌다. 베어진 나무의 흔적은 여전히 남아 있어서, 8번 혹은 9번과 같은 번호가 베어진 나무 밑동에 달라붙어 있었다. 이곳에서 만난 한 노동자분은 "아침저녁으로 그놈들에게 인사하고 집에 들어간다니까. 지켜 주지 않아도 되는데 말이야"라고 하신다.

이곳에는 버려진 강아지나 고양이를 보호하는 동물 보호 단체 분이 함께 활동하고 계신다. 야숙자들과 함께 생활하던 들고양이·들개들도 이 공사로 그 수가 현저히 줄었기 때문이다. 환경을 재생하기 위한 것, 하천과 나무와 동물들과 주민들이 안전하게 살기 위한 것이라고 하지만, 실제로는 동물과 야숙자를 내쫓고 나무를 베어 이 텐트 마을의 자생력을 없애고 있다. 이 공사로 물길이 하천 부지의 공터로 들어오면 텐트들은 물론 이곳의 나무와 들짐승들은 모두 물에 잠긴다. 이곳을 점거하는 것은 생존을 넘어서 야숙자와 자연의 공생을 위한 점거다.

아라 강 마을로 들어오는 입구에는 이치무라 씨와 오가와 씨가 함께 만든 〈고양이 텐트〉猫小屋가 있다. 이 텐트에는 원래 사람이 살았는데 지금은 들고양이와 들개들의 차지가 되었다고 한다. 그 텐트에 오가와 씨와 이치무라 씨가 고양이 그림을 그려 넣어서 〈이웃집 토토로〉 고양이 버스 모양이 되었다. 그 집 주변에는 우아한 몸짓으로 걸어 다니는 검은 고양이들이 잔뜩 있다. 내가 놀러 간 날에는 떡방아를 찧어 떡을 해 먹는 행사가 있었다. 일본식 떡방아를 구경하고 있자니, 공사를 온몸으로 막았다는 요시다라는 여자 분이 자신의 집을 구경시켜 주겠다고 한다. 모두가 함께 만들어 준 훌륭한 집이 있었다. 그 안에 여자들 다섯이 들어가 앉자 따뜻하고 아늑했다. 누군가가 "교토대 요시다료의 여자 기숙사네!"라고 했다.

한쪽에서는 떡방아를 찧고 오뎅탕을 끓이고, 다른 한쪽에서는 집회와 정세에 대한 이야기를 교환하고, 다른 한쪽에서는 기타를 치며 노래를 하고, 나무 땔감을 때우면서 추위를 달랬다. 처음 와 보는 이곳이 낯설지 않았다. 대추리에서 미야시타 공원에서 246거리에서, 경제산업성 앞 탈원전 텐트 마을에서, 월스트리트에서 만나고 겪고 나누었던 얼굴들이 그들의 얼굴 위로, 말 위로, 음식 위로, 차가운 공기를 녹이는 땔감의 불빛 사이로 겹쳐지곤 했다.

나눠 먹은 음식과 나눈 이야기들과 눈빛과 공기들은, 그곳에 무엇인가가 일어났을 때 내 몸에서 반응한다. 아라 강 부근에서 나눠먹은 떡과 오뎅, 함께 쬔 불빛들이 없었다면, 나는 2월 1일 다테 강 하천 부지 봉쇄에 저항하는 집회에 참여할 수 없었을 것이다. 이것이 도쿄에서 혹은 내 방에서 텐트 마을을 살게 하는 생존 이상의 질문, "손수건 있니?"라는 질문이다.

아나키스트 달력 — 이곳에서 저곳을 느끼는 법

2011년 말, 3월 11일 쓰나미와 지진, 방사능 피해지가 고향인 친구 한 명

자기 집인 거리에서, 다시금 집과 생명을 옮기는 야
쿠자

은 '忘年會'(망년회)에 대해 위화감을 표시했다. 3월 11일 그날 그 장면에 모든 시간과 공간과 감각이 멈추어 있는 사람들이 있다. 그런데 망년회라니, 그 시간을 잊자고 하다니, 불가능할 뿐 아니라 말도 안 된다는 것이었다. '이곳' 도쿄에 있지만 '저곳' 피해지에서 살고 있는 것처럼 느끼는 그 친구 앞에서, 그녀의 '이곳'은 바로 '저곳'이라는 절실한 요청 앞에서, 나는 우두커니 멈춰 질문해 보았다. 이곳에서 저곳을 느낀다는 것은 무엇일까? 공감이란 무엇일까? 공감이란 이곳에서 그곳으로 달려가게 하는 힘이다. 또한, 고통스러운 시공간을 다른 시공간으로 변화시킬 힘이어야 하진 않을까? 이곳에서 그곳으로 달려가 그곳이 되는 것이 아니라, 이곳에서 그곳으로 달려가 이곳과 그곳이 함께 변화해야 하지 않을까? 고통 속에서 생존만을 요구하는 것이 아니라, 생존을 요구함으로써 생존 그 이상을 만들어 가기 위해서는.

12월 24일의 아라 강, 1월 27일의 경제산업성 앞 텐트광장, 2월 1일의 다테 강, 2월 6일의 요요기 공원. 그 배제와 추방의 공간과 만나면서, 나는 '이곳'에서 '저곳'을 공감하고 힘이 되어 주는 방법에 대해서 조금 알게 된 듯한 느낌이 들었다. 그 텐트 마을들에 한번 가보시라! 그 마을에서 이 연말연시는 결코 배제와 추방과 고통의 시간으로만 기억되지 않는다. 아라 강가에서 함께 나눈 음식, 다테 강가에서 함께 높인 소리와 주민들의 호응, 요요기 공원의 용기 있는 U 씨의 발언과 먼 곳에서부터 달려와 준 벗들. 그 곱고 희고 드높게 흔들리는 "손수건 챙겼니?"라는 매일의 안부인사와 같은 행위들은, 배제와 추방과 고통의 시간 속에 존엄과 믿음과 공감을 통해 열리는 미래의 시간을 새겨 넣고 있다.

새해가 되면 나는 친구들에게 아나키즘 달력을 선물로 보내곤 한다. 어려운 시공간 속에서도 다른 시공간을 만들고 상상하자는 다짐을 담아. 또한, 함께 새로운 시간을 만들어 가지 않겠느냐는 권유를 담아. 비록 멀리 떨어져 있고 혹은 우리가 아직 만나지 못했다고 할지라도. 일본의 야숙자들이 살고 있는 이 반짝거리는 두려움과 희망의 시간은 2월에서 3월로 넘어가는 시기가 일종의 피크가 될 것 같다. 이 글은 내가 때때로 함께 있지 못할 야숙자의 시공간, 피해지의 시공간에 내미는 아나키스트 달력과 같다.

부모님과 언니와 친구들이 있는 한국에 갈 때면, "손수건 있니?"라는 질문은 새삼스레 가슴을 친다. '이곳'에서 내가 회복할 삶의 따뜻함들은 '저곳'에서 "손수건 있니?"라고 새롭게 질문하도록 해 주는 부드러운 힘이 되리라 믿는다. 내가 경험한 야숙자 친구들의 마을은 배제와 추방으로 얼룩진 살풍경이 아니라, 세상의 모든 늙은 어머니들이 세상으로 나아가는 딸들에게 희망을 담아 건네곤 하는, 곱고 흰 아마포 손수건과 같은 것이기 때문이다.

'그날'을 정당하고 아름답게 살기 위해서

2012년 3월 11일, 지진 쓰나미 원전 사고 1주기

신이 사라진 날

이처럼 무겁고 가벼운 날이 또 있을까? 2011년 3월 11일 지진, 쓰나미, 원전 사고로부터 1년이 흐른 2012년 3월 11일. 1년 동안 지속하고 있는 고통의 무게에 비하면 오히려 가벼울 '그날.' "그날이 왔어. 그리고 모든 것이 변했지"라고밖에 말할 수 없었던 1년 전 '그날'을 며칠 남겨 두고, 안절부절못하는 마음을 다스릴 길이 없었다. 지진으로 거리가 휘어질 듯 흔들리고 멀미가 났던 순간, 이튿날부터 엄습했던 방사능의 두려움 속에서 만났던 연구회 친구들 얼굴, 수돗물에서는 세슘이 나오고 페트병 물이 동난 3월 말 참지 못하고 한국에 잠시 돌아와 있었을 때, 그 해방감과 안도감과 함께 밀려들었던 죄책감과 피곤. NHK만 뚫어지게 보았던 칠흑 같은 시간들. 그때를 다시 산다면 무엇을 할 수 있을까? 이때까지만 해도 나는 단순히 3월 11일에는 내가 '그날'을 겪었던 곳에서 "그날"을 다시 잘 살아보고 싶다고 생각하고 있었다. 그러나 2012년 3월 11일은 새로운 고민을 안고 찾아왔다.

"일본에 돌아왔어요? 통역을 부탁해도 될까요?" 3월 3일경, 한 액티비스트로부터 통역을 부탁받았다. 후쿠시마 현 고리야마群山 시의 현민 집회 〈원전 필요 없어! 3·11 후쿠시마 현민 대집회〉原発いらない! 3·11福島県民大集会를 촬영

하러 가는데 통역을 해 줄 수 있겠느냐는 것이었다. 이 편지를 읽은 직후에는 연구회 시간만 조금 조절되면 당연히 갈 생각이었다. 활동가들에게 부탁받는 통역은 체력과 시간이 허락하는 한 함께하려고 노력해 왔다. 이런 활동을 통해서 얻는 긍정적인

영원히 안녕, 원전!

에너지, 기쁜 만남, 섬세한 감수성은 내게 그 무엇보다 소중하다. 나는 이런 순간들에 가슴을 펴고 호흡을 가다듬는 것이다. 그러나 집회 위치를 확인한 뒤 여태까지 경험해 본 적이 없는 고민에 빠졌다. 액티비스트에게는 너무나 미안했지만, 또 후쿠시마 현지의 목소리를 듣고 싶어 참을 수가 없었지만, 솔직히 나는 두려웠다. 복잡하게, 강하게, 깊이, 오래.

나는 피폭당하는 것이 두려웠다. 집회가 열리는 곳은 후쿠시마 현 고리야마 시 가이세이산 야구장이었다. 안내 홈페이지에는 집회장소의 방사선량이 표시되어 있었다. 내야 좌석의 방사선량은 0.19~0.69mSv(마이크로시버트)로 평균 잡아 0.5~0.6mSv였다. 도쿄의 10배 정도의 수치였다. 외야 좌석은 1.5mSv로 방사선량이 높은 탓에 출입을 보류한다고 쓰여 있었다. 그러나 외야 좌석은 내야 좌석 바로 옆 아닌가?! 고리야마 시 주변 방사선량을 찾아보니 낮은 곳이 0.5~0.6μSv이고, 1.0~2.0μSv인 곳도 많았다. 더구나 통역이므로 마스크를 쓸 수도 없을 것이었다. 그러나 지금이 아니면 후쿠시마에 가볼 기회가 없을지도 모른다는 생각에 망설임이 계속되었다.

결국, 후쿠시마 출신 친구와 이바라키 현 출신 친구에게 의견을 묻기로 했다. 한 친구는 어느 정도 피폭당할 게 확실하니, 꼭 마스크를 하고 입었던 옷은 돌아온 즉시 빨거나 버리라고 했다. 흙이나 꽃가루 등은 절대 만지지 말고 대접을 받더라도 음식은 부디부디 그쳐주라고 했다. 더불어 내가 위험한 곳에 가는 것을 내버려 둔 것을 알면 다른 친구가 화를 낼지 모르니 비밀

로 해 주었으면 좋겠다고 했다. 마음이 크게 흔들렸다. 고민과 두려움이 깊어졌다. 이런 상황에서 피난하지 못한 채 후쿠시마에 남아 생활한다는 것이 무엇을 의미하는지, 그곳에 취재하러 가겠다는 활동가들의 단단한 결의가 무엇인지, 피부 깊숙이 느껴지기 시작했다. 또 다른 후쿠시마 출신 친구는 새로운 고민거리를 안겨 주었다. 후쿠시마의 전력을 써 왔음에도 원전 사고의 직접적인 피해를 입지 않은 도쿄 사람들에 대한 후쿠시마 현 사람들의 울분은, 도쿄에서 후쿠시마로 몰려든 활동가들에 대한 거부감으로도 표출되는 듯했다. 취재자로서의 단단한 결의를 갖고 있지도 못한 내가 분노에 찬 후쿠시마 주민들의 인터뷰를 통역할 수 있을까? 그들은 마스크를 하고 싶어 전전긍긍하는 통역자에게 무엇인가를 말해 주려고 할까? 아니 나는 마스크를 벗고 당당하게 그 모든 상황을 깊이 느낄 만큼의 각오가 있을까? 가장 큰 원인은 방사능이었지만, 감정은 훨씬 더 복합적이었다. 그것은 원전 사고 이전부터 존재해 온 다양한 문제와 분열들과 연결되어 있었다.

나는 도쿄에서 살아가는 유학생이다. 나 또한 후쿠시마에서 돌아온 뒤에도 저선량 피폭 지대인 도쿄에서 매일 먹는 음식들을 조심하면서 조금씩 축적되고 있을 방사선량을 줄이기 위해서 노력해야 한다고 생각한다. 잠시 촬영하고 돌아가는 외국에서 온 활동가나 일본 서쪽에서 온 사람들과는 다른 상황이다. 그러나 활동가에게 도움이 되고 싶었고 현지의 분위기를 직접 느끼고 싶었고, 그것을 한국에 전달하고 싶었다. 너무 망설인 탓인지, 후쿠시마의 현실이 새삼 느껴진 탓인지 한 이틀 앓았다. 신이 있다면 물어보고 싶었다. 내가 어떻게 하면 좋을지. 후쿠시마의 상황은 그냥 이대로 지속할 수밖에 없는 것인지. 그 누구도 해답을 모를 것이었다.

문득 나는 우리가 모두 신이 사라진 세계에 살고 있다는 것을 깨달았다. 기존의 신은 사라져 세계는 가벼워졌다. 그 대신 모든 미물들 하나하나가 무겁게 돌출되기 시작했다. 즉 기존의 윤리는 통용되지 않고 살아남기 위해서 무엇을 해야 할지 몰라 끊임없는 혼돈과 질문 속에 있는 상황. 3월 11일 이후 피해지의 사람들과 '우리'들은 이미 없는 신에게 묻고 싶은 순간들을 수도 없이 맞이해 왔을 터였다. 이런 상황 속에서 나는 대체 어떻게 하면 '그날'

을 정당하고 아름답게 '다시' 살 수 있을까?

무엇이 '현장'인가? — 정당한 공포와 절실한 접속, 그 사이

네가 만약 그곳에 간다면, 그 사실을 다른 친구에게는 비밀로 해 달라는 말을 들었을 때, 나는 이 집회의 성격을 단박에 깨달았던 것 같다. 친구에게 함께 가자고 할 수 없고, 갔다 온 사실을 비밀로 해야 하는 집회?! 후쿠시마 사람들은 그런 상황 속에서 살아가고 있었다. 누구도 찾아오지 않고 그곳에 살았다는 것을 비밀로 하고 싶은 상황. 그렇다면 후쿠시마라는 '현장'에서 집회를 하기보다 단 하루라도 그들을 보다 안전한 다른 곳으로 불러낼 수는 없을까? 먹을 것과 숨 쉬는 공기를 걱정하지 않아도 되는 상황 속에서 맺어진 단 하루의 인연들이, 자기 집의 빈방을 내놓고 일자리를 내놓고 마치 하룻밤에 지어진 집과 같은 피난처를 계속해서 만들어 내는 그러한 기적 같은 '현장'을 만드는 것은 불가능할까? 이것이 방사능이라는 상황 속에서 현장에 개입하고 접속하는 방법이지 않을까? 이처럼 방사능 오염이라는 상황은 기존의 활동방식을 새롭게 고민하도록 만든다. 노동현장에 끼어드는 지식인이라든가, 피해지를 향하는 자원봉사자와는 다른 형태의 현장·개입·활동·접속이 모색되어야 한다.

가지 못한다는 말을 어렵게 전한 뒤에도 어떤 선택을 했어야 옳은가에 대한 질문을 멈출 수가 없었다. 이 망설임과 질문 속에서 후쿠시마에서 하루하루를 산다는 것이 어떤 의미를 지니는가를 아주 조금이나마 실감하게 된다. 동시에 내 속 깊이 있는 또 하나의 두려움과 만난다. 나는 도쿄에서 피해지를 생각하고 느끼려고 했지만, 어느 순간엔가 조금씩 무뎌지고 있기도 했다. 1년이라는 시간, 매일 매일의 일상이란 그러한 것이었다. 이와 마찬가지로 후쿠시마의 현민들도 방사능이라는 눈에 보이지 않고 냄새도 형태도 없는 위험에 겹쳐 익숙해지고 있었을지도 모른다. 생각해긴데, 만약 네가 고리야마에 갔다면 마스크를 쓰고 전전긍긍하기보다, 마스크를 쓰지 않고 아무렇지도 않은 듯이 행동했을 가능성도 크다. 따라서 두려운 것은 방사선 자체뿐이 아니었다. 현장 속에 파묻혀 두려움조차 감지하지 못하게 될지 모르는 감각의 약삭빠른 변화도 두려웠다.

한국에는 DMZ가 있다. 남북 사이를 가르면서 연결하지만 오랫동안 출입금지 상태가 지속하여 야생의 생태계가 살아 있는 그곳 말이다. 들은 이야기이지만 막상 그곳에 가면 그렇게 편안할 수가 없다고 한다. 그저 아름다운 자연풍경으로 느껴진다는 것이다. 그러나 그 땅에는 지뢰가 묻혀 있고, 철조망이 쳐져 있고, 언제든 어느 쪽에서 발포할지 모르는 팽팽한 대치상태가 지속하고 있다. 사람들은 어떤 곳을 더 깊고 정확하게 느끼기 위해서는 현장에 가야 한다고 말한다. 그러나 때때로 어떤 현장들은 보이지 않는 곳에 위험을 숨기고 있다. 혹은 현장이라는 위장 속에 진정한 현장이 숨겨져 있기도 하다. 방사선은 '눈에 보이지 않는' 위장 효과가 극대화된 현장이다. 보이지 않는 위험이 청량한 녹색의 자연, 평범한 일상 곳곳에 농축되어 간다. 이처럼 인간은 살기 위해서 죽음에 익숙해져 스스로를 죽음으로 몰고 갈 수도 있다. 방사능 오염은 그러한 감각의 둔화를 강력하게 추동하는 현장이다.

따라서 '방사능에도 불구하고' 그곳에서 살아가는 것보다 중요한 것, 혹은 그곳에서 살아가기 위해서 중요한 것은, 방사능에 대한 두려움을 정당하고 깊고 풍부하게 표현하는 것이다. 그러한 표현이 고립을 넘어 피난의 권리로 이어지고, 피난할 수 없는 상황에 대한 깊은 이해에서 비롯된 대책으로 이어지고, 피난자에 대한 비난이나 차별을 넘어서는 방향으로 나아갈 수 있어야 한다. 눈에 보이지 않는 것을 느끼는 방법은 사실 옛 부터 존재해 왔다. 귀신, 유령, 소문, 이상한 몸을 지닌 아기, 등등. 그러나 이 방식들은 눈에 보이지 않는 공포를 공동체 밖으로 내쫓는 것이 되었다. 실상 귀신, 유령, 소문, 이상한 몸을 지닌 아기들은 우리가 예측하지 못한 어떤 타자들과 만나는 순간들이다. 이러한 타자들과 만나는 순간들은 방사능과 함께 우리 곁에 바짝 다가와 있다.

방사선으로 피폭을 당한 여성이 장애인 아이를 낳을지 모른다는 공포가 장애인에 대한 공포가 되는 게 아니라 장애인과 여성의 삶의 조건들을 깊

이 생각하게 할 때, 방사
능 없는 삶, 즉 병 없는
삶이 불가능하며 그 타
자가 곧 자신의 일부임
을 느끼며 살아가는 삶.
이 모든 것에 대한 정당
한 공포와 이 공포를 벗
어나기 위한 절실한 연결
들, 그 사이의 부딪침. 이

휘날리는 반원전 신호들

부딪침의 순간들을 우리는 '현장'이라고 부를 수 있지 않을까? 그곳이 후쿠
시마이든 도쿄이든 미나미 소마이든, 서울이든…….

도쿄의 3월 11일, 우리들의 풍부하고 모순된 '로지나'Lowzina

'후쿠시마에 간다/못 간다'는 망설임을 안은 채, 나는 도쿄에서 2012년 3
월 11일을 맞이했다. 대신 나는 내가 '그날'을 겪었던 곳에서 또 다른 '그날'이
올 때 내가 누구를 의지할 수 있고 누구에게 의지가 될지 생각해 보면서, '그
날'을 어떻게 하면 잘 보낼 수 있을지 고민하기 시작했다. 친척 중 사망자나
행방불명자가 있는 친구들은 성당이나 절에 묵도를 드리러 간다고 했고, 집
회에 참석하겠다는 친구도 있었고, 집에서 가족과 조용히 있고 싶다는 친구
등등 각각이었다. 작년 지진, 쓰나미 원전 사고가 일어난 직후, 연락이 닿지
않는 가족을 피해지에 둔 친구들의 고통과 만났다. 또한, 내게 현실적인 공포
였던 것은 방사능이었다. 도쿄의 방사선량이 가장 높았던 시기는 14일~17일
경으로, 공교롭게도 외출을 삼가 달라는 발표가 난 15일에 바로 친구들과
함께하는 연구회가 예정되어 있었다. 방사능 속에서 굳이 만나야 하는가를
고민하다가, 연구회는 취소하고 정보를 공유하고 행동방침을 정하기 위해서
가능한 사람이라도 만나기로 했다. 모인 인원은 많지 않았지만, 긴장되고 불

안한 얼굴을 마주 보면서, 그래도 만나길 잘했다는 생각이 들었다. 그때 어떤 천재지변이 일어나더라도 고립되지 않는 것의 중요성, 만남의 루트들을 만들어 놓는 것의 중요성을 깊이 깨달았다. 그게 내가 1년 동안 얻은 가장 중요한 깨달음이었다. 일상적이고 친근한 연결고리들이 '그날'들에 가장 중요한 안전망이 되어 줄 것이라는 믿음.

나는 연구회 친구들에게 메일을 보냈다. "어떻게 그날을 살아야 할지 고민하고 있지만 좀처럼 답이 떠오르지 않습니다. 저처럼 혼자서 안절부절못하고 있는 분들이 많으리라 생각합니다. 저는 그날 아침엔 성당이나 절에 가서 묵도를 하고 점심에는 탈원전 집회에 참여한 뒤, 오후에는 '인간사슬'에 참여할 생각입니다. 그리고 거리, 절, 성당, 집회에서 만난 분들과 학교 근처 '로지나'에 모여 음식과 이야기를 나누면서 그날을 마무리하고 싶습니다. 작년 이맘때 로지나에 긴장된 얼굴로 마주 앉아 있었던 것을 기억합니다. 그때는 밖에 나가는 게 무서웠지만, 역시 만나서 좋았다고 생각합니다. 1년이 걸려 겨우 알게 된 것은, 어떤 일이 있어도 고립되지 않는 것의 중요성이었던 것 같습니다. 함께할 분은 연락 주세요." 함께해 준 친구들이 많았다. 나는 재해 1주기라는 고통과 무거움과 슬픔의 시간을 그들과 함께할 수 있다는 기쁨과 편안함과 강렬한 쾌락 속에서 보냈다. 다음은 이 모순되고 풍부한, 아무 것도 아닐 수도 있지만 동시에 모든 것인 감정의 스크랩이다.

가장 처음 연락이 온 것은 대만 문학을 전공하는 하시모토 씨와 후쿠시마에서 유치원을 운영하는 가족을 둔 야마구치 씨였다. 이날 일본 내에서는 후쿠시마와 도쿄뿐 아니라 히로시마와 나가사키, 이바라키, 요코하마 등에서 전국적인 집회가 열렸고 국외에서도 많은 집회가 열렸다. 대만은 1만 명, 독일은 2만 명, 프랑스에서는 3만 명 이상이 모였다고 전해진다. 야마구치 씨는 도쿄 중심의 큰 절의 법요에 참여하고 집회에 합류하기로 했고, 나와 하시모토 씨는 집회 모임 장소인 히비야 공원에 마련된 〈지구에 평화〉Peace on Earth라는 묵도 및 이야기장에 먼저 참석했다. 2시 46분. 그날의 그 시간이었다. 위험하다고까지 느껴질 복잡하고 고요한 감정의 소용돌이. 모든 시간과 흐름이 정지했고 거리에서도 전철 안에서도 버스 안에서도 일제히 묵도가

진행되었다. 3시부터는 〈3·11 도쿄 대행진 — 추도와 탈원전의 맹세를 새롭게〉3·11東京大行進=追悼と脱原発への誓いを新たに에 참여했고 친구들과 도중에 교류했다. 행진하면서 문득 문득 마주치는 친구들이 반가웠다.

이날은 1만 7천 명 정도가 모였다고 하는데, 표현방식이 다른 각 그룹별로 대오를 나누어 두었다. 선두인 선전선동 call 블록은 탈원전 깃발과 추도의 의미를 담은 흰 꽃을 들고 짧은 대중 연설을 하거나 구호 agitation를 외쳤다. 드럼 블록은 드럼 등 소리 나는 온갖 것을 들고 모여 '분노의 드럼데모'를 했다. PR 카 블록은 깃발을 들고 전통적인 분위기의 구호를 외쳤고, 뮤직 블록은 3·11에 대한 다양한 생각을 음악으로 표현했다. 이 블록에는 길거리 집회에서 분위기를 고조시키는 진다라무타ジンタらムータ와 리클 마이Likkle Mai가 참여했다. 가족 블록에는 어린이를 데리고 나온 가족이 참여했고 〈아이들 오케스트라〉와 〈에너지 시프트〉エネルギーシフト가 참여했다. 이날 플래카드에 가장 많이 등장한 말은 원전 재가동 중지였다.

집회에 참여한 인원들은 이후 촛불을 들고 손을 맞잡아 국회 의사당을 둘러싸는 '인간사슬' 퍼포먼스에 합류했다. 사람이 너무 많아 두세 줄로 늘어서야 할 정도였다. 나는 어린 딸과 중학생 아들을 데리고 나온 독일인과 결혼한 일본 아주머니와 손을 잡았다. 5시 52분이었다. 촛불을 든 꼬마 여자애의 통통한 볼도 예뻤다. 갑자기 비가 뿌리거나 할 때마다 아이들을 먼저 지하도 속으로 피난하게 하는 모습들도 보기 좋았다. 재가동 반대 구호만이

울려 퍼지자, 옆에서 "후쿠시마를 잊지 마라, 후쿠시마를 짓밟지 마라!"고 외치던 친구의 모습도 좋았다.

8시쯤 히토쓰바시 근처 식당 겸 카페 '로지나'에는 5~6명이 모였다. 후쿠시마 출신 친구인 야마구치, 작년에 패닉이 된 기숙사 동

가족 블록. 여성과 아이들 참여가 두드러진다.

거리 곳곳에 설치된, 탈원전·반원전 메시지와 재해지를 향한 마음을 전하는 거리 게시판

료들을 끌고 단체로 오사카로 피난 갔었던 다케모토, 독일인으로 최근 방사능과 신체의 문제를 연구테마로 정했다는 로빈, 도치키 현 출신 친구 등이 모였다. "이번 집회는 '원전 재가동 금지'라는 구호가 중심이어서 후쿠시마 이야기가 빠진 것 같았어요." "그렇죠? 재난 직후에는 모두 탈원전으로 합쳐진 것 같았는데 점차 지역별 입장별 차이들이 명확해져 가는 것 같아요. 이번엔 우익들의 참여도 두드러지네요." "후후, 우익들은 너무 진지한 얼굴로 구호를 외친단 말이야." "사람 수가 줄었다곤 하지만 가족 단위의 참여가 많아 좋았어요." "쓰나미나 지진 피해지에서는 조용히 애도하는 시간을 보낸다고 들었어요. 집회 같은 걸 하는 게 아니라." "얼마 전 신칸센을 타고 후쿠시마에 갔었는데 방사능이 높은 이이타테 마을을 정차하지 않고 건너뛰었어요. 그렇게 마을 하나를 건네 띠고 마는 신칸센의 속도는 어딘가 방사능과 닮은 건 아닐까 생각했어요." "국가가 마치 없는 것처럼 살아가는 것과 방사능이 마치 없는 것처럼 살아가는 것은 동일하지 않은 것 같아요. 아무래도 방사능이 국가보다 신체에 직접적이에요." "아무래도 후쿠시마에서 도쿄로 오는 것과 도쿄에서 후쿠시마로 오는 건 달라요. 도쿄에서 후쿠시마로 와서 말하면 뭔가 벽 같은 게 생기지요." "방사능은 눈에 보이지 않지만, 아이를 낳을 때와 같은 순간에 직접적으로 느껴지는 것 같아요." "나는 결혼하고 애 낳고 하는 건 경험이 없어서……내가 모르는 뭔가가 있을 것 같아요. 근데요, 후쿠시마에 사는 철없는 동생에 이 와중에 결혼하겠다고 나서서……정말이지……."

로지나. 지구에서 가장 오래된 국가라고 일컬어지는 초승달 모양의 우르Ur 지방을 지칭하는 말이자, 인류가 가장 오랫동안 재배해 온 아몬드로 만든 음식으로 맛과 향기와 식감이 훌륭하게 조화된 음식을 의미하기도 한다. 결혼식과 같은 특별한 날에 먹는다. 이 카페이름이 이러한 의미로 붙여졌는 지는 불확실하지만, 친구들과 이야기하고 음식을 먹으면서 나는 그냥 그렇 게 생각하기로 한다. 2012년 3월 11일 '로지나'에서 먹은 음식과 나눈 이야기 는 오래된 마을처럼, 특별한 날의 음식처럼 모순되고 풍부한 맛과 말이 훌륭 하게 조화를 이루었다. 물론 이 음식들 속에는 방사능이 포함되어 있을 것 이었다. 그러나 나는 이날 로지나의 풍부하고 따뜻하고 모순된 시간들 속에 서 겨우, 후쿠시마 고리야마에 갔어도 좋았을 것을……그렇게까지 두려워하 지 말았어도 좋았을 것을……이라고 잠시 생각했다. 방사능으로 오염된 공 기와 음식이 있지만 동시에 여러 가지 만남과 신뢰와 그 방사능으로부터 자 신을 보호하는 방법을 그 방사능 마을 속에서 경험하고 배울 수도 있지 않 았을까? 그러나 그 생각에 연이어 다시금 공포가 밀려왔다. 이처럼 망설임과 모순된 판단과 복잡한 감정들이 하루에도 몇 번씩 요동치는 곳, 이곳이 신 이 사라진 날 이후 우리가 함께 살아가고 있는 모순되고 풍부한 맛과 향을 지닌 로지나들이다.

후쿠시마의 생산자와 도쿄의 소비자, 그 연결고리

　3월 11일을 전후해서 도쿄에서는 다양한 연구회, 집회, 영화 상영회가 기획되었다. 도쿄 외대 연구회인 〈WINC〉에서는 3회 연속 기획을 마련했 다. 4월 10일 고엔지 데모를 주도했던 〈가난뱅이들의 반란〉 마쓰모토 하지 메 씨의 이야기를 듣는 시간, 『민중소란의 역사인류학』民衆騷乱の歴史人留学이 라는 책을 통해 19세기 파리의 민중들이 봉기를 일으키면서 생각하고 꿈꾸 었던 것이 무엇이었는지를 되짚어 보는 시간, 세 번째로는 『이 폐허를 응시 하라』A Paradise Built in Hell 3의 저자 레베카 솔닛Rebecca Solnit의 이야기를 듣는 시간을 마련했다. 이러한 시간을 통해 현재 일본에서 일어나고 있는 수많은 집회와 데모가 지닌 예시적 봉기의 잠재성을 조명해 보려는 것이었다. 8일부터는 〈에너지 시프트〉에서 〈영화를 통해서 원전을 생각한다〉는 영화 상영회가 개최되기도 했다. 그러나 저선량 피폭 지대 도쿄, 방사능 수치가 높은 후쿠시마, 마을 주민의 많은 수가 목숨을 잃고 잔해만이 남은 피해지가 연결된다는 것은, 과연 어떤 것일까? 또 얼마나 힘든 것일까?

3월 11일에 열린 고리야마 시에 대한 보도를 보면, 후쿠시마 현지의 상황은 섣부른 낙관을 거부한다. 현안에서의 갈등뿐 아니라 가족 간의 분열과 갈등도 심화하고 있었다. 이날 집회는 기획자 대부분이 후쿠시마 현 출신으로 1만 6천 명이 모였으며, 후쿠시마 현 민의 소리를 전달하는 데 중점을 두고 있었다. 집회 순서 중에는 "현 민의 호소"라는 섹션이 있어서 68명이 발언했다고 한다. 『도쿄신문』의 보도 기사(3월 12일자, 24면)에 실린 발언들을 그대로 번역해 본다. "피난지에서는 그 무엇도 할 수 없다. 농가는 농업이 일인데, 어떻게 살아가면 좋을까? 작년 3월 15일에 여관의 방사선량은 44.7mSv였다. 이러한 고농도의 방사선에 촌민들을 방치해 둔 것은 누구인가!" "다양한 이벤트에 초대되었지만 배려나 친절함이 도리어 피해자라는 사실을 절감하게 해서 괴로웠다. '간바레(힘내라)!'라는 말도 싫었다."(17세) "2차 세계대전 종전 후 중국 대륙을 걸어서 도망쳤던 기억이 되살아났다. 원전 사고의 피난은 도보가 차로 바뀌었을 뿐이다. 어떤 시대건 국책으로 고통을 당하고 슬픔을 강요당하는 것은 죄 없는 민중이다."(72세, 가설주택 피난민) "일본의 모든 원전을 돌면서 이곳에 도착했다. 원전의 무서움이 몸에 깊이 새겨졌다. 원전 에너지를 전환하지 않으면 인류의 미래는 없다."(일본 원전을 돌고 있는 도쿄의 한 승려) 후쿠시마나 동북지방에서 농사를 짓던 곳은 농사를 짓지 않고서는 마을을 복귀하기 쉽지 않을 것이다. 농사는 단순한 돈벌이 수단이 아니라 삶의 리듬, 마을의 순환을 가능하게 해 주는 것이기 때문이다. 그러나 도쿄에서는 후쿠시마나 동북 지방에서 생산된 쌀을 사 먹지 않는다. 과연 도쿄에서 일어나는 크고 작은 집회와 데모와 교감의 순간들은 피해지와 어떻게 연결될 수 있을까?

3월 17일에는 작년 6월에 이어 〈티치인teach in 히토쓰바시〉가 개최되었다. 히토쓰바시가 있는 다마 지구 거주자들의 데모와 함께 〈재난 원전 사고

1주기 토론집회 ― 피해지/피난자와 함께 산다〉災難·原発事故1周年討論集会 ― 被災地/避難者とともに生きる라는 토론집회가 열렸다. 이날의 집회에서 우카이 사토시는 후쿠시마의 소비자와 도쿄의 생산자를 연결할 수 있는가, 도쿄에 피난 온 사람들 그리고 피해지의 사람들과 함께 살아간다는 것이 무엇인가를 질문하며 집회를 시작했다. 1부는 독립미디어 〈아워 플래닛 TV〉의 시라이시 하지메白石草 씨가 "영상을 통해 1년을 되돌아본다 ― 아워 플래닛 TV 송신 영상을 중심으로"映像を通じて1年を振り返る ― OurPlanetTV 配信映像を中心に라는 제목으로 1년간 촬영한 필름을 보여 주었다. 그는 3월 11일을 각자 어떻게 지냈는지 찍어 보내 달라는 캠페인을 했는데 그중 인상적이었던 것은 카메라를 들이대자, 여태껏 아무 말도 하지 않았던 자신의 아버지가 갑자기 말을 쏟아 내기 시작했다고 전해 준 사람의 이야기였다고 했다. 또한, 방사선량이 너무나 높은 이이타테 마을 주민들은 저널리스트들이 와서 생활을 찍어 주면 다시 살아갈 기분이 생겼다고 말했다고 한다. 시라이시 씨는 기록하고 기억하고 알리는 것의 중요성을 이런 말들을 통해서 느꼈다고 하면서 오래 살아서, 정말 오래 살아서 이런 말들을 전하고 싶다고 말했다.

후쿠시마 현 미하루마치福島県三春町 주민 마시코 리카增子理香 씨는 자녀 5

히토쓰바시 앞 〈다마 워크 2012〉의 모습. 여성과 아이들이 많이 참여했다

월부터 히토쓰바시 대학이 있는 구니타치에 피난해서 살면서 〈연결하자! 방사선에서 피난해 온 마마넷@도쿄〉つながろう!放射線から避難したママネット@東京를 만들어 활동하고 있다. 그는 2012년 3월 11일에는 데모하러 갈 힘조차 없어 피난해 온 7가족 20명과 함께 있었다고 한다. 2시 46분, 묵도를 할 때에 분노도 슬픔도 고통도 아닌 그 뭐라고 할 수 없는 감정이 몰려와 모두 함께 눈물을 흘렸다고 했다. 자신들에게 2012년 3월 11일은 변한 것이 전혀 없는 일 년 전을 어제와 오늘처럼 연결하는 날이라고 했다. 여전히 끝이 없고 보이지 않는다고 했다. 그녀는 작년에 정부가 방사능에 대한 정보를 주지 않아 피폭피해가 심각해졌다고 이야기하면서, 피난 온 자신들을 비난하지 말고 "잘 (피난해) 왔다"라고 말해 주길 당부했다. 그녀의 가계는 후쿠시마에서 4대째 농사를 지어 왔고 현재 남편은 후쿠시마에 남아 있다고 했다. 그녀는 도쿄 출신으로 아이들을 데리고 도쿄로 피난 가겠다고 했을 때 도쿄에서 온 며느리라서 그렇게 말한다며 비난도 많이 받았다고 했다. 올해 설날에 후쿠시마에 갔었는데, 어머님이 방사능 검사조차 하지 않은 마을 우물물로 지은 밥을 아이들에게 먹일 수 없어서 페트병 물로 밥을 다시 지었다고 했다. 그 모든 것이 악몽 같았다고 한다. 여러 가지 사정으로 후쿠시마에 남아 있는 친구들이 있고 어떤 집은 외제 캔 식품으로 연명하기도 한다고 말했다. 매일 매일 이렇게 생활해야 하는 사람들이 있음을 가끔 생각해 달라고 당부했다.

히토쓰바시 대학원생으로 이번 쓰나미로 큰 피해를 입은 미나미 소마 출신인 야마우치 아케미山內明美[4]는 자신의 집은 대대로 농사를 짓고 소를 키워 왔고 부모님은 늘 "우리 집은 먹는 것과 사는 것이 하나다"라고 말해 왔다고 했다. 남동생이 영농 후계자로 기대를 모아 왔는데, 몇 년 전 광우병으로 타격을 입고 작년에 다시 방사능으로 타격을 입어 농업을 그만두고 원전에 일하러 가겠다는 말을 했다고 한다. 동북 지방의 농업 문제는 이번 재해 이전부터 존재해 온 심각한 문제라고 강조했다.

인상적이었던 것은 38년간 유기농식품점 〈아히루의 집〉あひるの家을 운영하는 가노狩野強 씨의 발언이었다. 그는 잠시라도 구니타치에 피난해 와 있는 피난민들이 이곳을 좋은 곳으로 느낄 수 있도록 활동하면서 후쿠시마의 농

산물 중 방사능이 검출되지 않은 생산물과 도쿄를 연결하는 활동도 하고 있다. 그의 말에 따르면 그가 중계하고 있는 후쿠시마 농가의 호소문은 점차 그 내용이 절박해져 가고 있다고 한다. 수확 전에도 출하 전에도 방사능이 검출되지 않았다고 해도 후쿠시마산 쌀이 거부당한다는 것이다. 절박해진 후쿠시마 농가에서는 다음과 같은 호소문을 보내고 있다. "후쿠시마에서 발전한 전기는 우리 지역에서는 쓰지 않고 모두 관동지방 및 수도권으로 송전 됩니다. 수도권 사람들은 그 전력으로 쾌적한 생활을 영위해 왔던 것입니다. 어떤 혜택도 받지 못했던 우리가 왜, 방사능 오염과 품평 피해라는 이중의 고통을 맛봐야 합니까?" 이 문구를 읽은 〈아히루의 집〉 점원은 울면서 자신도 후쿠시마 유기농 농가를 응원하고 싶지만, 1살짜리 아이가 있어서 후쿠시마 쌀을 살 수가 없다고 말했다고 한다. 가노 씨는 이처럼 후쿠시마의 생산자도 도쿄의 소비자도 모두 고통을 받고 있다고 말한다. 더구나 최근에는 생산지가 후쿠시마산임에도 다른 지역으로 속여 파는 경우도 늘어나고 있다고 한다. 이러한 각각이 처해 있는 절실함들과 연결고리들은 생산자와 소비자라는 말 속에서는 나타나지 않는다.

이날에는 1백 명 가량의 구니타치와 다마 지구 주민들이 참여해 의견을 나누었다. 아이들도 많았기 때문에 바깥에는 수유실을 임시로 만들기도 했다. 이날의 집회는 연결한다는 것이 얼마나 어려운가가 아니라 우리가 서로 얼마나 함께 고통을 받고 있는가를 확인하는 자리였다고 생각한다. 후쿠시마 생산물을 먹어야 하느냐 또는 먹지 말아야 하느냐를 정하는 장소가 아니라, 피해지와 피난민들을 함께 살아가는 사람들로 느낄 수 있는 시간이었다. 사는 것과 먹는 것, 피해 지역과 피해 지역이 아닌 곳, 고립의 고통과 연결의 기쁨. 이것들이 결코 분리될 수 없는 복잡하고 예측할 수 없는 상황 속에 서로가 놓여 있다.

모순되고 격렬하고 풍부한 감정 속에서

"NO"와 원전마크를 겹쳐 탈
원전을 원하는 마음을 "合"
이란 한자로 표현했다.

2011년 3월 11일 이후 1년이 흘렀지만, 우리는 계속해서 그 날들을 살아가고 있다. 사망자는 15,854명, 행방불명 3,155명, 피난생활 34만 명. 후쿠시마의 50%가 가족과 떨어져서 산다. 후쿠시마 사람들은 말한다. "우리들을 잊지 말아 주세요." 동북지방의 쓰나미와 지진 피해지의 사람들은 말한다. "부흥"을 이야기하지만 그것은 원래의 생활로 되돌아가는 것이어서는 안 된다, 원래의 생활도 고통스러웠다. 이 와중에 도쿄전력은 원전 수습작업에 동원된 원전 노동자들의 마스크를 얇은 필터로 교체했다. 작업원들의 부담을 줄이고 호흡을 편하게 하기 위해서라는 명분을 대지만 실은 비용절감을 위해서라고 노동자들은 분노한다. 원전 사고지역에서 1년간 지속한 사고 수습 및 보수 작업 때문에 원전 노동자들의 피폭량은 이미 규정 한계치에 다다르고 있다고 한다.[5]

이런 상황 속에서 앞으로 계속될 이 3월 11일이라는 '그날들'을 과연 정당하고 아름답게 다시 살아갈 수는 있을까? 감히 '아름답게'라는 말을 '정당하게'라는 말에 끼워 넣어 보았다. 나는 상황을 비판하는 것보다, 사람들이 어느 순간에 마음이 움직이는지에 관심이 있다. 후쿠시마의 상황을 생각하고 그곳에 가지 않았던 것을 계속 생각하면서 내 마음이 이곳에 있으면서 동시에 그곳을 느끼기를 멈추지 않길 바라게 된다. 〈WINC〉에서 열린 이벤트에 토론자로 나온 사토 이즈미는 "재해 유토피아"라는 말은 절망과 희망을 동시에 느끼게 된 우리들의 새로운 감각을 지칭하는 것이라고 말했다. 그리고 그녀는 홍성담의 글을 인용한다. 1980년 광주에서 끝까지 버텼던 것은 짜장면을 배달하던 가난하고 젊은 청년들이었다. 그들은 1980년 광주의 저항 속에서 처음으로 존엄을 지닌 인간으로 대우받는 경험을 했고 따라서 그들은 지도자들이 모두 도망간 순간에도 자신들이 만든 자치적인 시공간을 지키고 싶어 했다는 것이다. 홍성담은 "그 순간 우리는 진정으로 아름다웠다"고 말한다.

다큐멘터리 〈3·11〉 배너 사진 (출처:http://docs311.jp)

2011년 3월 11일, 그날 이후 우리는 풍부하고 모순적인 감정의 소용돌이 속에 산다. 하루에도 몇 번씩 두려움과 불안은 분노와 신뢰로 뒤바뀌고, 슬픔과 고통은 기쁨과 쾌락으로 뒤바뀐다. 아니, 불안과 두려움 속에 연결되고자 하는 절실함이 싹트고, 슬픔과 고통 속에 희망과 기쁨의 빛이 저 깊숙한 곳에서 반짝하는 것을 느낀다. 신이 사라진 그날 이후, 풍부하게 두려워하고 풍부하게 슬퍼하며 풍부하게 고통스러워하고 풍부하게 기뻐한다. 신이 사라진 상황 속에서, 우리는 우리가 모르는 무엇인가를 간절히 염원하고 있다.

그날 이후, 우리는 현장, 당사자와 같은 말들을 아주 새로운 것으로 경험하고 있다. 쓰나미와 지진이라는 엄청난 재난과 방사능이라는 대처 불가능한 재해는 어디까지가 현장이고 어디까지가 현장이 아니며, 누가 당사자인가를 뒤섞어 놓았다. 〈3·11〉이라는 다큐멘터리는 4명의 다큐멘터리 촬영감독이 원전 사고 직후 후쿠시마와 피해지를 촬영하러 가는 과정을 담고 있다. 4명의 다큐멘터리 감독이 '현장'인 후쿠시마에 가서 '당사자'인 후쿠시마인들을 찍으려고 했다. 그러나 그들은 점차 방사능의 공포에 무기력해지는 자신들을 보게 된다. 우주복처럼 완전 무장을 하고 원전 20km 근처에 가던 중 자동차 바퀴가 펑크가 나자, 그들의 공포는 극에 달한다. 후쿠시마라는 현장을 촬영하러 간 그들의 카메라에 담긴 것은 후쿠시마도 후쿠시마 현민도 아니라, 공포에 질린 자신들, 어느 사이엔가 당사자가 된 그들 자신들의 모습이었다. 눈에 보이지 않는 방사능으로 오염된 폐허의 그곳, 카메라에 찍힌 그곳은 오히려 너무나 평범하고 너무나 아무렇지도 않게 아름답게 노을 져 있다. 이 아름다운 자연 속의 공포, 알 수 없는 초록 속 위험, 신이 사라진 순간 등장한 이 새로운 현장 앞에 새로운 당사자들인 우리가 서 있다.

자본주의와 국가의 종말을 생각해 보면 너무나 아득해서 현실적이지 않다. 따라서 차라리 자본주의나 국가나 차별이 없는 것처럼 살아갈 수 있을까를 고민하게 될 때가 있다. 방사능을 없애려면 수많은 사람이 피폭 노동에 시달려야 한다. 그러나 누군가 수습하지 않으면 방사능은 점차 더 확산되어 갈 것이다. 국가가 없는 것처럼 살아가듯 방사능이 없는 듯이 살아갈 수는 없다. 그러나 방사능을 의식하고 잊지 않고 조심하면서도 "마치" 방사능이 없는 듯이 살아갈 수는 없을까? 신이 없어진 기회에 신 없이 살아갈 수는 없을까? 병과 함께 살고 편견을 안고 사랑하며 울며 웃고 두려워하며 저항하고 분노하며 연대하고 망각하며 기억하는 것, 이 모순된 감정의 소용돌이 속에서 우리는 어떤 삶의 윤리와 아름다움을 추출해 낼 수 있을까? 2011년 3월 11일로부터 1년이 지난 요즘, 우리는 이러한 모순된, 강렬한, 고통스러운, 풍부한 현장에 서 있는 것이다.

그림자에 그늘질 때

3·12 후쿠시마, 5·15 오키나와, 그리고 이토 다리 퍼포먼스

이토 다리(イトー・ターリ)의 목소리

"제가 이토 다리예요."

"앗, 처음 뵙겠습니다! 퍼포먼스 보러 가려고 하는데요……."

"길은 알아요? 주택가에 있어서 찾기가 쉽지 않을 텐데."

"실은 제가 길치라서……."

"못 찾으면 이 번호 말고 갤러리로 전화해요. 이 번호는 집 번호거든요. 아니면 내 핸드폰으로. 번호는 ××××……."

이토 다리는 여성 퍼포머다. 그리고 위의 대화는 내가 그녀와 나눈 최초의 대화다. 갤러리에 전화를 건다는 것이 이토 다리 자택으로 전화를 해 버린 것이다. 이 첫 전화 대화에서 나는 이토 다리의 개인 핸드폰 번호를 알게되었다. 나에 대해서는 아무것도 묻지 않은 채, 바로 자신의 핸드폰 번호를 알려 주는 목소리 앞에서, 나는 멈칫했다. 이 느낌은 뭐지? 뭔가 일반적인 통화와는 달랐다. 처음 듣는, 이상한 일본어 억양의, 갑자기 집으로 걸려온 전화 속 낯선 이와 그녀는 아무렇지도 않다는 듯이 대화하고, 어느새 쑤욱~ 내 비로 옆께지 디기 설 수 있는 걸까? 이 강한 직접성, 이 부드러운 신뢰.

사실 우리는 이토 다리처럼 핸드폰 번호를 알려줘 본 적이 없으며, 또 이

퍼포머 이토 다리

토 다리처럼은 핸드폰 번호를 알려 주지 않는 사람들 속에서 산다. 단지 핸드폰만의 문제는 아니다. 그날의 통화에서 타인을 만날 때 늘 고려해야 하는 위계, 도덕, 권력, 그리고 그러한 관계에 대한 두려움이 일순 사라지고, 어떤 존재와 직접 대면하고 있는 듯한 느낌이 들었다. 그녀의 몸이 마치 내 옆에 있는 것처럼, 마치 먼 옛날부터 그랬던 것처럼 말하고 있었다.

4월 7일 6시, 갤러리 브로켄, 이토 다리 아트 액션 2012. "오키나와 편:하나의 응답 – 배봉기 씨와 세어지지 않는 여성들" "후쿠시마 편:방사능에 색이 칠해져 있지 않기 때문에 다행일지 몰라……라고 깊은 한숨……을 쉬다." 그녀의 목소리를 떠올리며 나는 그녀의 퍼포먼스 일정과 주제를 되뇌어 보았다.

메일 덜컥병과 관계의 식민지성

새 학기가 되면 부산해진다. 전화도 메일도. 마음은 더욱더. 밥 한 끼, 차 한 잔, 이거 번역 조금, 저거 통역 조금, 이 자료 조금, 이 글 조금 등을 모으면 산더미가 된다. 쉽게 거절하지 못하는 나는 메일이 잔뜩 도착해 있으면 가슴부터 덜컥한다. 별로 울리지 않는 전화가 울리면 깜짝 놀란다. 내 스스로 일명 '새 학기-메일-덜컥병'이라고 이름 붙인 증상이다. 그런 자신을 약간 희화화해서 갑자기 늘어나는 새 학기 인간관계의 부담을 가볍게 하려는 것이다. 이는 비단 나만의 증상은 아닐 것이다. 이 두려움과 부담은 어디서 온 것일까?

나는 때때로 이처럼 관계를 맺길 두려워하는 사람들에게서 그리고 나 자신에게서, 만나는 상대방에 대한 두려움이 아니라 다른 것에 대한 두려움을 본다. 우리는 "A와 만나는 것이 부담된다"라는 식으로 말하지만, 실제로 우리가 두려워하는 건 A라는 개인이 아니라 가 아니라 나와 A의 관계를 결정짓고 있는 권력·도덕·제도다. 보이지 않지만 강한 시선으로 작동해서 나와 A 사이에 끼어들어 우리들의 직접적인 만남을 불가능하게 하는 권력. 그 밑에서 이유도 없이 갈등·경쟁·분열하고 두려워하는 관계성이야말로 식민지성의 증표다. 그런데도 우리는 여전히 메일을 기다리고 사람들을 만나길 원하고 바라고 희망한다.

메일 덜컥병은 일상적이고 가벼운 예다. 그러나 만약 관계성을 통제·감시하는 강력한 권력의 시선하에 놓여 있다면 어떨까? 최종심급으로 작동하는 권력의 시선은 한 마을 내부에 분열을 야기한다. 아메리카와 일본에 점령당했던 오키나와는 그러한 경험을 안고 있다. 1972년 5월 15일, 아메리카의 점령지에서 일본으로 복귀하게 되어 있던 그 날을 둘러싸고 벌어졌던 갈등과 분열 들은 그간 오키나와 안에서 축적되어 온 점령자들의 폭력성이 거꾸로 드러난 것이기도 했다. 후쿠시마에서는 3월 12일의 원전 사고 이후, 피난한 사람과 남은 자, 피난 가능 여부, 방사능 오염 정도, 원전을 받아들인 마을과 그렇지 않은 마을 등 다양한 분열과 갈등이 마을에서 가정 깊숙이에서 나타나고 있다. 지금의 고통을 만든 것은 가족이거나 옆집이 아니라 아메리카이거나 일본정부이거나 도쿄전력이지만, 우리는 옆집 사람, 친구들, 가족과 싸운다. 아메리카나 일본 정부나 도쿄전력 등을 두려워하는 것이 아니라 바로 옆의 타인을 두려워한다.

올해는 미국의 점령지였던 오키나와가 일본에 반환(1972년 5월 15일)된 지 40년째이며 후쿠시마의 원전 사고 및 지진 쓰나미의 피해가 발생(2011년 3월 11일~12일)한 지 일 년째가 된다. 나는 5월 15일의 한 달 전, 그리고 재해 이후 정부가 최초로 원전 재가동을 선언한 2012년 4월 13일 직후에 이 글을 쓰고 있다. 후쿠이福井 현 오이大飯 원전의 안정성이 확보되었으며 여름의 전력 시용을 대비해야 한다는 이유이다. 오키나와 반환이라는 국제적 퍼포먼스는 오키나와에서 사는 오키나와인을 점령에서 해방시켜 준 것이 아니라 일본의 미군 기지 대부분을 오키나와에 설치함으로써 이중의 점령-지배하에 놓이게 했다. 그곳에 살던 이족들은 또한 일본 정부로 반환됨에 따라서 불법 체류자로 돌변했다. 정부의 안정성 검사는 결코 원전 근처에 사는 주민들의 안전을 보장해 주지 못한다. '우리'들의 힘이나 관계는, 국제 관계, 국가 과학, 국가 보호를 받는 대기업 앞에서 굳게 입을 다문다.

그러나 이러한 상황은 단지 우리를 분열시키기만 했다고 생각하지 않는다. 서로 싸우고 수없이 많은 갈래로 분열되는 상황에 놓인 우리는, 서로의 눈동자 속에서 동일한 두려움의 대상을 끊임없이 확인해 왔다. 그 두려움의 대상을 직시하는 순간, 우리들의 갈등과 분열과 두려움은 뭉쳐진 에너지로 화르르 타오를 가능성을 지닌 무정형의 무엇이다. 그리고 나는 서로의 눈동자에서 확인하곤 하는 그 무정형의 에너지를 더 깊이 몰두하고 탐구할 수 없는 나 자신의 나약함에 안타까움을 느끼곤 한다. 이토 다리는 바로 그 부분에 서서 그 눈동자들과 비명들을, 어떤 매개도 없이, 어떤 권력도 없이 직접 연결하려고 한다. 그 때문이었을까? 바람이 아주 세었던 그 봄밤, 흔히들 비참하다고 여기곤 하는 그녀들의 삶 속으로 파고든 그녀의 퍼포먼스를 보고, 나는 이루 말할 수 없는 위로를 받았다. 지금도 나는 강하고 부드러운 힘에 몸을 기꺼이 내어 주듯이 그 장면들을 문득 떠올린다.

배봉기, 셀 수 없는/세어지길 원치 않는 여자들

일본에 온 직후였던가? 나는 이정화 선생님의 소개로 이토 다리 씨의 퍼포먼스를 본 적이 있다. 그런데 그때 나는 정신없이 졸고 말았다. 퍼포먼스를 보기 직전에 낯선 이와 당시에는 서툴렀던 일본어로 장시간 대화한 탓이기도 했지만, 이토 다리 씨의 퍼포먼스가 너무 직접적으로 비참함을 보여 주었기 때문에 스스로 의식을 약간 흐릿하게 해서 마음을 보호하고 싶었다. 그런데 이번에 나는 똑바로 그의 모습을 보고 있었다. 이번에는 직접적이고 강렬한 고발성이 부드럽고 따뜻한 힘을 동반하고 있는 듯이 느껴졌다. 자그마한 체구에 강하고 날카로운 눈빛의 이토 다리의 퍼포먼스가 진행될수록, 이토 다리라는 존재가 사라지고 그 자리마다 망각된 그녀들의 몸과 비명들이 육박해 왔다.

세어지지 않은 그녀들 혹은 세어지길 거부하는 그녀들

첫 번째 퍼포먼스는 "하나의 응답 ─ 배봉기 씨와 세어지지 않는 여자들"이었다.

1944년에서 2000년까지 오키나와의 전쟁과 군대와 미군 기지 주변에서 희생된 위안부나 성매매 여성들의 이야기다. 그런데 퍼포먼스는 오키나와인이 아니라 재일조선인 배봉기 할머니의 사연에서 시작되었다. 배봉기 할머니는 한국에서는 오키나와 할머니로 통한다. 1914년 충청남도 예산군 신례원에서 태어난 그녀는 어머니가 집을 나간 6살 때부터 가난에 시달린다. 일꾼으로 민며느리로 어린 나이일 때부터 여러 집을 전전하다가 희망없는 결혼생활을 견디지 못해 도망쳐 북쪽 흥남 부둣가에서 막노동을 한다. 그러던 중 "파인애플, 바나나는 산에 가서 나무 밑에 누워 입을 벌리고 있으면 저절로 떨어"지며, "일하지 않고 돈을 벌 수 있는데"[6]라는 속임수에 넘어가 일본말도 전혀 못하고 어디로 가는지도 모르는 채 배에 몸을 싣는다. 그녀들에게 말을 건넨 것은 일본인과 함께 온 '소개꾼'이었지만 그녀들을 수송해 오고 관리한 것은 일본군이었다. 그녀들은 일본 군과 함께 움직이고 점호를 모르는 일본어로 해야 했다고 한다.[7] 모지, 가고시마를 거쳐 도카시키 섬에 도착한 것은 1944년 10월 오키나와 나하시에 공습이 있었던 직후였다고 한다. 이곳에서 하루에 50명이건 100명이건 상대하며 위안부로 지내다가 1945년 3월 23일에 시작된 오키나와 전쟁에 휘말려 산속에서 일본군과 함께 숨어 지낸다. 일본 패전 후 막노동과 성매매를 전전하다가 1972년 오키나와가 일본으로 반환되자, 그녀는 갑자기 '외국인 불법 체류자'로 분류된다. 3년의 유예기간 중에 신성하면 특별 체류 허가를 내주는 조치가 있었기 때문에 그것을 신청한다. 그러자 "출입국관리 사무소 담당관의 취조"[8]를 받았고, 그 과정에서 오키나와의 위안부였음이 밝혀진다. 1991년 김학순 할머니가 스스로 위안부였음을 증언하기 이전에, 1972년 오키나와의 복귀 속에서 살아남기 위해서 스스로가 위안부였음을 드러내야 했던 배봉기 할머니가 있었다. "더운 오키나와의 여름에도 덧문까지 꼭 닫고서 사람을 피해 살고 있"었던 그녀는 "견디기 어려운 두통이 엄습해 시달리다가, 파스를 잘게 자르는 가위로 목을 찌르고 싶다"고 말하기도 했떤 그녀는, 때로 정신이 이상해진다는 그녀는, '전 위인부'의 최초의 증언자이다.[9]

이토 다리 씨는 땅바닥에 못을 마구 떨어뜨렸다. 못이 튀어 오르고 떨어지고 부딪치는 소리가 오키나와 기지 근처 환락가의 영상을 배경으로 공간을 가득 채운다. 그녀는 이 못들을 처음 보는 듯이 호기심과 두려움에 가득한 몸짓으로 건드려 보고 입에 물어 보고 바라보았다. 그럴 때마다 더 나은 삶을 찾아 낯선 배에 올랐던 그녀들의 호기심과 희망에 가득 찬 몸이, 이윽고 산산히 찢겨졌던 몸이 떠올랐다. 퍼포먼스의 절정은 흩뿌려진 못 위에 여성들의 속옷을 하나씩 덮으면서, 그 위를 테이프로 붙이는 장면이었다. 그 테이프에는 미군 기지 주변에서 온갖 방법으로 성폭행을 당해 왔음에도, 가해자인 미군에게는 정당한 처벌이 내려지지 않았던 사연들이 깨알 같은 글씨로 적혀 있었다. 각각의 사례에 따라 테이프의 길이도 달랐다. 이 행위는 못으로 상징되는 미군 기지에 의해 세어지지 못한 여성들의 피해를 고발하고 그녀들을 기억하기 위한 것이었다. 그렇게 몸을 파고들고 몸을 속박하는 형태로만 그녀들은 바다를 건너 이동할 수 있었을 것이었다.

그러나 나는 그녀들이 세어지기를 바라는 동시에, 남성적인/법정의/신문기사의 언어로는 세어지길 거부하고 있는 듯한 느낌이 들기 시작했다. 그녀들의 옷에 강간내용을 적은 테이프가 붙을 때마다 마치 그 못이 그녀들의 몸을 파고드는 것 같은 고통을 느꼈기 때문이었다. 또한, 나는 그녀들이 처음 배에 올랐을 때 비록 속은 꿈이었으나 그들이 가졌던 어떤 희망과 호기심들은 그 자체로 강한 에너지를 담고 있다는 생각도 들었다. 그녀들의 호기심, 그녀들의 희망, 그녀들의 고통은 기존의 법과 신문의 언어로는 세어질 수 없다.

　배봉기 할머니는 스스로가 위안부임을 밝힘으로써 1975년 1월 외국인 등록을 인정받는다. 배봉기 할머니에 대한 기사를 본 가와다 후미코川田文子 씨는 10년간의 인터뷰와 현지답사를 거쳐 1987년 『빨간 기와집』이라는 논픽션을 낸다. 가와다 후미코 씨는 이렇게 이야기했다. "여기에 기록한 사연들은 봉기 씨가 만신창이인 자신의 몸을 도려내듯 하면서 들려 주었던 이야기이다.…… 일본의 과거사를 고발해야겠다는 신념으로 자료를 모아 책으로 엮는 과정에서 한 개인의 아픈 상처를 너무 적나라하게 들춰 내고 말았다. 그들에게 용서를 빌고 싶은 게 솔직한 나의 심정이다."[10] 1990년에 배봉기 씨를 찾아갔던 윤정옥 연구자는 1988년에 찾아갔을 때는 면담을 거절당했다고 한다.[11] 아픈 기억을 들춰내는 사람들에게 시달린 결과 사람 기피증이 생겼기 때문이었다. 그런 점에서 세어지지 않는 그녀들은 '그들의 방식'으로는 세어지길 원치 않았다. 그리고 그녀들의 삶은 기억과 망각이 주는 이 모든 이중 삼중의 고통 속에서 유유히 지속하여 왔다. 그녀들의 삶은, 국가나 법정의 언어나 숫자로써가 아니라, 오직 그녀들의 내재적인 언어와 논리로써만 기억될 수 있을 것이다. 2014년 번역본 뒤편에 실린 글 「근대화의 미로 속으로」에서 모리사키 카즈에는 이렇게 말한다. "송곳 하나 꽂을 생존의 터전도 없이 고독하게 거주지를 바꾸며 사는 봉기 씨의 처지는, 그대로 여자와 성과 아시아가 일본 국내에서 응축적으로 표현된 모습이었다는 점에서 가슴을 찌르는 듯하다. 역사가 할퀴고 간 상처는 시대를 상징하는 개인의 육체에 각인되어, 봉기씨는 기억에 시달리면서 육체의 아픔을 견뎌낸다."[12]

방사능에 색이 칠해져 있지 않아 다행일지도 몰라…… 라고 깊은 한숨……을 쉬었다

　두 번째 퍼포먼스는 "후쿠시마:방사능에 색이 칠해져 있지 않아 다행일지도 몰라……라고 깊은 한숨……을 쉬었다"였다. 이 제목은 이토 다리 씨를

퍼포먼스 "후쿠시마 편:방사능에 색이 칠해져 있지 않아 다행일지도 몰라……라고 깊은 한숨……을 쉬었다."

후쿠시마로 불러 퍼포먼스를 하도록 주선했던 그녀의 친구가 한 말이다. 이 말은 미묘한 울림이 있다. 상식적으로 보면 이 말은, "방사능에 색이 칠해져 있었으면 좋았을 것"이 되어야 했다. 그런데 오히려 색이 칠해져 있지 않아 다행일지도 모른다는 깊은 한숨이 되어 있다. 방사능이 없는 삶을 상상할 수 없는 철저한 절망 속의 표현이다.

이토 다리는 양파에 물감을 칠하거나 방사능 알람 미터의 소리를 들려주거나, 온몸을 동여맨 줄이 번쩍거리게 하거나 함으로써 방사능에 고통받는 몸을 드러냈다. 보이지 않지만 존재하고 벗어나고 싶어도 끊임없이 달라붙는 방사능은, 마치 우리가 보이지 않고 들리지 않고 존재하지 않는다고 치부하는 타자들처럼, 우리들 앞에 그 존재를 드러냈다. 일부 가임 여성에게 출산의 경험은 일종의 타자와의 만남이다. 이토 다리는 마지막 장면에서 벽에 붙은 끈적이는 두꺼운 고무들을 떼려고 노력한다. 길게 늘어진 고무들은 마치 여성의 자궁처럼 보였다. 그 고무를 떼려고 늘리면 다시 벽으로 되돌아갔다. 방사능과 함께 자라는 자궁 속 태아처럼. 그 (장애인) 아이가 태어날 때, 방사능의 고통이 우리 눈앞에 드러나는지도 모른다.

퍼포먼스 마지막 장면에서 그녀는 길게 붙은 테이프를 읽는다. "미군들은 기지 주변에 살던 장애인 여성을 4일간 기지 안에 감금한 채 강간한 후 그녀를 기지 밖으로 내보냈다." 방사능으로 고통받아 장애를 안고 몸부림치던 그 몸은 어느 순간 강간당하고 기지 밖으로 내버려진 장애인 그녀의 몸과 겹쳐지고 있었다. 감금당하고 강간당한 그녀가 기지 밖으로 나왔을 때, 방사능으로 고통당한 신체 속에서 장애인 아기가 태어날 때, 그러한 채로 삶이 결연히 이어질 때, 이 삶은 어떻게 세어지고 어떻게 칠해질 수 있을까? 방사능이 없는 삶은 이제 불가능하므로, 차라리 그 방사능이 보이지 않아 때때로 망각할 수 있으니 다행이라고 말하는, 이 철저한 미래 없는 삶에서.

그녀가 세상으로 나왔을 때. 그림자에 그늘질 때

우주 속 모든 생물과 죽은 것을 포함하여 "관계"라는 것은 붙거나 떨어지거나 두 가지 상태로 나뉠 수 있다. 그러나 사실 이 두 가지 상태 사이에는 붙거나 떨어진 흔적들, 자국들, 미처 떨어지지 못하거나 미처 붙지 못한 상태로 남은 것들이 덜렁덜렁 매달려 있다. 오키나와의 미군 기지 위로 떨어져 뒤덮는 여성들의 몸과 비명, 방사능과 함께 자라나는 자궁 속 태아의 몸부림처럼. 이렇게 오키나와와 후쿠시마를 붙이고 떨어뜨리면서 이토 다리는 이 둘 사이에서 너덜너덜해진 몸으로 길을 낸다.

이토 다리의 퍼포먼스는 식민권력의 책임과 잘못을 묻고, 피해를 인정받지 못했던 억울한 사연들을 풀어놓는다. 그러나 거기에 멈추지 않는다. 감금당하고 강간당한 여성의 삶, 방사능과 함께 살아가고 있는 삶을 표현하기 위해서는 완전히 새로운 말과 감각과 가치가 요청되기 때문이다. 미군에게 강간당한 여성들의 피해를 인정하고 가해자를 처벌하는 것, 궁극적으로 미군 기지를 없애는 것은 꼭 필요하다. 동시에 그녀 스스로 자신의 삶을 드러낼 수 있는 표현과 윤리가 필요하다. 방사능의 수치를 명확히 드러내고 후쿠시마 주민들의 피난 권리를 주장하고 방법은 마련하는 건 시급한 요구이다. 동시에 방사능과 함께 살 수밖에 없고 살 수밖에 없었던 삶 자체를 가감없이 그대로 표현하고 거기서 다시금 윤리성을 구성하는 것이 필요하다. 방사능의 공포가 장애인에 대한 공포로 선이되어, 장애인의 신체를 비하아는 것이 되지 않도록 하기 위해서. 또한, 성폭행을 당한 여성이 도리어 차별

방사능과 함께 자라는 자궁 속 태아. 아니 우리 모두.

과 배제의 대상이 되지 않도록 하기 위해서.

절망 속의 희망이라는 말이 어려운 것은 단지 절망과 희망이라는 가치 분류를 그대로 두고, 절망 속에서 기존의 기준에 적합한 희망 — 정상인, 순결한 여자, 오염되지 않은 신체 등 — 을 찾아내는 게 아니기 때문이다. 오히려 절망과 희망을 나누는 우리의 가치 기준과 감각 그 자체, 좌표계 그 자체를 완전히 새롭게 되돌려, 절망과 결여 그 자체에서 새로운 희망의 계기들과 가치들을 끌어내지 않으면 안 된다. 이것이 기존의 방식으로 그녀들을 세는 것이 아니라 그녀들의 비명과 몸과 흔적들을 통해서 새로운 '셈'의 방식을 만들어 내는 것이며, 장애인을 정상인으로 만들거나 장애인이라고 불쌍히 여기는 것이 아니라 장애인의 신체를 통해서 정상인의 신체가 느끼지 못하는 부분들을 새로운 가치로 드러내는 방법일 것이다.

극단 〈다이헨〉態變은 1983년부터 오사카에 거점을 두고 활동해 온 세계 최초의 장애인 신체표현 극단이다. 극단 대표는 장애인 재일조선인 2세인 김만리이다. 그는 이렇게 말한다. 장애 자체를 표현력으로 전화시켜 전대 미답의 미를 창출할 수 있다고. 자신은 세 살 때 소아마비에 걸려 자신의 몸에서 일어나는 이 신체적 변화가 무엇인가를 끊임없이 탐구해 왔다고. 자신에게 우주를 의식한다는 것은 죽음을 의식하는 것이라고. 입 다문 장애인들의 신체 연극은 이렇게 질문한다. 네가 두려워하는 그 대상이 정말 네 눈앞에 등장했을 때, 그것은 정말 네가 두려워하던 대상이었는가? 오히려 두려움은 저 머리 위 권력이 유포한 환상이었던 것은 아닐까? 네 눈앞에 나타난 두려움의 대상은 오히려 새로운 삶으로 들어가는 출구인 것은 아닐까? 이토 다리의 퍼포먼스는 그 출구들을 느끼게 해 주었고 그것이 깊은 곳으로부터 나를 위로했다. 쉽사리 두려움에 쫓기곤 하는 나는 그럴 때마다 이 출구들을 떠올리는 것이다.

맨 손으로 베낀 양파에서 매캐한 냄새가 퍼져나갔다. 그림자에 그늘이 지듯이.

제목으로 붙인 말은 김시종의 시 「그림자에 그늘지다」의 제목이다. 그림자에 그늘이 지기 위해서는 그림자 속에서 빛이 생겨나지 않으면 안 된다. 그리고 그것은 '그늘'이 아니라 '그늘지다'라는 그림자 속 빛의 매일 매일의 행위, 그림자와 두려움과 절망과 대면하는 매일 매일의 행위 속에서만 가능할지도 모른다. 이토 다리 씨의 퍼포먼스를 늘 보러 오시는 그녀의 연로한 어머니는 이렇게 말한다. 다리는 퍼포먼스에 쓴 재료들을 버리지 못해 집안에 그것들이 담긴 주머니가 잔뜩 있다고. 그 남겨진 재료들은 마치 죽은 사람의 무덤에 바치는 불교식 계명戒名, 저 세상 사람들의 이름이나 영혼과 같기 때문이다. 산 자의 말이 아니라 죽은 자들의 말, 정상인이 아니라 장애인의 신체, 순결한 여성이 아니라 강간당한 여성의 신체가 우리에게 건네는 그 말을 이토 다리는 그들의 몸이 되어서 전달해 주었다. 그리고 그 음성은 내 속에 있는 결여와 두려움과 같은 부정적인 감정들 속 그늘진 곳에 대한 풍부한 감수성을, 그곳에 함께 움직이고 있는 빛과 출구를 열어 주고 있었다.

'잡민'雜民들의 메이데이

2012년 <자유와 생존의 메이데이>

'쉰다'는 것의 소중함

"노동반대!" "일 안 해!" "돈을 달라." "우산을 달라." "스시를 달라."

웬 놀부 심보냐고 하겠지만, 이 말들은 내 가슴을 쳤다. <자유와 생존의 메이데이> 데모에서 이 말을 반복해서 외치자, 어쩐지 왈칵! 눈물이 나며, 가슴 속 깊은 빗장이 스르르 풀리는 듯 했으며, 땀과 비로 범벅이 된 옆 사람에게 진심을 다해 우산을 씌워 주고 싶었고……. 자유와 생존의 맛은 임금노동에서 벗어나 이런 게으름뱅이의 맛, 게으름을 부릴 수 있는 맛, 그 순간 생기는 외부로 열리는 어떤 교감들은 아닐까? 성실하고 열심히 일해도 늘 가난한 흥부가 이제부터 자신이 놀부가(그것도 남을 착취하지도 자신의 욕망을 누르지도 않는) 되겠노라고 선언하는 순간, 우리 잡민들雜民 마음속 깊은 빗장이 풀리고 내 마음속 빗장도 풀리고 우리들의 온갖 노동경험이 이야기로 풀려 나왔다. 아마미야 가린은 2006년의 <자유와 생존의 메이데이>에 참여했던 경험을 이렇게 말한다. "뭔가 인생이 변했다! 그 날 하루로!" 이 느낌은 <자유와 생존의 메이데이> 데모의 전통이 된 사운드 데모(사이키델릭한 노래와 온갖 악기·춤·술·변장술이 함께하는 행진)의 축제적인 분위기 때문이기도 하지만, 이 폐부 깊숙이 치고 들어오는 생생한 구호들, 그 구호를 만들어 낸 매일 매일의 노동, 그 고통과 슬픔과 그런데도 결코 놓을 수 없는 희망과 존엄 때문이 아닐까? 절실히, 성실히, 우리는 쉬고 싶다! 우리가 원하는 일을 할 수 있는 돈을, 음식을, 공간을, 시간을 달라!

"잡음"의 메이데이

2012년 〈자유와 생존의 메이데이〉는 '잡민들의 메이데이'였다. 사운드 카에 둘러쳐진 프래카드에는 "잡민 주권"이라고 쓰여 있었다. 그 밑에는 정체불명의 잡민들이 그려져 있었다. 로봇과 사이보그, 자연물들이 인간과 뒤섞여 있었다. 메이데이 팸플릿에 쓰여 있듯이 원전 사고 및 쓰나미 피해 이후, 일본 국내에서는 "기즈나"絆(연대, 유대)의 합주를 강조하며 "부흥 행진곡"이 울려 퍼졌다. 그러나 잡민들은 동참할 수 없었다. 3월 28일에는 파견법이 개악改惡되고 현재는 노동법도 개정안이 논의 중이어서 쓰고 버리는 일회용 저임금 노동이 강화될 위험이 있다.[13] 이처럼 복지사회 밖으로 배제당하고 소비세가 오르곤 해도 "이를 두려워하며 부들부들 떨며 답을 요구하는 것은 불안정을 사는 일에 익숙해질 수 없는" 잡민들뿐이라고 그들은 주장한다. 이 두려워하는 자들은 거리로 나와 외친다. "잡민들의 계약 기간을 얕보지 마라!" "주주 자본주의의 무책임한 재해 편승이 모든 것을 엉망진창으로 망가뜨리기 전에 각자 소리를 높이자!" "정제되지 않고 조화되지 않는 소리, 그것이 희망이다!"

사실 앞서 든 구호들에는 수식어가 필요하다. 피폭노동이나 저임금인 쓰고 버리는 노동, 더 나아가 임금노동 전체 반대! 착취당하고 누군가를 착취해야 하는 일 안 해! 노동하지 않아도 살아갈 수 있도록 돈을 달라! 방사능비를 맞지 않도록 우산을 달라! 방사능으로 오염되지 않은 스시를 달라! 이처럼 2012년의 메이데이는 하나로 뭉쳐질 수 없는 빗발치는 요구의 힘께었다. 10회를 맞이한 트위터 탈원전 데모(4월 29일), 쓰기나미 구 탈원전 집회(5

세금은 부자들한테 걷어라!

월 6일), 장애인 연속기획강좌(구마가야 신이치로熊谷晋一郎 주최, 4월 29일부터 매달 1회씩) 등이 기획되어 있었다. 이른바 눈에 보이지 않았던 사람들이 작년의 원전 사고 및 쓰나미 이후 비명을 내지르며 등장했다. 수많은 비명들·눈물들·외침들이 범벅 된 잡음 속에는, 그 소리가 담고 있는 염원과 희망과 함께 거리감·분열·연대의 불/가능성이 함께 존재한다. 2012년의 〈자유와 생존의 메이데이〉는 이 통합될 수 없는 잡민들의 분열을 들리게 하려는 시도였다.

탈원전 집회가 조명되면서 반빈곤 문제나 반기지 오키나와 문제(심지어 올해는 오키나와 복귀 40주년임에도)가 상대적으로 덜 조명되고 있으며, 그런 이유로 이번 메이데이의 참여자는 작년에 비해 적었다. 그러나 바로 그러한 이유로 그 어느 때보다 전국 각지의 반빈곤에 대한 열망은 절실했고, 그 열망이 다른 요구들과 경쟁하거나 다른 요구들과 똑같은 것으로 유야무야되는 것이 아니라, 각각이 서로 다른 소리를 내고 울려 퍼져야 한다는 의지도 강했다. "잡민의 메이데이"라는 이름에는, 각각이 더욱 더 다른 소리를 지를 수 있도록 서로 북돋움으로써, 각각의 소리가 살아서 강렬한 잡음이 되길 바라는 열망이 담겨 있었다.

'잡민'雜民들의 메이데이

잡음에 대한 미식가인 우리 잡민들은 모두를 밋밋하고 편편한 한 덩어리로만 치부하려는 모든 '기즈나(연, 유대) 합주'과 '부흥 행진곡'에 반대했다. 그들은 끼기긱 쿠구궁 울려 퍼지는 강력한 잡음처럼, "우리들은 '우리'와 '들'

사이에 있는 심연을 보지 않고 '우리들'이 되는 것은 불가능하다'라고 외친다. 따라서 자신들은 "항상 한 박자 늦은 양, 울타리에서 벗어나 똑똑한 양을 팔짱을 끼고 보고 있는 양, 혈통도 육질도 변변치 못해서, 늘 목동들을 당혹스럽게 만드는 잡민-양의 자율적 무리의 생성을 시도한다"고 외친다. "기즈나"와 "부흥"이라는 말이 국가 캠페인에 등장한 이후, "마을"이라는 말도 "우리"라는 말도 다시 잡민들의 것으로 되찾아 와야 할 상황에 처해 있다. 이때 경계해야 할 것은 '둔화'이다. 〈자유와 생존의 메이데이〉 데모 이후에 벌어진 집단 토론과 대화는 잡민들의 날카로운 감각으로 둔감해져 가는 세상의 침묵을 깨는 잡다한 일격이었다. 잔향이 오래 남는 일격.

　　보고는 세 가지 섹션으로 이루어졌다. 첫 섹션에서는 재해 이후 동북 지방의 부흥 정책이 지닌 문제점을 보고했다. 발표자는 "부흥 빈부차"라는 말을 쓰면서 현재 동북 지방에서 추진되고 있는 '부흥정책'은 동북 지방의 지역 경제를 살리는 게 아니라 대기업이 일회용 일자리를 양산하며 침투하는 형태가 되고 있다고 비판했다. 그러나 이러한 견해는 전체 토론 시간에 재비판을 받기도 했다. 그 비판의 요지는 그러한 견해는 빈부차를 메우면 문제가 해결된다는 생각으로 이어지기 쉬울 뿐 아니라, 제대로 된 '부흥'이면 문제가 해결된다는 식의 생각으로 이어질 수 있다는 것이다. 이렇게 되면 '부흥'이라는 경제논리가 문제의 본질을 은폐하거나 왜곡시킬 수 있다는 주장이었다. 개인적으로는 그가 동북지방의 내부 식민지로서의 상황을 식민지기 조선의 상황과 바로 연결하는 담론을 그대로 받아들인다는 점에 약간의 위화감을 느꼈다. 그러나 그의 발표는 동북 지방에서 버려진 주민들의 상황과 그곳 농업이 늘 착취의 구조 속에 있었음을 드러내고 '棄民'과 '雜民' 사이의 연결 관계를 모색했다는 점에서 의미가 있었다.

　　두 번째 섹션은 현재 심의 중인 노동법 개정안[14]에 대한 반박으로 눈길을 끌었다. 보고자는 두 명으로 한 분은 경비 노동자였고 다른 한 분은 케어(돌봄) 노동을 하는 분이었다. 경비 노동자는 최근의 노동계약 개정안을 "개악"이자 "저임금을 주면서 밋대로 마음껏 사용하는 것"低賃つかい放題을 제도화한 것이라고 비판했다. 실상 유기계약有期雇用이란 노동자 측에서는 아무런

이득이 없는 제도다. 업무가 축소되었다거나 실력이 없다는 이유로 언제든지 해고할 수 있는 "해고권이 달린 고용계약"이라는 것이다. 그런데 이번 개정안을 보면 유기계약을 통상적인 계약으로 격상시켰다. 이는 "저임금을 주면서 멋대로 마음껏 사용하는 것"을 제도화한 셈이다.

개악된 개정안에는 구체적으로 다음과 같은 문제가 있다. 첫째로 인구 규제入口規制가 없다. 본래 유기계약은 업무의 특성상 기간을 정해야만 하는 바닷가의 각종 업무, 스키장, 이벤트 스텝 등에 한정해야 하는데, 현 상황에서는 일상적 업무로 그 범위가 확대되어 있다. 둘째는 "통상 5년이 되면 무기계약으로 전환한다"는 법안이다. 기존의 노동 기본법은 3년 이상 유기 계약이 지속하는 걸 금하고 있음에도! 더구나 중간에 공백 기간이 생기면 처음부터 다시 연수를 계산한다. 불 보듯 뻔한 일은 기업 측에서 4년 11개월로 고용을 끝낼 것이라는 점이다. 셋째로 개정안에 따르면, 갱신 신청을 하지 않으면, 혹은 기간만료 후 지체 없이 갱신 신청을 하지 않으면 고용계약 중지 해고雇い止め解雇가 된다고 적고 있다. 그러나 무기계약처럼 일하는 유기계약 노동자의 경우 신청기간을 놓치기 쉽다. 특히 갑작스럽게 해고를 당한 경우에는 정신적·심리적 충격을 회복하는 기간이 필요하기 때문에 '지체 없는 신청'이란 거의 불가능하다는 것이다.

케어 노동을 하는 분은 케어 노동이 저임금에 24시간 쉴 수 없는 노동으로 계속되어 온 현실을 설명했다. 특히 케어 노동은 인간의 신체 리듬에 영향을 크게 받기 때문에 '휴식'이 불가능하다. 장애인이나 노인, 병자들이 언제 화장실이 가고 싶을지 언제 아플지 알 수 없는 일이므로, 일하는 동안은 24시간 노동을 할 수밖에 없다. 즉 혼자서는 하기 어려운 일임에도 두 사람이 함께 일하도록 되어 있지 않고 낮은 대우를 감내해야 한다. 이런 상황에서는 좋은 케어 노동이 불가능하며 케어를 받는 상대에게도 좋지 않다는 것이다.

'임금노동이 아닌 노동'만이, 우리 잡년들/잡놈들의 희망 이다

경관들과 몸싸움을 하며 행진공간을 확보했던 〈프리타 전반노조〉의 후세 에리코(布施 えりこ) 씨. "일 안 해!"라고 외치고 있다.

　세 번째 섹션은 젊은 여성 두 분의 보고였다. 프리타 노조에서 활동하는 그녀는 노동에는 "착취하는 노동, 착취당하는 노동, 착취 없는 노동"이 있다고 말문을 열었다. 예를 들어 자신의 옆에 있는 친구는 음식점 매니저인데 다른 비정규직에게 잔업을 시키거나 지시를 해야 하며, 그것을 하지 않으면 나쁜 평가를 받거나 정사원이 될 수 없다고 한다. 따라서 그녀는 자신의 의도와 상관없이 누군가를 착취해야 하는 그러한 노동을 조금이라도 보상하기 위해서, 쉬는 시간 대부분을 탈원전 텐트를 지키거나 프리타 노조 일에 참여하거나 한다고 말한다. 그녀들은 말했다. 혹시 임금노동이 아닌 그녀의 이러한 활동/노동들이 우리 잡년들/잡놈들의 희망이 되지 않을까?

　그녀들은 다양한 노동 경험에 대한 설문 결과를 공개했다. 어떤 일을 했는지, 몇 살 때 몇 시간 일했는지, 얻은 것은 무엇이며 잃은 것은 무엇인지, 현 시점에서 그 시절의 일을 어떻게 평가하는지. 그러자 정말 천차만별의 직종들이 등장했다. 뮤지션 스텝, 폐품 수집, 폐지업계의 생산관리, IT 업계 엔지니어, 스파 발 마사지사, 학원 강사, 꽃꽂이, 이삿짐 센터, 주차장 감시, 캬바쿠라(캬바레식 클럽으로 일본의 신조어 cabaret+club) 종업원, 야쿠자 심부름, 동네 파출소 털이, 승려, 대출업, 마사지사, 가정주부, 노동조합 조합원, 학생자치회 간부, 인도 카레 식당 아르바이트, 라면집(가업) 도우미, 철도 혼잡시 길 안내 아르바이트, 주유소……. 하나의 직종으로 모을 수 없는 온갖 종류의 불안정 노동, '잡민들'이 있었다. 흥미로운 것은 취업을 통해서 잃은 것과 얻은 것 그리고 소감이나 평가를 보면, 돈의 액수에 대한 평가는 많지 않다는 점이다. 대부분이 그 일을 통해 얻은 인간관계, 친밀감, 자존감의 증감, 사회적 승인, 몸과 마음의 건강 등에 중점을 두고 말했다. 즉 임금은 '노동력'에 대한 것만을 지급하지만, 실제로 우리들의 노동은 우리의 삶 전체와 관련되고, 신체와 감정 전체를 쓰는 것이었다.

뮤지션의 스텝으로 일했던 경험이 있는 한 응답자는 자세한 내용을 쓰지는 않았지만, 그 일로 증오와 살의를 얻었다고 답하며 젊은이의 꿈을 빼앗고 약자를 짓밟는 사람에 대한 분노는 평생 잊지 못할 것이라고 쓴다. 폐지업계의 생산관리를 했던 사람은 자신의 의사와 다르게 타 부서로 옮겨져 실질적인 해고라고 느꼈다고 한다. 학생자치회의 간부였던 사람은 "인간관계와 교류의 힘을 느꼈고 삐라를 작성하며 아침까지 회의하거나 했다. 수업을 빠져가면서 나눴던 이야기들이 뭔가 의미 있는 게 되었을까……"라고 쓴다. 어떤 NGO 단체의 연수회에서 아르바이트를 했던 사람은 시급 850엔을 받았는데 "보람의 착취"를 느꼈다고도 쓴다. 대출업을 하는 사람은 돈의 더러움을 알았고, 거짓말을 간파하는 법을 알았으며, 그리고 전국의 지방 사람들과 대화하면서 각 지방의 특성을 알게 되었다고 말한다. 그는 일반적으로 자신의 직업은 변호사와 반대된다고 생각하지만, 약하고 돈 없는 사람들에게 적지 않은 돈을 받아내는 점은 같지 않느냐고 반문하기도 한다. 토목 건설업에서 일용노동을 했던 사람은 그 일이 정말 싫어서 이대로 일생을 지속해야 한다면 교도소에 가는 편이 낫겠다고 진심으로 생각했다고 한다. 야쿠자 심부름꾼이었던 한 남자는 우월감을 느꼈지만, 어머니에게 너무나 죄송하다고 쓰며, 승려를 10년 이상 하고 있는 사람은 얻은 것은 없고 잃은 것은 시간이라고 쓴다. 인도 카레 식당에서 아르바이트를 했던 30대는 주인의 기분에 따라 휘둘려서 남 밑에서 일하는 건 정말 어렵다고 느꼈다

아마미야 씨와 우에마쓰 씨. 동북 지방의 버려진 민중들을 잊지 마라!

고 쓴다. 발 마사지사는 시각 장애
인들의 남다른 재능을 알았고, 손
님들에게서 세간의 이야기를 들었
으며 의학적 지식이 늘었다고 쓴
다. 캬바쿠라 종업원은 "건강한 정
신을 잃었다. 이곳은 세상의 이미
지와는 다른 세계"라고 말한다. 노
동조합에서 교섭과 쟁의를 맡아
온 사람은 기쁜 순간을 함께할 수

착취당하는 노동도, 착취를 강요당하는 노동도 거부
한다!

있었지만, 시간과 돈과 체력을 잃었다고 쓴다. 어떤 주부는 가사노동이란 하
려면 몇 시간이든 지속하고 안 하려면 얼마든지 줄일 수 있다고 하면서 쾌적
한 생활과 가사 기술을 얻었지만, 자신의 인생을 이 노동에 얼마나 허비해야
하는가 싶은 생각이 든다고 쓴다. 주차장 감시원은 이 일을 통해 자기 성취
를 한다는 건 기대할 수 없다고 쓴다……등등.

　　이들이 겪고 보고 느끼고 쓰고 토로했듯, 노동의 대가로 받는다고 일컫
어져 온 '임금' 그리고 '돈'도 중요하지만, 그만큼이나 노동을 하면서 얻은 관
계성, 신뢰, 만족감, 사회적 인정과 승인, 지식, 몸과 마음의 건강, 자존감과
성취감이 중요한 것이다.

　　우리는 일생의 어느 순간은 늘 잡민이었고, 늘 잡일을 한다는 점에서 일
생의 어느 부분은 늘 잡민이며 잡민일 것이다. 먹고살기 위한 것이 주된 일이
될 때도 있지만, 가사노동을 하며, 감정노동을 하며, 사회적 활동이나 운동
에도 참여한다. 그 가치들은 왜 임금으로 계산되지 않는가? 아니, 우리의 그
가치는 과연 임금으로 계산될 수 있는가? 프리타 노조 사무실에 모인 잡민,
즉 잡년/잡놈들이 외친다. "임금노동이 아닌 일만이 우리 잡민의 희망이 아
닐까?" 프리타 노조의 야마구치 씨는 말한다. "노동조합은 최대한 노동을 하
지 않도록 해 주는 곳이 아닐까?"

잡년들/잡놈들의 깊어 가는 대화와 나가노 우동

잡민-잡년들/잡놈들, 우리 게으름의 신봉자들, 그러나 창조적이고 자신과 세계를 아름답게 하는 일에는 철야를 불사하는 우리/들의 대화에 음식이 빠질 수는 없었다. 프리타 노조의 대표 요리사인 듯한 그는 나가노식 우동을 선보였고, 다양한 술과 마른안주가 돌았다. 돌면 돌수록 우리의 발언도 돌고 돌며 또다시 누군가의 발화를 이끌어 냈다. 마치 그날 하룻밤 사이에 잡민들의 독립국을 세우려는 듯이.

솔직히 파견 노동이 없다고 우리가 불리할 건 없어. 파견이든 뭐든 그만큼의 노동력이 필요한 거니까. 그러니까 파견은 사라져야 해. 대체 등록형 파견은 왜 남겨둔 거야?[15] 그건 우선 수위에서 밀렸으니까. 더구나 개악이 있기 직전에 젠센(어용 노동조합)에서 등록형 파견은 남겨 두자는 서명을 모은 게 컸지. 난 오사카에서 왔는데 다른 노동조합에 가면 무조건 일해야 한다고 하는데 여긴 그런 게 아니라서 좋아. 누군가를 희생시키는 경제부흥은 필요 없어요. 슬슬 우리 독립국가를 만들어도 좋지 않은가! (박수) 경제성장은 그만해도 좋지 않은가? 우리 그만 성장하자! (박수) 우리가 대체 왜 노동을 해야 하는 거지? 경제성장으로 이루어진 그 엄청난 생산력은 다 어디로 간 거야? 도쿄전력은 원전이 움직이지 않아서 3조 원의 경제손실이 났다고 하는데, 그 3조 원을 만든 게 누구야? 우리잖아. 3조 원을 생산한 우리가 괜찮다는데, 왜 원전을 멈추면 안 되는 거야? (박수) 근데 왜 '잡민'이야? 무슨 일 하는지 물어보았는데 정말 너무 다양한 일들을 하더라고. 전형적인 노동자는 한 명도 없어. 모두 잡초 같은 거야. 그리고 우리들 데모

"나가노 우동집" 〈프리타 전반노조〉에서 공인된 쉐프 나가노 씨

행진은 소음에 가깝고. 노이즈 마이너리티^{noise minority}인거지. 혹시 그 얘기는 얼마 전에 죽은 도고 겐^{東鄕健}(일본의 사회 활동가로 〈잡민당〉^{雜民党}을 만들었다. 2012년 4월 1일에 사망했다.)을 염두에 둔 거야? 아니 그건 우연인데 나중에 생각나서 보고서 맨 앞에 "Looking up to T.K.,"라고 썼지. T.K.가 도고 겐의 약자야.(웃음) (미국에서 온 참여자가) 시카고에서는 이주노동자들의 메이데이가 열렸어요. "인간은 위법이 아니다"라고 외쳤죠. (이주노동자가 이어받아) 저는 이란 출신으로 독재 파시즘 정권을 피해서 일본으로 왔어요. 10년째 망명 신청을 하지만 받아들여지지 않고 있지요. 23살에 와서 3년간 연수생으로 지내면서 계급차별·인종차별 많이 받았어요. 1년간 살 곳도 없을 때도 있었고, 이바라키 현 수용소에 있었던 것은 정말……농업 일을 1년간 했는데 무랑 고구마를 캐면 씻어야 해요. 그 중노동을 11~12시간씩 하고 7백 엔 받았는데, 외국인 노동자의 과로사가 인정받은 적도 있어요. 일본에서 과로사가 인정된 건 처음이죠. 그만큼 열악해요. 시급 3백 엔, 4백 엔도 많아요. 사실 내가 여기에 있는 것도 불법이죠. 해고당해도 다시 일을 찾으러 노동 직업 알선소에 갈 수 없어요. 불법이니까. 숨겨진 모든 노동이 있어, 정말이지. 들은 얘긴데 편의점 아르바이트를 하다가 갑자기 다른 아르바이트생이 그만둬 자리가 비니까, (누가 시킨 것도 아닌데) 이틀을 무료로 일하러 갔다는 거야. 직장 귀속 본능, 즉 직장 내셔널리즘이 발동한 거지. 이런 건 어떤 거지? 우린 일하고 회식도 하잖아. 노동에 포함되어 있지 않지만, 관계를 잘 유지해야 노동할 수 있으니까 생존과 깊이 관련되어 버리곤 하지. 노동이 노동만이 아닌 거야.

이날 나가노 우동과 돌려지는 술 속에서 깊어졌던 잡민들의 대화는, 경제성장에 대한 신화적 믿음을 거스르고 보이지 않던 노동들을 말하고, 왜 우리가 노동을 하고 있는가를 질문하고, 우리 주변에 있는 경찰 권력을 고발하고, 스스로가 뿌리 깊게 내면화한 직장 내셔널리즘을 비판하고, 외국인 노동자들의 존재를 드러내고, 잡음을 막으려는 모든 힘에 맞서서 제각각의 잡음, 노이즈 마이너리티의 삶을 풀어냈다.

'임금노동이 아닌 노동'의 가치와 표현을 위해

왜 노동을 하는가? 무엇이 노동인가? 노동은 어떻게 노동으로 인정되는가? 이날의 메이데이는 바로 이러한 근본적인 질문을 던지게 했다. 더 나아가, '노동'에 대한 이미지의 전환, '노동'에 대한 상상력의 전환이 필요하다고 느꼈다. 나가노 우동과 함께 울려 퍼진 이날의 대화는 고정된 노동의 이미지를 깨고 '노동-임금'과는 다른 상상력을 발동시키라고 요구하고 있었다.

그런 점에서 '노동'勞動이라는 말을 '하타라쿠'働く이라는 말로 살짝 바꾸었던 것은 명민하고 민첩했다. '하타라쿠'는 '일하다'라고 번역하는 것이 일반적이지만, 움직이다 활동한다는 뜻도 담고 있으며 '명사'가 아닌 '동사'다. 다양하게 움직이는 현재의 일하는 환경을 담기에 적절한 말이 아닐까 싶다. 노동법이나 임금노동이 규정한 '노동'의 기준에 들어가지 않는 잡년들/잡놈들의 오만가지 에너지의 움직임이 있기 때문이다. 이미 노동은 노동 그 자체로는 성립하지 않는다. 전 지구적 자본주의 사회 속에서 먹고 싸고, 문화를 소비하고 사람을 만나고 사랑하고 미워하는 그 모든 삶이 돈이 된다. 아니 애초에 노동력만을 산다고 하는 것은 임금노동의 사기극이었던 게 아닐까? 그래서 임금을 받아드는 우리의 얼굴은 그렇게도 어둡고 분노로 가득 찬 동시에 비굴해질 수밖에 없었던 게 아닐까? 따라서 우리는 당당하게 요구할 수 있다. 이 삶의 존엄을 지킬 돈과 시간과 공간과 관계를 달라고.

한 발 더 나아가, 나는 단순히 '임금노동이 아닌 노동' 그 자체가 잡놈/잡년들의 희망이 되는 것에 그쳐서는 안 된다고 느낀다. '임금노동이 아닌 노동', 더 정확히 말해 사회 활동이나 코뮌을 위한 활동/노동이 갖는 가치를 어떻게 하면 돈과는 다른 형태로 표현하고, 임금과는 다른 형태로 기릴 수 있을까? 내 주변에는 사회 운동에 참여하는 친구들이 많다. 그들의 이야기는 나를 늘 즐겁게 한다. 동시에 나를 정말 슬프게 할 때도 있다. 이러한 활동들은 대개 모호한 기준과 유명무실한 보상체계 속에서 이루어진다. 어느 정도 돈이 있는 상태에서 사회적 운동에 뛰어든 사람 중에는 사회운동이라는 끝없는 노동에 지치고 돈도 없어지고 자기를 개발할 시간조차 없

어져 너덜너덜해져서는, 다
시금 돈을 벌기 위한 임금
노동을 하러 가는 경우들
이 허다하다. 너 자신을 위
한 활동이고 자원봉사니까
어떤 대가를 바라서는 안 된
다는 이야기를 듣지만, 나

"주권 잡민!" 〈프리타 전반노조〉에서 열린 집담회

는 이러한 활동이야말로 '돈'과는 다른 형태의 보상과 재생산의 시간을 줘
야 하며, 돈으로밖에 그 가치를 표현할 수 없을 때에도 돈으로 환산되는 노
동의 범위가 훨씬 넓어져야 한다고 생각하며, 또한 이런 활동의 가치를 표
현할 방법이 많아져야 한다고 믿는다. 임금을 받는가, 아닌가가 중요한 것이
아니라 '일하는 것, 활동하는 것' 그 자체가 갖는 '감정'과 그 일을 지속할 수
있게 해 주는 물질적 '기반'이 중요하다. 함께해서 즐거웠고 관계가 깊어졌는
가, 보람을 느꼈는가, 자기 자존감이 높아졌는가, 사회적인 승인은 이루어졌
는가, 지속해 갈 수 있는 물리적 기반이 있는가, 어떤 지식(신체적이든 감정
적이든 인지적이든)을 얻었는가 등.

　사회 운동을 위한 노동 속에서도 해고는 있다. 심각한 경우 그 해고는
코뮌으로부터의 추방을 의미한다. 가벼운 정도의 해고, 혹은 일의 전환은 다
반사다. 정치적 활동은 변화무쌍하기 때문이다. 따라서 자연스럽게 다른 활
동을 하거나 더 하고 싶은 일로 옮겨 가는 해고는 기쁨이기도 하다. 반면 외
부의 상황이나 코뮌을 유지하기 위한 방책으로 개개인의 사정과는 무관하
게 활동을 그만둬야 할 때도 있다. 이러한 해고는 꽤 치명적이다. 임금노동에
서의 해고는 돈을 벌 수 없다는 점이 가장 큰 고통이지만, 임금노동이 아닌
활동에서의 해고는 자기 자신의 자질, 인간성, 관계성을 보다 깊이 고민하게
되기 때문이다. 이러한 속앓이나 재생산을 위한 여유를 단지 일에 대한 소
유욕이나 개인적인 욕망으로 치부해 버린다면, 활동가들이 자신이 하는 일
과 맺는 끈끈하고 강렬한 관계성과 에너지를 소홀히 취급한다면, 과연 이러
한 활동이 노동력으로 쓰고 버리는 일회용 임금노동과 과연 얼마나 다를 수

있을까? 모든 개별적인 활동의 가치를 인정하고 그 가치를 표현하는 방식은, 그 활동가가 속한 코뮌이 지닌 가치의 다양성이나 능력과 깊이 관련된다. 코뮌의 가치들은 이 개개의 활동 속에서 새로운 가치와 표현방법을 더해 가야 하지 않을까?

그러한 점에서, 임금노동이 아닌 노동만이 잡놈/잡년들의 희망이며, 또 그러한 활동이 지닌 가치를 표현하고 승인하는 방식을 마련하는 것이 여태까지 없었던 노이즈 마이너리티의 가치를 상상하게 하고, 노이즈 마이너리티의 정체성을 형성하지 않을까?

다시 한 번 눈물 나게 잡음을 내 보자. 그 앞의 수식어를 어떻게 붙이면 좋을지 각자 상상력을 발휘하면서. "노동반대!" "일 안 해!" "돈을 달라." "우산을 달라." "스시를 달라."

마치 정부가 없는 것처럼……!

제5회 〈윤타쿠 다카에〉(6월 17일)의 총천연색 에너지

〈윤타쿠 다카에〉 화요병

근 몇 달간 나는 화요일마다 조바심과 아쉬움을 오갔다. 화요일마다 열리는 〈윤타쿠 다카에〉라는 모임에 참여하고 싶은데 도무지 시간이 나지 않아서 월요일 저녁이면 "내일은 기필코"라고 생각하지만, 화요일에는 결국 조바심을 치다가 못 가고 가슴만 치는 걸 반복하는, 이른바 '〈윤타쿠 다카에〉 화요병'에 걸린 것이다. 작년 제4회 〈윤타쿠 다카에〉에 참여했을 때, 절박함과 분노 속에서도 빛이 바래지 않는 그 총천연색의 에너지에 매혹되었다.

〈윤타쿠 다카에〉[16]란 다카에高江라는 마을이 미군 기지로 인해 겪고 있는 문제들을 알리기 위해서 간토關東 지역 사람들이 만든 모임이다. 다카에는 오키나와 히가시 마을東村에 있는 작은 촌락으로 면적은 일본 국내의 0.1%에 불과하지만 일본 전국의 고등식물 종류 중 27%가 이곳에 서식한다. 그러나 이곳의 아름다움은 평화롭지 못하다. 1957년 미국 유일의 정글 전투 훈련 센터로 설립되어 베트남 전쟁에서 사용되었던 미군 기지가 주민들의 생활권과 바로 인접해 있다. 주민들은 군용 헬기의 소음과 추락 위험, 환경오염, 미군에 의한 강간사건 등에 시달려 왔다. 그런데도 정부는 〈미군 기지의 정리 축소 계획〉(SACO합의) 당시(1996년 9월), 헤노코 기지의 일부를 반환

하는 대신 다카에에 헬리콥터 이착륙장 6개를 건설한다는 약속을 미국과 교환한다. 2007년 7월, 다카에 주민들은 헬리콥터 이착륙장 건설에 반대한다는 결의를 발표하지만, 방위국

제5회 〈윤타쿠 다카에〉. '윤타쿠'란 오키나와 방언으로 수다 떤다. 말한다는 의미를 갖고 있다. 즉 〈윤타쿠 다카에〉란 오키나와 다카에 마을에 대해 수다 떨며 이야기한다는 의미다. 다카에 마을은 오키나와에 주둔한 미군의 헬리콥터 이착륙장 건설로 고통받고 있다.

은 공사를 강행하려 했고, 그때부터 시작된 점거 농성이 올해로 5년째이다. 최근엔 이착륙장뿐 아니라 추락 사고가 다발적으로 일어날 위험이 있는 신형 군용기 오스프레이Osprey의 배치가 검토되고 있다. 다카에 주민들은 자신들이 살던 곳에서 그저 삶을 지속하는 것이 바로 점거농성이 되어 버린 것이다. 그런데도 2008년 11월, 일본정부는 적반하장 격으로 국책에 대한 "통행방해금지"를 요구한다면서 다카에 주민 15명에 소송을 건다. 통칭 〈다카에 SLAPP〉[17]라고 불리는 "표현의 자유를 가로막는 소송"이다. 최종적으로 2012년 3월 14일, 소송에 걸렸던 주민들 중 한 명에게 "방해행위 금지명령"이 내려진다. 그러나 실상 그 둘의 행위는 거의 다름이 없었다고 한다. 이 소송은 다카에 점거 농성이나 사람들이 모이는 힘을 떨어뜨리려고 겁을 주기 위한 것인 셈이다.

　〈윤타쿠 다카에〉는 이러한 상황을 전달하기 위해 매년 〈윤타쿠 다카에〉라는 토크 & 음악회를 개최해 왔고, 올해로 5회째를 맞이했다. '윤타쿠'란 오키나와 어로 '수다 떨다, 이야기하다'는 의미를 지닌다. 이 모임은 "느슨하게 즐겁게 계속해서 연결되어 간다"는 모토 아래 각자 자주적으로 참여함으로써 이루어지는데, 음악회뿐 아니라 종이접기 등 통통 튀는 아이디어들이 등장한다. 내가 화요병이 걸리게 할 정도로 매력적이었던 것은 필시 다카에로부터 전해져 온 특유의 총천연색, 느슨하면서도 강력한 자치적인 에너지였다. 그리고 오늘은 6월 17일, 제5회 〈윤타쿠 다카에〉가 열리는 날이었다.

다카에 속 총천연색의 마을들

〈윤타쿠 다카에〉는 듣도 보도 못한 총천연색의 마을들의 듣도 보도 못한 형식의 합주였다. 첫째, 〈윤타쿠 다카에〉는 오키나와 날씨와 자연으로 가득찼다. 아침엔 잔뜩 찌푸려 잡고 습도가 높은 전형적인 장마철의 아침이더니, 〈윤타쿠 다카에〉가 시작될 12시 무렵부터 해가 나기 시작해 오키나와 바닷가의 습도 높고 더운 공기로 변했다. 마치 〈윤타쿠 다카에〉가 오키나와 날씨를 도쿄로 데려온 것처럼. 공연장 전체는 다카에에 사는 처음 보는 동식물로 가득했다. 먼저 노구치게라ノグチゲラ라는 날지 못하는 새는 무대 중앙에도 있고, 아가들 노는 장소의 크레파스 그림 속에도 있고, 스태프들의 가면 속에도 지라시 속에도 있었다. 사회를 맡은 삿짱은 반가운 사람을 만나면 큰 소리를 내면서 껴안는데 그때마다 머리 위에 쓴 노구치게라 가면이 기분 좋게 흔들렸다. 때때로 그녀는 이보 도롱뇽イボイモリ 가면을 쓰고 돌아다녔다. 점점 더 햇살이 비추고 해가 져 가는 자연현상과 어우러져 음악과 토크가 진행되었다. 이날 공연장에 있었던 동식물은 비록 모형이거나 도쿄의 오염된 공기이거나 했지만, 그곳에 참여한 사람들이 내뿜는 다카에로부터 받아온 튼튼하고 총천연색을 띤 에너지로 완전히 이색적인 분위기를 만들어 내고 있었다.

참여한 뮤지션들은 설명이 필요 없을 정도로 오키나와 문화와 깊이 관련되거나 여러 가지 활동에 참여해 온 인디 밴드들이었다. 처음 등장한 〈고토부키寿〉[18]는 1985년에 보컬 담당인 나비ナビィ, 기타와 산신三線(현악기의 일종)을 담당하는 나구시쿠요시미쓰ナーグシクヨシミツ가 함께 구성한 팀이다. 그들은 류큐 호琉球弧의 섬에서 억압을 없애고 섬 노래와 오리지널한 노래를 하는 라이브 활동을 하며 국내와 온 세계를 날아다니는 것을 목적으로 한다. 두 번째로 나온 〈도쿄 에이샤신카〉[19]의 무대는 힘으로 넘쳤다. '에이샤~신카'는 머리에 보라색 띠를 두르고 북을 치며 춤추는 웅장한 오키나와 춤이다.[20] 가장 해가 뜨거운 시간의 공연이었는데, 갑자기 등장한 용 모양의 거대 모형으로 분위기는 한껏 고조되었다. 이후 등장한 〈진타라무타〉CICALA-MVTA[21]는 올해 4월 한국에서 있었던 연극 〈들불〉 공연에서 음악을 담당하기도 한 팀

〈2.9 다테가와 탄압 구원회〉 다케 강 주변 야숙자들에 대한 추방 및 탄압에 항의하는 모임.

으로 빅토르 하라의 〈평화를 위한 권리〉나 〈불굴의 백성〉과 같은 노래로 사운드 데모를 주도하기도 하는 그룹이다. 이날은 〈고토부키〉의 나비 씨와 합동 공연을 해서 그 어떤 무대보다 사람들을 사로잡

았다. 지쿠 도시아키[22]는 기타와 하모니카로 마치 흐느껴 울듯이 노래하는데, 그의 목소리와 함께 차차 부드러운 바람이 불고 해가 기울기 시작했다.[23] 마지막으로 나온 치넨 요키치[24]는 오키나와 하면 바로 떠오르는 사랑받는 뮤지션이다. 이름의 뜻은 '지금의 마음을 안다'이다.[25] 그의 공연이 끝나고 무대와 그 밖의 구분은 사라지고 모두가 무대에 올라가고 무대 밖에서도 춤추기 시작했다.

둘째, 〈윤타쿠 다카에〉는 다카에라는 작은 마을이 얼마나 광활한 생물과 마을과 세상을 품을 수 있는가를 보여 주고 있었다. 역사상 그 어떤 제국도 할 수 없었던 자발성과 자율성을 전국과 전 세계의 마을로부터 끌어냄으로써. 〈윤타쿠 다카에〉에서는 맨 앞쪽만이 공연장이 아니었다. 야외무대인 공연장 곳곳이 만남과 대화의 장소가 되었다. 공연무대 맨 뒤쪽에는 다양한 부스가 설치되었는데, 현재 일본에서 활발히 활동하고 있는 집단들(혹은 폭발하고 있는 문제들)이 무엇인지 한눈에 알 수 있었다. 좀 길지만 쭉 열거해 보자. 그만큼 다카에가 품었던 다카에라는 이름으로 모인 세계가 넓고 선명하다는 뜻이니까. 아나키스트 서점인 〈모색사〉, 자치 출판을 지향하는 〈일레귤라 리듬 어사일럼〉Irregular Rhythm Asylum, 간토 지역의 수원인 얀바 댐 건설에 반대하는 투쟁을 10년간 해 온 〈얀바 내일의 회〉ヤンバ場あしたの會, 아시아 아프리카 중남미 사람들이 만든 식품이나 액세서리, 커피와 차 등을

팔아 국제 협력에 활용하는 〈프롬 어스〉from earth, 환경운동단체인 〈그린 액션 사이타마〉グリーンアクションさいたま, 아카네26 모임인 〈가미이카나이토〉カミイカナイト, 다양한 공연과 상영이 이루어지는 〈언제든 끼어들어 정자〉かけこみ亭, 〈비전을 선택한 연극인 회〉非戦を選ぶ演劇人の会, 〈2·9 다테가

<모색사〉와 〈일레귤라 리듬 어사일럼〉의 부스

와 탄압 구원회〉 등이 그것이다.

이들은 음악 공연 중간중간 등장하여 단체와 활동을 소개했다. 가장 먼저 등장한 것은 후쿠시마 여성들의 경제산업성 앞 텐트 광장의 점거 농성 열 달 열흘간의 점거농성とつきとおかの座り込み(열 달 열흘은 임신하고 아기가 태어나기까지 필요한 시간을 의미한다)이었다. "바느질하고 노래하고 춤추고 쓰고 그리고 실을 잣는다⋯⋯"라는 모토하에 투쟁하는 후쿠시마 여성들로 후쿠시마의 상황을 알리고 탈원전의 중요성을 어필했다. 〈오키나와, 한 평짜리 반전 지주회 간토 블로그〉27로부터는 현재의 얀바루 숲이나 오키나와 기지의 문제를 접할 수 있었다. 최근 15일 금요일에는 오키나와에 배치가 검토 중인 오스프레이 헬기가 미국 플로리다주에서 추락했으며, 이처럼 추락이 빈번하게 일어나는 헬기를 오키나와에 배치하는 데 대한 대대적인 항의 행동이 있었다. "최근 활발히 움직인다 해서 보면 이곳"이라는 말로 소개된 〈레이버 넷 일본〉28의 홈페이지에 들어가면 일본 국내의 다양한 활동 소식을 가장 빠르게 접할 수 있다. 선진국이 선도하는 IT기술을 그것을 갖지 못한 쪽에서 공유하고 쓸 수 있도록 하는 활동으로 자주적·자율적으로 운영되는 참가형 조직이다. 이 블로그에는 한국의 중요한 활동 기사들도 빠르게 업데이트된다.

이날 분위기를 뜨겁게 달군 것은 한국의 강정마을에서 온 〈10만 송이 청년들〉[29]의 어필이었다. "구럼비를 살려 주세요"라고 쓴 노란 티셔츠를 입은 이들은 제주도의 해군기지 건설이 1천 명 주민 중 단지 40명의 찬성으로 통과되었으며 '구럼비'라는 강정 특유의 자연환경이 해군기지 건설을 위한 폭파작업으로 고통받고 있다고 말한다. 특히 마을 사람들이 결혼식 때와 같은 특별한 행사 때 비는 신성한 곳이 철조망으로 둘러싸여 들어갈 수도 없게 되었다고 말하면서 "강정과 다카에는 하나다!"라고 외쳤다. 마지막 어필은 〈2·9 다테가와 탄압 구원회〉[30]의 어필이었다. 이 활동과 경제산업성 앞 탈원전 텐트, 프리타 노조 등에서 활발히 활동했던 소노 씨가 연행된 지 4개월 만에 풀려나와 발언했다. 훨씬 마른 모습이었지만, 이렇게 표현의 자유를 인정하지 않는 상황이 바로 오키나와에서 주민을 상대로 소송을 벌이는 상황과 통한다고 외쳤다. 대문자 '일본'은 줄곧 오키나와를 내부 식민지로 삼아 왔지만, 오키나와 속의, 다카에 속의 자율적이고 자주적인 총천연색 움직임들은 그 대문자 일본 속 투쟁하는 작은 마을들과 접속하고 그 마을들에 자리를 내줌으로써 다카에의 색깔을 더욱 아름답게 하고 있었다.

〈10만 송이 청년들〉. 멤버 분들이 참여했다. "구럼비를 죽이지 마라"는 티셔츠를 입고 제주도 강정과 오키나와 다카에는 하나라고 호소했다.

그리고 비로소 그 모든 개별적인 문제들이 실은 하나의 문제로 연결되어 있음을 상기시켰다. 즉 우리는 같은 고통과 문제를 안고 있었기 때문에 만난 것이 아니라, 그 문제를 우리 스스로 해결하려고 움직이고 일어서고 외쳤기 때문에 만났다.

셋째, 〈윤타쿠 다카에〉는 활기찬 잡음으로 가득했다. 아기들의 고함과 울음과 웃음과 우연한 만남을 기뻐하는 환성과 온갖 구호와 박수, 그 소리들이 야외공연을 더 활기차게 했다. 공연무대가 사람들을 무리해서 집중시키려고 하지 않았고, 대화와 공연과 파티는 여기저기서 이루어졌다. 입장료 또한 완전 무료여서 야숙자도 돈 없는 학생도 들어와 편히 즐길 수 있었다. 한쪽에는 아기들을 위한 공간이 마련되어 있어서, 비눗방울 놀이, 노구치게라새 그리기, 풍선 불기, 공놀이하기, 등등 온갖 놀이가 준비되어 있었다. 아가들이 그린 그림은 무대 한쪽에 붙었다. 한 꼬마는 점심때부터 8시에 공연이끝날 때까지 줄곧 공연장 앞을 뛰어다니거나 무대에 올라가거나 해서 우리를 즐겁게 해 주었다. 고온다습한 햇빛 속에서 부서지던 비눗방울 사이를 아이들과 피에로 분장을 한 사람들이 한데 섞여 돌아다니면서 춤도 추고 캄파(러시아어, 각자가 형편에 맞게 조금씩 내놓는 활동자금)도 받고 말도 걸고하는 사이, 나는 두 아이의 엄마이고 스기나미쿠에 산다는 스즈키라는 분과 우연히 친구가 되었다. 그리고 나는 이 오키나와 속 다카에라는 작은 마을이 지닌, 도쿄를 들썩이게 하는 부드럽고도 선명한 색깔의 에너지가 어디서 오는 것일지 점점 더 궁금했다.

넷째, 우리는 정부가 마치 없는 것처럼 살아갈 수 있는가? 아니 제도와정부 또한 우리의 것으로 점유하고 이용할 수 있을까? 공연 중간중간 무라카미 요코(오키나와 및 히로시마문학 전공) 씨의 사회로 이루어진인터뷰에서 〈다카에 주민회〉高江主民の会 사람들은 이렇게 말했다.Y 씨는 다카에에는 다양한 새들과 식물들이 있고 그 풍부한 자연에 반해 그곳에서 살게 되었다고했다. 그러나 한밤중에 헬기가 날고, 초등학교 바로 옆에 기지가 있는데 정글 전투 연습이라서 가끔총구를 내놓기도 한다는 것이다.어린아이가 둘인데 정말 무섭다고했다. 그렇지만 다카에에는 무서운

아이들 놀이방이 마련되어, 함께 오키나와의 다양한 동물들을 그렸다. "노구치게라를 그려 주세요!"

피에로와 비눗방울 놀이에 신난 아이들

곳이 아니라고도 강조했다. 다카에에는 아이들이 많기 때문에 아이들을 미군 기지로부터 지키기 위해 어머니들이 중심이 되어 점거 농성을 벌이거나 공동 보육원을 운영하거나 다카에의 풍부한 자연을 이용해 음식을 만드는 등의 활동을 한다는 것이다. 3월~6월은 야생동물 번식기여서 훈련이나 공사를 자제하지만 7월에 접어들면 본격적으로 진행될 것이라고 하면서 다카에에 많이 와서 점거 농성에 참여해 달라고 말했다. 그녀들은 『보이스 오브 다카에』 *Voice of TAKAE*라는 소식지를 만들고 있는데, 이 소식지에는 여태까지 다카에에서 진행된 일들, 다카에에 대한 다양한 정보들을 담고 있다. 최근 새로 단장한 홈페이지에는 다카에까지 오는 경로가 그려져 있고, SLAPP소송에 대한 문제 제기를 담고 있었다. 토크에 출연한 한 주민은 SLAPP소송이 아무 죄가 없는 자신들을 '피고'로 만들어 버려 마치 죄인인 듯한 이미지를 주는 것이 고통스럽다고 말했다. 사정을 잘 모르는 사람들은 '피고'라는 말을 듣고 마치 다카에 주민들이 잘못이 있는 것처럼 생각해 버린다는 것이다. 그러나 그는 이렇게 말했다. 이 소송은 '피고'라는 말로 다카에에 대한 위화감을 확산시켜 다카에 주민들이 지닌 살 권리, 표현의 권리를 억압하려는 것이다. 오히려 이것을 거꾸로 이용해서, 재판을 통해 다카에의 상황을 알려 가는 기회로 삼고 싶다고 그는 말했다. 또 한 주민은 "말로 표현하기 어려운 것들도 많다. 말하려고 하면 말이 되어 나오지 않는다. 그럴 때 몸으로 표현하자, 암흑의 시대에 몸으로 표현하자"고도 말했다. 나는 이들의 대화 속에서 법정 없이 윤리를 만들고, 정부 없이 질서를 만들고, 문법 없이 말해 온 오키나와의 에너지, 고통스러운 역사 속에서 터득해 온 총천연색의 지혜를 보았다. 정부야 일본 정부든 미국 정부든 아무래도 상관없이, 오키나와의 자연 속에서 내재적으로 형성해 온 자치의 힘이 이 총천연색의 지혜 속에 있었다. 소식지 『보이스 오브 다카에』에는 "무엇인가를 결정할 때 7대 이후의

'그랗군' 오키나와 퀴즈!! 그리고 모금운동 시간

것을 생각해 결정한다"는 인디언의 말이 소개되어 있었다.

마지막 춤은 모두 함께 제각각!

〈윤타쿠 다카에〉의 마지막 발언이 끝나고 무대와 무대 밖의 차이는 완전히 사라졌다. 모두가 무대에 올라가 춤추고 밑에서도 춤췄다. 그때 문득 뭔가를 잊어버린 듯한 느낌이 들었다. 올해는 오키나와가 미국 점령기에서 일본으로 이른바 '복귀'한 지 40년이 되는 해이다. 또한, 나는 오키나와가 일본에 복귀되었던 5월 15일이라는 날짜도 문헌을 찾아서 알게 되었다. 나는 〈윤타쿠 다카에〉에서 이처럼 긴 시간에도 불구하고 변하지 않는 오키나와의 고통에 대해서 어떤 발언이 나오기를 기대하며 이 행사에 참여했었다는 것을 깨달았다. 그러나 〈윤타쿠 다카에〉에서는 그 누구도 그 40년에 대해서 말하지 않았다. 대신 그들은 1957년부터 다카에의 자연과 삶을 파괴해 온 미군 기지에 대해서, 그런데도 또 확장 건설될 헬기 이착륙장에 대해서, 그럼에도 불구하고 그곳이 지닌 거부할 수 없는 매력과 자치적인 활동들의 기쁨에 대해서 말했다. 나는 이 기묘한 침묵 혹은 망각에서, '정부 없이 살아온' 오키나와인들의 수다스러운 에너지를 느꼈다.

오키나와는 1872년 류큐 처분으로 일본의 한 '현'이 되었다. 한국이 광

복을 맞이하기 직전인 1945년 3월 말부터 6월 23일까지 일본 류큐제도琉球諸島에서 미군과 일본군이 벌인 전투로 주민 12만 명이 사망한다. 이 과정에서 마을주민들이 서로를 죽여야 했던 '집단자결'도 일어났다. 1945년 이후 27년간 미군점령하에 놓이고 1972년 5월 15일 복귀된다. 당시 오키나와 안에서는 일본으로의 복귀를 반대하는 '반 복귀' 사상이 들끓었다. 오키나와에 주어진 역사는 전근대부터 전후에 이르기까지 일본의 한 현으로 복속되든가, 전쟁터가 되든가, 점령지가 되든가, 미군 기지가 되든가 하는 과정이었다. 즉 오키나와 내부의 선택이 아니라, '외부'의 주권권력에 의해 결정된 정부 혹은 제도로 이리저리 '귀속'되어 버리는 과정의 연속이었다고도 할 수 있다. 따라서 40년이라는 세월, 5월 15일이라는 날짜는 그들에게 이 반복되는 문제를 의미할 뿐 변화를 의미하지 않는다. 일본 정부건 미국 정부건 변화 없는 주권권력을 기억해야 할 이유가 대체 무엇인가? 그들의 느긋한 망각이 주는 선명한 저항성은 이 지점에 있다. 당신들이 어떤 이름을 단 정부이건 그게 우리 마을의 삶과는 관계없다! 오키나와에는 오키나와의 시간이 있다. 그리고 또 오키나와 안에는 오키나와로는 표현되기 어려운 수많은 다카에들의 시간도 있다.

동시에 그 모든 외부로부터의 강제된 주권권력의 폭력적 순간마다 이 외부로부터의 주권권력에 반하는 목소리와 에너지는 들끓으며 형성되어 왔다고 믿는다. 1972년 5월 15일을 둘러싸고 한꺼번에 폭발하듯 나타났던 반복귀 사상의 힘처럼. 따라서 만약 우리가 그 날짜를 기억해야 한다면, 외부로부터 주어진 제도에 대한 거부, 즉 반복귀/반정부/반국가의 사상으로서 오키나와의 복귀 날짜를 기억해야 하지 않을까?

오키나와의 상황을 어렴풋이 듣기 시작했을

모두 함께 춤춰요!

때 나는, '독립'을 부르짖는 것과 '자치'를 부르짖는 것이 지닌 역사적인 과정과 욕망의 차이에 대해서 생각해 본 적이 있다. 한국에서 8월 15일은 일본의 식민지 지배로부터 해방된 날인 '광복절'로 불린다. 이 날짜는 실현된 해방과 광복을 의미하는 것이 아니라 실현해 가야 할 해방과 광복, 탈식민주의적 정체성에 대한 염원을 담고 있는 말이라고 해도 좋을 것이다. '독립'이라는 말이 지닌 드높은 의지와 박력과 사상은, 하나의 주권권력을 피해 또 다른 주권권력에 몸을 의탁하는 것이거나 우리가 만든 정부에 우리가 귀속됨으로써 타자를 양산하고 배제하는 것이 아니다. 독립이란 삶 그 자체를 매번 새롭게 하는 내재적이고 자치적인 질서를 만들어 낼 문화적이고 역사적인 에너지를 표현하는 말이기 때문이다. 〈윤타쿠 다카에〉는, 바로 그 지점, '마치 정부가 없는 것처럼' 독립을 부르짖을 수 있을까? 라는 질문을, 수많은 혁명적 기념일을 매번 새롭게 해 나가야 할 과제를 짊어진 '한국'인들에게 던지고 있었다. 그리고 바로 그 질문이 지닌 부드러운 총천연색 에너지 앞에서 나는 앞으로도 계속해서 다카에의 동물들과 바람과 그곳과 이어진 친구들과 친하게 지내고 싶다고, 그래서 나의 붉은 빛을 총천연색으로 바꾸어 보면 좋겠다고, 계속해서 무장해제 되면서 마치 병에 걸린 것처럼 앓고 꿈꾸는 것이었다.

사라지지 않는 무한대-우리'들'

6·11 야숙자 추방에 항의하며

"아……또야"가 아니라 "몇 번이건 콜!"

상황은 엎친 데 덮친 격이었다. 6월 29일 오키나와 히가시 마을에 신형 군용기 오스프레이 설치가 통보된다. 이 군용기는 미국에서도 추락사고가 빈번히 일어나 안전성에 계속해서 문제가 제기되어 왔다. 오키나와 주민들은 분노했다. 결국, 7월 1일 오키나와 지사는 위험성을 시사하며 이 통보를 받아들일 수 없다고 밝힌다. 그런데도 노다 총리는 연이어 이번에는 원전 재가동을 강행한다. 분노한 사람들은 6월 29일 마치 약속이라도 한 듯이 수상 관저 앞에 모여 원전 재가동 반대를 부르짖었다. 모인 인원은 15만 명이 넘었고 1960년 안보 투쟁 이후 이렇게 많은 사람이 모인 것은 처음이라고들 입을 모은다. 이후 매주 금요일마다 휴일마다 대규모 원전 반대, 원전 재가동 반대 데모가 일어나고 있다.[31] 이후에도 16일에는 〈안녕 원전 10만 인 집회〉[32]가, 29일에는 〈인간 사슬 국회포위 행동〉[33]이 준비 중이다.

이 일련의 상황은 한달 전 야숙자(홈리스)들에 대한 추방에서 이미 예견되었다고 말하고 싶다. 6월 11일, 시부야 구는 세 곳에서 동시에 갑자기, 야숙자들을 추방했다. 미타케 공원美竹公園, 시부야 구청 지하 주차장, 시부야 구청 앞 공중 화장실이 그곳이다. 미야시타 공원에서의 추방, 다테 강 주변에서의 추방, 그리고 이번. 살아가는 일에 내성이 생길 리가 없는데도, 솔직히 이 소식을 접했을 때 나도 모르는 사이 "아……또야!"라는 생각이 들었다. 그러나 이것은 무의미한 반복이 아니었다. 오히려 보이지 않게 지속하고 있었던 사건이자, 막 드러나기 시작한 사건이자 우리가 일으켜야 할 또 하나의 사건을 예비하고 있었던 것 같다고, 지금에서야 깨닫는다.

"아……또야!"라는 탄식과 울분과 질문은, 야숙자들뿐 아니라, 오키나와 주민들이 1879년 류큐 처분 이래 반복해 온 탄식과 울분과 질문이며, 원전과 같은 국책에 희생당해 온 수많은 주변인들의 탄식과 울분과 질문일 것이었다. 이 탄식과 울분과 질문 속에서 거리에 사는 야숙자들은 오키나와인들을, 또한 오키나와인들은 탈원전을 부르짖는 사람들과 후쿠시마와 동북민을, 서로서로를 1년 넘게 마주해 오고 있다. 재해 이후 이질적인 정체성을 띤 활동 사이의 연계가 돈독해지고 있는 셈이다. 그러나 이 1년 남짓한 기간 동안 탈원전·반원전 운동의 문제점들도 발생하고 있다. 예를 들어 탈원전 집회가 민족주의화하는 경향이 생겼다. 또 탈원전 집회에는 많은 사람들이 모이기 때문에 주최측이 이들을 안내하거나 사고가 일어나지 않도록 자치적으로 질서를 유지하기 위한 활동을 해 왔는데, 그 정도가 지나쳐 집회의 자율성과 우발성까지 관리하고 규제하려 한다고 비판을 받기도 했다. 탈원전 반원전 운동이 부각되는 분위기 속에서 재일조선인과 외국인 노동자의 문제나 야숙자나 빈곤의 문제가 잊히는 상황도 있었다는 점 또한 지적해 두고 싶다. 그리고 내 입에서 나온 "아……또야"라는 말 속에는 이 기억과 망각의 반복 앞에서 혹은 진보 진영에도 존재하는 배제와 포섭의 반복 앞에서 슬쩍 고개를 든 허무주의도 있었다고 생각한다. 이런 허무주의의 모습을 한 보수성은 나뿐 아니라 일본 전체의 거센 데모 속에서 은근슬쩍 퍼져 가고 있는 건 아닐까 하는 의심도 든다.

7월 7일 미야시타 공원에서 열린 야숙자 세 군데 동시추방에 대한 항의 집회에서 만난 이치무라 씨가 내게 했던 말은 정확히 내 속의 이 지점을 보게 했다. "야숙자늘이 추방당하는 건 당연하다는 그런 문위기가 있고, 야숙자 자신들도 어쩔 수 없다는 그러한 분위기가 있어요. 음……그게 정말 무섭지요." 사실 한동안 탈원전·반원전 집회는 활기를 잃어가고 있었다. 그러던 것이 얼마 전 정부가 재가동 계획을 선포하면서 다시금 뜨거워지고 있다. 따라서 요 며칠 사이 가장 뜨겁고 급박한 이슈라면 재가동 반대 대규모 집회를 들 수 있을 것이다.

그러나 나는 오히려 탈원전 데모에서도 허무주의와 배타주의가 고개를 들고 서서히 목을 졸라 오던 그 3주 전의 분위기로 돌아가서 쓰고 싶다. 자라투스트라를 깊은 병에 빠지게 한 그 질문, 다시 한 번 너의 삶이 똑같이 반복된다고 해도 너는 "다시 한 번!"이라고 말할 수 있는가라는 그 질문이 병처럼 스멀스멀 가슴 속에서 퍼져 갔던 그 때로 말이다. 그러한 상황들에도 불구하고! "다시 한 번!" "아니야, 이번은 다를 거야!"라고 외쳤던 힘들이, 현재 재가동 반대에 대한 대규모 집회를 일으킬 수 있는 예비된 사건들이자 원동력이 되었다고 믿기 때문이다. 또한, 대규모 탈원전 집회에 "국민 혹은 시민들의 항의"라는 타이틀이 붙을 때 그 속에서 배제되어 버리고 마는 비시민들/비국민들(야숙자, 오키나와인, 재일조선인, 이주노동자 등)의 문제를 생각하고 국민과 비국민 사이의 연결고리를 마련하기 위해서는, 탈원전 운동이 가장 뜨겁게 일어나고 있는 지금이야말로 오키나와 문제나 야숙자 문제를 함께 이야기해야 할 때라고 생각하기 때문이다.

야숙자는 재해의 피해자가 될 수 없다고?

야숙자 추방 반대운동을 하는 〈246 표현자 회의〉에 따르면 시부야 구의 야숙자 추방은 2007년부터 본격화되고 있다. 2007년 국도 246호선의 〈시부야 아트 갤러리 246〉에 대한 추방, 2008년부터 2010년에 걸친 미야시타 공원에서의 추방과 미야시타 공원의 나이키 파크화, 2011년 아동회관에서의 추방이 그것이다. 이 추방의 배경에는 시부야 구와 시부야 시민이 일체가 되어 추진 중인 대규모 재개발 100년 계획이 있다. 그런데 6월 11일부터 일어난 세 군데에서의 갑작스런 야숙자 배제는 여태까지와는 또 다른 특질을 띠고 있는 듯하다.

첫째로 이번 야숙자 추방의 특성은 동시에 세 곳, 그것도 야숙자들의 생존권과 직결되는 곳에서의 추방이라는 점에 있다. 미타케 공원은 야숙생활자들의 블루텐트가 있고 오랫동안 야숙자들의 공동취사가 이뤄져 온 곳이다. 특히 이곳에서는

야숙자 추방 반대 호소

매주 토요일 〈노지렌〉渋谷・野宿者の生存と生活をかちとる自由連合이 무료급식을 해 왔는데, 이번 행정 대집행 대상에는 야숙자들의 블루텐트뿐 아니라 〈노지렌〉의 취사창고 등도 포함되어 있다. 시부야 구청 지하 주차장은 비바람을 피할 수 있는 장소이기 때문에 많은 야숙자들이 밤 동안 잠자리로 이용해 왔고, 시부야 구청 앞 공중 화장실 차양에도 적잖은 야숙생활자가 있었다. 즉 시부야 구는 야숙자들의 잠자리와 식사공간을 갑자기 봉쇄하고 1주일 안에 다른 곳으로 가라고 명령했다. 단순히 공간에서의 추방이 아니라 생존권과 직결되는 장소에서의 추방이라는 점에 이번 추방의 심각성이 있다. 그만큼 구호도 격렬해졌다. "야숙자 추방, 무료급식 짓밟기 NO! 구청 지하주차장 봉쇄를 용서할 수 없다! 미타케 공원의 행정대집행을 막자!

보다 심각한 문제는 야숙자 추방의 이유가 2011년 3월 11일의 재해를 겪으면서 미묘하게 변화한 듯하다는 점이다. 공중 화장실의 폐쇄는 개수공사를 한다는 이유였지만, 미타케 공원에서의 추방이유는 "재해 시 집으로 돌아가지 못하는 사람들의 일시 피난 장소 확보/정비"를 위해서였고 구청 지하주차장에서의 배제는 "내진 공사의 자재를 두는 곳이 필요하다"는 이유였다. 그러나 재해가 일어났을 때 야숙자가 그곳에 살고 있다는 것이, 왜 피난에 방해가 된다고 생각하는 것일까? 야숙자 주방 반대 활농가늘은 재해 대책을 빌미로 야숙자를 추방하는 논리 속에는 시민만을 재해의 피해 대상자로 설정

하고 야숙자들을 재해의 피해 대상자로서 인정하지 않는 차별의식이 강하게 뿌리내리고 있다고 분노한다. 더구나 재해 대책에 방해가 되므로 야숙자들을 추방해야 한다는 식의 이유들은, 재해의 경험으로 불안해하는 사람들에게 마치 야숙자가 재해 대책을 방해하고 있는 것처럼 보이게 한다. 이처럼 시부야 구는 재해로 인한 사람들의 불안을 이용해 시민과 야숙자가 마치 서로 적인 듯이 보이게 하는 것이다. 심지어 이 추방 이유는 면담을 할 때마다 조금씩 변화해, 현재는 재해 대책 운운은 사라졌고, 폐쇄된 지 몇 주가 지나도록 지하철 주차장에도 공사 자재가 운반되는 것을 찾아볼 수 없게 되었다고 한다.

야숙자 배제를 위한 구실임에 분명한 이러한 추방 이유는 그간의 탈원전 운동이 수많은 성과에도 불구하고 봉착하고 있는 문제점을 보여 주고 있는 듯하다. 재해 직후 『이 폐허를 응시하라』(레베카 솔닛)가 사람들의 입에 오르내렸다. 그러나 항시적 재해 상태에서 살아가는 야숙자, 빈곤층, 식민지인, 비정규직들에게 『이 폐허를 응시하라』는 과연 얼마나 설득력이 있었을까? 오히려 재해 이후 강화되고 있는 "쇼크 독트린"(나오미 클라인)[34] 속에서 시민들의 불안은 정부의 억압적인 정책추진, 타자에 대한 배제의 논리로 이용될 위기에 처하고 있는 것은 아닐까? '시민'과 '국민'이 탈원전 집회의 주체로서 호명될 때, 수많은 비시민·비인간·비국민들은 다시금 배제되어 버린다.

지하 주차장에 사는 쥐들을 내쫓지 마라!

지난 1~2년 사이에 일본에서는 수많은 데모와 집회와 모임이 이루어졌고 후쿠시마와 오키나와의 상황을 함께 파악하기 위한 수많은 노력이 있었다. 그러나 여전히 탈원전 운동에서 반빈곤 문제, 비정규직 문제, 동북 지방의 조선학교의 피해, 오키나와 반기지 운동, 후쿠시마 주민들의 실제 삶과의 관련성은 충분히 논의되지 못하는 듯하다. 그리고 이러한 탈원전 운동이 호명하는 '시민'이라는 논리는 야숙자에 대한 추방을 명령하는 시부야 구의 태도와 과연 얼마나 다르다고 할 수 있을까?

'3·11=9·11'이란 명명법을 전복하는 '6·11 노숙자 추방 반대'

2005년부터 시작된 시부야 역 주변의 〈도시재생 긴급 정비지구 지정〉에 의해 앞으로 야숙자에 대한 추방은 더욱더 늘어날 것이다. 그러나 반복되는 야숙자 추방 속에서 영특해지는 것은 권력자들뿐이 아니다. 야숙자들과 활동가들은 미야시타 공원에서의 추방과 2011년 아동회관에서의 추방을 겪으면서 시부야 구의 수법을 잘 알게 되었다고 말한다. 예를 들어 행정대집행이나 봉쇄 이전에 고지를 하게 되어 있지만, 시부야 구는 잘 보이지도 않는 구청 게시판에 고지문을 붙일 뿐이다. 미타케 공원의 텐트들은 6월 11일로 갑작스럽게 울타리로 둘러쳐져 봉쇄당했는데, 〈행정 수속법 상의 변명기회 부여 통지서〉는 이미 봉쇄가 이루어진 6월 15일에서야 각 텐트에 도달했다. 이런 수법들은 이미 미야시타 공원에서 야숙자 텐트들을 추방할 때 사용했던 수법이기 때문에 이번에는 빨리 알아챌 수 있었다고 한다.

야숙자에 대한 추방이 시부야 구의 여러 곳에서 진행됨에 따라, 집회 참여자들도 여러 곳에서 몰려들었다. 이들의 구호는 이러했다. "~와 ~의 동료들과 함께 싸우자!" 행정 추방이 여러 곳에서 일어날수록 우리들의 연대도 확산되어 가고 친구들도 늘어 간다. 특히 흥미로운 것은 "6·11 야숙자 추방 반대"라는 슬로건이다. 2011년 3월 11일부터 지속한 지진, 12일부터 지속한 원전 사고는 이후 '3·11'이라는 말로 불리곤 했다. 그러나 3·11이라는 말에는 재해와 불행조차도 아메리카식으로 하려는 중심지향성, 도쿄의 피해를 후쿠시마나 동북 지방의 피해보다 더 중요하게 다루는 도시 지향성 등이 각인되어 있다고 할 수 있다.

그런데 이러한 "국가적/수도권적 재해"의 피해자로서 세어지지 않는 야숙자들이 이 명명법을 따와 2012년 6월 11일 세 군데에서의 야숙자 농성수방을 지칭하는 말로 6·11이라는 말을 사용하고 있다. 이 순간 과연 무슨 일

구와하라 시부야 구 구청장은 야
숙자를 추방하는 악마!

이 일어났을까? 6·11 야숙자 추방 반대라는 명
명법은 3·11이라는 명명법이 담고 있는 (즉 3·11
이라고 말해 9·11을 상기시키려는) '권력중심으
로 향하는 욕망'을 거꾸로 세운다. 그들은 바로
도시의 중심이 아니라 도시의 주변이며, 국민이
아닌 비국민이며, 이번 추방이유가 보여 주듯이
관청이 재해 때에도 관심을 주지 않은 잉여로
여겨지고 있기 때문이다. 의도치 않았지만 이름
과 대상이 기묘하게 빗나가는 "6·11 야숙자 추
방 반대"라는 명명법은 3·11과 9·11이라는 말이 감추고 있는 어떤 균열면을
드러내는 듯하다. 3·11의 피해 속에서 피해자로 세어지지 못한 자들, 야숙자,
재일조선인을 비롯한 이주노동자, 원전 노동자, 빈곤층들을.

자주 지는 것 같겠지만, 우리는 결코 사라지지 않아

7월 7일의 긴급 집회 후에는 모두 미야시타 공원에 모여 공동으로 밥을
지어 먹었다. 철조망으로 휘감겨 저녁 10시 반이면 문을 닫는 곳이 된 미야시
타 공원에서.

나는 일이 밀려서 밥을 먹고 이야기하고 싶은 마음을 꾹 참고 혼자 휘
휘 시부야 역으로 돌아가고 있었다. 그런데 그전과는 뭔가 다른 풍경이 느껴
졌다. 시부야 역으로 가는 큰 대로변에 그날따라 꽤 많은 블루텐트가 눈에
띄었다. 원래의 거주지가 봉쇄되자 블루텐트를 들고 거리로 나오는 사람들
도 늘어난 것이었다. 행정에 의한 추방이 야숙자들로 하여금 거리를 쏟아져
나와 거리를 점령하게 한 것이 아닌가? 사실 야숙자 추방에 대한 항의 운동
은 늘 거대한 것과의 싸움이다. 미야시타 공원을 나이키 파크 유료 공원으
로 만들려는 거대 자본과의 싸움이거나, 구 전체를 재개발하려는 행정과 정
부 전체와의 싸움이거나. 따라서 이 거대한 것과의 싸움에서 야숙자들의 항

의는 표면상으로는 지고 있는 것처럼 보인다.

그러나 이렇게 도로변으로 나온 야숙자들의 블루텐트가 그들이 또 다른 곳에서 계속 살아가야 한다는 것을 온몸으로 항변하듯이, 우리는 질지언정 결코 사라지지 않는

철조망을 두르고 출입시간을 제한한 미야시타 공원

다. 마치 툭 치면 무한대로 늘어나는 미지의 생물들처럼, 무한대로 지면서 무한대로 이동하고 무한대로 점령지를 늘려가는, 사라지지 않는 삶에 대한 무한대의 에너지인 것이다. 따라서 야숙자 추방 반대 운동은 자주 지는 것처럼 보이지만, 결코 사라지지 않는 운동이며 오히려 추방당하는 순간 무한대로 늘어나는 운동이다.

7월 16일에 대규모 재가동 반대 집회가 예정된 가운데, 7월 17일에는 6·11 야숙자 추방에 대한 항의 집회가 열린다. 최근에는 미타케 공원 야숙자들의 짐을 모두 치우라는 명령이 내려졌고 행정집행도 예고되고 있으며 인근 진구통 공원神宮通公園에 예방적으로 울타리를 친다든가, 야숙자가 자고 있는 지하도에만 냉방을 끈다든가 하는 일도 일어나고 있다. 7월 11일 선동문은 야숙자 추방 배경에 행정과 시민이 일체가 된 추방 분위기가 있음을 지적하면서 다음과 같이 질문을 던진다. "2011년 후쿠시마 원폭 사고 이후, 시민사회적인 것이 무엇인지 노골적으로 드러난 지금, 반원전 운동/재가동 반대 운동과 야숙자 추방 반대 운동은, 과연 어떤 점에서 닮아 있고 또 어떤 점에서 다른非反 것일까? 또한, 그것들이 서로 섞이지 않는 물감처럼 선을 긋고 있는 것은 왜일까? 이런 문제를 함께 이야기하면서 어떤 표현을 해 나갈 수 있을까?"

매번 지지만 절대 사라지지 않는 야숙자들이 온몸으로 제기하는 이 질문은 탈원전/재가동 반대운동이 결코 사라지지 않고 지속할 수 있었던 정치적인 원동력을 똑바로 가리킨다. 또한, 결코 사라지지 않고 무한대로 확상될 수 있는 에너지가 무엇인지 힌트를 던져 주고 있다.

視衆 — '우리'는 '우리'의 목격자

수상관저 탈원전 집회, 8월 10일을 중심으로

'와타시다치'*わたしたち*와 '우리' 사이에서

　　낮이 저녁으로 넘어가기 바로 직전, 기르던 개의 실루엣이 마치 나를 해칠 늑대인 양 어둠 속에서 낯설게 빛나기 시작하는 순간. 우리는 그것을 개와 늑대의 시간이라고 부른다. 그러나 이는 친숙한 것에서 낯선 것으로의 단한 번의 변화를 의미하는 것은 아니다. 끊임없을 '이행'에 거는 희망, 그것이 우리가 개와 늑대의 시간이란 말에서 느끼는 감촉이며 데모나 집회 그 자체의 에너지다.

　　한국에 돌아올 때마다 느끼는 것도 이 이행의 감촉이다. 탈원전-반빈곤 노숙자-오키나와 기지 반대라는 좌표로부터 떨어져 나와, 쌍용자동차 분향소, 제주도 강정마을, 용산, 그리고 두물머리의 4대강 사업 반대 투쟁이라는 좌표로 빨려 들어가는 듯하다. 이 이행이 낯선 며칠간은 문득문득 놀란다. 그리고 일본에서도 또 일본에 오기 전부터도 내게는 이렇게 낯선 시간들이 문득문득 찾아왔었다는 것을 깨닫는다. 이 이행의 순간, 한국의 운동, 일본의 운동과 같은 익숙한 집단명은 오히려 저 멀리 달아나고 개별 순간들이 제멋대로 연결되어 가기 시작한다. 이행의 순간, 나는 비로소 일본에서 참여했던 집회들 속 숨겨져 있던 여러 목소리를 듣게 된다. 내가 속해 있거나 속해 있지 않았을 '우리'들 그 각각이 서로를 다급하게 부르고 또 거부하기 때문이다.

5월 5일경 일본 내의 원전이 모두 정지되었지만 6월이 지나면서 노다 총리는 후쿠이 현 오이 원전 재가동을 결정한다. 이를 기점으로 탈원전 운동은 전국으로 확산된다. 오이 원전으로는 수많은 사람들이 몰려들어 게이트에 자신의 몸을 묶고 차로 바리케이드를 치며 저항한다. 도쿄에서는 매주 금요일마다 수상 관저 앞에서 반원전 집회가 개최되어 왔는데, 오이 원전이 재가동된다는 발표가 있은 직후인 6월 30일에는 다른 때보다 훨씬 많은 사람들이 수상 관저 앞에 몰려들었다. 이 집회는 현재 도쿄에서 일어나고 있는 반원전 집회를 대표하지만, 실은 반원전이라는 말로 정리되지 않는 여러 자장 속에 있다. 공간적으로는 쓰나미와 지진으로 고통받는 동북 지방과 서쪽 지역의 원전 재가동 문제가 있다. 역사적으로는 규슈의 미나마타병, 히로시마와 나가사키의 피폭경험이 있다. 동시대적으로는 반빈곤 노숙자 운동과 오키나와 반기지 운동이라는 자장 속에 있다. 8월 10일에 열린 수상 관저 앞 반원전 집회는, 이 모든 자장들이 한꺼번에 드러났다는 점에서 기억할 만하다. 사회보장 법안 및 소비세 인상 법안 체결 일정을 이유로 집회 주최 측과의 면담을 연기한 노다 총리에 대한 분노, 10월에 오키나와에 위험한 헬기인 오스프레이를 설치한다는 데 대한 분노로 1천 명이 결집한 8월 5일의 데모, 8월 6일 히로시마에 원자 폭탄 투하일을 기해 원전 재가동 반대 국민투표를 촉구하는 집회, 7월 31일에는 특별 조치법에 따른 미나마타병의 사후 발병 신청 기간이 마감된 것에 대한 반발이 뒤섞여 있었다. '원전반대' '재가동 금지'라는 단순한 슬로건으로 회수되지 않는 이 모든 소리는, 한국에서의 쌍용−강정−용산 연대 투쟁과 만나면서 다시 한 번 선명해졌다. 나는 일본의 '와타시다치'에서 '우리'로 이행했을 뿐 아니라 대문자 '우리'에서 복수적인 소문자 '우리들'로 이행해 갔다. 그리고 이행할 수 없는 것들 또한 선명하게 남았다.

사방에서 몰려드는 사람들 (8월 10일, 수상 관저 앞 반원전 집회)

"그렇다!"라고 반복하는 노란 티셔츠의 소년

이행할 수 없는 순간들은 다음과 같이 찾아왔다. 수상 관저 앞 데모에는 매주 금요일마다 발언대가 마련된다. 6시부터 점차 사람들이 불어나면 이에 따라 확성기로 노래와 발언이 퍼져나가고 해는 점점 저물어 얌전했던 그들이 사나워지기 시작한다. 발언대에는 실로 다양한 사람들이 선다. 이날은 발언대 바로 옆에 엄마와 함께 온 10살이 채 되지 않아 보이는 아이가 노란색 티셔츠에 노란색 반원전 팔찌를 끼고 서서 발언이 나올 때마다 "그렇다! 그렇다!"라고 외치고 있었다. 사람들은 귀여워 견딜 수 없다는 표정으로 꼬마를 찍곤 했다. 꼬마의 엄마는 자랑스러운 듯 혹은 사람들의 시선에서 꼬마를 보호하듯 껴안곤 했다. 저 꼬마는 필시 그저 저렇게 소리 지르는 게 재밌고 사람들의 시선이 기꺼운 것일 뿐일 거라고 짐작은 하면서도, 10년 혹은 20년 뒤 멋진 활동가가 될지 모른다고 생각하면 기분이 밝아졌다.

민주당이나 공산당 등 당에 속한 발언자들의 타깃은 대개 노다 정권 비판이었다. 그와 다르게 나를 감동시켰던 것은 후쿠시마 어린이들과 후쿠시마 원전에서 수습작업을 하는 원전 노동자들의 입장을 통해 재해 속에서 나타난 차별구조를 명확히 봐야 한다고 외치는 한 그룹의 발언이었다. 붉은 꽃

을 든 여자 분은 이렇게 말했다. "우리는 단지 원전을 폐쇄하자고 말하지만, 원자로를 폐쇄하려면 그 수습작업을 할 노동자가 필요합니다. 원전 노동자들의 대부분은 이미 방사선량 기준치를 넘기고 있습니다. 그들은 이렇게 묻습니다. 기준치를 넘어서 일하지 못하게 되면 당신들이 대신 와 줄 건가요? 원전 노동자들은 대개 피차별 부락민, 재일조선인, 외국인 노동자들이고 현재 일자리를 잃은 동북지방 노동자들이 어쩔 수 없이 원전에 일하러 가고 있습니다." 모여든 대중들 사이에는 묘한 긴장과 동요 감탄이 뒤섞였다. "내가 갈게요!"라고 말하는 사람도 있었다. 나는 그 발언대를 만들어 가는 한 명의 '視衆'이란 사실이 자랑스러웠다.

그런데 저쪽에서 건장한 사람들이 무리 속을 헤치고 발언권을 잡았다. "이곳에 오시는 길에 우파 선전 자동차 3대를 보셨을 것입니다. 오늘 '다케시마'에 대한 이명박의 발언에 항의하러 한국 대사관에 갔다 온 차일 테지요.……다케시마도 센카쿠도 후쿠시마도 전부 우리 땅입니다." 이어서 그는 탈원전에는 좌파도 종교도 없으며 오직 국민을 위해 하는 것이라고 강조했다. 순간 앞에서와 마찬가지로 사람들의 박수가 터졌고, 노란색 티를 입고 노란색 팔찌를 한 꼬미는 이번에도 외쳤다. "그렇디! 그렇디! 그렇디!" 공감으로 그들이 이행하는 순간 나는 나를 감싸고 있는 사람들이 모두 낯설게 느껴졌다. 나는 마치 난생처음 만난 타자를 쳐다보듯이 한 명 한 명의 얼굴을 살폈다. 만약 내가 여기서 "그건 틀렸다"하게 되면 어떤 상황이 벌어질까? 섬뜩한 기분이 들었다. "그렇다! 그렇다! 그렇다!"라고 좀 전의 그 꼬마가 외칠 때마다 그 소리는 내 몸으로 습격하듯 파고들었다. 이후 발언대에 나온 청년 대표라는 15살의 소년은 "눈물이 나오면 우셔도 됩니다!"라는 자신만만한 말로 시작해, 국가와 가족을 위해서 자신은 탈원전을 한다고 몇 번이나 강조했다. 노란 티셔츠의 꼬마가 다시금 "그렇다! 그렇다!"라고 외쳤다. 사람들은 소년과 더 어린 소년의 대거리를 찍었다. 나는 그 순간 그 소년이 말하는 국가와 가족 속에 내가 없음을 절감했다. 어쩐지 "그렇다"는 소리가 괴롭게 끔찍하게 느껴져 서둘러 그 장소를 빠져나왔다. 이 발언 앞에서 도쿄의 대중들은 '재해 속의 차별구조에 공감하는 대중에서 갑작스레 '국가와 가족을 지키는 영웅'으로 이행해 버린 것 같았다.

이처럼 이행의 순간은 단지 긍정성만을 갖고 있지 않았다. 발언대 앞에서 변화무쌍하게 변화하는 대중들의 이행이 파시즘적인 공감을 바탕으로 할 때, 그 속에 포함되지 않는 타자들은 스스로를 지키기 위해 익명성을 선택하고 발언을 멈추고 침묵한 채 속으로만 비명을 질렀다. 어쩔 수 없이 취하게 되는 익명성은 내가 선택하는 것이 아니라 억압적인 상황 속에서 강요되는 것임을 느꼈다. 이 순간 나와 너의 경계들은, 한국과 일본의 경계들은, 민족과 민족의 경계들은 고착되었다.

이처럼 발언대 앞 대중들의 표정은 변화무쌍했다. 그러나 나는 '재가동 반대'라는 슬로건 속에 수많은 소리가 감추어져 있듯이, 똑같은 환호와 박수 속에도 복잡하

집회는 참여자 성격에 따라 몇 가지 블록으로 나뉘었다. 가족 블록에는 여성, 아이, 노인들이 모였다.(8월 10일)

재해 속 이중 삼중으로 소외된 원전 노동자, 그 차별 구조를 봐야 한다고 외치던 그룹을 만나서 기뻤다. (8월 10일)

고 다양한 표정들이 감추어져 있는 게 아닐까라는 생각이 들었다. 재해 속 차별구조를 보자고 외쳤을 때 대중 속에 나타났던 깊은 감정의 동요와 우파 발언자가 독도와 센카쿠 열도가 전부 자신들의 영토라고 말할 때 대중들의 얼굴을 스치고 지나갔던 멋쩍고 묘한 웃음은 확실한 차이가 있었다. 재해 속 차별 구조에 대한 공감들이 저 멀리 퍼져 나갔던 것과 다르게, 멋쩍고 묘한 웃음이 '영토'라는 이름의 소유감정을 건드리고 겹쳐지면서 개개인의 뱃속으로 고립되어 가는 것을 보았다. 그 두 표정의 차이에 나는 희망을 느낀다. 모임으로써 갈등과 배제가 시작되지만, 동시에 모이지 않으면 공감도 이행도 불가능하다. 갈등하는 여러 힘 속에서 대중들의 표정을 역사적으로 동시대적으로 공감각적으로 이행시키려면 어떤 말이 필요할까? 다시 한 번 반복해서 외치건대 발언대 앞 대중은 변화무쌍하니까!

사건적 이행을 차단하는 것들

매주 금요일마다 수상 관저 앞에서 일어나고 있는 데모에 대해서는 수많은 기대와 함께 수많은 한계들도 지적하여 왔다. 그러나 역시 이 데모는 현재 재해 이후의 소수자들의 요구를 보여 주는 운동 중 하나임에는 틀림없다. 그리고 나는 이 집회에 대한 비판이 이 집회의 활기를 더욱 고양시키는 쪽으로 진행되려면 어떻게 해야 할까를 생각하며 이 글을 쓰고 있다. 오히려 이 비판들을 통해서 일상적인 집회의 형태를 사건과 이행의 형태로 바꾸는 실험을 할 수도 있지 않을까?

비판 중 가장 많은 것은 주최 측이 마치 경찰처럼 참가자들의 흘러넘치는 에너지와 행동을 통제하고 관리하려 한다는 비판이다. 8월 10일 집회 선언문에는 "오이 원전 재가동에 반대하는 수상 관저 앞 항의에 참여하는 여러분께"라는 제목하에 몇 가지 주의사항이 언급되어 있었다. 집회는 6시에 시작해서 8시에 해산하는데 이는 항의의 목소리를 지속적으로 진행하기 위한 "현행법과의 타협안"이며, 이 집회는 어디까지나 "비폭력 직접행동"이기 때문이라고 쓰여 있었다. 인원수가 폭발적으로 증가해서 혼잡하므로 무리해서 관저가 보이는 곳까지 가지 말고, 데모를 하는 것이 아니므로 무리하게 앞으로 나아가지 마라. 현장에는 완장을 찬 스태프가 길 안내를 할 텐데 위험을 피하기 위해 스태프 지시에 따라 주고 만약 스태프의 행동에 문제가 있으면 트위터나 메일로 알려 달라 등등. 집회 참여자들은 주최측의 과잉 관리 때문에 교통질서를 지키고 분노를 억누르며 8시면 칼 퇴근을 하고, 그들 덕분에 완장을 찬 스태프들은 점점 경찰처럼 되어 간다고 비판하고 있다. 그러나 이러한 규칙을 지키고 규율하는 현장 속에는 그러한 규칙과 규율로

분노한 후쿠시마 대열 (7월 20일)

수상 관저 앞 자유 발언대 (8월 10일)

통합되지 않는 크고 작은 싸움과 충돌이 있었다는 것도 현장을 경험한 사람으로서 꼭 이야기해 두고 싶다!

주최측의 '자발적' 규제는 작년 6월경 그다지 폭력적이지 않은 집회였음에도 12명이 체포당했던 상황이 만들어 낸 것이다. 그 날 이후 경찰의 폭력이 이 이상 강화되면 일반인들이 집회로부터 멀어질 수 있다는 판단에 따라 최대한 체포당하는 사람이 없도록 집회를 해야 한다는 의견이 힘을 받게 된 탓이란 해석도 있다. 그러나 백번 양보해 이러한 일본의 특수성을 이해하더라도 주최 측이 마치 관리하듯이 행동하는 것은 다른 문제다. 외부의 억압 구조가 내부에서 반복되어 위계를 만들어 낼 때 파시즘은 내부적으로 단단한 구조를 갖게 된다. 과연 작은 규칙과 규율을 따름으로써 더 강한 권력에 저항할 방법을 얻을 수 있을까? 아니면 그 속에 포섭되는 것일까? 데모의 장소는 변화의 순간이자 이행의 순간, 익숙한 일상이 낯설어지는 순간, 혹은 낯선 자들과 하나가 되는 순간이다. 우발성에 의한 기존의 법과 규제에 대한 신체적 반발이 없는 공감은 과연 어디로 갈까?

또 수상 관저 앞 데모에 대해서 자주 제기되는 비판은 침거지 들 지체기 정치적 깃발을 들거나 발언하는 사람들을 비난하고 제지하면서 '시민' 혹은

'국민'의 운동임을 강조한다는 비판이다. 이러한 상황을 상징적으로 보여 주는 것으로는 집회에서 불리는 〈고향〉(후루사토ふるさと)이라는 노래가 있다.[35] 어쩐 일인지 미디어에서 이 노래를 비춰줄 때 노래를 부르는 사람은 주로 여성이거나 아이들이다. 주류 미디어도 독립 미디어도 이 점은 크게 변함이 없다. 단출하면서도 처연한 분위기의 이 노래를 부르는 순간 후쿠시마와 후쿠시마 속의 많은 분열, 동북지방의 냉해와 쓰나미로 인한 가난과 그 속에서 또 차별을 받는 조선학교의 존재 등 수많은 모순이 모두 '고향'이라는 한 단어로 해결된 듯한 착각에 빠져든다. 고백하자면 나는 몇 번이나 이 노래를 집회에서 들으면서도 이 노래의 내력을 몰랐다. 어느 날 우카이 선생님이 "지영 씨는 고향(후루사토)이라는 노래를 들은 적이 있어요?"라고 물으셔서 그 노래의 유래를 듣게 되었다. 이 노래는 황민화 교육을 통해 사람들이 부르게 된 유명한 창가 중 하나로, 집회에서 이 노래를 부른 뒤에 기미가요(일본국가)를 부르는 사람들도 있었다는 『도쿄신문』의 기사를 소개해 주셨다. 이런 순간들은 이런 질문들을 포함한다. 우리들이 새로운 상황으로 이행하는 것을 가로막는 것들은 과연 우리 밖에 있는가? 혹은 우리들 안에 있는가? 기존의 기반으로부터 이행하는 노래와 기존의 기반에 더 깊이 고착되도록 하는 노래는 어떤 것인가? 노래의 어둠과 빛과 색깔과 방향에 대해서는 다음 기회에 좀 더 자세히 이야기할 기회가 있으면 좋겠다.

視衆 — 우리의 얼굴이 바뀌는 순간을 우리가 목격하다

'視衆'이란 최근 마루카와 테쓰시 선생님이 보내 주신 논문「중화권 영화 비교론(서설) — 토지개혁을 중심으로」에 나온 단어로 중국의 독특한 문화를 반영한다. 냉전기 중화인민공화국의 성립에는 토지개혁이 중요한 역할을 한다. 이 토지개혁에 동반되는 것은 인민재판, 즉 '視衆'(군중에게 보이는) 행위를 통한 대중에 의한 재판이다. 노신은 '시중' 즉 '군중에게 보이는' 행위가 지닌 정치적 의미에 민감하게 반응했다고 한다. 그것이 지닌 야만적 폭력

[좌] 경찰에게 강력하게 항의하는 참여자들. 그 뒤편으로 국회가 보인다. [우] 경찰과 대치하는 참여자들 (7월 29일)

성에도 불구하고 정치적 사형수로 아무도 모르게 국가에 의해서 죽임을 당하는 것은 대중 앞에서 죽는 것보다 쓸쓸할 것이라고 말한다. 이때 이 쓸쓸하다는 말이 드러내는 정치성이 있다. 억울하게 죽을지라도 심지어 대중에 의해서 죽임을 당할 지라도, 대중이 그것을 목격하고 있다는 것이 갖는 정치성 말이다. 좋건 나쁘건 우리가 그 순간을 목격했고 함께 그 순간을 만든 당사자라는 것이 갖는 정치성은, 그 생산물에 대한 판단 이전에 중요한 정치적 의미를 지닌다. 자신들의 얼굴이 바뀌는 것을 한 번이라도 목격했던 대중은, 그 방향이 파시즘으로 흘러갔다고 할지라도, 각각이 지닌 그 선택과 발언의 경험과 무게감을 통해서 다시금 자신들의 얼굴을 바꿀 수 있는 동력을 얻게 될 수 있으리라는 실낱같은 희망 때문이다.

　　최근 올림픽에서 목격되었던 민족감정들, 독도와 센카쿠를 둘러싼 영토 문제, 그리고 15일 좌파들의 야스쿠니 신사 참배 반대 데모에 대한 우파들의 탄압, 20일 도쿄 긴자銀座에서 열린 올림픽 메달리스트 환영 카퍼레이드에 50만 명 이상이 몰려들었다는 보도 등은 '포스트 냉전'이란 말로 일본의 신문지상에서 불리고 있다. 그런데 그러한 논의들은 늘 뭔가 저 먼 나라에서 일어나는 일 같은 느낌이 든다. 그것이 우리를 흥분시킬 때에도 역시 우리는 독도가 어떤 곳인지 알지 못한다. 우리는 그것은 미디어를 통해서 '본다.' 그 순간들을 우리가 직접 '목격'하며 만들고 있는 것이 아니다. 우리는 각각의 표상이 바뀌는 순간을 목격하고 그 얼굴을 다시금 바꿀 순간들을 어떻게 만들어야 할까? 어쩌면 이것은 변화무쌍한 이행의 순간들을 멈추지 않

군중이 군중을 보다 (7월 20일)

는 것, '視衆'의 감수성을 변화무쌍한 루트를 통해서 예민하게 만들어 가는
것을 통해 수많은 시행착오를 겪으면서 형성되는 것은 아닐까?

끝으로 이번에 한국에서 만난 선배가 내게 해 준, 이행을 멈추지 않는
힘에 대한 비밀 한 가지를 누중漏衆(군중에게 漏泄하다)하려고 한다. 한 연구
단체에서 오랫동안 중심적인 활동을 해 온, 내가 참 좋아하는 선배는 이렇
게 말했다. 처음에는 우리의 단체가 왜 더 지속하지 못하고 분열되는가에 대
해서 생각했다고. 그런데 그런 이야기를 하는 자신에게 누군가가 질문했다
고. "아무런 국가적 지원도 자본도 없는 단체가 어떻게 그렇게 오래 지속할
수 있었는가? 정말 놀랍다!" 우리가 왜 지속할 수 없었는가가 아니라 우리가
어떻게 이렇게 오래 지속할 수 있었는가를 물을 것. 우리가 얼마나 오래 예
민한 異行을, 視衆을 漏衆을 어떻게 지속할 수 있을지 물을 것. '지속=변화'의
비밀을 물을 것. 그렇다! 그렇다! 그렇다! 라는 외침이 저 멀리에서 들려오는
것 같다.

지킴이, 가장 내재적인 외부세력

두물머리 지킴이 친구와 만난 날

나의 아름다운 여자 친구들

'혼자 있다'는 것은 과연 가능할까? 도쿄에서 혼자 지내는 시간이 많아지면서 나는 이 말이 의심스러웠다. 혼자 있으면 기억 속 사람이 얼마나 소란스레 말을 걸어오는지. 그중에서도 대추리에서 만난, 지금은 두물머리에 사는 지킴이 친구D는 많은 순간 나와 함께였다. 그녀가 어딘가에서 지킴이로서 멋지게 살 것이란 생각이 나를 바로 세워줄 때가 많았다.

사실 오랜만에 D와 만나기로 한 날, 나는 어떤 답을 기다리며 미래에 대해 막연한 불안을 느끼고 있었다. 삼십 대 중후반에 접어들면서 주변 여자 친구들의 삶은, 정치적 이슈에 직접 참여하지 않더라도 그 자체로 투쟁 같다. 결혼 적령기를 훌쩍 넘기고 취직은 되지 않은 채 불투명한 미래를 향해 한 살씩 더 먹어 가니, 외로움과 빈곤은 가중된다. 그런데 D는 전화로 내게 "10년 뒤의 두물머리를 생각하고 있어!"라고 말했다. 나는 자신의 10년 뒤를 두려움 없이 두물머리와 함께 말하는 D의 기세에 놀랐다. 그리고 외롭고 가난한 나이 든 여성들의 삶과 두물머리 지킴이의 삶이 이상하게도 겹쳐져 느껴졌다. 그런 점에서 이 글은 점점 나이를 먹어 가지만, 여선히 성의롭고 아름다운 나의 여자 친구들에게 보내는 연애편지다.

지킴이 친구 D

촉박한 한국 체류 동안 두 물머리까지 직접 찾아갈 결심이 선 것은 병권 선배가 한 강연에서 했던 지킴이에 대한 발언 및 『수유+너머 위클리』에 쓰신 「생정치 시대, 지킴이의 개입과 실천」을 읽고 얻은 감흥 덕분이기도 했다. 이 글은 투쟁들이 장기화하고 있는 상황 속에서, 삶과 투쟁이 수렴된 방식으로 싸우고 있는 지킴이들의 실천방식이 지닌 의미를 포착하고 있었다. 이 글은 삶과 투쟁이 서로 괴리된 상태로 긴 투쟁이 지속할 때 삶이 얼마나 피폐해질 수 있는가만을 이야기하지 않았다. 이 글은 또한 투쟁의 힘은 삶에서 나온다는 소중한 사실을 이야기해 주고 있어서, 나는 이 글을 읽으면서 고마운 마음까지 들었다.

그리고 이 질문을 이어 가고 싶은 마음이 생겼다. 지킴이라는 새로운 존재 방식이 대두하기 전부터 삶 그 자체가 투쟁이었던 존재들도 있다. 여성에게는 일상 자체가 투쟁이었고, 빈곤한 사람들에게는 노동 차제가 투쟁이었고, 장애인들에게는 삶 자체가 투쟁이었기 때문에, 투쟁은 이 속박된 '삶'에서 벗어나는 것이어야 했다. 그렇다면 지킴이들은 '투쟁과 수렴된 삶'이 다시 그/그녀들을 속박하는 일상적인 삶이 될지도 모르는 위험에서 어떻게 벗어나고 있을까? '삶 그 자체가 투쟁'이라는 것과 '삶과 투쟁이 수렴한다'는 것의 차이는 무엇일까? 지킴이들의 삶이 행복하기 위해서는 이 수렴의 순간, 삶과 투쟁이 동시에 새로워져야 할 것 같았다. 나는 점점 더 지킴이들이 느끼는 '수렴'의 의미가 궁금해졌다.

이 글은 이렇게 찾아가 만난 지킴이 D의 이야기를 옮겨 적은 것이다. 그러나 D의 이야기 그대로는 아니다. 병권 선배의 문제 제기 속에서 지킴이 D와 이야기를 나누고 난 뒤 인상 깊게 남은 단상들을 적은 것이다. 지킴이들이 말을 하고 옮기고 남기고 말을 걸어 퍼지게 해 왔듯이, 그런 게 되면 좋겠다고 생각하면서. 무엇보다 쓰도록 축복해 준 D에게 고맙다.

수렴의 공간 – 포크레인 앞에 난 두더지길

　양수역에 도착하자 D는 두물머리 유기농 농부 아저씨의 트럭을 타고 마중 나와 있었다. 그녀는 밭일 덕분이었을까? 예전보다 탔고 단단한 느낌이 들었다. 대학생활이건 사회생활이건 해 본 분이라면 다들 공감하겠지만, 양수리는 한국에서 추억이 어린 관광지이다. 나에게도 그러했다. 양수리 역에 도착해 조금 들어가자 대학 시절 엠티 갔을 때 들렸던 양수 역 부근의 시장이 있었고 조금 더 걷자 연 밭이 펼쳐진 공원이 나왔다. 새로 만들어진 공원으로 가족과 연인들이 나들이를 하고 있었다. 곧 포토 스팟 이라는 두물머리의 큰 나무가 있는 곳이 나왔다. D는 연 밭을 만든 뒤로 이 나무가 죽어 가고 있다고 했다. 마을 어르신들은 이 나무가 죽으면 양수리가 죽는다고 믿고 있어서 걱정이 이만저만이 아니라고 했다. 더 많은 공원이나 관광시설이 들어서면 나무의 생명력은 더 줄어들 것이었다. 그런데, 그런데도, 어르신들은 이곳을 장터로 만들고 무슨 무슨 박물관과 전시관을 만들고 싶어 하신다는 것이다. 나무를 지키고 싶어 하는 마음과 장터를 만드는 마음이 모순 없이 겹쳐진 곳, 그곳이 남한강과 북한강 두 강이 만나는 '두 물 머리'였다. 그녀는 한 발자국 옮길 때마다 그 공간이 지닌 이러한 이야기들을 쏟아냈다. 그곳에 가보지 않았다면 너무나 모순적으로 느껴졌을 이야기들이, 그곳 마을의 논리 속에서 때로는 해학적으로 때로는 비극적으로 결합했다.

　D는 나에게 "너무 늦게 왔어"라며 줄곧 아쉬움을 표했다. "여기는 하우스가 있었고, 여기는 고구마가 있었고 여기는 고추가 있었어. 병권 형이 온 날 내 밭이 철거당해서 정말 눈물을 펑펑 쏟으면서 고추를 땄는

콘크리트 자국 앞에 난 두더지 길

공원과 관광시설 개발로 죽어 가는 두물머리 나무. 마을 어르신들은 이 나무가 죽으면 양수리가 죽는다고 믿고 있다.

데……그래서 이야기는 많이 못 했어, 저건 파프리카. 잘 자랄지 어쩔지 걱정했었지. 1년이 아니라 2년 걸려야 곡식을 얻을 수 있는 것도 있어. 이곳을 철거당할 때 우리가 했던 것은 종자를 받아두는 거였어." "종자를 받아?" "응. 자기 종자라고 해서 이 땅에서 개량되는 거야. 그게 중요해. 이 해바라기는 내가 심은 건데 이거 심으면서 꽃이 필 때쯤이면……이라고 생각했었어. 여기는 장애인들과 함께 일군 노들 텃밭이야. 봐, 휠체어 길이 보이지? 정말이지 나는 '밭전 위원회'('발전'이 아니라 '밭전田'이다 — 필자)하면서 밭 가꾸기매니저하고 살면 딱일 거 같았는데." 그 말을 듣는 순간 나는 5년 전 대추리그녀의 텃밭에서 뽑아다 담갔던 김장김치랑, 대추리 벽에 새겨져 있던 그림들이랑, 그곳의 노을이 스쳐 가는 듯했다.

　　우리는 한쪽에 자리를 잡고 막걸리를 마시기 시작했다. 화장실에 가기 위해 일어서자 그녀는 "보이는 것보다 실제는 더 멀어. 하우스가 전부 철거되고 느낀 건데 여기가 원래 대단히 넓어 보이는 곳이었거든. 그런데 이제 한눈에 전부 들어와 버려. 왜 몽골 초원에 가면, 무척 가깝게 보이는 것도 실제로 가보면 무척 멀잖아? 마찬가지로 하우스랑 작물들이 전부 파괴되자 이곳이 마치 좁은 땅인 것처럼 한눈에 들어와. 그리고 무엇보다 숨을 곳이 없어."

숨을 곳, 하우스들과 작물들, 그 자잘하고 구불구불한 길들, 볼일 볼 장소들, 포착 불가능한 잉여의 공간들이 사라지자 풍성했던 공간은 갑자기 줄어들었다. 이처럼 공간의 크기는 수치로 정해진 것이 아니라, 그곳에서 보낸 시간과 그 시간이 만들어 낸 이야기들로 결정되는 것이었다. 이 모든 이야기를 몸소 만들고 함께 지내온 지킴이들에게 현재의 파괴된 두물머리는 과거의 풍성한 두물머리와 겹쳐지면서 10년 뒤를 꿈꾸게 한다.

D의 밭을 보러 가던 나는 나도 모르게 말했다. "흙이 너무 푹신해!" 그녀는 "내가 이 흙에 반한 거야. 두 개의 강이 만나 쌓인 퇴적층이라서 부드럽고 영양분도 풍부해. 뭘 심어도 잘 된다니까. 이거 봐. 이건 새들이 지나간 발자국. 아주 난리를 치고 지나갔네. 이거 봐라, 이게 지렁이 똥인데 여기 구멍 있지? 이게 지렁이 똥구멍이다. 전부 여기 아저씨들이 알려 주신 거야. 이건 포크레인 자국이야. 근데 바로 앞을 두더지들이 파고 지나갔네." 헤집고 지나가는 포크레인의 거대한 바퀴 자국에 난, 두더지가 땅을 판 자국. 이것이 개발논리와 환경파괴에 맞서 만들어 낸 텃밭과 같은 공간, 즉 삶과 투쟁이 수렴된 공간일 것이라고 느꼈다.

사실 나는 내심 10년 뒤를 생각해 볼 수 있는 두물머리의 풍요로운 자연이 참 부러웠다. 2011년 3월 11일 이후 일본의 후쿠시마와 동북지방은 너무나 순식간에 폐허가 되어 그 폐허 속에서 과거를 겹쳐서 상상해 볼 여지가 희박하다. 특히 방사능 오염은 10년 뒤의 후쿠시마에 대해 상상할 수 없게 한다. 방사능은 개발논리가 마을을 파괴할 때, 그 마을의 미래에 대한 상상력까지도 빼앗아 가 버린다는 것을 가장 처절한 형태로 보여 주고 있었다.

수렴의 시간 ― 마음을 모으는 시간

"숭요한 게 뭔시 알아? 시간이야. 밭을 만블고 술노 마시고 이아기하고 만나고 하는 그런 아무렇지도 않은 시간들……나는 대추리 때에도 그랬는

[좌] 노들 야학이 일군 텃밭 자리. 노들 야학은 장애인들이 만든 학교다. [우] 자전거 도로를 낸다는 이유로 파괴된 하우스와 텃밭

데 농부들이 어떻게 저런 통찰력과 지혜를 가졌는지 놀랍고 궁금할 때가 많았거든. 깨달음의 방법도 두 종류가 있잖아. 공부를 많이 해서 깨닫는 것과 오랫동안 같은 일을 하면서 깨닫게 되는 통찰력 같은 것도 있구. 후자의 깨달음은 왜 잊혀져 버린 걸까?" 그녀는 지킴이들 중에서도 두물머리에서 많은 시간을 보내는 지킴이였다. 그녀는 밭일뿐 아니라 마을 사람들과의 술자리건 회의건 가지 않는 곳이 없다. 저 뒷방 대화법의 귀재인 그녀는, 대추리에서도 할머니들의 집을 방문해서 이야기를 듣곤 했었다. 두물머리나 대추리에서 오랜 시간을 보낸 이 지킴이들의 몸을 통해서, 나는 들리지도 이야기되지도 못한 감흥들을 느끼고 대추리에 찾아갈 수 있었다.

그녀는 그것을 "마음을 모으는 시간"이라고 불렀다. "오직 농사짓고 텃밭 가꾸는 데 관심이 있어서 온 사람들에게 이야기 좀 하자고 하면 말이야, 잘 응해 주지 않기도 해. 당장 이거 심고 가꾸고 해야 하는데 어느 세월에 이야기나 하고 있느냐는 거지. 그렇지만 서로 계속 말을 걸고 술도 마시고 만나면, 그렇게 별것 아닌 것 같은 마음을 모으는 시간이 모이면……, 그게 어느 순간 폭발하는 거야! 정말 그런 경험을 했어! 이곳에 행정대집행이 예정되니까 꿈쩍도 안 할 것 같았던 사람들이 방울토마토를 키세스 초콜릿 모양으로 포장하고 예쁜 앞치마까지 만들어 입고 전철에서 두물머리를 지켜 달라고 외치는 거야. 그 누가 시킨 것도 아닌데 말이야. 얼마나 감동적이었는지!"

마음을 모으는 시간, 그것은 삶의 시간이다. 그 속에서 투쟁의 시간이 함께 흐른다. 이렇게 만들어지는 '삶'이란 수많은 사람에게 억압적이었던 일상과 어떻게 다를 수 있을까? 이 문제에 누구보다 민감했던 그녀를 나는 기억하고 있다. 대추리에 처음 들어갔던 D는 한때 머리를 빡빡 밀고 남자들이 하는 일을 도맡아 했다. 잠자코 있으면, 170정도의 키에 일 잘하고 씩씩한 그녀는 남자로 보였다. 그 헷갈리는 모습에는 어떤 집단에서건 그치지 않고 일어나는 성차별, 성추행, 성폭력 문제들을 어떻게 해결할 수 있겠느냐는 고민이 담겨 있었다고 나는 기억한다. 두물머리에서는 그러한 지점들이 얼마나 이야기될 수 있었을까? 이런 이야기들은 중요한 투쟁의 한복판에서는 대개 투쟁을 위해서 은폐되어야 한다고 여겨지기 쉽다. 내부의 균열을 드러내는 것이 투쟁을 억압하는 쪽에게 개입의 빌미를 제공해 줄 수 있기 때문이다. 예를 들어 일본의 규슈 지방에서 만들어졌던 탄광촌 코뮌에서도 다이쇼 투쟁의 한복판에서 여성 동료 한 명이 강간을 당하고 죽는 사건이 발생한다. 여성들과의 모임을 주도하던 모리사키 가즈에는 이 문제를 근본적인 차원에서 논의해야 한다고 주장한다. 그러나 다니가와 간은 이 문제가 밖으로 불거질 경우, 다이쇼 투쟁 속에 경찰이 개입하고 투쟁의 힘이 약화될 가능성이 있다는 판단하에 불문율에 붙이기로 고통스러운 선택을 한다. 그러나 정말로 투쟁의 힘을 약화시키는 것은 무엇이며 투쟁의 승리란 과연 무엇일까?

그녀는 내 질문에 "생협 언니들의 힘"에 대해서 말하는 것으로 대답을 대신했다. "생협 언니들은 정말 맛있는 밥을 정말 훌륭하게 해 내. 엄청난 양인데도. 언젠가 한 번은 언니들이 늘 맛난 밥을 해 주었으니까, 이번엔 우리가 밥을 하고 언니들은 즐기시면 좋겠다는 제안을 했어. 이런 이야기들을 편안히 할 수 있는 상황이라는 게 두물머리가 지닌 좋은 점이야. 그때 내가 밥을 총괄해서 준비하기로 했거든. 근데 도무지 방법이 보이지 않는 거야. 그래서 결국 생협 언니~ 하면서 도움을 청했고 이틀 만에 모든 게 해결되었어. 당일 날 밥을 우리가 하긴 했는데 생협 언니들처럼 훌륭하진 않았고 결국은 언니들이 부엌으로 계속 오시는 거야. 대추리 때와 달라진 게 있다면 그런 부분들에 내가 좀 까다롭게 반응하지 않게 되었다고 할까? 어쩌면 보수화된 걸기도 몰라. 그런데 생협 언니들이 그 일을 잘하시거든. 정말 훌륭해."

"보수화된 거 아니야. 이곳에는 이곳의 논리가, 그러니까 생협 언니들의

남한강과 북한강이 만나는 곳, 두물머리

논리가 있는 거지. 예를 들어 매매춘을 비판하는 건 당연하게 여겨지잖아? 그런데 말이야, 일본에는 '가라유키상'이라는 말이 있어. 아주 옛날부터 일본 마을에서는 빈곤한 사람들이 살기 위해서 딸들을 해외로 팔아 보내곤 했는데 그걸 일컫는 말이야. 그렇게 팔려나간 여자들은 정말 고통을 겪지. 그런데 그녀들이 다시 마을로 돌아와도 차별하거나 하지 않았대. 그녀들은 그냥 돈 벌러 갔다 왔다고 이해되었고, 또 어떤 여성들은 그것을 계기로 자기 마을에서 벗어나 먼 나라에서 새 삶을 시작하기도 했대. 이건 복잡한 문제지만 매춘을 했으니까 여성을 착취한 거라고 단순히 비판만 하기 어려운 마을의 논리, 아니 그녀들의 논리가 있어. 그녀들이 살 수밖에 없는 조건 속에서 그녀들이 당당하게 그야말로 살게 해 주는, 마을 속 한 꺼풀 더 깊이로 들어가지 않으면 모르는 그런 어떤 것."[36]

"그래, 사는 거. 그게 중요한 거 같아. 포크레인들이 여기 와서 땅을 마구 파려고 하는데, 매주 많은 지킴이들이 와서 자기 밭을 만들거든. 포크레인 앞에서 눈물을 뚝뚝 흘리면서 고구마를 캐고 고추를 따고 하는 거야. 그러면 포크레인도 어쩔 줄 몰라 해. 그렇게까지 할 명분을 잃고 마는 거야." 두물머리의 '어떤 것'을 모르는 내게 그것을 온몸으로 표현해 준 그/그녀들 덕분에, 나는 마치 두물머리의 시간을 내가 다른 사람들과 다른 곳에서 다른 모습으로 함께 해 왔던 것 같은 환상에 빠져 들어갔다. 대추리, 탄광촌 여자 코뮌, 야숙자 마을, 가라유키상들이 고통 속에서 모색했던 또 다른 삶들…….
삶이 투쟁과 수렴함으로써 만들어져 갔던 새로운 삶의 시공간들.

병은 '삶과 투쟁의 수렴'이 시작되는 계기

그녀도 나도 얼큰하게 술이 오르고 해는 저물고 있었다. 그런데 그녀의 몸과 나의 몸은 달랐다. 아디다스 모기라는 별명이 붙은 놈이 쉼 없이 공격해 댔다. 반면 그녀는 자기는 아무리 물려도 샤워 한 번에 말끔히 사라진다고 했다. 지킴이들에게는 이른바 마을 주민을 선동하는 외부세력이라는 수식어가 붙기도 한다. 그런데 모기자국들은 지킴이인 그녀의 몸이 내부세력임을 증명하고 있었다. 모기들도 인정한 가장 내재적인 외부세력, 그것이 지킴이었다.

그녀는 지킴이들의 층위는 너무나 다양해서 '지킴이'라고 뭉뚱그려 말하기 어려울 정도라고 했다. D는 그중에서도 두물머리 깊숙이 들어와 있는 지킴이다. 그리고 그녀가 이번에 이렇게 깊이 오랜 시간 들어와 살 수 있었던 것은 그 이전 대추리와 여러 코뮌에서 얻은 병 때문이었다고 나는 생각한다. "대추리 때 뭔가 끝까지 하지 못했다는 아쉬움이 늘 남아 있었거든. 이번에는 그때 못한 걸 전부 다 해 보려고 했어. 밭농사도 원 없이 하고……대추리 이주단지는 얼마 전에 가보았는데 밭이 없으니까 할머님들이 힘이 없어. 대추리 할머니들 중에 욕심쟁이 할머니가 한 분 계셨거든. 지킴이들 밭까지 다 빼앗아서 자기 밭으로 하려고 김을 매 놓는, 진짜 밭 욕심 많은 할머니! 그 힘 좋던 할머니가 힘이 없으셔. 그래서 '할머니, 예전에는 제 밭 빼앗아 가실 만큼 힘 좋으시더니', 했더니 그제야 모두들 배꼽잡고 웃어. 그 할머니는 '지킴이 밭 빼앗았다고 다른 할머니들한테 왕따 당했다'며 웃으시고. 밭일을 해야 그런 힘이 생기는데   ."

이곳에서 사는 것이 행복하냐는 내 질문에 그녀는 이렇게 답했다. "여기

라서 살 수 있었어. 이곳이 너무 좋아." 두물머리는 나이가 들어가는 D에게
도 나이가 든 어머니에게도 치유의 공간이자 적은 돈으로 풍요로운 먹거리
와 관계성 속에서 살아갈 수 있는 곳이었다고 했다. 이전에 몸담았던 마을
들에서 그녀가 다 못했던 것들, 우리가 다 못했던 것들, 세상에서 얻은 병들,
나이가 드는 것을 더 고통스럽게 하는 빈곤 속에서, 두물머리가 드물고 귀한
풍요로운 삶의 장소였다는 것을 우리는 의심하지 않는다. 시대가 내쫓은 대
다수의 사람들에게 두물머리는 기존의 일상과 경제 사이클로 복귀하는 것
없이 스스로 내재적인 논리를 만들어 가면서 살 수 있는 공간이었다. 지킴이
들이 지키려고 한 것은 자연이나 유기농이나 이데올로기나 그런 것이 아니
라, 삶과 투쟁의 수렴을 끊임없이 실험하고 대화할 수 있게 해 주는 관계 전
체, 오랜 시간을 들여 자연과 어우러져 만들어 온 관계 전체임을 느낄 수 있
었다. 대의명분을 위한 투쟁은 투쟁이 끝난 뒤 삶도 끝나 버린다. 반면 우리
들이 앓고 있는 병을 계기로 삼아 새로운 삶을 만들어 내는 지킴이들의 투
쟁은, 투쟁과 함께 사는 법 그리고 병과 함께 사는 법을 가르쳐 준다.

아름다우니까 놀러 왔지, 이렇게 아름답지 않았다면 이렇게 와 보지도 않았을 거야

　　그날 저녁밥이 얼마나 꿀맛이었는지는 꼭 자랑하고 싶다. 그녀와 어머니
의 집에는 밭이 사라지던 날 그곳에서 울며 따온 고추랑 작고 귀여운 호박
이 잔뜩 있었다. 밥상에도 밭에서 금방 따온 채소며 곡식들이 잔뜩 놓였다.
못 본 사이 D는 땅과 식물과 곡물에 대한 지식을 한껏 늘렸다. 농부 아저씨
들은 D를 보면 토지를 공부하라고 채근하신다고 한다. 지킴이들은 밭 농사
꾼인 동시에 과학자일지도 모르겠다. 혹은 '자기 종자를 개발하는 농부들처
럼 삶과 투쟁의 수렴지대를 만들어 내는 특이하고 다양한 '자기 종자들'일지
도 모르겠다. 이처럼 지킴이들은 농촌 마을의 가장 내재적인 외부세력들, 혹
은 가장 외부적인 자기 종자들인 것이다. 바로 그러한 지킴이들의 삶이 마을

을 밖으로 열어젖히
고, 밖을 안으로 끌
어들인다.

일본 동북 지
방의 농부들은 쓰
나미와 방사능으로
농사를 지을 수 없
게 되자 결국 비정
규직을 전전하다가

어머니가 버려진 텔레비전 속에서 찾아낸 거울

원전 노동자가 된다. 주변을 전전하는 사람들이 결국 자신들을 주변으로 내
몬 바로 그 폭력의 핵심으로 들어가 몸을 의탁할 수밖에 없다는 이 기막힌
사이클. 두물머리도 어쩌면 그러한 사이클의 하나일지 모른다. 그런데 지킴
이들은 바로 그 사이클의 한가운데를 뚫고 들어가 폭력의 핵심에서 새로운
삶을 만들어 낸다. 마치 포크레인 사이로 난 두더지 길처럼. 삶이 늘 투쟁일
수밖에 없었던 사람들이, 삶과 투쟁을 수렴시킬 수 있는 법을 스스로 개발
해 가기 시작한다면, 그래서 삶도 투쟁도 새로워진다면, 그것이 아마 코뮌이
아닐까? 이것이 모두가 과학자가 되어야 할 일본의 상황 속에서 두물머리에
주목하게 되는 이유이기도 하다. 거주도 농사도 불가능하게 된 방사능 한복
판의 '지킴이'는 어떻게/과연 가능할까?

두물머리의 10년 뒤를 이야기하는 지킴이들 앞에서, 나는 특이한 자기
개량종으로 우뚝 선 20년, 30년 뒤의 지킴이들을 상상해 보았다. 그리고 내
주변의 나이가 들어가는 여자 친구들의 불안이 지킴이들의 삶과 접속함으
로써 위로를 받고 새로운 삶의 방식을 창조해 갈 수 있을지도 모른다고 생각
했다. 지킴이들을 두물머리로 부른 것은 병이 아니라 병 속에서 반짝이는 감
정의 무늬들이었음에 틀림없으므로. 나는 두물머리에 있지 않지만, 여전히
아름답고 정의로운 여자 친구들의 기쁨과 슬픔에 매혹당하며 내재적이고
나상한 외부세력, 혹은 가장 외부적인 자기 종자, 비료 지킴이들이 된다.

귀속-귀향 없는 '자기 결정권'과 '생활권의 공유'

오키나와 "복귀" 40년과 야숙자 추방을 생각하며

독립 혹은 자치 — 푸에르토리코 114년, 카탈루냐 72년, 오키나와 40년

정권이란 어느 쪽이든 기본적으로는 마찬가지라고 생각해서인지, 선거가 몰고 오는 열띤 희망들이 풍기는 냄새가 싫어서인지, 도무지 선거에는 관심이 생기지 않는 나도, 이번 선거에는 유독 신경이 쓰인다. 특별히 훌륭한 정권이 있을 거라곤 생각지 않지만, 특별히 나쁜 정권이 있을 수 있다는 것을 알았기 때문이다. 군사 독재 정권에 대한 직접적인 경험이 별로 없는 세대인 나로서는 일종의 깨달음이기도 하다. 그러다 보니 최근에는 선거 이야기에 관심이 간다. 그중에서도 관심을 끄는 건 오랜 차별 속에서 자치의 길을 모색하면서 살아온 사람들이 자신들의 거취를 결정하기 위해 치른 선거들이다.

12월 6일에는 미국 내 자치령 푸에르토리코 주민들이 투표를 실시해, 미국의 51번째 주로 편입되는 것을 선택했다. 전문가들은 51번째 주가 되면 미국 정부로부터 한해 2백 억 달러 이상의 각종 지원을 받게 되기 때문에 푸에르토리코 주민들은 오랜 경기 침체 속에서 이런 선택을 한 것이라고 분석한다. 그러나 푸에르토리코에는 다양한 정치세력이 있기 때문에 선거 결과

"모두에게 거주권을!" 다테 강 공원부지에서 추방된 야숙자들은 바로 그 옆 계고장에 해당되지 않는 곳으로 텐트를 옮겼다.

가 나왔다고 해서, 주민들 사이에 합의가 이루어진 것은 아니라는 의견도 있다.[37] 미국 정부는 푸에르토리코에 해군과 육군 기지를 두고 인근 비에케스 섬 대부분을 군사훈련과 무기 저장고로 사용해 주민들과 갈등을 빚어 왔다.

11월 25일에는 스페인 카탈루냐 주 총선에서 분리 독립을 지지하는 정파들(카탈루냐통합당 50석, 카탈루냐공화좌파당 21석 등)이 과반수 이상의 의석을 차지했다. 카탈루냐는 독자적인 언어와 문화 역사를 지녔고, 스페인 총생산의 20%에 달하는 경제력과 750만의 인구를 지닌 주다. 이번 선거에서 독립을 지지하는 정파가 과반수를 차지한 것도 스페인 중앙정부에 내는 세금이 많은 반면 얻는 혜택이 없다는 불만을 배경으로 하고 있다. 스페인 중앙 정부는 1934년 분리 독립을 주장하는 카탈루냐 혁명군을 유혈 진압한 바 있고, 1939년 이후 프랑코 독재 정부는 카탈루냐어를 금지하고 자치권을 박탈했던 역사가 있다.

이 두 선거의 결과는 한쪽은 미국으로의 귀속을 다른 한쪽은 스페인으로부터의 독립을 선택했다는 점에서 상반된 듯이 보인다. 반대로 독립이건 자치이건 귀속이건 경제적 이득이 주민들을 움직인 듯이 보인다는 점에서 동형적이기도 하다. 그러나 자치, 독립, 귀속을 둘러싼 여하은 체계의 선택이나 경제적 이유로 쉽게 설명될 수 없다는 것을 오키나와의 "복귀" 이후 40년 역사는 역으로 비춰 준다.

푸에르토리코와 카탈루냐의 선거는 다수결을 기반으로 한 직접 선거가 한 나라의 체제를 결정짓는 힘을 여전히 갖고 있음을 보여 주는 한편, 선거가 결코 표현할 수 없는 것, 혹은 선거로 변하지 않는 것에 대해서도 생각하게 한다. 이러한 것들이다. 비록 5%이지만 푸에르토리코의 독립을 지지하는 사람들의 의견은 무엇일까? 분리 독립을 주장하는 카탈루냐 시위대의 자긍심이 어디서 비롯된 것일까? 이들 지역이 겪어 온 중앙정부와의 갈등 양상은 그 지역의 사상과 문화에 어떤 영향을 주었을까? 선거의 결과는 과연 무엇을 변화시켰을까? 만약 푸에르토리코가 51번째 주가 되는 것이 단지 아메리카로의 귀속만을 의미한다면, 카탈루냐의 분리 독립이 '국가'가 지닌 폭력성을 그대로 반복하는 귀향으로 귀결된다면, 이 선거/선택이 과연 무엇인가를 변화시켰다고 할 수 있을까?

올해(2012년)는 오키나와가 미국에서 일본으로 "복귀"된 지 40년이 되는 해였다. 오키나와인들은 일본의 식민지배와 미국의 점령을 경험하고,

심포지엄 〈"복귀" 40년, 앞으로의 40년〉. 왼쪽부터 사회자, 이나미네 씨, 아라사키 씨, 아라카와 씨, 오다 씨

1972년 일본으로 "복귀"되었으나, 그것은 일본 내 미군 기지의 75%를 오키나와에 두는 것으로 귀결되었다. 오키나와인들은 긴 시간 동안 일본에 동화되면서도 일본으로부터의 자치와 독립 사이에서 갈등해 왔고, 현재 대통령 선거 앞에 선 우리에게 이 각각의 체제가 의미하는 것이 과연 무엇인가 라는 질문을 던져 준다.

'독립'이라는 사상적 상상력, '자치'라는 비폭력주의

11월 25일에는 〈"복귀" 40년, 앞으로의 40년〉『復帰』40年, これからの40年이라는 심포지엄이 열렸다. 이날 오키나와 현대사의 산증인이라고 할 수 있는 분들이 강연했다. 각자의 개성이 뚜렷한 강연자들은 오키나와의 자치, 독립 등에 대해서 서로 다른 경험과 사상을 지니고 있어서 각각의 강연들이 모두 논쟁성을 담고 있었다. 그중에는 찬성하기 어려운 의견도 있었다. 그러나 오키나와의 변화와 삶을 함께 해 온 그들의 말은 모두 어떤 강렬함을 지니고 있었다.

첫 강연자는 오다 마사히데大田昌秀. 1925년 오키나와에서 태어나 오키나와 전쟁을 경험하고 제4대 오키나와 현 지사를 지낸 분이다. 늦어서 자세히 듣진 못했지만, 오키나와에서 미군 기지를 없애기 위해서, 자세한 현장조사 및 자료를 통해 어떻게 행정적 압박을 가해 왔는가에 대한 경험을 들려주었다. 그는 일본 내 기지의 75%가 오키나와에 있지만, 7백 명 국회의원 중 오키나와인은 오직 1명뿐이라고 하면서 오키나와인은 구조적으로 차별받고 있다고 말했다. 마지막 발언자는 이나미네 게이치稲嶺惠一로 1933년 관동 주 대련에서 태어나 제5대 오키나와 현 지사를 지낸 분이었다. 오키나와가 경제적으로 독립할 만한 역량이 있는가에 초점을 맞춘 그의 이야기에는 의문을 갖게 되는 부분들도 많았다. 그러나 미군 기지가 없으면 오키나와의 경제가 붕괴할 것이라는 신화를 구체적인 통계를 통해서 깨뜨려 준 것은 일격과 같았다. 오키나와 현 총소득 중 미군 기지 소득의 비율은 5.2%정도다. 많은 양이지만 미군 기지가 없다고 오키나와 경제가 붕괴하진 않는다는 것이다.

　무엇보다 좌중을 사로잡은 것은 아라카와 아키라新川明와 아라사키 모리테루新崎盛暉의 발언, 즉 서로 다르면서도 오랜 세월 서로 부딪기며 오키나와를 독려해 왔던 활동가이자 사상가들의 발언들이었다. 아라카와 아키라는 1931년 오키나와 현에서 태어나 류큐대학 국문과를 중퇴하고 『오키나와 타임즈』沖縄タイムス에 입사해 저널리스트로 활동한다. 『신오키나와 문학』의 편집장이자 『반국가의 흉악지역』[38], 『신남도풍토기』[39]의 저자이기도 한 그는 1972년 오키나와 '복귀운동'이 일어나던 당시부터 강렬한 필치로 '반복귀론'을 전개했던 전설적인 사상가이다. 그는 "전후 오키나와 정신사의 특질 중 하나는 일본국에 귀속되는 것을 의심치 않는 동화사상의 주박을 끊지 못하는 것"이라고 단언한다. 보충자료였던 「스스로 만들어 낸 모순과 마주한다 — 40년째의 감상」[40]에서 그는 오키나와에서 "조국으로의 복귀"란 이중의 환상이라고 비판하면서 '복귀'를 '재병합'이라고 보는 것이 모든 오키나와 운동의 시작이 되어야 한다고 말한다. "복귀운동"이라는 말은 사실 "일본국으로의 동화投入를 지향했던 오키나와인 스스로 만들어 정착시켰던 말"이며, 이렇게 "스스로 만들어 낸 모습과 마주하게 된 것이 40년의 현실"이라는 것이다. 이러한 정신을 극복하여 "자기 결정권의 확보를 지향하는 운동"을 구축하고 "'복귀' 이래 오키나와 운동의 이념을 탈구축해 가는 것이 '복귀 40년'에서 우리가 배워야 할 것이며, '앞으로의 40년'을 향해서 추구해야 할 과제"라고 말한다. 오키나와의 '독립'이라는 사상적 상상력은 한마디 한마디 마치 결단을 내리듯 내뱉는 그의 말 속에서 그가 싸워 온 시간을 상기하게 했다. 특히 그의 '독립'론은 '자기 결정권'이라는 지평을 통해 근대 민족 국가의 폭력성과 다른 가치를 시사해 줬다고 생각한다.

　아라사키 모리테루는 아시아 속에서 오키나와의 역사가 갖는 의미를 비폭력 운동과 '생활권의 공유'라는 말로 풀어냈다. 그는 1936년 도쿄에서 태어나 오키나와대학에 부임한 이후 지금까지 오키나와에 대한 중요한 발언을 지속해 왔다. 그의 『오키나와 현대사』[41]는 고전으로 꼽히며 2008년에는 한국에 2010년에는 중국에 번역되기도 했다. 그는 상하이에서 만난 동아시아

지식인들과의 논의(한국에서는 백낙청/백영서, 중국에서는 손가 등 참여)를 바탕으로 동아시아의 긴장감을 고조시키고 있는 영토분쟁에 대한 이야기로 말문을 열었다. 그는 "고유의 국가영토"란 애초에 불가능하다고 말한다. 센카쿠 열도 근처에서 대만인들과 생활권을 공유해 온 오키나와 어민들에게 "고유의 영토"란 관념적인 선긋기일 뿐이라는 것이다. 또 '고유 영토'는 국가 간 대립을 부채질하지만, 민중들은 타인종이나 타국인과 생활권을 공유하는 지혜를 축적해 왔다고 말한다. 왜냐하면 그곳에서 살아가는 민중의 시점에서 중요한 것은 어떤 영토가 어느 국가에 속하는가가 아니다. 그들은 토지나 바다를 "자신들의 생사

다테 강 하천 부지 공원 입구의 팻말. "이 앞 공원은 통과할 수 없습니다. 불편을 드려 죄송합니다. — 고토 구 토목과."

에 직접 관련된 '생활권'"이라고 생각하기 때문이다. 그러나 "'국가 고유의 영토'와 달리 '지역 주민의 생활권'은 반드시 배타성을 가진 것은 아니"라고 강조한다. 예를 들어 "오키나와 어민의 생활권은 대만 어민의 생활권과 겹쳐지며 그것을 배타적으로 생각지 않기 때문"이라고 말한다.[42] 따라서 그는 센카쿠 열도를 생활권으로서 공유해 왔을 뿐 아니라 비폭력 저항운동의 전통을 지닌 오키나와야말로 센카쿠 열도를 둘러싼 영토 분쟁에서 스스로 의지표명을 해야 한다고 강조한다.[43]

걸쭉한 오키나와 사상가인 아라카와와 아라사키는 오키나와에 필요한 것이 독립인가 자치권의 획득인가를 두고 의견을 달리한다. 간단히 말해 아라카와가 독립론을 주장한다면 아라사키는 자치권의 획득을 중시한다. 그러나 종합 토론 시간에 들은 이들의 독립론과 자치권의 획득이란 사실은 "자기 결정권"과 "생활권의 공유"라는 사상적 지평 속에서 서로를 지탱하면

서 겹쳐졌다고 나는 믿는다. 최근엔 여러 가지 비판을 받기도 하지만, 평생을 바쳐 싸워 온 경험을 지닌 사상가들이 있는 오키나와가 부러웠다.

아라카와는 자치권도 독립론도 핵심은 '자기 결정권의 확보'라고 말한다. '독립'의 길을 통하지 않으면 아무리 자치를 주장해도 실현되기 어렵기 때문에 "독립에 이념을 두고" 자기 결정권을 확보해 가야 한다는 것이다. 더불어 그는 한 가지 일화를 든다. 1980년대 잡지 『현대사상』에서 자기 결정권을 둘러싼 대담을 했을 때, 선주민 활동가들의 발언이 자신의 마음을 흔들었다는 것이다. 선주민들은 선언문 속 민주주의를 긍정하는 문안에 대해 "민주주의란 인종주의에 근거한 다수결주의"라는 이유로 반대했다고 한다. 아라카와는 이 일화가 일본과 오키나와의 관계에 대해서도 많은 것을 시사해 준다고 말한다. 민주주의라는 제도가 지닌 허점을 뚫고 들어가는 이 일화가 보여 주듯이, 아라카와의 '독립'이 의미하는 것은 우리가 익히 알고 있는 국민국가의 성립이거나 허명뿐인 민주주의 제도의 수동적 수용이 아니란 점은 명확해 보인다. 그는 "자기 결정권"을 체제/제도를 넘어서 오키나와인 내면의 역사적 심층구조로 제기하려고 했던 것이다.

아라사키는 아라카와의 이 발언에 이어, "독립"이건 "자치"이건 그 무엇이건 그것은 목적이 아닌 수단일 뿐이라고 말한다. 목적은 오키나와인이 평화적으로 스스로 의지를 결정하는 권리를 확보해 가는 것이라고 주장한다. 이처럼 '생활권 공유'라는 사상에 기반을 둔 그의 발언은 아이러니하게도 아라카와의 "자기 결정권"과 겹쳐지는 듯했다. 그러나 아라사키는 유고슬라비아의 예를 들면서 '독립'을 겉으로 드러내면 그것이 국가나 민족 간의 전쟁을 불러와 민중의 삶을 철저히 파괴할 수 있다고 말해, 아라카와의 독립론에 우려를 표시한다. 만약 오키나와가 독립국가가 되려고 한다면 '대국'들이 가만히 있지 않을 것이다. 따라서 미국과의 관계를 새롭게 구축하면서 그 속에서 자치와 자기 결정권을 확보해 감으로써 국가 권력을 내부로부터 조금씩 붕괴시켜 가자고 말한다. 이어서 그는 우리가 지금 논의해야 할 것은 자치인가 독립인가가 아니라 "오키나와가 무엇인가"에 대한 물음에 스스로 대답해 가는 것이라고 강조한다. 그는 오키나와 내부의 구체적인 생활과 오키나와를 둘러싼 외부의 국제정세 속에서 오키나와인이 평화적으로 자기 결정권을 확보하는 길을 모색함으로써 국민국가 모델을 뛰어넘으려고 하고 있었다.

발언이 더해 갈수록 아라카와의 자기 결정권과 아라사키의 생활권의 공유는 서로의 논의를 깊이 파고들면서 새로워졌고 오키나와의 내 외부를 동시에 조명해 주었다. 우리는 '자기 결정권'이란 결국 '자기'를 둘러싼 '생활권'을 어떻게 공유할 것인가를 모색하고 변화시키는 과정에서 획득된다는 것, 따라서 '자기 결정권'이란 곧 '생활권 공유'를 통해서 창조되어야 할 무엇이라는 점을 생각하게 되었다고 믿고 싶다.

오키나와의 현재 속 '자기 결정권'과 '생활권의 공유'

자기 결정권과 생활권의 공유라는 사상은 오키나와의 현재 속에서 그 의미를 더한다. 9월 10일 오키나와와 도쿄에서는 동시에 대규모 시위가 열렸다. 오키나와 주민 10만 명은 미국 신형 군용 헬기인 오스프레이의 오키나와 배치에 반대하고 후텐마 미군 기지의 폐쇄/철거를 외쳤다. 이날은 "복귀" 이후 최대 규모의 집회였다고 일컬어지며 오키나와 주민들의 유례없는 규모의 점거 농성이 계속되었다. 도쿄에서도 같은 날 오키나와와 연대하여 약 1만 명이 국회 포위 행동을 했다. 오스프레이는 추락사고가 빈번히 일어나 안전성에 문제가 제기되어 온 헬기다. 그런데도 10월 1일 주일 미군은 오키나와 후텐마 기지에 오스프레이 6대를 배치했다. 2일까지 6대가 추가될 예정이며 2014년까지 24대가 배치될 예정이다. 주택지에 둘러싸인 후텐마 기지에 헬기가 배치되면, 추락 위험뿐 아니라 소음도 주민들의 삶에 큰 고통을 줄 것이다. 노다 요시히코 일본 총리는 "우리나라의 안전보장에 큰 의미가 있는 만큼 아무쪼록 이해해 달라"고 발표했다. 그의 말이 전해지자 오키나와인의 분노는 미욱 하늘을 찔렀다.

미군 기지의 폭력성은 여기에 그치지 않았다. 10월 17일에는 오스프레

다테가와 하천 부지 공원의 블루텐트들. 재개발을 피해 공원 옆으로 이사한 이 텐트들은 삶의 장소를
스스로 결정하고 만들어 갈 "자기 결정권"이 있음을 보여 주고 있다.

이 배치 지역의 긴장 상태 속에서 미 해병 2명이 귀가하는 여성을 성폭행한
다. 오키나와 주민들의 분노가 들끓자 일본정부는 미국에 유감을 표명한다.
상태의 심각성을 인지한 주일 미군 사령관은 사과하고 19일부로 미군의 야간
외출 금지령을 발령하지만 11월 2일 또다시 미군이 술에 취한 상태로 민간에
침입하여 13세의 소년을 (성)폭행하고 기물을 파손한다. 오키나와의 반미 감
정이 극에 달하자 미군은 27일부로 미군 장병에 대한 금주령까지 발령한다.

이 와중에 중국은 댜오위다오釣魚島(일본명 센카쿠尖閣 열도 해역 주변),
더욱 구체적인 표현을 쓰자면 오키나와와 대만 사이의 해협에서 군함을 띄
우는 등의 군사적 과시 행동을 지속했다. 이는 오키나와 주변에서 전쟁이 발
발할 수 있다는 긴장감을 고조시켰다.

이러한 상황 속에서 '자기 결정권'과 '생활권 공유'라는 말은 어떤 울림을
지닐까? 오스프레이의 강제 배치, 후텐마 기지의 존속, 그로 인해 발생하는
갈등과 폭력들은 오키나와에 '자기 결정권'이 없다는 진실을 폭로한다. 오키
나와 내부 속에 있는 '전쟁 지역=미군 기지'에서 발생하는 폭력들은, 오키나
와 외부에서 센카쿠 열도를 둘러싼 긴장감이 고조되거나 하면 미군 기지가
당연히 필요하다는 식의 논리로 비약해 버리는 것이다. 이는 오키나와 내부
의 구체적인 생활과 오키나와 외부에서 생활권을 공유하고 있는 지역들과
의 논의를 통해서 오키나와의 의사가 결정되는 것이 아니라, 미국 vs. 중국,
혹은 미국 vs. 일본이라는 국가 관계 속에서 오키나와의 운명이 결정된다는

것을 보여 준다. "자기 결정권"과 "생활권의 공유"가 갖는 구체적인 의미는 바로 여기에 있다. 오키나와가 놓여 있는 자율적이지 못한 관계성의 혁신을 통해 오키나와 내부에 자율적인 질서를 만들고 외부에 평화적 관계를 만들어야 한다는 요청 말이다.

선거 이후에 오는 것

"자기 결정권"이나 "생활권의 공유"가 표현하는 가치는 단지 오키나와에만 한정된 것이 아니다. 이 가치는 오키나와 이외의 삶 속에도 제대로 주어져 있지 않다. 따라서 오키나와 미군 기지 주변의 폭력은, 일본 전역에, 세계 전체에, 내 삶의 매 순간들에 깃들어 있다. 그 단적인 예가 후쿠시마의 원전 부근의 삶이며, 도쿄 한가운데에서 일어나는 야숙자에 대한 추방이다. 현재 도쿄 고토 구 다테가와 하천 부지 공원이 행정대집행의 위기에 처해 있다. 2010년 9월 미야시타 공원, 2012년 6월 미타케 공원에서 야숙자를 추방한 데 이어, 12월 3일~7일 사이 다테가와 하천 부지 공원에서도 행정대집행을 실시하겠다는 계고장이 발령된 상태다.

다테가와 하천 부지 공원에 대한 탄압은 1월 27일부터 시작되었다. 공원 여기저기에 펜스나 강판 등이 설치되어 야숙자 텐트들은 그 속에 갇힌 상태가 되었고, 잇따른 경고 속에서 야숙자들은 주거지인 '다목적 광장'에서 계고장이 효력을 발휘할 수 없는 근처로 이사를 시작하고 있었다. 야숙자 추방 과정은 변명 기회 부여 통지 → 퇴각 명령 → 계고장 → 행정 대집행 순으로 이루어진다. 이 과정마다 수십 명의 직원과 경찰관이 야숙자들 거주지로 와서 고압적인 자세로 폭언과 주먹을 휘두르는 것이다. 며칠 전에 들린 다테가와에는 대책 회의로 극도로 긴장된 분위기가 흘렀다. 이 긴장감은 단지 적에게 맞서는 자들의 긴장감이 아니라, 누구든지 스스로 삶의 장소를 결정할 '자기 결정권'이 있고 자기를 둘러싼 '생활권'을 만들고 공유해 길 권리/의무가 있음을 비폭력 직접 행동으로 보여 주기 위한 것이었다. 12월 3일부터가 싸움의 절정이 될 것이다.

이처럼 오키나와에서 발신된 '자기 결정권'이나 '생활권의 공유'가 표현하고 있는 삶의 가치는 단지 오키나와에만 해당하는 것이 아니며, 무엇보다 선거의 순간에만 나타나고 사라지는 것이 아니다. 최근 한국의 선거에 대한 관심은 정권 교체에 집중되어 있는 듯하다. 그렇지만 오키나와의 전설적인 두 명의 사상가는 선거 앞에 선 우리에게 '자기 결정권'과 '생활권 공유'라는 화두를 던져 준다. 삶 속에서 '자기 결정권'을 확보하고 '생활권 공유'를 통해 타인과 함께 살아가는 지혜를 터득한다는 것은 과연 어떤 것이며 어떻게 가능할까? 선거도 정권 교체도 매우 중요하다. 그러나 그것은 수단일 뿐 목적이 될 순 없다. 목적은 선거 이전이 아니라 오히려 선거 이후에 우리 스스로 질문하고 만들어 가야 할 무엇이다. 선거가 우리의 삶을 변화시키는 것이 아니라 삶의 가치가 무엇인지 끊임없이 질문하고 실천하는 과정에서만 삶의 변화는 가능할 것이다. 이것이 오키나와의 '복귀' 40년의 시간이 이후의 40년에게는 우려 섞인 희망이다. 또한, 이것이 내가 선거에 도무지 관심이 없으면서도 동시에 애써 관심을 가지려고 노력하는 이유이다.

아라카와는 자신이 앞으로 40년을 더 사는 건 불가능할 테니까, 지금의 20대가 40년 후 자기 무덤에 와서 그때의 상황을 알려 주면 좋겠다고 말한다. 자신의 죽음도 저렇게 당당한 실천의 역사와 사상적 지평 속에서 말할 수 있다면 그건 또 얼마나 '자기 결정권'을 지닌 삶이며 또 세대를 초월한 '생활권 공유'일까 생각하면서, 나는 선거 이후 오키나와와 더욱 친해지고 싶다.

그곳엔 긍지가 있다, 너무나 자연스럽게!

요요기 블루텐트와 다테가와 블루텐트의 월동준비

새해 첫날, 요요기 블루텐트의 월동준비

2013년 새해 첫날. 모두 가족과 지낼 테니까 유학생이고 외국인인 나는 3일간 자유다! 밀린 일을 으샤~ 해 치워야지 했지만, 역시 새해 첫날 집에만 있자니 어쩐지 답답했다. 더구나 날씨도 기막히게 좋은 게 아닌가? 그때 요요기 공원 블루텐트 마을의 이치무라 씨로부터 메일이 도착했다. 블루텐트 마을의 에노아루 카페에서 신년맞이 파티를 한다는 것이었다. 에노아루란 "그림이 있다"라는 뜻인데 이치무라 씨와 오가와 씨가 오래전부터 블루텐트에서 해 오던 그림 그리고 이야기를 나누며 맛난 것을 먹는 모임의 이름이다. 1월 1일에는 설날에 먹는 일본 전통요리인 오조니お雑煮파티. 오조니는 다양한 재료를 넣고 간장과 된장으로 간을 맞추는 일종의 일본식 떡국이다. 2일에는 가키조메書き初め파티. 가키조메는 덕담이나 시가 등을 쓰는 전통 행사이다. 3일에는 단팥죽 파티. 몇 시쯤 가면 되느냐고 메일을 보내자, 1시경부터 해가 질 때까지니 꼭 오라는 답장이 왔다. 이상하게도 중요한 일이 있으면 꼭 길을 헤매곤 하는 나는 이곳의 시간관념이 매우 맘에 든다.

이번에도 어머니가 보내 주신 음식 중 혼자 먹기에 많은 것들을 이것저것 담아 들고 집을 나섰다. 쇼핑가와 메이지 진구와 요요기 공원이 있는 하

블루텐트 마을의 "에노아루" 회원들이 만든 운세 뽑기 함

라주쿠 역은 사람들로 붐볐는데, 그 어느 때보다 외국인이 잔뜩 눈에 띄었다. 그들도 나처럼 설날에 갈 곳이 없어 이곳에 몰려온 것이리라. 설날에 외국인으로 들끓는 일본 번화가의 모습이 싫지 않다. 오랜만에 들리는 블루텐트. 공원 안으로 한참 걸어 들어가면 파란색이 드문드문 눈에 띄기 시작하고 숨겨진 비밀 도시처럼 블루텐트 마을이 확~ 모습을 드러낸다. 오랜만에 만나는 오가와 씨와 인사를 나누니, 막 점심을 끝낸 참이라고 했다. 아쉽게도 점심시간을 놓쳤지만 남은 음식을 맛볼 수 있었다. 아니나 다를까 정월 초하루에 이곳에서 점심을 차린 쉐프는 타이에서 온 합기도 선수라고 했다. 정월 초하루에 타이식 스프랑 오뎅국이라. 처음 먹어 보는 타이식 수프는 재밌는 맛이었다.

이치무라 씨는 기모노를 곱게 입고 머리에는 예쁜 꽃장식을 달고 있었다. 한쪽에는 에노아루 회원들이 만들어 놓은 오미쿠지御御籤(운세 뽑기)함이 있었다. 튼튼해 보이는 나무에 어딘가에서 주워온 귀여운 호랑이 인형과 이곳 분들이 그린 그림이 걸려 있었다. 나무 밑둥치에 있는 상자에는 에노아루 회원들이 뱀 모양으로 만든 오미쿠지가 있었다. 내가 뽑은 건 "소길"小吉이어서 아쉬웠지만, 그 오미쿠지에 쓰인 말들은 "모든 것이 다 괜찮아" 등등 흥미로운 말들이 많다고 했다. 조금 앉아 있자니 사람들이 조금씩 모여들고 그들이 가져온 음식들이 모이고 이야기는 자연스레 한국과 일본의 선거, 최근 행정대집행이 있었던 다테가와 블루텐트, 그리고 올림픽 이야기로 옮겨 갔다. 현재 온갖 공공기관이나 공공장소에서 도쿄 올림픽 유치 캠페인이 한창이라고 했다. 그들은 만약 올림픽이 도쿄에서 유치된다면, 이 블루텐트 마을도 사라지게 될 것이라고 우려했다. 영국 올림픽이 있었을 때 그 많던 스콰터들이 전부 쫓겨났다는 것이었다. 그때 저 위쪽 길로 서양인 부부와 아이들이 자전거를 타며 지나갔다. '외국인들에게, 가족이 없는 분들에게, 돈 없는 분들에게 블루텐트와 같은 마을은 설날을 즐겁게 보내는 공간이 될 수 있을 텐데'라고 생각했다.

오가와 씨는 사부작사부작 움직이며 사람들에게서 받은 재료들로 오조니를 만들기 시작했다. 점차 해가 저물어 가는 에노아루에 둘러앉아 먹는 따뜻한 오조니는 근사했다. 블루텐트 마을의 오조니, 이것이 내가 처음으로 먹어 본 일본식 설날 전통음식이었다. 블루텐트의 오조니에는 여러 사람들이 준 선물이 들어 있거나 타이의 냄새가 배어 있고, 이곳의 오미쿠지에는 신의 엄격함이 아니라 타인을 향한 배려가 있다. 이날 뱃속에 쑥 들어온 오조니의 따뜻함과 개방성, 오니쿠지의 평등성은 최고의 월동준비였다고 믿는다.

두 번의 행정대집행과 이사 속에서 지킨 블루텐트

요요기 공원의 블루텐트가 일본 생활의 초기부터 함께했던 것은 일종의 필연 같다. 설날에 이곳에 찾아오는 이방인이나 타이인 쉐프처럼. 에노아루와 만난 이후, 도시를 보는 내 눈이 바뀌었다. 이 거리 어딘가 깊숙이 에노아루 블루텐트와 같은 공간들이 펼쳐져 있으리란 생각이 들었다. 보이지 않는 듯 하지만 사실 어디에든 있고, 그것을 사랑하는 사람에게만 모습을 드러내는 수줍은 비밀처럼, 도시의 풍경은 분명히 이곳 어딘가에 있을 블루텐트의 역동성과 겹쳐지곤 했다. 최근엔 또 하나의 블루텐트 소식을 자주 듣는다. 그곳 분들과 통성명을 할 정도로 적극적으로 활동에 참여하진 못했지만, 이곳은 또 하나의 소중한 비밀이 되고 있다. 두 번의 행정 대집행을 당하고 두 번 이사 했음에도 바로 그 옆에 다시 블루텐트 마을을 형성해 사는, '단체 이동의 귀재'인 다테가와 블루텐트 마을이다.

노숙자 및 실업자 지원센터 〈산야〉山谷 44에 실려 있는 〈400자로 바로 아는 나베가와 문세의 정위〉에는 그간의 정위가 간단히 정리되어 있다. 2009년 고토 구 하천 녹지과水辺と緑の課는 "야숙자 추방은 하지 않는다. 강제적 수

강제 행정 대집행 이후 공원 주위는 물론이고 블루텐트 바로 앞까지 쳐진 하얀 철벽, 그 옆으로 신속히 이주한 블루텐트들

단은 쓰지 않는다. 상담하겠다"라는 약속하에 공원 리모델링 공사를 시작한다. 그러나 그들은 계속해서 약속을 어기며 2012년 2월 8일 행정대집행을 강행한다. 당시 이곳에서는 18년간 살아온 야숙자 한 분이 텐트에 남아 있었는데, 그를 끌어내 병원에 방치해 두곤 텐트와 짐들을 가져가 버려 목숨을 잃을 뻔했다고 한다. 당시 파괴된 텐트를 현재 있는 곳으로 옮겨 다테가와 블루텐트는 다시 살 곳을 정비한다. 그런데 10월부터 이곳에 2차 행정대집행 수속이 시작되고, 위협을 느낀 야숙자들은 공원 옆 공터로 이사한다. 다테가와 하천 부지 공원은 물이 불어날 경우를 대비해 공원 주변을 흙으로 쌓아올려 다소 높은 지대를 만들어 두고 있는데 이 지역을 '부제'라고 부른다. 넓은 공원을 남겨둔 채 위태로운 산비탈 공중에 한 줄로 늘어선 텐트는 누구도 건드릴 수 없을 듯한 신비한 느낌을 준다.

공터는 공원용지에서 조금 비껴가 있고 고토 구가 아니라 도쿄 도의 소유지이다. 공터의 50% 이상은 주변 주민들의 집이나 공장으로 쓰이고 있어서 이곳에 야숙자들이 텐트를 지었다고 해도 고토 구는 그것을 철거할 권리가 없다. 바로 그 공터를 택해 이사한 블루텐트들의 유연함을 느껴 보라! 이들의 현명하고 기동성 있는 이사 덕택에 행정대집행은 사실상 무효화되었다. 12월 5일에 행정대집행을 하러 온 2백 명가량의 고토 구 직원 및 일꾼, 경찰, 경비원들은 행정 대집행을 강행할 수 있는 땅에는 텐트가 하나도 남겨져 있지 않자 (그러나 동시에 모든 텐트가 안전한 곳으로 피신해 있자) 무척 당황한다. 더구나 행정대집행 당일에는 1백 명이 넘는 친구들이 몰려들어 공터에 이주한 블루텐트 위에 올라가 싸우며 그곳을 지켰다. 어쩔 수 없이 고토 구는 공터에 지어진 블루텐트를 외곽으로 남겨둔 가운데 아무것도 남아 있지 않은 공원을 빙 둘러 2미터 높이의 간판을 설치한다. 결국, 블루텐트로 가는 길은 사람 한 명이 겨우 통과할 수 있는 좁고 위험한 길만을 남겨둔 채 봉쇄되었지만, 블루텐트의 신속한 집단 이주, 그리고 전국에서 몰려와 준 사람들 덕분에 블루텐트를 지킬 수 있었다.

텐트, 공중 투쟁, 인터넷 ─ '보이지 않게 하는 권력'과의 싸움법

한 개의 블루텐트도 남아 있지 않은 공원에 쳐진 2m 높이의 철판 벽은 대체 무엇을 '가리고' 무엇을 '철거'하며 무엇을 '집행'한 것일까? 답은 간단하다. 야숙자들을 가리고, 블루텐트를 철거하고 그들의 추방을 집행하려한 것이다. 왜 그들은 야숙자들이 보이는 것이 그렇게도 싫은 것일까? 이러한 은폐하는 권력에 맞선 싸움은 '보이게 하는 것'이었다. 출입구도 화장실도 음식공급도 봉쇄된 채 블루텐트 위에서 하루 종일을 버틴 참여자들은 트위터와 인터넷, 핸드폰 등을 통해서 실시간으로 상황을 전달하고 동료를 불러 모은다.[45]

실시간 트윗을 보고 있으면 이 작은 블루텐트의 비밀스러운 투쟁을 통해 되비치고 있는 일본사회 각지의 블루텐트들과 만나게 된다. 직장 때문에 참여하지 못한 한 트위터 사용자(이하 괄호 안은 트위터 아이디 ─ 필자)는 "다테가와 공원에서 일어나고 있는 야숙자 추방 행정대집행이 신경이 쓰여서 결국 직장에 와서도 일이 손에 잡히지 않는 상태……타자의 생명과 생활이 짓밟혀도 평상시처럼 일상을 보내고 있다는 것에 전율한다. 원전도 기지도 전부 마찬가지다. 우리들은 보고서도 보지 못한 체하고 있은 뿐이다. 무서운 일이 계속 일어나고 있는데."(adisomak)라고 탄식한다. 당시가 선거캠페

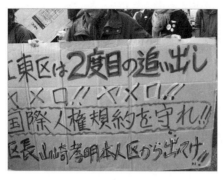

고토 구는 두 번째 추방을 그만둬라! 국제 인권 규약을 지켜라!

인 기간과 일치했기 때문에 자신들의 삶을 전혀 반영해 주지 못하는 선거에 대한 비판도 줄을 잇는다. 한 트위터 사용자는 이렇게 말한다. "노동자가 아무런 이해관계도 없는 경비회사 노동자와 싸워야 하고, 권력인 경찰이나 공무원들은 그 모습을 담소를 나누며 보고 있다. 이 옆을 선거차가 '지지해 주셔서 감사합니다!'라고 확성기로 외치며 달린다. 우리 사회의 축소판이다."(HaruYauchi) 2011년의 대재해 이후 전혀 해결되지 않은 채 지속하는 문제들이 이 싸움의 한복판에서 여러 사람에 의해 언급되기도 한다. 실제로 이곳 블루텐트에는 "동북 지방에서 재해로 피해를 입고 집이 망가져서 노숙생활을 시작한 분"(Hashagisugi)도 있다고 한다. 한 트위터 사용자는 "다카에에서 오이 원전에서 다타가와에서. 가는 곳마다 같은 광경을 몇 번이나 보고 있는 듯한 기분이 든다"(cottonkyaori)고 쓴다. 블루텐트를 지키며 트윗을 하고 그 트윗에 응답하는 사람들은 블루텐트의 싸움을 통해 다카에의 헬레포트 설치 및 미군 기지의 오스프레이 헬기 배치 문제, 오이 원전 재가동 문제, 오사카 고노하나 지역의 방사능 물질이 포함된 잔해 소각 문제, 여전히 진행 중인 후쿠시마 현의 피해 문제를 동시에 떠올리며 이렇게 말한다. "생명, 권리, 존엄을 소중하게 여기지 않는 국가는 더 이상 필요 없다."

먹거리 나누기, 공감, 대화 — '분열시키는 권력'에 대항하는 법

이날 블루텐트를 지키기 위해 모인 사람들은 노동자와 노동자, 야숙자와 시민을 이간질하는 권력에 분노한다. 행정대집행을 생각해 봐도 이러한

현상은 명백하다. 행정대집행을 결정한 사람들은 그 어떤 설명도 해 주지 않은 채 뒷전에 물러나 작업을 감시하고 있고, 고용된 경비업체나 일꾼들이 블루텐트의 야숙자들과 대립하곤 한다. 그들은 명령만을 기다리면서 묵묵히 일하는 일꾼들의 피곤 속에서 존엄을 지킬 수 없는 노동에 시달리는 스스로와 만나고, 우리들의 피곤을 이용해서 우리들을 분열시키고 싸우게 하는 권력에 분노했다. 동시에 그들은 이 싸움을 통해 자신들이 얻는 것이 단순한 승리가 아니라 바로 우리의 자연스러운 존엄이자 연대의 쾌락임을 발견한다.

야숙자들을 추방하는 이유에는 그들이 더럽고, 위험하고, 생활이 파괴된 사람들이라는 이미지가 따라붙는다. 그러나 정말 그럴까? 이날 블루텐트를 지키기 위해 모여든 사람 중에는 젊은 여성이 매우 많았다. 그녀들은 자신들이 만난 야숙자 분들에 대해서 다양한 기록을 남긴다. 그중 가장 많은 것이 먹거리 나누기의 감동이다. 텐트를 지키기 위해 텐트 위로 올라갔던 그녀들은 감금당하고 화장실도 못 가고 음료수도 못 먹게 된 상황이었으나, 차와 간식을 가져온 동료들이 설탕과 생강을 넣은 라이치 티를 주었고, 약간 경비가 풀리자 야숙자 분들은 밥, 스튜 우동, 간식 등을 만들어 이곳을 지키기 위해 와 준 사람들에게 대접했다고 한다. 지나가던 시민들도 멈춰 서서 설명을 듣거나 "야숙자에게 그렇게까지 할 필요가 있느냐?"고 항의하거나, 힘내라고 바나나를 주고 가기도 했다고 한다. 그녀들은 이러한 트윗을 남긴다. "오늘은. 홈리스라는 말, 어떤지 안 어울리는 듯이 느껴지네~ 야숙이 아닌 걸~ 저 멋진 집. 거기서 먹은 스튜 우동, 정말 맛났다!! 야키소바에 초콜릿도.…… 나도 과거에는 홈리스라는 말 한마디로 '무섭다'거나 '더럽다'거나 라고 생각

행정 대집행 이후 좁고 위험해 진 블루텐트로 가는 길

생명이라고 쓴 블루텐트 모형을 쓴 야숙자

하는 이미지를 가지고 있었다.······다테가와 하천 부지 공원 텐트의 아저씨들은 모두 친절하고 따끈따끈한 밥과 간식을 대접해 주셨다. 말을 멋지게 하는 아저씨도 있었다."(Hashagisugi) "다테가와 분들은 정말 대단해요. 강제추방 대상 지구에서 두 번 이주해, 고토 구와 경찰이 아무리 포위해도 공원에서 살아갈 장소를 만들어 냈으니까요. 그리고 오늘 동료들의 결집력으로 가건물 철거를 막았습니다. 희망 그 자체입니다."(ryota1981)

야숙자와 여성, 야숙자와 시민을 분열시키는 권력의 힘에 대항해 그들은 야숙자들과 만나고 음식을 나누고 그들이 지키는 생존과 생존을 넘어선 존엄을 본다. "그곳에는 인간의 생명에서 배어 나온 자긍심이 있다. 정말 자연스럽게 있다."(knhorz) 이렇게 확산된 공감은 손난로를 무릎 조금 위 허벅지에 잘 붙이는 기술 등 그곳에서 유행했던 삶의 지혜들에 대한 잡담에서부터, 그곳을 봉쇄한 고토 구의 행위를 아파르트헤이트와 비교하는 이야기까지 폭넓게 이어진다.

물론 싸움은 끝나지 않았다. 블루텐트로 들어가는 길은 너무나 좁고 위험하며, 블루텐트가 있는 곳의 가로등만을 일부러 끈다든가 하는 괴롭힘이 빈번하다. 현재는 공원의 물을 끊어 놓은 상태로 블루텐트 생활자들은 큰 불편을 겪고 있다. 활동가들은 현 상황에 대해서 인권 침해라고 항의하고 있지만, 시의 인권과도 교육인권위원회는 어떤 대응도 하지 않고 있다. 아이러니하게도 12월 초의 이 행정대집행은 고토 구가 결정한 인권주간 행사 기간과 정확하게 일치했다. 그러나 이번 투쟁에 참여했던 사람들은 '인권'의 진정한 의미가 삶의 긍지를 친구들과 함께 지켜 가는 것임을 안다. 그들은 말한다. "현지에서 동료들과 도와가면서 사는 야숙생활자 아저씨들이 역시 강했다. …… 상사의 명령을 거스르지 못하는 경비원이나 공무원들의 눈에는 그 분들이 어떻게 비춰졌을까? [경비원이나 공무원들에게 ― 옮긴이] 뒤에서 명령을 내리는 토목과장의 모습이 보기 흉했

"이곳에서만 맛볼 수 있다는 최고의 돈지루"를 만들어 주신 야숙생활자, 북도 잘 치신다.

다."(nogawaanarchy) "권력은 약한 곳부터 부숴뜨려 간다. 야숙자는 장래의 우리들"(BlessMoment)이다. 분열시키는 권력은 적어도 이날 다테가와 블루텐트에서는 힘을 전혀 발휘하지 못한 듯하다.

다테가와 블루텐트의 월동준비

다시 월동 준비 이야기를 해야 할 것 같다. 고토 구는 일단 블루텐트를 공원 밖으로 추방했다고 생각한 탓인지 12월 20일에 갑자기 이곳에 와서 11개월간 폐쇄되어 있던 다테가와 공원의 고노바시五の橋에서 가메이도바시龜島橋 사이의 통로를 개방한다.[46] 블루텐트로 들어가는 통로나 공원은 폐쇄한 그대로 통로만 개방한 것이다. 단수斷水를 멈춰달라는 요구나 블루텐트의 생활을 위해 길을 열어 달라는 호소에는 일언반구 하지 않았다.

이러한 상황을 호소하기 위해 22일에는 데모 및 교류회가 열린다. 데모에서 울려 퍼진 구호는 다음과 같았다. 누구든지 야숙, 모두가 야숙, 아베도 야숙, 살인행정 멈춰라, 폭력 멈춰라, 추방 멈춰라, 차별 멈춰라, 감금을 멈춰라, 고토 구청 살인기, 아파르트헤이트, 개개발보다 생명, 올림픽보다 동료, 가난뱅이 연대!

이날 데모에서는 오랜만에 보는 학교 친구들도 우연히 만났다. 데모가 끝나자 교류회를 하나 싶어 따라갔더니 돈지루(돼지고기와 야채들을 넣고 푹 끓인 된장찌개)와 밥을 대접받았다. 친구는 내게 말했다. "이 맛은 꼭 보고 가야지! 다른 곳에선 맛볼 수 없는 맛!" 그곳 야숙자 분 중에 음식을 무척 잘하시는 분이 있다고 했다. 오~ 정말 맛있는 돈지루였다. 먹다 주위를 둘러보니 5일 대집행을 막으러 왔던 분들이 참여했는지 야숙자 분들과도 친근하게 대화를 나누곤 했다. 아쉽게도 나는 다른 약속 때문에 돈지루만 먹고 나와야 했지만, 새해 첫날의 오조니도 이날의 돈지루도 정말 따뜻하고 맛있는 월동준비였다.

그곳에서 좁은 통로를 아슬아슬 통과해 나오자 평범한 도로가 펼쳐졌다. 도로를 지나오면서 거리의 어두운 골목골목이 예사롭게 보이지 않았다. 이동과 요리의 귀재인 또 하나의 비밀스러운 다테가와 블루텐트가 여기저기에 숨어 있을 것 같은 기분이 들었다. 그곳에는 어떤 차가움도 녹일 오조니와 돈지루와 휘날리며 매번 다시 꽂혀지는 깃발=긍지, 세상 최고의 월동준비가 있을 것이었다.

4장 　　　　　다시, 심화된 인종주의 속에서

우리 집 앞, 보이지 않는 그녀들, 비밀들

재능교육 특수고용노동자, 위안부 할머니들

우리 집 앞 마트의 익숙한 낯섦

방학이 되어 한국에 돌아올 때, 다시 일본으로 돌아갈 때, 나는 마치 미지의 시간을 찾아가는 듯하다. 바람까지도 낯선 어떤 시간이, '떠나올' 그곳에 있을 것만 같다. 우리가 국경을 넘는 것 – 또 하나의 삶 – 에 품는 희망은 이처럼 이방인들의 비밀스러운 시간들을 여러 갈래로 열어젖힌다. 어쩌면 나는 자칫 낯설음이 익숙함으로 안주하지 않도록, 익숙한 것들 속의 낯설음을 국경을 건너는 순간 찾고 있는 것일지도 모른다.

한국에서의 즐거움 중 하나는 부모님과 함께 집 근처 마트로 장 보러 가는 일이다. 한동안 맛보지 못한 익숙한 음식들은 나를 편안하고 건강하게 해 준다. 그날도 기쁜 마음으로 장을 보러 가는데 어쩐지 주변이 너무나 시끄러웠다. 마트에서 한 비정규직 노동자가 계약해지를 당했다는 플래카드와 함께 민중가요가 울리고 있었다. 오랜만에 마음을 쉬려 집 앞으로 장을 보러 가다 마주한 일인 시위는 일본에서 경험한 집회들과 겹치면서도 기묘하게 낯설어 엉거주춤 발걸음을 멈추게 했다. 비정규직의 고통, 불안한 삶은 이렇게 우리 집 앞 어디든 다가와 있었다. 어떻게 하면 익숙한 집 앞에서 부딪치는 이 낯섦, 사실 언제 내게 닥쳐 올지 모르는 이 불안한 낯섦을 내 삶과 병립시킬 수 있을까?

이러한 고민 앞에 등장한 〈혜화동 1번지〉의 단막극 페스티벌은 매우 반가웠다. 이 연극은 혜화동 성당에서 6년째 농성을 하는 학습지 선생님들 ─ 특수고용노동자 ─ 의 이야기에 힘을 실어 주기 위해 연극인들이 뜻을 모아 만든 연극제로 2월 14일부터 24일까지 열렸다. 연극제를 개최한 극단은 "연극 실험실 혜화동 1번지"다. 1993년부터 20년간 연출가들이 모여 만든 "젊은 예술가들을 위한 창작 실험 공간"이다. 연극제에 필요한 모든 비용은 뜻을 함께하는 분들의 후원금으로 마련되었다고 한다. 그간 시인이나 소설가들이 용산 참사나 한진 중공업 희망버스에 동참하거나, 인디밴드들이 공연을 통해 홍대 앞

극단 〈혜화동 1번지〉 입구

음식점 〈두리반〉을 강제 철거로부터 지켜낸 활동이 있었으나 연극인들이 발 벗고 나선 것은 처음이다.

특수 고용 노동자 ─ 보이지 않는 그녀들의 우물 채우기

그들은 왜 재능교육 이야기를 연극으로 담아내게 되었을까? 연극제를 제안했던 이양구 씨는 이렇게 말한다. "나는 극장에 갈 때마다 재능교육을 마주 보아야 했고, 지금에서야, 진심으로 마주 보고 있다. 왜 마주 보아야 했는가? 그것은 맹자 누나(조합원 유명자 씨)가 『한겨레 21』과의 인터뷰에서 '혹한의 겨울보다 두려운 것은 잊힐지도 모른다는 두려움이었다'고 고백한 것을 알았기 때문이다."[1]

〈혜화동 1번지〉 공연장으로 가다 보면 오늘(3월 4일)로 1,901일을 맞이해 최장기 농성장이 되는 천막과 혜화동 성당 꼭대기에 오른 두 명의 여성

들이 마주 보인다. 「재능교육 해고 노동자의 전원 복직 및 단체 협약 원상회복·노동조합 활동보장과 근로기준법상 노동자성 인정을 촉구하는 연극인 선언」에 서명하며 연극인들은 말한다. "같은 동네에서 살아가는 연극인들이 이 사태에 계속해서 침묵하는 것은 불가능하다. 재능 교육 사태는 연극인들의 문제가 되었다."(34쪽) 그녀들의 고통을 6년째 매일같이 보고 지나쳐야 했던 〈혜화동 1번지〉 연극인들의 마음이 어떤 것이었는지, 나는 알 수 있을 것 같다.

재능 교육 학습지 교사들이 6년째 혜화동 한복판에서 농성을 벌이고 있는 이유는 무엇일까? 연극제의 예술 감독 이양구 씨가 쓴 「'재능교육 사태'의 쟁점과 해결방안에 관한 간략한 보고서」를 읽으면 일단 "특수 고용 노동자"라는 낯선 말과 마주친다. 특수 고용 노동자란 근로계약 대신 도급, 하청, 아웃소싱 등으로 계약을 맺고 일하는 근로자를 가리킨다. 이런 특수 고용 형태는 기업이 노동력의 사용자로서 져야 할 책임을 회피하기 위해서 "노동자를 개인 사업주"로 만들어 기업이 부담해야 할 비용을 전가하는 형태를 지칭하는 말이다.[2] 비수기와 성수기가 있어 일시적으로만 노동력이 증가하는 업종이나 갑작스러운 경제위기로 인한 불안정을 유동적인 노동력으로 해결하기 위해, "최소한의 생산수단을 포함한 노동력을 기업 외부화하기 시작"한 것으로 "노동자들을 개별 용역화하는 구조 조정의 극단적 형태"다.[3] 특수 고용 노동자들은 '노동자'로 인정받지 않기 때문에 노동 3권(단결권, 단체교섭권, 단체 행동권)이 없고, 열악한 임금/작업환경 등을 협상할 수 없다.

재능 교육 학습지 교사들은 바로 이 특수 고용 노동자다. 임금 대신 영업 실적에 따라 수수료를 받기 때문에 아이들을 가르치는 일과 실적유지/증가를 위한 세일즈를 겸해야 했다. 회원이 탈퇴하면 수수료가 차감되기 때문에 회비를 대납해서라도 회원을 유지하는 행위를 그들은 "퇴회홀딩"退會 holding이라고 부른다. 학습지 교사들이 견디다 못해 노동조합을 만들고 파업을 벌이자, 재능교육 측은 학습지 교사는 노동자가 아닌 개인 사업자이므로 노동조합을 만들 수도 파업을 할 수도 없다고 대응한다. "매일 출근을 해서 조회를 하고 관리자인 지국장으로부터 하루의 업무 일지를 작성·제출하고 저녁이면 퇴사든 유선이든 일과를 보고해야 하는 선생님들이 사장"(26), 즉 개인사업장의 사장이므로, 노동자가 아니고 노동조합을 만들 수 없다는 논리였다. 더구나 2005년 11월 24일 대법원은 학습지 교사는 노동자가 아니라는 판결을 내놓는다. 이들은 33일간 파업하고 노동조합설립 필증을 받는다. 그런데 다시금 2007년 5월 17일에 개정(개악) 단체 협약으로 월급이 수십만 원씩 깎인다. 3개월 동안의 회원 가입률 증가에 따라 월급을 책정하겠다는 것이다. 이렇게 되자 회원 수를 늘리지 못한 어떤 교사

혜화동 성당 꼭대기에서 공중 농성 중인 재능 교육 해고자 그녀들

는 100만원이 차감된 560원을 월급으로 받기도 한다.(31쪽) 이렇게 시작된 농성이 현재 6년째를 맞이했다. 그녀들은 노동자가 아니라고 법으로 규정되었기 때문에, 따라서 이들의 단체교섭 요구에 회사 측이 응하지 않아도 "부당노동행위"에 해당하지 않기 때문(20)에, 회사와의 협상이 쉽지 않다. 오랜 싸움 끝에 2012년 11월 1일 서울 행정법원은 학습지 교사를 노동조합법상 노동자로 인정했다. 그러나 여전히 "회사 측은 '선 복귀 후 단체협약 체결'을 요구하고 있으며, 이에 노조 측은 '선 단체협약 체결 후 복귀'로 맞서고 있다.

연출가 이양구는 이렇게 말한다. "흐르는 물이 웅덩이를 만나면 웅덩이를 다 채우고 나서야 앞으로 나아간다는 말"流水不盈科不行이 있는데 맹자 누나(조합원 유명자)는 "웅덩이를 만났고 지난 5년이 넘는 시간 동안 자신을 웅덩이 속으로 빠뜨렸다. 다 채우고 나서 다시 앞으로 흘러가기 위해서." 그리고 이것은 그들의 이웃인 대학로의 연극인이 빠진 웅덩이이며 비정규직이 기

하급수적으로 늘어나는 "한국 사회가 빠져든 웅덩이"라고.(이양구, 8)

우리는 '죽은 자'의 복직을 요구한다

연극제에 참여한 작품들은 산 자를 죽은 자로 취급하는 권력과의 부단한 싸움 같다. 버젓이 노동을 함에도 노동자로 보지 않고, 천막을 쳐도 지나쳐가고, 공중으로 올라가도 고통이 전달되지 않는 이 모든 불안정한 존재들의 유령화.

연극은 A파트와 B파트로 나뉘어 공연되었고 나는 B파트만 구경할 수 있었다. A파트 작품을 소책자에 근거해서 간략히 설명하면 다음과 같다. 〈한밤의 천막극장〉이란 작품은 오세혁의 작가노트에 따르면 농성 중인 천막에 들어가 본 경험을 그리고 있다. 김한네는 작가 노트에서 "이들이 저기 있구나 라는 걸 보여 주는 데 초점을 맞추려 한다"(51)고 말한다. 〈다시 오적〉이라는 작품은 김지하의 시 「오적」을 판소리 형식으로 각색한 것이다. 그 중에서 내게 인상적이었던 작품은 〈이건 노래가 아니래요〉였다. 이 작품에서 가수 겨울은 유령관객을 향해 끊임없이 노래한다. 그러나 엔터테인먼트 대표 김갑중은 그녀가 가수임을, 여태까지 계속 노래를 해 왔음을 인정해 주지 않는다.(63) 이 연극은 노동하면서도 노동으로 인정받지 못하고 점차 보이지 않는 존재가 되어 갈 뿐인 재능 교육 학습지 교사들의 상황을 표현한 것이었다. 〈혜화동 로타리〉는 연극인들이 공연장 바로 옆에 재능 농성장이 있다는 것을 "알면서도 외면했던 그 최초의 시간들에 대한 고백"이다. 이양구 연출가는 이렇게 말한다. "맹자 누나들 덕에 우리가 정말 연극인이 되는 것 같아서 고맙고 감사하다."(76)

내가 봤던 B파트에는 3개 작품이 공연되었다. 〈살인자의 슈트케이스를 열면〉, 〈잉여인간〉, 〈비밀친구〉. 〈잉여인간〉에 대해서는 정치적 입장이 나와 다를 수 있을 것이라는 생각이 들어 아쉬움도 있었지만, 〈살인자의 슈트케이스를 열면〉은 오래 기억에 남았다. 내용은 이렇다. 슈트케이스를 갖고 다니던 36살 여자는 시간이 흘러 노인 남자가 된다. 슈트케이스를 옆에 둔 채 노인 남자(원래는 36살의 여자)는 끊임없이 타이핑을 하며, 슈트케이스에서 허밍소리나 심장소리가 새어나오면 슈트케이스를 툭툭 차서 그 소리를 잠재운다. 그와 함께 일하는 두 명의 30대 여성은 양의 모습을 하고 있는데 둘 중 한 명은 임신부이고 다른 한 명은 좀 더 젊다. 그 둘은 끊임없

1,884일째를 맞이한 재능교육 농성장. 이곳은 한국에서 최장기 농성장이 되었다.

이 허밍을 듣고(부르고) 심장 소리를 듣고(부르고) 하면서 노인에게 말을 건넨다. "오오! 우리 정말 귀신인가? / 그렇잖아요? 안 보이는데 어떻게 월급을 줘요? (사이) 어떻게, 코도 파고, 막, 노래 부르고 막, 그러는데, 아무도 날 못 봐(자신의 몸을 만지며 곳곳을 살핀다) 오오."(84) "이상했거든요. 사람들이 날 못 보니깐요, 첨엔 분명 당황스러웠거든요. 근데, 나중엔 점점 무서워지는 거예요. 어릴 때 본 귀신이 생각이 나서요. 나한테 그 귀신이 따라붙었나. 사람들 눈에 그래서 내가 안 보이나. 간혹 그런 생각이 들 때가 있는데, 아까 그랬어요. (자신의 몸을 비비며) 어휴! 소름 돋아." 이 둘의 불안은 점점 더 커지고 확산되어 가지만 노인 남자는 오직 타이핑만 하며 둘에게 이렇게 말한다. "너는 참 어릴 때 날 닮았어." 살아 있는 그들을 죽은 셈 쳤던 사회적 타살에, 그녀들은 생계 때문에 가담하거나 복종하면서 다시금 타/자살의 대상이 되어 갔다. 이 고통이 불안한 허밍과 심장고동을 타고 전해져 왔다.

그러나! 이 타/자살에도 불구하고 슈트케이스에서는 끊임없이 허밍과 심장고동이 새어 나오고 임신한 여자는 끊임없이 불안해하고, 젊은 여자는 스스로 살아 있다는 것을 증명하기 위해 노래도 해 보고 코도 후벼 보며 온갖 행동을 한다. 그리고 현실에서는 농성 중인 11명의 조합원들이 자신들의

"학습지 교사도 노동자다!"

복직과 단체협상을 요구할 뿐 아니라 죽은 이지현 조합원에 대한 복직을 요구한다. 이지현 조합원은 2007년 12월에 천막을 치던 첫날 사측 구사대에게 폭행을 당해 다리를 다쳐 6개월간 휴직을 한다. 그러나 현장에 복귀해도 회사는 수업을 주지 않았고 해고 상태로 있다가 암으로 사망했다. 한국에서 최장기 농성장에서 사는 그녀들은 말한다. "같이 투쟁하다 다치고 해고당하고 결국 사망한 이지현 조합원에 대해 명예회복을 위한 복직을 요구하는 것은 당연하다."(23) 이 '죽은 동료'에 대한 복직 요구는, '죽은 셈' 쳐져 온 그녀들의 존엄을 회복해 달라고 요구하는 것이기도 하다.

　이 싸움을 두고 어쩌면 누군가는 불과 11명밖에 안 되는 사람들이지 않은가? 라고 할지 모른다. 그러나 우리는 이렇게 질문해야 한다. 불과 11명이 6년간이나 싸워낼 수 있었던 힘은 대체 무엇일까? 정말 대단하지 않은가? 끊임없이 고동치고 호소하는 슈트케이스처럼 그들은 수많은 특수 고용 노동자들의 목소리를 전하며 그런 자신들의 목소리가 다른 불안정 노동자들과 화합하길 바랐다. "그들이 종탑 위로 올라가자 언론이 갑자기 주목했다. 그나마 다행스러운 일이었다. 그런데 종탑 위로 올라가신 분들의 말씀이 놀라웠다. 종탑 위로 올라가기로 결심한 뒤로 가장 괴로웠던 것은 자신들의 행동 때문에 다른 투쟁 사업장들에서 사람들의 이목을 빼앗게 될까 봐 미안하고

두려웠다는 것이다."(11)

슈트케이스 속에 은폐된 불안정 노동자들, 노동하는 존재들의 유령화/비가시화. 현재 한국 12곳에 설치된 농성촌(농성촌 지도는 『시사IN』 282·283 합병호, 48쪽 참고)은 이미 존재함에도 그 존재를 유령화시키는 권력에 대한 싸움, 비밀지도, 공중의 지하 생활자들이다. 그리고 그들은 모든 죽은 자들, 보이지 않게 되어 버린 자들, 유령화된 자들의 사회적 복직 ─ 명예와 삶과 존엄 ─ 을 요청하고 있다.

보이지 않는 고통과 불안은 사실 우리 집 앞, 직장 속, 가족 속, 몸속, 익숙하다고 여겨진 모든 것에 깊숙이 자리하고 있다. 그럼에도 파고드는 이 불안에 대한 두려움이 외면을 낳고 쌍용 자동차 분향소 천막을 333일째 되던 날 불태워 버리게 한 환청이 되었던 것은 아니었을까? 농성장 옆에는 격려 메시지를 적는 게시판이 있다. 그곳의 글귀를 보다가 문득, 혜화동 성당 위에 올라 외치는 그녀가 36살(2013년 현재), 내 또래임을 아프게 깨닫는다.

비밀들 ─ 그녀들은 '보여지고' 싶어 했을까?

이 산 자를 죽은 자로 취급하는 유령화는 한국만의 일이 아니다. 아베 정권이 들어선 이후 일본에서는 유령화가 '자기 검열'의 형태로 일어나고 있는 듯이 보인다. 한 예로 "위안부" 피해를 고발하는 시민운동에 대한 탄압이다. 2012년 9월 23일에 오사카 시내에서는 "위안부" 피해자 김복동 씨의 증언회가 있었다. 이 집회에는 극우파 단체인 〈재특회〉가 들이닥쳤고 집회 참여자들은 이를 저지한다. 〈재특회〉의 멤버들은 집회 참여자들에 의해서 상해를 당했다고 날조했고, 오사카 부 경찰은 4명의 집회 참여자를 구속했다. 피의자 중 한 명인 한기대 씨는 일본에서 열리는 위안부 수요 데모, 위안부 할머니의 증언 집회, 오키나와 미군 기지 건설 반대, 탈원전 운동 등으로 활약해 온 사람이기도 하다. 그의 체포 이후, 오사카에 지진 잔해 소각장을 만드는 것에 대한 반대 활동이 활기를 잃기도 한다. 하나의 운동에 대한 탄압은

"종탑으로 부치는 희망 쪽지." 성당 꼭대기에 있는 그녀들에게 보내는 사람들의 메시지

다른 운동에도 영향을 주는 것이다. 그런데 이것이 끝이 아니었다. 6개월이 지나 올해 2월 13일과 14일에 갑자기 증거품 압수 명목으로 집회 참여자 일곱 명의 집을 가택 수사한다. 일련의 사태는 KBS에서 보도되었고[4] 〈한국정신대문제대책협의회〉를 비롯한 시민단체들은 27일 대사관 앞에서 항의 집회를 열었다.

위안부 할머니들이 버젓이 살아서 증언하고 있음에도 그것은 마치 보이지 않는 것인 양 하고, 있지도 않았던 상해죄로 가택수사를 한다. 활동가들은 점차 스스로의 행위를 자기 검열하게 된다. 그러지 않으려고 해도 방문을 파고드는 시선에서 자유롭지 못하다. 연이어 일어나는 반일 감정을 보고 있으면, 이 감정이 기반한 역사적 정당성과 저항적 잠재성에도 불구하고, 이것이 사안의 핵심은 망각하고 자칫 한국인들이 지닌 타민족에 대한 배타성만을 강화하는 식으로 귀결될까 두렵다. 그리고 그 타민족에 대한 배타성은 늘 내부의 타자에 대한 배타성으로 전이되어, 역사 속에서 여러번 위안부 할머니들을 없는 존재 취급을 해왔지 않은가? 일본의 배외주의자들에 대한 비판이 일본 안의 내재적 맥락이 삭제된 채 한국에 보도되면, 곧 한국의 배타적 내셔널리즘과 통해 버리는 기묘한 도덕주의가 이 '자기 검열' 속에 있을지도 모른다. 반대로 한국의 내셔널리즘 비판이 한국의 내재적 맥락이 삭제된 채 일본에 보도되면, 일본의 마이너리티 그룹을 억압하는 우파적 담론과 뒤섞여 버리는 기묘한 식민지 종주국의 무의식이, 이 '자기 검열' 속에 있을지도 모르기 때문이다. 학습지 교사들의 '퇴회홀딩'退會holding 또한 이러한 자기 검열의 강요에서 비롯된 것이 아니었을까?

그러나 학습지 교사들의 싸움은, 그들을 보이지 않게 하는 사회會로부터의 탈퇴脫退를 6년간 유지holding하고 있다. 그 속에는 자기 검열의 퇴회홀딩과 다른, 또 하나의 비밀스러운 퇴회홀딩이 있다. 산 자를 죽은 자로 치부하는 검열과 유령화의 시대에, '죽은 자로 치부된 우리에게는 어떤 검열과도 어떤 눈으로부터도 포착되지 않는 비밀스러운 삶이 열리고 있다. 번역되지 못했으나 그 언어를 아는 사람들끼리 전해지는 비밀스러운 독서처럼, '죽었다'고 여겨지는 자들 사이의 공감 지대가 우후죽순처럼 번성하고 있는 것이다. 그것이야말로 이 모순된 사회로부터의 '탈퇴'를 통해 또 하나의 코뮌의 가능성을 여는 그녀들의 '재능교육'이다.

재능교육 학습지 교사들은 그들을 '죽은 자' 취급하는 데 맞서 자신들의 노동자성을 호소한다. 그러나 그들을 6년씩이나 싸울 수 있게 했던 힘은 '노동자로 인정받고 싶다'는 것에 머물지 않으리라. 언제든 어디서든 우후죽순처럼 자라나는 죽은 자들 사이의 비밀스러운 만남과 만남의 순간 실타래처럼 풀리는 이야기들이 6년간의 싸움을 이끌어 온 비밀스러운 힘이지 않았을까? 6년간 농성장 옆을 지나며 자기 검열을 통해 외면해야 했던 고통이, 결국은 그녀들의 농성장과의 공감으로 열리게 되었던 이 연극제처럼, 익숙함과 낯섦 속에서 비밀스럽게 직조되고 있는 시간들. 그리고 비밀스러운 시간들의 재능 있는 숙련공들인 그녀들.

최근 나는 어떤 일본인 사상가와 한국 친구들과 함께 이와 같은 '자기 검열'의 고통을 공유해야 했다. 동시에 그러한 자기 검열을 넘어서서 흘러넘쳤던 비밀스러운 시간을 공유했다. 번역될 수 없었던 이야기를 함께 나누었던 그 소중한 시간은 언젠가 이 세상에 자연스럽게 드러날 시간을 미리 사는 것과 같은 경험이었다. 이미 미래가 된 과거의 시간. 그 시간은 자신만의 '시민권'을 요구하는 것이 아니라 '시민권'을 벗어나 더 멀고 풍성한 비밀스러운 영역을 열어젖히고 있다고 믿는다.

'네' 이야기를 들어 봐!
재해 속 사이렌의 침묵을 듣는 법

<아워 플래닛 TV>Our Planet-TV 아마추어 다큐멘터리 상영회

침묵을 듣는 그녀들, 재해 속 오디세우스들

사실, 이야기란 얼마나 부질없는지. 사랑하는 사람을 잃고 삶의 모든 기반이 사라지고 피난을 결심하고, 점차 악화하기만 하는 느린 타살 속에서, 이야기한들 뭐가 달라질까? 사랑하는 사람이 되살아나지도 이전의 삶이 되돌아오지도 않는다. 더구나 우리에게 되돌아가고픈 삶이란 게 과연 있기나 했을까? 오히려 이야기 되는 순간, 생생한 현재의 고통과 사랑은 모조리 과거의 후일담이 될 위험에 처하고 만다. 많이 기억하는 사람은 많이 고통받은 사람이라 했던 문학평론가는 "언젠가 옛 이야기 할 때가 올 것이다"라는 말이 자신을 위로했다고 하듯이. 그러나, 그럼에도 불구하고 우리는 이 부질없고 쓸모없는 행위–이야기를 멈출 수가 없다……대체 왜?!

〈사이렌의 노래〉 이야기는 이러하다. 오디세우스는 뱃사람들을 죽음으로 몰아갈 정도로 아름답다는 사이렌의 노래를 듣기 위해 자신을 돛대 기둥에 묶고 부하들의 귀를 막은 뒤 항해를 시작한다. 그는 사이렌의 노래를 들었으나 살아 돌아온 유일한 사람이 된다. 그런데 카프카는 〈사이렌의 침묵〉에서 또 하나의 이야기를 만든다. 오디세우스는 자신의 귀를 밀봉하고 돛대에 묶었지만, 사실 사이렌들은 노래하지 않았다, 침묵했다, 오디세우스가 사이렌에 접근했을 때 그녀들은 생각했다. 아, 저 강한 놈에게 대적하려면 침묵밖에 없겠다. 사이렌의 노래는 그 무엇도 뚫고 들어갈 정도로 아름답다는 소문이 퍼져 있고, 그 소문은 사이렌의 노래보다 훨씬 강력했기 때문이다. 사람들은 자기 내면의 공포와 소문을 노래로 착각했던 것이다. 그러나 오디세우스는 소문에 개의치 않고 "한 줌의 밀랍과 한 다발 사슬을 완벽하게 믿었고 자기가 찾은 작은 도구에 대한 순진한 기쁨에 차서"5 사이렌을 향해 간다. 사이렌의 노래 혹은 공포에서 오디세우스를 지켜 준 것은 자신이 지닌 도구에 대한 순순한 믿음, 기쁨에 찬 결단이었다고 말하는 카프카는, 아마도 또 하나의 사이렌 이야기를 만들고 싶었으리라. 3월 11일에서 2년이 지난 지금, 고통과 상실의 순간에 못 박혀 다시금 사이렌을 향해 나아가지 못하는 사람에게, 그 고통과 상실을 침묵시키려는 힘에 맞서 또 하나의 이야기를 만들어 낼 용기가 사라지지 않길 바라는 마음으로, 자신이 지닌 도구에 대한 순순한 믿음과 결단이 자라나길 바라는 마음으로, 이 글을 쓴다.

재해가 시작된 시점에서 2년이 지났다. 여전히 방사능을 뿜어 내는 후쿠시마 원전과 원전 노동자의 고통, 저선량 피폭의 위험성, 증가하는 피난민에 대해서 일본 정부는 함구한다. 대신 피해지의 투기성 부흥·동북지방 관광을 선전하는 소리나 신오쿠보의 반한 시위가 거리에 울려 퍼지는, 기이한 소리의 시기다. 이 사이렌들은 지쳐가는 피난민/피해민들과 이젠 괜찮다고 믿고 싶은 우리들의 마음 속 어디든 달콤하고 두렵게 뚫고 들어간다. 그러나 동시에 '괜찮다'고 침묵시키는 사이렌에 맞서, 순순한 기쁨과 결단에 찬 오디세우스들이 작은 도구들을 들고 나서고 있다. 단연 돋보이는 것은 〈아워 플래닛 TV〉 워크숍에서 카메라를 처음 손에 잡은, '엄마' 카메라 액티비스트들의 탄생이다.

표현에서 '표출'로 — 귀를 기울이면, '내' 가 전하는 비디오 상영회

〈피난하는 마음〉. 비난을 무릅쓰고 고향을 떠나 피난하기를
결행한 그녀들의 이야기를 담았다. 그녀들은 "없었던 일로
할 수 없다"고 말한다. (출처: www.ourplanet-tv.org)

3월 18일에는 〈아워 플래닛 TV〉 시민 카메라 워크숍 상영회, 〈귀를 기울이면, '내'가 전하는 비디오 상영회 ─ 3·11 이후 흘러넘친 시민 비디오〉[6]가 있었다. 〈아워 플래닛 TV〉는 "시민이 주역이 되는 미디어로 사회를 변화시키자"를 캐치프레이즈로 한다. 9·11 발생 당시 인터넷에서는 국가를 넘어선 정보 교환이 활발해졌는데, 이런 대중 지성의 활동과 힘이 모여 탄생한 단체가 〈아워 플래닛 TV〉다. 웹 스트리밍 방송[7], 시민이나 NGO의 정보발신을 돕고 기자재를 대여하는 '미디어 카페', '영상제작 워크숍' 등의 활동을 한다. 그들은 이렇게 말한다. "일반 시민이 아는 정보의 양은 십여 년 전과 비교할 수 없을 정도로 많아지고 있습니다. 이런 시민이 주역이 되어 각각 느끼는 것을 영상으로 만들어 서로 보고 듣고 의견을 교환한다면 미디어는 새로운 역할을 하게 될 것입니다. 〈아워 플래닛 TV〉는 다양한 우연으로 탄생한 지구라는 행성에서 사람들이 서로 편견 없이 정보를 교환할 날을 꿈꿉니다."

상영작은 총 6편이었는데 참여자 대부분이 여성이었다. 남성으로 성전환한 분을 심층 인터뷰한 〈여자의 몸으로 태어나, 남자의 맘으로 살아왔다〉[8], 잊혀진 놀이인 흙 경단 빚기를 통해 아이들의 정서적 표출이 갖는 의미를 조명한 〈흙경단이 뭐지?〉[9], 도쿄의 대표적 '시타마치'(에도시대의 분위기가 남아 있는 서민상점가)로 나쓰메 소세키, 모리 오가이 등이 살았던 거리가 관광화되는 것에 대한 상점가의 대응을 다룬 〈야나카 긴자 상점가의 도전〉[10]도 흥미로웠지만, 특히 관심을 끈 것은 다음의 세 편이었다.

이 세 편은 재해 이후에 형성된 어떤 감각의 변화를 반영하고 있었다. 그것은 자신의 내면에서 당사자성을 발견하고 침묵하는 일상에서 이야기를 만드는 감성이었다. 이들 다큐멘터리에서 그 감성은 '말하는 행위'가 아니라 카메라를 손에 쥐고 '듣는 행위'에서 비롯되고 있었다. 〈피난하는 마음〉[11]은 원전 사고로 삶의 터전을 버리고 자의적(?) 피난을 결행한 그녀들이 느끼고 변화해 온 과정을 인터뷰한다. "'당장은 영향이 없다'는 말은 우리의 미래를 박탈한다는 말이었어요." "떠나겠다고 했을 때 어머니가 저에게 실망했다고 하셨어요." "저는 국가가 괜찮다고 하니까 괜찮은 거라고 말하는 어머니가 실망스러웠어요." 그런데 다큐멘터리를 보던 나는 화면 속 그녀들이 말하고 있음에도 마치 내가 말하고 있는 듯한 느낌에 사로 잡혔다. 인터뷰이와 인터뷰어의 역전이 아니라 모두가 인터뷰이가 된 듯했다. 나(우리)는 들음으로써 말하고 있었다. 사이렌의 침묵을 듣는 오디세우스처럼. 그들은 자신이 말하고 싶은 것을 찍었고 그것은 우리가 말하고 싶은 (그러나 말하지 못했던) 것이었기 때문이다.

〈데모 할인 생겼어요〉[12]는 신나는 내용이었다. 가난뱅이의 반란 거리, 문학가와 예술가들이 많았던 오기쿠보를 폭넓게 포괄하며 1970년대 가정주부들의 운동이 번성했던 쓰기나미 지역에서는, 재해 이후 신선하고 특이한 방식의 데모가 끊이지 않고 있다. 그리고 '데모 할인'이 탄생한다. 데모 할인이란 데모에 참여한 뒤 가게에 오면 맥주 한 잔을 무료로 주는 이벤트다. 데모 할인에 참여한 가게주인들은 말한다. 데모 끝나면 한잔하고 싶잖아요? 그럴 때 동네로 돌아와 마셔 주면 좋죠. 데모 참여자들은 말한다. 데모 끝나고 그냥 집에 가면 맹숭맹숭하잖아요. 집 근처에서 한잔하면서 이야기하고 좋죠. 이 활동은 『도쿄신문』 1면에 보도되기도 했다. 데모 할인을 보도한 기자는 이렇게 말한다. "생활해 오던

〈데모 할인 생겼어요〉. 데모 참여 뒤 동네 가게에 오면 무료로 한 잔을 주는 이벤트. 이것은 자기 삶의 터전에서 한잔하며 원전문제를 토론하는 문화를 만들어 냈다. (출처: www.ourplanet-tv.org)

〈알루미늄 캔은 누구의 것?〉. 아라카와 하천 부지 야숙생활자들의 캔줍기로 "버려진 공공물로 이뤄지는 경제활동"을 보여 준다. (출처: www.ourplanet-tv.org)

동네에서 데모하고 그곳에서 다시 소비하고 대화하는 것. 이것이 서양과도 과거 일본의 운동과도 다르다고 느꼈어요. 지역과 생활과 데모와 대화가 함께하지요." 데모 할인은 이후 카페, 변호사 상담 등으로 번졌고, 오키나와·오사카·홋카이도 등으로 확산한다. 마치 기원을 묻지 않고 퍼져나가는 사이렌의 노래처럼.

〈알루미늄 캔은 누구의 것?〉[13]은 야숙 활동가 스즈키 씨의 작품으로 아라카와 하천 부지 야숙생활자들이 주인공이었다. 스즈키 씨는 야숙자 집회나 데모에서 자주 뵈었던 분으로 이분이 보내 주신 메일을 통해 상영회에 갈 수 있었다. 야숙생활자들은 캔을 모아 생활하는 경우가 많다. 그런데 최근 공원 등에서 야숙자를 쫓아내려는 움직임과 함께 알루미늄 캔 수집을 금지하는 자치단체가 늘고 있다. 이 다큐멘터리는 "버려진 공공물을 통한 경제활동"의 권리와 가치를 보여 주었다. 이는 공원 등 공공공간의 공유를 주장하는 것과 닮았으면서도, 한발 더 나아가 자본주의 내부에서 가능한 자본주의적이지 않은 경제활동의 가능성을 묻는 것이었다. 30살 무렵부터 캔을 모아온 스가노 씨는 자신이 이 일을 아주 좋아한다고 말한다. 캔을 줍다 보면 다양한 사람을 만나고 때로는 돈 많은 사람들의 고독을 느끼기도 한다는 것이다. 그의 말에 따르면 캔 수집은 경제 상황을 반영하는 바로미터다. 캔 가격은 호황기에 120엔이고 평상시는 80엔이지만, 2008년 미국 투자 은행인 리만 브라더스가 파산하면서 전세계가 금융 위기에 빠졌던 때에는 40엔으로 떨어졌다고 한다. 버려진 공공물은 그 코뮌에서 살아가는 사람들의 활동 속에서 가치를 얻는 고미티니(쓰레기(고미)+코뮌, 이치무라 씨의 말)였다. 야숙생활자들은 수용시설이 아닌 그 광활한 고미니티에서 살길 바라고 있었다.

이 다큐멘터리에서 내가 무엇보다 감동을 받은 것은 야숙생활자를 찍는 카메라의 밀착도였다. 캔을 수집하며 보내는 하루일상이 그 옆을 묵묵히 지키는 카메라를 통해 펼쳐졌다. 그는 말하지 않고 침묵한 채, 침묵한 상태에서만 들리는 그들의 소리를 들려주었다. 이 조용한 감동은 다큐멘터리 촬영자가 야숙생활자와 함께한 세월에서 우러나오는 것이었다. 이 세월이 주는 농익은 이해가 야숙생활을 선택 가능한 하나의 삶으로서 보여 주고 있었다.

'네' 이야기를 들어봐!

상영회의 3부에서는 시라이시 씨白石草(〈아워 플래닛 TV〉 액티비스트), 시모무라 씨下村健一(시민 미디어 액티비스트), 스즈키 씨(〈알루미늄 캔은 누구의 것〉), 후쿠시마 씨(〈데모 할인 생겼어요〉), 시바타 씨(〈피난하는 마음〉)가 참여해, 〈3·11 이후 흘러넘친 시민들의 표현 ― 비디오 카메라와 만난 여성들〉이라는 주제로 이야기했다. 토크 제목이 보여 주듯, 이번 상영 작품은 대부분이 아이를 키우는 엄마들에 의해 만들어졌다. 시라이시 씨는 젊은이들이나 작가들이 주로 참여했던 이전과 비교해 볼 때 큰 차이라고 했다. 취미로 하기엔 시간과 힘이 드는 카메라 작업에 왜 재해 이후 엄마들이 이렇게 많이 뛰어들고 있는 것일까?

내가 다큐멘터리를 보면서 마치 나 자신이 말하고 있는 듯한 느낌이 들었던 것은 그들이 재해 이후 등장한 엄마 카메라 액티비스트라는 점과 무관하지 않을 것 같다. 후쿠시마 씨는 재해 이후 메인 미디어에 답답함을 느끼던 찰나, 시라이시 씨의 글을 읽고 어쩌면 자신도 할 수 있겠다는 생각이 들었다고 말한다. 〈피난하는 마음〉을 찍은 시바타 씨는 "재해 직후 많은 연구회와 모임이 생겼지만 메인 미디어는 이것을 전혀 전달하지 않았다. 이러한 움직임을 없는 것으로 할 수 없다. 영상이 바로 무기가 될 것으로 생각해 참여했다"고 한다 시모무라 씨는 "없었던 일로 한 수 없다"는 생가이 곧 다음 기록을 위한 출구가 된다고 말했다. "없었던 일로 할 수 없"는 많은 일들을

3·11 이후 흘러넘친 시민들의 표현. 비디오 카메라와 만난 여성들. 엄마 카메라 액티비스트의 등장이라고 할 만큼, 재해 이후 대부분 작품이 아이를 가진 엄마들 손에 의해 만들어졌다.

가슴속에 품은 그녀들은 '한마디'해 달라면 부끄러워하며 말하기 시작했는데, 타인을 줄곧 의식하고 있는 그 상기된 부끄러움을 통해 보다 풍부하고 다양한 진폭이 전달되고 마치 내가 말하는 듯한 기분이 되곤 했다.

　워크샵을 이끄는 시라이시 씨는 요즘엔 워크숍을 하기보다 '방치'하는데 그럴 때 더 좋은 작품이 나오는 것 같다고 경쾌하게 입을 열었다. 토론자인 시모무라 씨는 메인 미디어가 결코 따라갈 수 없는 시민 미디어의 장점으로서 '밀착도'를 언급하며 질문을 했다. 〈데모 할인 생겼어요〉에는 데모 할인 확산을 위한 작당 회의가 나온다. 그런데 그 장면에서 인터뷰하던 후쿠시마 씨는 질문자라는 본분을 잊고 작당회의에 참여하게 되고 카메라는 조금 물러나며 후쿠시마 씨까지 화면에 잡는다. 시모무라 씨는 찍는 사람과 찍히는 사람의 경계가 자연스럽게 사라지는 이런 순간은 메인 미디어가 결코 흉내 낼 수 없다고 말했다. 그는 〈알루미늄 캔은 누구의 것?〉에 대해서도 어떻게 그렇게까지 깊이 밀착해 찍을 수 있었는지 감탄했다. 영상회에는 야숙 생활자와 활동가들도 참여하고 있었다. 스즈키 씨는 찍을 수 있도록 허락해주신 그분들에게 감사를 표한 뒤, 자신은 야숙생활자들의 데모가 아니라 일상을 찍고 싶었다고 말한다. 데모가 끝나고 집에 돌아가 문을 닫으면 끝이 아니라 일용노동자로서 일본의 고도성장을 이뤄냈던 그들의 능력을 꾸준히 함께 하면서 보여 주고 싶었다는 것이다. 스즈키 씨는 그분들이 집도 뚝딱 만들고 자전거도 잘 고치는 재주꾼이며, 캔 수집도 각각의 개성이 넘친다고 말했다. 그렇다고 그들의 삶이 평온하고 한가한 것은 아니다. 매일 아침 비가 오건 덥건 춥건 바람이 불건 그들은 캔을 모은다. 마침 촬영하는 날, 비가 왔다고 했다. 자신과 그분들 사이의 거리감을 숨김없이 보여 주고 싶어서 느슨한 거리를 두고 찍었다고 한다.

야숙생활자와 스즈키 씨의 삶 사이에는 일정한 거리감이 있을 것이었다. 스즈키 씨는 그 차이를 간과하지 않지만, 야숙생활자들을 그대로 노출하는 것이 야기할 불안은 충분히 공유하려고 한다고 말했다. 야숙자들의 신상이 공개됨에 따라 공원에서 쫓겨날 위험성이 커질 뿐 아니라, 최근 증가하는 야숙자들에 대한 묻지 마 범죄의 표적이 될 수도 있기 때문이다. 따라서 데모사진을 찍을 때는 야숙자들의 얼굴이 나오지 않도록 조심했다고 한다. 그러나 야숙생활자 분들에게 스즈키 씨가 이러한 불안을 말했을 때, 그분들은 설혹 문제가 발생하더라도 그것은 모두 함께 책임을 질 문제라고 답해 주셨다고 한다.

우리는 대화를 말하고 듣는 행위라고 생각한다. 그러나 사실 대화란 듣고 듣는 행위, 혹은 듣고 들음으로써 말하는 행위이다. 상대방의 말을 듣고 그에 맞춰 말하지 않는다면, 나의 말은 결코 상대에게 들릴 수 없다. 말하기 이전에 듣는 행위가 존재하며, 그 듣는 행위를 통해서 말하는 것, 그것이 대화이다. 다큐멘터리와 그녀들의 말을 통해서 내가 느낀 것은 바로 이것이었다. 그녀들이 재해 이후 느낀 불안과 고통을 '없는 것'으로 침묵시키는 메인 미디어의 중력 앞에서, 그녀들은 침묵해야 했던 소리를 듣고, 그 소리를 들음으로써 스스로 말하고/말하게 하고 있었다. 과학기술을 우리 모두에게 좋은 것으로 전유하는 행위란, 바로 그녀들의 카메라 감응법과 같은 것이리라. 메인 매체와 과학기술의 권위와 공포를 아무렇지 않게 뚫고 나가 자신들의 손에 들린 작은 도구에 거는 믿음, 그리고 타인의 이야기를 들음으로써 자신들의 이야기를 하는, 엄마 카메라 액티비스트들의 타자를 내포한 주체성 말이다.

그녀들의 '듣는' 카메라, 그 끊임없는 '이야기'

오디세우스의 이야기를 변형시킨 카프카의 「사이렌의 침묵」은 이렇게 시작한다. "미흡한, 아니 유치한 수단도 구원에 쓰일 수 있음의 증거."(204) 오디세우스가 사이렌들의 공포와 유혹에 대항할 수 있었던 건 미흡하고 유치한 수단인 밀랍과 밧줄을 굳건히 믿었기 때문이었다. 재해 이후 엄마들의 손에 들려진 카메라는 마치 오디세우스의 밀랍과 밧줄처럼, 여전히 지속하는 재해의 고통을 침묵시키려는 사이렌들에 맞서 전진한다. 그리고 「사이렌의 침묵」은 이렇게 끝난다. 사이렌에 얽힌 또 하나의 이야기가 전해지는데 오디세우스는 워낙 꾀가 많은 사람이라 사실 사이렌들이 침묵했음을 알아챘는데 자신의 꾀를 감추기 위한 "방패"로 삼아 사이렌 노래가 들리는 양 연기했을지도 모른다는 것이다.(210) 아무려나! 그녀들의 카메라 액티비즘이 순순한 믿음이건 꾀를 부린 연기이건 간에, 그녀들은 미디어, 즉 현대의 사이렌이 공포와 권위로 화해 다른 소리를 침묵시키는 것에 맞서 그들이 정해 놓은 항로를 벗어나는 길을 열고 있다.

2011년 3월 11일 이후 지속하고 있는 재해 속에서, 재해에 대한 이야기를 침묵시키고 망각시키고 일상의 중력으로 누르려는 미디어들이 마치 '침묵시키는 사이렌'처럼 거리에 울려 퍼지고 있다. 그러나 이날 영상회에서 만난 엄마 카메라 액티비스트들은 여전히 재해의 시간 속에 사는 우리들의 이야기를 중력과 침묵과 망각의 힘을 뚫고 끊임없이 '들리게 하고', 들음으로써 '말하게 하고' 있다. 침묵하는 소리의 증인이 됨으로써 이 재해의 시간성 속 슬픔과 기쁨을 사는 우리 모두의 삶에 대한 증인이 되는 것. 이것이 타자를 내포한 그녀들의 대화, 즉 듣기=말하기였다. 그러므로 이렇게 말해 보자. 그러니까 말이야, '네' 이야기를 들어 봐! 혹은 '내' 이야기를 해 봐! 그녀들의 카메라가 끊임없이 새로운 이야기를 만들고 새로운 노래를 듣는, 재해 속 오디세우스의 귀가 될 것이라 믿는다.

'그들'로부터 멀리

2013년 4월에서 6월까지의 어떤 감정

어떤 감정에 대해서

『수유+너머 위클리』에 글 쓰는 일이 많이 늦어졌다. 미안함이야 말할 수 없다. 그런데 더 신경이 쓰이는 것은 글을 쓰지 못한 요 삼 개월 간 가슴 속에 그득해지고 있는 어떤 감정이다. 이 감정은 올해 4월에서 6월초까지 팽배해진 파시즘적 분위기 – 신오쿠보의 반한 데모, 북한 때리기식 보도, 하시모토 발언 등 – 때문에 고개를 들기 시작했을지도 모른다. 저 멀리 있거나 과거의 것으로 생각했던 법과 식민주의가 갑자기 방문 앞까지 들이닥친 기분이다. 물론 이런 위태로운 느낌은 그저 단순히 글쓰기를 2~3개월간 하지 못한 탓일지도 모른다. 내게 글쓰기란 여러 가지 장소들을 연결하면서 스스로 좌표를 한 걸음 떨어져서 봄으로써 그 좌표로부터 자유로워질 수 있는 행위였던 탓이다. 표현하지 못한 그 여러 순간들은 벌써 먼 과거의 남의 일인 듯도 같은데, 동시에 해결되지 못한 감정도 그득해 자꾸만 심술궂어진다.

따라서 이번 글은 원거리와 근거리, 법과 일상, 현재와 과거가 잘 구별되지 않는, 2013년 4월에서 6월 초에 걸친 어떤 도쿄 유학생의 불평불만이 될 것 같다. 이 불평불만 속에서 어렴풋이 떠오르는 질문은 이것이다. 명명백백히 존재하는 법과 인종주의적 감정을 못 본 척하지도 않지만, 동시에 마치 법과 식민주의와 인종주의가 없는 것처럼 살아갈 수는 없을까?

3월에서 4월로 – 입국관리소의 '그들'

아무리 국적과는 상관없이 고분고분 살아보려고 해도 1년에 한 번씩 외국인임을 확인시켜 주는 곳이 있다. 어김없이 올해도 비자갱신을 해야 할 때가 왔다. 전에 입국관리소에서 우연히 내게 말을 걸어 왔던 이주노동자는 자신은 3개월마다 이곳에 온다고 했다.

작년 7월부터는 일본의 외국인등록증이 사라지고 체류카드로 대체되었다. 비자 갱신을 하러 가니 재입국 허가 신청을 별도로 하지 않아도 된다며 자랑스럽게 설명해 준다. 그러나 외국인 등록증에서 체류카드 제도로 바뀐 이유는 일본 안에서 외국인이 전직이나 이사를 하거나 출입국을 하는 모든 동태를 보다 신속하게 파악하기 위한 것이다. 외국인 등록증 제도하에서는 비자를 발급받은 기간 내에는 이사나 전직을 하더라도 출입국관리소에 보고할 필요가 없었다. 그러나 체류카드로 변한 뒤로는 전직, 이사 등 일본 내 외국인의 움직임이 바로 바로 입국관리소에 신고/기록된다. 체류카드로의 변경은 일본 내 외국인의 동향을 전체적으로 일제 정리하는 동시에, 일본 내 이주노동자를 비롯한 외국인이 늘고 전직 이사가 잦아짐에 따라 이러한 동태를 좀 더 면밀히 파악하려는 시도다.

입국관리소의 4월은 사람들로 붐빈다. 나는 다치카와에 있는 입국관리소 출장소로 가는데 한번 가면 2~3시간은 기본으로 기다려야 한다. 걷기는 멀고 버스는 띄엄띄엄 오는 출장소에 도착하면, 출장소 안 좁고 답답한 의자를 피해 나온 사람들이 주변 빈터 바닥에 쭉 늘어서 앉아 있다. 나는 남는 시간 동안 논문 복사나 하자는 마음이 들어 편의점으로 갔다. 입국관리소에서 가장 가까운 편의점이라지만 꽤 거리가 있어 그다지 사람이 많지 않으리라 생각했는데, 서류를 복사하는 외국인들이 계속 온 탓에 복사하는 시간은 점차 길어졌다.

한참을 편의점에 있다 보니 직원들이 외국인을 대하는 태도가 조금씩 신경이 쓰이기 시작했다. 아시아계 외국인에게는 일본어가 조금 서투르면 금세 무시하는 태도와 뼈기는 듯한 일본어가 튀어나왔다. 서툰 일본어로 이곳 편의점을 전전하는 외국인들을 매일같이 대하는 그들로서는 짜증 날 수도 있겠지 싶었다. 그런데 순간, 키가 큰 백인 남성이 들어왔다. 그 백인 남성은 일본어를 전혀 못하는지 영어로 이야기했다. 그러자 편의점 직

일본 입국 관리소 앞 비포장 도로. 여기에 삼삼오오 앉아 기다린다.

원들의 태도는 급변하여 두 명이 모두 달려들어 서툰 영어에 손짓 발짓을 섞어 너무나 친절하게 대응하는 것이었다. 마치 백인 남성이 일본어를 못하는 건 당연하며 영어를 잘 못하는 자신들이 큰 잘못을 저지른 것처럼. 근데 여긴 일본의 편의점이 아닌가? "아리가또 고자이마스"라고 크게 인사하고 "땡큐 베리 마치"라는 답을 들으며 그를 내보낸 직원들은 이런 대화를 나누었다. "~씨는 영어 참 잘하네요." "아니 뭘요." "저는 진짜 못해요 머리가 나빠서." 순간 나는 가슴 속에서 어떤 감정이 불쑥 올라오는 걸 느꼈다. 아시아계 외국인에게 뼈기는 듯이 말하던 일본어가 백인 남성 앞에서는 쏙 들어가고 대신 서툰 영어가 튀어나왔다. 스스로 "머리가 나쁘다"라고 비하하길 서슴지 않는 그들의 영어. 일본인이 지닌 동양인에 대한 우월감은 곧잘 서양인에 대한 동경과 아부로 변화한다. 바로 이 지점에 일본인들 아니 아시아인들 전체의 어떤 감성에 자리하고 있는 서양에 대한 열등감의 핵심이 있는 것이 아닐까 생각하게 되었다.

이 무렵 일본의 한인 타운이 있는 신오쿠보에서는 매주 〈재특회〉의 반한 데모가 있었다. 불과 1년 전까지 일본 거리를 가득 채웠던 반원전 데모는 어느새 사라지고, 거리는 내셔널리즘적인 분위기로 경직되어 가고 있다. 이

급작스러운 변화는 그 이전의 반원전 데모가 과연 일본 사회를 바꾸는 힘을 지니고 있었는가를 근본적으로 되묻게 한다. 나는 반한 데모를 한번쯤 가서 볼 일이라곤 생각하고 있었지만, 보러 가자니 신오쿠보에서 살아온 분들에게 어쩐지 죄송스러운 생각이 들었고, 무엇보다 〈재특회〉 소속 일본인들과 만나는 것에 대한 두려움도 있었다. 어떤 일본인 연구자와 이야기를 하다가 "가 보고 싶지만 두려워서요"라고 했더니 그럼 자신이 같이 가주겠다고 한다. 그 순간 내 마음속에는 그분에게 고마운 마음과 함께 다시금 불쑥, 두려운 건 바로 이 친절일지도 모른다는 생각이 들었다. 나는 〈재특회〉를 보러 갔다가 한국인이라는 이유로 위험한 일을 당할까 봐 무섭다기보다는 나를 '보호받아야 할 위치'에 놓는 이 시선이 두려웠다. 누군가가 누군가를 보호할 수 있다고 생각하는 그 감정적 우위는 어디서 비롯된 것일까? 그리고 반한 데모를 봄으로써 내 속에서 싹트게 될 내셔널리즘적인 감성도 두려웠다. 저항과 비판의 정신을 잃지 않는 한편, 그 속에 빠져들고 싶지 않다는 것이, 둔탁하게 차오르는 내 가슴 속 훨씬 내밀한 저항 감정이었다.

파농은 『대지의 저주받은 사람들』에서 알제리 민중의 민족해방전선에서 비롯된 정신질환을 다루며 이렇게 말한다. "식민주의는 타인에 대한 체계적인 부정이며 타인의 인간적 속성 전부를 부인하려는 광포한 결단이기 때문에, 피지배 민중으로 하여금 끊임없이 '실제로 나는 누구인가?'를 자문자답하도록 강요한다."[14] 나는 그 어떤 감정이 내 속에서 일어날 때마다 파농이 말한 그 자문자답형 질문을 떠올리곤 했다.

4월에서 5월로 — 재판소의 '그들'

5월은 입국관리소에서 전화 한통을 받으면서 시작되었다. 내 서류 중 부족한 부분이 있다는 것이었다. 나는 법은 두렵고 귀찮은 것으로 생각해서 매우 주의를 하는데 그러면 그럴수록 뭔가 하나가 꼭 빠져 있곤 하는 것이다. 법과 무관한 듯이 살아가는 나는 사실 법에 너무나 무능력하다. 그 전화

로 땅 밑이 얼마나 흔들렸
는지. 국적/법이란 원래 이
흔들리는 지반 위에 사람
들을 나누어 관리하고 자
문자답형 질문처럼 예기치
않게 방문을 두드리는 것
이었다. 그리고 선고한다.
너는 법 밖에 있어. 그러니
너는 이곳에서 살 수 없어.
물론 모든 것이 잘 해결되

'peace'라고 쓴 우산을 들고 〈재특회〉의 배타주의에 말없이
저항하는 어떤 여성.

었지만, 이 전화는 몇 주 전 미나마타병 관련 재판을 떠오르게 했다.

일본 구마모토 현 질소공장에서 흘러나온 수은에 중독되어 발생한 미
나마타병은 그것이 병으로 공식 인정되기까지도 지난한 세월을 보냈다. 그
증상이 수은중독에 의한 것임이 정식 인정된 후 현재까지 57년이 흘렀음에
도 여전히 미나마타병으로 인정되지 않았으나 '미나마타병'이라고 여겨지는
5만 명의 '미나마타병 피해자'가 있다.[15] 4월 16일에는 미나마타병에 관련된
두 가지 중요한 재판이 있었다. 하나는 F 씨의 경우로 일심에서 승소하고 항
소심에서 패소했다. 그러나 의사가 미나마타병에 대해서 위증을 하도록 환
경성이 요청했다는 사실이 밝혀짐에 따라 항소심의 패소를 재고하도록 요
청하는 최고 재판이 열렸다. 소송 당사자는 변론 직전 87세로 세상을 떠났
고 다른 계승자가 그 재판을 이어받고는 있었지만, 그 또한 고령이었다. 다른
하나는 미조구치 치에溝口チエ 씨의 경우였는데 일심에서는 패소하고 항소심
에서 승소한 상태였다. 그는 죽은 어머니가 미나마타병에 걸려 죽었다는 것
을 입증받기 위해 싸우고 있었다. 그는 자신의 어머니가 미나마타병으로 죽
었다는 것을 인정받아, 그 결정이 다른 미나마타병 환자들에게도 도움이 되
길 바라고 있었다. 그 또한 81세의 고령이었다.

이번 최고 재판은 미결정 미나마타 환자들의 이후 판결에 큰 영향을 끼
칠 만큼 중요한 것이었다. 더구나 소송을 건 당사자들이 모두 고령이어서 이

번이 그들 살아생전에 주어진 마지막 기회인 듯한 절박함이 있었다. 더구나 후쿠시마 원전 사고 이후, 방사능으로 인한 사후 발병을 판단할 때 미나마타병을 둘러싼 소송은 중요한 전례로서 작용하게 될 가능성이 컸다. 이렇게 관심이 집중되고 있음에도 이번 소송은 이상하리만큼 급하게 진행되고 있었다. 따라서 활동가들은 이 재판을 급히 무마하려는 게 아닌가라는 의심을 품고 재판소 앞에서 항의 집회를 하고 환경성과의 면담을 요청하고 있었다.

나는 수업이 있어서 재판이 끝난 뒤에야 기자회견장에 도착했다. 의외로 최고 재판소는 F 씨와 미조구치 씨의 손을 들어 주었고 기자회견장은 흥분과 기쁨으로 출렁였다. 그러나 이 판결은 너무나 늦은 인정이었다. 한평생 미나마타병 및 법과 싸워온 그들로부터는 복잡한 심경들이 전해져 왔다. 기자회견장은 술 냄새인지 땀 냄새인지 아니면 이 모든 법과 싸워온 세월의 냄새인지 모를 냄새로 가득 차 있었다. 나는 마치 무엇인가에 취한 듯이 몽롱해졌다. 이들은 평생 법과 싸우며 살아온 사람들이었다. 따라서 그들은 법과 말하는 법을 알고 있었다. 소송 당사자 미조구치 씨는 매우 차분한 분위기를 풍겼다. 그는 환경성 공무원들과의 면담에서 조용하게 그들에게 사과를 요청했다. "생선을 먹은 사람들이 병에 걸렸다"는 그의 말이 어렴풋이 들려왔다. 그러나 앞에 앉은 네 명의 환경성 공무원들은 다들 발령받은 지 1년도 안 되는 신참이었고 상부에서 "사과를 하지 말라"는 지시를 받은 듯했다. 이야기 도중 "상소된 내용에 대해서는 사과하지 말라"고 환경성 공원들이 필담을 나누는 쪽지를 앞줄에 앉았던 방청객이 낚아채 모두에게 공개하는 해프닝이 발생하기도 했다. 미조구치 씨에게 재판은 곧 이러한 사과를 받아내고 어머니의 고통을 인정받고 더 이상 이러한 피해자가 발생하지 않도록 하기 위한 '현행 법'과의 싸움이었다. 기자 간담회에서는 어떤 활동가가 약간 술에 취한 상태로 울음 섞인 말로 이렇게 말했다. "정말 기뻐, 그렇지만 판결이야 어찌 되든 상관없어. 감각장애가 뭔지 알아? 자신이 만든 음식이 맛있는지 어떤지 점점 모르게 되어 가는 거야. 느낄 수가 없게 된다구. 법은 어찌 되든 상관없어. 그게 감각장애라는 거라고."

이들은 항소에서 승리했다고 해서 삶이 변화하는 것은 아니라는 것, 그럼에도 끊임없이 소송을 제기하는 것이 곧 삶이라고 느끼게 한다. 오랜 세월 동안 법과 가장 가까운 곳에서 스스로가 법 밖으로 추방된 존재라는 것을 깨달으면서도, 법과의 싸움(혹은 게임)을 멈추지 않는 방법을 그들에게 배우고 싶었다. 우리가 법의 작동 속에 있으면서도 마치 그것이 없는 것처럼 살아갈 수 있는 방법에 대해서, 그것이 절망인 동시에 끈질긴 소송의 원동력일 수 있었던 순간에 대해서 말이다.

5월에서 6월로 ─ 내 방의 그들

5월에 들어오면서 하시모토 도루橋本徹의 인종주의적 발언은 수위를 점차 높여 갔다. 내 삶이 이 발언으로 크게 달라진 것은 없었다. 그런데 이상하게도 4월말부터 5월에 걸쳐 뭔가 작은 사고가 계속 일어났다. 불에 덴다거나 가시가 박혔는데 마취하고 빼낸 뒤 꿰매야 한다거나, 자전거에서 떨어져 타박상을 입는다거나 하는, 사는 데 큰 지장은 없지만, 무척 귀찮은 상처들 말이다.

그날은 조선 문학 강의를 하는 날이었는데 늦잠을 자고 말았다. 웬만해서는 타지 않는 택시를 탔다. 택시 아저씨는 다시 대뜸 어느 나라 유학생이냐고 물었다. 내가 한국어 선생님이라고 하자 대뜸 "무슨 요리를 잘해요?"라고 물었다. 갑자기 이게 뭔가, 왜 유학생 → 한국인 선생님 → 여 선생님 → '선생님'은 빠진 한국 요리. 이렇게 옮겨가나 싶었지만, 최대한

환경성과 면담 중 공무원들 사이의 필담이 폭로되었다. 필담이 적힌 종이에는 "상소된 내용에 대해서 사과하지 마라"고 쓰여 있었다. 그들은 미나마타병 환자들과 솔직한 대화를 나누고 진심으로 사죄하는 것이 아니라, 자기들 책임을 부인하고 잘못을 감추기 위해 사전에 합의된 말만을 반복했다.

인내심을 발휘해 "글쎄요"라고 말했다. 수업에서는 다큐멘터리 〈우리 학교〉를 보고 감상을 듣는 시간이었다. 재작년에도 보여 준 적이 있는 영화이건만, 올해의 감상에서는 어떤 긴장감이 느껴졌다. 학생들은 선한 마음으로 재일 조선인의 아픔에 공감하기도 했지만 선한 마음으로 이런 질문을 하기도 했다. "일본에서는 너무나 힘들어하다가 조국방문(북한방문)을 하고 난 뒤에 너무 기뻐하는 모습을 보았다. 그렇다면 북한에 가서 살면 될 텐데 왜 여기서 살고 있는 걸까?" 이런 질문에는 재일 조선인들이 받는 차별을 그들 자신의 선택 때문인 것처럼 전도시키고 일본의 책임은 망각하려는 심리적 방어기제가 있었다. 또 이러한 질문도 두 차례 받았다. "처음에 선생님이 일본인인 줄 알았다. 일본에 대해서 어떤 생각을 가지고 있고 왜 여기에 있는지 이야기를 듣고 싶다." 일본에서 조선 문학/역사/문화를 가르치다 보면 저 사람은 한국인이기 때문에 저런 이야기를 하는 거라는 눈빛과 마주할 때가 많다. 따라서 최대한 보편적이고 이성적인 말로 조곤조곤 자세히 풍부하게 설명을 해 나가야 한다. 그렇지만 나의 정체성에 대한 질문이 이렇게 직접적으로 나타나는 것은 올해가 처음이다. 당황했지만, 나는 이러한 질문에서 아슬아슬한 통로를 만난다(라고 믿고 싶다.). 이러한 질문에는 자신과 다른 것을

〈자유와 생존의 메이데이〉 "조심해! 잡민의 적이 있다." 행진 장면

프리타 노조에서 열린 〈자유와 생존의 메이데이〉 집담회. 〈지하대학〉 히라이 겐 씨는 현재 전 세계적으로 1%를 차지했던 '부유층 집단'의 퍼센티지가 늘어나고 있다고 이야기했다.

다르다고 느끼는 감성, 뭔가 불편한 것과 만났음을 느끼는 감성과 자신이 더 나은 '일본인'으로 보이고 싶다는 욕망이 투사되어 있기 때문이다. 즉 자신이 속해 있는 집단이 뭔가 옳지 못하다는 느낌이 아슬아슬한 윤리감각으로 숨어 있다. 젊은 학생들의 방어적이기 때문에 오히려 공격적인 질문 속에는, 하시모토 발언과 같은 것이 나오는 사회 속에서, 식민지기의 조선 문학이나 재일조선인의 문제를 일본의 젊은 여학생들과 함께 읽는다는 것이 지닌 의미를, 한층 더 깊이 생각하게 하는 실마리가 숨어 있다고 생각한다. 재일조선인들이 '조국'이라고 말할 때 그 조국이 결코 한국이나 북한이 아니며, 그들이 그 말을 통해 담고 싶은 긴 시간 동안 형성된 꿈이, 그 말을 둘러싼 역사 속에 표현되고 있듯이.

작년과 마찬가지로 5월 4일에는 〈자유와 생존의 메이데이〉가 있었고, 6월 2일에는 오키나와 다카에의 헬리포트 설치에 반대하는 〈윤타쿠 다카에〉가 열렸다. 〈자유와 생존의 메이데이〉의 올해 테마는 "조심해! 잡민의 적이 있다"気をつけろ!雑民の敵がいる였다. 행진이 끝난 후 〈프리타 노조〉 사무실에서는 〈지하대학〉 히라이 겐平井玄 씨의 강연이 있었다.

그는 현재 2차 신자유주의 체제가 시작되려고 하고 있다고 말했다. 한

No base in Okinawa

예로 아베노믹스는 1%만이 아니라 5% 정도의 두꺼운 부유층을 만들어 내는 것을 목표로 한다는 것이다. 이에 대항하는 것은 역시 우리 쪽의 친구들을 만들어 가는 것이라고 말을 맺었다. 이날 메이데이 선언에는 경제적 계급 격차에 대한 비판뿐 아니라 '낡고 새로운 적'에 대한 통찰이 나타나 있었다. "자아, 적의 이름을 대보자. 소득이나 학력, 출신 지역, 성과 신체, 정신의 존재방식, 법적 지위, 우리들을 구별하고 우리를 묶는 이 다양한 차이에 근거한 다양한 적의 이름을 대 보자. 지휘명령과 착취의 역사, 돈을 불리기 위해 사람을 폐기하는 야만을 끝내고, 사람들의 차이 그 자체를 힘으로 삼아 살아가는 문명을 시작하자."

6월 2일에는 〈윤타쿠 다카에〉를 보러 갔다. 오키나와 집회에서는 오키나와 특유의 총천연색과 자연, 그리고 화석처럼 든든하게 버티고 있는 걸출한 오키나와 출신의 활동가들에게 압도당하며 동시에 기분이 느긋느긋해진다. 〈윤타쿠 다카에〉의 주인공은 오키나와에만 산다는 '노구치게라'(딱따구리)와 '얀바루쿠이나'(뜸부기), 그리고 듀공(바다 속 포유류)들이 있는 숲과 바다다. 예전 대추리 미군 기지 반대 운동을 할 때, 그곳의 자연이 아름답다고 하는 말이 싫다던 활동가의 말을 기억하고 있지만, 그럼에도 불구하고 나는 이 모든 오키나와의 자연이, 인간을 넘어서 우주적으로 확장되는 미군 기지 반대 운동으로 나아갈 수 있는 오키나와의 원동력인 것 같아서 가슴이 뛴다.

매년 있는 행사이지만, 올해와 같은 분위기 속에서 메이데이와 〈윤타쿠 다카에〉가 준 기쁨은 남달랐다. 이 두 행사는 현재 일본 내부와 외부와 내 속에 확산되어 가는 내셔널리즘적인 감정으로부터 멀어지는 방법을 알려 주고 있었다. 파농은 『대지의 저주받은 사람들』의 결론에서 "우리는 유럽으로부터 최대한 빨리 멀어져야 한다"(354)라고 선언한다. "아프리카를 또 다른 유럽으로 만들고 싶다면, 아메리카를 또 다른 유럽으로 만들고 싶다면, 우리의 운명을 유럽인들에게 맡겨도 좋다.……그러나 인류를 한 걸음 전진하게 하고 싶다면, 인류를 유럽이 보여 준 것과는 다른 차원으로 이끌고 싶다면, 우리는 새로운 발명과 발전을 이루어야 한다. 우리 민중의 기대에 맞추고 싶다면, 우리는 유럽 이외의 다른 곳에서 대답을 찾아야 한다.……동지들이여 유럽을 위해, 우리 자신을 위해, 인류를 위해 우리는 새로운 각오를 다지고, 새로운 발상을 만들고, 새로운 인간을 정립해야 한다."(358~359) 최대한 멀리, '그들'로부터 내 속의 '그들'로부터 최대한 멀리 가볼 일이다. 이는 '그들'을 모방하거나 동경하는 게 아니라 우리 속 깊이로 들어감으로써 또 하나의 '그들'을 만들어 내는 것이지 않을까?

2013년 8월

'내 친구에게 손대지 마라!' 속 '친구'가 친구에게

차별 철폐 도쿄 대행진과 9·23 액션 "용서 못 해! 차별 배타주의"

다다를 수 없는 곳에 지평이 있는 게 아니다.
네가 서 있는 그 지점이 지평이다.

새로운 밤이 기다린다.

김시종[16]

아······ 뭔가가 있다

8월 15일은 일본에서 보내야겠다고 생각했다. 그날 야스쿠니 신사 주변에서는 〈재특회〉를 비롯한 과격 우파와 이에 대한 대항 데모가 동시에 펼쳐질 것이었다. 음흉하게 스며드는 불편함이 아니라, 불꽃 튀기듯 부딪치는 힘들 어딘가에서 오히려 편안함을 느낄 수 있을 것 같았다. 인종주의에 대항하는 것은 '경계선 따위는 없다'는 추상성이나, 그것은 '지도 위의 선일 뿐이야' 하곤 자기 삶과 분리하는 태도가 아니라, 그 '경계선'이 복잡하게 형성되는 순간들을 보는 것에서 시작되지 않을까?

그런데 14일 저녁 늦은 시각, 전화를 받았다.

"저기, 집회 참여자들 중심으로 비상연락 중이에요. 메일은 안 되고 전화 연락만 돼요. 내일 집회할 건물 위층을 우파들이 예약했어요. 전야제 촛불집회는 우파들이 차로 밀고 들어오려 했다고 해요. 내일은 정말 위험할 것 같아요. 그래서 바로 회장으로 가지 않고 다른 곳에 모여 이동해요. 모이는 곳은 그 주변일 텐데 아직 몰라요. 주최 측에서 참여자는 일본인만으로 제한한다는 방침이에요. 그렇지만 판단은 지영 씨에게 맡길게요."

"흠……참여할게요. 어차피 말 안 하고 있으면 구별도 안 되니까요."

대답은 했지만, 인종차별에 반대하는 집회에 인종차별주의자들의 표적이 될 수 있기 때문에 공식 참여자가 될 수 없다는 모순적인 상황에 마주했다. 그러니 상황은 우파/좌파뿐 아니라 외국인/내국인뿐 아니라, 아……뭔가가 있다. 불명확한 공포는 그렇게 스며들었다.

국가가 대중들 사이의 불안과 대립을 이용하여 국가/대중의 전선을 흐려 놓고, 식민지배 책임을 은폐함으로써 대중을 공범으로 삼아 대중을 조정할 빌미를 얻는 곳, 은폐의 공범 관계를 거부한/거부당한 자들에게는 내면화된 공포가 다시 그들 사이의 분열을 키우는 곳, 이곳은 현재 그러한 곳이다?! 전화를 받고 떠오른 장면은 한국에서 이주노동자들과 함께한 집회였다. 그들이 집회 장소까지 안전하게 올 수 있도록 몇 명 친구들은 버스 정류장에서부터 그들과 동행했다. 동양인끼리야 말하지 않는 한 같은 민족으로 보이지만 그분들은 겉모습에서부터 달랐다. 그때 보호받는 입장이 되었던 이주노동자들은 어떤 마음이었을까?

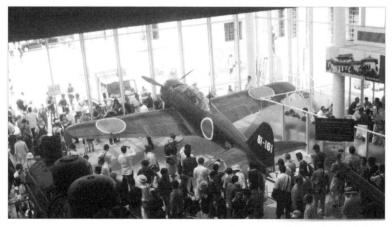

야스쿠니 신사 내부 전쟁 기념관인 '유슈칸'(遊就館, 고결한 인물을 본받는다는 뜻)에 모여든 사람들. 이곳은 침략전쟁과 강요된 죽음을 미화하는 곳이다.

"조선인 위안부는 새빨간 거짓말"이라고 쓴 우파 시위대의 거짓말 플래카드

보호받으며 집회하는 느낌 vs. 할머니의 빨래 집개 플래카드

《8·15 반 야스쿠니 행동》[17]은 매년 8월 15일에 열린다. 우파의 공격이 심하기 때문에 데모 행렬을 경찰이 에워싸고 한국식 사수대 비슷한 그룹이 내부를 다시 한 번 에워싼다. '보호받는 대상'을 만들어 내는 '사수대'에 대한 비판은 예전부터 있었다. 그러나 당장 경찰과 사수대가 없으면 폭력에 노출되는 게 현실이다. 그래도 데모란 게 원래 범람하며 규칙을 깨는 힘인데 보호받는 느낌이 영 석연치 않다. 그럼에도 매년 참여하는 이유는 다양한 전선들과 각각의 욕망들이 직접 부딪치는 장면들을 목격할 수 있기 때문이다.

아베 정권 개헌 움직임, 샌프란시스코 조약 체결일[18]을 '주권회복의 날'로 담론화하려는 움직임, 하시모토의 위안부 발언, 아소의 나치발언. 심해지는 우경화에 반대하여 올해의 슬로건은 "거부! 아베 정권 역사인식을 묻다"였다. 《반 야스쿠니 행동》은 곧 정부비판의 성격을 띠는데 올해는 그 측면이 보다 부각된 것이다. 아침 일찍 친구와 만난 나는, 매년 펼쳐지는 노병들과 젊은 우파들의 코스프레를 예상하며 야스쿠니로 갔다. 그런데 야스쿠니에 도착하곤 깜짝 놀랐다. 8월 15일에 야스쿠니에는 사람들이 붐비지만, 이렇게 사람들이 잔뜩 모여 움직일 수조차 없는 야스쿠니는 처음이었다. 코스프레할 자리가 없을 정도로 사람이 많아 사람들 사이에 끼어 자동으로 움직여졌다. 방사능과 자연재해가 야기한 갈 곳 없는 불안들이 야스쿠니로 집결한 듯했다. 전

배외주의에 항의하는 시위대 참여자들이 바라보는 쪽에 경찰이 바리케이트를 치고 있고, 그 너머로 엄청난 수의 우파가 집결해 있다.

쟁은 과거가 아닌 현실이었다. 나는 집회도 순조롭지 않겠다는 느낌이 들어 일정을 하나 취소하고 조금 빨리 〈반 야스쿠니 행동〉 장소로 향했다.

그런데 아무리 주변을 어슬렁거려도 사람들의 무리가 보이지 않았다. 더구나 예정된 장소 한층 위엔 욱일승천기와 히노마루[19]가 걸려 있고, 건물 주변엔 사복경찰과 우파들이 모여 있어 다가가기 두려웠다. 그런데 겨우 전화 연결된 친구는 이미 집회를 하고 있다는 것이었다. 다른 곳에 있나? 등등. 헤매다 못해 함께 간 친구가 말했다. "그냥 들어가 보면 안 돼요?" 용기를 내 건물로 가니 아무렇지 않게 들어갈 수 있었고 이미 모두 모여 있었다. 나는 내가 만든 공포에 속았던 것이다. 갈 곳 없는 불안이 불명확한 공포를 불렀다.

집회 참여 인원도 우파들의 규모도 올해가 사상 최대였던 것 같다. 또한, 올해처럼 경찰이 열심히 지켜 준 것도 처음이었다. 아무래도 수세에 몰린 국제 정세를 의식한 듯했다. 그러나 내게 이번 집회는 주눅이 든 마음과 공포를 햇볕에 말리라고 촉구하는 내밀한 퍼포먼스 같았다. 아마도 옆에서 함께 걷던 할머니 덕분이었으리라. 집회 시작 당시 마스크에 모자를 쓴 나는 긴장 상태였고 "플래카드 들어 주세요"라는 말에 눈감았다. 플래카드를 드는 것은 위험하다. 공격의 표적이 되기 쉽기 때문이다.

그런데 허리가 꼬부라져 키도 몸집도 딱 내 절반인 할머니는 폐품을 빨래집게로 연결한 플래카드를 들고 주스로 영양을 보충하면서 걸었다. 꽃 달린 모자를 쓰고 동네 산책하듯이. 망언을 퍼붓는 사람들과의 날카로운 눈 마주침, 과장되는 두려움, 보호, 대립들. 그 사이로 나는 할머니의 뒷모습을 쫓았다. 그녀는 누구일까? 일본인? 재일조선인? 한국인? 아니, 저렇게 작아지고 나이가 들고 성도 정체성도 아랑곳 않게 되는 건 얼마나 강인한 무기인가! 나는 진심으로 그녀가 부러웠다.

사이좋게 지내자! vs. 내 친구에게 손대지 마!

요 며칠 사이에는 차별과 배타주의에 저항하는 데모가 연속해서 열렸다. 9월 22일에는 〈반-인종주의 인민전선〉 주최로 〈차별 철폐 도쿄 대행진〉(이하 〈행진〉)이, 9월 23일에는 〈차별 및 배타주의에 반대하는 연락회〉 주최로 〈용서 못해! 차별 배타주의 9·23 액션〉(이하 〈액션〉)[20]이 열렸다. 나는 〈액션〉에만 참여할 수 있었다. 듣자하니, 〈행진〉에는 1천여 명 정도가 모였고, 작가·음악가·교수 등 각층의 메시지가 쇄도했으며 집회 포스트는 각지의 인문과학 서점, 소규모 카페와 공연장 등에 놓였으며, 마틴 루터 킹 목

반 야스쿠니 집회에 매해 등장하는 여우가면. 붉은 부분을 도려낸 '히노마루'(일본국기)를 들고 행진했다.

변호사 아사노 씨. 집회에는 어김없이 나타나 도움을 주는 분이다.

사의 "I have a dream" 연설과 워싱턴 행진에 존경과 연대를 표시하는 의미로 양복 입은 브라스 밴드가 출현했고, 댄서와 디제이를 태운 사운드 카가 울려 마치 축제 같았다고 한다. '인종·국적·젠더 그 밖의 편견을 담은 범주에 따른 모든 형태의 차별에 반대한다'는 취지를 담은 〈행진〉에는 외신들도 관심을 기울여서 한국에는 오사카에서 6일간 자전거를 타고 도착한 재일조선인 3세 이야기가 보도되기도 했다. 생각해 보라. 보통 연대 메시지는 '투쟁!' 정도로 끝나지 않는가! 그런데 〈행진〉에 도착한 메시지들은 차별에 대한 개인적 경험을 담은 아름답고 긴 문장들이었다.

〈액션〉은 조촐했다. 사람들이 모였던 곳은 구석진 공원이었고 나이도 지긋한 분들이 많고 플래카드, 깃발, 구호도 전통적이었다. 산야의 깃발이 그 어떤 깃발보다 낡고 컸다는 점만 지적해 두자. 그러나 큰 물결 뒤에도 남겨진 다양한 힘들을 이 집회에서 느꼈다. 선동문은 "조선인, 한국인을 죽여라!"는 폭언이 판을 치는 상황 속에서 여기에 사는 사람, 일하는 사람, 이곳을 찾는 사람들에게 인종차별 정책을 용서치 않겠다는 메시지를 보내고 거리에서 이친 핀요성을 전간했다고 쓰고 있다. 데모 행진 경로가 코리아타운인 신오쿠보를 통과한 것은 이런 의도였다. 〈액션〉은 2011년부터 매년 9월

23일에 열리는 차별 배타주의 반대 집회로 지속적인 "다문화 공생과 살 권리를 둘러싼 투쟁의 국경을 초월한 연대"를 추구한다.

그런데 이 두 집회 참여자들 사이에는 입장 차이도 있었다. 〈액션〉 참여자 중 〈헤이트 스피치에 반대하는 회〉(이하 〈반 헤이트 스피치〉) 회원들은 〈행진〉에 참여해 운영 스태프의 허락을 받고 삐라를 돌렸다고 한다. 그러자 정장을 입은 대여섯 명의 남자들이 다가와 "시끄러 바보야! 쓰레기들! 허가증 내놔!"라고 소리를 지르며 마이크를 뺏으려 하고 메가폰의 코드를 빼고 팔을 움켜잡거나 했다는 것이다. 그 남자들은 8월 15일의 〈반 야스쿠니 행동〉 때 〈재특회〉와 함께 방해공작의 선두에 섰던 집단이었다고 한다. 그들은 서로 전선을 형성하고 충돌했었기 때문에 안면이 있었다. 〈반 헤이트 스피치〉측은 이런 자들을 용인한 반차별 운동에 과연 미래가 있을지 논의하자고 호소했다. 대중 집회 속 우익을 용인할 것인가 하는 논의는 2011년의 재해 이후 화두로 떠올랐다. 탈원전 집회에 욱일 승천기나 히노마루가 등장해 다툼을 일으켰다. 일본의 인종주의가 재해 이후 대중의 불안을 관리하려는 국가 선전

빨래집게 플래카드를 든 할머니. 끊임없이 오렌지 주스로 힘을 보충하며 행진했다.

으로 고조되고 있다는 점에서 〈반 헤이트 스피치〉의 지적은 타당성을 지닌다. 집회나 모임이 관제 다문화주의식 동화나 제스처로 끝나지 않기 위해서는 광범위한 참가를 추구하면서도 대립선을 명확히 해야 할 것이다.

그런데 흥미를 끄는 것은 각각의 슬로건이다. 〈행진〉의 슬로건이 "사이좋게 지내자"로 이웃과 좋은 관계를 유지하는 데 초점이 있다면, 〈액션〉의 슬로건은 "내 친구에게 손대지 마"로 대립선이 명확하다. 〈행진〉이 1963년 마틴 루터

킹의 연설 "I have a dream"과 워싱턴 대행진을 잇는다면, 〈액션〉의 포스터에 쓰인 "No Pasaran"은 스페인 내전의 반 파시스트 연합의 구호 "그들은(파시스트들은) (이 전선을) 통과할 수 없다"No Pasaran!를 잇는다. 킹 목사의 연설이 "과거에 노예로 살았던 부모의 후손과 그 노예의 주인이 낳은 후손이 식탁에 함께 둘러앉아 형제애를 나누는 날이 언젠가 오리라는 꿈"을 역설한다면, 스페인의 여성 운동가 돌로레스 이바루리Dolores Ibárruri는 파시즘에 대항해 싸우기를 촉구하며 외친다. "인민전선이여 영원하라! 모든 반파시스트 연대여 영원하라! 인민들의 공화국이여 영원하라! 파시스트들은 지나갈 수 없다! 그들은 통과할 수 없다No Parasan!"

'내 친구에게 손대지 마' 속 친구의 친구는 누구인가?

〈액션〉은 언어표현에 민감하게 반응했다. 포스터를 보자. "증오로 가득 찬 슬로건이 거리를 장악하고 있다. 이것을 말이라고 할 수 있을까? 인간의 존엄을 짓밟는 폭력이지 않을까?" 이 날 플래카드에 쓰인 말들은 한국어, 중국어, 방글라데시어, 영어로 번역되어 있었다. 한국어로 번역된 구호들은 한국어가 모어인 사람들이 한 번역이 아니어서 더 매력적이었다. "외국인을 차별하지 마라! 살아가는 권리에 국경은 없다! 우리 친구들을 때리지 마라! 내 친구에게 손대지 마!" '살권리'가 아니라 '살아가는 권리'라고 번역한 이 진행형의 실천적 해석이라든가, '우리 친구득윽'과 같은 복수어의 강조라든가, '때리다. 손대다' 등의

조기교육!

No Pasaran!

직접적인 표현이 맘에 든다. 살짝 엿본 작년 12월 16일 회의록에서 그들은 말한다. "퍼포먼스에 퍼포먼스로 대응하는 게 아니라 계속 지속되는 우리들이 선 지반의 끔찍한 상태를 구체적으로 어떻게든 해 보자고 여기에 모인 거잖아요? 비록 무기력한 말일지라도 희미한 소리일지라도 우린 낼 수 있어요. 소리의 연대를 구하는 우리들의 싸움도 바로 그 지점에 있지 않겠습니까?" "슬로건에는 주의해야 한다.……등록상표에는 조심해야 한다." 이러한 논의 끝에 선택된 슬로건이 "내 친구에게 손대지 마"였다. 이 구호는 프랑스의 극우파들에 의해 외국인들이 살해당하는 정황에서 나온 것인데, 그만큼 현재 일본의 파시즘을 우려하는 말이기도 하다. 일본은 1923년 관동대지진 당시 수많은 조선인들을 살해했던 역사가 있지 않은가?

그러나 나는 "내 친구에게 손대지 마라"라는 슬로건에서도 '보호받는 자'로서 참여하는 듯한 이물감을 느꼈다. 최근 우익의 타겟은 재일조선인과 한국인을 향해 있어서, 나는 이 슬로건의 발화자는 될 수 없고, '이야기되는' 친구의 위치에 놓이게 되었다. 신오쿠보를 지날 무렵 주최 측은 슬로건을 한국어로 외치자고 제안했다. 떠듬거리는 한국어로 "내 친구를 때리지 말라" "차별에 반대한다" "살 권리에 국경은 없다"라고 외칠 때, 이 구호 속 '친구'인 신오쿠보의 사람들은 어땠을까? 사실 슬로건을 듣는 사람들은 차별받는 당사자일 가능성이 크다. 따라서 이 구호는 그들을 향한 것이 될 수 없다. 오히려 구호를 한국어로 외치는 행위는 그 소리를 듣는 코리아타운 사람들=친구들의 반향을 통해 되돌아와 결국 발화자에게 외치는 것이 된다. 그런데 이 반향 속에 뭔가가 일어났다. 친구들과 우카이 선생님에게 한국어를 가르치며 외치자, 내 발음은 그들의 속도에 맞춰졌고 어렵게 움직이는 그들의 근육에 따라 변형되었고, 점차 이곳은 한국이고 그들이 외국인인 듯했고, 그들이 슬로건 속 '친구'가 되어 가는 듯했다. 이 슬로건은 나를 '친구'에 고착시키는 게 아니라, 말하고/말해지는 위치를 교란시켜 더 많은 '친구-소수자'들과 연결되어 갔다.

특히 어떤 상황에서도 한결같이 "차별 반대, 추방 그만둬!"라는 구호를 외치는 사람이 있었다. 이번 집회에는 야숙자와 장애인들의 참여가 두드러졌는데 그중 한 분이었다. '차별'과 '추방'이 선창인데 한결같이 강하게 선창을 하니까, '반대', '그만 둬'라는 대응도 멈출 수가 없었다. '아마도 차별받은 아픈 기억이 있는가 보다'라고 생각하자, 갑자기 차별의 대상은 외국인만이 아니라는 것을 깨달았다. 주변을 둘러보니 두 명이 한조가 되어 걷는 장애인들과 야숙자의 참여가 두드러졌다. 외국인인 나뿐 아니라 장애인도 야숙자도 그 이야기되는 '친구' 중 한 명이었다! 그리고 나는 한껏 여유로워져서 생각했다. 발화자가 아니면 뭐 어떤가. 이야기되는 '우리들'이 이렇게나 많은데!

대만 원주민들의 8월 15일 ─ 대체 8월 15일이 뭐야?

이번은 일본에서 다섯 번째로 맞이한 8월 15일이었다. 그리고 나는 점차 '어떤' 다른 식의 기억을 욕망하게끔된다. 8월 16일에는 대만으로 갔다. 대만의 8월 15일은 한국이나 일본과 사뭇 달랐다. 8월 15일은 한국에서 '식민지에서 해방'을 의미하고 일본에서는 자기들의 피해의식을 고조시키는 국치

반파시즘 연대의 깃발을 든 참여자

노신, 「동지 고바야시의 죽음을 듣고」. 중국어·일본어로 쓰여 있었다. 번역하면 다음과 같다. "일본인과 중국인은 미래의 형제자매이다. / 자본계급은 사람들을 속이고 / 사람들의 피로 경계선을 그리고 / 지금도 계속 그리고 있다. / 그렇지만 무산계급과 그 선구자들은 피로 그것을 계속해서 씻어내 왔다."

일이거나 전후의 시작이다. 그러나 이 두 해석 모두 8월 15일 천황의 옥음방송을 기점으로 한다는 점에서 동일한 식민지적 시간 속에 있다. 그러나 대만에서는 이날 대만 본성인의 입장을 대변하는 신문 『자유 시보』(쯔요 쉬바오)自由時報 에도 작게 위안부 문제 해명을 촉구하는 기사가 실렸을 뿐이었다. 올해는 대만에서도 8월 15일에 전례 없이 과격한 반일 시위가 열렸다고 하지만, 일반적인 감각으로 대만의 광복절은 10월 25일이다. 일본 식민지배에서 다시금 중화민국의 지배에 놓이게 된 이 정황을 대만인들은 "개가 가니 돼지가 왔네"라고 표현한다. 그러니 10월 25일이 쌍수를 들고 기뻐해야 할 날

도 아니다. 한국도 비슷한 말이 있다. "일제가 가니 미제가 왔다"거나 "왜놈이 가니 미국놈이 왔다" 등이 그것이다.

광복절보다 이 무렵 대만에서 화제가 되었던 것은 8월 18일 원주민들의 토지투쟁이었다. 언어가 익숙치 않아 자세히 알 수는 없었지만, 정부가 원주민의 토지를 빼앗았기 때문에 그에 대항하는 집회였다. 그런데 식민지배와 백색테러를 겪은, 이른바 주권권력의 쓴맛을 제대로 본 이 땅의 사람들은 그럼에도 정부를 크게 두려워하지 않는 듯했다. TV에서 본 집회는 과격했고, 바닥과 건물 가리지 않고 그림과 글자를 낙서했다. 무엇보다 구호가 과감했다. "내일, 정부를 부순다."明日拆政府 이때 '拆'라는 동사는 '해체하다, 헐다, 부수다, 그리고 (오줌 등을) 배설하다'라는 뜻이다.

이후 한국에서는 9월 중순 1923년 관동대지진 학살로 죽은 조선인들이 공식 기록보다 3배 많은 2만 3,058명이라는 자료가 발표되었다고 『경향신

문』(2013.8.21.)이 전했다.(강효숙 교수, 동북아 역사재단 심포지엄) 관동대지진 당시에 퍼져간 루머는 단지 경찰에 의한 것이었을까? 아니면 갈 길을 잃은 대중들의 욕망이 파시즘적 광기로 몰려든 탓이었을까? 판단할 수 없다. 단지 광복절은 단일 민족 국가의 독립을 확립

한국어로 된 플래카드 "친하게 지내요"

하고 '발화자'만이 힘을 갖는 날이 아니면 좋겠다. 오히려 "내 친구에게 손대지 마"라는 구호 속 '친구'가 공포정치에 지레 겁먹지 않고 또 다른 친구를 부르고 그 친구가 또 다른 친구를 부르고……끊임없이 '친구'를 부르는 형식을 통해서 광복절이 기념되면 좋겠다. 그러니, 8월 15일에 만났던 빨래집게 플래카드 할머니는 누구의 친구였을까?

우리는 '우리의' 가면을 쓴다

<가면의 붉은 숨> 표현 행동을 보고

'도쿄 올림픽'이라는 국가의 정신 승리법

때로는 거짓을 진실이라고 믿는 것이 최소한의 생존조건이 되는 그러한 때도 있다. 더 나은 미래를 상상하는 것이 불가능하며 "왜"라고 묻는 것이 차단된 그런 상태에서는 말이다. 이럴 때 진실이 아니라 거짓이 우리의 진실을 표현한다. 거짓에 가담하지 않으면서도 거짓이 보여 주는 진실과 대면하는 건 얼마나 불/가능한지……. 예를 들면 이러한 것들이다. 슈퍼마켓에는 어느새 외국산이 부쩍 늘었으나 특별히 의식하지 않는 척 외국산을 산다. 방사능 오염이 심한 곳에서 온 채소인지 아닌지 일단 생산지를 확인하지만, 유통 경로에 따라 생산지가 조작될 수 있다는 점은 모른 척하기로 한다. 버섯과 유제품과 고기 등을 먹으면 안 된다는 걸 알고 있지만, 음식점은 성업 중이다. 왜냐면 어떤 음식점이든 "홋카이도산 고기" "나가사키산 굴" 등을 판다고 쓰여 있고 진위는 의심스럽지만 일단 안심한다. 이것이 우리의 일상화된 정신승리법이다. 그렇지 않고서야 먹고 마시고 씻을 수 있을 리가 없다.

국가는 바로 이 부분을 파고들었다. 국가는 우리들의 나약한 정신승리법이 지쳐갈 때쯤 해서 도쿄 올림픽을 들고 나왔다. 그리곤 우리들에게 말하

"가난한 사람을 거리에서 내쫓는 올림픽 반대! 방사능 도시에 오신 것을 환영합니다! 올림픽 필요 없어!"

듯이 세계를 향해 말했다. "괜찮다니까." 원래 정신 승리법이란 가난한 사람들의 것이었는데, 국가가 이것을 전유했다. 괜찮으면 동북지방이나 후쿠시마에서 개최해야 할 텐데 굳이 도쿄에서 한다는 점에 부쩍 의심이 났으나 몇몇 사람들의 마음속에는 그럼 도쿄는 괜찮을지 몰라……라는 마음이 싹 텄던 것을 잊을 수는 없다. 그러나 국가는 사람들의 정신 승리법이 담고 있는 더 나은 삶에 대한 진심 어린 거짓말을 너무 얕잡아 보았던 것 같다. 도쿄 올림픽에 대한 비판과 탈원전에 대한 민의가 가라앉지 않자, 이번에는 고이즈미 발언이 등장했다. 세상에! 우리의 뜻을 대변하여 탈원전을 주장한다고?! 고이즈미가?!? 아베총리와의 정치게임의 성격이 농후해 보였지만 일단 반기면서도 진의를 의심하는 사람들이 많았다. 탈원전 운동 속에서도 우파와의 마찰은 끊임없이 일어나고 있지 않은가. 상황이 어떻게 전개될지 알 수 없지만, 고이즈미의 발언은 '탈원전 데모에 히노마루를 들고 참여하는 사람들'과 같은 것으로도 보인다. 특히 나로서는 온갖 종류의 정신 승리법으로 버텨온 우리의 약한 마음을 고이즈미의 발언이 순식간에 번개처럼 파고들었다는 점에서 오히려 부쩍 의심이 나고 번쩍 정신이 든다. 마치 정신을 차리라는 듯이 최근 며칠간 도쿄에서는 진도 3 정도의 지진이 잦다.

그리고 필리핀의 고통을 보면서, 일본의 재해 당시에도 주로 해안가의 가난한 사람들이 가장 큰 고통을 당했었다는 것을 다시금 떠올린다. 20세기가 수용소를 통해 '인간'에 대한 의심과 물음을 던질 수밖에 없는 세기였다면, 21세기는 자연재해가 만들어 내는 수용소의 세기 같다. 프리모 레비는 수용소의 상황을 '왜'라는 질문을 허용치 않는 상황이라고 말했다. 그리고 "인간으로서 ~하다니!"라는 놀람이 아니라, '인간'이라는 것 자체를 물음에 붙인다. "이것이 인간인가." 자 보라, 이것이 인간이다. "죽음을 이해하기에는 너무 지쳐 있어 죽음을 두려워하지 않는 그들 앞에서, 그들의 죽음을 죽음이라고 부르기조차 망설여진다.[21] 프리모 레비의 언어들은 유대민족을 대변하는 언어가 아니라 수용소의 언어이다. 각양각색의 인종과 국적을 지닌 정치범과 범죄자와 유대인이 뒤섞여 있었던 그야말로 무한히 다양한 인종·타입·상황 속에서 나온 언어다. 따라서 그 언어는 단 하나의 수용소가 아니

〈가면의 붉은 숨 – 흔들리는 집 밖에서〉 포스터 사진 (출처:Women's Acton Network http://wan. or.jp/art/?p=6889)

라 무한히 다양한 수용소적 상황을 표현해 줄 수 있는 언어를 담고 있다. 그러니 이렇게 말해 보자. 거짓을 이해하기에는 너무 지쳐 거짓을 진실로 생각하고 싶어지는 상황에서 거짓을 거짓이라 부르기가 망설여진다. 그렇기 때문에 '그들의 거짓말'과 구별되는, 우리의 '진심 어린 거짓말' 속에 있는 진실과 생존을 위한 강렬한 저항감을 표현하기 위해서, 뭔가 우리 나름의 말이 필요하다고 느낀다.

가면 만들기 표현활동 = 그녀들의 생존활동

일단 조용하고 작고 지속적인 표현활동에서 시작하자. 가면 만들기 표현활동이 지금 여성들의 손으로 열렸다는 점이 지닌 의미가 조용하고 작지만은 않을지 모르므로. 내년 5월까지 이어질 예정인 프로젝트 〈물어가며 가는 길 전〉[22]의 첫 번째 행사로 이치무라 미사코 씨의 표현활동이 있었다. 제목은 〈가면의 붉은 숨–흔들리는 집 밖에서〉[23]였다.

〈물어가며 가는 길〉 전시회는 이도 디리리는 여성 피포미기 중 심이 되어 기획되었다. 모든 참여는 무료이고 재정적인 부분은 사람들의 자발적인 캄파(정치자금을 각자 형편에 맞춰 추렴하는 것)로 이뤄졌다. 이토 다리 씨는 조선과 오키나와의 위안부 할머니와 아시아 여성들의 말 못할 고통을 표현해 온 성소수자 퍼포머이다. 이치무라 씨는 요요기 공원에서 야숙 생활을 하면서 여성 야숙인들을 모아 에노아루(그림 그리는 회), 요가, 면 생리대 만들기 등의 일상적인 표현활동과 데모 및 직접 행동을 벌이고 있다.

10월 9일부터 27일까지 이어진 전시활동 속에는 가면 만들기 워크숍, 두 번의 토크 행사, 가면 쓰고 하는 거리행진 및 파이널 파티가 기획되었다. 가면 만들기 워크숍에는 야숙자 여성을 비롯하여 다양한 사연을 지닌 여성들이 참여했다고 한다. 가면 만들기는 어떤 규칙도 없었지만, 오직 한 가지 제안이 있어 눈길을 끌었다. 가면 재료로 "평소 주변에 두고 쓰던 것을 사용할 것." 그런데 대체 왜 가면일까? 표현 활동의 콘셉트는 이랬다. "숨겨진 가면들의 붉은 숨이 저릿할 정도로 뜨겁다. 거리 재개발로 젠트리피케이션이 진행 중이다. 규범적인 '가족' 안에 개인을 가두려고 하는 사회에서 불리한 입장에 놓인 사람들은 가장 기본적인 '삶'이 어렵다." 그리고 이 표현활동은 다음과 같은 것을 꿈꾼다. "거리의 영상 앞에서 익명의 가면이 섬세하게, 요란하게, 유머를 잔뜩 품고는 나타납니다. 가면들의 연기演技와 저항의 호흡이 정돈된 거리와는 다른 공간을 만들겠지요."

그들이 만든 가면을 들여다본다. 가면은 아기 옷, 책, 쇼핑 봉투, 털실, 청소도구, 티셔츠, 액세서리, 인형, 화장품, 프라이팬 등으로 만들어졌다. 섬세하면서도 요란하다. 늘 사용하던 물건이 떡하니 귀가 되고 코가 되고 눈이 되니 피식 웃음이 나면서도 그 물건들이 전달해 오는 어떤 숨결이 고통스럽다. 강렬하면서도 부드러웠고 감추는 듯하면서 모든 것을 표현하려고 하고 있었다. 이 가면들의 이 붉은 숨결, 뜨겁게 내뱉는 숨결들!

첫 번째 토크는 필리핀의 여성 아티스트 알마 퀸토Alma Quinto 씨와 함께 "바느질하는 손, 연결하는 손"이라는 주제로 열렸다. 알마 퀸토 씨는 부드럽고 컬러풀한 면 소재를 사용하여 입체적인 작품을 만드는 것으로 유명하다. "아트는 미술관이나 갤러리 속에만 있는 게 아니라 커뮤니티 속에 있다"고 말하는 그녀의 중요한 활동은 학대나 자연재해 등으로 마음에 상처

매일 입히고 빨고 개키던 아이 옷이 가면이 되었다

를 입은 여성이나 아이들 커뮤니티와 공동 제작하는 〈하우스 오브 컴포트 아트 프로젝트〉House of Comfort Art Project이다. 여성과 아이들은 이러한 표현을 통해서 트라우마와 대면할 수 있게 되고 내밀한 안쪽에 갇혀 있는 고통스러운 기억이나 감정을 밖으로 표현하게 된다고 한다. 퀸토 씨는 그녀들이 자신이 지닌 내밀한 힘을 느끼고 일어서 살아가도록 돕는 표현활동을 하고 있다.

두 번째 토크는 "'가족' 이외의 필드"라는 제목으로 〈에프터 케어 상담소 유즈리하〉에서 활동하고 있는 다카바시高橋亜美 씨와 이뤄졌다. 〈유즈리하〉라는 말은 신년이나 번영 및 축하의 장식물로 쓰이는 식물 잎을 의미하는데, 일본에서는 청각 장애인을 다룬 〈유즈리하〉라는 제목의 영화가 있기도 하다. 왜 있지 않은가? 크리스마스가 되면 서양의 집집마다 걸리는 길쭉하고 뾰족한 나뭇잎들. 〈유즈리하〉는 가정 폭력과 학대, 임신, 중절, 임금 문제 등 어린아이나 젊은 여성이 겪는 문제들의 상담소이다. 또한, 그녀들의 안식처이기도 하지만 18세가 되면 그곳에서 독립해야 한다. 이치무라씨는 〈유즈리하〉에서 독립해야 하는 젊은 여성들끼리 공동생활을 꾸리는 경우는 없는지 질문했다. 나카바시 씨는 짐춰진 싱끅 희내를 빌은 경우 그 드리우미기 훨씬크다고 말한다. 그들은 14세나 15세쯤 되어 경우 집에서 도망쳐 나오게 되는

데, 이후에도 트라우마는 다양한 방식으로 나타나고 사람에 대한 신뢰를 회복하기까지 지난한 시간이 걸리기 때문에 단체생활이 쉽지 않은 경우도 많다고 말한다.

그녀 말에 따르면 그렇다고 그녀들이 복지에 의지할 수 있는 것도 아니라고 한다. 복지란 신청자의 존엄을 다 빼앗음으로써 겨우 주어지는 비굴한 대가이기 일쑤이기 때문이다. 복지혜택을 받으려면 동사무소에 가서 등록해야 하는데, 이때 가족·수입·학벌 등을 이야기해야 한다. 학대경험을 지닌 아동에게는 이러한 것을 기억하는 것 자체가 일종의 폭력인 것이다. 그녀들은 고통을 상기하며 스스로가 사회적 기준에 얼마나 미달되는가를 고백함으로써만 복지 혜택을 받을 수 있는 셈이다. 이치무라 씨는 생활복지를 얻기 위해 했던 수많은 싸움을 언급하며 적극적인 동감을 표시했다. 더구나 이 복지 제도는 20대~50대 정도의 여성만을 대상으로 하고 있기 때문에 나이 든 여성들에 대해서는 지원이 없다. 그녀는 말한다. 왜 복지제도는 가임기 여성만을 대상으로 할까?

토크의 주제들이 보여 주듯이 가면 만들기 표현활동은 이러한 이야기, 표현을 통하여 생존 네트워크를 만드는 행위, 즉 생존활동이기도 했다. 학대경험을 지닌 여성들은 야숙 여성들과 함께 가면을 만들면서 돈이 없어도 살아갈 방법 등 생존 정보를 교환한다. 이런 만남을 통해 '복지'와는 다른 최소한의 생존safe 네트워크를 형성해 가는 것이다.

우리는 가면을 쓴다

그런데 가면들이 보여 주는 표정은 정보 교환을 넘어서서 좀 더 내밀하다. 그녀들은 말한다. 이 붉은 숨결은, 가면 속의 민얼굴이 내뿜는 것이 아니라고. "숨겨진 가면들의 붉은 숨결이 저릿할 정도로 뜨겁다"고. 그녀들은 그 뜨거운 숨을 드러내기 위해서 가면을 벗는 것이 아니라 가면을 쓴다. 연기한다. 대체 왜?

알마 씨는 말한다. 트라우마를 지닌 여성들이 고통을 표현하고 자신 내부의 힘을 느끼려면 그것을 표현하는 예술적 방식이 필요하다고. 다카바시 씨는 말한다. 존엄을 바침으로써 지불받는 복지가 아니라, '죽고 싶다는 말'을 들어줄 공간이 필요하다고. 표현하고 말하는 것은 일종의 가면 쓰기이며 일종의 연기이며, 아름답지 못한 삶을 아름답게 표현하고 싶은 진실 어린 거짓말일지도 모른다. 다카바시 씨는 한 아이의 글을 읽었다.

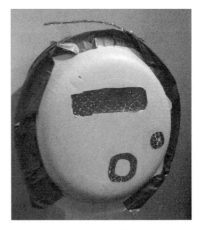

매일 음식을 만들고 담고 먹고 씻던 프라이팬, 냄비, 접시가 가면이 되었다.

그 아이는 자신도 모르게 거짓말을 하게 된다고 쓴다. 거짓말을 막기 위해서 더 큰 거짓말을 하게 되고 더욱 더 큰 거짓말, 더더욱 큰 거짓말, 거짓말을 멈출 수가 없다고. 그런데 자신이 유일하게 거짓말이 아니라고 생각했던 추억이 있었다고 한다. 5살 때 아빠, 엄마와 함께 비행기를 타고 아메리카 여행을 갔던 기억. 자신을 학대하기만 하는 엄마에게 "엄마, 5살 때 엄마, 아빠랑 함께 비행기 타고 아메리카 여행을 갔었지요?"라고 묻는 아이. 엄마는 여태까지 여행이란 걸 가본 적이 없다고 대체 누구를 말하는 거냐고 다그친다. "너 태어나기 전에 아빠는 집 나갔어." 아이는 스스로 만들어 낸 거짓말인 줄도 모르고 그 추억만을 붙잡고 몇 년을 살았다는 것을 초등학교 4학년 때에야 겨우 알게 된다. 아이는 말한다. 엄마는 늘 화가 나 있었다. 때리고 맨몸으로 벌주고 화장실도 보내지 않고 매일 매일 지옥이 낫겠다고 생각했다. 부은 얼굴로 학교에 갔는데 다른 애들은 몰라도 선생님은 알아주길 바랐다. "구해 줘요"라고 늘 마음속으로 외쳤다. 그러나 한 번도 말하지 못했다. 내 입에서 나오는 것은 늘 거짓말뿐이었다. 컨트롤할 수가 없다. 거짓말을 그만두는 것이 무서웠다.[24]

이치무라 씨는 야숙 여성들 중에도 아이와 같은 경험을 하는 사람들이 많다고 한다. 여성들은 많은 폭력에 노출되기 때문에 그러한 자신의 상태를 현실 속에서는 존재시킬 수 없게 된다. 따라서 이렇게 고통스럽고 보잘것없어 보이는 자신도 존재할 수 있는 공상의 세계를 만들어 낸다. 대개 그들은 끊임없이 독백하는데 스스로 만들어 낸 공상의 사람만이 그녀의 고통을 듣고 이해할 수 있기 때문이다. 이치무라 씨는 그녀들과 면 생리대를 만드는 표현활동을 했는데, 독백을 하던 그녀들로부터 엄청나게 다양한 표현들이 쏟아져 나왔다고 한다. 가면 만들기가 바로 그러한 과정이 되지 않을까 싶었다고 말한다.

아이의 이야기를 듣고 외쳤던 어떤 참여자의 말처럼 진짜 거짓말쟁이는 거짓말(거짓말처럼 보이는 말)을 하지 않는다. 우리의 정치가들이 너무나 잘 보여 주지 않는가? 그들은 귀가 솔깃한 '진짜처럼 보이는 말'만 한다. 반면 우리들은 살아가기 위해서 진심어린 거짓말이 필요하고 때로는 삶이 고달파서 그 거짓말을 스스로 알아채지 못할 정도가 되기도 한다. 가면은 그녀들의 간절한 숨결을 드러내기 위한 '거짓말', 그것을 대체할 수 있는 도구였다. 가면을 벗으면 드러나는 원래의 얼굴과 같은 것은 애초에 그녀들에게 주어지지 않았기 때문이다. 돌아가고 싶은 과거가 현재의 고통 이전에, 재해 이전에, 지금 이전에 존재하지 않는다. 돌아갈 곳이 없는 그녀들은 가면을 씀으로써 지금 현재의 자신을 표현할 수단을 가까스로 얻는다. 그래서 그녀들은, 우리들은, 가면을 쓴다.

우리는, 우리의 이야기로 만든 가면을 쓴다

그런데, 우리의 진심 어린 거짓말은 과연 괜찮은 것일까? 5살 때 엄마 아빠와 비행기를 타고 아메리카 여행을 하는 아이의 꿈이 표현하고 있는 삶에 대한 눈부신 애착, 그것과 함께 좀 더 질문해야 할 것이 있지는 않을까? 아이의 꿈, 우리의 꿈은 지금 이대로 괜찮을까? 프리모 레비는 자살로 생을

가면을 통해 감추다/드러나다.

마감한다. 수용소에서 살아남은 자들이 결국 자살로 삶을 마감하는 것은 과연 트라우마 때문일까? 성폭력을 당한 여성들이, 학대를 당한 아이들이 다양한 방식으로 고통을 호소하는 건 과연 트라우마 때문일까? 과연 그것뿐일까?

　토크에 참여한 한 여성 참여자가 이러한 질문을 했다. "그렇지만 아무리 학대를 당하고 고통스러워도 그나마 부모가 있는 편이 낫다는 이야기를 활동가들에게도 들어요." 유즈리하의 다카바시 씨는 말한다. 사실 집에 있으면 모르던 것이 혼자 살아보려고 하면 엄청난 벽이 되어 나타나요. 그런데 생활보호를 받으려면 가족이 없는 자신에게 뭐가 "없는지"를 다 이야기해야 하죠. 그것은 다시금 상처가 돼요. 그러나 유즈리하는 가족을 만들려고 하거나 돈을 빌려주는 것은 하지 않는다/할 수 없다. 그런 행위를 하게 되면 부채감 때문에 오히려 다음에 또다시 문제가 생겼을 때 그곳에 말하러 올 수 없게 되기 때문이다. 유즈리하는 언제든 쉽게 이야기를 건넬 수 있게 하는 것을 최우선으로 하며 네트워크를 맺게 도와준다고 한다.

　이치무라 씨는 말한다. 이번 전시가 열리는 이 동네는 부촌이어서 오는 길에 바둑 모양으로 집이 쭉 늘어서 있더라고요, 그런데 통계상으로 보자면 세 집 중 한 집에서는 가정폭력이 일어나고 있은 가능성이 있지 않을까요? (약간의 저항감 섞인 반응이 나오자) 텐트 마을에 살면 일반적인 집들은 마치 상자처럼 느껴져요. 어쩔 수 없이 그렇다니까요. 그런데 이치무라 씨는 이어서 이렇게 말한다. 정상적으로 보이지 않는 가족에서도 이러한 가족의 벽은 반복된다고. 예를 들어 몇몇 야숙자 여성들은 남자 야숙자와 파트너가 되기도 한다. 오직 생존을 위해서이다. 이치무라 씨가 여성 야숙자와 이야기를 하려고 하면 남자 파트너가 가로막는다. 할 얘기가 있으면 그녀가 아니라 자신에게 하라는 것이다. 반면 드물지만 이런 여성도 있다. 18세가 되어 더이상 보호 시설에 있을 수 없어 나왔는데 살 기반이 없자 결혼을 한다. 살다 보니 조금씩 자립할 수 있을 것 같은 생각이 들어 남자에게 이혼을 청구한다. 놀랍게도 그 남자는 그녀의 의견대로 해 주었다고 한다. 이치무라는 말한다. 절대적인 어머니상 같은 것들은 오히려 없는 편이 좋지 않겠느냐고. 절대적인 결혼상이나 절대적인 가족상 같은 것들도.

가족 속에 있던 그녀들의 표현이 시작되는 것은 단지 '가면을 쓰는' 행위로부터가 아니다. 주어진 가면을 버리고 그 주어진 가면이 주었던 고통을 다른 여성들과 이야기하고 그 모든 고통과 기쁨을 모으듯 자신의 주변의 것을 모아 자신의/우리들의 가면을 만들어서 쓰는 행위부터인 것이다. 이렇게 만들어진 가면을 쓰고 그녀들은 27일 거리로 몰려나왔다. 정말 불행히도 나는 이날 다른 약속 때문에 참여할 수가 없었다. 대신 친구에게서 그날의 이야기를 들을 수 있었다. 몇몇 남자 분들이 혀를 차며 보고 몇몇 아가들은 좋아 날뛰고 몇몇 아가들은 무서워 울어 재꼈다고. 그런데 스스로 만든 가면을 통해 보는 세상이 정말 새로웠노라고. 주어진 얼굴=가면이 아니라, 감춰져 있던 표현=가면이 거리를 질주했다고. 두려워하며 동시에 용감하게 자신의 삶에 대해서 질문했다고. 왜 그 얼굴=가면만을 쓰고 살아야 하나!?

정신 승리법이 승리할 때 – '왜'라는 물음을 멈추지 않는 것

학대받은 아이가 거짓말을 하듯, 성폭력을 당한 여성들이나 폭력에 노출되기 쉬운 야숙자들이 독백을 하듯, 히잡을 착용해야만 비로소 공공장소로의 출입이 가능한 현실 속에서 이슬람 여성들은 히잡을 쓴다. 히잡을 쓰지 않는 공간은 가족 안에서의 공간을 의미하는 그녀들에게 히잡을 쓰는 행위는 이슬람의 여성차별의 상징인 히잡이라는 가면을 "해방의 도구"로서 역설적으로 재전유하는 행위이기도 했다.[25] 이슬람 여성들이 히잡을 재전유해 쓰듯

얼굴없는 가면들. "우리는 우리의 가면을 쓴다."

그녀들은 가면을 만들어 쓴다. 그리고 왜라는 물음을 허용하지 않는 사회 속에서 가면을 쓴 그녀들의 질주와 저릿할 정도로 숨찬 호흡은 오히려 그녀들을 둘러싼 이 사회의 민얼굴을 드러냈을 것이다.

〈모리모리 통신〉이라는 것이 있다. 소규모의 비밀스런 메일링을 통해 전달되는 요요기 공원의 야숙자 통신이다. 야숙자들의 신변보호를 위해 모르는 사람에게까지 전송하는 건 금지되어 있다. 10월의 〈모리모리 통신〉은 요요기 공원에서 이틀간 열렸던 홋카이도 페스티벌에서 발생한 쓰레기가 요요기 공원 야숙마을에서 어떻게 재활용(재창조)되었는가를 전한다. 일단 홋카이도산 고기 표시가 음식점의 필수요소가 된 방사능 도시에서 홋카이도 페스티벌은 매력적인 것이었으리라. 통신은 전한다. 행사가 끝나자 "쓰레기가 잔뜩 생겼다. 그래서 베테랑인 누구누구 씨가" 밤중에 "자, 가져왔어!"라며 텐트 마을에 음식들을 가져왔다 대량의 훈제 계란, 대량의 와라비 떡, 대량의 쿠페빵[26], 그리고 대량의 날것 조개(가리비)였다. 1주일이 지나고도 조개

등이 남아 있어서 먹기에 다소 위험한 상태 같았다. 그러나 야숙 생활의 베테랑은 "음……문제없어"라고 말하면서 걱정하는 사람들을 향해 "안 된다고 생각하기 때문에 배가 아픈 거야"라는 정신론을 펼친다. 통신은 이렇게 끝난다. "그 공간에 함께 있던 채식주의자이자 동물 애호 활동을 하는 사람도 생명을 헛되이 하지 않고 살아가는 모습에 마음이 움직였던 탓일까 함께 먹게 되었습니다."

야숙생활자들은 이렇게 묻는 듯하다. 왜 그게 쓰레기인데? 왜 그걸 먹으면 안 되는데? 왜 이게 채식이 아닌 건데? 왜 이건 가족이 아닌 건데? 왜 이건 삶이 아닌 건데? 안 된다고 생각하는 순간 이미 마음이 지고 몸이 아파지는 거다. 나는 그들의 삶을 통해서, 그리고 가면을 만들고 거리를 질주하는 여성들의 저린 숨* 속에서, 정신승리법이 맘도 몸도 승리로 이끄는 순간을 슬쩍 엿본 듯한 기분이 든다. 이치무라 씨는 두 번째 토크 때 이렇게 말한다. 텐트 마을에 버려진 아이 모음 상자(피치 못할 사정으로 버려지는 영유아들을 위한 상자, 혹은 그 영유아들을 놓고 갈 수 있는 장소)를 만들어 두었어요!

우리'들'의 비밀을 되찾는 주문, 'A 씨가 나다'

<특정비밀보호법>(12월 6일) 강행 체결의 시간

모호해지는 법 — 변화무쌍한 통치술

2013년 12월 6일 〈특정비밀보호법〉特定秘密保護法이 날치기로 강행 체결되었다. 이를 막으려던 수많은 사람의 의지도 배반당했고 일본의 민주주의는 퇴보했다. 그러나 중의원 표결을 통과한 11월 28일부터 현재까지 법 폐지를 위한 활동은 지속하고 있다. 그리고 나는 어쩌면 이 파시즘의 시대에 "NO PASARAN"이라고 외치는 정신이 점차 깨어나고 결집해 가고 있다는 또 하나의 '비밀'을 선포하고 싶어서 이 글을 쓰고 있는 것인지도 모른다.

이 법이 중의원을 통과하자 일본 학자들은 〈특정비밀보호법에 반대하는 학자들의 모임〉(이후 〈특반학〉)[27]을 결성하고 성명서를 발표해 법의 즉각 폐안을 호소한다. 참의원 결정일인 12월 6일을 일주일 남겨두고 모이기 시작한 서명은 사흘 만에 2천 명을 넘어서 현재는 5천 명을 돌파했다. 그 일주일간 국회 앞에서는 하루 종일 집회와 데모가 이어졌고 지금도 지속되고 있다. 〈특반학〉 성명서는 "우리는 학문의 이름으로 '비밀 국가', '군사국가'에의 길을 여는 〈특정비밀보호법〉에 반대"한다고 호소하고 있다. 영화계, 변호단 등 다양한 집단이 반대 의사를 표명하고 있다.

'특정'한 비밀을 보호한다는 이 법은, 사실 권력자를 위한 알리바이 제

마스크에 X를 붙인 시위대 (12.4)

조기이다.[28] 안전보장에 관련된 특정 정보를 비밀로 하고, 이를 제공한 자 및 취득한 자에게 최장 10년 징역의 중벌을 과한다는 것이 골자이지만 문제는 '비밀에 부친다'는 것만이 아니다. 무엇을 '특정'한 비밀로 정해 언제 어떻게 실행되는지도 비밀이기 때문에 자신도 모르게 이 법의 범법자가 될 수도 있다 (혹은 귀찮은 어떤 집단을 맘대로 범법자로 만들 수 있다). 비밀 지정 기간은 최대 60년까지 연장할 수 있으며 이 기간 동안 비밀문서는 행정부서 판단으로 맘대로 폐기할 수 있다. 비밀로 지정된 동안은 〈공문관리법〉(공문서의 자의적 폐기를 금지하는 법)의 예외가 되기 때문이다.

무엇보다 걱정스러운 것은, 아직 그 누구도 이 법이 어떻게 작동할지 예측 불가능하다는 점이다. 이처럼 불명확하고 애매한 이 법은 정작 법을 만든 아베 내각조차 컨트롤할 수 없는 상황으로 치달을 가능성이 크다. 오키나와 반환 시 미국과의 밀약문서, 식민지와 전쟁 책임을 기록한 문서 등이 영구적으로 미 공개되거나 폐기되어 영원한 비밀이 될 가능성도 크다. '특정비밀'을 '보호'한다는 이 법은 사실 표현, 보도, 결사 및 알 권리를 빼앗고, 비밀이 비밀을 낳는 법이다. '모호함'을 '법'으로 인정해 줌으로써 과거를 봉인하고 변화무쌍한 통치술을 발휘할 수 있게 하는 새로운 법-파시즘이다.

빼앗겨 가는 말 ― 소문과 비밀

어릴 때 나는 아름다운 것이나 재밌는 것을 발견하면 언니보다 먼저 '아름답다' '멋지다'라고 말하려고 전전긍긍하곤 했다. 그 신비하고 비밀스러운 명명행위는 마치 그 아름다움을 내 것으로 만들어 주는 주문 같았기 때문이다. 특정 단어의 명명/표현에는 이러한 소유의 권력과 비밀스러운 공감이 동시에 작용한다. 명명자에게 요구되는 윤리는 바로 이러한 명명에 대한 소유욕과 소유욕을 넘어선 비밀스러운 감정의 공유, 그 둘을 구별하는 것에서 시작될지도 모른다.

〈특정비밀보호법〉에 체질적으로 몸서리가 쳐지는 것도 바로 '명명행위'의 윤리감각이 결여되어 있기 때문이다. 현재 일본에서 우리'들'의 말이었던 '비밀'을 '그들'에게 빼앗겨 버려 비밀은 '애매한 통치술'과 같은 이미지를 얻게 되었다. '비밀'뿐이 아니다. 식민지기 관동대지진 때에는 매체를 갖지 못한 민중들의 여론형성 수단인 '소문'을 식민권력과 경찰이 장악하고, 조선인이 우물에 독을 탄다는 유언비어를 퍼뜨려, 일본 민중이 조선인과 중국인과 사회주의자와 아나키스트들을 학살하게끔 했다. 그리고 현재는 권력이 '비밀'을 장악할 권리를 법으로 인정받아 역사적 책임을 영원히 은폐하고 전쟁준비를 향해 가려 하고 있다. 우리'들'의 말이었던 비밀, 소문과 같은 말들이, 그 말들이 지녔던 주술적인 힘들과 이미지들과 이야기들이, 권력에 의해 선취당해 빛을 잃는다. 우리'들' 스스로가 그 의미를 생각하기도 전에.

이시바石破茂 간사장은 "비밀보호법 반대 데모는 테러와 같다"고 말함으로써 자유로운 의사 표현의 공론장인 집회와 데모를 '테러'와 겹쳐 놓았다. 12월 6일 국회에서 민주당 의원이 후쿠시마에서 열었던 〈특정비밀보호법〉 공청회에서 전원이 이 법에 반대했다는 점을 지적하자, 자민당 의원이 "후쿠시마를 이용하려는 건가!"라고 말했던 것은 정말 눈앞이 아찔해질 정도의 적반하장이었다. 이러한 적반하장식 명명법은 민주주의, 평등, 평화, 진실, 화해와 같은 말을 그들이 사용할 때에도 반복적으로 나타난다. 〈특정비밀보호법〉이 통과되기 하루 전날 넬슨 만델라가 죽음을 맞이했던 것이 예사롭게 느껴지지 않는다. 화해가 명확한 죄의 인정/사죄를 통한 진실규명/기록 없이는 불가능함을 보여 주었던 남아공의 〈진실과 화해 위원회〉가 현재의 일본에서는 불가능함을 보여 주는 듯했다.

〈특정비밀보호법〉이 중위원을 통과하기 열흘가량 전인 11월 19일, 한국에서는 1953년 한국 정부가 조사했던 3·1 운동과 관동대지진 피살자 명부, 강제 징용자 명부가 발견되었다.[29] 일본 대사관을 이전하면서 우연히 발견된 이 공문서가 공개된 지 불과 몇 주 지나지 않아 〈특정비밀보호법〉이 통과된 것도 우연치고는 시사적이다. 공문서가 발견되었음에도 일본 정부는 1965년 한일 국교 정상화 당시 체결한 〈한일청구권협정〉을 근거로 일제 강제 징용 피해자에 대한 배상은 마무리되었다는 주장을 견지하고 있을 뿐이다.

출근부를 찍게 되는 분노

12월 6일 저녁, 친구들과 대학원 수업 도중에 빠져 나와 국회 앞 집회로 향했다. 우리는 어쩐지 "No Pasaran"이라는 플래카드 아래로 향하게 되었고 많은 선생님과 친구들을 만났다. 수업을 마친 우카이 선생님이 합류하여 시간은 이미 9시를 넘어가고 있었으나 국회에서는 공방전이 계속되고 있었다. 10시가 넘어가자 거리로 국회상황이 생중계되었고 사람들은 숨을 죽이고 방송을 듣기 시작했다. 기명투표가 시작되어 의원들 이름이 하나씩 불려졌다. 일본 국민들이 뽑은 의원들이었다. 그리고 그 하나하나의 이름들과 함께 10시 50분이 지난 시각 〈특정비밀보호법〉은 통과되고 말았다. 그 순간 우리들은 분노에 찬 비밀스러운 눈빛을 주고받았다.

그러나, 나는 이날 기명투표 결과가 발표된 이후의 적막에 대해서, 그렇게 바라던 폐안도 연기도 이뤄지지 않았음에도 모두들 조용히 집으로 돌아갔던 그 괴상한 침묵에 대해서, 사람들의 분노를 봉인해 놓고 출근부를 찍는 것처럼 되었던 데모 분위기에 대해서 어떤 불편함을 느끼고 있다. 나는 일본의 사운드 데모를 참 좋아하고 국회 관저 앞 데모가 끊임없이 이어지는 것에 대해서는 매우 긍정적이다. 그러나 좀처럼 일본의 데모방식에는 익숙해지지 않는다. 12월 6일에는 엄청난 인원이 국회 앞으로 몰려들었지만 교통경찰의 지휘를 받으며 도로 위로만 움직였다. 따라서 길고 두껍고 옴짝달싹할 수 없는 긴 행렬이 이어진 형태가 되었다. 그러니 얼마나 많은 사람들이 얼마나 멋진 장식들을 달고 왔는지는 확인하기 어려웠다. 경찰은 요소요소에서 사람의 통행을 제한해서 원하는 곳으로 갈 수 없었다. 데모는 그 무엇보다 길과 호흡하면서 거대한 흐름이 되는 경험이다. 일본의 교통질서를 지키는 질서 정연한 데모는 이러한 길에 대한 감각, 도로를 점거했을 때의 해방감을 질서 정연히 잘라 버린다.

더구나 이날 우리가 있던 곳에서는 "〈특정비밀보호법〉 철폐"와 같은 동일한 구호를 사람들 사이에 끼여 앞 사람 뒷모습만 보는 상태에서 몇 시간이고 추위 속에서 반복해야 했다. 춤을 추는 사운드 데모도 가끔 눈에 띄었지만, 보다 넓은 광장에서 음식도 나눠먹고 불도 피우면서 추위를 달래는 것은 불가능했다. 더구나 국회 앞에는 그 흔한 편의점도 없다. 멀고 황량한 국회 앞으로 갈 때마다 아, 어차피 국회란 게 우리가 만들어준 건데, 우리가 사는 곳으로 그들을 오게 해야 하는 게 아닐까 하는 생각이 든다. 국회 바로 앞에서 데모를 할 때의 상징성과 우리의 삶 속에 국회가 있다는 메시지는 어떻게 공존할 수 있을까?

여러 번 갈등의 씨앗이 된 것이지만 주최 측이 집회 참여자들이 흥분하지 않도록 관리하는 것은 정말이지 문제로 느껴진다. 특히 오늘 같은 날은 말이다. 10시가 넘어 국회 상황을 생중계하기 직전 주최 측은 "어떤 결과가 나오더라도 결코 흥분하지 말고 질서를 지켜 달라"고 몇 번이나 당부했다. 그러나 어떤 결과가 나오던 그 순간은 사람들의 감정이 폭발하고 표현되어야 하는 순간이 아닐까? 법이 통과된 뒤 교수를 비롯한 훌륭한 분들의 발언도 전혀 속 시원하지 않았다. 분노해서 도로로 쏟아져 나오지도 않았고 부둥켜안고 우는 울음도 없었고 국회로 몰려가 밤새워 폐안을 요구하지도 않았다 마치 일하는 시간이 끝난 사람들인 양 우리'들'은 집으로 퇴근했다. 법이 교묘하게 지하철 막차 시간에 맞춰 통과되었다는 것도 꼭 덧붙여 두고 싶다.

대체 우리의 분노를 누가 훔쳐간 것일까? 데모의 일상성과 지속성이 갖는 소중한 의미를 경찰 권력과 닮아가는 질서의식에서 벗어나 어떻게 지속시킬 수 있을까?

이 불편한 고요 속에서 '우리'들'을 구한 것은 집에 돌아가던 도중 만난 〈프리타 전반노조〉 쪽 사람들이 중심이 된 발언대였다. 발언대에서 누군가는 올해 초 일본에서 아베가 당선되고 한국에서 박근혜가 당선되었을 때, 일본인들은 한국인들보다 훨씬 더 빨리 이 상황을 용서해 버렸고 분노하지 않았고 그 결과가 이렇게 이어진 것이라고 말했다. 누군가는 어제가 넬슨 만델라가 죽은 날이며 그가 우리에게 준 메시지는 '자유와 권리는 매일 싸워서 얻어내는 것'이었다고 강조했다. 또 누군가는 이것이 싸움의 끝이 아니라 싸움의 시작이 되어야 함을 강조했다. 또 다른 누군가는 울면서 분하다고 소리치며 그들이 생각한 대로 되지 않겠노라고 다짐했다. 그리고 또 다른 누군가는 이미 그들은 우리가 두려워 우리들의 대오를 이렇게 조각조각 내고 길을 막고 있다고 말했다. 이날 '우리'들'은 발언대를 지켜보다가 우카이 선생님의 차를 타고 돌아와 새벽 2시에 밥을 먹으며 이야기를 나누었다. 나는 이 불편한 고요에 대한 성급한 판단을 반성하면서도 그 명확하고 불편한 감정을 잊지 않으리라 다짐했다. 그리고 우리들이 집으로 안고 돌아간 분노는 지금 어디쯤에서 고이고 있는 것일까 도리어 궁금해지기 시작했다.

"A 씨가 나다." ─ 〈특정비밀보호법〉 국회 방청 중 체포당한 그가 나다

한 삼 주쯤 흘러 12월 26일에는 〈특정비밀보호법〉 통과 국회회의 방청 중 구두를 던졌다는 이유로 체포당한 A 씨의 기소를 막기 위한 원내 집회가 열렸다. "A 씨의 해방과 〈비밀보호법〉 폐지를 요구하는 12.26 원내집회"[30]가 그것이다.

소노 씨에 따르면 A 씨는 활동가가 아니라 2011년 재해 이후부터 활동

에 적극적으로 참여하기 시작
한 일반 시민이라고 했다. 그
는 12월 6일 많은 사람이 모인
것에 감동했고 국회까지 들어
가서 방청하게 되었는데, 밖에
서 고조되는 반대 목소리와
국회 안의 상황이 너무나 다
른 것에 분노했고, 10시 50분
법이 통과되자 유일하게 자신
이 갖고 있었던 구두를 던졌
다고 한다. 구두는 누구에게
맞은 것도 아니며 심의에 영향
을 끼친 것도 아니었으나 A 씨
는 체포당했다. A 씨는 12월 7
일 메시지를 보내 왔다.

하루 종일 춤추며 외치다 〈특정비밀보호법〉 절대 반대!"
(12.4)

(방청자인 우리에게는) 발언은커녕 박수도 허락되지 않았습니다. 이런 상황
이라면 여당 의원이 '우리가 주인이고 국민은 우리 밑에 있다'고 착각해도 어
쩔 수 없는 것입니다. 여당 위원들의 오만불손함을 직접 봤고 그것은 차마
눈에 담을 수 없는 것입니다.…… 저는 〈비밀보호법〉 폐안을 간절히 원하
는 일본의 양심적 동료들과 세계 각지에서 걱정하는 친구들에게 '우리는 절
대로 이 강행 체결을 허락하지 않는다'는 메시지를 전달하고 싶었습니다. 또
한, 우리들의 분노가 얼마나 강한 것인가를 여당의원들에게 전달하고 싶었
습니다. 그 때문에 방청하고 있던 저는 어쩔 수 없이 제 구두를 본 회의장에
던졌던 것입니다.

현재 인터넷상에서는 "A 씨가 나다"라는 말이 퍼지고 있다. 분노를 전달
하고 싶었으나 할 수 없었던 자신들을 대신해서 구두를 던진 A 씨가 바로 나

이다. 무수히 많은 분노한 A 씨가 우후죽순 퍼져 국회를 향해 몰려가고 있다. 이런 감정을 사람들은 "A 씨가 나다"라고 표현하고 있다. 그의 기소를 막기 위한 움직임은 〈12·6 비밀보호법 국회 방청자 탄압 구원회〉로 결성되어 서명, 캄파(활동자금 기부)를 받고 있다.[31]

12월 26일의 원내회의에서는 〈특정비밀보호법〉의 문제점을 둘러싸고 격렬한 토론이 이뤄졌다. 첫째 섹션인 〈'12·6 비밀법 국회 탄압'의 문제는 무엇인가?〉라는 섹션에서 우카이 사토시는 A 씨가 어떤 광경을 보고 구두를 던지는 상징적인 행위를 했는가를 우리는 반복해서 상상해야 하며, 그 국회의 광경을 역사적 기록으로 남길 필요성이 있다고 말문을 열었다. 특히 그는 이번 〈특정비밀보호법〉 중 제5장에 명시된 "적정평가"滴定評價에 대해 강한 우려를 표시했다. 적정평가란 특정 비밀 정보를 다룰 권리를 누가 갖는가를 결정하는 판단 기준인데, 그 정보를 다루는 공무원이 만나는 친구, 가족을 확인할 뿐 아니라 무엇보다 국적을 확인하여 결정된다. 즉 이 법은 아베가 13년 전 NHK에서 여성 국제 전범 법정 방송을 보도하지 못하도록 개입했던 바로 그 사상이 현재 연속하고 있음을 보여 준다고 말했다.[32] 〈특정비밀보호법〉에서 말하는 국가 안전보장이란 일본의 전쟁책임, 식민지책임, 종군위안부, 강제연행에 대해 현재 밝혀진 매우 적은 근거조차도 비밀에 부치려는 의도를 담은 "역사를 봉인하는 것"임을 인식해야 한다고 말한다. 즉 이 법이 말하는 공공이란 곧 특정한 정치 수단, 관료 수단, 행정 수단을 국가의 사유물로 하는 것이며, 따라서 A 씨를 되찾아 오는 이 싸움으로 민중의 공공성을 되찾는 것이 가능해질 것이라고 말했다.

아사노 후미오浅野史生 변호사는 A 씨의 구류 및 기소의 정당성이 없음을 조목조목 짚었다. A 씨의 구류이유는 "공공업무 방해죄"이다. 그러나 〈특정비밀보호법〉이 악법이며 강제적으로 체결되었기 때문에 이번 국회 자체가 헌법위반의 소지를 지닌다. 따라서 공무방해가 성립하지 않는다. 또한, 운동화를 던져 심의를 방해했다고 하지만 주변인의 진술에 따르면 심의에는 어떤 영향도 주지 않았다. 셋째로 구류의 조건은 증거인멸의 가능성이 있을 때, 도주의 가능성이 있을 때 하는 것인데, 당당하게 재판을 통해 싸워 가겠다는 A 씨의 의욕적인 상황을 볼 때 도주의 가능성도 없고 따라서 구류의 이유도 성립하지 않는다. 아사노 변호사는 A 씨의 구속부터가 이미 〈특정비밀보호법〉의 시작이라고 생각한다고 말했다.

민주주의의 죽음 — 나에겐 구두밖에 없었다

〈특정비밀보호법〉의 문제는 법 조항의 성립으로 그치지 않는다. 문제는 이 이른바 '민주주의적'이라고 하는 절차에도 있다. A 씨의 눈에 비친 그 국회의 절차와 광경은 대체 무엇이었을까? 그는 왜 하필 그때 '구두'를 던져야 했을까?

A 씨 석방 및 기소중지를 위한 원내 대회에서 가이도 유이치海渡雄一 변호사는 여태까지 여러 가지 심의과정을 보아 왔고 정권교체도 봐 왔지만 이렇게 급히 강행하는 경우는 처음이라고 했다. 그런 점에서 그는 아베 정권은 보통의 자민당 내각이 아니라 "전체주의 독재 정권임을 인식해야 한다"고 말한다. 한 예로 11월 25일에는 후쿠시마에서는 〈특정비밀보호법〉 공청회가 열렸다. 당시 자민당 추천자를 포함한 7명의 의견진술자 전원은 〈특정비밀보호법〉에 반대를 표시했다. 원전 정보가 비밀에 부쳐지는 등 국민의 "알 권리"가 침해당할 것을 우려한 탓이다. 그러나 아베 내각은 이를 묵인한 채 중의원, 참의원 표결로 넘겼다. 가이도 씨는 〈특정비밀보호법〉에 의해 공안 경찰의 기능은 전전의 특고 경찰特高警察이 지니고 있던 기능 — 정권에 반대하는 세력을 조사할 수 있는 권한 — 을 가진 기관으로 거듭나게 되었다고 말했다. 말하자면 한국의 〈국가보안법〉이 강화되는 것이라고 할까? 그런 점에서 〈특정비밀보호법〉에 대한 반대 데모를 '테러'라고 말한 이시바의 발언에는 전쟁을 향해 가려고 하는 그들의 본심이 나타나 있다고 설명했다.

국회 방청자 중 한 명이었던 기무라 유이木村緒 씨는 〈특정비밀보호법〉을 통과시킬 당시 국회가 어떤 곳이었는가를 증언했다. 국회의원들은 너무나 바빠 법안을 제대로 읽지 않고 출석했으며 여당 의원 중 많은 수가 출석

나치 복장을 한 아베 총리 (12.4)

하지 않아 텅텅 비어 있어서 야당 의원들이 보도진을 향해 이 상황을 보도해 달라고 호소하기도 했다. 기명투표를 할 때 자신의 이름을 잘못 듣고 일어난 사람도 있을 정도로 산만했으며 논의는 이뤄지지 않았고 의원들은 그저 관료가 제출한 법률을 통과시킬 뿐이었다고 한다. 그녀는 A 씨의 행위를 직접 보진 못했지만, A 씨의 행위로 인한 심의의 중지나 업무방해는 전혀 없었다고 않았다고 증언했다. 그녀는 당시 그가 구두를 던졌다는 이야기를 들은 방청객들은, 현재 항의할 수 있는 행위는 사실상 우리 모두 구두를 벗어 던지는 것이 아닐까라고 말했을 정도였다고 한다. 소지품을 전혀 갖고 있지 않은 상태에서 구두를 벗어 던지는 것은 당시 방청객에게 가능한 최선의 의사 표현이었다는 것이다. 그녀는 국회란 국민이 만든 것임에도 그곳을 방청할 자유로운 권리가 국민에게 없음을 비판했다. 또한, 각 지역의 국회를 방청해 그 분위기를 알리고 방청 자격에 문제를 제기해 가지 않으면 우리는 민주주의를 점차 빼앗겨 버릴 것이라고 말했다.

국회 관저 앞 데모에서 활동하고 있는 간바라 하지메神原元 변호사는 이시바의 '테러' 발언에 대해 국회에 이의를 제기했을 때 고압적이었던 대응을 예로 들면서, 그들은 소수의견을 듣지 않고 논의시간을 최대한 축약하고 법안을 강제 체결하는 것이 민주주의라고 진심으로 믿고 있다고 비꼰다. 다수결을 통한 선거가 민주주의이며 이 의견을 거부하면 테러리스트라고 생각하는 사고방식은 파시즘과 한 발 차이라는 것이다.

이날 뜨거웠던 원내 대회의 열기는 〈특정비밀보호법〉의 통과 절차가 지닌 문제점을 폭로하는 동시에 기존의 민주주의적 제도가 더 이상 민의를 대변할 수 없게 된 상황을 드러냈다.

우리'들'의 비밀 — 말을 잃은 친구의 말

사실 나는 12월 26일의 구원활동에는 참여하지 못했다. 대신 이 활동에 참여했던 친구의 말을 통해 전해 들었고 27일에 만들어진 구원활동 홈페이지의 영상을 참고하며 이 글을 쓰고 있다. 그런데 나는 친구의 목소리와 A 씨의 구원활동 블로그를 통해서 여러 상황을 접하고 있는 이 과정이 많은 의미가 있다고 믿는다. 그 친구는 〈특정비밀보호법〉이 통과되기 한 달쯤 전, 한국에서 관동대지진 사상자에 대한 새로운 문서가 발견되었을 때, 일본에서 관동대지진의 중국인·조선인 학살 장소를 돌며 역사의 책임을 되새기는 행사에 참여한다. 관동대지진 당시의 조선인·중국인 학살 현장을 둘러보는 필드워크[33]가 그것이다. 이 기획은 "우리가 사는 도쿄가 바로 최악의 헤이트 크라임(혐오범죄)을 경험했던 장소임을 가슴에 새겨 두기 위해, 학살의 현장에 발을 옮겨, 희생자를 추도하는 필드워크"였다. 이 기획은 〈재특회〉에 대한 항의 운동을 통해 역사적·정치적 사실을 "알리는" 행동을 해 왔던 블로그 〈9월, 도쿄의 거리에서〉[34]와, 〈민족차별에 대한 항의 행동 알리기 부대〉와 산야에서 오랜 시간 지원활동을 계속하며 도쿄 동부권의 반차별 운동에 참여해 왔던 〈차별 배외주의에 반대하는 연락회〉[35]가 공동으로 주최했다. 그런데 행사에 참여했던 친구는 추모비 이외에는 아무것도 남아 있지 않은 그러나 자신이 사는 곳과 너무나 가깝게 있던 학살 장소를 돌아본 뒤 일주일간 갑자기 목소리가 나오지 않게 되었다고 했다. 목소리가 나오지 않게 되었던 그 비밀스러운 감정이 뒤섞인 목소리를 통해 나는 12월 26일의 구원활동도 전해 들을 수 있었다.

대체 왜 지금 〈특정비밀보호법〉이 필요한지, 데모에 나오는 사람들에게 어떻게 테러리스트라고 할 수 있는지, 후쿠시마 원전은 대체 얼마나 위험한 것인지, 오키나와와의 긴박한 상황은 왜 이 〈특정비밀보호법〉과 맞물려 일어났는지, 왜 연말연시만 되면 노숙자에 대한 탄압이 격렬해져 이삼 일 사이에 미야시타 공원에 있는 야숙자들이 쫓겨나야 하는지, 하필 왜 이 추운 계절에 그래야 하는지, ~ 해야 하는지, ~ 하는지……, 도무지 알 수 없는 질문만이 꼬리를 물고 일어난다. 〈특정비밀보호법〉 없이도 이미 너무나 많은 비밀로 속여서만 겨우 유지될 수 있는 '비밀 군사 국가'가 이곳이다.

그러나 나는 이에 반해 우리'들'의 비밀스러운 공감과 집단들도 우후죽순 늘어가고 있다고 믿는다. 목소리를 잠시 잃었던 그녀의 입을 통해 전달된 구원활동처럼, '구두를 내던지다'라는 행위에 숨은 분노와 용기처럼, "A 씨가 나다"라는 명명법이 울려 퍼지는 것처럼. 그들의 비밀이 아니라 우리'들'의 비밀이, 그들의 민주주의가 아니라 우리'들'의 민주주의가, 그들의 소문이 아니라 우리'들'의 입소문이, 비밀스럽게 퍼져나가고 있다고 믿는다. 이렇게 12월 6일의 분노는 우리'들'의 비밀이 되어 가고 있고, 'A 씨가 나다'라는 말은 이 비밀을 확산시키는 주문이 되고 있다.

전 세계적 우경화 속 특수성을 '듣고–쓰는' 법

인터뷰 「일본 대학에서 재일조선인 여성 강사가 강의하는 법」
1, 2에 대하여[36]

이 글 속의 사진은 글의 내용과 일치하지 않는다. 여기서 다루는 일은 2013년 겨울에서 2014년 봄에 시작되었다. 그러나 전반부의 사진은 내가 k와 많은 시간을 보낸 2007년 겨울에서 2008년 봄 간사이 지방의 시간을 담고 있다. 또한, 후반부의 사진은 2011년 재해 당시 오사카 인권 박물관의 사진이다. 그러나 k의 사진은 없다. 여기에는 몇 가지 이유가 있다.

k의 모습이 그녀가 원하지 않는 방식으로 이야기되는 상황에서 k의 모습을 가장 잘 표현해 줄 수 있는 것은, 바로 "k의 사진"의 부재 혹은 침묵이기 때문이다. 동시에 나는 계속해서 k가 건네는 말들을 듣고 있는 듯했다. k와 함께 한 간사이 지방의 사진은 이 침묵이 무엇을 말하고 있는가를 들려줄 것이다. 한편 오사카 인권 박물관의 사진은 2011년 재해 직후에 찍은 것이다. 기존의 가치가 무너지는 재해의 순간 만난 인권 박물관의 오키나와인, 홋카이도인, 재일조선인, 부락민, 그곳의 동물과 식물들, 그 모든 소수자의 증언이, "그 일이 일어난 그 날" 내게 그러했듯이, k를 조금 더 자유롭게 해주길 바란다. 심화하는 인종주의의 시대에도 불구하고.

k의 오픈티켓과 '그 일'

k는 간사이 지역에 사는 나의 친한 친구다. 며칠 전 갑자기 그녀에게서 연락이 왔다. "내가 거기로 갈게." 함께 이야기하기 위해서, 단지 그 이유로 국경을 넘어 오겠다는 것이었다.

최근 k에게 생긴 "그 일"로 우리는 이야기를 나누고 싶었다. 인터넷 화상전화인 스카이프를 이용해 이야기를 해 보려 했지만, 도무지 말이 나오지 않았다. 우리는 살갗을 부딪치며 이야기하고 싶었다. 그러자 k는 3월 말까지 쓸 수 있는 티켓이 있다며 항공사의 간단한 연락을 받아 달라고 했다. 그렇게 나는 k를 인터뷰하게 되었다. 인터뷰라곤 하지만, 이야기하는 과정에서 누가 인터뷰를 하는 사람이고 누가 인터뷰를 당하는 사람인지 구분할 수 없었다. 끊임없이 서로의 이야기를 듣고 쓰면서 우리는 우리가 속해 있는 여러 이질적인 상황들을 연결해 갈 수 있었다. 지금도 "거기로 갈게" 했던 k의 말을 떠올리면, 먼 곳이 가까워지고, 딱딱했던 마음이 부드러워지고, 눈앞이 확 밝아지는 것 같다.

나: k야, 항공사에서 전화 왔어. 근데 한국 국적이면 1년 오픈티켓이 어렵다는데?

k: 국적은 한국이지만 일본에서 특별영주권이 있으니까 괜찮아. 그냥 확인 전화 한 걸 거야.

나: 아, 네 국적만 생각했지 영주권은 생각 못 했네. 근데 왜 1년에 한 번씩 한국 오는 티켓을 사 둬? 그것도 한국에서 사니까 늘 한국으로 돌아오는 게 예정된 셈이잖아?

k: 일 년에 한 번은 가 봐야지……근데 사실 일본에 있는 거랑 똑같아. 물론 친구들이 반갑지. 그렇지만 이번에도 그냥 연구실에서 번역하고 그랬어. 집에서도 할 수 있는 건데. ^^

나: 그래도 익숙한 곳에서 떠나면 좀 편한 마음도 생기지 않아?

k: 음……2월에 한국에 발표하러 왔을 때는 다른 공기를 마시고 싶은 생각이 있었어. '그 일'에서 조금 떠나서 박사 논문도 생각하고 싶었고.

나: 그래, 네가 일 년쯤 다른 나라에 가도 좋겠다고 생각해. 좀 쉴 수 있게.

2007년 겨울 교토에서 처음 참여한 재일조선인 집회. 총련 사무실을 갑작스럽게 검색한 경찰에게 항의하는 집회였다고 기억한다. 당시 수많은 고등학생들이 참여했으나, 이 집회를 보도하는 카메라는 거의 보이지 않았다. 이렇게까지 미디어의 관심을 받지 못하는 조용한 집회는 처음이어서 매우 놀랐다.

k:응 그리고 싶어. 그렇지만 한국도 일본도 아닌 곳으로 갈 거야. ^^ 한국은 친구도 많고 하지만 늘 일본과 많은 문제로 연결되어 있어서…….

나:나도 그 마음 잘 알아. 이곳에서는 그런 일들에서 조금도 떨어질 수 없지…….

k는 내 친한 친구고 재일조선인 3세고, 국적은 한국이며, 간사이 지역

어느 대학의 비정규직 강사다. 이 간단한 이력에는 표현되지 못하는 역사와 비밀들이 숨어 있다. 예를 들어 재일조선인 친구들은 '조선적' 상태이다. 그 상태를 유지하기도 하지만 일본 국적이나 한국 국적을 선택하기도 한다. 그러나 나는 k가 언제 어떻게 어떤 이유로 국적을 결정했는지 알지 못한다. 이처럼 그녀와 내가 말하고 싶었고 그녀와 내가 떠나고 싶었던 "그 일" 역시 그 역사와 비밀과 관련된다. 최대한 간단히 상황을 전달하자면 다음과 같다.

작년 12월 13일, k는 조선에 대한 수업을 진행했다. 그중 재일조선인의 역사를 강의하는 시간에 〈조선문화 연구회〉 소속 학생들이 어필하고 싶은 것이 있다고 요청했고, k는 학생들에게 발표 기회를 준다. 네 명의 재일조선인 학생들은 '고교 무상화'에서 조선학교가 누락된 것을 개선해 줄 것을 호소한 뒤 "문부과학성 앞으로 보내는 메시지 카드"를 나눠주고 각자의 자유로운 의사에 따라 찬동해 줄 것을 부탁한다. k는 이 메시지 카드와 서명은 자유로운 의사에 따라 하는 것이며 성적과는 무관함을 밝힌다. 그런데 올해 1월 10일부터 당시 나눠준 메시지 카드의 서명 여부에 따라 성적을 주기로 했다는 유언비어가 한 트위터 이용자에 의해 퍼져나갔다. 그러자 k는 2채널(한국의 일베와 같은 인터넷 사이트)이나 인터넷 우익의 극심한 공격을 받는다. 일본의 우익 시민 단체들은 인터넷상의 비방 외에도 해당 대학과 문부과학성에 전화와 메일을 보내면서 압박했고 국회의원 가타야마 사쓰키片山さつき는 블로그에 근거 없는 비방을 게재한다.

압박이 심해지자 그 대학은 '견해서'를 발표한다. 그 내용을 보면 교원이 잘못한 것은 없지만 "결과적으로는 수강생에게 강사가 탄원서에 대한 서명을 요구하는 듯한 오해를 주었습니다. 이는 대학에서는 부적절했다고 생각하여, 강사를 지도했습니다"라고 쓰여 있다. 거짓 트윗을 한 학생과 헤이트스피치에 대해서는 전혀 문제 삼지 않고 오히려 강사를 '지도'했다는 이 견해서는 수많은 학자, 동료, 친구들의 비판을 받았다. 현재 관련된 성명서, 서명, 대학에 대한 질문장 제출, 강연회 개최, 신문 등 매체들의 보도가 이어지고 있다.

k에게 '그 일'이 생긴 지금, 답답하다. 그 일은 꼭 내게도 생길 수 있는 일

이었던 듯하다. 혹은 앞으로 수많은 그런 일들이 생길 것만 같다. 나도 일본에서 조선어와 조선문학을 가르치면서 다양한 문화 및 정치적 행사, 심포지엄의 안내가 실린 전단지를 나눠주고 정치적인 기사나 짧은 비평글 등을 읽히고 함께 토론하곤 했다. 더구나 k가 겪고 있는 '그 일'은 '우파에 대한 비판'으로 끝날 수 없는 복합적인 면모를 갖고 있었다. 따라서 나는 아무리 애를 써도 k에게 일어났고 내게 일어날 수 있었고 앞으로 수많은 k들에게 일어날 '그 일'을 한국의 내셔널리즘과 일본의 내셔널리즘에 빠지지 않으면서 간결하게 말할 자신이 없다. '그 일'에는 성격이 다른 여러 시공간의 문제가 섞여 있어 설명은 길어지고 사안은 촘촘히 분절된다. 전 세계적 우경화 속에서도 일본 내 헤이트 스피치를 비롯한 우파집단의 득세, 대학 내 인종주의의 심화, 대학 혹은 교실 속 권력관계 등이 섞여 있다. 또한, 현실과 인터넷상의 가상이 섞여 있다. 현실에서 일어난 일인 동시에 인터넷 공간에서 확산되어 간다. 과거가 현재에서 반복되는 것이기도 하다. 헤이트 스피치는 최근의 문제이지만 식민지기부터 시작된 문제이기도 하다. 문제는 이 각 시공간이 분리된 경계를 유지한 채로 통합된다는 점이다. 따라서 경계는 굳건해져만 간다. 이러한 위험을 피하고 이 문제가 지닌 복잡성을 전달하면서도, 심화하는 인종주의와 이 상황이 지닌 역사성을 명확하게 전달해야만 한다.

올해 2월 일본에는 폭설이 두 번 내렸다. 한번은 40년 만이라고 했고 한번은 70년 만이라고 했으며 시계추를 전후로 돌린 것 같다고도 했고, 1930년대 식민지기로 되돌린 것 같다고 했다. 비단 자연현상뿐 아니라 파시즘의 시대가, 식민주의가, 전후 직후의 냉전질서가, 되돌아온 것 같다는 이야기(과연 되돌아온 것일까 심화한 것일까?)가 여기저기서 들린다. 이 구획된 통합이 파시즘적 총체성을 향해 있을까 봐 두렵다. 그래서 우리는 이러한 인종주의의 심화에 맞서서 그 현상의 복잡하고 예민한 부분들에 관해서 이야기를 나누고 싶었다. k의 왕복 오픈티켓은 한국이나 일본으로 돌아가기 위해서가 아니라, 한국과 일본으로 이해되는 수많은 상황으로부터, 친구와 이야기를 나눌 수 있는 곳으로 언제든 "떠날 수 있도록" 준비되어 있었던 k의 기혜였다고 생각한다.

"교토 조선 중고급 학교. 쓰자 우리말! 키우자 조국의 넋!"

조선학교의 '조선어' : 서로에게 '만신'이 되는 것

나는 지금 뉴욕의 작은 시립 도서관에서 이 글을 쓰고 있다. 미국 컬럼비아 대학 동아시아 연구소에서 1년간 체재할 수 있게 되었기 때문이다. 그녀와 이야기를 나눈 직후, k가 말했던 한국도 일본도 아닌 곳으로 왔지만, 친구 k에게 생긴 (그것이 나였어도 전혀 이상하지 않은) '그(런) 일'이, 뉴욕과는 전혀 다른 시공간에 나를 딱 붙여 놓고 있다. 따라서 나는 뉴욕에 있지만, 아직/이미 뉴욕에 있지 않다. 그렇다고 한국이나 일본에 있는 것도 아니다. 나는 친구 k와 그리고 무수히 많은 k들과 함께 있다고 느낀다. 나의 이런 감각과 선명한 미국 국기가 휘날리는 이곳의 어긋남이 며칠 새 몸에 돋았다 없어지기를 반복하는 두드러기의 원인일 것도 같다.

내가 k들의 세계를 엿보게 된 것은 줄곧 타이프를 치고 있었던 한 심포지엄이었다. 한국의 소수자 운동과 일본의 재일조선인 운동이 사이좋게 만날 수 있으리라는 기대가 어긋나던 순간이었다. 이후 일본에 가게 된 나는 그 어긋남을 비밀리에 품고 재일조선인 관련 집회나 심포지엄을 찾아가곤 했다. 나는 아직도 그 어긋남을 그 누구에게도 고통이 되지 않는 식으로 표현할 말을 갖고 있지 못하다. 그렇지만 내 친구 k는 내가 지닌 별것 아닌 비밀 속에서 몇 번이나 나를 끌어내 주곤 했다.

　8년 전 일본에 처음 도착해 한 달쯤 되었을 때 일본어에 대한 스트레스는 극에 달했다. 결국, k에게 투정을 부리게 되었다. 그러자 k는 내게 "그곳에 갈 때가 되었나 보다……" 하더니 사촌동생이 다니는 조선학교 오픈 스쿨에 가자고 했다. 처음 가보는 조선학교에는 생경한 한글이 여기저기 쓰여 있었다. 특히 '우리'라는 말과 '투쟁'과 같은 말이 많았다. 수업에 들어가니 서툴고 강한 억양의 조선어가 들려 왔다. 신기하게도 그 조선어를 들으면서 내 속에 짓눌려 있던 일본어에 대한 부담감은 서서히 가라앉았다. 내가 일본어의 권력성에서 조금 자유로워졌던 것은 바로 조선학교의 조선어를 통해서였다.

　이후 k와 함께 조선학교 음악회 파티에 가거나 집회에 참여하거나 우토로(교토에 있는 재일조선인 거주마을) 통역에 따라가거나 하면서 나는 역사성을 지닌 소수자의 세계를 어렴풋이 느끼거나 슬쩍 엿볼 수 있었다. k를 통해 나는, 만나도 만날 수 없었던 그 역사적 소수자들과 끝없이 매듭을 지으면서 연결되어 가는 상상을, k와의 비밀을 쌓아 가듯이 쌓아 가곤 했다. 접촉이 곧 변형이 되고 또 역사성이 되는 비밀이 어쩌면 이러한 관계들의 매듭에 있을지 모르겠다고 생각하면서.

　뉴욕이지만 뉴욕이 아닌 이곳에서 나는 k가 한국에서만 할 수 있는 일이라고 했던 '영화 〈만신〉'을 보는 일의 의미를 생각하게 된다. 만신은 이 세상에서 저 세상을 느끼고 표현하고 사는 존재다. 이 세상과 저 세상의 경계

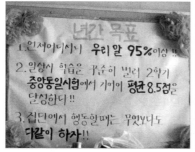

교토 조선 중 고급 학교 알림판. k를 통해 나는 처음으로 재일조선인 학교에 가보았다. 무언가를 '같이 한다'는 마음가짐. 그곳의 독특한 한글표현이, 일본어에 대한 긴장감에서 나를 자유롭게 해 주었다.

우토로에서 오래 살아온 주민분의 집에는 역사적 소수자로서의 삶이 고스란히 담겨 있다.

를 선명하게 하는 것이 아니라 경계선의 구체성을 확 벌려 놓는 존재, 그것은 만신의 총체적 특수성이다. 나는 화자인 그녀와 기록자인 내가 겹쳐지는 듯했던 순간들을 통해, 그 모든 선명한 경계선 위에 또 하나의 시공간이 펼쳐지기를 바라게 된다. 이번 글은 멀리 떠나온 줄 알았으나 결국 우리가 함께 되돌아온, 혹은 끊임없이 되돌아옴으로써 '이곳'을 떠나게 하는, 그 사이 공간에 대한 나와 k와 k들의 역사적이고 비밀스러운 듣고-쓰기이다.

교란되는 당사자성 — 알 수 없는 '뭔가'가 '나'를 만들어 내고 퍼져나간다

마이너리티 활동에서는 '누가 마이너리티인가?' 즉 누가 '당사자인가?'가 늘 중요했다. '그 일'을 가장 잘 아는 것은 마이너리티인 당사자여서, 이외의 사람들은 모두 '당사자가 될 수 있는가? 당사자처럼 느낄 수 있는가?'라는 질문에서 자유로울 수 없었다. 그런데 k는 자신의 당사자성을 다른 사람들의 메일과 전화로 전달받는다. "실은 나는 몰랐어. 전화가 왔는데 '뭔가 큰 일이 생긴 게 아니냐'고 했어. 또 '힘내, 응원할게'라는 메일을 받았어." 두 번째 장면, 한 연구회에 갔던 k는 자신의 이야기를 다른 사람 이야기처럼 듣는다. "'그 대학에서 그 일이 있었지요. 그 일이 있은 뒤 어떻게 되었을까요……? 참 그 분 여자였지요?' 그러셔서(그래서) '네 접니다'라고 하니까……." 세 번째 장면. k는 몇 번이고 자신도 모르고 컨트롤할 수 없는 '뭔가'가 확산하고 있다고 말했다. 어느 순간까지는 k의 문제였던 것이 헤이트 스피치 문제로 번져 버렸다. 따라서 k는 이렇게 말한다. "만약 이것이 나만의 문제가 아니라면 나는 싸울 수 있어. 그렇지만 내 문제만으로는 싸울 수 없을 것 같아." 이 말은 당사자성이 교란된 현재 상황을 보여 준다. 따라서 대응도 달라질 수밖에 없었다. "회의도 나가고 의견도 말하고 있고 반면 내 이름은 나타나지 않지. 그렇게 하는 것이 내게는 좋은 것 같아. 내가 나서면 역효과가 날 수가 있고……." 당사자가 될 수 없는 당사자 k는 침묵하고 있다는 오해를 받기도 한다. 그러나 이 '침묵하고 있는 듯이 보인다'는 상황만큼 '그 일'이 지닌 특이한 고통을 잘 표현해 주는 말도 없을 것이다.

왜 k는 k들이 되어야 싸울 수 있는가? 헤이트 스피치 속에서 k는 단 한 명의 당사자가 될 수 없지만, 단 한 명의 공격 대상이 될 수는 있다. 그렇게 공격대상이 된 k는 이미 원래의 k와는 상관없이 가상공간의 필요에 의해 만들어져 버린다. k에게 퍼부어진 말을 보라. 그건 k의 어떤 개인적인 특성도 고

〈어머니의 누래〉(집회 선언), "아니, 어떤 일이 있어도 우리는 디지로 기지 않아요 / 이 세상 뜨는 날까지는요 / 왜인지 아세요? / 그건요 / 여기가 우리가 살아 온 고향이기 때문에 / 모두가 날 알아요……"

려하지 않은 식상한 그러나 폭력적인 말의 반복이다. "내가 북에서 지시를 받고 움직이는 간첩이라든가⋯⋯근데 생각해 봐. 어떤 간첩이 이런 티 나는 행동을 하겠어?⋯⋯이런 말들을 태어나서 처음으로 직접 들었어. 근데 생각해 보면 그 말들이 나를 향해 직접 던져진 것인지도 잘 모르겠어. 인터넷 어딘가에 올라간 것이고 더구나 스파이라든가 반일 X라든가 하는 말들은 내 일상생활과 너무 멀리 떨어져 있어서 마치 내 일이 아닌 듯했어⋯⋯" k들이 당사자가 될 수 없는 상황임에도, 그들이 '당사자가 되길 피한다'고 오해받아 버릴 때, 깊어지는 것은 k의 침묵이 아니라 사회 전체의 침묵이다.

익명의 말을 통한 폭력 vs. 이름을 내건 무명 집단

헤이트 스피치, 즉 '인터넷 공간의 말을 통한 폭력'은 어떤 걸까? "그것들이 나를 지배해. 마치 그쪽의 전략 같아. 밖에 나오면 정말 누군가가 나를 총으로 쏠 수도 있겠다, 내가 정말 당할 수도 있겠다, 싶은 거야. 폭탄을 보내면 어쩌나 싶기도 하고⋯⋯. 그렇지만 그런 일은 없었고, 그렇게까지 하고 싶은 사람도 없는 것 같아. 단지 여러 가지를 상상하게 되는 거지." 나는 내 친구 k의 이러한 솔직 담백한 균형 감각이 서로의 존엄성을 담보한다고 생각한다. 그런 균형 감각이 사라지고 타자에 대한 망상에 자신의 두려움과 불안과 고통의 원인을 전가하게 될 때, 관동대지진의 대량 학살과 같은 것들이 일어나는 도화선이 될 수 있다고 생각하기 때문이다.

몸이 직접 부딪치는 폭력과 달리 말을 통한 폭력은 다른 인종들 사이의 간격을 통하여 긴장감과 상상력을 증폭시킨다. 관동대지진의 경험이 보여 주듯이, 작은 계기가 직접적인 폭력이나 대량 학살로 번질 수 있다. 말로 인한 폭력은 여러 시공간의 상처들과 과거의 고통스런 기억들을 '상기시키고 증폭시킨다. k가 헤이트 스피치를 경험하는 상황에서 예전 화장실에 쓰여 있던 낙서들을 문득 떠올리듯이.

이처럼 이름을 감춘 자들의 '말을 통한 폭력' 앞에서 서명은 어떤 의미

통역자인 k를 따라 갔던 우토로 마을의 입구. "강제 추방 결사반대! 우토로의 아이들에게도 내일을 주세요! 이곳에 살고 싶다! 우리들은 굴하지 않는다. 우토로를 지키고 싶다! 싸움은 지금부터다. 힘내자! 우리들은 우토로에 살고 우토로에서 죽을 각오다!"

가 있을까? "서명하는 것은 일종의 '반일 명단'이나 '블랙리스트'를 만들어 안겨 주는 것과 같잖아? 또한, 서명 사이트에는 국적 등을 쓰게 되는데 이것을 불편하게 느끼는 재일조선인 친구들도 있었어. 그렇지만 이름을 밝히지 않고 유언비어를 퍼뜨리는 사람들에게 자신의 이름을 걸고 모인 사람들이 이렇게 많다는 것을 보여 주는 건 의미가 있지 않을까?" 현재 그렇게 모인 서명은 이천 명을 넘어섰다. 서명, 성명서, 질문장 등을 만들 때의 경험을 k는 흐뭇한 표정으로 이야기한다. "성명서나 공개 질문장을 만들 때는 정말 재밌었어. 다들 연구자니까 모두 머리가 좋잖아. 게다가 분야도 다양했어. 철학, 노동문제, 사회학, 마이너리티, 젠더 등 이렇게 다양하게 모여 있으니까 집단 지성처럼 되어서 이런 표현은 이런 문제가 있을 수 있다는 등의 의견을 나누었어.……좋은 집단이었고 좋은 경험이었어."

법과 매뉴얼을 둘러싼 혼란 ― '강의실을 보호해야 한다?'는 상황 속에서

최근 공공기관에서 나타난 인종주의적 양상은 k의 경우만이 아니다. 3월 3일 『도쿄신문』은 「클레임에 대한 두려움, 자기규제의 소용돌이, 배외주의로 위축되는 대학」 クレーム恐れ自己規制の渦 排外主義に委縮する大学이라는 기사에서 공공기관에 확산된 인종주의를 다룬다. 최근 대학, 시립 미술관, 등 공공기관들이 우파집단에 대한 두려움 때문에 전시나 행사를 할 때 스스로 검열을 하고 작품을 철거하거나 상영을 취소하는 상황이 벌어지고 있다는 것이다. 예를 들어 도쿄 도 미술관에 전시된 조형작가 나카가키 가쓰히사 中垣克久 씨의 작품은 정치적이라는 이유로 철거 요청을 받는다. 도쿄 치요다 구립 도서관은 소다 가즈히로 想田和弘 감독의 〈선거〉 상영을 취소한다. k가 강의하였던 대학이 그러했듯이 모두들 우파집단의 공격이 무서워 자기 검열을 하기 때문이다. 이런 분위기는 대학 내 인종주의를 부추기고 있다. 오테몬 가쿠인 대학 追手門學院大學의 인도 유학생이 인종주의적 이지메를 못 견뎌 유서를 남기고 자살했고, 재일조선인 교사가 습격을 당한 경우도 있었다. 식민지 관련 수업에서 학생들이 보이는 반응의 변화는 주변에서 심심찮게 들려온다.

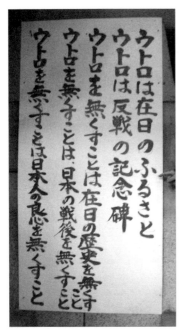

우토로는 재일의 고향 / 우토로는 반전의 기념비 / 우토로를 없애는 것은 재일의 역사를 없애는 것 / 우토로를 없애는 것은 일본의 전후를 없애는 것 / 우토로를 없애는 것은 일본인의 양심을 없애는 것.

대학 내에서 심화하는 인종주의에 맞서 이타가키 류타 板垣竜太, 우카이 사토시, 다카하시 데쓰야 高橋徹哉 등의 교원들이 성명을 준비 중이다. 여러 성명서가 있지만, 특히 이 성명서는 대학 내 인종주의에 초점을 맞춘다는 점에서 시사적이다. "현재 대학에서 재일 외국인이나 유학생을 포함한 학생들 사이에, 혹은 전임 교수나 강사를 하는 외국 국적 교직원과 그 동료나 학생들 사이에, 혹은 일본의 식민지배나 침략의 역사 등 '인종주의'에 관련된 테마를 다루는 교육활동에서 어떤 상황이 진행되고 있을까? 우리는 큰 불안을 품게 하는 많은 정보들과 접하고 있습니다"라고 현 상황을 진단하고, 인종주의에 반대하는 대학인 공동성명 초안 발표하고, 각 대학에서 캠퍼스 인종주의에 대한 정보를 수집하고 대책을 찾을 것, 인종주의를 테마로 한 공개 연설 토론회를 개최할 것을 요구했다.

그런데 대학 내 인종주의에서 두드러지는 것은 교실 내 교원과 학생 사이의 권력관계가 단순치 않다는 점이다. k가 비정규직 재일조선인 젊은 여성이었다는 점이 '헤이트 스피치'의 표적이 된 요건이었음은 여러 정황상 드러난다. 따라서 그 일 이후의 수업은 "보호받을 수밖에 없는" 상황이었다. "어마어마한 분위기였어.……내 수업 전에 그 교실에서 예정되었던 수업은 다른 교실에서 진행됐고, 열한 명 정도의 직원이 수강자를 한 명씩 체크해서 들여보냈고 수업 내내 직원들이 수업을 참관하고 있었어. 나는 그 일에 관해 학생들과 좀 더 이야기하고 싶었지만, 15회까지 강의 계획이 빡빡하잖아. 더구나 기말고사 시험문제는 이미 제출했지……" 교육의 자율성을 위해 이런 감시나 보호는 말도 안 된다고 비판하는 것은 쉽다. 그러나 인종주의가 심화된 대학은 결코 안전지대가 아니며 교실 안 권력관계는 단순치 않아 선생님이 전적으로 권력적 우위에 있지도 않다. 이런 문제에 어떻게 대응해야 할지에 대한 기초적인 매뉴얼조차 아직 마련되어 있지 않은 것이다. 이런 문제를 논의할 모임이나 공간이 있는 것도 아니다. 오히려 최근 대학 캠퍼스 안에서 자율성은 매우 축소되었다. 정치적인 행위는 거의 사라졌을 뿐 아니라 포스터를 붙일 때도 허가를 받아야 한다. 특히 자율성이나 자유와 같은 말의 의미가 '보편성'이라는 이름으로 왜곡되어 간다. 자민당 참의원인 가타야마 사쓰키가 자신의 블로그에 교실에서 지라시를 배포하는 것은 있을 수 없는 일이며 '학문의 자유'를 침해하는 일이라고 쓰고 있듯이, '자유'라는 말 자체가 정반대의 의미로 사용된다.

그렇다고 해서 과연 대학이나 교실을 보호해야 할까? 서류가 서류를 통제하고 수업 내용을 일일이 보고하고 수업에 경찰이 들어온다면 그야말로

〈전국 수평사 연맹〉 강령과 선언. '수평사(水平社)'는 일본 부락민(천민)들의 신분 해방운동을 주도한 단체로 한국의 〈형평사〉(衡平社)와도 긴밀한 연대를 맺었다.

끔찍한 사태가 벌어지지 않을까? 학생이 선생님을 선생님이 학생을 서로 감시하고 무엇보다 학생들이 서로를 감시하는 그런 교실을 생각해 보라……! "누군가가 나를 보호해 준다는 게 실감 나지 않았어. 재일조선인의 역사를 보면 법은 소수자의 편이 아니었고 나도 그 역사 속에 있으니까." 그러나 이러한 경험과 역사 속에 있는 사람일지라도 막상 이런 상황을 겪으면 옳고 그름의 판단이 어려워진다. 예를 들어 k는 그 일이 일어난 직후에는 어떤 판단도 하지 못한 채 상황에 끌려들어 가게 되었다고 한다. 따라서 학교 측의 성명서에 대해서 자기 대신 혹은 자신보다 먼저 화를 내준 친구들에게 고맙다고 말한다. "고맙고 감사한다고 말하고 싶었는데, 무엇에 대해서 감사하고 고마워해야 하는지는 좀 어려웠어……. 아무래도……. 곁에 있어 줘서 고맙다……." 그 친구들은 요즘 'k네 집'에 모이고 있다고 한다. 원래 k네 집은 크기가 넉넉해서 친구들이 모여 밥도 먹고 술도 마시고 공부도 하고 실연당한 친구가 잠시 묵어 가기도 하는 풍성한 아지트였다. 그곳에 모였던 친구들이 지금은 k와 함께 싸우고 있다. k를 보호하기 위해서가 아니라 자신이 k가 됨으로써.

증언의 방. 간사이 지방 재일조선인 마을이나 피혁 등을 만들던 부락의 생활사, 한센 병 환자의 경험, 부락민에 대한 결혼 차별 등의 증언을 육성으로 들을 수 있다.

'조선'이라는 말 ― 전 세계적인 우경화 속 차이를 보는 눈

전 세계적 우경화는 현실이지만, 한편으로 이 말로 표현되지 못하는 경험들을 k와 나는 제각각 겪고 있었다. k는 이 일이 있은 뒤 '조선'이라는 말의 민감한 결들을 느끼고 있는 듯했다. k에게 생긴 일은 '재일조선인'의 역사와 경험과 분리되어 이해될 수 없다. 그러나 일본에서 조선=북조선=테러집단으로 이해되어 버리기 일쑤라서, 이러한 문제들을 차분히 논의하기 어렵다. 한편 나는 우리의 인터뷰가 한국에서 실릴 때 자칫 잘못하면 일본에 대한 내 셔널리즘적인 비판으로 이해되어 버리거나 혹은 조선학교 지원이란 측면만이 부각되어 종북으로 몰리거나 하는 양극단으로 흡수될까 봐 걱정스러웠다. 최근 재일조선인에 대한 연구 등이 늘어났지만, 한국에서 재일조선인의 연구나 위치가 의미를 갖는다면 그것은 과연 한국 내부의 어떤 집단 혹은 상황들과 만났을 때일까? 아니 우리는 이번 이야기를 통해 어떤 세상을 꿈꾸고 있는 싶은 것일까?

"우리 대학은 한국 유학생이 가장 많은 학교야. 그러니까 대학 생활 속

인종주의에 대처하는 일에 조금이라도 도움이 되면 좋겠어.……여기서 침묵하면 앞으로 후회할 것 같아. 그렇지만 지금 뭔가 시도해서 그게 성공할 거란 생각이 들지 않아.……재일조선인의 역사는 그러한 투쟁의 역사잖아. 그 연장선상에 내가 있고, 그런 싸움들이 얻어 낸 혜택과 변화를 많이 누리고 있지. 그것을 생각하면 나도 뭔가 해야 하지 않을까 생각하지만……사실, 용기가 없다.”

“그래……정말 어려운 문제지. 그렇지만 늘 삶의 일부분을 그런 시간으로 남겨두고 그런 시간으로 채우면서 살고 싶어. 오늘처럼 너와 만나서 이런 이야기를 하고 기꺼이 함께 해 나갈 시간 말이야. 그렇지만 내게도 용기가 부족해……미국에 도착해서 혹시 다른 데 정신이 팔리거나 해도 내게 계속 알려줘야 해.”

“그래 연락할게.”

전 세계적 우경화에 대항하는 전 세계적 연결을 만들면서, 그 각각의 연결들이 지닌 매듭을 통해 차이를 보는 눈을 지속해서 함께 만들어 내는 것, 그것이 우리가 하고 싶은 것일지도 모르겠다.

뉴욕에서 만난, 17년 경력의 택시 운전기사

뉴욕에서 우연히 만난 한국인 택시 운전기사는 17년간의 미국 고생담을 들려주었다. 그에 의하면 미국에서의 삶은 공항에 누가 픽업하러 오는가에 따라 결정된다고 한다. 만약 트럭 운전기사가 데리러 오면 트럭 운전기사로 살아가게 된다는 것이다. 말도 못하는 이민자가 정착하기 위해서는 자신을 픽업하러 온 트럭 운전기사에게 묻고 직업도 소개받게 되기 때문이라는 게, ‘돈만 있으면 사람을 죽여도 해결되는 미국’에서 터득한 그의 지혜였다. 그는 내게 엄청난 비밀을 전해 주듯 이렇게 말했다. “그러니까 한번 외교관이 마중 나오게 해 봐요. 그럼 외교관으로 살아가게 된다니까요. 정말이라니까!”

이 큰 땅덩어리에서 빈부나 인종 차이는 그렇게 존재하는 듯했다. 겉으로는 다채롭고 다양하고 자유로워 보이지만, 구획된 경계를 지키는 한에서만 자율성인 것이다. 그래서인지 이곳에서 생각하는 동아시아 문제란 얼마 전 오바마가 양쪽에 아베와 박근혜를 앉히곤 화해를 종용했던 것과 비슷한 느낌이다. 올록볼록한 면을 평평하게 만들고 구획을 나누고 서로의 위치를 할당해 준 뒤 가장 높은 자의 시선으로 조율하는 느낌이다. 나는 나와 그녀의 듣고-쓰기가, 또 택시 운전기사와 나의 듣고-쓰기가 또 내가 모르는 뉴욕의 소수자 코뮌에 대한 듣고-쓰기가 이 평면적 구획들 속의 울퉁불퉁한 면들을 드러내고 그 울퉁불퉁한 면들이 그 투박한 매듭을 통해 연결되는 것이 되길 바란다.[37]

사실 이 글은 그야말로 불안정한 상태로 쓰였다. 한국에서 미국으로, 미국 안에서도 1년 동안 살 방을 구할 때까지 필라델피아, 롱아일랜드, 뉴욕을 전전하면서 쓴 탓에 통일성이 없다. 그러나 이곳저곳, 이승 저승, 여기저기를 다니면서도 나를 사로잡고 있던 그 상황들을, 그 상황에 엮어지고 있었던 제각각 선명하게 다른 매듭들을 확 풀어놓고 싶었다. "용기가 없다"고 말하는 순간 퍼져나가는 결단들을, '작은 일이잖아'할 때 퍼져나가는 강렬한 떨림을, '전세계적 우경화가⋯⋯'라고 할 때 비명을 지르며 나타나는 제각각 다른 사연을, 냄새를, 촉감을. 진실 속에 있는 가상을 비판하는 것이 아니라, 진실 같아 보이는 가상 속에 가상처럼 보이는 진실의 순간들을 확 펼쳐놓아 보고 싶었다.

오늘은 세월호와 함께 가라앉고 있는 생때같은 죽음들로 마음이 아프다. 그리고 나는 일본의 2011년 3월 11일 재해 당시 기억하지 못했던 2008년 중국 쓰촨성의 지진을, 2010년 아이티 지진을, 그 속의 수많은 이야기들을, 이곳에서 세월호의 기사들을 접하면서 이제야 떠올리게 된다. 천재天災라고 하지만 사실은 인재人災인 이 모든 사건들 속에서 표현되지 못한 이야기들이 세계 곳곳에서 우리가 지켜보는 가운데 침묵하고 있다. 이 뭐라 칭할 수 없는 '선명한 어긋남'out of joint이 '이곳과 저곳'을 연결시키고 있다.

무엇이 '블랙'인가?

인종주의에 대항한 뉴욕의 블랙 운동, 2014.8.~2015.1.의 기록

Black lives matter!

'길 묻기'에 대한 일가견

나는 심각한 길치다. "여긴 일주일만 살아도 다 아는데, 몰라요?"식의 애정 섞인 핀잔을 자주 듣는다. 공부하는 비정규직 생활이란 게, 일자리·장학금·연구비 등에 따라 일 년 단위로 뚝뚝 끊기기 때문에, 이사도, 국제이사도 잦다. 그리고 새로운 곳에서의 생활은 길을 묻는 것에서 시작된다. 그러다 보니 새로운 동네의 첫인상을 결정하는 건, 길을 알려 주는 사람들의 태도일 때가 많다. 길을 물어보다 보면, 이 동네에 이방인과 토착민 중 어느 쪽이 많은지, 삶의 속도가 빠른 곳인지 느린 곳인지, 인심이 좋은지 각박한지, 어떤 외국인에게 친절한지 알 수 있다. 예를 들어 토박이가 많이 사는 교토에서 길을 물으면 친절할 뿐 아니라 목적지까지 데려다 주는 경우도 많았다. 도쿄에서는 길을 물으면 모르는 사람들이 태반이고 불친절하다. 낯선 곳에서의 삶을 꾸려가는 이방인이 다른 이방인에게 베푸는 슬픈 배려인 셈이다. 이방인끼리 부대끼는 건 서로에게 도움이 되지 않는다는 것을 서로 너무 잘 알기 때문일지도 모른다. 그렇다고 친절하게 길을 가르쳐주는 동네가 더 살기 좋은 것도 아니다. 길안내 인심이 좋은 교토에서는 유학생들이 모여 사는 이상한 우리들의 집을 옆집 할머니가 힐끔힐끔 엿보곤 했다.

뉴욕은 그야말로 다종다양한 이방인들의 도시다. 사람마다 태도가 너무 달라서 "뉴욕 동네는 인심이 이러이러해요~" 단정 지을 수가 없다. 벌써 이곳에 온 지도 10개월째로 접어들어, 어제는 비자 신청을 하러 그랜드 센트럴역 근처에 갔었다. 이번에는 한국을 경유하지 않고 미국에서 바로 일본으로 가야 해서 몸도 마음도 두 배로 복잡하다. 일본 대사관이 있는 파크 애비뉴, 그 양 옆의 렉싱턴 애비뉴와 매디슨 애비뉴 근처는 번화가인데, 여태껏 별로 와 볼 일이 없었다. 결국, 길을 잃

클라이밋 체인지 마치(Climate Change March). 블랙들의 드럼서클.

었다. 예쁘게 차려입은 백인 여성분에게 길을 묻자, 똑똑히 물어보았는데도 빤히 내 눈을 보며 그냥 지나치는 무례함을 베풀어 받았다. 일단 그랜드 센트럴 주변은 여행자나 깍쟁이 백인들이 많은 곳인 듯했다. 그러나 그런 무례함과 마치 나를 어린애 대하듯 가르쳐 주는 사람들의 무례함 중 뭐가 좀 더 나을까? 좀처럼 방향을 잡지 못한 나는 어떤 친절해 보이는 아프리카계 아주머니에게 여쭸다. 정말 친절하게 알려 주셨는데……, 틀린 방향이었다. 틀린 길을 온갖 손짓을 섞어 열심히 가르쳐 주기로는 아시아계와 히스패닉이 모여 있는 플러싱만 한 곳이 없는데 여기서 만날 줄은 몰랐다. 이처럼 지리적으로 가까워도 동네에 따라, 시간에 따라, 또 인종·계급·민족·성에 따라, 그리고 개인에 따라 태도가 제각각인 곳이 뉴욕이란 동네인가 싶다.

그런데 사람들의 태도가 제각각이다보니, 이제는 길을 물을 사람을 판단하고 고르는 나 자신의 모습이 오히려 강하게 인식된다. 예를 들어 뉴욕에 온 지 삼사일 되었을 때의 뉴욕 버스 터미널 지하도에서의 경험이 있다. 나는 그곳이 밤에 그렇게 돌변할 줄은 꿈에도 몰랐다. 밤이 되자 지하도에 백인은 한 명도 없었고, 히스패닉과 아프리카계로 가득 찼다. 그들은 서로 얼굴도 보

지 않고 빠른 속도로 걸어 그 지하도를 통과했다. 길을 잃고 영어도 못하는데 시간은 이미 12시에 가까워지고 있었다. 더듬거리며 내가 길을 물으려고 할 때마다 무시무시한 덩치의 사람들이 따라붙었다. 그때 내가 길을 물을 사람으로 선택할 수 있었던 것은, 백인·동양인·경찰이었다. 그리고 고백하건대 부유해 보이는 백인이나 동양인 여성이 가장 믿을 만해 보였다. 정말 그랬을까? 인종과 범죄율과 경제력은 과연 일치하는 것일까? 거부하고 싶지만, 여기에 어떤 현실성이 있다는 것도, 그런 상황에서 무시할 수 없었던 것은 정말 현실일까? 그렇게 나는 뉴욕에 온 지 며칠 지나지 않아 내가 갖고 있지 않다고 생각했던, 아프리카계에 대한 내 속 뿌리 깊은 인종주의와 만나 버렸다. 한국 사회가 '검둥이'에 대해 가지고 있는 뿌리 깊은 인종주의 말이다.

The whole damn system is guilty as hell! Enough is enough!
이 빌어먹을 제도 전체가 유죄다, 정말로! 더 이상은 참을 수 없어!

낡고 새로운, 법―경찰 인종주의 속에서

사실, 일본에서 뉴욕으로 올 때 나는 어떤 해방감을 기대하고 있었다. 내가 뉴욕으로 오던 무렵, 일본의 배외주의는 점차 심각해져서, 대학에서 재일조선인 운동사나 식민지기 역사를 가르치는 친한 재일조선인 친구 두 명이 우파로부터 공격을 받고 있었다. 친구들에게는 어쩐지 미안했지만, 내가 겪었을 수도 있었던 폭력이나 긴장에서 잠시 비켜나 있을 수 있다는 것에 안도감을 느꼈다. 동아시아의 어느 곳에서든 머리를 빽빽이 채우는 긴장에서 쉽게 놓여나긴 어렵다. 이것이 유구한 식민주의의 전통 때문인지, 아니면 나 자신이 긴장관계 일부이기 때문인지는 모르겠다. 나는 그저 제3국, 동아시아가 아닌 곳에서의 시간을 보내는 게 필요하다고 느꼈다. 그런데 뉴욕에 도착하고 한 3~4개월 지났을까, 비무장 상태였던 10대 청소년 마이클 브라운이 경찰의 총을 맞아 살해당한 뒤부터 경찰에 의한 '블랙black 청년'의 죽음이 이어졌고, 뉴욕의 거리는 데모행렬로 가득 찼다. 나는 난생 처음 내 속에 있는 '블랙' 인종주의를 자각하면서, 동시에 '블랙' 인종주의에 대한 저항에 함께하기 시작해야 했다. 이곳에는 이곳의 인종주의가 자라고 있었고 그것이 내가 일본과 한국에서 경험한 인종주의와 내 속에 깊이 뿌리박힌 무의식적인 인종주의와 부딪치며 소란스러워졌다.

미국에서 경찰의 과잉 진압이나 폭력에 의한 아프리카계 청년의 죽음은 매우 긴 역사를 갖고 있다. 한국에도 잘 알려진 일로는 2006년 11월 25일, 오십 발이나 되는 탄

경찰에 의해 비무장 상태로 죽임을 당한 젊은 블랙의 이름들과 그들을 살해한 경찰의 이름

환을 맞고 죽은, 23세의 아프리카계 미국인 청년 숀 벨Sean Bell이 있다. 그를 저격한 경찰관은 2008년 4월 25일 퀸즈주 대법원에서 무죄 판결을 받는다. 2012년 2월 26일, 그저 밤길을 걷고 있던 아프리카계 17세 소년 트레이번 마틴Trayvon Martin은 단지 후드티를 입고 수상하게 보인다는 이유로 히스패닉계 백인 조지 짐머만George Zimmerman이 쏜 총에 맞아 숨진다. 그를 쏜 조지 짐머만은 2013년 7월 13일 무죄 판결을 받는다. 그리고 작년부터 올해에 걸쳐 연이어 '블랙'들이 거리에서 경찰의 총격에 목숨을 잃고 있다.

2014년 7월 17일, 43세의 '블랙' 에릭 가너Eric Garner는 뉴욕 거리에서 낱개 담배를 팔다가 살해당한다. 에릭 가너가 덩치가 컸던 만큼, 여러 명의 경찰이 그의 팔과 목을 졸라 제압했다. 이후 에릭 가너가 11번이나 "숨을 쉴 수 없다"I can't breathe고 외쳤으나 경찰이 이 호소를 무시하고 땅으로 내리누르고 목을 조르는 장면이 담긴 동영상이 공개되었다. 8월 9일, 18세의 아프리카계 소년 마이클 브라운은 퍼거슨 시에서 경찰 대런 윌슨Darren Wilson이 연단아 반포한 6반의 총을 맞고 사망했다. 당시 그는 비무장 상태로 두 손을 들어 항복을 표시했음에도 경찰은 총격을 가했고, 죽은 뒤 거리에 4시간 이

상 전시하듯 방치되었다. 11월 20일, 28세의 아프리카계 청년 아카이 걸리 Akai Gurley가 뉴욕 브루클린에서 저소득층 거주 지역을 순찰 중이던 경찰 피터 리앙Peter Liang의 총에 맞아 숨진다. 아카이 걸리는 엘리베이터가 고장 나여자 친구와 함께 7층 계단 층계로 내려오던 중이었는데 경찰은 어둠 속에서 움직이는 '블랙'에 위협을 느끼고 발포했다. 11월 22일, 12살의 아프리카계소년 타미르 라이스Tamir Rice는 오하이오주 클리블랜드의 한 공원에서 장난감 총을 갖고 놀다가 이를 진짜 총으로 오해한 경찰의 저격을 받아 죽는다. 경찰의 폭력과 과잉 대응에 따른 블랙의 죽음이 연이어 일어나자, 그간 알려지지 않았던 수많은 죽음도 수면 위로 불거지기 시작하고 있다. 12월 23일에는 버클리에서 18세 아프리카계 소년 안토니오 마틴Antonio Martin 이 순찰 중이던 경찰의 총에 숨진다. 30일 뉴저지주에서는 제레미 리드Jerame Reid라는 30대 아프리카계 남성이 교통경찰에 의해 죽는다. 그 외에도 존 크로포드 III John Clawford III, 레니샤 맥브라이드Renisha McBride 등 경찰의 폭력과 과잉대응으로 목숨을 잃은 '블랙'의 이름들이 끊임없이 들려오고 있다.

계속되는 죽음 앞에서 '블랙'들은 이렇게 외친다. "다음은 나인가?"Am I next? 슈퍼마켓에 갔던 남편이, 아들딸이, 아버지가, 동생이, 형이, 언니가, 다음 순간 싸늘한 주검이 되어 되돌아올 수 있다는 공포가 미국 거리를 걷는블랙들의 현실이다. 전쟁의 한복판도 아닌 이곳에서 마치 전쟁을 치르듯 사람들이 죽는 상황에서, 블랙의 집회가 봉기나 내전의 형태를 띠게 되는 것도 무리는 아니다. 그러나 법은 경관의 편이고, 경관은 화이트 편이다. 무고한 블랙을 죽인 경찰은 계속해서 무죄판결을 받고 있다. 예를 들어 플로리다에서 트레이번 마틴을 쏜 경관은 〈스탠드 유어 그라운드 법〉Stand your ground law에 의해 무죄판결을 받았다. 〈스탠드 유어 그라운드 법〉이란 자기 주거 지역에서 생명의 위협을 느꼈을 때 총기 사용을 정당방위로 인정하는 법이다. 그런데 정당방위와 과잉방위의 경계선은 모호하며 결국은 상대방의 피부색, 옷차림, 제스처 등이 문제가 된다. 법-경찰 권력과 깊이 관련된 인종주의, 그것이 현재 뉴욕에서 확산되는 새로운 형태의 인종주의의 모습이다.

뉴욕 거리에 울려 퍼지는 슬로건 중 "인종주의자 경찰 물러가라"This racist cop has to go!라는 것이 있다. 이 슬로건은 현재 확산되는 인종주의의 핵심을 정확히 짚어 낸다. "경찰 인종주의"가 블랙을, 히스패닉을, 가난한 사람들을, 범죄자로, 테러리스트로, 적으로 낙인찍고 법은 그것을 정당화해 준다. 그리고 더욱 문제는 이러한 시스템이 우리 내부에 형성시키는 '블랙/어둠/승인된 것 바깥'에 대한 불안과 두려움이다. 즉 '블랙'을 둘러싼 감정구조가 있다. 나는 경찰 인종주의에 대한 블랙의 저항을 전폭적으로 지지하고 참여하지만, 한밤중 길거리에서 덩치 큰 블랙과 만났을 때 느끼는 어쩔 수 없는 불안과 두려움 — 여태까지 내가 갖고 있으리라고 생각지 못했던 — 을 느낀다. 블랙뿐이 아니다. 외국인이나 낯선 타인과의 만남에는 늘 이 두려움과 불안이 동반된다. 우리는 낯선 것, 어둠, 검은 것, 비정상적인 것, 저쪽에 대한 두려움을 갖고 있다. 그리고 법-경찰 인종주의 속에서 이 낡고도 새로운 두려움들이 쑥쑥 자라난다. 왜 우리는 가난한 자들, 인종주의적·성적 소수자들을 적대시하고 '혐오'하게 된 것일까?

집회에서 얻은 전단지 중 인상적인 것이 있었다. 한쪽은 영어 다른 쪽은 스페인어로 쓰여진 전단지에는 "경찰 테러리즘=가난한 사람과의 전쟁"이라는 제목이 붙어 있었다. "경찰은 재산, 부 그리고 기업을 지킨다. 사람이 아니라"라는 부제 아래 이렇게 쓰여 있었다.

· 465만 명의 미국인이 최저 생계property line 이하의 생활을 하고 있다.
· 미국 직업 중 25%는 저임금 노동low wage job으로 추산된다.……이민 노동자는 종종 최저 임금 이하의 임금을 받거나 그들의 임금을 도둑맞는다(받지 못한다). 장애인들과 팁 노동자는 법적으로 최저 임금 이하를 받아도 불법이 아닌게 되어 있다.
· 대기업은 매해 수십억 달러의 이윤을 내고 있다. 그들은 노동자의 최저 생계비용을 댈 여유가 있다. 모든 노동자는 노조에 가입하고 한 시간에 15달러를 받을 권리가 있다.
· 종종 가난한 사람들은 생존을 위해서 정식으로 허가되지 않은 경제활동에 참여한다. 이것은 주 정부가 '범죄'라고 부르는 것이다. 즉 거리 퍼포먼스,

낱개 담배 팔이, 약 팔기, 성노동 등이다.

· 경찰은 진짜 범죄자 대신에 이들(허가되지 않은 경제 활동자들 — 역자) '범죄자'를 타겟으로 삼는다.……경찰들은 '범죄'를 구실로 젊은 '블랙'과 '브라운'을 죽인 그들의 인종적 살인을 변명한다.

· 미국은 세계에서 가장 많은 수감자 수를 보유하고 있다. 이들 수감자 대부분은 기업의 이윤 창출에 이용당한다.

· 수감자들의 노동은 극심하게 착취당하는 노동이다. 그들은 합법적으로 노예 취급을 당하고, 관례대로 한 시간에 25센트도 안 되는 적은 돈을 받으며 일한다.

영어를 못하는 사람들을 위해 스페인어가 병기된 이 전단지는, 블랙에 대한 경찰 인종주의를 빈곤층을 양산하는 시스템 전체와 연결하고 있다. 블랙이 문제가 아니라 블랙과 브라운 커뮤니티에 반복되는 빈곤, 그리고 '블랙=빈곤=범죄'라는 이미지를 덧씌우고 실천하는 경찰-법 인종주의가 문제다. 2014년 12월 13일 뉴욕에서 〈밀리언즈 마치〉를 조직한 젊은 활동가 중 한 명인 마이클 헤들리Michael Headley는 에릭 가너를 죽인 경찰 대니얼 펀탤리어Daniel Pantaleo에 대한 즉각적인 기소를 요구하며 이렇게 말한다. "우리가, 그런 짓을 한 누군가가 책임도 지지 않고 빠져나갈 수 있게 하는 시스템을 갖고 있다는 건 말도 안 돼요."38 시위대는 이렇게 외친다. "이 빌어먹을 제도 전체가 유죄다, 정말로!"The whole damn system is guilty as hell!

"경찰 테러리즘 = 가난한 사람들을 향한 전쟁"

내가 길을 묻지 않아도 될 만큼 뉴욕 거리에 익숙해진 것은 이

〈더 피플즈 파워 어셈블리즈〉(The Peoples Power Assemblies, 2014년 8월 18일)

집회들을 따라다니면서다. 몇 번이고 로어 맨해튼Lower Manhattan에서 미드타운Midtown 조금 더 위쪽까지, 그리고 할렘 중심가 등을 걸어 다닌 덕이다. 집회 속에서 그 어떤 불편함과 직면해 있을 때에만 겨우, 나는 마음을 놓고 쉴 수 있었다. 그렇지만 동시에 집회 속에서도 나는 계속해서 길을 잃었고, 긴장되었고, 내가 서 있는 곳과 내 마음이 있는 곳 사이의 여러 개의 갈림길을 느꼈다. 무엇이 날 긴장시키고 길을 잃게 했을까?

일본에서 집회에 가면 일본이나 한국의 상황을 연결할 수 있었다. 그러니까 나는 내가 서 있는 좌표계를 적어도 알고 있는 척이라도 할 수 있었다. 그런데 미국에서는 모든 것이 파편적으로만 다가왔다. 이곳의 문화와 언어에 익숙치 못한 탓이겠지만 단지 익숙함의 문제만은 아니었다. 블랙, 화이트, 브라운 등이 거론되는 집회에서 옐로우의 위치는 보이지 않았다. 블랙 운동에 참여하면 동양인은 극소수였다. 이렇게 흔들리는 상태로 참여한 집회에서, 그들의 구호나 지향이 시민권에 대한 요구로 귀결되는 듯한 느낌이 들면 가슴이 철렁하며 이런 의문이 들었다. "내가 뭘 하고 있는 거지?" 최근 화제가 된 마틴 루터 킹에 대한 영화 〈셀마〉Selma도 블랙들의 참정권 운동은 다루고 있듯이, 미국 사회에서 블랙의 시민권 획득 운동은 중요하다. 그러나 더 중요한 것은 이러한 운동을 통하여 '시민'에 속할 수 없는 사람들의 조건들을 비추고 '시민'을 넘어선 전 인류적이고 우주적인 요청들을 발견하는 일이지 않을까? 이런 복잡한 생각 속에서 나는 '블랙'이라는 단어의 번역부터 혼란스러워지곤 했다. '블랙'은 과연 누구인가? 나는 블랙인가? 일본과 한국에서 '블랙'은 누구/무엇일까?

뉴욕으로 올 때 나는 특수성과 특수성의 마주침 속에서 각자가 느끼는 그 벽을 통하여 연대가 가능할 것으로 생각했다. 그러나 집회에 나가면 동아시아적 상황이 보이지 않았다. 일본의 인종주의가 현재 급성장 중임에도 말이다. 즉 이것은 내 예상처럼 각각의 특수성이 어떻게 만날 수 있을까 하는 문제가 아니었다. 각각의 특수성을 가시화하는 담론장의 규모나 파워가 크게 차이 날 때, 특수성의 부딪침은 한쪽이 한쪽을 가리는 식으로 귀결되는 것이 아닐까? 특수성 속의 위계라고 할까 그런 것을 느끼게 되었다. 이런 생각 속에서, 나는 부끄럽게도 뉴욕의 어떤 단체가 서울과 연대하고 싶다고 부탁했던 요청을 거절한 적이 있다.

미국에 도착한 지 얼마 되지 않아서, 영어도 익숙치 않았을 뿐 아니라 블랙이건 화이트건 브라운이건 간에, 일단 나와 생김새가 매우 다른 사람들 속에서 사는 것이 처음인 나로서는 그것이 주는 긴장감이나 거리감 때문에 내 속의 여러 인종주의적 편견이랄지 공포심이랄지가 자극되어서 좀처럼 마음이 노곤 노곤해지질 않았다. 집회에 참여하는 것은 내 속에 있는 이러한 인종주의적 편견과 만나고 감각을 바꾸는 것이기도 했다. 그래서 나는 모임을 연결하는 것보다 '스트리트'에 있고 싶었다. 그러니까 '거리'라고 할 때 나는 일본과 한국의 거리들을 떠올렸다. '거리'는 뉴욕에서 경험하는 '스트리트'와는 다른 것이었다. 따라서 나는 뉴욕의 '스트리트'를 쉽사리 '거리'라고 번역해서 말하게 되지 않았다. 영어 '스트리트'에 있으면서, 그곳에서부터 천천히 내 속에서 어떤 연결고리들이 생기길 기다리고 싶었다.

나는 어떤 동시대적인 긴박감과 함께 블랙 운동이나 라틴 아메리카의 운동 등을 동아시아의 운동과의 연관성 속에서 파악하고 이슬람 문제와도 관련지어 가야 할 필요성을 절실히 느낀다. 미국 최초의 흑인 대통령 임기 말

마이클 브라운은 손을 들어 스스로 총이 없음을 보였다. 그런데도 경찰은 그를 쏘아 죽인다. 이후 집회에 모인 사람들은 모두 마이클의 제스추어를 따라 손을 들고 행진한다.

기에 불거진 블랙 폭동 및 집회는 그만큼 블랙이나 소수자에 대한 차별적 구조가 극한에 달했음을 의미한다. 테러리즘에 대한 비판을 통해 우파적 경향을 강화하고 있는 최근의 프랑스와 일본 정부를 보면, 강화된 우파적 경향이 국민국가 내부에서 다양한 이족들 사이의 갈등을 일종의 새로운 내전의 형태로 심화시킬 것이란 생각이 든다. 그러므로 나를 긴장시키는 것은, 이 낡은 그렇지만 새롭게 진행되고 있는 전 세계적 법-경찰 인종주의, 그것의 동시적이면서도 파편적인 기류일지도 모른다.

이처럼 낡고 새로운, 동시적이며 파편적인, 내 안팎의 인종주의와 겹겹이 부딪치는 뉴욕의 '스트리트'에서, 어느 날 갑자기 나는 이것을 기록으로 남겨야겠다는 생각이 들었다. 다음은 그렇게 길을 잃고 묻고 들었던 이곳 인종주의에 대해 낯설고 생생한 파열음들이다.

Hands up, don't shoot! No Justice No Peace!
손 들었어! 쏘지 마! 정의 없이 평화 없다!

2014.12.1. No School, No Work Day : 비생산적인 집회가 있을까?

　　뉴욕에 있다고 뉴욕의 집회에 참여할 수 있는 것은 아니었다. 일본이나 한국에서는 여러 단체와 홈페이지나 메일로 연결되어 있을 뿐 아니라 마음만 먹으면 어떤 경로와 키워드로 검색해야 하는지 알고 있었다. 미국에서는 네트워크도, 언어도, 지식도 없었다. 내가 유일하게 여쭐 수 있는 분은 〈수유+너머〉 워크숍에서 가까워진 고소 이와사부로 씨였다. 그가 가르쳐 준 정보에 의지해 처음 참여한 것이 8월 18일 집회였다. 퍼거슨에서 마이클 브라운이 사망한 지 이미 열흘이 흐른 뒤였다.

　　그때 고소 씨의 메일에는 어떤 단체가 조직한 것인지 불확실하며 체포 등이 있을지도 모르므로 "전체 상황을 주의 깊게 보고 즐길 것"이라고 쓰여 있었다. 집회 호소문에는 "우리는 모두 마이클 브라운이다! 젊은 유색인이 아니라 경찰이 범죄자다!"라고 쓰여 있었다. 원 폴리스 플라자One Police Plaza 라는 곳은 처음 가보는 곳으로 뉴욕 시청 근처였다. 지금에서야 알게 되었지만, 집회 기획단체는 〈더 피플즈 파워 어샘브리즈〉The Peoples Power Assemblies 로 꽤 활발하게 움직이는 곳이었는데 그때는 어떤 단체인지 몰라서 서명 용지에 이름만 적고 메일주소를 적지 않고 돌아왔다. 그것이 실수였다. 고소 씨가 가르쳐 준 단체들 홈페이지에는 그곳이 일종의 공동체적 공간이어서인지 막 불거져 나오는 집회 소식이 실시간으로 업데이트되지는 않았다. 결국, 다시 검색해서 집회 소식을 찾아야 했는데 쉽지 않았다. 또다시 고소 씨에게 묻는 것은 피하고 싶었다. 집회에 갈 때마다 누군가를 의지해야 한다면 그것은 뭔가 잘못된 것이라는 생각이 들었기 때문이다. 나는 이 집회의 실제 당사자인 수많은 블랙이나 브라운들이 영어 능력과 네트워크가 없어서 이러한 집회에 참여할 때까지 겪을지 모르는 어려움에 대해서 생각해 보았다. 또한, 내가 상상하지 못하는 경제적·시간적 어려움 때문에 집회에 참여할 생각조차 하지 못하는 사람들과 어쩌면 내가 상상도 못할 정도로 빠르고 긴밀하게 연결되고 있을지 모르는 그들의 네트워크에 대해서도 생각해 보았다.

그런데 문제는 정보뿐이 아니었다. 한동안 나는 집회 소식을 꼭 반나절이나 하루쯤 뒤에 접해서 결국 갈 수 없는 경우가 많았다. 이곳 집회 메일링은 일본보다 훨씬 더 즉흥적이어서, 아침에 오후 집회 일정이 도착하는 경우도 많았다. 물론 내가 페이스북을 안 하고 컴맹이고 행동이 느

"흑인들이여, 나는 당신들을 소중히 여깁니다."

린 탓도 있겠지만, 점차 약이 바짝 올랐다. 더구나 언론에서는 점차 전국으로 번져나가는 상황이 보도되고 있었고, 에릭 가너의 죽음 장면을 찍은 비디오가 공개되면서 상황은 격화되어 갔다. 비단 미국 내부뿐 아니라, 영국, 캐나다 등에서도 연대하기 시작하고 있었다. 결국, 나는 아침마다 집회 일정을 한 번씩 확인하기 시작했고 몇 개의 작은 집회에 참여하고 (꼭 큰 집회는 놓치고……) 서명 용지에 서명하면서 다양한 메일을 받게 되었다. 그중에는 일주일간 집회 일정을 정리해서 보내 주는 메일도 있었다. 오프라인에서의 지속적인 부딪침 후에 겨우 나는 뉴욕의 집회에 스스로 참여할 온/오프라인의 기반을 얻게 되었다.

그러던 11월 중순쯤 뉴욕의 어떤 활동가로부터 이런 이야기를 들었다. 현재 경찰 인종주의를 비판하는 데모는 그 이전에도 몇 번이나 반복되었고 사건이 일어날 때는 뜨겁게 타오르고 매스컴도 주목하지만 결국 사그라져 버리는, 비생산적인 양상을 보여 왔다고. 나에게는 너무나 낯선 이 데모가 이곳에서는 반세기 이상 반복된 문제이며, 그 순간마다 결실을 맺지 못하고 끝났던 비생산적인 집회일 수도 있다는 것은, 그다지 낯선 이야기는 아니었다. 그러나 과연 우리는 집회의 생산성을 지금 이 순간 판단할 수 있을까? 그런 말들이 혹시 현재 일어나고 있는 대중들의 에너지를 낡은 것으로 만들고, 이런 흐름에 참여하지 않기 위한 핑계가 되는 것은 아닐까? 과연 생산적인 집회란 무엇일까? 아니, 보다 근본적으로 과연 비생산적인 집회가 있을까?

12월 1일 '노 스쿨 노 워크'No School, No Work! 데모를 통해 나는 이런 의문에서 벗어날 수 있었다. 12월 1일 12시, 유니온 스퀘어에는 중·고등학생들이 모여들었다. 이날 하루 학교에서 벗어난 소년·소녀들은 뉴욕 거리를 빠르게 질주하기 시작했다. 나는 여태껏 이렇게 속도가 빠른 집회를 경험해 본 적이 없었다. 그들은 순식간에 10블록 정도를 돌파하고 "도보로!"를 외치는 선생님들처럼 보이는 집회 리더들을 따돌리듯 차도로, 차들 사이로, 자기 자신들 사이로, 마구 넘치고 넘나들며 달렸다. 가볍고 장난스럽고 생생한 에너지로 가득 찬, 블랙이 8할이었던 십 대 소녀 소년들에게 마치 빨려 들어가듯, 나도 숨차게 거리를 달렸다. 그들의 나풀거리는 곱슬머리와 건강하게 움직이는 몸 위로 아프리카를 질주했을 그들의 선조들과 버펄로들이 겹쳐졌다. 그러므로, 진정한 새로움은 우리가 알 수 없는 형태로 찾아오므로, 바람이 불어오는 방향을 어떻게 알 수 있을까?

그들에게 마이클 브라운의 죽음은 반복이 아니라 생생한 지금이었고, 집회는 낡은 것이 아니라 다가오는 시간이었다. 이 속도 속에서 아프리카 식민지 역사에 저항해 온 그들의 경험이 신선하게 되살아났다. 12월 13일에 있었던 〈밀리언즈 마치〉를 기획한 애런 마테Aaron Maté와 사만다 리델Samantha Riddell도 뉴욕의 젊은 활동가들이었다. 그들은 "반복"되어 온 이 화두를 새로이 경험하며 새로운 속도를 만들어 내고 있다. 한국의 4·19에서도, 5·18에서도, 세월호에서도, 홍콩에서도 중·고등학생들이 가담하면서 판세는 바뀌곤 했다. 40살이 가까웠던 시인 김수영을 전위적인 시인으로 거듭나게 했던 것도 그 낡은 서울 거리를 질주했던 4·19 학생의 에너지였으리라. 그 소년·소녀들이 이 순간들의 의미를 알았을까? 의미를 알고 시작되는 변화라는 것이 과연 있을까? 내가 존경하는 로잘린드 모리스Rosalind Morris 선생님은 이런 이야기를 들려 주었다. "비생산적인 집회는 없어요. 어떤 집회든 거기에는 집단성의 체험이 있지요." 집회에서는 새로운 집단성이 그리고 새로운 세대가 탄생한다.

그런데 십 대의 중고등학생들이 거리로 몰려나온 것은 우연이 아니다. 현재 죽어가고 있는 수많은 블랙들 중 대다수가 십 대이거나 젊은 층이기 때문이다. 십 대 소년·소녀들의 집회에 이어, 죽은 아들과 딸을 지닌 어머니들의 집회도 나타났다. 특히 워싱턴에서는 12월 13일 화이트 하우스 앞에 만 명이 넘는 사람들이 모였다.[39] 마이클 브라운, 에릭 가너, 타미르 라이스, 아마두 디알로Amadou Diallo의 어머니들과 존 크러포드 3세John Crawford III의 아버지, 그리고 아카이 걸리의 죽음을 지켜본 여자 친구의 이야기를 듣기 위해서였다. 에릭 가너의 어머니는 울먹이며 말했다. "이 군중들을 보세요 — 블랙, 화이트, 모든 인종들, 모든 종교들. 이것은 엄청난 순간입니다. 역사가 만들어지는 순간이에요." 그 엄청난 사람들이, 산보를 하러 물건을 사러 간 아들이 갑자기 41발, 50발의 경찰 총을 맞고 죽어 간 아들을 지닌 어머니들의 증언을 들었다. 그들의 증언은 이 반복되는 죽음을 막기 위한 요청이 얼마나 현재적이고 긴박한 요청인지를 보여 준다.

아마두 디알로의 어머니의 말을 들어 보자. 아마두는 1999년, 23세의 나이에 지갑을 꺼내려는 것을 총을 꺼내려는 것으로 오인한 경찰의 총 41발을 맞아 사망한다. 그녀는 "오늘 우리는 왜 여기에 있나요?"라고 묻는다. 자기 아들을 죽인 경찰들이 무죄판결을 받았던 2000년에 세상이 끝난 것 같았다는 그녀는, 경찰 총에 맞은 청년들이 침대에 쇠사슬로 묶인 것을 보고 충격을 받았던 적이 있던 그녀는, "그리고 오늘, 16년이 지난 지금, 우리는 여기에 모여서 여전히 같은 것을 요구"하고 있다고 말한다. 그리고 이렇게 묻는다. "왜 우리의 아들이 수상하게 보였나요?" 그리고 이렇게 요청한다. "이건 끝이 아니에요. 이곳에 모인 사람들의 바다를 보세요. '정의가 필요하다'라고 말하는 사람들을. 우리는 책을 덮지 않을 겁니다. 모두를 위한 정의가 실현될 때까지."[40]

인종주의의 문제는 식민주의 역사 속에서 몇 번이고 반복되고 심화와 진

브래튼을 해고하라!

화를 거듭해 왔다. 그녀들은 이 죽음들이 충분히 기억되기 전까지는 망각될 수 없음을, 따라서 반복이지만 매번 새롭게 살아가는 고통의 반복임을 증언한다. 이러한 인종주의의 반복이 곧 인종주의의 심화 혹은 진화와 동의어라는 자각 속에서만 우리는 인종주의에 '반복'이라는 수식어를 붙일 수 있을 것이다. 그리고 생애 처음 인종주의와 마주하고 있는 틴에이저들의 질주는, '비생산적인 집회'는 없으며 집회는 매번 새로운 집단성의 경험임을 상기시킨다. 이 '심화인 반복의 기억'과, '늘 새로운 시작인 반복의 감성'이 서로 만나 상호부조하는 곳이 인종주의에 대항하는 집회이다. 그리하여 이곳에 모여든 우리는 더 이상 소년·소녀들이거나, 어머니들이거나, 아프리카인일 필요도 없게 되어 간다고, 소년·소녀도 어머니도 아프리카인도 아닌 나는, 믿는다.

One! I can't breathe! Two! I can't breathe! Three! I can't breathe……!
하나! 숨 쉴 수 없어요! 둘! 숨 쉴 수 없어요! 셋! 숨 쉴 수 없어요……!

2014.12.3. 예측불가능한 무빙/다이-인 : 누가 칭기즈칸의 후예인가?

그날, 시간은 이미 6시가 되어 가고 있었다. 나는 컬럼비아 대학 버틀러 도서관 3층에서 데리다의 『비밀의 맛』 *A Taste for the Secret*라는 책을 스캔 중이었다. 그 책은 플로티누스의 책 『엔네아덴』 *Enneaden* 중 영혼에 대해 쓴 4권에 나오는 글귀로 시작한다. "형상 Form은 형상 없음 formless의 흔적이다; 형상 없음은 형상을 생산한다. 형상 없음을 생산하는 것이 아니라."[41] 스캔을 저장하면서 잠시 메일을 체크하다가 많은 양의 집회 메일이 도착해 있어 놀랐다. 알고 보니 에릭 가너를 죽게 한 경찰 다니엘 펀텔리어에 대한 무죄판결이 보도되면서 거리가 들끓고 있었다. 집회는 7시 반에 시작한다고 쓰여 있었다. 나는 미처 끝내지 못한 스캔과 집회 사이에서 잠시 갈등했다. 그러나 어떤 이상한 힘에 이끌리듯 도서관을 빠져 나와 집에 짐을 내려놓고 가벼운 복장으

속도, 속도, 속도, 십 대 소녀 소년들의 속도!!

로 집회로 향했다.

　얼추 시간에 맞춰 왔는지 아직 행진은 시작되기 전이었다. 인터넷의 열기에 비하면 1백 명 정도의 사람들이 모여서 조용히 시작하고 있었다. 그러나 나는 이날, 사람들이 새로운 집회 형식을 만들어 가는 순간을 목격한 듯하다. 빠르고 변화무쌍하여 늘 정형화되지 않는 욕망을 담고 있는 그러한 흐름의 형태를.

　잠시 동안의 선전전이 끝나고 행진이 시작되었다. 이날은 밤늦게 시작된 집회여서인지, 복장은 평상복과 다름이 없었고 그 흔한 플래카드도 형광으로 된 몇 가지를 빼면 찾아볼 수 없었다. 한국이나 일본에서 플래카드나 장식이 화려하고 음악과 춤이 함께하는 집회에 참여할 때, 내게는 이러한 생각이 있었던 것 같다. 이 장식과 춤은 어쩌면 남미나 서구 집회의 모방이 아닐까? 사운드 데모는 일본의 독특한 데모 형태임에도 내 마음 한편에 이러한 생각이 있었음을 부정할 수 없다는 걸, 뉴욕에서 소박한 집회를 접하면서 깨달았다. 시위대는 그저 마이클 브라운이 그러했듯 양손을 들고 "손 들었어! 쏘지 마!"Hands up! Don't shoot!이라고 외치며, 로어맨해튼에서 링컨 터널 근처까지 대략 70블록 이상을 동서를 가로지르며 걸었다. 구호는 단순했다. "손 들었어! 쏘지 마! 숨 쉴 수 없다! 정의 없이 평화 없다!" 복장도 평상복이고 플래카드도 들지 않은 우리는 두 부를 걷는 사람들과 섞이고 혼동되었다. 일순간 일반 통행자처럼 보였다가 일순간 구호를 외치거나 제스처를 하면 드러났고, 일순간 다시 일반 통행자처럼 보이는 기묘한 숨바꼭질이었다. 아무런 변장을 하지 않은 민얼굴이어서 군중 속에 숨거나 더 많은 군중을 쉽사리 집회 안으로 끌어들일 수 있었다. 맨해튼 거리를 거슬러 올라오는 내내 엠파이어스테이트 빌딩이 보였고, 연말 세일 50% 등을 붙여 놓은 휘황찬란한 5번가도 지났다. 나는 이 기묘한 변장술 속에서, 쇼윈도의 유혹과 옆 사람의 구호 사이에서 갈팡질팡하듯 걸었다. 며칠 전 뉴욕에 놀러온 언니와 쇼핑을 할 때 마음을 빼앗겼던 옷이며 신발에 대한 욕망이 어쩐지 다른 것으로 변해버린 것 같아서, 자꾸만 쇼윈도로 눈을 돌려 확인해 보았다.

집회 행렬은 42번가 타임스퀘어 근처에 도착했다. 어느 사이엔가 숫자가 엄청나게 불어나 있었다. 행렬의 시작과 끝을 알 수 없었다. 그리고 속도가 갑자기 빨라지기 시작했다. 누구의 지시를 따르는지도 알 수 없었다. 누군가가 "오른쪽, 오른쪽"이라고 하면 그 말을 되풀이하면서 오른쪽으로 꺾어졌다. "지하철, 지하철"이라고 하면 지하철을 외치며 지하철 쪽으로 통과했다. 달리듯 걷다가 자동차가 정체된 곳을 발견하면 차도로 뛰어들었다. 4차선, 6차선 도로에 안전등을 켜고 정체한 무수히 많은 차들 사이를 불빛에 반사된 사람들이 아슬아슬하게 가로질렀다. 다음 순간 마치 썰물이 빠지듯 어두컴컴한 골목으로 마구 달려 빠졌다. 경찰이 막으면 그 자리에 모두가 드러누웠다. 그러다 갑자기 일어나 다시 정체된 차들 사이를 뛰어 가로질렀다. 경찰의 방해는 우리의 흐름을 더욱더 예측 불가능한 것으로 만들었다. 엄청난 숫자의 사람들이 거리에서 마치 파도치듯 움직였다. 이른바 무빙/다이-인Moving/Die-in 시위였다.

그랜드센트럴42에 처음 가본 날도, 그랜드센트럴의 아름다움을 처음 안 날도 이날이었다. 시위대는 42번가 서쪽에서 동쪽으로 방향을 틀었다. 한참 걷다 보니 마치 관공서처럼 보이는 거대한 건물이 나왔다. 그 안으로 사람들이 쏟아져 들어갔다. 일 층과 이 층에 값비싼 레스토랑이 있고, 천정에는 인공의 별자리가 반짝였고 양복을 차려입은 사람들이 있었다. 도무지 관광이란 걸 다니지 못한 나는 관공서이거나 고급 호텔인 줄 알았다. 그래서 이러다 체포당하는 것은 아닐까 이 건물 안에서 빠져나가지 못하는 것은 아닐

바리케이드를 뚫고 나오는 고등학생들의 외침

까 라는 불안 속에서 엄청나게 큰 홀에 끊임없이 사람들이 밀려들고 이층으로 올라가 빽빽이 차오르는 것을 보고 있었다. 사람들로 홀이 가득 차자, 모두 바닥에 누웠다. 불안과 공포와 흥분으로 가득 차 바닥에 누워 천정에 그려진 인공의 별자리를 바라보았다. 땅이 천정이 되고 천정이 땅이 되고, 다이-인 중인 우리가 인공의 별처럼 빛났다. 얼마나 지났을까, 누구랄 것도 없이 사람들은 에스컬레이터를 타고 밖으로 빠져나가기 시작했다. 운행을 중지한 에스컬레이터를 거슬러 오르고 철조망으로 막힌 곳을 뜯어 출구를 만들었다. 에스컬레이터 손잡이로 뛰어오르고 철조망을 넘고 그렇게 다시 센트럴 파크를 빠져나온 시위대는 링컨 터널 쪽으로 방향을 틀었다. 에릭 가너를 죽인 경찰에 대해 무죄 판결이 난 이후 며칠간, 이런 시위가 계속되었다. 그랜드 센트럴뿐 아니라, 주변의 애플 스토어, 메이시스 백화점, 월마트 등 뉴욕의 대표적인 거대 쇼핑몰들을 점령함으로써 잠시동안이나마 자본의 흐름을 끊는 무빙/다이-인 시위였다.

매우 잘 조직된 듯이 보이기도 하고, 그저 거리를 걷던 행인이 참여한 것 같기도 한 이 파도처럼 넘치는 흐름은 무엇이었을까? 『뉴욕 타임스』는 이 며칠간의 시위에 대한 사설에 이러한 제목을 붙인다. "예측 불가능한 뉴욕 시위자들, 경찰에 대한 조직적 비판."[43] 이 기사는 매우 흥미로운 증언들을 들려준다. 이 시위를 조직한 것은 〈정의를 위한 밀리언 후디즈〉[44], 〈블랙의 목숨도 소중하다〉Black Lives Matter와 같은 소셜 미디어를 통해 만나서 구성된 단체들이다. 이들 중에는 60대 노동조합원, 20대 대학원, 월스트리트 집회에서 만난 활동가들, 역사적인 순간에 참여하려는 사람들, 이 사건을 이용해 문제를 제기하려는 사람들 등 다양한 사람들이 있다. 이들 다양한 시위자들은 행진 경로를 정해 놓지 않고 움직이는 '소몰이'Cattle Drives 전략을 취했다고 한다. 어떤 곳에서 구호를 위치고 다시 거리로 움직이고 교통 정체인 곳을 찾아내고 평화적인 방식으로 장사를 방해하며, 경찰과 마주치면 그들이 짜증을 내도록 도발하는 방식이다. 퍼거슨에서 머문 경험이 있는 나일 포트Nyle Fort는, 이 양상이 퍼거슨의 시위와도 매우 다르다고 말한다. "우리의 항의 방식은 창의적이고 잘 조직되어 있어야 한"다. 그러나 동시에 "시위자들은 전혀 조직되어 있지 않다." 그럼에도 "한번 집결할 중심지가 결정되면 많은 일들이 조직적으로 일어난다"는 것이다. 경찰 국장인 제임스 오닐James P. O'Nell 은 시위대가 인터넷상에서 전달되는 메시지보다도 빨리 움직인다고 말한다. "매우 매우 빠릅니다.……매우 유동적입니다. 소셜 미디어가 그들에게 영향을 주는지는 확실치 않습니다. 오른쪽으로 왼쪽으로, 또는 똑바로 라는 결정은 순식간에 일어납니다." 조직되지 않은 동시에 어느 순간 자기 조직되고, 거리에서 일어나는 경찰 권력의 바리케이드를 조롱하듯 방향을 바꾸는 무정형성을 간직한 대중, 자기 조직적 대중의 흐름이 출현한 것이다.

"평원으로 적들이 자신을 쫓아오게 유도했던 칭키즈칸에게서 빌려 왔다"는 이 전략의 배경에는 경찰의 폭력이 있다. 2004년 공화당 전국대회가 있었을 때, 시위대가 한 곳에 너무 오랫동안 머문 탓에 많은 사람이 체포되었던 경험이 있는 그들은, 이후 빠르게 움직이기 시작했다. 10년간 시위를 지켜봐 온 〈전국 변호사 협회〉 멤버인 기디온 오리온 올리버Gideon Orion Oliver 는 다리나 터널을 점령하는 것에도 성공하는 현재의 시위양상이 나타난 동기를 경찰의 공격성에서 찾는다. 그는 경찰의 공격적 행동이 시위자들의 분노를 불러일으키는 작용을 하고 있다고 우려한다. 이 사설은 "숨 쉴 수 없다"라는 말은 개인적인 무기력의 표현인 동시에, 이 사건이 불공정한 사법 제도 때문에 일어났음을 보여 준다고 지적한다. 또한, 몇 년 전의 월스트리트 점거와 달리, 첫 흑인 대통령 집권기에, 그리고 첫 흑인 검찰 총장의 임기말에 일

무빙/다이-인 데모. 거리를 질주하고 눕고 다시 일어나 재빨리 움직인다.

어난 일이란 점에서, 이번 일이 걱정스럽고 다급한 일이라고 말하며 경찰의 폭력성을 지적한다.

그런데 경찰-인종주의의 폭력에 대처해야 한다는 다급함에서 출현한 이들 칭키즈칸의 후예들 속에서, 다시 한 번 이러한 질문을 던져 보고 싶다. 무정형의 자기 조직적 대중이 인종주의를 넘어서서 어떤 새로운 집단적 주체성을 탄생시킬 수 있을까? 누가 칭키즈칸의 후예일까?

앞서 집회의 전략에 대해서 이야기했지만, 거기에는 생략된 이야기들이 있다. 3일 저녁에는 나 또한 다소 흥분한 상태였다. 도착하자마자 집회에 참여한 사람들의 사진을 정신없이 찍다가 어떤 할머니와 부딪쳤다. 나는 잠시 뒤를 못 보았을 뿐이고 강하게 부딪친 것도 아니었다. 그런데 할머니는 마치 내가 일부러 부딪치기라도 한 것처럼 혹은 마치 매우 야만적인 행위를 당한 것처럼 과도하게 화를 냈다. 내가 못 보았다고 잘못했다고 말씀을 드렸음에도 한 일 분간을 붙잡고 마구 화를 낸 것이다. 그녀는 이 시위대 전체가 맘에 들지 않았던 것일까? 아니, 백인인 그녀는 동양인인 나와 부딪친 것이 싫었던 것일까? 아니, 이 모든 것 또한 그저 나의 인종주의적 자격지심이 작동한 것일 뿐일까? 해석할 수 없는 할머니의 이상한 화를 통해서, 인종주의의 폭력이 단순히 경찰들에 의해서만 나타나는 것은 아니라고 느꼈다. 그러므로 무정형의 형태로 진화해 온 인종주의가 현재 어디에 있는가를 끊임없이 물어야 한다고 생각했다.

덧붙여, 조금 부끄러운 이야기도 해야 한다. 그날 시위대가 링컨 터널에 가까워졌을 때였다. 터널에 가까워지면서 상점들은 사라지고 전철역도 사라졌으며 주변은 점차 깜깜해졌다. 행진 도중 누군가가 던진 것인지 건물 위에서 전구 같은 것이 떨어져 바로 앞에서 깨졌으며, 시위대의 앞쪽으로 경찰이 바리케이드를 치고 있었는데, 길은 오로지 터널로 통한 한길이었다. 문득 주변을 돌아보자 함께 걸어온 그들이 갑자기 너무나 낯설었다. 만약 여기서 경찰이 체포하기 시작한다면 도움을 청할 사람도 없고, 도망칠 길도 모르며, 언어도 통하지 않을 것이라는 생각이 들었다. 그러자 엄청난 공포가 밀려왔다. 객관적으로 생각해 보면 그 순간은 전혀 다급하거나 위험한 순간이 아니었다. 모두 평화롭게 링컨 터널을 향해 행진하고 있었다. 그럼에도 나는 갑자기 뒤를 돌아, 시위대를 거슬러 반대편으로 마구 뛰기 시작했다. 누군가가 내게 "도망치지 마!"Don't run away!라고 외쳤던 것도 같다. 뛰면서 '뭐라는 거야? 아, 런 어웨이……도망가다란 뜻이었지, 내가 지금 도망가고 있는 거구나', 부끄럽게 코믹하게 내 행동을 번역하면서, 무조건 뛰었다. 내게 친숙한 전철역이 보일 때까지 자본주의의 상징인 휘황찬란한 쇼윈도가 보일 때까지. 그리고 그 비싼 뉴욕 택시를 잡아탔다. 아뿔싸, 지금은 집회 때문에 여기저기 길이 막히지……결국 돈을 조금 날리고 택시 아저씨에게 (그는 힌두계 운전기사였다.) 내려 달라고 한 뒤 전철역까지 걸어 집에 돌아왔다. 아주 피곤했다.

일본에서는 보다 위험한 집회에서도 이런 갑작스러운 공포를 느낀 적은 없었다. 이것은 아마도 내가 가지고 있는 낯설음과 조심성과 겁쟁이 근성과 인종주의가 섞인 무엇이었을 것이라고 생각하지만, 이것을 증폭시킨 것은 경찰의 폭력성에 대한 예감이었다. 동시에 나는 집회에 참여하는 동안 반드시 그 집회에서 만나지 못한 사람들을 생각해야 한다고 느꼈다. 이날의 집회는 새로운 속도와 흐름을 지녔지만, 아이들·노인들·장애인들은 참여하기 어

'소몰이 전략.' 그들이 칭키즈칸에게서 배워 왔다고 하는 전략이다. 골목에 모습을 감추고 있다가 갑자기 도로로 밀고 들어오고 다시 썰물처럼 빠져나간다.

려웠다. 모든 집회에 모든 이들이 참여해야 한다는 것은 아니다. 그러나 어떤 새로운 집회의 전략이나 형상이 나타났다면, 그것이 어떤 집단성의 경험인지에 대해서, 그곳에 나타나지 않은 사람들을 통해서 물어봐야 한다는 생각이 들었다. 즉 "너는 칭기즈칸의 후예인가?"라는 '동일화'을 향한 물음이 아니라, "무엇이 칭기즈칸의 후예인가"라는 끊임없는 재구성을 향한 물음이 필요하다고, 나는 나의 부끄러운 런 어웨이를 코믹하게 상기하며 번역하며 애써 생각해 보려 했다.

Whose street? Our Street! They say, "Get back!" We say, "Fight back!"
이 거리는 누구 것? 우리들의 것! 그들이 말해요. "물러나!" 우리는 답해요. "싸우자!"

2014.12.8. Fight Ebola, 질병의 은유가 된 인종주의와 싸우는 법

블랙들의 죽음에 기저음처럼 울리고 있었던 것은 에볼라에 대한 공포였다. 이 두 가지 상황이 겹쳐져 있었던 것은 단순한 우연이었을까? 에볼라의 최초 발병지가 1967년 독일임에도[45] 에볼라는 아프리카 병이라고 인식된다. 블랙은 범죄자라고 의심부터 받게 되는 것처럼 말이다. 더구나 에볼라가 아프리카 병으로 사람들 입에 오르내리기 시작한 시기와 비무장 아프리카 청년이 백인 경찰에게 죽임을 당하는 사건이 일어난 시기도 일치한다. 8월 8일에는 WHO가 에볼라 비상사태를 선포했다. 이날은 마이클 브라운 사망 하루 전날이었다. 이처럼 질병 인종주의와 경찰 인종주의는 '선 긋기'와 '낙인찍기'라는 상호 보완적 메커니즘을 지닌다. 그런데도 이 둘 사이의 연관성에 대해서 말할 때엔 어떤 석연치 않은 저항감이 느껴지곤 했던 것은 과연 나뿐이었을까? 에볼라가 이슈화되던 때 나는 블랙 집회에서 에볼라 이슈가 어떤 슬로건으로 나타나는지가 궁금해서 주의 기울여 들어 보곤 했다. 그런데, 블랙 집회에서 에볼라 문제가 슬로건으로 전면화되는 경우는 그리 많지 않았다. 그럼에도 이 두 인종주의는 마치 다른 것인 양 존재하면서 사실상 서로를 증폭시키고 있는 듯했다. 나는 이 경찰 인종주의와 질병 인종주의가 묘하게 뒤섞인 공기에 대해서 생각해 보고 싶었다.

에볼라=아프리카 병이라는 인식이 블랙을 범죄자로 의심하곤 하는 경찰의 인식과 마찬가지라고 비판하는 건 쉽다. 그런데 만약 이 지적이 사실이라고 해도, 이 비판적인 말을 통해 역으로 에볼라를 아프리카나 블랙과 일치시키는 은유는 강화되고 만다. 동시에 '에볼라로 고통받는 아프리

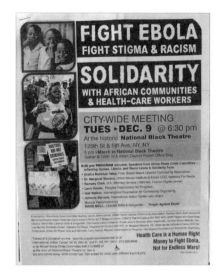

〈내셔널 블랙 시어터〉에서 열린 이벤트 "에볼라와 싸우자, 스티그마 및 인종주의와 싸우자"

카'라는 은유적 호소를 통해 현실적인 지원을 끌어내는 것도 절실한 과제였다. 에볼라를 블랙 인종이나 아프리카와 연결할 수도 안 할 수도 없는 긴장 속에서, 질병 인종주의에 대한 비판이 경찰 인종주의의 비판과 어떤 지점에서 함께 이야기되어야 하는가는 어려운 문제였다. 단지 에볼라에 감염된 미국인이 나올 때마다 과장된 공포가 확산될 뿐이었다.

그러던 중 〈국경없는 의사회〉 소속으로 기니에서 활동했던 미국 의사 크레이그 스펜서Craig Spencer가 에볼라 발병 전에 뉴욕 지하철과 택시를 타고 식당이나 볼링장 등을 방문한 것이 알려진 10월 23일경, 뉴욕은 공포에 휩싸였다. 뉴요커들의 예민한 반응에, 이를 안정시키기 위해 블라지오 현 뉴욕 시장은 크레이그 스펜서가 입원한 벨뷰Bellevue 병원에서 기자회견을 하기도 했다. 사실 에볼라는 피부접촉을 통해 감염되지 않으며 감염자의 체액 및 혈액을 통해 전염됨에도 말이다. 또한, 뉴욕에서는 단 한 명의 백인 의사가 발병했을 뿐이지만 아프리카에서는 더 무수한 사람이 죽어가고 있음에도 말이다. 『디임』지는 에볼라보다 일상적으로 더 위험한 것은 인플루엔자와 비슷한 증상을 보이는 entero virusEV-D68라고 말한다. 이 바이러스에는 어린

아이들이 주로 감염되고 4살짜리가 죽은 경우도 있었다고 말하며 과잉된 에볼라 공포에 대해 일침을 가하기도 했다.[46]

이러한 에볼라 문제가 담론장에서 본격적으로 다뤄진다는 느낌을 받았던 것은 11월 말에서 12월 초였다. 이때가 뉴욕시 전체를 공포에 떨게 했던 스펜서 씨가 완치되고 더블라지오 시장이 "에볼라 프리"를 선언한 뒤와 일치한다는 점은 묘했다. 에볼라에 감염되었던 미국인들 중 유일한 블랙인 라이베리아 출신 토머스 에릭 던컨만이 사망했다는 것이 미스터리처럼 남겨진 채였다. 12월 초에는 대학이나 지식인들 사이에서도, 활동가들 사이에서도 에볼라의 상황을 생각해 보는 논의의 장이 열렸다. 하루 차이를 두고 컬럼비아 대학과 블랙 커뮤니티에서도 에볼라 관련 모임이 열렸다. 이 두 모임은 참석자, 논의내용, 형식에 차이가 있었다.

12월 8일에는 컬럼비아 대학 하이먼 센터Heyman Center 주최로 "에볼라 – 필드 히스토리"Ebola – Field Histories라는 발표 토론회가 있었다. 에볼라 발병지역 중 한 곳인 케네마Kenema에서 여름동안 활동한 의사 마우리시오 페리Mauricio Ferri가 자신의 경험을 이야기했고, 컬럼비아 대학 비교문학과 조교수 크리스토벌 실바Cristobal Silva, 뉴욕 대학의 식민주의와 아프리카 역사를 연구하는 교수 메간 번Megan Vaughan, 컬럼비아 대학 사회의학 전공 교수 카비타 시바라마크리쉬난Kavita Sivaramakrishnan이 토론자였다. 내용 전체를 정확히 이해할 수 없었지만, 외부의 의료지원이 서아프리카의 독특한 상황과 만나 어떤 문제들을 겪고 있는가에 대해서 몇 가지 힌트를 얻을 수 있었다. 예를 들어 현재 에볼라 치료를 하는 의료진이 부딪친 가장 큰 문제가 언어문제라는 것이었다. 아프리카인들이 사용하는 언어에는 다양한 크레올[47]이 있어서 병을 고쳐야 함에도 의사소통이 어렵다는 것이었다. 또한, '열이 나는가'를 에볼라 감염 여부의 판단기준으로 삼는데 그것이 에볼라를 확산시키는 것이 된다는 것이다. 즉 열이 나면 일단 '의심병동'에 수용하는데 그들 중 많은 수가 사실상 말라리아라고 했다. 마지막으로 케어 노동자들의 파업은 파견된 의사와 토착 케어 노동자 사이의 복잡하고 긴장된 관계를 보여주었다. 에볼라 병원은 영국 군대의 구조를 모방한 것으로 세계에서 온 의료진들이 복잡한 격리 구조 속에서 일하고 있다. 그러한 의료진들과 그곳에서 몇 십 년씩 일한 간호사, 병원 노동자들 사이의 긴장도 있었다. 그러나 이날의 토론을 통해서도 나는 블랙에 대한 경찰 인종주의와 아프리카에서의 에볼라의 상황, 그리고 그것이 뉴욕에서 이야기되는 방식 사이에 어떤 연결고리를 찾아야 할지에 대한 답을 얻지는 못했다. 학술적이고 의학적인 정확한 통계들을 접할 수 있었던 점은 좋았지만, 뉴욕과는 관계없는 위험한 곳의 이야기를 듣는 듯한 분리감이 다소 불편하게 남았다. 그리고 블랙 커뮤니티에서 여는 에볼라 이벤트에 가봐야겠다는 생각이 강하게 들었다.

마침 다음날인 9일, 할렘 번화가 한복판에 있는 〈내셔널 블랙 시어터〉National Black Theatre에서 "에볼라와 싸우자, 낙인찍기stigma와 인종주의와 싸우자"FIGHT EBOLA, Fight Stigma & Racism이라는 주제로 이벤트가 열렸다.[48] 아프리카 커뮤니티 및 간호 간병 노동자와 함께 한다는 취지를 명확히 한 이번 행사는 〈블랙의 목숨도 소중하다〉가 주최했다. 그런데 할렘 번화가에서 개최되는 행사에 가려니 어쩐지 무서웠다. 언젠가 전철을 잘못 타고 갔던 할렘은 컬럼비아 대학과 불과 몇 블록 떨어지지 않았음에도 완전히 다른 분위기였다. 그 다름이 나를 무섭게 했는지 아니면 정말 어떤 무서운 요소가 있었는지를 판단하기도 전에 나는 일단 내가 사는 동네로 급히 돌아오고 말았다. 할렘이 어떤 곳인지 제대로 알지도 못하면서 그저 험한 꼴을 당할 수 있다는 동양계 커뮤니티의 조언에 따라 무턱대고 겁부터 먹는 내 마음이야말로, 블랙=범죄자로 의심하는 경찰 인종주의와 한 치의 차이도 없는 게 아닐까! 또한, 에볼라=아프리카 병이라고 생각하고 아프리카 출신 사람들과는 접촉도 하지 않으려는 질병 인종주의와 대체 뭐가 다를까!

나는 어떻게든 할렘이나 블랙과는 거리를 두고 마는 내 마음속 뿌리 깊은 '검둥이'에 대한 편견에서 스스로 자유로워지기 위해, 일단 무조건 그곳에 가 봐야겠다고 생각했다. 이때 나를 도와준 것이 뉴욕 대에서 기지촌 여성들의 역사를 연구하고 있는 정민 씨였다. 마음이 넉넉하고 소중한 친구 제니가 나랑 잘 맞을 것 같다며 소개해 준 친구였다. 사정을 이야기하니 깔깔거리며 흔쾌히 같이 가 주겠다고 했다. 그녀는 말했다. "저는 뉴욕에서 특별히 더

내셔널 블랙 시어터

위험한 거리 따위는 없다고 믿고 있어요." 대신 자신은 일이 있어 이벤트 전 집회에는 참여하지 못하고 이벤트부터 참여하겠다고 연락이 왔다. 근데 나는 집회에 참여해서 할렘 거리를 꼭 에볼라에 대해 외치면서 행진하고 싶었다. 아…… 그렇다면 결국 나 혼자 가야 한다는 말인가…… 라고 생각했지만, 나중에 온다는 정민 씨의 말을 꼭 믿고 몇 시간 정도 혼자 견뎌 보는 것도 좋겠다 싶어 터덜터덜 집을 나섰다. 하필 비도 오고 있었다.

2번 라인을 타고 드디어 120번가를 넘어…… 섰다. 아무 일도 일어나지 않았다. 단지 전철 안의 백인들이 모두 내려 대부분이 흑인이라는 것 이외에 아무런 변화도 없었다. 단지 내가 변했다. 나의 두려움이 드디어 120번가를 넘어섰고, 그래도 아무런 일도 일어나지 않는다는 것을 알았다. 할렘 거리에는 뭔가 다른 활기가 있었다. 쇼윈도에는 붉은색, 흰색 계통의 원색이 많았고 컬럼비아 대학이 있는 어퍼사이드 보다 길이 넓었다. 그렇게 찾아간 내셔널 블랙 시어터[49]는 멋진 곳이었다. 아프리카 장식들로 가득한 그곳 입구에는 그곳을 만든 바바라 앤 티어Barbara Ann Teer의 글귀가 쓰여 있었다. "고향에서 멀리 떨어진 당신 집에 온 것을 환영해요!" WELCOME TO YOUR HOME AWAY FROM HOME! 1968년에 세워져 미국에서 가장 오래된 블랙 커뮤니티 극장인 이곳의 미션은 "블랙들이 경험한 진짜 이야기를 함으로써 아프리칸 아메리카인의 문화적 정체성을 향상시킬 수 있는 변형적인 연극 경험들을 생산하는 것"이라고 했다.

이날은 비가 너무 많이 와서 할렘 거리를 행진하는 것은 취소되었다. 나는 갑자기 시간이 많아져 블랙 시어터 곳곳을 탐방하기 시작했다. 온갖 전단지를 주워서 훑어보고, 충충이 있는 아프리카 조각이나 그림도 보다가 우연히 마틴 루터 킹을 기념하는 연극을 연습하는 곳에 들어가게 되었다. 연극은 다양한 정체성과 상황 속에서 블랙의 권리를 위한 집회에 참여하게 되는 과정을 그린 것이었다. 스토리는 전형적이었지만 내셔널 블랙 시어터에 혼자 앉아 만나는 마틴 루터 킹 이야기가 주는 직설적인 감동이 있었다. 연습이 끝나자 배우 한 명이 내게 다가와 리플릿을 주면서 다음 달에 공연이라고 알려주었다. 이벤트가 시작할 시간이 되자 주최자들이 하나둘 몰려들기 시작했다. 그때부터 나는 점차 나 혼자 동양인이라는 것을 자각하게 되었다. 왜냐면 그들은 나에게 괜히 말을 걸거나, 아는 척을 하거나, 악수를 청해 오거나, 아 정말로 영화에서 보듯 그랬다. "헤이!" 하면서 팔꿈치를 툭 치며 친한 척을 해 왔기 때문이다. 나는 결코 영화에서처럼 답하지 못하고 엉거주춤 웃어 보였다. 내가 이곳에 오기 두려웠던 만큼이나 그들에게도 내가 이상했던 모양이다. 또한, 이곳에 오기 두려웠던 만큼이나 기쁨도 컸다. 그리고 정민 씨가 왔다. 그러자 드디어 사람들도 나에게 말을 거는 것을 멈췄다. 드디어 편안히 이벤트에 빠져들 수 있었다.

이벤트는 아프리카 말로 무엇인가를 외치며 시작되었다. 그들은 "이곳이 바로 뉴욕의 아프리카"이며 우리는 매일같이 인종주의와 만나고 있다고 선언했다. 아프리칸 커뮤니티의 억양을 담은 영어로 진행되는 내용은 더더욱 이해하기 어려웠지만, "그곳"의 의료 활동 경험을 이야기했던 컬럼비아의 토론회와는 달리, 스스로가 에볼라가 창궐하고 있는 북아프리카 인이 되어 이야기하고 있었으며, 일상 속의 인종주의의 문제나 인종주의를 양산하는 전체 시스템에 대한 비판을 통해 에볼라에 접근하고 있다는 것은 충분히 느낄 수 있었다. 이날의 이벤트는 경찰 인종주의와 에볼라 지원과 관련된 각종 단체의 연설과 상황 보고뿐 아니라, 여러 가지 노래 공연도 준비되어 있었다. 특히 리베리아 출신 뮤지션인 데이비드 멜David Mell의 "에볼라에 대항하는 기도"Prayer against Ebola는 강렬하고 아름다웠다.[50] 발언 중에서 인상적이었던 것은, 에볼라가 아프리카 병으로 낙인 찍혀 버린 상황에 대한 비판, 전

에볼라 상황을 주제로 노래를 만들고 있는 가수

세계적인 경제 구조 속에서 서방국가를 비롯한 미국이 아프리카를 착취해 왔음에도 그것을 망각하고 블랙을 차별하는 구조에 대한 비판, 미국과 비교가 될 만큼 서아프리카의 에볼라에 대항한 싸움에 전폭적인 의료지원을 하는 쿠바의 훌륭함, 그곳에서 간호사로 일하고 왔던 분의 이야기와 그곳에서 죽어가는 사람들의 사진들, 그곳 돌봄 노동자들의 어려운 상황 등이었다.

블랙 시어터에서 나와서, 정민 씨와 함께 할렘의 유명한 아폴로 극장을 멀리서 보고, 소울 푸드 레스토랑이라는 실비아에 함께 들어가 늦은 저녁을 먹으며 이벤트에 대한 이야기를 나누었다. 정민 씨를 통해서 정확히 이해하지 못했던 부분들에 대한 설명도 들을 수 있었고, 뉴욕에서의 반응이나 분위기도 전해 들을 수 있었다. 그녀의 이야기 중 매우 흥미로웠던 것은, 왜 에볼라에 걸린 미국 출신 의사 중 백인들은 모두 살아났음에도 유일한 블랙이자 이베리아 출신인 에릭 던컨Eric Duncan만이 사망했는가가 일종의 미스터리라는 것이었다.

이날 집에 돌아와 찬찬히 이날 주워 온 소책자며 전단지를 살펴보았다. 첫 번째로 시선을 사로잡은 것은 〈뉴욕의 에볼라 그룹을 활성화시켜라 ─ 에볼라 진실 보고〉Act up NY Ebola Group ─ Ebola Fact Sheet의 "긴급 소식들"이었다. 그 책자는 에볼라 증상 및 감염자 수 등을 알려 주고 있었다. 특히 놀라웠던 것은 간호 간병 노동자의 감염 숫자였다. 12월 12일까지 570명의 간호 간병 노동자가 에볼라에 감염되었고 그중 324명이 죽었다고 한다. 다음으로 시선을 사로잡은 〈워커스 월드〉Workers World에서 만든 소책자 『에볼라 위기』

에는 다양한 에볼라의 상황과 견해가 영어와 스페인어로 적혀 있었다. 그 소책자의 표현 중 흥미로웠던 것은 "에볼라가 인종차별 혐의가 가득한 미국을 강타했다"라는 캐시 더킨Kathy Durkin의 글이었다. 일단 에볼라가 뉴욕에 불러 일으켰던 패닉 상태를 뉴욕의 인종주의적 분위기 속에서 정확히 짚어내고 있어서 흥미를 끌었다. 그 글을 좀 더 읽어 보자, 정민 씨가 나에게 이야기해 주었던 던컨의 죽음에 대한 의혹이 제기되어 있었다. 던컨의 가족들은 "왜 그가 병원에 입원한 뒤 즉시 개발 중인 신약을 투여 받지 못했는지"에 대해서 문제를 제기하고 있다고 한다. 즉 다른 미국인 에볼라 환자에게는 실험 신약 상태인 ZMapp, TKM-Ebloa 나 브린시도포비르brincidofovir가 제공되었지만, 던컨은 그 약을 즉시 제공받지 못했다는 것이다.[51] 그 약을 바로 제공받지 못한 것이 던컨의 죽음에 얼마나 큰 영향을 끼쳤는가는 증명하기 어려운 문제이다. 그러나 이러한 의혹들에는 에볼라가 아프리카의 병으로 낙인 찍히는 상황 속에 깃들어 있는 인종주의적 차별이 표현되어 있다.

블랙, 어둠, 아프리카, 가난, 범죄 등은 '저편'의 것이 되어 '이편'과 분리하는 선이 그어지고 주변에 공포심을 심어 놓는다. 그러나 절대 타지 말라고들 하는 '2번 라인'을 타고 할렘가로 들어서도 아무 일도 일어나지 않듯, 혼자 블랙 커뮤니티에 들어가는 것이 더 많은 것을 보게 하고 더 많은 기쁨을 전해 주듯, 뉴욕의 이곳이 아프리카의 저곳과 바로 연결되어 있다고 그들이 선언하듯, 그 선과 공포를 넘어 발을 들여놓는 순간 그것들은 별것 아닌 것이 될 수도 있다. 집에 돌아오면서 나는 정민 씨에게 부탁했다. 여기 할렘부터 걸어서 돌아가자고. 할렘의 거리를 12시가 가까운 시간에 함께 걸어 다닐 수 있다면 앞으로는 언제든 어떤 집회든 스스로 갈 수 있을 것 같았기 때문이다. 그리고 그날 정민 씨와 함께 걸었던 할렘의 공기를 잊을 수 없다.

이날 나에게 길안내와 마음의 안정과 맛있는 소울 푸드까지 소개해 준든든한 동료, 정민 씨의 말은 다시 생각해 보아도 정말 멋졌다! "저는 뉴욕의 어느 곳도 특별히 더 위험한 곳은 없다고 믿고 있어요." 뉴욕의 몇 곳은 정말 위험하다는 건 듣고 보아 안다. 나는 나를 이곳에 있게 해 준 사람들과 나의 가족과 친구들을 생각해서 스스로 잘 돌보며 살아야 한다. 그러나 동시에 우리는 일단 보다 근본적인 차원에서, 세상 그 어떤 마을이건 다른 마을보다 더 위험한 곳은 없다고 그렇게 깊이 믿어야 한다. 그리고 그러한 곳으로 기회가 있다면 몸을 들이밀어 직접 숨 쉬고 만져 보고 살아 봐야 한다. 이날, 나의 세계는 정민 씨의 말과 블랙 커뮤니티의 활기 속에서 20블록 넓어졌다. 그것은 마치 이곳 뉴욕에서 아프리카를 사는 live 것과 같은 일이었다.

2014.12.13. 〈밀리언즈 마치〉 : 무엇이 블랙인가?

뉴욕 시내에는 하루에도 여러 개의 크고 작은 집회들이 열렸다. 이날은 타임 스퀘어 근처에서 신애 씨를 만나기로 되어 있었다. 어릴 때 미국에 온 신애는, 현재 큐니CUNY에서 미술사를 공부하는데 한국 문학에 관심도 많고 한국어도 참 잘한다. 그리고 무엇보다, 나는 그 친구와 나의 정치적인 비밀들을 공유할 수 있을 것 같은 생각이 든다. 신애 씨가 집회에 자주 참여하는 것은 아니다. 그러나 그녀는 사람과 세상을 대하는 정치적이고 섬세한 감성을 지니고 있다. 뉴욕 대에서 미술사를 전공하는 장경문 씨는 주변에 늘 친구가 많은 배려 깊은 친구다. 그녀의 소개 덕분에 신애 씨와 처음 저녁 식사를 하던 날, 그녀는 일본에서의 인종주의적 상황에 깊은 관심을 보이면서 "여기도 똑같아요!"라고 했다. 나는 "미국은 더해요"가 아니라 "여기도 똑같아요!"라는 그 말이 좋았다.

이날 우리는 "깨진 유리창 경찰행위" Broken Window Policing에 반대하는 직접 행동에 참여한 후, "유령 파일 : 우생학 기록 보관소" Haunted Files : The Eugenics Record Office라는 전시를 보기로 했다. 이날 기획된 직접 행동은 뉴욕 경찰 국장인 빌 브래튼 Bill Bratton이 〈동물 학대 방지를 위한 미국 협회〉로부터 동물학대를 위한 싸움에 공헌했음을 칭찬하는 〈공공 서비스 상〉 Public Service Award을 수상했는데, 이 어처구니없는 수상에 대한 반대 의사를 밝히기 위한 것이기도 했다.

빌 브래튼은 바로 이 "깨진 유리창 경찰행위"의 창시자다. 1982년 미국

범죄학자 제임스 윌슨James Wilson 과 조지 켈링George Kelling이 발표한 "깨진 유리창 이론"은 낙서나 유리창 깨기 등 경미한 범죄를 방치하면 더 큰 범죄를 불러온다는 이론이다. 이 이론을 따라 1994년 루돌프 줄리아니Rudolph Giuliani 뉴욕시장과 빌 브랜튼 경찰국장은 뉴욕 지하철의 낙서를 싹 지우고 금지하는 등 이 이론을 실제 경찰 행위에 적용했다. 이른바 "깨진 유리창 경찰 행위"이다. "깨진 유리창"에 대한 일상적 감시란 이른바 '비정상인들'에 대한 일상적 감시이고, 다시 말해 경찰 인종주의가 작동하게 되는 심리적 기제가 된다. 그리고 블랙=범죄자라는 경찰의 인종주의적 편견과 과도한 의심과 과잉방어가 바로 "깨진 유리창"적인 행위로 용서된다. 즉 "깨진 유리창 경찰행위"야 말로 무고한 빈곤층과 이방인을 죽음으로 내몰고 신뢰로 구축된 공동체적 관계를 파괴하고 사회의 다채로움과 활기를 억압하는 행위이다. 그리고 문득 1937년, 지나치게 긴 수염과 깔끔치 못한 외모로 도쿄 거리를 배회하다 이른바 사상 불온혐의로 니시칸다 경찰서에 수감되었던 이상李箱이 떠오른다. 당시 도쿄의 많은 조선인들은 수시로 경찰의 심문을 받아야 했고, "불령선인"不逞鮮人, ふていせんじんつ로 몰려 체포당했을 것이다.

맨해튼 5번가의 펜트 하우스 80번가로 가자 이미 소규모의 사람들이 모여 있었고 그들을 경찰이 둘러싸고 있었다. 간단한 연설과 구호가 끝나자 사람들이 거리에 눕기 시작했다. 이른바 다이-인 집회였다. 그들은 누운 채로 〈우리는 멈추지 않을 것이다. 모두가 자유로워질 때까지〉We ain't gonna stop, till people are free라는 노래를 불렀다. 이 노래는 사무엘 잭슨Samuel L. Jackson 이 부르며 집회에의 참여를 호소해서 유명해졌다. 이후 여러 가지 버전의 노래가 유튜브에 올라오고 있으며 집회에서 자주 불리고 있다.[52] 에릭 가너의 말 "숨 쉴 수 없다"로 시작하는 이 짧은 노래는 아주 심플하지만 명확한 진리를 담고 있다. 내 이웃이 숨 쉴 수 없다고 울부짖는 소리를 모른 척 할 수 없으며, 우리 모두가 자유로워질 때까지 그들을 떠나거나 싸움을 멈추지 않겠다는 것이다. 우리 모두가 연루되어 있고 우리가 고통의 소리에 공감하고 함께 써워야 한다는 이 노래를 명확히 보여 준다. 그리고 더욱 중요하게, 우리가 연루되어 있다는 것이 우리가 서로를 감시하고 서로를 경찰에게 신고하

는 것이 아님을 이 노래는 명확히 보여 준다. 이 노래는 우리의 '안전'을 위해서가 아니라 우리의 '자유'를 위해서 불린다.

I can hear my neighbor cryin' 'I can't breathe'
Now I'm in the struggle and I can't leave.
Callin' out the violence of the racist police.
We ain't gonna stop, till people are free.
We ain't gonna stop, till people are free.

다이-인 시위. 냉혈한 브래튼을 해고하라!

'숨 쉴 수 없어요' 이웃이 울부짖는 소리가 들린다.
나는 지금 싸움 속에 있으며 떠날 수 없다.
큰 소리로 외친다. 인종주의자 경찰의 폭력을.
우리는 멈추지 않을 것이다. 모두가 자유로워질 때까지.
우리는 멈추지 않을 것이다. 모두가 자유로워질 때까지.

이후 우리는 우생학자의 작업실을 그대로 보존한 듯한 전시 "유령 파일:우생학 기록 보관소"를 보러 갔다. 이 전시의 효과나 목적은 단순치 않아 여기서 다 언급할 수 없다. 그러나 그곳 우생학자의 책상과 사물함에는 빼곡히 들어찬 지역별, 인종별, 우생학적 비정상인들이 마치 유령의 웅얼거림처럼 웅성거리고 있었다. 경찰서장의 맥락에서 보자면 "깨진 유리창들"임에 분명할 이들은 신애와 내 모습과 너무나 닮아 있었다. 신애가 우생학자의 분류로부터 찾아낸 "소심증인 사람들의 목록"은 우리를 흥분시켰다! 우리는 그러한 우생학자와 같은 작업들을 우리도 모르는 사이에 수행하면서(깨진 유리창을 신고하는 지역 주민이 되어 가면서) 동시에 그들의 서랍 속의 유령들처럼 박제된 채(자기도 모르는 사이에 유리창을 깨뜨린 사람으로 기록되어) 존재했다. 우리는 어떻게 인간을 넘어선 새로운 인종학자가 되는 동시에 그러한 박제로부터 서로를 해방시킬 수 있을까?

찻집에 앉아 이날의 이야기를 나누던 나는 신애 씨에게 "Black lives matter"를 어떻게 한국어로 번역하면 좋을지 물어보았다. 나는 이 구호가 번역하기 어렵다고 이야기했다. 한국에서는 주로 "블랙의 목숨도 소중하다"고 번역하지만, 이때 'lives'가 단지 목숨만이 아니라 블랙의 역사와 삶 전체를 의미한다는 점에서 그런 전체적인 상황이 전달되지 않는 것 같았기 때문이다. "matter"는 중요하다고 해야 할지, 쟁점이라고 해야 할지 혼란스러웠다. 특히 'black'이 문제였다. '흑인'이라고 하면 정확하지만 차별적인 느낌이 들고, '아프리칸'이라고 하자니 길고 느낌이 살지 않았다. 그냥 '블랙'이라고 하자니 이것을 일종의 고유명사로 굳어지게 만드는 느낌이 싫었다. 이런 고민에 대해 신애 씨는 '블랙'이라는 말이 미국에서 매우 길고 복잡한 역사성이 있고 다양한 감정을 불러일으키는 말이라고 하면서 블랙의 역사에 대한 책을 소개해 주었다. 시어도르 알렌이라는 활동가가 쓴 『백인종의 발명』[53]이라는 책으로 미국 인종주의의 역사에 대해 쓰여 있었다. 나는 그 책을 다 읽을 수는 없었지만 신애 씨와의 대화를 통해서, 깨진 유리창 이론이나 블랙에 대한 우생학적 접근이 보여 주듯이 '블랙'이라는 말은 '아프리칸'이라는 인종의 의미만이 아니라, 어둠·가난·더러움·보이지 않음·비정상·이상함과 같은 의미를 담고 있음을 다시금 생각해 볼 수 있었다. 그러므로 과연 누가 '블랙'일까? 나는 블랙의 복잡함을 단순히 번역어를 고르는 식으로 섭시리 결론 지어 말하지 않았던 신애, 어린 시절부터 뉴욕에서 할

"헌티드파일" 전시 입구의 안내문. 이 전시는 실제 우생학자가 방금 전까지 작업을 하고 있었던 것처럼 꾸며 놓았다.

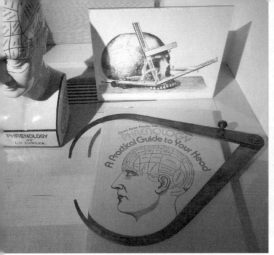

[좌] 우생학자의 책상 위에는 분류표와 두뇌 크기를 재는 측정 도구들이 있다. [우] 자료 보관함을 뒤적이자 이른바 '미개'로 판정된 사람들의 데이터가 분류 보관되어 있다.

머니와 함께 사는 그녀의 이방인의 삶이 그녀에게 열어준 섬세함과 풍성함에 대해서 존경심을 느꼈다.

블랙=범죄자라는 경찰 인종주의는 명백히 계급 문제를 담고 있다. 즉 미국의 경찰 인종주의는 모든 블랙이 아니라 '가난한 블랙'을 겨냥하고 있었다. 마이클 브라운이 사망한 미국 미주리 주 퍼거슨 시는 인구의 70%가 흑인이지만, 시장 시의회는 모두 백인이며 흑인 경찰은 3명에 불과하다. 더구나 이곳 법원의 벌금 수입은 260만 달러로 시 재정의 14%에 달하는데 수많은 가난한 흑인들은 벌금을 내지 못해 교도소에 가는 일이 비일비재하다.[54] 교도소에서 간 블랙은 저임금 노동으로 시의 재정을 불려 주고 있으며 석방되면 다시금 가난한 블랙의 삶이 기다리고 있다. 따라서 이번 블랙의 저항운동은 단순히 아프리카 아메리칸만을 위한 것이 아니며 '블랙'으로 취급당하는 수많은 마이너리티 계급들의 울분이 만들어 낸 것이라고 할 수 있다. 따라서 운동의 방향도 이러한 불평등한 경제 시스템 전체와 그것을 고정된 이미지로 만들어 인종주의의 근거로 삼는 감성구조 전체를 향한 것이 되어야 한다. 그런 점에서 12월 13일 뉴욕에서 열린 〈밀리언즈 마치〉가 갖는 의미는 매우 크다.

2시경부터 워싱턴 스퀘어 공원에 모여 시작된 〈밀리언즈 마치〉의 요구 사항은 이랬다. "우리는 정의를 요구한다. 마이클 브라운을 위해, 에릭 가너를 위해, 아카이 걸리를 위해 그리고 경찰 권력의 남용으로 죽은 무구한 유색인 모두를 위해." 이날 뉴욕에서는 2만 5천 명이 모였고 워싱턴에서는 4만 명이 "모두를 위한 정의"Justice for All를 외치며 모였으며 볼티모어를 비롯한 동부 도시와 서부 샌프란시스코, 오클랜드 등에도 수많은 사람이 모였다. 이 행진을 준비한 〈밀리언즈 마치 NYC〉는 여러 가지 단체들의 연합체였고 통합된 중심은 없었다. 그들은 "우리는 그날을 위해 단결하고 우리의 힘을 보여 주기 위해 열심히 이번 행진에 대한 계획을 만들어 왔"으며, "직접 행동을 계획하는 분들은 이 행진에 장소와 시간을 할애해 주시길 부탁"하며, "행진 동안 액션을 계획하고 있다면 사람들이 다치게 하지 않을지 체크"해 달라고 요청한다. 또한, "이것은 허가받은 행진입니다. 장애인, 아이들, 노인, 불법 이민자, 범죄 리스트에 있는 사람들이 참여할 수 있게 하기 위해서입니다"라면서 그들은 정해진 루트를 지키고 집회 인솔자의 말을 들어줄 것을 요청한다.

허가된 집회는 그 발언이나 행위에서 일정한 한계를 지닐 수밖에 없다. 그러나 이번 행진의 경우, 현재의 경찰 인종주의가 단지 아프리카 아메리칸에게만 해당되는 문제가 아니며, 이 시스템 전체와의 싸움이 되어야 한다는 취지를 걸고 있기 때문에 깊이 공감했다. 이 행진을 준비해 온 젊은 활동가들의 이야기를 들어 보자.

사바흐 조던Sabaah Jordan : 거리에서 정의를 요구하고 외치는 사람들이 있어요. 온갖 피부색, 다른 연령, 다른 배경을 지닌 사람들이에요. 인간으로서 진화할 준비가 된 사람들이지요.⋯⋯그것은 우리 모두가 더 나은 세상에 살게 된다는 것을 의미해요. 나는 사람들이 이것을 알게 되었다고 생각해요.⋯⋯우리는 운동을 만들어 가고 있어요. 우리는 우리가 더 나은 세계에 살게 될 거라고 믿어요. 이곳에 모인 많은 사람이 이것을 반증하고 있어요.⋯⋯이는 어떤 시기가 왔다는 증표예요. 우리는 일자리를 얻기 어렵고 학비를 갚기도 어렵고 모든 것이 어려운 세상에 살고 있어요. 또한, 이 상황은 우리에게 이러한 질문을 하게 해요. 왜 이렇게 되었을까? 당신이 거리에서 사람들이 죽어가고 정부가 이에 대해 책임을 지지 않는 것을 볼 때 말이죠, 여기에는 또 하나의 사실이 있어요. 무엇인가가 정말 너무나 잘못되어 있다는 것, 그리고 우리가 아무것도 하지 않는다면, 우리가 어른으로서 이러한 세계를 물려주게 된다는 것이죠. 지금과 같은 현실에서는 블랙 여성으로서 아이를 갖는다는 것을 상상할 수 없어요. 그래요, 그게 내가 여기에 온 이유예요.

조지George : 경찰 행위는 반드시 커뮤니티의 정의를 회복시키는 데 기반을 둬야 해요. 지금과 같은 방식이 아니라 말이죠. 그리고 이는 단지 경찰행위에 대한 것만이 아니에요. 우리는 이 이상의 일을 하려고 해요. 이 전체 시스템은 깨지지 않았어요. 그것은 그저 잘 작동하고 있어요. 그 시스템을 해체하고 다시 만들어야 해요. 사람들을 위해 정의를 위해 그리고 불평등에 저항하기 위해서요.[55]

모두를 위한 모든 시스템과의 싸움이 된 이 날의 행진에는 다양한 사람들이 참여했다. 나는 정민 씨와 함께 걸으면서 그야말로 다양한 플래카드와 단체와 사람들을 만날 수 있었다. 뉴욕에 사는 블랙 교육자 타이 프리덤 포드T'ai Freedom Ford는 이곳에 왔다. "내 학생들과 같은 블랙들이 아무런 이유 없이 총에 맞아 쓰러져 가는 것을 보는 데 질렸"기 때문에. 8살 가비 X Garvey X는 엄마와 함께 왔다. "우리의 권리를 위해 싸우"기 위해. 집회는 처음이라는 십 대들도 왔다. "이 활동을 정말로 지지하기 때문에" 그리고 이들이 보내는 파워풀한 메시지 "그 메시지의 한 부분이 되고 싶기 때문에." 선생님인 트레이시 퍼드Tracy Faud는 이곳에 왔다. "나의 블랙 학생들은 꿈을 갖고 있어요. 쏘지 마세요"라는 피켓을 들고.

나의 블랙 학생들은 꿈을 갖고 있어요. 쏘지 마세요!

그런데 행진의 에너지는 무엇보다 젊은 활동가들, 특히 그들이 지니고 있는 분노로부터 나왔다. 시네이드 니콜스Synead Nichols는 대런 윌슨의 무기소 판결을 들은 것이 이 집회를 계획하게 된 동기였다고 말한다. "모두는, 나는 정말 화가 났고 격노했고 무엇인가를 하길 원했어요." 우마라 엘리엇Umaara Elliott은 자신들이 이날을 "분노의 날"Day of Anger이라고 이름 붙였다고 말한다. "우리는 슬펐고 화가 났어요. 분노는 정당화될 수 있어요. 동시에 우

침묵 = 동의

리는 무서워요" 닐란 존슨Nilan Johnson은 "이것이 내가 매일 느끼는 것입니다. 이것은 이미 조건 지어져 있는 상황이에요. 나는 두렵고 표적이 되어 있는 듯하고 걱정이 됩니다. 여기에 있는 누구든지 마찬가지로 느낍니다. 우리는 우리의 휴머니티를 유지하려고 노력하고 있어요." "나의 아들을 죽이지 말라"Don't kill my son라고 쓴 티셔츠를 입은 익명의 시민은 "나는 내 아들이 이 거리에서 죽을까 봐 걱정이 됩니다. 내 아이는 순수합니다. 그게 내 걱정입니다. 여덟 살 그의 삶을 위해 싸우려고 여기에 있습니다." 수많은 블랙이 오랫동안 지속해 온 이 학살의 경험을 갖고 살아왔고 살고 있었다.

그리고 대릴 그린Darrell Greene은 이렇게 말했다. "나의 아버지, 나의 아들, 누가 다음이지?……다음은 나? 우리 커뮤니티의 누군가가 다음 일까 봐 걱정이 됩니다. 우리는 생산적인 시민이고 우리의 삶이 두려움 속에 있다고 생각해요." 정당한 말이었지만 나는 이 말 앞에서, 기분 좋게 달려가던 마음을 잠시 멈출 수밖에 없었다. 이 말 속에는 생산적인 시민이기 때문에 안전하게 살 권리가 있다는 전제조건이 있었다. 즉 시민이 아닌 사람에 대한 고려가 빠져 있었다.

이날 아침, 나는 중학생인 이종사촌 조카아이의 바이올린 연주를 듣기 위해 퀸즈 컬리지에 갔었다. 퀸즈는 한국거리가 형성되어 있어서 많은 사람이 방문하는 곳이지만 나는 딱 한번 사촌오빠의 차를 타고 짜장면을 먹으러 갔을 뿐, 메인 스트리트에 혼자 가보는 것은 처음이었다 처음 가본 그곳은 미국 속 중국이었고 길거리 대부분이 동양인이었다. 사람들은 내게 중국

어로 길을 물었고, 내가 영어로 길을 물어도 중국어로 답해 주었다. 그것도 틀린 길을 열심히 가르쳐 주셔서 나는 거의 삼십 분을 그 거리에서 헤맸던 것 같다. 그러다 겨우 경찰서에 묻고 버스를 탔는데, 경찰도 운전기사도 블랙이었다. 버스에 탄 나는 확인 차 '퀸즈 컬리지'에 가냐고 물었다. 그러자 그는 내가 가고 싶은 곳이 어딘지 알았음이 확실함에도(거기서 갈 수 있는 컬리지가 퀸즈 컬리지 이외에 또 있겠는가!), 내 발음이 "퀸즈"라는 본토발음과 너무 멀어서 알아들을 수가 없다는 표정으로 "퀸즈"라고 되물었다. 내가 최대한 그의 발음을 흉내 내서 "퀸즈"라고 하자, 그는 다시금 모르겠다고 말하며 한동안 나를 앞에 세워두고 여러 번 발음을 시키고 고생을 시킨 뒤에야 알려 주었다. 내가 내릴 때가 되자 다시 날 불러서 다음에 내리라고 말해 준 것은 친절했지만, 마치 귀여운 어린아이를 대하듯 한 것이 꽤씸했다. 내가 내려야 한다며 나를 부를 때, 그는 내가 모르는 어떤 단어를 말했다. 나는 그 단어에 뭔가 성적이고 나쁜 뜻이 담겨 있는 듯한 느낌이 들었다. 퀸즈를 "퀸즈"라고 발음할 수 있는 사람들만을 위한 것이 현재의 블랙 싸움이라면 나는 그 '블랙'에는 끼고 싶지 않았다. 옆에서 함께 걷던 정민 씨가 말했다. "이 많은 사람들 중에 동양인은 정말 별로 없지요?" 퀸즈에 가득한 동양인과 그들 위에서 경찰 업무나 운전을 하는 블랙들이 그 순간 머리를 스쳤다. 그리고 동시에 부유해져 백인처럼 행동하며 블랙을 무시하는 동양인들도 떠올랐다. 결국 나는 내가 "블랙"을 번역할 수 없다는 느낌이 드는 동시에 블랙을 동아시아의 맥락 속에서 반드시 번역해 내야 한다고 생각했다.

그 멈춤 속에서 나는 아만다Amanda의 플래카드와 만나 겨우 다시 함께 걸을 수 있었다. 총의 사정권 안에 블랙 여성의 실루엣을 그린 그림이었다. 그녀는 이렇게 말했다. "블랙 남성에 대해 생각하는 것은 중요하지만, 또한 블랙 여성과 블랙 트랜스젠더 등에 대해서 생각하는 것도 중요해요. 그들도 또한 죽임을 당하고 있어요. 그러나 그들의 이야기는 심지어 들리지 않지요. 이건 중요해요. 우리가 만약 이런 운동을 통하여 혁명을 만들어 가려고 한다면 우리는 다른 정체성을 지닌 모두를 포함시킬 필요가 있어요." 한참을 걷다 보니, 경찰에게 죽임을 당한 블랙 여성과 트랜스젠더의 사진을 플래카드

"블랙 여성들 또한 경찰에 의해 살해당했다. 그들의 이름을 말하자, 그들의 얼굴을 기억하자. 이 운동은 그들을 위한 것이기도 하다."

로 만들어 들고 있는 그녀들도 보였다. '블랙'이란 "다른 아이덴티티를 지닌 모두"를 포함시킬 때 비로소 그 급진적인 블랙성을 창조해 낼 수 있을 것이다. 그리고 명백히 말하건대, 옐로우나 브라운은 화이트와 블랙의 중간색이 아니다. 어쩌면 화이트와 옐로우, 빛과 어둠 사이에 생기는 그늘진 공간 속에서 자라나는 수많은 중간색들을 볼 때, 옐로우나 브라운뿐 아니라 블랙에 대해서도 말할 수 있을 것이다. 그러므로 우리는 이렇게 물어야 한다. "누가 블랙인가?"가 아니라, "무엇이 블랙인가?"

We are all Michael Brown! I am Mike Brown, but Je ne suis pas Charlie.
우리 모두가 마이클 브라운이다! 나는 마이크 브라운이다. 그러나 나는 찰리는 아니다.

2015.2.26. 액션 플래닝 어셈블리Action Planning Assembly : 운동 속 '운동 이후'에 대처하는 법

언론 플레이의 영향도 있다고 생각하지만, 12월 말부터 다음과 같은 기사들이 보도되기 시작했다. 20일에는 뉴욕 브루클린 베드퍼드-스타이베선트Bedford-Stuyvesant 지역에서 이스마엘 브린슬리Ismaaiyl Brinsley라는 28세 블랙 남성이 순찰차 안이 경찰관 2명에게 총격을 가해 숨지게 하다. 그는 도주하다가 지하철역에서 스스로 목숨을 끊었는데, 자신의 SNS에 에릭 가너와 마이클 브라운을 거명하며 복수를 암시했다고 전해진다. 연이어 21일에는 플로리다주 파이낼러스 카운티 타폰 스프링스Pinellas County Tarpon Springs 주택가에서 경찰관이 총에 맞아 사망한다. 이런 보도 속에서 활동가들이나 블랙 희생자들의 가족들은 자신들과 경찰에 대한 살해사건과 블랙 저항 운동을 구별 짓기 위한 노력을 하고 있다. 에릭 가너의 부인은 "나의 남편은 결코 폭력적인 사람이 아니었습니다"라고 말하면서 비폭력 저항운동을 호소했으며, 활동가들이 살해당한 경찰의 장례식에 참여하여 애도의 뜻을 전하기도 했다.[56] 그러나 비슷한 시기에 '#BlackLivesMatter' 같은 활동 단체 태그를 이용한 비방이나, 마이클 브라운의 추모 기념물이 훼손되는 경우들이 발생하고 있었다. 몇몇 신문사들의 비방성 보도들도 등장했다. 1월 2일의 두 집회는 『뉴욕 포스트』NY Post와 〈폭스 뉴스〉Fox News의 잘못된 보도에 대한 비판을 담고 있었다. 이러한 분위기 속에서 현재 블랙 저항운동에 참여하고 있는 단체인 〈정의를 위한 밀리언 후디스〉Million Hoodies Movement for Justice의 창립자인 단테 베리Dante Berry는 이렇게 말했다. "나는 사람들이 위험을 무릅쓰고 항의시위에 동참하길 원치 않게 될까 봐 두렵다."[57]

운동은 커뮤니티 전체의 암묵적 지지 속에서 가능하다. 운동이 장기화할 때 처음의 뜨거움이 지속하기 어려우며, 안에서의 분열과 외부에서의 비방이 나타나기 시작한다. 이것은 특정 집단의 문제가 아니며, 모든 집단이 마주하게 되는 상황이다. 따라서 활동에 참여하는 그 순간의 생산성을 강조한다고 하더라도, 동시에 우리는 운동 이후에 대한 질문을 간과할 수 없다. 특히 인종주의와 관련된 운동은 '이미 오래된' 것이며 '반복되어 온 것'이다. 따라서 운동이 한창 진행되는 순간에도 '운동 이후'의 문제가 함께 진행되며, 운동 이후의 문제들이 집단 내부의 오래된 폭력적 관계들을 표현하며 나타나기 시작한다.

12월 말부터 일어난 몇 가지 사건들은 블랙 저항운동이 새로운 전환기를 맞고 있다는 것이기도 하지만, 동시에 인종주의적 저항행동이 늘 봉착하는 오래된 문제들을 환기한다. 인종주의적 차별 속에서 발생한, 울분으로 가득 찬 범죄를 어떻게 이해해야 할까? 또한, 저항활동 속에서 나타나는 폭

력과 테러를 어떻게 이해해야 할까? 라는 문제다. 이는 비단 미국의 문제만
은 아니다. 1970년대 일본에서도 재일조선인 김희로의 인질극은, 전후 일본
사회가 안고 있었던 재일조선인에 대한 차별적 구조를 전면에 부각시켰다.
그의 범죄행위나 불행한 삶에는, 인종주의적 차별을 받으면서 축적되어 온
전후 일본 사회 전체의 폭력이 담겨 있었다. 이런 사회 전체에 대한 일종의
반발로 나타나는 것이 울분에 찬 마이너리티의 범죄인 것이다.

나는 주류 미디어와는 다른 블랙 저항 운동 내부에서 이 상황에 대처
하기 위해 어떤 전략을 가지고 있는지 듣고 싶었다. 그래서 〈블랙의 목숨도
소중하다〉에서 주최한 집회 계획 모임에 참여하기 위해 〈뉴욕시 연대 센
터〉Solidarity Center NYC를 처음으로 찾아갔다. 아무 연고도 없이, 그러나 뉴욕
에서 만나 친구가 된 선천적인 자유로움을 지닌 오스트리아에서 온 독일 친
구 캐롤과 함께 갔다. 카프카를 데리다의 '환대'라는 관점에서 연구하는 그녀
와 함께라면 어떤 낯설음도 호기심으로, 어떤 손님도 주인처럼 변하기 때문이
다. 그녀의 이름의 뜻이 '자유'라는 걸 알게 된 건 한참 뒤였는데, 나는 그녀와
만날 때마다 자연스럽게 몸에 밴 자유로움을 느꼈다. 연대 센터가 있는 2층에
는 빨간 바탕에 검은색 아나키스트 마크가 새겨진 깃발이 걸려 있었다.

센터 안에 들어서자, 마치 일본의 〈프리타 전반노조〉에 들어온 것 같은
친숙함이 느껴졌다. 단지 우동 대신 팝콘이 튀겨지는 냄새가 났고, 과일과
스낵들이 있었다. 여기저기 널려 있는 전단지를 줍고 앉을 곳을 찾았으나 이
미 만원이었다. 서 있자니 늘 이런 공간 한구석에 있을 법한 멋대로 생긴 작
은 의자를 어떤 아주머니가 가져다주셨다. 자세히 둘러보니 집회에서 만났
던 몇 사람들의 얼굴이 낯익었다. 이날의 논제는 1) 경찰 두 명이 살해된 일
이 우리의 운동에 끼칠 영향, 2) 앞으로 10일 동안 준비된 시위들(27일 아카
이 걸리, 31일 새해 전날, 1일 그랜드 센트럴 스테이션, 2일 폭스 뉴스), 3) 마
틴 루터 킹의 생일 1월 15일, 액션 데이 4) 경찰 테러 조사 위원회Tribunal on
Police Terror 5) 12월 13일 행진 중 브루클린에서 있었던 사건으로 체포된 액티
비스트에 대한 소식 6) 다른 의견이나 광고 7) 전거 활동에 대한 미팅 등이었
다. 사실 우리는 이야기하다 좀 늦었는데 불행히도 경찰 살해에 대한 언급은

이미 지나가 있었다. 캐롤도 나도 영어를 썩 잘하지는 않았지만, 그래도 흥미로운 몇 가지 이야기를 들을 수 있었다. 무엇보다 경찰 살해라든가, 언론의 몇 가지 비방들에도 각양각색의 활동가들이 모여 자신의 계획을 말하는 활기를 느꼈다.

이들의 발언 속에는 그들 나름의 시간관이 있었다. 연말과 연시는 집회 일정으로 빽빽했고, 마틴 루터 킹의 생일을 기념해 쉬는 날은 19일이 아니라 진짜 생일인 15일이었다. 그들은 공식적이거나 허가받은 집회를 비판하면서 마틴 루터 킹 데이 액션은 국가 공식 지정 기념일인 19일이 아니라 그의 진짜 생일인 15일에 해야 한다고 주장했다. 무엇보다 인상에 남았던 것은 다음의 두 발언이었다. 한 명은 히스패닉계였는데 서툰 영어로 천천히 집회에 참여하는 사람 중엔 블랙 이외에도 정말 다양한 사람들이 있다는 것을 강조했다. 또 한 명은 경찰 살해를 빌미로 폭력의 혐의를 씌우는 것에 대해서는 비판적이었으나, 운동에서 때로 폭력이 필요하다는 점을 역설했다. 캐롤은 그 어떤 순간에도 폭력은 옳지 않다고 그녀의 발언에 대해 비판했다. 그러나 나는 조금 생각이 달랐다. 노파심에 덧붙이자면 나는 결코 폭력이나 테러를 긍정하는 것이 아니다. 당연히 폭력은 나쁘고 우리는 최대한 폭력을 방지하기 위해 노력해야 한다. 그러나 인종주의에 대한 항의 행동 속에서 반발력을 갖고 불거져 나오는 대항폭력에 대해서는 과연 어떻게 생각해야 할까? 이 문제는 폭력은 나쁘다 라는 식으로 단순화할 수 없는 복잡한 사유를 요구한다.

우연일지 모르지만, 경찰 두 명이 살해되었다는 보도가 있던 무렵, 오바마는 북한을 다시 테러리스트에 올리겠다고 선언했고, 뉴욕에서는 영화 〈인터뷰〉가 상영되었다. 북한을 매우 나쁘게 묘사한 그 영화 말이다. 그리고 며칠 지나지 않아 프랑스 주간지 『샤를리 에브도』에 대한 테러 사건이 보도되었다. 이러한 테러와 폭력은 당연히 잘못된 것이다. 그런데 테러에 대한 비판에만 집중하느라, 테러의 원인이 무엇이며 반테러 담론의 효과가 무엇인지를 망각해서는 안 된다. 인종주의적 차별을 받은 집단들의 테러, 그 폭력성은 강하게 비판하고 일어나지 않도록 조치를 취해야 하지만 동시에 그 폭력의 원인이 무엇인지 그 폭력이 과연 어디서부터 시작되었는가를 물어야 한다. 또한,

테러를 이슈화한 비판들이 특정 인종이나 종교를 '적'으로 만듦으로써 배타주의적 인종주의를 강화시키는 점에 대해서는 강하게 비판해야 한다고 생각한다. 그렇게 만들어진 배타주의적 경향은 일상 속으로 파고들어, 삶 전체를 "적이 누구인가"를 색출하는 감시와 통제 속에 놓이게 할 수 있기 때문이다. 여기에는 몇 명의 블랙이 경찰을 살해한 것을 빌미로 블랙 저항 운동 전체에 대해 비방을 하는 것과 마찬가지의 메커니즘이 작동한다고 생각한다.

따라서 나는 신문 일 면에 실린 프랑스의 집회 모습 속에서 "내가 샤를리다"라고 쓴 플래카드를 발견하고 깜짝 놀랐다. "나는 ~ 다"라는 것은 블랙 저항 운동에서 최근 가장 많이 듣는 구호다. 나는 마이클 브라운이다. 나는 에릭 가드너다. 뉴욕은 퍼거슨이고 퍼거슨은 뉴욕이다. 매우 다른 두 존재나 지역 사이를 언어적 상상력으로 좁히는 이 '공감'을 지향한 선언들은, 우리가 법-경찰 인종주의와 자본주의 시스템 속에서 서로 연루되고 함께 고통받는 존재라는 자각에 기반을 두고 있다. 이 연루되어 있음에 대한 자각과 공감 속에서, "나는"이라는 개인주의적 주어는 더 많은 존재를 향해 열린 '복수형 단수'가 된다. 반면 "내가 샤를리다"라는 구호는 대체 무엇을 알려 주는가? 그렇게 외치는 사람들은 이슬람에 대한 호모포비아를 담은 풍자 시사 만화가가 되고 싶은 것일까? 이슬람 원리주의자들의 테러에 대해서는 비판해야 하지만, 이 구호 속에는 왜 이 테러가 일어났는가 하는 원인에 대한 망각이 있다.

이 사건 직후 『뉴욕 타임스』 사설은 매우 중립적인 태도를 취했다. 그러나 그 사설이 포인트를 맞춘 또 하나의 주제는 현재 "표현의 자유"라는 말이 처해 있는 복잡성에 대한 것이었다.[58] 사설은 테러로 인해 12명의 사상자가 났지만, 이슬람에 대한 모욕적인 풍자 만화를 단지 "표현의 자유"라는 말로 옹호할 수 없다는 분위기가 공존하고 있다는 것이다. 보다 정확히 말하자면, 헤이트 스피치hate speech는 "표현의 자유"로 옹호될 수 있느냐는 물음이다. 그러나 어떤 공공의 가치를 위하여 '표현의 자유'를 인정하지 않거나 제재를 가해야 한다면 그것은 국가, 종교 등에 의한 감시 사회로 금세 전환되어 버릴 위험성도 있다. 결국, 문제는 '표현의 자유'와 같은 가치가 사전적인 의미로 통용되지 않는 시대에 우리가 살고 있다는 점이다.

원래 약자의 것이었던 '표현의 자유'는 더 이상 약자들만의 권리주장으로 존재하지 않는다. "나는 ~ 다" 같은 말이 국가나 경찰에 의해 패러디됨으로써, 폭력의 주체가 자신이 마치 민주주의의 옹호자인 양 코스프레를 하는 시대다. 따라서 어떤 선언을 둘러싼 맥락과 관계성과 효과가 무엇인지를 통해 그 선언의 의미나 가치가 이야기되어야 한다. 이는 현재 미국에서 경찰 살해를 다루는 기사들이 무엇을 테러리스트로 혹은 적으로 규정하는가를 면밀히 봐야 하는 이유이다. 또 인종주의적 대항운동에서, 대항적 폭력이나 테러가 일어나지 않게 하기 위해서는, 이러한 대항적 폭력이나 테러가 일어날 때 그 사건이 가시화하는 폭력의 근원이 무엇인가를 면밀히 따져봐야 하는 이유이기도 하다. 실상 샤를리 에브도 사건은 표면적으로는 '테러'이지만 보다 근본적으로는 인종주의에 의한 타자 포비아(공포, 혐오) 문제이며, 난민 문제이기도 하다. 따라서 이렇게 말해 보자. 나는 에릭 가너고, 아카이 걸리며, 마이클 브라운이다. 그러나 나는 샤를리가 아니다.I am Mike Brown, but Je ne suis pas Charlie.

This is what democracy looks like. Shut it down!
이것이 진짜 민주주의다! (시스템을) 멈춰라!

실루엣, 제스처, 노래, 아카이브

한두 달 뒤 일본에 돌아간다고 생각하면 긴장이 된다. 저선량 피폭은 도쿄에서도 진행 중이며 재해 이후 심화한 인종주의는 법적 효력을 얻어가는 것 같다. 〈특정비밀보호법〉은 수많은 사람의 반대운동과 서명에도 불구하고 통과되어 결국 12월 10일부터 발효되었다. 〈특정비밀보호법〉은 일본 행정부가 외교·국방·테러 등의 정보를 '특정비밀'로 지정한 뒤, 이를 누설한 공무원 및 그렇게 하도록 종용한 사람까지 벌에 처하는 법이다. 특정비밀의 범위와 설정과정 및 시기도 비밀이며, 특정비밀에 해당하는 정보의 소멸도 가능하다. 오키나와에는 최근 새로운 미군 기지 건설을 위한 준비로 10톤에서 45톤 무게가 나가는 콘크리트 닻을 헤노코 바다에 투하하고 있으며 야숙자에 대한 추방도 도쿄 올림픽을 앞두고 강화하는 중이다. 이런 상황에서 어떻게 식민지기의 조선 문학과 일본문학을 다루는 비교문학을 잘 가르칠 수 있을까? 만약 인종주의의 역사적 근거들을 담은 자료들이 사라져 버리고 현실에서 인종주의적 담론만이 확산된다면, 과거에 대한 올바른 이해나 현재에 대한 기록, 그리고 미래에 대한 비전은 더 이상 실증주의에 기댈 수도, 담론적 정당성에 기댈 수 없게 될 것이다.

경찰-법 인종주의가 강화되는 상황 속에서 블랙 저항 운동의 몇 가지 특성들은 이 상황을 뚫고 나갈 수 있는 몇 가지 힌트들을 준다. 첫째로 우리에게 증거가 있다. 특히 에릭 가너의 경우, 그가 목조르기를 당하는 장면을 찍은 두 개의 비디오가 결정적인 역할을 했다. 두 개의 비디오 모두 그 장면을 우연히 목격한 시민들이 핸드폰으로 찍은 영상이었다. 첫 번째 비디오를 통해 그가 11번이나 "숨을 쉴 수 없다"I can't breathe라고 호소했음에도 5명의 경찰이 그를 땅에 눌러 눕히고 목조르기를 멈추지 않는 모습이 공개되었다. 이후 "숨을 쉴 수 없다"는 말은 거리마다 울려 퍼졌다. 사람들은 숫자를 세며 그 말을 11번 외쳤다. 하나, 숨을 쉴 수 없다, 둘, 숨을 쉴 수 없다, 셋, 숨을 쉴 수 없다, 넷, 숨을 쉴 수 없다……, 열, 숨을 쉴 수 없다, 열하나, 숨을 쉴 수 없다! 그를 살릴 수 있는 이 11번의 기회가 모두 무시되었음이 영상에 고스란히 찍혀 있었다. 그리고 그 말은 현재 뉴욕에서 살아가는 우리들 자신, 그러니까 블랙"들"의 삶 그대로 호소하고 있었다. 두 번째 비디오는 에릭 가너가 "숨 쉴 수 없다"고 말한 그 이후의 상황을 보여 준다. 에릭 가너는 보도에 미동도 없이 누워 있고, 어떤 응급처치도 없다. "왜 아무도 인공호흡을 하지 않지?"Why nobody do no CPR?라는 말이 어디선가 들리고, 결국 그의 몸은 들 것에 실린다.

〈데모크라시 나우〉Democracy Now!에서는 이 두 번째 비디오에 대한 아티 글을 쓴 『뉴욕 데일리』 길 킬리그브 헤리 시젤Harry Siegel을 인터뷰한다. 그의 칼럼은 「에릭 가너의 외로운 죽음 : 그가 경찰과 의료진에 의해 마치 고깃덩

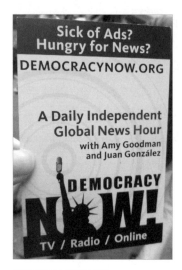

어리처럼 다루어질 때, 우리의 신뢰는 무너졌다」라는 제목을 달고 있다.[59] 해리 시걸을 울게 했다는 이 비디오는 우리가 확보한 우리 쪽의 증거다. 그리고 그것은 인터넷을 통해 빠르게 퍼져나갔다. 법과 경찰 권력이 모든 증거를 비밀로 만들어 은폐한다고 해도, 우리는 증거를 확보할 수 있는 우리들의 도구와 방식을 발명하기 시작했음을 보여 준다.

타이 프리덤 포드 : ……나는 놀랐다고 할 수 있습니다. 또한, 놀라지 않았습니다. 말하자면 우린 오랫동안 그렇게 목이 졸려 쓰러지는 것을 보아 왔습니다. 이번에는 우리가 확실히 비디오를 갖고 있습니다. 명확한 우리 쪽의 증거를 갖고 있어요.……[그러나 ─ 인용자] 소위 아메리카 사법justice 시스템과 전체적인 상황이나 구조를 생각해 보면 놀랍지 않았어요.
시네이드 니콜스 : (중략) 그는 누군가를 질식시켜 죽였어요. 여기에 증거가 있어요. 이 장면이에요.
우마라 엘리엇Umaara Elliott : 이건 사실상 공적인 린치예요.[60]

이러한 아카이브 구축을 위해 노력하면서 법 진행 과정에 대한 개입이나 공개를 요구하는 활동이나, 이런 현상을 윤리적으로 논의할 수 있는 이론적 해석이 병행되어야 할 것이다. 예를 들어 1월 6일에는 마이클 브라운을 저격한 경찰에게 무죄 판결을 내렸던 배심원 중 한 명이 배심원 판결 과정의 '비밀유지명령'을 해제해 달라고 요청하기도 했다. 당시 대배심원은 백인 9명, 흑인 3명이었고 성비로 보면 남자 7명 여성 5명이었다. 그는 퍼거슨 사건이 경찰의 공권력 사용과 인종갈등이 결합한 특수한 사태이며, 대배심의 평결 과정을 일반 대중이 알아야 한다고 주장했다.

〈데모크라시 나우!〉의 마크.

둘째로, 사진이나 비디오에 찍힌 실루엣이나 제스처가 중요한 증거가 되고 있다. 이는 정부에 의한 자료 인멸에 대항하는 싸움이 자료를 통해서만이 아니라, 그 자료의 또 다른 활용을 통해서 가능할지 모른다는 점을 시사해 준다. 예를 들어 실루엣과 제스처에 대한 해석을 통한 싸움이 필요하다는 것, 그리고 그 실

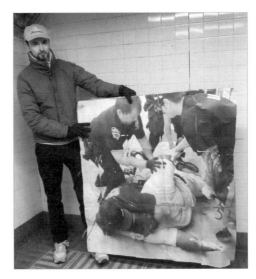

에릭 가너가 목조르기를 당하는 장면

루엣과 제스처를 운동의 상징으로 활용함으로써 가져올 수 있는 파급효과가 있다는 것이 그것이다. 마이클 브라운이 두 손을 들어 항복을 표시했던 것은 그가 비무장 상태에서 경찰의 총격을 받았음을 증명한다. 이후 사람들은 집회에서 모두 손을 들고 행진했다. 마이클 브라운이 비무장 상태로 총을 맞았음을 강조하기 위해서였다.

물론 제스처의 활용은 단지 희망적으로만 활용되는 것은 아니다. 아카이 걸리의 죽음을 보면 그가 임대아파트의 층계참 어둠 속에서 움직이는 블랙이었다는 점 때문에 총격을 받는다. 임대 아파트의 낡은 시설 때문에 층계참의 불은 나갔고 엘리베이터는 고장이었으며, 그 층층이 쌓은 어둠 속을 또 하나의 어둠인 그가 걸었다. 그의 블랙 실루엣은 공포의 대상이 된다. 따라서 실루엣과 제스처를 희망적으로 활용하기 위해서는 실루엣에 대한 우리의 감성을 바꾸는 작업이 동반되어야 한다. 그런 점에서 2012년 2월 미국 플로리다주에서 자경단원 조지 짐머먼의 총에 맞아 죽은 트레이번 마틴의 사례를 생각해 볼 수 있다. 편의점에 들렀다가 귀가하던 그의 소지품은 캔디와 아이스티 음료였다. 그런데도 그가 후드티를 입고 있어서 수상쩍게 보였다는

짐머먼의 정당방위 주장이 받아들여져 무죄 판결을 받는다. 이후 이 결정에 반대하는 사람들이 후드티를 입고 시위에 참여했고 블랙 하원위원인 바비 러시Bobby Rush 의원이 후드티를 입고 연설하는 등 항의 시위에서 후드티가 중요한 상징물로 활용되었다.

세 번째로는 스피치, 구호, 노래의 힘이다. 이는 현 상황에서 특별히 발생한 것은 아니지만, 인종주의적 차별에 대항하는 활동에서 이것들의 힘은 매우 중요하다. 특히 그 스피치나 구호가 역사성을 띨 때 그러하다. 며칠 뒤면 루터 킹의 생일이다. 2015년 1월 15일인 그날 뉴욕, 워싱턴, 샌프란시스코 등 미국 전역에서 그를 기념하며 경찰 인종주의를 비판하는 다양한 집회가 구성 중이다. 이미 마틴 루터 킹의 연설은 집회의 구호와 플래카드에 사용되어 왔다. 1963년 8월 28일, 워싱턴 디시에 20만 명이 모인 가운데 했던 "나는 꿈이 있습니다"라는 연설은 다양한 형태의 꿈들을 "아메리카 드림을 넘어서" 현재의 피켓에 옮겨 놓았다. 그리고 당시에 존 루이스John Lewis, 조세핀 베이커Josephine Baker, 마할리아 잭슨Mahalia Jackson, 조안 바에즈Joan Baez, 그리고 밥 딜런Bob Dylan이 있었듯이, 현재에도 새로운 뮤지션들이 노래를 만들어 내고 있다. 예를 들어 랩퍼 제이 콜J. Cole은 "자유롭게"Be Free라는 곡으로 마

죽은 마이클 브라운은 이 모습으로 오랜 시간 방치되었다.(2015년 1월 다이-인 시위)

이클 브라운을 노래했고, 로린 힐Lauryn Hill은 〈검은 분노〉라는 곡을 만들었다. 그 외에도 다양한 뮤지션과 아티스트들이 블랙 운동에 결합하고 있다. 특히 사무엘 잭슨이 만든 〈우리는 멈추지 않을 것이다. 모두가 자유로워질 때까지〉라는 노래는 이번 주말 마틴 루터 킹 주니어의 참정권 투쟁을 다룬 영화 〈셀마〉 상영장에서 울려 퍼질 예정이다. 1월 9일

금요일부터 시작되는 〈셀마〉 상영에 맞춰, 영화의 엔딩 크레딧이 올라갈 때 모두 함께 "We ain't gonna stop, till people are free"라는 노래를 부르자는 활동이 진행 중이기 때문이다.

이 노래와 스피치들은 비밀을 파괴하고 잘못된 비밀들을 양산해 내는 법과 경찰 권력이 잘못되었음을, 그리고 과거로부터 현재까지 지속하고 심화하고 있음을 누설한다. 문서화된 증거와 증언뿐 아니라, 비디오·사진·제스처·실루엣·노래·연설 등의 증언을 확보하고, 그것들이 다시금 몸짓으로 나타나고 울려 퍼지는 순간의 감흥을 경험하고 나누어 갖는 것, 그것이 길에서 펼쳐질 인종주의에 대항하는 우리들의 아카이브가 될 것이다. 블랙과 화이트, 어둠과 빛 사이에 생기는 무수히 많은 감흥 속에서.

Let them speak!
(사실을 다) 말하도록 해!

'~이후 시간'들의 아카이브

'저곳'에서 '이곳'을 말하기[61]

1. '낯선 생생함'의 파열음

지난주 수요일(2014년 10월 29일) 컬럼비아 대학 교정에서는 학생들이 기숙사의 매트리스 12개를 옮기는 퍼포먼스가 있었다.[62] 9월 16일부터 시작된 이 활동을 주도하고 있는 것은 컬럼비아 대학생 엠마 술코위츠이다. 그녀는 기숙사에서 동료에게 성폭행을 당한다. 그러나 컬럼비아 대학의 대응은 미비했고 가해자는 버젓이 학교생활을 했다. 그녀는 이 상황을 알리고 학교 내 성폭력 피해자들을 지지하기 위해 "무게를 옮기자"Carry That Weight 63 활동을 벌이고 있다.

이날 입과 몸에 붉은 엑스 표를 한 20대 초반 학생들은 말하며 울었다. 그녀들은 성폭력의 피해자였으나, 바로 그 때문에 고립되었고 침묵해야 했고 고통스러워야 했다. 그녀들을 둘러싼 모든 환경은 그녀들을 침묵시켰다. 그래서 그녀들은 겹겹이 쌓인 시스템 밑바닥에 있는 '매트리스'를 들고 거리로 나왔다. 대학, 법, 관습, 시스템이 가한 고립과 침묵의 '무게'를 옮기고 삶의 환경을 스스로 만들어 내기 위해서였다. 발언자 중 몇은 선전에 능숙치 않았고 말하기 전부터 고통스러워했다. 그러나 그녀들은 '울며' 말한 것이 아니라, '말함'으로써 비로소 울고 웃을 수 있었다. 발언자 옆에는 손을 잡아주는 동료들이 내내 함께 있었다.

이것이 최근 내가 생생하게 느끼는 '이곳'이다. 따라서 나는 지금 써야 하는 이 글에 대해 '모른다'는 말에서 시작해야 할 것 같다. 내가 세월호를 경험하는 방식은 내가 살고 있는 '이곳'에서이기 때문이다. 세월호의 참사를 '이곳'이라고 고통스럽게 말해야 하는 분들에게 '저곳'으로 보일 이 낯선 생생함 속에서, 나는 세월호의 참사를 경험하고 있다. 세월호가 가라앉고 있다는 말을 접한 날은, 잠시 한국 집에 갔다가 뉴욕으로 돌아가기 직전이었다. 짐을 싸면서도 생중계되는 느린 죽음들 앞에서 몸에 힘이 빠지곤 했다. 정보와 차단된 비행기 속에서 옆 좌석에 앉았던 분과도, 뉴욕공항에 도착하여 집으로 가는 택시 아저씨와도 그 이야기를 했으며 한동안 한국 분들을 만나면 그 이야기뿐이었다.

그런데 그것만은 아니었다. 세월호를 보면서 나는, 일본에서 2011년 3월 11일에 겪었던 원전 사고, 쓰나미, 지진을 다시 겪는 듯했다. 동시에 내 메일함에는 3·11 이후 심화한 인종주의로 공격을 받고 있는 재일 조선인 친구의 상황이 도착하고 있었다. 직접 전달되어 온 친구들의 목소리에 마음을 빼앗긴 나는 그들과의 인터뷰와 비판적인 글을 준비하고 있었다.[64] 동아시아에서 무슨 일이 일어나건 이슈화되지 않는 뉴욕의 섬뜩한 보편성 속에서, 개인적으로 전달되어 온 친구의 목소리가 내게는 '이곳'이 되곤 했다. 시간이 흘러 세월호 참사 100일 추모제(7월 24일)로부터 며칠 지나지 않은 8월 9일, 미국 퍼거슨에서는 백인 경찰이 아프리카계 청년을 저격해 살해한 사건으로 집회

"무게를 옮기자"

"무게를 옮기자"

가 번져나갔다. 마음은 한국의 세월호와 일본의 재일조선인 친구들에게 향하지만, 몸은 퍼거슨 집회에 있는 낯선 생생함 속에서 이런 생각이 들곤 했다. 어떤 활동이나 참사를 '이곳'이 아닌 '저곳'에서 느끼는 게 과연 가능할까? 내가 과연 어떻게 세월호에 대해 말할 수 있을까?

그러나 나는 두려움 속에서도 글을 거절할 수 없었고 '모른척할 수 없다'고 느꼈다. 매우 다른 '이곳'들이 세월호와 만나고 헤어지면서 또 다른 '이곳'들에서의 경험을 선명하게 불러냈기 때문이다. 쓰나미, 지진, 원전 사고라는 일본의 인재人災 시스템 속 느린 죽음을 통해 세월호가 보였고, 내가 바로 세월호 참사의 당사자가 될 수 있다는 공포를 통해 재일조선인 친구가 보였고, 재일조선인 친구가 인종주의의 폭력 앞에서 느끼는 울분과 고통을 통해 아프리카계 청년과 가자 지구의 죽음이 보였으며, 이 모든 죽음들이 캠퍼스에서 옮겨지는 매트리스 위에 무겁게 놓여 있는 듯했다. 이 각각의 '낯선 생생함'이 서로 부딪치며 내지르는 파열음들이 우리가 경험하는 '이곳들'일지 모른다고 느꼈다.

이는 국경을 넘는 일을 통해서만 경험되는 것은 아니다. 세월호 참사의 당사자와 유가족과 그것을 지켜본 모든 사람은 여러 개의 세월호의 시간과 여러 개의 "낯선 생생함"들로 맞닿아 있다고 느낀다. 그러므로 '저곳'에 있기 때문에 생길 수밖에 없는 무덤과, '이곳'에서 비껴나 있기 때문에 얻었던 부끄러운 안도감과, 그 안도감 깊숙이에 숨어 있는 바로 내가 그 죽음의 당사자일 수 있었다는 공포를 솔직하게 바라보면서, '저곳'에 있었기 때문에 느낄 수 있었던 또 다른 민감함을 통해 세월호 참사의 무게를 조금이나마 함께 짊어지고 그래서 그 무거움을 옮길 수 있다면 좋겠다. 그리고 '저곳(뉴욕)'에서 세월호의 참사에 대해 글을 쓰며 내가 느끼는 두려움과 떨림, 그러나 그 속에서 고개를 드는 이곳'들의 선명한 색깔, 그리고 이 글에 대해서 '이곳(세월호 참사)'의 누군가가 느낄지 모르는 저항감을, '저곳'에서 '이곳'을 공감하고 말하기 위한 지반으로 삼고 싶다. 왜냐하면, 이 낯선 생생함이 부딪치며 내는 파열음 속에서만 간신히, 이 무거움을 함께 짊어짐으로써 다른 곳으로 옮길 수 있는 연결과 출구와 언어들을 발견할 수 있을 것 같기 때문이다.

2. 재난의 세계화 vs 우리'들'의 세계화

그런데, 나는 언제부터 이러한 '파국-재해, 참사, 전염병'의 불안 속에서 살게 된 것일까? 이 상황을 실감하게 된 것은 일본에서 재해를 겪으면서부터이지만, 생각해 보면 너무 잦다. 중국 쓰촨성 지진, 일본 3·11, 뉴욕의 허리케인 샌디, 한국 세월호, 그리고 지명과 국가명으로 보도되지 못한 수많은 재해와 참사들이 있다. 이 속에는 두 개의 세계화가 있다.

뉴욕에는 활동가들이 모이는 '1882 우드 바인 스트리트'[65]라는 곳이 있다. 이들의 선언은 이 항상적 파국을 이렇게 표현한다.

모두가 이것을 안다. 모두가 이것을 본다. 모두가 이것을 느낀다. **문명의 파국**은 미래의 사건이 아니다. ……우리는 주장한다. 그들이 지구 온난화라고 부르는 파멸은 환경적 문제인 만큼이나 정신적이고 실존적인 인간 파멸의 문제다.……이 모든 것은 동일한 재앙의 부분들이다. 그리고 이 재앙은 우리 삶이 환경과 실제이 질간들이다.

우리들의 문명은 죽었다. 우리는 지구 전체가 향해 가는 재앙의 일부분이 되었다. 따라서 '이곳'의 재난과 참사는 바로 '저곳'의 문제이며 지구라는 행성 전체의 문제이다. 방사능 유출이 전 세계로 퍼지듯, 사스·인플루엔자·에볼라 바이러스가 전 세계로 퍼지듯. 또한, 하나의 참사나 재해는 결코 하나의 원인으로 일어나지 않는다. 펠릭스 가따리가 "생태 철학"ecosophy를 제창하며 사회 생태학, 정신 생태학, 환경생태학의 절합을 제창했던 것은 이 상황을 예감한 것이었다.[66] 환경문제는 정신적 문제이며 사회적 문제다.

예를 들어 일본의 3·11을 환경파괴의 문제로만 접근하려는 경향이 있다. 그러나 이것은 환경문제만이 아니다. 쓰나미나 지진은 일본에서 흔한 일인데, 강도가 강했다곤 하지만 왜 원전 사고나 거대 참사로 이어졌을까? 여기에는 동북지방에서 노동력, 농축산물, 전기를 끌어다 썼던 '도쿄'와 일본 내부의 '이역'으로 소외됐던 '동북' 사이의 불균등이 있다. 이는 쓰촨성의 과도한 댐 건설로 인한 지진피해와 연결된다. 3·11 이후 일본 비정규직 노동자들은 재해를 핑계로 한 파견 해고, 원전오염 노동에 시달리며 제2의 리만 브라더스를 경험한다. 이들의 고통은 월스트리트를 점거하고 스스로가 99%라고 외쳤던 이들과 연결된다. 후쿠시마에서 피난 온 사람들은 '방사능 오염자'로 차별받는다. 이는 일본 내부의 인종주의 문제와 연결된다. 원전은 인간이 만든 문명이지만 인간이 제어할 수 없게 되었다. 그런 점에서 다시금 3·11은 환경문제이자 얼굴 없는 시스템의 문제다. 그리고 '이곳'의 참사는 '저곳'에 바로 생중계된다. 마치 재난영화나 전쟁영화처럼.

일본의 3·11에서 죽어가고 있는 우리와 인종주의로 고통당하는 친구들과 퍼거슨에서 죽은 마이클 브라운을 통해 깨닫는다. 세월호는 지구라는 행성의 여러 생태계―환경, 자본, 정신―가 뒤엉켜 만들어 낸 우리의 느린 죽음이다. 세월호 참사는 우리가 처한 항시적 재난 상태를 상기시켰기 때문에 누구에게나 리얼했다. 우리는 지구 전체가 향해 가는 재앙의 일부라는 점, 우리가 만든 문명이 우리가 컨트롤할 수 있는 범위를 넘어서서 작동하고 생중계된다는 점, 이것이 우리가 겪고 있는 첫 번째 세계화, 전체화시키는 세계화이다.

그러나 우드 바인의 선언은 또 하나의 세계화에 대해서 말한다. "그래,

이것이 우리의 시작점이다. 이것은 세계의 끝이다. 그리고 이것은 우리에게 달려 있다. 새로운 세상을 만들기 위한 모든 곳이 이것을 대체할 것이다.…… 우리는 우리 자신을 조직할 수 있다." 이 새로운 세상에 대한 비전은 전체성에 대한 요구와 다르다. 오히려 운동 이후, 재난과 참사 이후 등 '이후 시간'에서 나타나는 분열과 고착과 망각 속에서, '이곳'과 '저곳'의 내밀한 순간들과 접촉할 회로를 만들기 위한 세계성이다. 그리고 나는 항시적 재난 상태 속에서 들리는 '저곳'의 떨리는 말들을 '이곳'의 떨림 속으로 밀어 넣어 보려 하고 있다. 따라서 책,

블랙과 가자는 하나다. "흑인의 목숨도 소중하다. 살인 경찰관을 감옥에 쳐 넣어라. 팔레스타인의 삶도 소중하다. 가자에서 전쟁하는 이스라엘에 돈을 주지 마라! 정치범을 석방하라!"

기사, 영상, 노래, 소문, 분위기, 날씨가 뒤섞인 파편들을 따라가게 되었다. 그리고 거짓말처럼 파편들 속에서 서로가 서로를 조직하는 공감의 형식을 듣게 되었다.

며칠 전, 세월호가 시작된 날로부터 200일이 지났다. 괴로워서 그만 보고 싶으면서도 도저히 그만 볼 수도 없는 상태로 영상을 보다가 묘한 기분이 들었다. 유가족 옆에는 그들을(그들이) 대신하여(되어), 울고 말해 주는 이들이 있었다. 11월 1일 안산 합동 분향소[67]에서는 황지현 학생의 장례식이 치러졌다. 황지현 학생의 어머니께서는 침묵 속에 계셨고 그 옆에 어머니를 대신하여 울어 주시는 분이 계셨다. "속에 있는 거 담지 말고 좀 팍팍 울으라고…… 여기 있는 걸 어떻게…… 어떻게,…… 하나야……, 이렇게 좀 팍팍 울어서 그 밑에 있는 것을 좀 끄집어, 내야 한단 말야……." 어머니에게인지 시 자신에게인지 우리에게인지 주어가 불분명한 이 말 속에서, '나로서' 우는 것이 아니라 '너로서' 우는 것의 의미를 깨닫게 된다. 추모식에서 최민지 학생

은 이렇게 말했다. "겪어서는 안 될 시간을 겪은 후 저는 많은 생각이 들었습니다……친구 몫까지 다 하며 살아가겠습니다." 누군가의 삶이 공동체 전체와 연결되듯, 누군가의 죽음 또한 그러하다. 이날 청계광장에 모인 사람들은 "끝까지 밝혀 줄게"라고 말했다. 과거의 진실을 (밝혀 줄게). 그리하여 삶의 미래를 (밝혀 줄게). 세월호 추모곡인 〈천 개의 바람이 되어〉는 이렇게 시작한다. "나의 사진 앞에서 울지 마요. 나는 그곳에 없어요.……나는 천 개의 바람 천 개의 바람이 되었죠." 나의 미래와 연결될 수 있는 너의 확장이, 이 노래 속에 있다. 이것들을 조심스럽게 세월호를 통해 깨닫고 있는 우리들의 공감능력의 확장이라고 불러 보고 싶다. '너를 대신해서'가 아니라 '미래의 나'로서 말하는 공감과, '과거의 너'의 고통을 바꿀 수 없다면 '미래의 나'도 없다는 존재의 확장을 여기에서 본다.

'너'라는 주어로 '나'를 말하고, '과거'를 통해 '미래'를 말하는 방식을 나는 뉴욕에서도 듣는다. 퍼거슨에서 백인 경찰이 흑인 틴에이저 마이클 브라운을 총으로 쏘아 죽인 사건은 8월 중순부터 격렬한 폭동으로 번졌다. 〈데모크라시 나우!〉라는 자율적 인터넷 방송은 퍼거슨에서 인터뷰를 진행한다. 그중 한 아프리카계 청년인 제로드니 미크스Jerodney Meeks는 "마이클 브라운을 알아요?"라는 질문에 이렇게 답한다.

"나는 그를 몰라요. 그러나 나는 항상 이 커뮤니티에서 살았고, 들어 왔어요. 뭐랄까, 나는 과거에 전과가 있는 완벽한 사람이 아니에요.……나는 나쁜 짓을 했었지만 말이죠.……그에게 일어난 일을 보면서, 그것이 잘못됐다고 느꼈어요.……나는 자유로운 사람이에요. 법정에서 과거에 했던 일의 대가를 치렀거든요. 나는 변했어요. 나는 자식이 있거든요.……그러나 법정에 설 기회도 가지지 못한 그를 보면서……지금 그는 볼 수 없어요. 없지요……그는 자식을 갖고 그 아이가 자라는 것을 보고 삶에 대한 어떤 것을 가르칠 수 없어요. 알겠어요? 그는 아무것도 남기지 못하고 떠났어요.……이것은 옳지 않아요."[68]

그는 전과가 있었으나 죗값을 치르고 자유로워질 기회를 얻었던 자신의 삶을 통해서 마이클 브라운에게 주어져 야 했을 미래의 삶을 환기한다. 어린 손자를 데리고 나온 아프리카계 여성 캣 다니엘즈는 "브라운 가족을 알아요?"라는 질문에 이렇게 답한다. "나는 브라운 가족을 몰라요. 그러나 나는 그들을 알 필요가 없어요. 우리는 그를 지지해요." 나는 브라운 가족을 모르지만, 브라운 가족을 지지하기 위해서 그들 가족을 반드시 알아야 할 필요가 없다는 그들의 말에서, '나의 가족'을 넘어서 '너의 가족'을 향한 공감을 발견한다.

인종주의가 날 옥죈다. 숨쉴 수 없다.

〈데모크라시 나우〉가 이들의 목소리를 전달하듯, 세월호 유가족들은 "카메라 한 대 노트북 한 대"로 〈416 티브이〉를 만들었다. 2011년의 재해 이후 일본의 여성들은 집에 있던 카메라를 들고 재해 이후의 삶을 찍기 시작했고, 〈아워 플래닛 티브이〉는 영상을 찍는 워크숍을 진행한다. 미래의 나'들'은 이렇게 과거의 너'들' 옆, 뒤, 속에 있다. 이것이 전체화시키는 세계화와 다른, 우리'들'이 조직하는 세계화이다.

3. '가만히 있어라' vs. '시스템을 멈추자'

'가만히 있어라'라는 말은 세월호 싸움의 핵심이다. 자신은 도망가면서 '가만히 있어라'라고 한 선장의 거짓말이 승객과 학생들을 죽였다. 재난, 참사의 순간에 '명령을 따르면 죽는다.' 이것이 우리가 세월호를 통해 배웠고 가르쳐야 하는 부끄러운 지혜다. 이는 또한 비밀과 거짓말에 대한 투쟁을 예기豫期한다. 세월호 침몰 과정에는 수많은 비밀과 거짓말이 존재한다. 4월 15일, 기상악회로 다른 배들의 발이 묶여 있을 때 왜 세월초만 출항했을까? 왜 퇴선 신호를 울리지 않았을까? 어선들이 선미로 갈 때 해경은 왜 선수로 가서 선장과 선원만 구했을까? 국정조사는 왜 진실을 밝히지 못했는가? 이러한 수수께끼 속에서 인터넷에는 '가만히 있어라'고 하고 자신만 도망친 선장과, 한국 전쟁 당시 가장 먼저 도망친 뒤 국민들에게는 우리 국군이 공산군을 격퇴하고 있으니 서울 시민과 국민 여러분은 안심하기 바란다고 거짓 방송을 했던 이승만을 오버랩 시킨 포스트가 넘쳐났다. 한국에서 세월호 참사를 지켜본 친구들은 말로만 듣던 전쟁을 경험한 것 같다고들 했다.

이 '가만히 있어라'의 명령은 세계 곳곳에서 들린다. 3·11 직후 일본 정부는 일부 후쿠시마 주민에게 자택 피난을 명령했다. "집에 가만히 있어라"는 말과 "당장 인체에 영향이 없습니다"라는 말을 반복했다. 이로 인해 더 많은 사람이 방사능에 오염되었다. 이를 두고 일본인들은 '정보 피폭'이라고 불렀다. '가만히 있어라, 당장은 영향이 없다, 라는 명령을 따르면 죽는다.' 이것이 일본인들이 3·11을 통해 배운/배우고 있는 부끄러운 지혜다.

8월 9일 퍼거슨에서 총에 맞은 마이클 브라운은 명령을 따르면 죽는다는 상황이 참사, 재해, 전쟁 때만 일어나지 않음을 깨닫게 한다. 그는 평상시의 거리에서 경찰의 경고에 손을 들었음에도 총을 맞는다. 따라서 이처럼 당연한 말이 구호가 되었다. "손 들었어! 쏘지 마!" Hands up, don't shoot '명령을 들어도 명령을 어겨도 항상 죽는다'는 것이 미국 아프리카 커뮤니티의 실감이다. 그런데 이게 다가 아니다. 그의 시체는 길 한가운데 천도 덮지 않은 채 4시간 이상 방치되었다. 아프리카계 청년 스티본 스테이톰 Stevon Statorn은 이렇게 말한다. "그들은 마치 이것을 보여 주려는 것 같았어요. '나를 기억하지 마라, 그렇지 않으면 너도 이렇게 될 것이다.'"[69] 사람들은 그의 주검이 방치되었던 자리에 이렇게 적어 두었다. "조심! 살인 경찰 탈주 중, 조심해라! 어린이들." 3·11에서 세월호에서 퍼거슨에서 입과 입을 통해 퍼지는 "명령을 따르면 죽는다. 명령을 어겨도 죽는다"는 출구 없는 지혜는, 세계 시스템과의 싸움이 필요함을 보여 준다. 목숨보다도 체제의 관리와 유지에 중점을 두는 세계적으로 연결된 명령 시스템 – 법, 행정, 자본의 흐름 – 말이다.

세월호 싸움의 쟁점은 〈세월호 특별법〉 제정이다.[70] 이 상황을 일본 3·11 이후에 비추어 보면, '법에 대한 투쟁'이 아니라 '법 제정 투쟁'의 필요성

그녀들의 발화법, "너로서 나를 말하기." 컬럼비아 교정 정중앙에 모인 대학 내 성폭력 피해 당사자들은, 서로의 손을 잡고 어깨를 감싸며 발언했다.

이 부각된다. 일본 정부는 2013년 12월 6일, 수많은 사람들의 거센 반발에도 불구하고 〈특정비밀보호법〉을 날치기로 체결한다. 결국, 이 법은 오는 12월 10일부터 시행될 예정이다.[71] '특정'한 비밀을 보호한다는 이 법은, 사실 권력자를 위한 알리바이 제조기이다. 무엇을 '특정'한 비밀로 정하고 언제 어떻게 실행할지도 비밀이기 때문에, 행정기관이 어떤 집단을 맘대로 범법자로 만들 수도 있고, 우리는 자신도 모르게 이 법의 범법자가 될 수도 있다. 비밀 지정 기간은 최대 60년까지 연장할 수 있으며 이 기간에 비밀문서는 행정부서 판단으로 맘대로 폐기될 수 있다. 무엇보다 이 법에는 '얼굴'이 없다. 법을 입안한 아베 내각조차 이 법의 주권자가 아니다. 행정기관 시스템이 운용하게 될 이 얼굴 없는 법이 어떻게 작동할지 아무도 예측할 수 없다. 원전 사고의 기록, 오키나와 반환시의 미국과의 밀약문서, 식민지 및 전쟁 책임을 기록한 문서 등이 폐기되어 영원한 비밀이 될 가능성도 크다. '특정비밀'을 '보호'한다는 이 법은 사실 표현, 보도, 결사 및 알 권리를 빼앗고, 권력 시스템의 비밀을 지키기 위한 법이다.

세월호의 싸움은 박근혜 정부에 대한 비판에 초점이 맞춰지는 경향이 있다. 그렇지만, 재해 이후 제정된 〈특정비밀보호법〉을 생각해 보면, 얼굴 없는 전 세계 시스템에 대한 근본적인 통찰이 필요해 보인다. 세월호의 싸움은 반정부 투쟁뿐 아니라, 비밀을 양산하는 법, 기계적으로 명령을 전달하고 수행하는 행정, 끊임없이 세계를 통합함으로써 이윤은 내는 자본, 그리고 그것들 사이의 긴밀한 연결이라는 '세계 시스템'과의 싸움이 되어야 할 것 같다.

그런데 시스템과의 싸움에는 어떤 전략이 필요할까?

2013년 12월 26일, 일본에서 〈특정비밀보호법〉을 통과시키는 국회를 방청 중이던 A 씨는 구두를 던졌다는 이유로 체포당한다. 그는 2013년 12월 6일에 〈특정비밀보호법〉 통과를 저지하기 위해 많은 사람이 모인 것에 감동했고 국회까지 들어가서 방청하게 된다. 그러나 그는 사람들의 반대 목소리와 국회 안의 상황이 너무나 다른 것에 분노했고, 10시 50분 법안이 통과되어 버리자, 유일하게 자신이 갖고 있었던 구두를 던졌다. 구두는 누구에게 맞은 것도 아니며 심의에 영향을 끼친 것도 아니었으나 A 씨는 체포당했다. 이후 온라인과 오프라인에서는 "A 씨가 나다"라는 선언이 번져나갔다.[72]

미국에서 법, 행정, 경찰 권력 시스템의 폭력을 잘 보여 주는 예는 백인 경찰이 아프리카계 청년을 저격하거나 가혹 행위를 하는 일이다. 뉴욕에서 가장 낮은 경제 수준을 지닌 지역은 가장 높은 범죄율을 지니며, 그곳에 아프리카계와 라틴계 등 인종적 소수자들이 거주한다. 그리고 그곳에서 경찰의 가혹행위가 반복되며 법은 경찰을 감싼다.[73] 2006년 11월 15일로 가자. 이날 "퀸즈 지구의 클럽 앞에서 23세의 아프리카계 미국인 청년 숀 벨과 그의 친구 두 명이 세 명의 경찰관에 의해 저격당"한다. 그런데 두 명에게 "놀랍게도 오십 발이나 되는 탄환이 발포되었다!"[74] 2008년 4월 25일 퀸즈주대법원은 살아남은 피해자 두 명의 진술이 불분명하다는 이유로 경찰의 살인미수 및 폭행 혐의를 모두 기각한다. 이것은 단순한 저격사건이 아니라, 반복되는 법·경찰·행정 시스템의 결과이며 올해 8월 퍼거슨에서 죽은 마이클 브라운도 이 시스템 속에 있다.

2008년 숀 벨의 판결에 저항해 전개된 싸움은 적확했다! 그들은 차별과 폭력을 반복하는 시스템의 흐름을 멈추려고 했다. "속도를 낮춰 시위"[75]가 그것이다. 당시 뉴욕 다섯 곳에 몇 백 명이 운집했고, 몇 그룹은 자신의 몸을 이용하여 다리와 터널을 봉쇄한다.[76] 이렇게 모인 사람들은 "발포된 탄환의 숫자를 상징하여 1부터 50까지 숫자를 센 후 '우리가 모두 숀 벨이다. 이 시스템 전체가 유죄다'라고 외쳤"다. 이 직접행동으로 세계 자본의 중심지인 뉴욕 거리는 잠시나마 교통을 멈췄고, 반전운동단체와 학생운동 단체를 비롯

인종주의 시스템에서는 좋은 경찰이란 있을 수 없다!

하여 다양한 그룹이 호응해 번져나갔다.

2008년 뉴욕에서는 "우리가 모두 숀 벨이다"라고 외쳤으며, 2013년 말부터 일본에서는 "A 씨가 나다"라고 외치고 있으며, 2014년 한국에서는 "내가 그 배에 탔던 사람이다"라고 외치고 있으며 2014년 8월 뉴욕에서는 "마이클 브라운이 나다"라고 외치고 있다. 나는 '~는 나다'라는 이 선언을 통해 '저곳'에서 '이곳'을 함께할 수 있는 출구를 본다. 그리고 〈세월호 특별법〉 제정을 둘러싼 싸움이 일본의 〈특정비밀보호법〉 반대 투쟁과 만나고 뉴욕의 백인 경찰의 폭력으로 죽어가는 아프리카계 청년들의 울분과 만나, 각 정부에 대한 투쟁을 넘어서, 전 세계적인 법·행정·경찰 시스템에 대한 싸움으로 나가는 것을 상상해 본다. 이것이 항시적 재난·참사의 시대에 시스템의 비밀·거짓말에 대항하는 우리의 세계화 전략이다. 우리의 구호는 '가만히 있어라'라는 명령에 대항하는 청유형, '시스템을 끊자'며, 비밀과 거짓말의 대의제에 대항하는 '단수형 복수'의 선언, '~는 나다'이다.

4. '~이후 시간'과 '망각을 위한 기념'

'항시적인 재난 상태'보다 더 힘든 것은 재난과 참사 그 '이후 시간'이다. 더구나 이 '이후 시간'은 점차 장기화하고 있다. 고소 이와사부로는 2011년 월 스트리트 점거 활동 이후의 상황을 "운동의 영토화"라고 표현한다. 월스트리트 점거 활동에 참여했던 여러 단체들이 '운동 이후' 분열되었다. 그는 전 세계적인 코뮌주의 운동들이 함께 안고 있는 문제는, 어떻게 코뮌주의 속에서 다시금 '공통적인 것'commons을 만들어 낼 것인가라고 말한다. 3·11 이후 일본에서도 다양한 운동들이 확산되고 연결되어 갔지만 동시에 갈등도 커졌다. 일본 내부의 다층적인 타자화, 여성과 아이가 보호 대상이 되는 것에 대한 장애인과 페미니스트들의 문제 제기 등이 그것이다. 이러한 갈등들은 분열을 불러 왔지만 생산적이었다. 따라서 나는 '공통적인 것'commons을 재구성할 것인가 하는 문제만큼이나, '공통적인 것' 속의 특수성을 표현하는 것도 중요하다고 느낀다.

그런데, '트라우마'를 안고 있는 '참사나 재난 이후의 시간'은 운동 이후의 시간보다 복잡하다. 당사자들은 운동의 분열뿐 아니라, 망각과 기억 사이에서, 고립과 공감 사이에서, 애도의 욕망과 거부 사이에서 진동추처럼 흔들린다. 원전 사고 이후 크건 작건 피폭을 당하면서 살아가야 하는 우리는 방사능이 두려웠던 만큼 이 위험을 잊어버리고 싶어 하기도 했다. 일본 정부는 사람들의 이러한 약한 마음을 '도쿄 올림픽'을 통해 파고들었다. 이에 대한 거센 비판이 있었다. 그러나 비판 한구석에서 '도쿄에서 올림픽이 개최된대, IOC에서 승낙을 받았대. 방사능, 괜찮은 거 아니야?'라는 마음이 고개를 들고, 강화된 우파적 경향 속에서 '또야? 질린다……'는 말이 암암리에 퍼지던 것도 기억한다.

나는 방사능의 공포를 무의식중에 잊으려고 했다는 것을 도쿄를 떠나고 알게 되었다. 뉴욕에서 장을 보는데 갑자기, 채소와 유제품과 생선 등을 걱정 없이 먹을 수 있다는 것이 너무나 기뻤다. 그 순간 먹을 수 있다는 기쁨과 함께 내가 걱정하고 있었다는 것을 느꼈다. 이 복합적인 해방감은 망각의 절실함과 두려움이 공존하는 '~이후 시간'의 무거움을 배경으로 한다. 후쿠시마에서 피난 온 사람들은 말한다. 명절에 후쿠시마에 가면 시어머님이 오

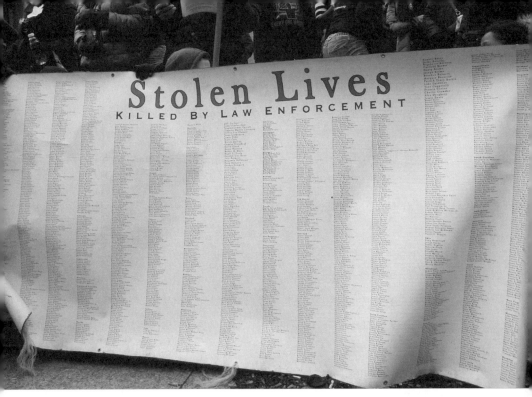

법 집행으로 살해당한 도둑맞은 생명들

염된 쌀과 물로 밥을 해 주신다고. 그걸 도저히 남편과 아이들에게 먹일 수 없어서 울면서 다시 밥을 한다고. 이 이야기를 들을 때 나는 도쿄에 있었다. 그리고 그들과 만나고 이야기를 들음으로써 간신히, 저선량 피폭지대에서 살아가고 있다는 것을 자각할 수 있었다. '이곳'에서 벗어나지 않으면 '이곳'의 무의식적이고 집단적 망각을 자각할 수 없다. 그러나 동시에 '이곳'에 있어야만 이 망각의 위험을 실감할 수 있다.

세월호의 참사가 일어난 2014년 4월 16일에서 200일 남짓 흘렀다. 수많은 생산적인 활동들이 있었다. 동시에 모든 참사, 재난, 운동들에 찾아오는 '이후 시간'과 직면하고 있다고 느낀다. 〈세월호 특별법〉 제정을 위한 싸움이 장기화하면서, 싸움에 대한 루머, 도덕성에 대한 비방, '빨갱이 몰이'가 확산되고 있다. 세월호의 싸움을 지지하는 사람들 사이에서도, 기억에 대한 욕망과 함께 망각에 대한 욕망이 동시에 퍼져나가고 있을지도 모른다. 이런 이중적 감정은 트라우마를 지닌 당사자들에게 다가갈수록 복잡해진다.

9월 22일 이화여대 강연회에서 유가족 대변인인 유경근은 이렇게 말한다. "사랑하는 가족과 부모가 괜찮니 라고 묻는 게 싫어요. 가장 가까운 친구가 어떻게 지내니 라고 묻는 게 싫어요.……그 말이 고마운 말인데 그 말을 듣는 게 싫어요.……우리 아이들, 또래 애들을 보면 너무 힘들어요. 살아 돌아온 아이들을 보면 화를 내는 어머니들도 있어요. 이런 기분은 설명할 수 없어요."77 분향소 안에 들어가는 것도 집에 들어가는 것도 무서워 주로 가족 대기실에 머문다는 그는 이렇게 덧붙인다. "그런데 한번 들어가면 나오기가 싫어요." 분향소나 방에 들어가고 싶지만 들어갈 수 없다, 동시에, 한번 들어가면 나올 수 없다. 하늘로 돌아간 딸과 아들을 애도해야 하지만, 동시에 애도할 수 없다. 애도함으로써 그들을 영원히 간직하고 싶지만, 동시에 애도함으로써 그들을 떠나보내고 싶지 않다. 애도를 끝내고 일상으로 복귀해야 할 테지만, 마치 그들을 잊는 행위인 것 같아서 죄책감이 든다. 데리다는 이와 같은 '애도의 종결 불가능성'과 '애도 의지의 부재'가 모두 충실성의 형식이자 동시에 배신의 형식일 수 있다고 말한다. 이때 그가 제시하는 것은 "절반의 애도"semi-mourning 78다. 이는 다음과 같은 질문과 통한다. 우리는 어떻게 그들을 애도하는 동시에 그들을 간직하고, 일상으로 되돌아가는 동시에 애도를 지속할 수 있을까?

3·11의 이후 시간을 통해 현재의 세월호를 보면, 세월호의 싸움은 '이후 시간' 속에서 어떠한 실천적 애도의 형식을 만들 것이냐는 물음 앞에 있는 것 같다. 그리고 그 한 좌표를 다음과 같은 말 속에서 '대한민국'을 벗어나서 느낀다. "내가 판단하고 실천하는 것이 나를 위한 것인가 예은이를 위한 것인가 물어봅니다. 우리 가족이 판단하고 실천하는 일들이 단지 우리 가족을 위한 일인가 우리 대한민국의 후손들을 위한 일인가를 항상 되묻습니다.……솔직히 힘듭니다. 그렇지만 해야 합니다. 그래야 우리 예은이와 같은 애들이 나오지 않을 것 아닙니까?"79

항시적인 재난 상태 속에서 '이후 시간'은 사실 또다시 닥칠 재난과 참사 '이전'이다. 따라서 개인적인 애도의 종결이 죄책감을 낳는다면, 코뮌적 애도의 종결은 또 다른 희생을 낳을 수 있다. 코뮌적 애도는 윤리적 진실을 밝히고 생성적 기억을 향해 갈 수 있어야 한다. 중국의 문학자 노신은 이것을 "망각을 위한 기념"이라고 불렀다. 이 말을 조금 의역하자면 이러하다. 코뮌의 일상을 회복하기 위해 망각이 필요하지만, 그 망각은 어떤 기억을 기념할 수 있을 정도로 윤리적 진실이 밝혀졌을 때 가능하다. 만약 지금 어렵다면 언젠가 그들을 기억할 자들이 나타날 것이다. 증언, 싸움에 대한 기록, 내밀한 감정의 기록은 모두 '망각을 위한 기념'이다. 진실이 명확한 기억이 되어 새삼 기억한다는 사실조차 중요하지 않게 될 미래시간을 향한 기념이며, 아직 그 시간이 오지 않은 현재에는 망각에 저항하고 거부하기 위한 기념이다. 이것을 세월호를 다양한 방식으로 겪고 있는 모두가 각각 고민해야 한다. 그리하여 '대한민국의 후손'이라는 말의 의미가 '대한민국'을 넘어서 지구와 우주와 연결되길 바란다. 왜냐하면, '이곳'에 익숙해지는 것이 스스로를 위험하게 하는 순간은 '~이후 시간' 속에서 반드시 찾아오며, 그럴 때 '이곳'과 '저곳'의 '~이후 시간'을 연결하는 것은 새로운 활기와 용기를 주기 때문이다.

5. '~이후 시간'과 운동 속 타자들

'~이후 시간' 속에는 '운동의 생로병사'도 진행된다. '이곳'의 운동이 피크를 향해갈 때, 그 안에 어쩔 수 없는 비/가시성의 영역이 생기는 것이다. 운동에 "일본의 슬픔, 우리의 슬픔, 나의 슬픔"과 같은 주어가 붙기 시작하는 때도 이때다. 그러나 운동이 한창인 '이곳'과 '저곳'이 만나 운동 내부의 비/가시성이 드러나는 순간, 운동의 병은 다른 운동으로 퍼져나갈 수 있는 계기가 된다. 따라서 이것은 고조된 운동의 병이자 힘이다.

예를 들면 이러한 것이다. 첫째로, 3·11 직후 일본의 운동은 반원전 테마에 초점이 맞춰졌다. 그러자 동북지방 대 도쿄 사이의 역사적인 비대칭성과, 그 속 소수자들의 문제가 주목받지 못한다는 지적이 나왔다.[80] 이는 동북지방이 도쿄에 노동력, 농수산물, 전력을 공급해 온 일본이 '내부 식민지'였다는 주장으로 이어졌다. 그러나 '내부 식민지'라는 지칭은 다시금 동북지

희생자들의 어머니를 그린 캐리커처

방에서 차별받으며 거주해 온 구식민지인(재일조선인 등)의 역사를 가린다는 비판에 부딪쳤다. 실제로 재해 당시 동북지방에 있던 조선학교에는 재해 복구비용이 일본 학교의 절반밖에 지원되지 않았고 방사능 측정계를 주지 않았으며 오염 제거 대상에서도 제외되었다. 한편 동북지방 농촌으로 시집온 이주 결혼 여성들은 이중·삼중의 비가시적 영역에 놓였다. 그녀들은 일본 여성들이 기피하는 농촌 남성과 결혼해 연로한 시부모를 모시면서 파트타임으로 생계를 책임지고 있었다. 재해가 나자 결혼한 그녀들은 고향으로 돌아갈 수도 없었고 파트타임 일자리를 잃었으며, 가족을 보살펴야 했다. 게센누마 지역에서는 수산 가공공장이 문을 닫으면서 일자리를 잃은 그녀들을 대상으로 헬퍼(케어 노동) 자격증 강의를 시작[81]하는 등의 활동이 나타났으나, 그녀들의 존재는 쉽사리 잊혀 진다.

둘째로 반원전 싸움이 강화되면서 반빈곤 운동이 약화한 시기가 있었다. 그러나 재해 이후 비정규직, 프리타, 하청 노동자 등은 마치 제2의 리만 쇼크가 온 것 같으 고통을 겪었다.[82] 〈파견 유니언〉의 서기장 세키네 슈이치로關根修一郎 씨에 따르면 3월 말이나 6월 말 경에 대대적인 파견 해고가 일어날 것으로 예상하는 상황에서 재해가 일어났다.[83] 따라서 재해 이후 재해에 편승한 파견해고, 무급휴가, 계약파기 등이 연이었다.

셋째로, 반원전의 피크를 정부와 매스컴은 다른 운동을 압박하는 계기로 이용했다. 매스컴에서는 3·11의 재해를 '일본의 슬픔과 일본의 재해'로 이미지화했다. 이러한 상황 속에서 야숙자들이 배제되었다.[84] 2012년 6월 11일에 시부야 구는 세 곳에서 갑자기 야숙자들을 추방한다. 더 심각한 문제는

"만약 조심하지 않는다면, 신문기사는 억압당하는 사람들을 미워하게 하고, 억압하는 사람들을 좋아하게 만들 것입니다. – 말콤 X"

이들의 추방 이유였다. 공중 화장실의 폐쇄는 개수공사를 한다는 이유였지만, 미타케 공원에서의 추방은 "재해 발생 시 집으로 돌아가지 못하는 사람들의 일시 피난 장소 확보/정비"를 위해서였고 구청 지하 주차장에서의 추방은 재해에 대비하여 "내진 공사의 자재를 두는 곳이 필요하다"는 이유였다. 재해 대책을 위해 야숙자들을 배제한다는 것은 곧 야숙자들은 재해의 피해자=국민에서 배제한다는 뜻이었다. 한편, 잠시 동안 반기지 활동이 이목을 끌지 못하는 시기를 틈타, 정부는 오키나와 다카에의 미군 기지 공사를 재개했고 미군 기지 건설을 본격화하는 예산을 책정했다.[85]

이렇게 돌출되기 시작한 갈등들은 '이곳' 속에 비가시적으로 놓여 있던 역사적 '저곳들'이기도 했다. 그리고 이때가 3·11의 반원전 운동이, 세월호가, 퍼거슨이 자신들 내부의 '저곳'들과 만나야 할 때(였)다. 여전히 갈등은 진행 중이고 일본 내부의 내셔널리즘적 경향은 강화되고 있다. 그렇기만, 이런 갈등의 돌출 속에서 일본 내부의 타자들, 운동 간의 관계성에 대한 논의 또한 진행 중이다. 도쿄/동북이라는 비대칭성을 통해 일본 내부의 다층적인 비대칭적 구조가 논의되기 시작했다. 재해시 비정규직이 처하는 어려움에 대처하기 위한 활동도 전개되었다. 오키나와의 기지와 후쿠시마의 원전이 근원적으로 같은 원인을 지닌다는 논의도 활성화되었다. 이런 논의는 '이곳'의 재해 경험이 '저곳'의 항시적 재해와 만남으로써 가능했다. 후쿠시마 출신 활동가는 이렇게 말한다. 후쿠시마 사고 이전에는 오키나와에 대해서 잘 몰랐다, 오키나와도 후쿠시마도 자연이 정말 좋은 곳이라고, 그런데도 그런 곳에 원전과 미군 기지가 있다는 것은 "누군가가 희생당하고 있다는 것을 의미"하며, 자신은 바로 그 "당사자성을 공유"하고 싶다고 말한다.[86]

물론 이러한 공감은 쉽지 않다. 이곳의 슬픔이 클 때 어떻게 다른 곳의 슬픔을 볼 수 있을까? 올해 8월 미국 퍼거슨에서 아프리카계에 대한 경찰폭력에 항의하는 집회가 한창일 때는 가자지구의 폭격이 한창일 때였고, 세월호 참사 투쟁도 100일을 넘겨 진행 중이었다. 이 무렵 10살짜리 손주와 함께 퍼거슨 항의 집회에 나온 캣 다니엘즈Cat Daniels는 왜 참여하게 되었냐는 질문에 이렇게 답한다. "우리는 그들에게 우리가 정의를 원한다는 것을 이해시

"뉴욕에 있는 이주노동자들은 이렇게 말한다 : 퍼거슨에서 고통당하는 아프리카 아메리칸과 함께 해라."

켜야 해요. 그래서 이곳에 왔어요. 얘는 10살이에요. 나는 이 애가 자라는 것을 보고 싶어요. 얘가 뭔가 하는 것을 보고 싶어요. 내 첫째 손주는 다 컸답니다. 그 애가 무슨 일을 하는지 아세요? 그 애는 우리나라를 위해 복무해요. 그러니까 저는 어린 아이들이 자신의 꿈을 실현하고 학교에 갈 기회를 얻어야 한다고 생각해요." 인터뷰어는 이렇게 질문한다. "당신 아들이 이라크나 아프가니스탄에 있나요?"

캣 다니엘즈는 이렇게 답한다. "아니요. 제 딸이요. 우리는 해군 가족이에요. 제 남편은 은퇴했어요. 제 딸은 여전히 진주만에서 복무하고 있고, 나의 손주는 샌디에이고에 있어요. 다른 놈은 대학에 다녀요. 나는 이 어린 녀석이 그와 같은 기회를 얻길 바라고 있어요."

전세계적 인종주의 파시즘에 대항하여, "목소리를 높여라!"

나는 퍼거슨의 폭력에 저항하는 그녀, 바로 그녀의 아들과 딸들이 가자 아프가니스탄에 있는 군인들과 비슷한 일을 하고 있다는 것을 듣는 순간 가슴이 덜컹했다. 백인 경찰이 아프리카계 청년에게 가하는 폭력과 이스라엘의 가자폭격이, 어떻게 다른 것일 수 있을까? 그녀의 손주 디안드레는 이렇게 말한다. "음……저는 우리나라를 위해 일하는 군인이 될래요. 그래서 다른 세상을 만들 수 있기를 바라고 있어요."[87] 나는 '군인이 된다'는 것과 '다른 세상을 만든다'는 둘 사이의 엄청난 차이 앞에서 약간의 충격을 느끼면서 동시에 그 차이를 통해 소년에게서 희망을 보고 싶었다.

3·11의 예와 퍼거슨의 예들이 세월호 참사를 둘러싼 활동의 비/가시적 영역을 비춰줄 수 있을까? 그러나 운동 속에 생기는 비/가시적 영역을 보자는 요청은 그 운동의 활력을 증가시키기 위한 것이어야 한다. 즉 운동의 활력을 감소시키는 비방과 겹쳐지지 않도록 조심해야 한다. 운동 속 비/가시적 영역의 생성과 갈등은 일본 3·11의 예가 보여 주듯이 매스컴이나 권력의 작동 때문인 경우가 많기 때문이다. 사람들이 반원전 운동에 집중하는 동안 오키나와 기지 건설을 본격화하는 그러한 권력의 작동 말이다. 또한, 이러한 문제는 한 사회가 무의식적으로 만들어 온 인종적, 계급적, 지역적, 성적 특성들이 원인이 된다. 그런 점에서 단원 고등학교가 위치한 안산 단원구 고잔동이라는 지역성에 눈길이 간다. 안산에는 거대 공업단지와 이주노동자 거주

지가 있다. 이런 지역성 때문에 단원고에는 다문화 가정 학생이 많고 다문화 수업이 특화되어 있다.[88] 이번 희생자 가족 중 외국인 가족이 있는지 그들의 슬픔과 고통은 한국사회에서 어떤 다른 색깔을 갖고 있을지 등이 세월호와 고잔동이라는 지역성을 통해 생각해 보고 싶은 비/가시성의 영역이다.

또한, 단원 고등학교가 위치한 안산시의 시화 공업단지의 비정규 노동자 운동과 세월호의 촛불집회가 연결되는 지점들도 흥미롭다.[89] 바닷물을 막아 만든 안산시 시화공단의 노동자들은 대부분 최저 임금을 받는 파견, 하청 노동자이다. 이들 중 몇 명은 단원구 고잔동에서 열리는 촛불집회에 참여한다. "단원고 학생들의 부모 대부분이 반월과 시화공단의 노동자이거나 작은 가게를 운영하는 서민들"이기 때문이다. "한 자동차 부품회사에서 세 명이 자식을 잃었는데 모두 하청 노동자"인 경우도 있다. 이 촛불집회 장면은 일본 동북 지방의 이주 결혼 여성들이 모여 고민을 나누는 작은 방들과 겹쳐진다. 그리고 이 이주 여성들이 재해 이후 마주하고 있는 삶과 환경의 파괴와 오염을 통하여, 세월호와 바다의 관계를 생각해 볼 수 있는 그러한 날들도, 감히 꿈꿔 보는 것이다.

6. 할머니들, 떨림, 아카이브

'이곳'과 '저곳'의 재난과 참사를 둘러싼 활동을 겹쳐보면 슬픔·불안이나 여성들의 참여가 두드러진다. 3·11 이후 반년 정도 지난 시점에서 후쿠시마에서 도쿄로 올라온 여성들의 점거 농성은 일본 사회 전체에 충격을 주고 이후 전국으로 번진다.[90] 이 활동은 마치 길 위에 펼쳐진 가정家庭처럼 생소하여, '가정'이라는 여성의 영역과 분리된 채 이뤄져 왔던 기존 운동의 소리, 색깔, 분위기를 바꾸었다. 나는 일본 점거 텐트의 그녀들을, 2014년 10월 16일 노란 리본이 가장 먼저 사라진 강남에 유모차를 끌고 나와, 세월호를 잊지 말자고 외치는 그녀들을 통해서 본다.[91] 이것은 새로운 현상이다. 그러나 효과는 아직 미지수다. 그녀들의 활동이 "대한민국의 어머니, 일본의 어머니"

로 회귀할 위험이 있다. 특히 일본에서는 아이와 가족을 지키기 위한 어머니들의 활동이 방사능으로 인한 장애 아동 출산을 어떻게 생각해야 할 것인가라는 까다로운 문제와 부딪친다. 운동을 참사·재난, 그로 인한 슬픔·불안과 분리할 수 없는 변화된 조건 속에서, 어떻게 하면 그녀들의 등장이 새로운 운동으로 나아갈 길을 낼 수 있을까? 이 질문 속에서 이곳저곳에서 반짝이는 두 명의 할머니들을 만났다.

2014년 8월, 90번째 생일을 맞은 홀로코스트 생존자 헤디 엡스테인Heady Epstein은 퍼거슨의 폭력에 항의하다가 체포당한다. 부모를 아우슈비츠에서 잃었던 그녀는 말한다.

이것(퍼거슨의 폭력)은 내가 이스라엘이 점령한 팔레스타인에서 봐 왔던 것과 같은 종류의 폭력입니다.……나는 억압당하고 차별받는 것이 어떤 느낌인지 압니다. 그 문제들을 알게 되었을 때 가만히 있을 수 없었어요. 나는 모든 문제를 풀 수 없고 어쩌면 어떤 문제도 풀 수 없을지도 모릅니다만, 나는 내가 할 수 있는 모든 일을 해야만 합니다. 난 단지 가만히 앉아 있을 수 없어요. 왜 냐하면, 만약 내가 그런다면, 그리고 누군든 가만히 있는다면 이 폭력에 가 담하는 것이 될 테니까요.[92]

홀로코스트의 기억을 통해 억압당하고 차별당하는 것이 어떤 느낌인 지 안다고, 따라서 '가만히 있을 수 없었다'고 하는 슬픔과 분노가 뒤섞인 '역사적 떨림'을, 나는 매일 광화문 세월호 농성장에 오시는 84세 분당 할머니로부터도 본다.[93] 그녀는 이렇게 말한다.

> 몇 날 며칠 잠을 못 자고 그러다가 12일 단식하고 그 뒤부터 잠을 조금씩 자.……사람 목숨 귀중하게 생각하는 사람이 못났어도 그런 사람이 정치해야 해. 불쌍해서 잠을 못 잤어. 끼리끼리 노느라고……분해서 잠이 안와. 법이 없으면 만들면 되지. 법은 인간이 다 만드는 거지 하늘이 만들어줘?……일정 때 전쟁 나고 보리 개떡을 해도 다 나눠 먹고 좋게 살았어.……힘없는 놈은 어디 가도 맞아 죽고 이런 더런 세상에 어떻게 살고 싶어.

나는 한국 전쟁기를 "나눠먹고 좋게 살았다"라고 기억함으로써, 무고하게 죽어 간 사람들이 불쌍하고 분해서 잠을 잘 수 없다고 느끼는 분당 할머니의 "떨리는 몸"을 기억해 두고 싶다.

2014년 11월 1일, 청계광장에서 열린 세월호 참사 200일 추모대회에서 낭독된 선언은 이렇게 시작한다. "우리는 망각과 싸우는 것이 아니라 또 다른 기억과 싸우고 있습니다."[94] '안전'이라는 말을 '우리/들'의 것으로 되찾고 법이나 시스템보다 먼저 시작하며 더욱 근본적인 질문을 하는 그 길 위에서 연대를 배웠다고, 그러므로 "우리가 시작"이라고 말하는 지킴이들의 선언은 이렇게 끝난다. "우리는 '우리'가 되겠습니다." 뉴욕 우드바인의 선언은 이렇게 말했다. "우리는 '우리'를 조직한다."

세월호 참사를 둘러싼 활동은 '기억/기록'을 상상해야 할 '~이후 시간' 속에 있는 듯하다. 모든 기억과 기록은 죽은 것이다. 쉽게 왜곡되거나 이용당하거나 고착된다. 나는 '~이후 시간'이 직면하고 있는 '이곳'의 절실함과 무거움을 '저곳'을 통해 되비춰 봄으로써 그 고립과 망각을 함께 옮길 수 있기를 바랐다. 나는 그것을 퍼거슨과 광화문에 계신 할머니들께 배운다. 자신들의 경험을 통해 '저곳'에서 '이곳'의 떨림을 느끼는 그들은, 기록될 수도 소유될 수도 없으나 접촉하는 순간 천 개 만 개로 생성되는 아카이브와 같다.

할머니가 될 나의 친구 한 명은 세월호에 대한 메시지를 써야 하는 상황에서 다음과 같은 갈등을 느꼈다고 고백한다. "어떻게 그것이 '글로 표현 가능하지……. 이것을 글로 말해야 하는 것은 분명하고, 그런데 동시에 불가능하고……." 이 글은 재해와 참사에 대한 표현 불/가능성 속에서 진동추처럼 떨리는 친구의 질문에 응답하기 위한 노력이자 '그녀 대신 말하기'이다. 이러한 직접적인 요청을 통해 내 속의 '모른다'와 '모른 체 할 수 없다'가 진동추처럼 떨리기 시작할 때 간신히, 세월호 참사 유족들의 떨림 속으로 조금씩 다가갈 힘을 얻었다. 저곳'을 통해 '이곳'과 만나는 힘들은, 이러한 떨림을 간직한 채 길 위에서 만나 매번 새롭게 펼쳐지는 그녀들의 아카이브와 같은 것이리라 믿는다.

끝나며 시작하는 글

어떤 긴장감 속의 2015.4.11.~8.13.

끝나지 않는 글, 2015년 8월 13일

일본에 돌아왔다. 뉴욕에서 국제이사를 준비하면서 일본에 돌아가면 어떤 상황과 마주하게 될지에 대해서 문득문득 생각해 보곤 했다. 예상했던 것은 대략 두 가지였다. 하나는 심화한 인종주의 속에서 식민지기 한국문학과 비교문학을 가르치는 것의 어려움과 풍부함이었다. 다른 하나는 〈특정비밀보호법〉이 실행될 경우 역사적 자료가 소멸해 가는 상황 속에서 과연 어떤 식의 연구와 글쓰기가 가능할까 하는 물음이었다. 나는 그 물음들을 안고 1년 전 일본에서 만났던 코뮌적 공간과 순간들과 다시금 만나면서 책을 마무리하고 싶었다. 그러나 책을 마무리하려고 할 때마다 계속해서 큰 문제들이 불거져 에필로그가 또 하나의 글이 되고, 길어지고, 지연되었다. 결국, 나는 이 책을 끝낼 수 없다는 것을 깨닫고 있다.

이것은 어떤 압박감으로도 느껴진다. 나는 코뮌적인 공간이나 코뮌적으로 느껴지는 순간들에 참여하고 느끼고 쓰는 것을 좋아한다. 그런 순간들에서 지배 권력의 가장 깊고 무서운 작동을 감지하게 되고 동시에 그것에서 벗어나려는 에너지의 흐름을 느낄 수 있다. 그러나 아무리 생각해도 나는 신문 기사에 실리는 현존 정당 정치의 문제들을 직접 이야기하는 재주는 정말이지 부족하다. 어떤 한쪽의 입장을 선택하기에는 망설임과 걱정이 많아 뭔가 마음이 결정될 쯤엔 그 사안은 이미 낡은 것이 되어 버리거나 선택이 무의미하게 되어 버리고 만다. 더 근본적으로는 신문기사의 용어들을 사용하여 뭔가를 쓰려고 하면, 그 말에서 벗어나려고 하는 욕망이 동시에 커지곤 한다. 체질적으로 논객은 아닌 것이다. 그런데도 최근에는 너무나 많은 일이 매일같이 일어나 꼬박꼬박 신문을 읽고 집회에 가기 위해 인터넷의 몇몇 활동가나 단체의 사이트를 체크하고 있다. 최근 『도쿄신문』의 기사들이 어떤 르포문학 못지않게 생생하기 때문이기도 하다. 그러나 역시나 이런 일들은 여러 가지 의미에서 녹록하지 않다. 수많은 정보 속에서 무엇이 문제인지를 투명하게 느끼지 못하게 된다. 그래서 나는 이 글을 2015년 8월 13일에 붙들어 두고 때때로는 인터넷도 여러 활동 공간과도 차단된 곳에 스스로를 두면서, 부디 나 자신도 이해할 수 없는 말들에 속지 않기를 바라면서 동시에 거리의 생생함을 잊지 않기를 바라면서, 그 말들이 내 속으로 깊이 침잠하여 환해지길 바라며 에필로그를 쓰고 있다.

그러나 글을 끝낼 수 없는 이유는 단지 지금 이곳에서 폭력이 때로는 헌법의 이름으로 때로는 발전이란 이름으로 때로는 '우리'라는 이름으로 매일 매일의 삶과 내밀한 구석구석까지 치밀하게 스며들고 있기 때문만은 아니다. 또 다른 우리'들'이라는 선언으로 이 모든 폭력의 제도화와 일상화와 내밀화를 뚫고 비명을 지르며 올라오는 힘들이 있다. 이 갈등하며 솟아오르는 힘들을 끊임없이 말해야 한다는 이끌림이 글쓰기의 일차적 동력이다. 내가 느끼는 압박감 속에는 단지 수동적으로 주어진 눌린 감정만이 있는 것이 아니라, 또 다른 우리'들'이 만들어 가는 저 뱃속에서부터 스멀스멀 기어 나오는 긴장감이 동시에 있다. 그 행동들과 힘들이 끝낼 수 없도록 한다. 무엇인가를. 무엇인가를?

'어세'의 친구 — '어떤' 긴장감 속에서

저항감이 아니라 '긴장감'이라고 했다. 일본에 1년 만에 돌아와 느끼는 것은 어떤 긴장감이다. 이 긴장감은 이상하리만치 확산하고 있는 어떤 입장들의 두루뭉술하고 미묘한 변화에서 비롯된 것 같다. 자기 자신조차도 확신할 수 없는 상태에서, 누군가를 '나의 친구'라고 할 때 어쩐지 '어제의 친구'라고 과거형으로 말해야 할 듯한 묘한 긴장이 있다. 즉 '아베'는 정치권에만 있는 것이 아니라 어떤 '아베적'인 분위기이어서, 미묘한 관계성의 변화나 과잉된 긴장감을 불러일으켜 인종주의적 경계를 견고하게 하며 확산하는 것 같다. 이런 분위기 속에서 오랫동안 출구를 찾지 못한 채 내부로만 숨어든 일본인들의 죄책감이 미묘하게 우경화한 여러 담론들과 쉽사리 붙어 버릴지도 모른다는 긴장감을 느낀다. 이런 파시즘적 분위기가 동아시아의 역사적 그리고 현재적 소수자들의 환부를 건드려 복잡한 인종주의적 경계들 사이로 날이 선다. 매일 매일 친구가 적이 되고 적이 친구가 되는 부침 속에서, 나 또한 자유롭지 않다. 그럼에도 불구하고, 아니 그렇기 때문에야말로, 우리는 '당신은 오늘의 친구'라고 말해야 하고, 그렇게 말하기 위해 노력해야 한다.

그리고……역설적이지만, 여러 장면과 만나면서 나는, '일본에 돌아왔구나'라고 실감했다. 여러 갈래의 긴장감 속에서 '우리'들은 괴로움과 고통과 슬픔과 부끄러움을 느끼고, 따라서 그것을 넘어선 순간의 즐거움과 기쁨으로 가득 찬 만남을 탐욕스럽게 상상하고 원한다. 그 상상은 늘 말끔하지 못하고 내가 알려고 애써도 알 수 없는 '무명의 그들'로 그늘져 있지만, 이 어떤 긴장들 속에서 생기는 표정의 그늘들이 혹은 어긋나며 스치는 순간들이, 그 순간이 열어 보이는 침묵해 온 그/것(녀)들의 비명들이, 아마도 이 책의 에필로그를 쓸 수 없는 또 하나의 이유, 혹은 계속해서 글을 쓰게 되는 이유일 것이다.

매일매일 마주하는 긴장감들의 배경에는 구체적인 사회적·정치적 상황이 있다. 오키나와의 헤노코에는 미군 신기지 건설을 위한 해저 시굴 조사가 이번 달 20일부터 시작될 예정이다. 신기지 건설을 막기 위한 헤노코 집회에 참여하고 있는 작가 메도루마 슌目取真俊은 "공통의 전후는 없다. 여기는 전전戰前"이라고 말한다.[1] 카누를 탄 시위대는 바다의 출입 제한 구역 안으로 들어가 항의하고 있고, 도쿄의 국회의사당 앞에서는 오키나와 출신 주민 50명이 항의 시위를 벌이기도 했다.[2] 이 와중에 오늘(8월 13일) 『도쿄신문』 1면에는 어제 1시 46분경 오키나와 현 우루마시의 이케이 섬伊計島에서 남동쪽으로 약 40킬로 떨어진 태평양 위에서 훈련하고 있던 미군 헬리콥터 H60이 추락했다는 기사가 실렸다. 오키나와 지사 오나가 다케시翁長雄志는 "미군 기지가 있기 때문에 이런 사고가 일어난다. 여기 사는 우리는 정말 참을 수가 없다"고 하며 미군 기지를 오키나와 현 밖으로 옮겨 줄 것을 호소했다.[3] 작년만 해도 오키나와의 헬기 추락 사고는 세 번이나 일어났다.

2020년 도쿄 올림픽을 위한 개발, 건설, 환경미화에 의해 공원이나 거리에서 쫓겨나곤 하는 야숙자들은 꾸준히 올림픽 반대 집회를 조직하고 있다. 이치무라 씨와 오가와 씨가 보내오는 〈모리모리 통신〉에는 최근 야숙자들이 처한 배제와 추방의 상황이 쓰여 있었다. 6월에는 시부야 구 선거에서는 미야시타 공원을 나이키화하는 계획을 진행했던 사람이 당선되었다고 한다. 그는 "거리 미화"를 명목으로 민간인들을 서로 경쟁시켜 공원을 민영화하는 등 신자유주의적인 정책을 펼치는 사람으로 유명하다. 이치무라 씨는 이런 상황에 "민달팽이와 같은 미끌미끌 빠져나가는 작전으로 대항해 가자"고 말한다.

어제(2015년 8월 12일)는 2년여 간 일본에서 유지되던 원전 없는 상태가 끝나버린 날이었다. 규슈 전력의 센다이川內 원전 1호기 원자로가 가동했고 14일부터 발전과 송전을 개시한다. 2011년 9월에 간사이 전력 오오이大飯 원전이 정지하여 "원전 제로" 상태가 1년 11개월 지속하였으나 그것이 깨진 것이다.[4] 몇 주 째 계속되는 폭염 속에서도 전력은 충분했고, 대다수가 재가동을 반대하며, 화산학자들은 원전 사고로 이어질 수 있는 규슈의 화산분화를 경고하고, 만약 원전 사고가 났을 경우 피난 경로도 충분히 확보되지 않는 이곳에서, 일본 정부는 업자들에게 책임을 전가하면서 원전을 재가동한다. 아베 수상은 "세계에서 가장 엄격한 규제 기준을 통과했다고 원자력 규제 위원회가 판단한 원전은 재가동을 시행해 가는 것이 정부 방침이다"라고 발해[5], 이후 다른 시역의 원선노 섬차 새가동필 가능성을 깅력이 피력했다. 2011년 재해가 일어나기 전, 정부는 후쿠시마 원전은 세계에서 가장 '크린'하

아베 내각 타도! 전쟁은 안 된다! 아베 내각의 전쟁법안에 반대하는 사람들이 금요일마다 국회 앞에 모인다. (2015년 7월 중순경 국회 앞 집회)

고 환경 친화적이라고 선전하였다! 여전히 후쿠시마 제1원전의 수습작업은 난항을 거듭하고 있고 8월 8일에는 그곳 노동자가 오염수가 지하수로 유입되는 것을 막는 작업을 하다가 오염수 탱크에 목이 끼어 사망하는 사고가 일어나는 등, 방사능 속의 위험한 노동이 계속되고 있다.

이런 이야기들이 신문을 열 때마다 메일을 열 때마다 텔레비전을 켤 때마다 쏟아져 나온다. 그런데 이 소리가 마치 들리지 않는 것처럼 오키나와에는 신기지 건설 준비가 진행되고 원전은 재가동되며 야숙자들은 올림픽 때문에 쫓겨난다. 그중 '안보 국회'가 진행하고 있는 〈평화헌법〉 개정'은 이 모르쇠 귀머거리 정치의 결정판이다. 〈특정비밀보호법〉을 만들 때부터 일본 정부는 이 '모르쇠 정치'를 '법'의 틀을 빌어 정당화하려는 움직임을 보여 왔다. 현재는 '잘못된 정책'에 대한 비판뿐 아니라, 그것을 마치 '올바른 것'인 양 정당화하는 '법' 그 자체에 대한 질문이 필요한 상황이다.

이른바 '전쟁헌법'의 골자는 〈평화헌법〉 9조를 개정해 자위대를 국방군으로 격상시키고 교전권을 확보한다는 것이다. 이 개정이 지닌 문제점은 다음과 같다.[6] 첫째로 집단적 자위권 행사는 〈평화헌법〉에 비춰보아 위헌이며 법치주의의 근간을 흔들 수 있다는 점이다. 이에 대해 아베 내각은 1959년 스나가와砂川 사건[7] 당시 최고 헌법 재판소가 '집단적 자위권'을 인정한 판례가 있다고 주장한다. 그러나 헌법학자들의 견해는 다르다. 『도쿄신문』이 현재 대학에서 법을 가르치는 헌법 학자 328명에게 실시한 설문에 의하면, 회답한 204명 중(회답률 62%) 184명, 즉 90% 이상이 이번 개정이 '위헌'이라고 답했다.[8] 도인요코하마대학桐蔭横浜大学 교수인 모리 야스노리森保憲 교수는 개헌이 "현 정권의 입헌주의에 대한 도전, 헌법의 부정"이라고 답했으며, 류코쿠대학龍谷大学의 니와 도오루丹羽徹 교수는 "아베 내각은 대외적으로는 '법의 지배'의 중요성을 말하지만, 국내에서는 헌법을 정점으로 한 법에 대한 경시가 심각하다"라고 한 뒤, "노동법제, 사회보장법제, 교육법제의 많은 것이 헌법이 보장하는 권리를 침해하는 방향으로 개정되고 있다"고 말한다. 야마가타대학의 곤노 겐이치今野健一 교수는 "주권자인 국민이 적극적으로 헌법을 말하는 것이야말로 헌법을 국민의 손으로 되찾는 것과 연결된다"고 말한다.[9] 둘째로 〈평화헌법〉에 명시된 전수방위專守防衛(오직 방어를 위해서만 무력을 쓰는 것) 원칙이 그 근간에서 부정될 수 있다. 즉 미국과 전쟁을 벌이는 세계 각지에 일본의 군대가 투입될 수 있다는 것이다. 이는 식민지와 태평양 전쟁의 경험이 있는 동아시아 각국에 위협이다. 셋째로 아베 내각은 미일 동맹의 강화가 일본의 안전을 강화해 줄 것이라고 선전하지만, 사실 '테러와의 전쟁'을 통해 전 세계에 적이 있는 미국과의 동맹 강화가 일본을 테러 대상으로 만들 가능성이 있다.

마치 아베 수상의 증조부가 태평양 전쟁 개시를 결정했던 시기로 되돌아간 듯한 상황 속에서, 매주 금요일마다 열리는 국회 앞 항의 집회에는 많은 사람이 몰려들고 있다. 〈평화헌법 개정에 반대하는 학자들의 회〉, 〈어머니들의 회〉, 중동지역을 전공하는 학자들이 중심이 되어 헌법 개정의 위험성을 강조하는 성명에 이어, 고이즈미를 제외한 일본의 전 수상들(하토야마 유키오, 무라야마 도미이치, 간 나오토, 하타 쓰토무, 호소카와 모리히로)은 헌법 개정이 법치주의를 흔드는 것일 뿐 아니라 개정할 필요성조차 의심스러운 국민의 뜻에 반하는 것이라는 의견을 보내 왔다.[10] 메이지 가쿠인 대학, 도쿄대, 히토쓰바시대, 도쿄 외대 등 대학별로 반대 성명을 발표하고 서명운동이 확산되고 있다. 그런데도 7월 16일, 〈평화헌법〉 개정이 국회에서 통과되었다. 7월 15일과 16일 국회 의사당 앞에는 2만 명이 넘는 시위대가 운집했다. 내가 일본에 돌아와 처음으로 참여한 집회가 국회 의사당 앞에서 이뤄졌던 이 시위였다. 그곳에 가자 마자 들은 이름이 〈SEALDs〉, 20대의 젊은이들로 구성된 단체였다. 그리고 이들은 이렇게 외쳤다. "이것이 진짜 민주주의다!"

임금님은 벌거숭이! 우리가 진짜 민주주의다!

그들은 아베 정권을 향해 이렇게 외친다. 너희는 가짜 민주주의다! 여기에 모여 있는 우리야말로 진짜 민주주의다! "이것이 진짜 민주주의다!"This is what democracy looks like! 마치 모든 사람이 임금의 권위에 복종하여 진실을 말하지 않을 때 "임금님은 벌거숭이!"라고 외쳤던 아이처럼.

〈실즈〉SEALDs는 "자유와 민주주의를 위한 학생 긴급 행동"シールズ, Students Emergency Action for Liberal Democracy-s의 약자로 처음에는 10명 정도가 모여서 시작한 활동이었다. 그리고 지금은 6월부터 매주 금요일 국회의사당 앞에 모여 헌법 개정에 반대하는 집회를 이끌고 있다. 국회의사당이 '국회' 밖의 실질적 국회assembly의 기능을 하게 된 것은 2011년에 있었던 쓰나미 및 원전 사고 이후부터다. 이후 탈원전·반원전 운동, 〈특정비밀보호법〉 반대 등 일본 안에서 목소리를 높여야 할 때마다 이곳에 사람들이 모여들어 한국의 광화문 광장과 같은 장소가 되었다. 요즘 이곳에 젊은 친구들이 확 늘었다. 〈실즈〉 덕분이다. 〈실즈〉의 중심 멤버 중 한 명인 메이지 가쿠인 대학의 오쿠타 아키奧田愛基(23세) 씨는 대학 세미나에서 정치학을 접하고 2013년에 〈특정비밀보호법〉이 만들어지려는 위기 상황에 저항하기 위하여 특정 "대학을 넘어 친구들과 연구회와 데모를 시작했다"고 한다. 그는 헌법을 위반한 법안 개정에 모두 화가 나 있다고 말하면서 이렇게 외친다. "민주주의가 끝났다면 시작할 수밖에 없다. 강행 체결된다면 용서할 수 없다."[11]

〈실즈〉는 젊은 세대가 주도하는 운동, 트위터를 활용한 운동방법, 속사포처럼 반복되는 간결한 영어 구호 등으로 주목을 받고 있고 무엇보다 사람들을 거리로 나오게 하고 있다! 그런데 이 모든 것들이 힘을 발휘하는 것은 그들이 '현존 민주주의'에 대한 근본적 물음을 던지고 있기 때문이라고 생각한다. 그들은 현존 민주주의에서 '말하고 듣는 자의 관계'가 거꾸로 되어 버렸음을 폭로한다. 누가 말하고 누가 듣는가? 누가 결정하고 누가 따르는가?

그들의 슬로건 중 가장 대표적인 것은 "Tell me what democracy looks like! This is what democ-

진짜 민주주의! (8월 30일 집회)

racy looks like!"이며, 이를 번역하여 "민주주의란 게 뭐야, 뭐야! 민주주의는 이거다, 이거다!"民主主義ってなんだ、なんだ! 民主主義ってこれだ、これだ!라고 외친다. 권리가 지금 여기, 집회를 하고 있는 우리에게 있음에도 우리의 권리를 양도받은 자들이 우리의 이야기를 듣지 않고 우리에게 자신들의 이야기를 들으라고 강요하고 있는 상황, 이 전도된 민주주의에 대한 문제 제기다. 또한 이렇게 말한다. "(너희들에게) 들려줄 차례다, 우리들의 말을!"이라는 구호다. 이 구호는 이전 반빈곤 운동에서는 이러했다. "(우리들은) 말하는 걸 고분고분 듣는 놈들이 아니야!" 이 구호는 우리들에게 늘 명령을 해 대는 정부와 기업과 권력자들에 대해, 너희 말대로 움직이지 않겠다는 경고였다. 이런 인물형은 소설 『바틀비』의 주인공과 같을 것이다. 끊임없이 노동할 것을 요구하는 권력 앞에서 바틀비처럼 아무 욕망도 의욕도 없이 비실거리며 수동성으로 대항하는 것이다. 일본 젊은이들의 반빈곤 운동에는 이러한 "적극적" 수동성이 있었다기보다는 그런 저항만이 가능했던 일본 젊은 세대의 고통이 있었다. 그런데 〈실즈〉는 이렇게 말하는 것 같다. 이제 우리가 말할 차례다. 너희가 들어라. 이것은 건강한 선전포고다. 국회 앞에 가서 그들의 구호를 들어 보라. 여태까지 그곳에서 이뤄진 그 어떤 구호보다 간결하고 강하고 끊임없이 이어진다. 저러다가 숨이 멈추지 않을까 싶을 정도로 빠르게 강하게 끊임없이 이어진다. 반드시 헌법 개정을 막겠다는 기개와 젊음이 느껴진다. 젊은 층도 나이가 든 층도 〈식즈〉에게 촉발되어 국회 앞으로 모여들고 있고, 그들이 구호를 외치는 곳에서 사람들이 고조된다.

나 또한 그 건강하고 밝은 에너지에 매료되어, 집회 시간에 맞춰 갈 때 이외에도, 공부나 세미나나 강의가 끝난 느지막한 시간에 그곳에 가보기도 했다. 어느 날인가의 집회에서는 아주 재미있는 발언을 들었다. "젊은이들이 정치에 관심이 없다, 없다 하는데 사실은 반대다. 여태까지 정치가 젊은이들한테 관심이 없었다!" 민주주의가, 권리가 박탈된 자들이 스스로 권리를 주장할 때 세상이 변화할 수 있다는 윤리적 요청이라면, 이들의 요구는 민주주의의 핵심을 관통하며 민주주의를 바꾼다. 새롭게 등장한 젊은 세대인 동시에 '젊은 세대'의 이미지를 바꾼다. 이들의 활동은 전염력이 강해서 세대와 학벌을 넘어서 많은 사람을 국회 밖의 국회로, '민주주의에 대한 윤리적 요청의 장'으로 불러낸다. 센다이에서 온 도호쿠 대학 2학년인 여성은 도호쿠 지방에서는 학생 운동에 대한 편견이 심하지만, "도쿄에서 애쓰고 있는 모습에 용기를 얻었다. 내가 사는 곳에서 정치에 대해 목소리를 내고 싶다"고 말한다. 3명의 아이를 둔 여성 대학원생인 미나코西鄕南海子(27세, 교토대 대학원)씨는 데모에 오고 싶어도 육아, 가사 등으로 망설이는 여성들을 위한 인터넷 모임을 개설했다. 법안 개정에 반대하는 학자들도 〈실즈〉와 연대하고 있다.[12]

민주주의에 대한 문제 제기는 그들의 조직운영에도 반영되어 있다.[13] 그들에게는 대표가 없다. 마치 사빠띠스타처럼 "부사령관"이라고 불리는 중심 멤버들이 방침을 정하고, 10명 이상의 소조직을 연계하고 있다. 예를 들어 금요일의 항의 행동을 담당하는 "데모반", 카메라로 촬영하여 인터넷으로 확산시키는 "영상반", 지라시를 만드는 "디자인반"으로 이뤄져 있다. 대부분이 10대 후반에서 20대 전반으로 학업이나 아르바이트 사이사이에 라인 (한국의 카카오톡과 비슷한 통신 수단)을 통해 모인다.

〈실즈〉 멤버들의 발언

의사소통이나 집회 통보는 트위터를 통해 하는데 해시태그 '#'를 붙여 검색이 쉽도록 한다. 일본에서는 인터넷 우익들이 활발히 활동하기 때문에, 인터넷을 통한 정치 세력의 결집이나 생산적 토론에 대해서 부정적인 사람들이 많았다. 그러나 〈실즈〉는 그러한 인터넷 공간을 활발히 활용하며 작동방향을 바꾼다.

민주주의에 대한 〈실즈〉의 문제 제기는 한국과도 연결된다. 몇 년 전 고병권은 『민주주의란 무엇인가』라는 책에서 민주주의의 근간이라고 이야기되어 온 다수제, 대의제, 발전주의적 민주주의론에 대해 비판하고 민주주의에 대해 새로운 제안을 했다.[14] 한국에서도 모르쇠 귀머거리 정치는 세월호에서부터 최근 메르스 대처까지 요소요소에 나타나고 있다. 그리고 〈실즈〉의 문제 제기는 바로 거꾸로 된 듣고 말하는 관계에 대한 비판을 통해 민주주의의 근본이 '대의제'가 아니라 권리에 대한 '직접적인 요청'이며, 여태껏 가치로 인정되지 않았던 존재들의 권리주장이라는 점을 보여 준다.

그러나 〈실즈〉에 대한 긍정적인 반응만 있는 것은 아니다. 최근 SNS를 중심으로 〈실즈〉 홈페이지에 실린 선언이나 집회에서의 발언에 대한 비판도 나오고 있다. 최초 문제 제기를 한 사람은 일본 거주 한국인 J 씨로, 그는 〈실즈〉를 지지하는 사람들로부터 인신공격에 가까운 비판을 받았다. 이 비판이 J 씨의 의도를 충분히 고려하지 않고 노골적인 비난에 가까웠던 탓에, 다시금 이런 비난 방식에 대한 역비판이 일어났다. 이 과정 속에서 〈실즈〉는 우파와 좌파를 불문하고 다양한 정치세력의 입에 오르내리게 되었다. 이는 실명을 걸고 개인의 발언을 담은 동영상을 인터넷으로 확산시키며 활동하는 〈실즈〉의 젊은 학생들에게는 감당하기 어려운 일일 것이다. 더구나 〈실즈〉의 역할은 현재의 헌법 개정을 막기 위해 매우 중요하다. 이에 〈실즈〉와 관계를 맺고 있던 중장년층 좌파 지식인들이나 활동가들이 〈실즈〉를 감싸기 시작했다. 〈실즈〉가 스스로 의견을 직접 표명하지 않는 이런 상황을 '과잉보호'라고 비판하는 사람들도 있어서, 양상은 점차 복잡해지고 있다.

〈실즈〉에 대한 비판이 나오는 것은 다음과 같은 이유다. 첫째로 선언서의 첫 문장이 "우리는 전후 70년 동안 만들어 온 이 나라의 자유와 민주주

"우리 일본인은 지금도 앞으로도 영원히 전쟁을 하지 않을 것입니다!"

의의 전통을 존중합니다"이듯, 전후 70년 동안 일본 사회가 평화와 자유와 민주주의를 달성한 듯이 언급되어 있고 일본 헌법의 권위에 호소하는 발언도 다수 있기 때문이다. 이에 대하여 일본의 식민지 지배, 전후 일본의 타자(재일조선인, 오키나와인 등)에 대한 배제 등에 대한 역사인식이 부족하다는 비판이 제기되고 있다. 둘째로 선언에는 "⟨평화헌법⟩을 갖고 있고 유일한 피폭국이기도 한 일본은, 이 평화의 이념을 현실적인 비전과 함께 발신하고, 동북아시아의 협조적 안전 보장체제의 구축을 향한 이니셔티브를 발휘해야만 하"며 동북아시아 평화의 리더가 되어야 한다고 주장한다. 그러나 유일한 피폭국이 일본이라고 해도, 피폭자는 일본인만이 아니었다. 식민지배와 전쟁을 일으킨 당사자이자, 미일 안보 체제를 지속해 온 일본이 주도하는 평화체제란 과연 얼마나 동북아시아의 사람들에게 설득력을 얻을 수 있을까? 동북아시아의 이족들이 '평화'에서조차 이니셔티브initiative를 쥔다는 일본의 입장을 어떻게 생각할 것인가에 대한 역사적 윤리적 상상력이 부족하다는 의견이다. 셋째로 "리버럴 세력의 결집을 향하여"라는 제명 하에 "우리들은 현정권의 정치에 대항하기 위하여, 입헌주의, 생활보장, 평화외교와 같은 리버럴한 가치에 근거하여 야당 세력의 결집이 필요하다고 생각합니다"라고 말하고 있다. 이러한 주장은 운동의 주체를 선거권을 지닌 일본 국민에 한정시키고, 사상적 기반은 자유주의에 둠으로써, 일본 내부의 비국민에 대한 시선이 부족하다고 비판받는다. 넷째로 헌법 개정 비판에 대한 발언 속에는, 자민당이 추구하는 전통적인 중산층 가정의 행복이나 저녁을 짓는 어머니상에 근거한 발언이 종종 나타난다. 이런 발언은 페미니스트적 시각을 결여하고 있어 '여성'을 이용해 중산층 이데올로기를 확산시키는 자민당의 전략에 동조한다는 비판도 나온다.

이런 정황을 몰랐을 때, 나는 〈실즈〉의 홈페이지에 실려 있는 선언 일부분이나 그 멤버들의 일부 발언들을 보면서 과연 이것을 한국이나 대만이나 다른 아시아의 지역들에 그대로 번역해서 전달해도 괜찮을까? 라고 걱정했던 적이 있다. 동시에 〈실즈〉가 벌이고 있는 운동의 긴급성과 세대적 중요성, 강한 파급력을 생각할 때 〈실즈〉에 대해 비판적인 느낌을 가지고 있는 내 감성이 과연 옳은 것인지 되물어 보기도 했다. 그들의 선언에는 헌법 개정을 막기 위해 더욱 많은 계급의 사람들에게 호소하려는 전략적 수사들도 있을 것이다. 그런 점에서 〈실즈〉의 선언은 일본 사회 전체의 반영이라고도 느껴진다. 또한, 젊은 친구들이 식민지배나 전후 일본의 타자 배제 등에 대해서 배울 기회가 없었던 일본 역사 교육의 한계도 분명히 느껴진다. 즉 〈실즈〉를 둘러싼 현재의 정황은 그것이 긍정적이건 부정적이건 〈실즈〉만의 것이 아니다. 현재 일본의 우경화는 역사인식이나 사회 전체의 경향과 긴밀히 관련되어 있다. 〈실즈〉를 통해 재해 이후 일본에서 일어난 최근 2~3년간의 여러 운동을 상기하게 되며, 동시에 〈실즈〉의 운동이 기존의 운동을 넘어서 일본 내부의 타자, 비국민, 구식민지인, 내국 식미지인 등과의 연결점을 찾아가길 바라게 되는 것이다.

그럼에도 불구하고 나는 〈실즈〉를 둘러싼 이 복잡한 양상을 전달하는데 망설임을 느낀다. 수많은 비판에도 불구하고 〈실즈〉는 현재 '거리'에 있고 '거리'를 움직이는 강력한 힘이다. 반면 그들에 대한 비판은 홈페이지에 쓰인 선언에서 '시각'되어, 이후 집회의 발언에 대한 비판으로 확산되었다. 선언문은 이미 쓰인 것이고 〈실즈〉의 역사인식과 계급인식의 한계로부터 일본에

여성을 멋대로 이용하지 마라!

서 사는 그 누구도 자유롭지 않다. 그러나 '거리'에서의 접촉의 순간을 통해, 〈실즈〉도, 선언의 의미도 변화할 가능성이 얼마든지 있다. 대개의 경우 나는 이 거리가 '변화'하는 순간을 믿는다. 이 믿음의 전제 위에서 〈실즈〉에 대한 비판적 개입도 가능해진다고 믿는다. 〈실즈〉에 대한 비판도 칭찬만큼이나 〈실즈〉가 이뤄낸 엄청난 파급력과 에너지 일부분이기 때문이다.

이러한 한계와 가능성을 가장 잘 아는 것은 아마도 〈실즈〉를 지지하는 일본의 기존 좌파 운동가와 지식인들이리라고 생각한다. 1960년 안보 투쟁과 이후 일본 운동의 성공과 실패를 여러 측면에서 경험한 이들은 대규모 대중운동이 일어날 때 그 속에는 기존의 가치로 쉽게 재단할 수 없는 수많은 부정성과 긍정성이 동시에 있음을 이해하고 있으리라. 이 부정성과 긍정성이 뒤섞인 에너지가 보다 많은 대중을 끌어 모으고 새로운 물꼬를 트는 기폭제가 되기도 했다는 것을 상기해 볼 때, 나 또한 그런 확산을 바라는 마음에 그들과 차이가 있을 리 없다. 더구나 〈실즈〉의 활동은 그 조직 방식이나 구호, 움직임이 새로워 여러 세대를 흡입한다. 그런 점에서 현재 〈실즈〉를 둘러싼 이 논란들은 매우 다채롭게 세대 간 갈등을 드러내면서 세대 간의 협력관계를 만들어 낼 수 있을지도 모른다고 생각한다.

자유 민주주의가 이족異族 간의 갈등을, 넘어설 수 있을까?

〈실즈〉와 〈실즈〉를 지지하는 사람들에 대한 이런 바람과 믿음과 기대를 공유하면서, 〈실즈〉만이 아니라 현재의 전쟁헌법 반대 투쟁에 대해서 몇 가지 근본적인 질문을 해 보고 싶다. 다시 한 번 강조하지만 이는 〈실즈〉에 대한 것이라기보다는 현재 헌법 개정 반대 운동과 관련된 논의와 행동을 접하면서, 과연 현재 상황을 동아시아의 각 지역 그 내부의 소수자들에게 전달할 때 어떤 가치를 만들어 낼 수 있을까를 생각하며 품게 된 질문들이라고 하는 편이 옳을 것이다. 이 질문들이 결코 일본에만 해당되는 것이 아님은 말할 것도 없다. 나는 이런 문제점을 이야기하면서 한국의 촛불집회에 몇만 명이 모였을 때 조금씩 내셔널리즘적이 되었던 구호나 분위기, 고등학생들이 집회에 참여했을 때의 활기와 위태로움, 선거 직전 집회에서 부각되는 '선거권 투쟁'과 거기서 배제되는 소수자들 등을 반성하면서 떠올린다.

첫째로 헌법 개정 반대 운동이, 〈평화헌법〉을 절대 선으로 만들어 버릴 수 있다는 우려에서 어떻게 벗어날 수 있을까? 최근 〈평화헌법〉 개정에 대한 저항과 비판의 목소리가, 그 반작용으로 〈평화헌법〉 자체에 대한 긍정이 되어 버리는 듯한 상황들과 종종 만나게 된다. 여기에서는 절박함이 느껴진다. 일본의 〈평화헌법〉을 지키는 것은 시급한 과제다. 그러나 그것이 〈평화헌법〉 그 자체의 긍정이나 신화화로 귀결되어서는 안 된다. 〈평화헌법〉 제정의 역사는 현재 아베 정권이 구축해 왔고 현재 더 한층 더 강화하려고 하는 '미일 안보 동맹'을 그 기원으로 갖기 때문이다. 〈평화헌법〉은 태평양 전쟁에서 패한 일본이 승전국인 미국의 요구에 따라 1946년 11월에 공포한 헌법 중 9조를 부르는 별칭이다. 그 내용은 "일본국민은 정의와 질서를 기조로 하는 국제 평화를 성실히 희구하고, 국권의 발동에 의거한 전쟁 및 무력에 의한 위협 또는 무력의 행사는 국제분쟁을 해결하는 수단으로서는 영구히 이를 포기한다. 이러한 목적을 성취하기 위하여 육해공군 및 그 이외의 어떠한 전력도 보유하지 않는다. 국가의 교전권 역시 인정치 않는다"는 것이다. 즉 평화 헌법은 일본 정부가 자발적으로 만들었다기보다는 동북아시아에서 일본의 세력을 억제하기 위해 미국이 일본정부에게 요구하여 만들어진 것이다. 이 〈평화헌법〉이 '평화를 위한' 것이 아니라, '동북아시아에서 패권을 쥐려는 일본이 전쟁 욕망을 억제'하는 데 초점을 맞추고 있음은 말할 것도 없다. 물론 〈평화헌

전쟁 법안을 반대하는 그야말로 다양한 대중들! 우리의 기세에 국회 앞 도로가 개방된 날!

법〉을 만들고 그것을 70년간 유지해 온 과정에서 일본 시민들과 구 사회당과 사민당의 역할은 매우 중요했다. 그러나 일본에서 사용되는 '평화'에는 독특한 어감이 있다. 오랫동안 전쟁을 일으키고 경험한 일본 국민에게 '평화'는 정치적인 정의로움과 연결되어 있다기보다는 '전쟁 없는 일상의 지속'과 연결되어 있다는 느낌이 든다. 이는 전 인류적인 평화적 관계를 지향하기보다 일본 내부의 평화만을 추구하는 것으로 귀결될 수 있다. 그런 점에서 전후 헌법 9조가 "전후 일본이 동아시아나 국제 사회에서 복귀하기 위한 움직임 속에서, 헌법 그 자체는 동아시아에서 일본이 신뢰관계를 만들어 가기 위한 사회계약과 같은 의미"를 지녔다는 지적(제언)은 소중하다.[15] 즉 일본에서 다시금 군국주의나 파시즘이 일어나지 않도록 해야 한다는 아시아인들의 바람과 요구에 대한 일본 시민사회의 최소한(혹은 최대한)의 응답이 이 헌법 9조에는 담겨 있다. 나는 그런 과정을 중요시해야 한다고 생각하지만, 그렇기 때문에야말로 이 과정에 대한 긍정과 헌법 그 자체에 대한 긍정은 명확히 구별되어야 한다고 생각한다. 특히 〈평화헌법〉이 속해 있는 일본 헌법 제1조항이 천황에 대한 것임을 상기할 때 이 구별의 필요성은 더욱 커진다. 즉 일본 헌법의 근간에는 태평양 전쟁 때 일본인은 물론 아시아 각국의 수많은 젊은이들을 전쟁터로 내보냈던 천황을 '상징 천황'으로서 인정하는 의미가 깔려 있다. 〈평화헌법〉의 수호는 중요하지만, 그 자체가 지고지순한 이상이 되어 버린다면, 하나의 국민국가 안에서만 통용되는 (따라서 다른 지역에는 오히려 폭력이 될 수도 있는) 일국적 헌법주의나 평화주의로 귀결되어 버릴 우려가 있다.

그런 점에서 〈실즈〉의 선언문에 전후 일본 민주주의나 법치에 대한 무조건적 긍정만 있는 것은 아니며, 헌법이 권리를 인정받지 못한 사람들에 의해서 '개헌'되어야 함을 지적하고 있음은 주목할 만하다. 그 개정 이유나 세력을 '성적 소수자, 삶의 다양성'이라고 제한했던 불충분성에도 불구하고 말이다.

물론 우리는 헌법 개정 그 자체를 부정할 생각은 없습니다. 성적 소수자, 삶의 다양성 등, 현재 점점 많은 사회 문제가 부상하고 있습니다. 이러한 문제에 대한 헌법 개정은 많이 논의되어야 하며 실천해 가야 한다고 우리는 생각합니다.

노파심에서 덧붙이지만, 이들이 여기서 말하는 '개헌'의 의미는 '평화헌법'의 개정에 찬성한다는 절대 아님은 분명하다.

평화헌법은 지켜져야 하지만, 헌법 그 자체가 지고지순한 선이 아니라 늘 소수자들의 권리 주장을 통해 새롭게 쓰여져야 할 무엇이라는 것이다. 아베 정권의 '헌법 개정' 정책에서 동아시아 각 지역 사람들이 느끼는 것은 식민지배와 태평양 전쟁의 기억일 뿐 아니라 이후 지속해 온 일본의 왜곡된 역사인식과 아시아에 대한 태도에서 느껴지는 불편함이기도 하다. 단적인 예로 전후 70년간 일본에 '〈평화헌법〉 9조'가 유지되어 왔다고 하더라도, 아시아에서 전쟁이 잠정적이나마 멈춘 것은 그리 오래지 않다. 전후에도 오키나와와 아시아의 작은 섬들에서는 싸움이 지속되었고, 1950년대에는 한국전쟁과 1960~1970년대의 베트남전쟁이 보여 주듯 냉전구조에 의한 전쟁(내전)이 계속되어 왔다. 그리고 한국전쟁과 베트남 전쟁을 백업하며 일본은 고도성장했다. 따라서 〈평화헌법〉을 지키려는 운동이 이러한 역사에 대해 충분히 인식하지 못한다면, 〈평화헌법〉의 보존을 통한 동북아시아의 평화도 일국 평화주의로 멈출 수도 있다.

둘째로, 〈평화헌법〉 개정 반대 운동이 선거권을 지닌 국민들만의 운동

국민을 얕보지 마!

이 될 수 있다는 우려에서 어떻게 벗어날 수 있을까? 이는 모든 집단이 잊지 말아야 할 질문을 내포하고 있다. 한 집단의 활동이 그 집단의 정체성에 기반을 두고 '운동의 시민권'을 주장하는 것에서 어떻게 벗어날 수 있을까?

일본 국회 앞은 탈원전 집회부터 〈특정비밀보호법〉 반대 집회, 최근의 헌법 개정 반대 집회까지 줄곧, 잘못된 정부 정책을 비판하는 국회 밖 어셈블리assembly로 역할하고 있다. 그러나 조심스럽게 고백하건대, 나는 국회 앞 집회의 중요성은 알고 지지하고 자주 가려고 노력은 하지만, 그곳의 집회를 마음 깊이 좋아하게 되지는 않는다. 국회 앞 집회에서는 일본인들의 애국심이나 고향에 호소하는 발언이나 노래를 듣게 되고, 발언도 선거권을 가진 국민에게 호소하는 측면이 강하기 때문이다. 탈원전 시위 때에는 우파들이 일장기가 그려진 차를 몰고 와 확성기로 발언하거나 자유 발언대에 서기도 하며, 요즘에는 공명당·자민당 의원이 와서 발언하는 때도 종종 있다. 물론 이런 발언에 대한 사람들의 반응은 좋지 않고, 때로는 우파와 집회 참여자 사이에 충돌이 일어나기도 한다. 따라서 발언은 그에 대한 사람들의 반응에 따라서 판단되어야 하며 이 장소성 자체가 이런 내셔널리즘적 발언을 용인하고 있다고는 결코 말할 수 없다. 그렇지만 국회 앞 집회에서 정서적으로도 제도적으로도 이방인인 내가 끼어들 수 없는 순간들과 만나게 되는 것도 사실이다.

요즘 국회 앞 집회에서 자주 듣는 구호 중 하나는 "국민을 얕보지 마"이다. 물론 현재 헌법 개정을 막기 위해서 선거권을 지닌 일본 국민의 힘이 중요하다. 일단 참의원 통과를 막고 9월 27일 국회 말기까지 법안을 철회시켜야 한다는 현실적인 긴박성 속에 있다. 그러나 '이족'異族인 채로 일본에서 살아온 많은 사람에게 이 구호는 어떤 의미로 다가올까?

일본 전후의 민주주의를 향한 싸움 속에서 재일조선인, 오키나와인, 아이누 민족, 외국인 노동자, 야숙자, 프리타들의 저항과 활동이 얼마나 중요했는가를 생각하게 된다. 만약 일본이라는 장소에서 동아시아의 타자에 대한 시선을 조금이라도 풍부하게 전개할 수 있었다고 한다면, 그 동력은 일본 내부의 수많은 이족들, 그리고 이족들과 함께했던 사람들의 힘이 있었기 때문이지 않을까? 적어도 일본 국가나 일본 국민만의 힘은 아닐 것으로 생각한다. 어떤 장소성을 국가와 혼동해서는 안 되며, 결과를 그 에너지의 동력을 잊고 평가해서는 안 된다. 이런 역사를 망각하거나 혼동한다면, 이는 전후 일본 공산당이 공산당 일원에서 재일조선인을 비롯한 비국민들을 제외했던 것을 반복하는 것이 되지 않을까?

〈실즈〉의 홈페이지에서도 비슷한 혼동과 만나게 된다. 〈실즈〉의 선언문은 "앞선 전쟁에 의한 많은 희생과 침략의 반성을 거쳐 평화주의/자유민주주의를 확립한 일본에서는 세계, 특히 동아시아의 군축 민주화의 흐름을 리드해 갈 강한 책임과 잠재성이 있"다고 쓰여 있다. 아무런 의심도 반성도 없이 현재 일본에 평화주의와 자유 민주주의가 확립되어 있다라고 쓰거나, 일본이 평화를 리드해야 한다거나, '군축 민주화'와 같은 과연 함께 나열될 수 있을까 싶은 말들이 동일 선상에서 등장할 때마다 가슴이 덜컹 하는 게 사실이다. 평화를 말할 때조차 '일본' 혹은 특정 국가의 중심성을 강조하는 것에서 벗어나서, 한 집단 내부의 이족들과 함께 그 집단의 내부와 외부를 보며 비판적으로 구체적인 평화의 비전을 만들어 가려면 어떻게 해야 할까? 대표를 두지 않는 〈실즈〉의 조직방식처럼, 시민권에 호소하는 운동에서 우리는 어떻게 벗어날 수 있을까?

세 번째로 선거에서 야당이 승리하는 것이 곧 운동의 승리나 가치를 판가름하는 것이 되고 그 순간 운동이 멈춰버리는 것에서 어떻게 벗어날 수 있을까?

어떤 집단의 운동이 선거운동이 되어 버릴 때 근본적인 물음은 남는다. 〈실즈〉의 제안은 '리버럴 세력의 결집'이다. 〈실즈〉가 특정 정당을 지지한다고

아베는 파시스트!

는 절대로 생각하지 않지만, 리버럴 세력의 결집을 통해 다음 선거에서 야당세력이 승리하는 것은 현실적인 목표일 것이다. 일본의 선거 연령 또한 18세로 낮아질 전망이어서 〈실즈〉가 젊은 학생들로 구성되어 있고 고등학생들도 속속 가담하고 있는 상황은 긍정적으로 보인다. 간단히 말해 〈실즈〉SEALDs라는 이름에 붙은 '소문자 s'에서도 드러나듯이 〈실즈〉는 '개인'을 중시하며 전체적인 비전은 자유 민주주의이고 그 기반 세력은 리버럴 국민이지만, 동시에 그것은 대문자 '국민'이 아니라 소문자 복수형 's로서도 존재한다. 〈실즈〉는 이미 '실즈'라는 이름으로 묶을 수 없는 수많은 무명의 존재들을 포함하며 '실즈s'라는 집단성을 띄어가고 있다. 또한, 〈실즈〉가 '개인'을 강조하는 이유에는 자민당이 '국가적 공공성'을 주장하며 자위대의 자원을 촉구하거나 블랙 기업 횡포의 책임을 젊은이들의 자기 책임론으로 돌렸던, 왜곡된 '국가적 공공성이나 집단성'에 대한 비판이 담겨있다. 더구나 그들은 '개인'을 강조하지만 〈실즈〉라는 독특한 코뮌을 만들어 활동한다는 점에서 이미 개인주의를 넘어선 비전을 담고 있다. 따라서 그들의 '리버럴 세력'이라는 호명이 지닌 한계를 명확히 인식하면서도, 일본 내부의 이족과의 접합으로 나아가고 그 지점에서 평화에 대한 구체적인 비전을 생성해 내길 바라게 된다.

그런 점에서 세 가지를 기억해 두고 싶다. 〈실즈〉의 전신인 〈SASPL〉Students Against Secret Protection Law(〈특정비밀보호법〉에 반대하는 학생 동지회)가 오키나와의 미군 기지 반대 활동을 함께해 왔다는 것이 첫째다. 이 경험이 〈실즈〉의 활동 속에서 발현되길 바라게 된다. 다음으로 두 가지 침묵이 있다. 대학별 헌법 개정 반대 선언을 분석하고 있는 친구 y에 따르면 많은 대학이 반대 성명을 냈으나, 적어도 현시점에서는 오키나와의 대학들은 성명을 내지 않았다고 한다. 미군 기지가 있는 오키나와는 전쟁법안의 통과에 가장 직접적인 영향을 받게 되는 곳임에도 불구하고 말이다. y에 따르면 전쟁 법안 반대 활동에서 '집단적 자위권'에 대한 비판이 두드러지지만, 일미 군사 동맹에 대한 비판이 그다지 주목을 받지 못한다는 점에 대해서 문제를 느끼는 사람들이 있다고 했다. 또한, 재일조선인 사회의 중요한 지식인들도 여러 활동에 참여하고 있지만, 또 그저 나의 인상일 수도 있지만, 발언을 아끼는 듯한 인상을 받는다. 전쟁법안 통과 반대 투쟁이 일종의 선거권을 지닌 국민들의 선거투쟁에 초점이 맞춰질수록, 일본 내부의 이족들의 침묵은 (그 이족들이 전쟁법안 반대 투쟁에 함께하고 있을 때에도) 보다 어둡고 깊게 확산할 것이다.

　"전후 70년"을 특집으로 한 『현대사상』 8월호에 실린 신조 이쿠오新城郁夫의 글을 인용해 두고 싶다. "지금 오키나와의 헤노코와 다카에에서는 새로운 미군 기지 건설을 막기 위한 반대운동이 일어나고 있다. 이 운동에 참여하는 많은 사람은 오카모토 게토쿠岡本恵徳가 지적한 다음과 같은 점을 간파하고 있는 듯하다. 오카모토는 이렇게 말한다. "일본이 국가라곤 해도, 그것은 미국과 관련된 시책을 시행하는 정도의 상대적인 존재일 뿐이다."[16] 오카모토가 일본 국가의 역할을 '시책' 수행이라고 한정해 버렸음을 다시금 고쳐 배우면서, 또한 살기 위해서 벌어지는 투쟁과 저항 그리고 휴식과 부드러움이라는 일상의 중요한 원리로 되돌아감으로써, 괴뢰傀儡 국가인 일본 국가로부터의 이탈은 가능해질 것이다."[17] 신조 씨의 이 말 속에는 미국의 틀 속에서 미국의 시책을 시행해 왔던 동북아시아 국민국가들 사이의 갈등과, 그 국민국가의 지배권력 속에서 이중 삼중으로 갈등해 온 아시아 각 소집단 사이의 관계성에 대한 물음이 담겨 있다고 생각한다. 이 물음은 곧 선거 결과로 멈출 수 없는, 평화에 대한 암중모색과 다르지 않을 것이다. 60년 안보 투쟁이 기시 노부스케岸信介 정권을 무너뜨리고 민주주의를 지켜냈다고 평가받았지만, 그 기폭제가 된 일미 안보 동맹은 이후도 긴밀하게 유지되어 왔고 그 손자인 아베가 전쟁법안을 통과시키려 하고 있음을 깊이 생각하게 된다. 전후 1950년대의 미일 안보 동맹에 반대하는 시야 속에서는 중국을 비롯한 아시아의 각 지역을 좋건 나쁘건 포착하게 된다. 그러나 1960년대에 안보 투쟁

반빈곤! 어디서든 밥해 먹을 수 있게 해라!
(2015년 메이데이)

에 집중하게 되자, '독재 정권으로부터 민주주의를 어떻게 지킬 것인가?'가 일본 국내 주요 문제가 되고, 따라서 1950년대에 인식하고 있었던 미일 안보 동맹이나 동아시아의 미국패권에 대한 비판적 문제의식이 부차적으로 취급되는 경향을 보인다. 그러나 1960년대 일본 내부의 민주주의에 대한 희구가 과연 일본 내부의 타자들이나 아시아 각국과는 어떻게 연결될 수 있었을까? 비약을 무릅쓰고 말하자면, 1970~80년대 한국 민주화 투쟁에 대해서도 같은 질문을 할 수 있지 않을까? 현재의 헌법주의나 민주주의에 대한 근본적 질문이 미일 안보 동맹에 대한 깊은 비판을 통해 이뤄져야 하며, 평화에 대한 가치 모색이 전쟁법안 통과 여부나 선거 결과와 별도로 지속하여야 한다고 느끼는 것은, 이러한 60년 안보 투쟁이 주는 교훈 때문이다. 또한, 이는 한국의 민주화 운동 속 타자성에 대한 물음으로 연결될 수 있을 것이다.

세대론이 세대를 넘어설 수 있을까?

〈실즈〉는 한국에도 일본의 젊은이들이 벌이는 새로운 운동으로 알려지고 있다. 이처럼 〈실즈〉의 활동이 새로운 운동 세대론으로 부각되는 측면에 대해서는 그 시의적절함과 함께 고려해 볼 문제도 있다고 생각한다. 한국에서 미완의 민주주의에 대한 발전론적 지향이 있다고 한다면, 일본에서는 운동 세대론을 빌린 발전론이 있는 듯하다. 〈실즈〉가 비판의 대상이 될 때, 〈실즈)를 감싸거나 〈실즈〉의 입장을 대변했던 사람들은 〈실즈〉의 젊은 학생들 자신이라기보다는 그들을 지지하는 기존의 좌파 지식인과 활동가들이었다. 활동가와 지식인들의 자기 세대가 추구했던 운동에 대한 깊은 반성이나 현 상황의 절박성에서 비롯된 이러한 움직임을 단순히 비판할 수는 없다. 오히려 어떤 세대론이 등장한 배경에 대한 이해를 통해 현재의 정치적·경제적 상황을 깊이 이해하는 한편, 한 지역, 세대나 대학생이라는 특정 시공간이나 계층에 머물지 않는 운동으로 연결하는 것이 중요하지 않을까? 세대론이 힘을 가질 수 있는 때란 역설적으로 한 지역이나 아이덴티티에 정박한 세대를 넘어서 다른 시공간의 세대와 접속할 때일 것이다.

〈실즈〉의 운동이 내세우는 구호나 지향 속에서는 젊은 프리타들이 주축이 되었던 반빈곤 운동, 이라크 전쟁 반대 운동, 2011년 이후 확산된 탈원전·반원전 운동 (속 중산층 합류 및 우파 세력과의 뒤섞임), 일본 안보 투쟁 이후의 '신좌파'들의 담론, 내셔널리즘적 공산당의 일본민족에 기반한 활동, 일본 좌파 속에서도 배제되어 온 일본 속 소수자들(재일조선인, 오키나와인, 아이누족)의 투쟁 등과의 연결점과 결절점을 동시에 느끼게 된다. 그리고 이런 연결점과 결절점 속에서 그들의 운동이 같은 젊은 세대의 반빈곤 운동과 다른 점은 무엇일까, 그들의 지향이 민주주의에 대한 근본적인 물음을 담고 있음에도 불구하고, 새로운 가치나 삶의 비전 대신 '리버럴 세력의 결집'으로 귀결되는 이유는 무엇일까 등을 생각해 본다.

최근 〈실즈〉를 통해 안보 투쟁 당시의 학생운동을 상기하는 사람들이 많다. 그러나 현재의 대학생들은 일본의 안보 투쟁이나 한국의 1980년대 학생 운동을 주도했던 대학생들과 과연 같을까? 예전의 대학생들이 '지식인'으로서의 책임감을 지니고 활동하는 측면이 있었다면 현재는 훨씬 많은 사람이 대학에 들어간다. 대학 생활도 사회문제에 관심을 갖기보다는 취직을 위해 수많은 자격증을 따야만 하는 상황에 있으며 지식은 인터넷을 통해 유통된다. 따라서 사회에 대한 비판적 지식도 다양한 소규모 서클의 독서회를 통해 직접적인 토론으로 단련되었던 대학생들과는 다른 형태로 형성되고 유통되고 있다. 현재 대학생들에게는 그들의 지식과 논리가 만들어지고 있을 테지만, 그 세대층은 명확한 반면 그 내용은 불분명하다. 그것은 새로운 것일 터이고 따라서 이미 시작되었다고 해도 아직 포착되지 않는다. 그러나 그 움직임은 〈실즈〉로 대표될 수 없는 보다 다양한 계급의 젊은이들에 의해서 일어나고 있으리라고 생각한다.

〈실즈〉는 반전 운동이나 반빈곤 운동을 전개했던 젊은이들과는 다른 계급적 기반을 가진다. 반전운동과 반빈곤 운동의 계급적 기반이 국가로부터 버려진 '기민'棄民이었다면, 〈실즈〉의 계급적 기반은 선거권을 지닌 일본인 리버럴 세력이다. 〈실즈〉에 참여하는 학생들이 비싼 학비에 시달리고 아르바이트로 연명하는 대학생이라고 할지라도 그들이 스스로 설정한 활동 기반이 그러하다. 이러한 계급적 기반이 일본 국민들 사이에서 〈실즈〉의 지지율을 높이고 운동을 확산시키는 힘이 되고 있다는 생각도 든다. 한편, 이러한 계급적 기반이 갖는 인식의 한계 또한 생각하지 않을 수 없다. 따라서 〈실즈〉를 일본의 새로운 운동을 전개하는 젊은 활동가 세대로서 이야기하기 위해서는, 현재의 일본 젊은이들이 처한 고통스러운 배경에 대한 이해가 보다 깊이 있게 전개되고, 〈실즈〉와 그러한 활동과의 접속점을 발견하는 일이 중요할 것 같다.

전후 고도성장과 버블시대를 지나 1970년대 중후반부터 1990년대 중후반까지 태어난 일본의 20대와 30대들은 장기적인 취업난과 빈곤 속에 있다. 블랙 기업의 횡포를 받으면서 일하는 프리타 혹은 비정규직이 현실이며, 대학을 졸업하는 동시에 몇 천만 원의 학자금 대출 빚쟁이가 되는 것이 대학생과 대학원생들의 현실이다. 한국의 20대, 30대도 별반 다르지 않다. 어느 사이엔가 '젊은 세대'란 '미래 없는 빈곤층'의 대명사가 되고 있다. 이런 현실은 국회의사당에 젊은이들이 모이는 시간에도 반영되어 있다. 집회는 매회 7시부터 시작되지만, 집회가 시작하는 초기에는 주로 나이 든 분들이 많다. 학업과 아르바이트를 병행해야 하는 젊은이들은 조금 더 늦은 시간에 모여든다. 그리고 이런 공간에 나올 여유도 정치적인 것에 관심을 가질 시간도 없는 수많은 젊은 세대가, 또한 더 이상 젊지 않고 직업도 없는 채로 늙어가는 수많은 젊은 세대였던 세대가, 일본에도 한국에도 세계 어디에나 있다.

따라서 〈실즈〉의 활동이 세대를 넘어서 전세계적 자본주의에 반대하는 반빈곤 반자본주의 운동으로 확산될 수 있는 가능성은, '리버럴한 국민들의 결집'뿐 아니라 이 모든 전 세계의 "젊은 세대 (혹은 젊었던 세대)"의 고통스러운 노동 상황의 동시적 인식에서 나올 것이라고 생각한다.

〈평화헌법〉 개정 문제도 젊은 층이 놓여 있는 계급적 기반을 통해 다시금 생각해 볼 수 있다. 〈평화헌법〉이 개정되면 그 전쟁헌법의 직접적인 적용 대상은 젊은 세대다. 집단적 자위권이 인정되어 더 많은 자위대원이 필요하게 되면, 빈곤한 일본의 젊은 층뿐 아니라 많은 외국인 노동자나 비국민들이 자위대에 자원하게 될 것이다. 그리고 미국의 수많은 이민족 젊은이들이나 이민족 2세들이 시민권을 얻기 위해 혹은 경제적인 이유로 미국 군대에 자원하여 세계 각지로 파병되고 있듯이, 그들 또한 아시아와 중동 지역과의 긴장을 강화하는 타국과의 전쟁에 어떤 형태로든 참여하게 될 것이다. 연쇄적으로 일본 내부의 테러 위험은 증폭될 것이다. 이런 상황은 태평양 전쟁기의 학생들이나 젊은이들의 전쟁동원을 생각나게 한다. 헌법학자들은 이런 경향이 일본 내에서 징병제의 부활을 불러올 위험성도 있다고 경고한다. 국제적 관계를 볼 때 징병제를 부활시키긴 어려울지라도, 경제적으로 어려운 상황에 놓인 젊은 세대를 겨냥한 일종의 지원병제가 부활하는 것은 가능하리라. 일본에서 베트남 전쟁에 반대하는 광범위한 시민들의 동참을 끌어낸 운동이었던 1970년대의 '베헤렌'ベ平連은 일본의 기업과 일미동맹관계가 베트남 전쟁을 지원하고 있다는 점을 들어 베트남 전쟁이 일본 안에 있다고 선언했다. 그리고 2015년 지금 이 일본 내부에 있는 전쟁이 그 내외부의 동원, 상호교섭, 확산을 강화하고 있다. 이 상황에서 〈실즈〉는, 그리고 전쟁법안 반대 투쟁은 어떤 운동으로 기억될까?

〈실즈〉 홈페이지에 다시 들어가 본다.[18] 첫 페이지에 나오는 〈실즈〉 마크에는 확성기, 책, 펜촉, 음악을 상징하는 이미지 위로 재생 버튼이 그려져 있다. 그 밑으로 "우리는, 자유와 민주주의에 기초한 정치를 요구합니다"라는 글귀에 이어 여러 논란의 대상이 되는 선언문이 쓰여 있다. 나는 일부러 그 선언문의 인용은 뛰어 넘는다. 선언문은 그들의 활동 속에서 얼마든지 다시 쓰일 수 있고 이미 다시 쓰이고 있다! 선언문 밑으로는 눈을 가린 세 명의 젊은이들이 나온다. 이 이미지는 소수자들로부터 눈과 귀를 막은 지배 권력에 대한 상징이기도 하면서, 이 어둠 속에서 다른 시각을 획득하려고 암중모색하는 〈실즈〉와 모든 젊은 세대 및 젊은 세대였던 세대와, 그 모든 '우리'들의 상황을 보여 주는 듯도 하다.

이 세 이미지 중 하나는 여학생이다. 앞서 언급했듯이 〈실즈〉에 대한 비판 중에는 그들이 자민당을 비판하며 지키고 싶다고 주장하는 삶의 모습이, 결국 자민당이 주장하는 안정된 중산층 가정 그대로라는 것도 있다. 친구 d가 소개해 준 기타무라北村紗衣 씨의 블로그에는 "국회 앞 항의에 갔다 왔다"는 제목으로 그곳에서 들은 〈실즈〉 여성 발언자의 「아베 수상에게 보내는 편지」에 대한 비판이 쓰여 있었다. 그 발언자는 집에 돌아가 밥을 만들어 놓고 기다려 주는 어머니가 있는 것을 평화로운 세계의 모델인 듯이 말하고 있었기 때문이다. 기타무라 씨는 "여성성이나 모성이 자주 정치 활동에서 프로파간다로 이용되는 것을 경험"한 입장에서 도저히 받아들일 수 없는 발언이었다고 말한다.[19] 그러나 이 발언은 무한히 다양한 존재를 포함하고 있는 〈실즈〉의 한 부분이며 또 다른 〈실즈〉에 의해서 비판받고 변화할 수 있는 유연성도 동시에 존재한다.

그녀의 비판을 포함하여 나 또한 〈실즈〉에 매료되면서 동시에 그들에게서 벗어나면서, 세월호에서 목소리를 높여갔던 한국의 고등학생과 젊은 세대와 젊었던 세대를 겹쳐 보곤 하면서, 현재 이야기하고 있는 것 이상을 함께 상상하고 싶어지는 것이다. 마지막으로 흥미로운 〈실즈〉의 구호 하나를 소개하고 싶다. 〈실즈〉의 중심 멤버 중 여성 멤버가 외치는 구호로 "자민당, 뭔가 기분 나빠!"自民党,何か感じわるいのね!가 있다. 마치 젊은 여자 고등학생들이 두런두런 수다를 떨면서 나올 법한 어감의 구호로 경쾌하면서도 톡 쏘는 맛이 있다. 이 구호를 듣는 순간 나는 가슴이 세 번 두근두근했다. 한번은 그 구호의 경쾌하면서도 톡 쏘는 맛이, 여전히 민주주의가 논의되는 공론장에 들어올 수 없는 여성들의 수다를 정치적 공론장으로 끌어 들이는 듯이 느껴졌기 때문이다. 연이어 다시 한 번 가슴이 '두근'했다. 그 말이 지닌 매우 일본적

인 감성 때문이었다. '기모이(기분 나빠)!'라고 해서 일본에서 누군가를 타자화하거나 왕따 시킬 때에도 이와 비슷한 어감의 말이 사용된다. 하나의 공동체에서 '그 사람 뭔가 기분 나빠'라고 하면서 더러운 벌레를 떨어내듯 고개를 돌리거나 눈을 질끈 감고 누군가를 배제하는 모습이나 그렇게 말한 뒤 예쁜 모자를 쓰고 나들이를 나와 팬시한 곳에서 가족들과 저녁식사를 하는 일본 여성이 연상되었다. 이렇게 민감하게 느끼는 것은 일본에 너무 오래 살아버린 나의 병색임이 분명하다. 그리하여 나는 세 번째로 가슴

아베 정권 용서할 수 없다! 죽음의 총리, 아베!

이 '두근'한다. 그 히스테릭한 거부의 몸짓이 지닌 투명하고 날카로운 감성 때문이다. 자민당은 단지 나쁜 것이 아니라 기분 나쁘다. 기분 나쁘게 우리에게로 스며드는 이상한 위계질서와 타자에 대한 배제와 폭력성이 있다. 이것은 분명 파시즘에 대한 예감이다. "자민당, 뭔가 기분 나빠!"라는 구호는 이 구호가 지닌 일본적 감성과 함께 우리에게 이러한 파시즘적 감성과 인종주의적 배제에 민감하게 저항할 것을 날카롭게 톡 쏘며 미리 알려 주는 것 같다.

전쟁 헌법 배후의 미국과 전 세계적 인종주의와 폭력

"Tell me what democracy looks like! This is what democracy looks like!"(민주주의란 게 뭐야! 이것이 진짜 민주주의다!)라는 〈실즈〉의 대표적인 구호는 〈실즈〉 멤버인 우시다 요시마사牛田悅正(메이지 가쿠인 대학, 22세)가 해외에서 듣고 자신들의 운동구호로 삼은 것이다. 그들은 이 구호를 한 번은

영어로 한 번은 일본어로 외친다. 나는 처음 그 구호를 듣고 깜짝 놀랐다. 작년 뉴욕에서 아프리카계들을 범죄자로 낙인찍고 폭력적으로 죽이고 대하는 백인경찰의 인종주의에 항의하는 집회에서 여러 번 들었던 그 구호였기 때문이다.

〈실즈〉의 구호나 플래카드에는 "Peace not War"(전쟁이 아니라 평화)처럼 영어가 많이 사용된다. 그들은 가난한 젊은이지만 대학에 들어갈 수 있었고 영어를 쓰고 말할 수 있는 기본적인 인문학적 지식과 교양을 갖춘 젊은이들이다. 내가 뉴욕에서 그 구호를 들을 수 있는 조건을 갖고 있듯이 말이다. 이 명확한 경계는 일종의 한계처럼도 보인다. 집회에서 "민주주의란 게 뭐야, 뭐야!"民主主義ってなんだ、なんだ! 할 때는 신나게 따라하던 사람들이 영어로 "This is What Democracy Looks Like"(이것이 진짜 민주주의다!) 하면 따라 외치는 소리가 절반으로 줄어든다. 동아시아에서 영어가 가지고 있는 언어적 패권은 그 구호 뒤에 긴 여운으로 남는다.

그러나 그들이 쓰는 영어는 단지 영미 사회의 주류 지식층의 영어가 아니다. 미국에서 오랫동안 차별받아 온 아프리카계 아메리칸들이 길거리를 다니다가 단지 블랙이라는 이유로 범죄자 취급을 당하고 총살을 당하기도 하는 울분을 담아 블랙들의 억양으로 도로를 점령하며 거리에 드러누우며 외치는 영어다. 또 이 말이 1999년 시애틀에서 있었던 반세계화 투쟁에서 처음 발화되었다는 것 또한 의미심장하다.[20] 만약 우리가 영어에 대해서도 좀 더 다른 상상을 할 수 있다면 이것은 소수자들의 공감적 언어로서의 영어인 것이다. 그리고 이 구호를 외침으로써 전쟁헌법의 배후에 있는 미국과 제국적 서방국가들, 늘 제3세계 독재 정권 배후에서 아시아와 라틴 아메리카와 중동 지방의 민중 혁명을 진압해 왔던 미국과 제국적 서방국가들, 그리고 현재 이슬람과의 긴장을 고조시키고 있는 미국과 제국적 서방국가를, 그리고 그들을 흉내 내거나 동조하며 그 체제에 편입되는 동아시아의 많은 국가를 인식하게 된다. 또한, 이러한 미국과 제국적 서방국가들의 패권 하에서 제3세계를 형성하는 아프리카계와 히스패닉과 아시아인과, 그 대도시 속 소수자들 사이의 연결고리를 생각하게 된다. 이처럼 이 구호의 유입은 '번역'을 통해서 '인종주의 비판'이라는 맥락이 감춰지기도 하지만, 그 번역의 루트가 드러나는 순간 일본의 전쟁헌법 속에 감춰져 있는 인종주의적 편견을 상기시키기도 하는 것이다.

미일 동맹으로 드러나는 국가 간 폭력의 연속성과 국가 내부에서 국가적 경계를 넘어 만들어지는 마이너리티의 연속성은 등을 맞대고 있으나 전혀 다른 영역에 속한다. 일본에 오키나와와 후쿠시마와 동북지방과 재일조선인과 이주노동자들이 있듯이, 아메리카 제국 내부에는 오래된 동시에 생생한 식민지들이 곳곳에 있다. 작년 이맘때 미국에서는 북아프리카에서부터 확산된 에볼라에 대한 공포가 확산하였다. 올해는 뉴욕 브롱크스 근처의 냉각수가 레지오넬라균으로 오염되어 보건당국에 비상이 걸렸다. 작년의 에볼라 사태 때 유일하게 사망한 의사는 블랙이었다는 점에서 여러 소문이 돌았으며, 현재 레지오넬라균이 확산되는 브롱크스 지역 또한 뉴욕의 유명한 할렘가다.

불과 한 달 전인 7월 19일에는 또다시 백인 경찰에 의해 비무장 아프리카계 청년이 사망한다.[21] 미국 신시내티Cincinnati 경찰서의 레이 텐싱Ray Tensing이 차 번호판을 달지 않았다는 이유로 43세의 아프리카 아메리칸 사무엘 드보스Sam DuBose를 멈춰 세웠고, 운전 면허증이 없어서 제시하지 못하자 총으로 쏘아 죽였다. 텐싱은 사무엘 드보스가 자신을 차에 매달고 차를 몰아갔기 때문에 그에게 총을 발사했다고 했으며 이를 목격한 경관 두 명도 같은 증언을 했다. 그러나 이 장면을 찍은 비디오가 공개되자 텐싱과 그의 동료 경관들이 거짓 증언을 했다는 의혹이 불거졌다. 비디오에서는 사무엘 드보스가 경관을 달고 차를 몰아가는 장면은 없다. 단지 운전 면허증을 제시하지 못하자 몇 분 뒤 레이 텐싱은 바로 사무엘 드보스의 머리를 향해 총을 쏜다. 그러자 사무엘이 죽으면서 엑셀러레이터를 밟았는지 차가 앞으로 급히 굴러가 버린다. 그 뒤쪽에서 텐싱은 사무엘이 죽었는가를 확인하며 여러 발의 총을 발사한다. 검찰관인 조셉 디터스Joseph Deters는 백인 경관인 텐싱의 말이 거짓이며 있을 수 없는 끔찍한 사건이라고 말한다.

백인 경관에 의한 아프리카 아메리칸의 무고한 죽음을 밝히기 위해 활동해 온 〈신시내티 블랙 연합전선〉Cincinnati Black United Front의 아이리스 로울리Iris Roley는 2001년 신시내티 경찰서 경관에 의해 비무장 상태로 죽은 아프리카 아메리칸의 사건을 계기로 활동을 시작했다. 아이리스 로울리에 따르면 이와 비슷한 400여 건에 달하는 사건이 있다고 한다. 사무엘이 죽은 7월 19일은, 아프리카 아메리카인 에릭 가너가 백인 경찰의 과잉진압으로 숨진 2014년 7월 17일로부터 일 년 째 되는 날이다.[22]

미국 내부에서는 아프리칸이나 히스패닉이 인종주의적으로 그리고 경제적으로 하층에 위치하기 때문에 일상적으로 국가 폭력에 노출된다면, 미국 외부에서는 이른바 '테러리스트'로 낙인찍힌 사람이 폭력에 노출된다. 나는 이슬람 원리주의자들의 테러에 대해서는 매우 비판적이지만, 테러와의 전쟁을 빌미로 이라크 전쟁을 일으켰던 미국 부시 대통령의 행위라든가, 가자 지구를 공격하는 이스라엘을 지지하는 미국의 입장이라든가, 테러를 했다는 증거가 불충분한 이슬람들을 쿠바 관타나모 기지Guantanamo Bay에 가두고 비인권적으로 고문하고 있는 상황이나, 더 나아가 테러를 지배의 수단으로 삼는 전략에 대해서는 더욱더 비판적이어야 한다고 생각한다. 일본의 미일 안보 동맹을 강화하기 위한 헌법 개정은 대테러 전쟁을 포함한 미국 국내외의 안보체제에 동조하는 것이자 아시아와 함께 중동지역을 동시에 적으로 돌리는 결과를 낳을 것이다. 그리고 이것은 일본 사회를 과도한 안보 시스템 속으로 편입시킬 것이다. 이런 위험성은 이미 현실화되고 있는 듯하다. 아베 정권의 〈평화헌법〉 개정 및 미일 안보 체제의 강화를 비판하는 국회 의사당 앞의 데모대에 대해 일본 경찰의 과잉진압이 점차 문제로 부각되고 있다. 국회 의사당 대로를 사이에 두고 남쪽과 북쪽의 통행을 막거나, 거리로 사람들이 몰려나가는 것을 경찰이 과잉 진압해서, 넘쳐나는 사람들이 도보에 꽉 막혀 더 큰 사고를 부를 위험성도 있다고 숱한 사람들이 지적하고 있다. 특히 7월 15일 안보 법안이 강행된 뒤 규제는 더욱 엄격해져서, 데모에서 촛불을 사용하는 것도, 근처에서 오랫동안 해 온 게릴라 카페도 금지당하고 있다.[23]

아프리카 아메리칸들이 절규하는 말을 받아 〈실즈〉가 "민주주의란 게 뭐야, 뭐야! 민주주의란 이거다, 이거다!"라고 묻고 외치듯이, 가짜 민주주의와 안보의 외피를 입은 일상화된 폭력이 거리를 사람들을 진압하고 있다. 신자유주의와 자본주의가 인종주의와 식민주의의 방식을 활용하며 확산된다. 이런 상황 속에서 국가 간 안보 동맹 체제가 야기할 수 있는 폭력과 그 폭력을 묵인하는 분위기에 일침을 가하는 심리학자들의 문제 제기가 있어 눈길을 끈다. 캐나다 토론토에서 열린 심리학자들의 가장 큰 학회인 〈미국 심리 학회〉는 8월 6일에 모여 국가 안보 신문訊問에 심리학자들이 참여하지 않기로 결의한다. 뉴스 영상에서 심리학자들은 관타나모 기지에서 일어나고 있는 고문과 심리학자들을 전쟁에 동원하는 자본주의적 고용 시스템 등에 대해 비판했다.[24]

　〈인권의사회〉Physicians for Human Rights의 위드니 브라운Widney Brown은 심리학자들이 관타나모 기지 같은 곳에서 신문訊問에 참여하지 못하도록 하는 엄격한 규율이 필요하다고 주장한다. 그리고 현재 아부 그라이브Abu Ghraib, CIA의 블랙 사이트, 그리고 바그람Bagram 공군기지에 억류된 사람들의 인권과 재판권을 주장한다.

　이미 혐의를 벗고 석방된 사람들을 포함해서 [그곳에 있던] 모든 사람들은 그들이 당한 일로 정당한 재판을 받을 기회를 가지지 못하고 있습니다. 다시 분명히 강조하자면, 관타나모 기지는 권리가 박탈된 지역rights-free zone입니다. 관타나모 기지의 구금시설 모두가 불법이기 때문에 그곳에서 일어나고 있는 신문訊問 또한 모두 다 불법입니다.

　이어서 위드니는 고문은 완전히 없어져야 하며 모든 나라들이 고문한 사람들을 조사하고 처벌해야 된다고 강조하면서 이런 일이 벌어지는 환경을 용인하고 그들이 애국자인 것처럼 호도하면서 고문을 옹호하는 국가 폭력을 비판한다. 내게는 이것이 타인의 고통과 국가 폭력에 무감각해진 상황을 꼬집는 말처럼 들렸다.

　이러한 [고문을 옹호하는 말이] 주는 메시지는 이것입니다. "알아요, 우리는 그것이 불법인 것을 알아요. 그래요, 그런 일은 절대로 해선 안 된다는 것도 알아요. 그러나 필요하다면 살짝 눈을 감고 그냥 넘겨 버릴 수 있어요. 그리고 그런 일이 다시 일어날 수밖에 없다면 다시 눈을 감아 버릴 거예요." 이것은 내가 살고 싶은 미국이 아닙니다. 이것은 내가 살고 싶은 세상이 아닙니다. 나는 인간의 존엄과 평등이 가장 중시되는 세상을 원합니다. 그리고 권력을 남용하는 사람들이 사람을 해치기 위해서 그 권력을 사용하면, 그에 대한 대가를 치르는 세상을 원합니다. 이것이 우리가 진실로 정의로운 세상을 만들 수 있는 단 하나의 방법입니다.

이들의 발언 속에도 얼핏 법치주의의 권위에 대한 호소와 미국인이라는 정체성에 대한 강조가 엿보인다. 그러나 중요한 것은 영미권 심리학자들이 자신들의 지식을 통해 1903년 이후 미국의 식민지적 지배 상태에 있는 쿠바의 관타나모 기지가 곧 '권리가 박탈된 곳'이라는 문제 제기를 하고 있으며, 그곳에 수용된 비국민의 인권에 대한 인식을 통해서, 이 모든 결의를 시작하고 있다는 점이다.

동아시아에서 관타나모 기지는 먼 곳의 일인 듯이 여겨질지도 모른다. 그러나 관타나모 기지는 1903년 쿠바의 일부 지역을 미국이 점령하여 만든 이래, 체 게바라의 민중혁명 이후 쿠바와 미국이 국교가 끊어진 상태에서도 줄곧 그곳에 존재해 왔고, 증거도 불충분한 이슬람들을 테러리스트로 낙인찍고 감금하고 고문해 왔다. 마치 텐싱의 총격을 보고도 묵인한 그의 동료들처럼, 오키나와에 있는 미군 기지를 묵인하고 있는 일본 사회처럼, 일상화된 폭력이 묵인되는 구체적 장소이자, 어느새 우리 속에 똬리를 틀고 있는 폭력을 묵인하는 역사적 감성의 장소이기도 하다. 전쟁헌법은 미국과의 우호 관계를 통해 이러한 폭력 시스템에 가담할 것을 묵인할 뿐 아니라 심지어 그 정당성을 보장받으려는 법적 장치다. 심리학자 위드니 브라운의 발언은 바로 이러한 묵인의 장소를 만드는 감성을 정면으로 비판한다. 어느 날인가 국회의사당 앞 데모에서 한 젊은 여성은 이렇게 외쳤다. "사람의 고통에 무감각해지고 사고가 정지된 인간이 되고 싶지 않다. 그래서 목소리를 높인다."[25]

끝나며 시작하는 글

나는 에필로그 아닌 에필로그를 8월 15일 이틀 전인 지금 쓰고 있다. 하루하루 변화하는 상황과 생각 속에서 쓰는 것을 멈출 수 없다. 그러므로 잠정적으로나마 이 책을 끝내기 위해서 이 책의 시간을 오늘로 붙잡아 둬야 한다고 다짐하면서도 이런 질문을 그칠 수가 없다. 이 느린 글의 시간이 생생한 지금과 미래의 시간에 어떻게 개입할 수 있을까? 그리고 하나의 코뮌의 병이 다른 코뮌과 만나서 치유될 수 있을까?

2015년은 광복/해방/독립/전후/패전 후 70년이 되는 해이다. 친구들의 이야기에 따르면 한국의 거리에는 태극기가 걸리고 있고 인터넷 홈페이지에는 70주년을 기념하는 말들로 가득하다고 한다. 반면 일본의 인터넷에는 며칠 전부터 히로시마 나가사키의 원자폭탄 투하의 고통을 기리고 이 경험을 통해 〈평화헌법〉을 지키는 것의 중요성을 강조하는 말들이 나온다. 원폭의 의미를 〈평화헌법〉을 지키기 위한 역사적 경험으로 사용하는 것은 어느 정도 타당하나 그것이 일본인만의 피해의식에 의한 것일 때 '평화'는 그 정의롭고 타자로 확장된 가치를 잃고 만다. 그런데도 일본 매체에서는 8월 15일을 둘러싼 좌파 우파 어느 쪽의 논의건, '전쟁'에 대한 논의는 많지만 '식민주의'라는 말은 좀처럼 찾아볼 수가 없다. 한국 매체에서는 식민지에서 해방된 날이라는 말이 수없이 들려온다. 내일 발표될 아베 담화에 '침략'과 '사죄'라는 말이 들어갈 것인가를 두고 일본과 동북아시아 다른 지역의 의견이 팽팽한 긴장감을 고조시키고 있다. 그러나 담화에 어떤 내용이 들어가든지 그것은 어디까지나 정치가의 발언이다. 일상적으로 발화되는 '식민지'라는 말과 '전후'라는 말 사이의 어긋남을 생각해 볼 때, 정치가의 말은 그것이 이야기되는 담론적 맥락이나 대중적 힘 없이는 어떤 효과도 가질 수가 없다.

어제는 하토야마 전 총리가 한국의 서대문 형무소에서 무릎을 꿇고 "고문을 통해 목숨까지 빼앗았다는 사실에 마음으로부터 깊이 사죄드린다. 무거운 마음으로 이 자리에 섰다"라고 하며 아베 담화에 '사죄'라는 표현이 담겨야 함을 강조했다. 그는 "피해 국민이 그만둬도 좋다고 할 때까지 사죄해야 한

제국주의의 침략과 억압에 대한 저항을 선포하는 이 깃발은 아베 정권 비판을 통해 전 지구적 소수자 운동과 접촉한다. 이 깃발에 새겨진 일본어에는 표준어가 아니라, 활동가들의 문건에 사용되던 일본식 약자가 섞여 있다.

다"고 말했고 일본국민에게 "진정한 애국이란 잘못을 사과하는 용기"라고도 했다. 한국 언론은 하토야마의 행위를 폴란드에서 아우슈비츠 피해자들을 기리는 비석 앞에서 무릎을 꿇었던 빌리 브란트 독일 전 총리와 비교하고 있다. 그런데 가까스로 한 발 내디딘 하토야마의 말 앞에서, 나는 어쩐지 뭔가를 빼앗긴 사람처럼 더욱더 안절부절못하게 된다. 정치가들이 '우리들'의 이야기를 하면 할수록 뭔가 중요한 것을 빼앗겨 버린 기분이 든다. 재판을 받는 쪽이 우리인 것 같고, 듣는 쪽이 우리가 된 것 같고, 우리들 삶의 경험이 지닌 섬세한 부분들이 빙그르르 공회전하는 것도 같고, 겨우 내민 속살을 다시금 쏙 감추고 싶어진다. 우리는 오직 우리 속에 침잠함으로써만 그래서 우리들의 언어를 발명함으로써만 해방될 수 있지 않을까?

한편 일본의 활동가나 좌파 지식인들은 수상일 때는 함구하다가 이제야 사죄를 하는 하토야마의 행동이나 발언에 대해 비판적이며, 우익들은 하토야마의 말과 행동에 자극을 받아 인터넷을 하토야마에 대한 욕으로 도배하고 있고, 8월 15일마다 참여하는 반 야스쿠니 집회는 더욱 위험해질 것으로 보인다. 이 겹쳐지면서도 음영을 완전히 달리하고, 그것이 발화되는 시공간과 분위기에 따라서 그 색깔이 카멜레온처럼 변화하는 말들과 상황들과 감정들 속에서, 나는 도저히 침착해질 수가 없다. 갈래갈래 흩어지는 생각을 주섬주섬 그러모아 70주년의 의미를 생각해 본다.

한 달 전쯤의 어떤 연구모임에서 쓰보이 히데토 선생님이 말했던 것처럼 70년이라는 시간은 중요하다. 나는 이 발언을 하는 아주 깊은 의도에서는 쓰보이 선생님과 내 의견이 일치할 수는 없을 거란 예감이 들었지만, 70년이 지나 식민지기의 기억이나 전쟁의 기억을 직접 증언해 줄 수 있는 경험자가 사라져 가고 있으며 앞으로의 10년은 이 기억을 둘러싸고 매우 중요한 시기가 될 것이라는 통찰력 있는 지적에는 깊이 공감했다. 상징적이라는 생각이 들 정도로 올해 들어서만 8명의 전 위안부 할머니들이 돌아가셨다. 이로써 "정부에 등록된 군 위안부 피해자 238명 가운데 생존자는 47명으로 줄었다"고 한다.[26] 이뿐이 아니다. 일본에서 〈평화헌법〉을 만드는 데 관여하고 이후 〈평화헌법〉을 지키며 진보정치의 목소리를 냈던 사회당(현 사민당)의 거물들이 잇달아 명을 달리했다는 기사도 나온다. 무라야마 내각 탄생에 중심적인 역할을 한 야마구치 쓰루오山口鶴男 전 일본 사회당 서기장은 8월 3일에, 7월 2일에는 다나베 마코토田邊誠가, 작년 9월 20일에는 여성 최초로 중의원 의장을 지냈던 도이 다카코土井多賀子도 세상을 떠났다.[27] 무엇이 '사실'인지 증언할 사람들이 사라진 상황 속에서 우리는 어떻게 학자들 간의 숫자놀음으로 그치고 마는 '사실 논쟁'이나, 감정적 진실을 무시한 실증주의에 매몰되지 않으면서, 죽은 증언자들의 살아 있는 웅성거림을 계속해서 듣고 전달하고 기억하고 표현할 수 있을까? 우리는 어떻게 이 모든 증언자의 증언자가 될 수 있을까? 동시에 우리가 살아가고 있는 현재의 증언자가 될 수 있을까?

70주년이 지닌 의미는 일본의 양심적 지식인의 사죄를 통해서 의미를 얻는 것이 아니라 이처럼 현재의 증언/자 아카이브를 만들 방법을 고민하는 데 있을 것이다. 동시에 코뮌과 그 가치에 대한 근본적인 질문을 '타자'의 시각을 통하여 가져야 할 것이다. 나는 내 글도 그러한 아카이빙의 한 방법이 되길 바란다.

한편 70주년이라는 것은 곧 반둥회의 60주년이자 한일협정 50주년을 의미한다. 1955년에 열린 반둥회의는 이른바 비서구 제3세계인 인도, 아프리카, 아시아가 처음으로 독립된 국민국가 자격을 갖고 만나는 장이었다. 1949

년 10월에 중국에는 중화인민공화국이, 12월에는 대만에 국민당 정부가 들어섰고, 1948년 8월에는 남한에, 9월에는 북한에 정부가 수립된다. 즉 1955년에 열린 반둥회의는 적어도 국가제도적 차원에서는 식민주의와 제국주의의 시대가 끝났음을 선언하는 것이었다. 그러나 동시에 새로운 식민주의와 제국주의의 시작을 알리는 것이기도 했다고, 일본에서 라틴 아메리카의 활동을 꾸준히 소개하며 연대해 온 오다 마사쿠니太田昌国는 말한다.

독립된 제3세계 국가에 들어섰던 것은 독재정권과 그 배후를 조종 하는 아메리카의 패권이었다. 쿠바에서는 1959년 민중투쟁이 일어났고 한국에서도 독재정권에 대항하는 학생 민주화 운동과 노동 해방 운동이 끊임없이 이어졌다. 이렇게 주어진 민주화는 한국에서 현재 얼마나 그 가치를 이어가고 있을까? 또한, 한국의 민주화는 그 과정에서 인도와 아프리카와 아시아의 각 소수 집단과 얼마나 공감할 수 있었을까? 1960~70년대의 한국의 경제성장이 베트남 전쟁 파병과 그 묵인을 통해서 이뤄졌으며, 이렇게 이뤄진 경제성장을 기반으로 국내에 유입된 외국인 노동자들이 극심한 불평등 대우나 폭력에 시달린다는 상황에 대하여, 나는 과연 얼마나 자각적일 수 있었을까? 2013년의 방글라데시 사바르의 봉제공장 라나 플라자의 참사, 2014년 1월 캄보디아 노동자의 봉기는 한국이 한국을 억압한 제국주의의 모습을 모방해 왔다는 것을 적나라하게 드러내며 일본 속 식민주의적이고 국가주의적 망령과 만난다.

이처럼 내가 이 책에서 쓰고 있는 글들은 특정한 필드를 기반으로 한 것은 아니다. 어떤 점에서 내 세대는 특정한 장소나 국가나 민족을 필드로 가질 수 없다. 전 세계적 자본주의와 제국주의와 식민주의의 폭력이 한 국가나 민족 단위를 넘어서서 작동하고, 제3세계는 제1세계 내부에, 지방은 도시에, 식민지는 종주국 내부에 깊이 파고들고 있기 때문이다. 그 내부에서 작은 집단들이 만나고 헤어지며 갈등하는 이 모든 요동치는 접촉의 순간들을, 그리고 그 순간마다 거대한 심연을 드러내는 역사성을 띤 이야기들을, 필드이자 사상적 기반으로 삼고 싶다.

에필로그Epilogue는 '(나중에)덧붙이는 말'이라는 의미이다. 반면 프롤로 그Prologue는 '미리 하는 말'이다. 그러나 지금을 기록하는 것은 뒤늦은 후회가 되어서는 안 된다. 먼저 생각하는 것이 되어야 한다. '글'은 늘 뒤늦게 덧붙이는 것이지만, 늘 어긋나 버리는 시간 감각 속에서 이후를 시작하고 상상하는 것이길 바란다. 그런 점에서 나는 이 책이 일종의 매듭(맺음)을 지으며 끝날망정, 그 매듭이 다시 시작하는 느낌을 주길 바란다. 기승전결이 아니라, 기승전기가 되길 바란다.

이틀 뒤면 8월 15일이다. 이날마다 해방의 기쁨이 아니라 군국 소년으로 단련된 자신의 감성과 해방된 조국의 감성 사이에서 갈등하면서 '해방'되는데 "아직도 긴 시일을 필요로 하는, 끝이 없는 계기"와 마주해야 했던 무명無名의 그들을 생각한다.

> 8월 15일이라는 '종전'의 날, 나는 폐 침윤인가 하는 증상 때문에 부모 곁으로 귀성 중이었다. 저 '옥음' 방송을 자신의 역부족 때문이라고 몸을 떨면서 귀 기울여 들었던 나이지만, 물결치는 환희의 너울거림에 눌려, 그토록 황국 소년이었던 내 핏줄 속의 조선도 울적한 눈을 겨우 깜빡거리기 시작했다. 하지만 경솔하게도 나는 자기 나라의 해방을 그 나라에 의존해 사는 동포의 자유와 똑같은 것으로 생각해, 8월 15일로 해방은 완전히 이루어졌다고 믿고 말았다. 다시 잘 생각해 보면 하루의 반, 즉 밤 12시부터 그날 정오까지 우리는 아직 해방되지 않은 그늘 속에 있었다. 말하자면 8월 15일은 내게 반일半日의 해방에 불과한 날인 것이다. 그것을 全日로 바꾸어 생각하고 있었다. 그 공백이 그대로 내 공백의 해방이 되었다는 느낌을 지울 수 없다.[28]

어긋난 시간들, 그 공백이 김시종 시인으로 하여금 일본어도 한국어도 아닌 새로운 언어와 관계성의 지평을 발견하게 했으리라. 그리고 그가 감지한 이 세계의 공백 속에서 우리는 또 다른 표현과 관계성의 지평을 발견한다. 아도르노는 사람들이 연대라고 할 때 흔히 사람과 사람 사이의 연대를 상상하지만 사실 중요한 것은 "인류의 고뇌에 연대하는 것"이라고 쓴 적이 있다. 나는 어긋나며 스치는 시간성 속에서, 그 안으로 들어가 그 공백을 확

열어젖혀 '그/것들과 그/녀들'의 언어와 가치들을 발명해 냈던 코뮌들의 풍부한 고통과 기쁨에 연대할 수 있기를, 최근 일본의 이 묘한 긴장감 속에서, 바란다. 그 공백이 늘 늦어 버리는 '글'을 이미 도래하고 있는 어떤 어긋난 시간과 연결해 주기를, 바란다. 따라서 이것은 쓰일 수 없는 에필로그, 오직 프롤로그로서만 쓰여야 할 에필로그, 끝나면서 시작되는 글이다.

"어긋난 스침—끝없는 계기 속 무명의 그들". 2015년 9월 3일 〈야전의 달, 해필자〉(野戰の月, 海筆子) 텐트 연극 〈그랜드 슬럼 몰〉(ぐぁらん洞スラム・モール) 중 류세이오 류(リュウセイ—龍)의 춤.

끝나며 시작하는 이 지점에 단일한 민족 공동체의 감수성과 늘 어긋남을 느끼며 살았던 모리사키 가즈에의 말을 적어 두고 싶다. 모리사키 가즈에는 1950년대 후반 규슈 치쿠호우 탄광에서 탄광부 여성들의 이야기부터 통상 해외 매춘부라고 일컬어지는 '가라유키상'의 이야기까지, 어긋난 시간 속에 숨죽인 '그/녀들과 그/것들'의 침묵과 중얼거림을 '듣고—써' 왔다. 그중에서도 그녀는 탄광 코뮌이었던 〈서클마을〉에 대한 이야기를 그 운동이 한참 병을 앓던 상황에서 듣고—쓴다. 이 책의 서두에는 이렇게 적혀 있다.

많은 동료가 관련된 운동이다. 나 혼자만 만족스러운 방식으로 그들에게 상처를 줄까 두렵다. 그렇지 않아도 집필 중지 의뢰를 받거나 하고 있다. 이 변화기 속에서 그 누구든 스스로 부딪쳐 가면서 가족을 부양하고, 반복해서 마주하는 좌절을 견디고 있다. 나는 치쿠호우 탄광 자체가 몽상처럼 되기[잊혀 지기] 전에, 이 특이한 지역에서 싸웠던 집단이나 그 배경을 가능한 한 남겨 두고 싶다. 또한 나 자신의 독선에 빠지는 것을 막기 위하여, 픽션과 자료에 의한 기록을 엮어, 후일에 더욱 많은 사람들이 종합적인 총괄을 할 수 있는 작은 실마리를 마련하는 것으로 내가 해야 할 책임의 일부를 다하고 싶다.[29]

나는 일본에서 특정한 코뮌에 깊이 관여했던 것도, 이 글을 쓰는 것이 특정한 누군가의 삶에 직접 영향을 주는 것도, 아니다. 오히려 조금 떨어져 낯선 코뮌들의 생로병사와 만나면서, 한국에서 깊이 관여했던 코뮌들의 경험이 부딪치고 풀려나고 변화하는 소리를, 듣곤 했다. 이 책에 쓰인 모든 순간에는 저곳과 이곳의 많은 존재와 집단이 서로 연결되어 있는 것이다. 따라서 나 혼자 만족스러운 방식으로 많은 관계의 감정적 진실들을 호도하거나 소유하게 될까 두렵다. 내가 이 글을 쓰는 지금도 누군가는 미래를 상상하기 어려운 이 세상에 스스로 부딪치며, 싸우며, 삶을 지탱하고 가족과 친구를 부양하며, 또 다른 삶을 상상하려고 애쓰며, 살아가고 있다.

나는 '저곳'을 통해서 '이곳'을 느낄 때마다 그 각각이 흔들리며 양쪽 어디에서도 보이지도 들리지도 않는 또 하나의 (어쩌면 하찮게 보일 수도 있는) 장소가 아래로, 아래로 떨어져 펼쳐지는 듯이 느끼곤 했다. 내가 어디에 있건, 두꺼운 벽을 뚫고 수천 킬로의 거리와 심연을 건너 들려오(지 않)는 '소리 소문'들을 가능한 한 상세히 귀 기울여 '듣고-쓰고', 사유와 만남의 근거로 삼고 싶다. 이를 통해, '그/것들과 그/녀들'의 침묵과도 같고 웅성거림과도 같고 파열음과도 같은, 소리 소문들의 비밀스러운 공명장치라도 되면 좋겠다고, 바란다.

2015년 8월 13일
신지영

:: 후주

프롤로그

1. 森崎和江,「二つのことば、二つのこころ」, 『森崎和江評論集—ははのくにとの幻想婚』, 現代思潮
社刊, 1973, 178~197頁. 초출은 1968년 5월에 잡지 『ことばの宇宙』에 실림.
2. 일반적으로는 '홈리스'라고 부르지만, 활동가나 홈리스 당사자들 중에는 거리에서 살아가
는 자신들이 삶의 방식을 존중하고 새로운 의미를 부여하여 '야숙생활자'(野宿生活者) 혹
은 '야숙자'(野宿者)라고 스스로를 칭하는 사람들이 있다. 나는 '집이 없다'(homeless)라는
결여의 표현보다 스스로의 삶을 긍정하고 스스로 호명하는 '야숙생활자'라는 이름이 좋다.
또 '야숙 생활'이라는 표현을 통해 '스위트 홈' 이외의 다양한 거주 방식을 상상할 수 있게
된다. 따라서 이 책에서는 그 자기 호명 방식을 따라 '홈리스'라는 표기 대신 '야숙생활자'
혹은 '야숙자'라는 표현을 사용한다.
3. 정식명칭은 "재일(조선인·한국인)의 특권을 허락하지 않는 시민의 회"(在日特権を許さない
市民の会)이다. 일반적으로는 자이도쿠카이(在特会)라는 약칭으로 불린다. 한국에는 "자
이도쿠카이"라는 일본어 발음의 표기보다 '재특회'라는 용어로 통용되는 경우가 많아, 본
저작에서도 '재특회'라고 통일해서 쓴다.
4. 신지영,「"~이후 시간"들의 아카이브 그리고 문학의 공간 : '저곳'에서 '이곳'을 말하기」, 『(내
일을여는) 작가』 통권 66호, 2014년 하반기, 69~91쪽.
5. 프리모 레비, 『가라앉은 자와 구조된 자』, 이소영 옮김, 돌베개, 2014, 9쪽.
6. 같은 책, 9~10쪽.
7. 이진경, 『불온한 것들의 존재론』, 휴머니스트, 2011, 23쪽.

1장 다시, 코뮌을 듣다

1. 뉴커머(Newcomer) : 1980년대 이후 일본에 건너 와서 장기간 체재하는 외국인을 지칭하
는 말이다. 한국계나 조선계뿐 아니라 중국계나 일본계 브라질인(日系ブラジル人) 등 다른
지역에서 온 외국인도 포괄하지만, 특히 조선 및 한국들 중 2차 세계대전 전후에 강제
징용되어 오거나 식민지가 야기한 경제적 곤란 때문에 일본에 체재하게 된 재일조선인들
과 구별하기 위해 붙은 명칭이다.
2. http://www.osaka-bungaku.or.jp/
3. 谷川雁,「ここはとかげの頭」, 『谷川雁セレクション2』, 日本経済評論社, 2009年, 60頁.
4. 라보파티(Labo party, 라보 교육센터) : "언어가 어린이의 미래를 만든다"라는 슬로건으로

1966년 일본에서 탄생한 영어 교육 센터로, 영어와 세계의 주요 언어를 여러 가지 신체활동, 참여활동을 통해 익히는 교수법을 의미한다.

5. 谷川雁, 「女たちの新しい夜」, 『谷川雁セレクション1』, 日本経済評論社, 2009年, 308頁.

6. 기병도(騎兵刀) : 전쟁에서 사용하는 긴 칼.

7. 강인식, 「올 8·15엔 광란의 대폭주 없었다」, 『중앙일보』, 2009년 8월 13일.

8. 田村裕, 『ホームレス中学生』, 幻冬舎, 2007. 중학생 야숙자의 이야기를 다뤄 일본에서 베스트셀러가 되었다.

9. [한국어판] 이치무라 미사코, 『저 여기 있어요!』, 신지영 옮김, 올벼, 2009.

10. http://trio4.nobody.jp/keita/index.html

11. 山森農園. http://www.farm-yamamori.com/syoukai.html

12. 마쓰모토 하지메, 『가난뱅이의 역습』, 김경원 옮김, 이루, 2009. 이후 이 책에서의 인용은 이번 글에서는 (쪽수)로 표시.

13. 〈수유+너머 r〉의 웹진 『뤼수의 탄생』에 실린 「학자금 대출? 그냥 안 갚으면 안돼? ─ 나카타 상과 구리하라 상과의 인터뷰」(http://trans-r.tistory.com/28)를 참고.

14. 1970년 후반부터 1980년대에 걸쳐 당시 교토 대학의 총장이었던 사와다 도시오(沢田敏男)가 교토대학을 중심으로 한 학생운동의 기반을 약화시키기 위해 추진했던 정책이다.

15. 天野郁夫, 『大学の誕生』〈上, 下〉, 中公新書, 2009.

16. クリストフ シャルル·ジャック ヴェルジェ, 『大学の歴史』, 文庫クセジュ, 2009.

17. 猪木武徳, 『大学の反省』, 日本の現代11, 2009.

18. 〈철학에의 권리〉 홈페이지 : http://rightphilo.blog112.fc2.com/

19. http://trio4.nobody.jp/keita/index.html. 상점들의 네트워크 마을

20. 토론내용 : http://rightphilo.blog112.fc2.com/blog-entry-56.html

21. http://airmiyashitapark.info/wordpress/page/2

22. みんなの宮下公園をナイキ化計画から守る会. http://minnanokouenn.blogspot.com/

23. http://www.youtube.com/watch?v=l5fA-99xQDE&feature=related

24. http://www.youtube.com/watch?v=NQFc1G0Fm9Q&feature=player_embedded#

25. 프레카리아트(英:precariat, 伊:precariato) : 불안정성(英:precarious)과 프롤레타리아트(英:Proletariat)를 합친 용어. 유럽과 남미의 신좌파들이 제시한 개념. 비정규직, 난민, 이주노동자 등 신자유주의하 불안정한 상황에 놓인 대중 전체를 지칭한다.

26. 아이누모시리(アイヌモシリ, Ainu mosir) : 아이누어로 "인간이 사는 토지"라는 의미. 본래 특정한 지역을 지칭하는 것이 아니었지만 현재는 홋카이도(北海道), 가라후토(樺太), 시시마(千島) 등 옛부터 아이누 민족이 거주해 온 지역을 지칭하게 되었다.

27. 다스킨(ダスキン)은 영어 'dust cloth'와 일본어 조우킹(걸레, 雑巾)의 합성어. 주식회사 다스킨(Duskin Co., Ltd.)는 오사카(大阪)에 본사를 둔 일본기업으로 청소업무를 중심으로 한다. 처음엔 주식회사 걸레(株式会社ぞうきん)라고 회사명을 지으려고 했으나, 사원들이 "사람들에게 말하기 어렵다", "시집가기 어렵다"라고 반대하여 '다스킨'이 되었다고 한다.

28. 성적 접촉이 허용되는 성 노동자를 지칭함.

29. 겐카이나다(玄界灘): '현해탄'(玄海灘)을 일본에서는 '현계탄'(玄界灘)이라고 부른다. 가운데 한자가 달라지는데 일본식 발음으로는 '겐카이나다'가 된다.

30. 〈자유와 생존의 메이데이 2010〉 홈페이지(http://mayday.geo.jp)에서 가져옴. 〈자유와 생존의 메이데이〉의 홈페이지는 매년 새롭게 만들어진다. 인터넷에서 〈自由と生存のメーデ-〉와 년도를 같이 검색하면 매년 갱신된 페이지를 만날 수 있다.

31. '베이직 인컴(Basic Income)'을 한국어로 번역하면 '기본소득'이 된다. 그러나 이 책에서는 2009년 무렵의 일본에서 이 단어가 이야기되던 분위기를 전달하기 위해, 번역하지 않고 '베이직 인컴'이라고 그대로 쓴다.

　　일본의 베이직 인컴(기본소득) 논의는 2008년 경제 위기 이후 급격하게 증가한 빈곤층에 대한 대응책으로, 일반적으로는 신자유주의 경제학자 나카타니 이와오(中谷巌)가 제기한 이론으로 알려져 있다. 이 논의는 2008년 경제 위기로 인한 빈곤층과 비정규직의 증가, 연금을 둘러싼 여러 가지 문제점의 부각 등과 같은 사회 복지 정책의 문제점과 함께 대두한다. 그러나 정치권이나 경제권에서 '베이직 인컴'을 말할 때에는 베이직 인컴과 소비세 인상이 함께 논의되거나, 아무런 조건 없이 기본 생활비를 할당한다는 조항이 빠진 '미니멈 인컴'으로 변형되는 등, 신자유주의적 경제정책과 공모하게 되는 경향도 있었다. 반면 어디까지나 내 기억에 의존한 것이지만, 주변에서 베이직 인컴을 외치는 반빈곤 활동가나 사회 보장을 연구하는 친구들은 '베이직 인컴'을 살아 있는 사람이라면 누구나 기본적인 생활비를 받을 수 있는 것으로 해석하고 주장했다. 즉 '베이직 인컴'을 '기본소득'이라고 번역하는 게 아니라 '기본 생활비'와 같은 '권리'의 의미로 사용했다고 기억한다. '소득'이라는 말은 노동을 전제로 하고 있지만, 청년실업과 비정규직으로 제대로 된 일자리를 얻지 못하는 상황이기도 했기 때문에, '노동'을 전제하지 않더라도 살아 있다면 누구나 기본적인 생활비를 받아야 한다는 주장이었다. 당시 연금기록이 사라졌던 사건, 비정규직 노동자는 연금을 받을 수 없다는 점, 국가가 축적한 연금의 양이 곧 바닥을 드러낼 것이라는 우려 등 연금을 둘러싼 비판 속에서 '베이직 인컴'에 대한 논의도 뜨거워졌다고 기억한다. 물론 '베이직 인컴'이 곡해되거나 오히려 빈곤층을 억압하는 방식으로 사용되는 경향에 대한 비판도 있었고 따라서 '베이직 인컴' 논의에 거리를 두는 활동가들도 있었으며, 열기가 조금 식은 뒤부터는 여러 측면에서 비판도 전개되었다. 그러나 당시의 반빈곤 활동 속에서 재해석된 '베이직 인컴'은, 때로는 BI라는 약자로 표시되기도 하면서, 무서울 만치 급속도로 늘어나는 빈곤과 가난의 문제를 해결할 수 있을 것이란 모색을 담은 말, 활동가들 사이의 뜨거운 유행어였다고 기억한다.

32. 김시종, 『경계의 시』, 유숙자 편역, 소화, 2008.

2장 파국에서 시작되는 코뮌

1. http://www.youtube.com/watch?v=Z_JWB8qaOJQ&feature=related

2. 일반적으로는 '활동가'라고 불릴테지만 이치무라 씨와 오가와 씨에게는 '활동'이 하나의 표

현이 되어야 하고, 예술은 하나의 '활동'이 되어야 한다는 의미에서 '표현자'라는 말이 더 어울린다. 실제로 오가와 씨는 〈246 표현자 회의〉를 이끌며, 제도화되고 상품화되고 타자를 배제하는 예술에 대해 문제 제기를 해 왔다.

3. 영상 : http://www.youtube.com/watch?v=OnwiaVSQ1ig

4. blog : http://d.hatena.ne.jp/ametaiQ/ 영어판 : http://d.hatena.ne.jp/ametaiQ/20110224 (화면을 밑으로 내리면 영어가 나온다.)

5. 谷川雁, 岩崎稔·米谷匡史編, 「政治的前衛とサークル」, 『谷川雁セレクション1 ― 工作者の論理と背理』, 日本経済評論社, 2009年.

6. 谷川雁, 岩崎稔·米谷匡史編, 「からまつ林からの挨拶」, 『谷川雁セレクション2 ― 原点の幻視者』, 日本経済評論社, 2009年.

7. 新城郁夫, 『沖縄を聞く』, みすず書房, 2010年. 이 책의 제목은 직역하자면 '오키나와를 듣다'이지만 여기서는 '오키나와를 듣는다'라고 번역한다. '듣다'보다 현재 진행 중이라는 느낌을 주고 싶었기 때문이다.

8. 관련 NHK다큐멘터리는 다음을 참조. http://www.youtube.com/watch?v=wg8qzdmA1Ew&feature=player_embedded#at=256

9. 학살당한 사람의 숫자는 현재까지도 불명확하다. 2천 명에서 6천 명까지 이야기되고 있다. 여기서는 다음의 논문에 기반했다. 노주은, 「관동대지진과 일본의 재일조선인 정책 : 일본정부와 조선총독부의 '진재처리' 과정을 중심으로」, 연세대학교 사학과 석사논문, 2007년, 1쪽.

10. 김미정, 「불안은 어떻게 분노가 되어 갔는가 ― 김유진 론」, 『문학동네』 2011년 여름호. 이 비평글로부터 현재 일본에서 일어나고 있는 불안과 분노를 연결시킬 수 있는 실마리를 얻었다.

11. 簾内敬司, 「幸ひ思ひ出立申すべし」, 『世界 ― 東日本大震災·原発災害 特別編集 生きよう!』 2011年5月号, 234頁.

12. 山口素明, 「誰も殺すな」, 『現代思想 ― 東日本大震災 ― 危機を生きる思想』 2011年5月, vol.39-7, 青土社, 243頁.

13. 집회 영상 : http://www.youtube.com/watch?v=1-sk0ZqmnCE

14. 두 가지를 믹스한 영상 http://www.youtube.com/watch?v=jaicoslfuE&feature=player_embedded

15. http://www.youtube.com/watch?feature=player_embedded&v=6hiq5RlylRY

16. 출처 : http://illcomm.exblog.jp/13592718/

17. 樋口健二, 『フォトドキュメント原発』(オリジン出版センター, 1979) 그리고 『樋口健二報道写真集成 : 日本列島'66 '05』(こぶし書房, 2005)를 참조.

18. 와타이 다케하루, 「27세 원전 노동자, 운명이라고 생각한다」, 『시사in』 188호, 2011년 4월 25일 (http://www.sisainlive.com/news/articleView.html?idxno=10005).

19. 山口素明, 「誰も殺すな」, 『現代思想 ― 危機を生きる思想』 2011年5月, vol.39-7, 青土社, 244~245頁.

20. 모금 활동 및 기사: http://www.hani.co.kr/arti/society/society_general/471609.html

21. 영상: http://www.youtube.com/watch?v=nDwl_Nla4Kk&feature=player_embedded

22. 松本哉, 「オピニオン」, 『朝日新聞』, 2011年6月16日.

23. 〈수유+너머〉 웹진에 '일본으로부터의 소리'라는 코너를 만들어 여러 글들을 번역해서 전달했다. 특히 이 활동에 대해서는 친구인 야마구치 씨와 다케모토 씨의 자세한 르포를 번역해서 실었다.

24. 金時鐘, 「春ともなれば」, 『東京新聞』, 2011年 4月 12日.

25. 서경식, 『디아스포라 기행 ─ 추방당한 자의 시선』, 김혜신 옮김, 돌베개, 2006, 104쪽.

26. 같은 책, 134쪽.

27. 高木学校. http://takasas.main.jp/

28. http://www.youtube.com/watch?v=RKmMUJUpo5U/

29. いとうせいこう×DUB MASTER X. http://www.youtube.com/watch?v=46O2Mg4bzVE

30. 夜を賭けて. 2003년에 감독 김수진이 만든 영화. 재일 조선인 소설가 양석일의 소설 〈밤을 걸고〉를 영화화한 것이다. 야마모토 다로는 이 영화에 주인공 요시오 역으로 출연했다.

31. のこされた動物たち-福島第 ─ 原発20キロ圈内の記録. http://ameblo.jp/uchino-toramaru (한국어판은 오오타 야스스케, 『후쿠시마에 남겨진 동물들』, 하상련 옮김, 책공장 더불어, 2013).

32. http://hinan-kenri.cocolog-nifty.com/blog/2011/10/post-6036.html

33. 原発いらない福島の女たち. http://onna100nin.seesaa.net/article/228900129.html

34. 水島希, 「女には女を使え」, 『女たちの21世紀 核と向き合う女性たち』67号, 2011.9, 23頁.

35. 柏ママの放射線だより.

36. ウルリケ ローア, 「工業國のエネルギ」, 『女たちの21世紀 ─ 核と向き合う女性たち』67号, 2011.9, 28, 30頁.

37. http://www.youtube.com/watch?v=2W6QUOveuVo

38. http://www.youtube.com/watch?v=pTXXOHW5Cmk

39. 疋田香澄, 「聲をあげることでつながる」, 『女たちの21世紀 核と向き合う女性たち』67号, 2011.9, 17頁.

40. 谷川雁, 「母親運動への直言」, 『婦人公論』, 1959.10.

41. 다나카 사토시(田中聡) 전 방위국장의 폭언이란 "이제부터 성폭행하기 전에 성폭행 하겠다고 말하겠습니까?"(これから犯す前に犯しますよといいますか)라고 후텐마 미군 비행장 이전 문제를 성적으로 비유해서 말한 것을 의미한다. 정부가 헤노코의 미군 기지 이전을 위한 환경영향평가 시기를 발표하지 않은 것을, 여성에 대한 성폭행에 비유한 발언이다. 이 발언은 오키나와 여성에 대한 일본정부의 태도를 무의식중에 드러냈다. 후텐마 비행장 이전이 1995년에 미국 해병대 병사가 오키나와의 초등학교 소녀를 납치하고 집단 성폭행한 사건에서 비롯된 요구였을 뿐 아니라 현재도 미군에 의한 성범죄나 폭력은 계

속되고 있어서 이 발언은 엄청난 파문을 몰고 왔다. 다나카는 경질되었지만, 오키나와인들의 분노는 하늘로 치솟고 있다.

42. http://www.youtube.com/watch?v=WMoRygHvSWA

43. http://www.youtube.com/watch?v=jAHJTqz8pjc&feature=related

3장 거리로 나온 소수자들

1. 헤르타 뮐러, 『헤르타 뮐러에게 다가가기』, 문학동네, 2009, 38~39쪽

2. http://www.youtube.com/watch?v=T-cEyuiIg8Q http://www.youtube.com/watch?v=xkkRK7dWyEk

3. [한국어판] 레베카 솔닛, 『이 폐허를 응시하라』, 정해영 옮김, 펜타그램, 2012. 책 제목 번역은 한국어판에 따른다.

4. 『어린이 동북학』(イースト·プレス, 2011)의 저자.

5. 「マスク軽装化不安」, 『東京新聞』, 2011년 3月 14日, 29面.

6. 가와타 후미코, 『빨간 기와집 (일본군 위안부가 된 한국 여성 이야기)』, 오근영 옮김, 꿈교출판사, 2014, 53쪽.

7. 같은 책, 64~65쪽.

8. 같은 책, 8~9쪽.

9. 같은 곳.

10. 가와다 후미코, 『빨간 기와집 — 조선에서 온 종군 위안부 이야기』, 한우정 옮김, 매일경제신문사, 1992년, 282, 284~285쪽. 이 책은 한국어로 두 번 번역되었다. 앞서 인용한 2014년본과 여기서 인용하는 1992년본이 있다. 1992년본에는 글쓴이의 '후기'가 있고, 이 인용은 그 '후기'로부터의 인용이다.

11. 여순주, 「경제 대국 일본이 돈으로라도 덮고 싶어 한 진실 — 가와다 후미코 『빨간 기와집』」, 『프레시안』, 2014년 9월 5일, http://www.pressian.com/news/article.html?no=119996.

12. 가와타 후미코, 『빨간 기와집 (일본군 위안부가 된 한국 여성 이야기)』, 오근영 옮김, 꿈교출판사, 2014, 309쪽.

13. 2012년 3월 28일에 일본 참의원 본회의에서 〈노동자 파견법 개정안〉이 통과되어, 4월 6일에 법률 제27호로 공포되었고, 그로부터 6개월 뒤 시행되었다. 개정된 파견법은 '파견노동자의 보호'를 명시하고 있고 '파견노동자의 보호와 고용안정'을 목적규정에 명기하고 있지만, 등록형 파견(26개 업무 제외)의 원칙 금지와 제조업 파견금지(1년 초과 상시고용업무 예외)가 제외되었다. 이 두 가지 파견은 개정안에서 핵심적인 과제였음에도 파견 노동으로 남게 될 것이다. 또 2012년 3월 23일 당시에 각의 결정이 된 〈노동계약법의 일부개정안〉(労働契約法の一部を改正する法律案)이 심의중이었는데, 이것이 유기계약(즉 노

동기간을 무기가 아니라 유기로 제한하는 노동)을 제도화할 가능성이 커서 반발이 일었다.

2015년 9월 9일, 야당과 노동조합의 강한 반대에도 불구하고 다시금 노동자 파견법 개정안이 가결되었다.(「派遣法改正案 あすにも成立 雇い止めの不安拡大」, 『東京新聞』, 2015년 9월 9일) 노동조합이 정리한 〈파견으로 일하는 사람들을 위한 NPO법인 네트워크〉(派遣で働く人々のためのNPO法人のネットワーク) 의 〈'개정' 파견법 Q&A〉(http://haken-net.or.jp/?page_id=327)을 참고하여 5가지 논점을 소개한다.

1) 무기 계약 파견 노동자의 파견 기간 제한 규정이 사라졌지만, 이는 동일 근무지에서 영구적으로 일할 수 있게 되었다는 긍정적인 의미가 아니다. 리만 쇼크나 2011년 재해 때처럼 불경기가 되면 근무회사(노동 현장이 되는 회사)와 파견회사(파견노동자와 노동현장을 중계하는 브로커 회사)가 파견노동자의 의사와 상관없이 고용 계약해지를 통보하곤 했다. 이번 개정안에서는 파견 노동자가 처한 이러한 고질적 구조(근무회사와 파견회사가 다르다는 것)에 대한 개선이 없다.

2) 파견회사가 변경된 경우에도 같은 근무지에서 5년 이상 일했다면 유기계약에서 무기계약으로 전환이 가능하다고 되어 있다. 그러나 무기계약은 정사원과 같은 조건을 의미하지 않으며, 여기서 말하는 '5년'은 법이 발효된 2013년 4월부터 계산하므로 실질적으로 무기계약 전환이 가능한 것은 2018년 이후가 된다.

3) 개정안에서는 유기 계약 파견 노동자가 최대 노동 제한일인 3년을 일한 뒤에도 계속 일하고 싶다고 희망할 경우, 이하의 〈고용 안정 조치〉를 파견회사가 해야 한다고 쓰여 있다. ① 근무 회사에 직접 고용할 의사가 있는지 의뢰, ② 새로운 취업 기회 제공, ③ 근무 회사의 사업주가 무기 계약, ④ 그 외에 안정된 고용이 계속되도록 하는 조치. 그러나 ①은 '의뢰'(依頼)일 뿐이므로 근무회사가 거절하면 그만이다. ②는 새로운 새로운 취업기회를 제공받는다고 해도 어느 수준의 노동 조건을 유지하는가가 미지수다. ③은 근무 회사의 노동자 파견계약이 불안정할 경우 무기 계약이 성사되기 어렵다. ④는 실효성 있는 조치가 될지 불분명하다.

4) 통역, 비서 등 고도의 전문성이 요구되는 26개 업종에 대해서는 최대 노동 제한 시간이 3년이라는 규정이 없었다. 그러나 이번 개정안에 의해 3년이라는 규정이 적용된다. 26개 업종을 특별 업무로 구분했던 규정 자체가 사라졌기 때문이다. 따라서 26개 업종에 종사했던 중장년층은 3년이 지나 해고되지 않을까 걱정하고 있으며, 더 이상 행정 당국이 업무의 성격을 관리하거나 체크하지 않기 때문에 관련 없는 업무를 떠맡게 될 가능성도 커졌다.

5) 비록 파견회사가 근무 회사와 맺은 계약이라고 해도, "노동자와 근무회사 간의 직접 고용으로 간주하는 노동'(派遣先みなし雇用)이 규정되었다. 노동 장소의 환경이나 내용이 다음과 같은 경우에 적용된다. ① 위장 청부, ② 금지된 사무(의료, 건설, 경비, 항만)로 파견한 경우, ③파견 사업 허가가 없는 파견회사가 계약한 파견 등은 위법이므로 노동자와 근무회사 간의 직접 고용으로 간주된다. 그러나 앞서 26개 업종에 대한 구분이 사라지는

등 업종별 구분의 엄격성이 사라졌기 때문에 업무에 대한 적절한 판단이 어려울 것이란 우려가 높다.

이처럼 파견 노동조합에서는 이번 개정안이 정사원과 비정규직 간에, 그리고 비정규직 내부에서도 다양한 경쟁을 강화시키고, 정규직의 비정규직화를 증가시키고, 비정규직은 계속해서 비정규직에 머무르게 하는 개악(改惡)이라고 비판하고 있다.

14. 3월 23일 각의 결정된 〈노동계약법의 일부 개정안〉은 유기고용 5년 이상의 경우 '무기계약(기간 제한이 없는 고용)'으로 전환할 것을 명시하고 있다. 그러나 이 발표자가 지적하듯 6개월 이상의 공백 기간이 있을 경우, 이전의 유기계약 기간이 합산되지 못하며, 더구나 무기 계약직으로 전환되더라도, 노동조약은 유기계약 때와 동일하다는 점에서 문제점이 크다.

15. 2012년 3월 28일에 발표된 〈파견법 개정안〉은 '제조업 파견'과 '등록형 파견(26개 직종 제외)'을 파견노동으로 남겨두었다는 점이 큰 반발을 불러 왔다. 일본의 파견은 두 가지 형태로 나뉜다. '상용형 파견'은 파견회사가 노동자를 고용해 파견하므로 파견이 성사되지 않았을 경우에도 파견회사가 임금, 사회보장, 유급휴가를 보장한다. 이에 해당되는 것은 대개 고소득 전문직으로 '특정 노동자 파견사업'으로 분류된다. 반면 대다수의 불안정 노동자들은 '등록형 파견'이다. 이는 노동자가 등록한 파견회사는 직업 알선소일 뿐이며, 파견이 안 되도 파견회사는 아무런 임금부담의 의무가 없다. 이를 '일반노동자파견사업'으로 불린다. 이른바 쓰고 버리는 한시적 고용계약이 이러한 등록형 파견에서 비롯되는데 이번 〈파견법 개정안〉에서는 파견법 개정의 핵심이었던 이 등록형 파견이 아무런 제한조치 없이 남게 되었다.

16. http://helipad-verybad.org/

17. SLAPP : SLAPP는 "strategic lawsuit against public participation"의 약자로 국가나 대기업과 같은 권력을 지닌 원고가, 힘이 없는 활동가나 운동단체와 같은 피고에게 소송을 걸어, 피고가 공포, 협박, 늘어나는 소송비용 및 소모전에 지치도록 만듦으로써, 토론과 이의제기를 불식시키고 침묵하게 하는 전략적 봉쇄 소송을 의미한다. 최근 전 세계적으로 이러한 SLAPP 소송이 늘어나고 있는데 이는 권력자들의 횡포이자 법을 "법적 위협"의 도구로 이용하는 것이다.

18. http://www.kotobuki-nn.com/

19. 東京エイサーシンカ. http://eisaasinka.exblog.jp/

20. http://www.youtube.com/watch?v=PJVIot3LBFo

21. ジンタラムータ. http://www.cicala-mvta.com/

22. 知久寿焼. http://www.officek.jp/chiku/

23. http://www.youtube.com/watch?v=jS6k__nvof8&feature=related

24. 知念良吉. http://www.asahi-net.or.jp/~yi7k-ttn/kakekomi/chinen/index.html

25. http://www.youtube.com/watch?v=M8NK-I9EVg8&feature=related

26. 와세대 대학 앞에 있는 교류 공간으로 한잔하며 다양한 정치적인 이야기를 나눌 수 있

다. 사이트: http://www.geocities.jp/akane_waseda21/

27. 沖縄·一坪反戦地主会関東ブロック. http://takae.ti-da.net/

28. レイバーネット日本. http://www.labornetjp.org/

29. ガンジョン村ジキミ·10万ソンイ青年達. http://cafe.daum.net/100000propose

30. 2.9 堅川弾圧救援会. http://solfeb9.wordpress.com/

31. http://www.youtube.com/watch?v=2kkYDWi7qZc&feature=related

32. http://sayonara-nukes.heteml.jp/nn/wp-content/uploads/2012/05/716.pdf

33. http://coalitionagainstnukes.jp/

34. 좌파단체나 시민들의 저항을 누르기 위해 전쟁, 테러, 살인, 재해 등으로 불안을 조장하여 신자유주의의 논리를 정당화시키고 확산시키는 것을 의미한다.

35. http://www.youtube.com/watch?v=DNEIttwHnWU 혹은 http://www.youtube.com/watch?v=QLtLqvGZ3b0

36. 이 부분의 논의는 가라유키상을 낳은 권력구조에 대한 명확한 비판을 전제로 하고 있으며 가라유키상과 위안부 문제를 손쉽게 연결시켜 버리는 논의와는 명확히 거리를 두고 있음을 밝혀 둔다.

37. 박은하, 「미국·중남미푸에르토리코 미국 51번째 주로 편입 결정」, 『경향신문』, 2012년 11월 8일.

38. 新川明, 『反国家の兇区』, 現代評論社, 1971.

39. 新川明, 『新南島風土記』, 大和書房, 1978.

40. 新川明, 「みずからつくり出した矛盾に向き合う —四〇年目の感概」, 『世界—沖縄「復帰」とは何だったのか』, 2012.6.

41. 新崎盛暉, 『沖縄現代史』, 岩波新書, 1996 [아라사키 모리테루, 『오키나와 현대사』, 미야우치 아키오·정영신 옮김, 논형, 2008].

42. 新崎盛暉, 「沖縄は, 東アジアにおける平和の「触媒」となりうるか」, 『現代思想』, 2012年12月号, 156頁. 이 글은 2012년 10월 16일 상하이에서 개최된 〈2012년 아시아 사상 상해 논단〉의 강연문을 옮긴 글이다. 이날의 강연 내용도 상하이에서의 강연 내용과 많은 부분 연결되어 있었다.

43. 新崎盛暉, 「異論抗論-尖閣問題をどう見るか, 沖縄の生活圏主張を」, 『沖縄タイムス』, 2012.10.9 및 新崎盛暉, 前掲, 156~157頁.

44. 산야(山谷): 도쿄에 있는 일용 노동자 마을이다. 사이트: http://san-ya.at.webry.info/theme/2f5e6ca9a9.html

45. http://togetter.com/li/418879?page=2

46. http://www.youtube.com/watch?v=upHx3cUJhBA&feature=player_embedded

4장 다시, 심화된 인종주의 속에서

1. 이양구, 「〈아름다운 동행〉을 발의하며」, 『단막극 페스티벌 〈아름다운 동행〉』 소책자, 연극실험실 혜화동 1번지, 2013, 9쪽 이후.

2. 이양구, 앞의 글, 28쪽 (윤애림, 「특수고용노동자와 노동기본권」, 『비정규노동』 91호, 85쪽에서 재인용).

3. 이양구, 앞의 글, 32~33쪽에서 재인용. (엄진령, 「특수고용 노동자의 권리 방안 보장」).

4. http://news.kbs.co.kr/news/NewsView.do?SEARCH_NEWS_CODE=2617382 (2013.2.22.)

5. 프란츠 카프카, 「사이렌의 침묵」, 『변신 시골의사』, 전영애 옮김, 민음사, 2009, 204쪽. 이후 쪽수만 기재.

6. http://www.ourplanet-tv.org/?q=node/1544. 이하 상영작 사진은 이 사이트에서 가져옴.

7. http://www.ourplanet-tv.org

8. TEAM on A be, 〈女の身体で生まれ、男の心で生きてきた〉, 2012年/19分.

9. 工藤武宏・稗圃慶子・井川直子, 〈泥だんごって何だろう?〉, 2013年/15分.

10. 中山綾子・山本優子・栗原広美, 〈谷中銀座商店街の挑戦〉, 2013年/20分.

11. 井桁大介・柴田麻里・武藤知佳, 〈ヒナンのキモチ〉, 2012年/9分.

12. ふくしまゆみこ・中村千恵・小山名保子, 〈"デモ割"うまれたよ〉, 2013年/17分.

13. 鈴木園巳・三馬盛・小澤かおる, 〈アルミ缶は誰のもの?〉, 2013年/25分.

14. 프란츠 파농, 『대지의 저주받은 사람들』, 남경태 옮김, 그린비, 2007, 281~282쪽.

15. 미나마타병을 연구하는 대학원생인 반조노 히로야(番園寛也)는 다음과 같이 설명한다. 피해를 입은 지역에 전면적인 조사가 이뤄지지 않은 탓에 피해자의 숫자가 불명확하며 이 점에 관해서는 현재도 몇 가지 소송이 진행 중이다. 미나마타병 관련 활동가들과 당사자들은 이 점을 강하게 비판해 왔으나 미해결인 채로 '미나마타병 공식인정' 60년째를 맞이한 올해, 많은 피해자분들이 사실을 밝히지 못한 채 사망했다. 미나마타병에 대해서는 '미나마타병 인정 환자'와, 같은 증상을 보임에도 미나마타병으로 인정받지 못한 '미나마타병 피해자'라는 두 가지 카테고리가 존재한다. 2015년 4월 현재, '미나마타병 인정 환자'는 구마모토 현, 가고시마 현, 니가타 3현에서 2,965명이다. 또한, '미나마타병 피해자'는 미나마타병 특별 조치법(水俣病特措法)에 따르면, 3현에서 55,081명이라고 전해진다. 일설에 따르면, 2007년에는 '미나마타병 인정환자' 이외에도 사망자를 포함하여 10만 명 이상(이중 4만 명은 사망)의 미결정환자가 있었다고 이야기된다. 그중 생존자가 5만 명, 또한 그 어떤 보상도 받지 못한 상태의 사람들이 2만 명 존재한다.

16. 김시종, 「자서」, 『경계의 시』, 유숙자 옮김, 소화, 2008, 13쪽.

17. http://13815a.blogspot.jp/

18. 이 조약으로 일본에 남아 있던 징용당해 온 조선인과 타이완인 등은 외국인이 되어 쫓겨났고, 오키나와는 미국의 점령지가 된다.

19. 원어는 日の丸. 일본의 국기를 부르는 말이다. 국기에 태양을 본뜬 붉은 동그라미가 그려져 있다고 해서 '히노마루'라고 부른다.

20. http://noracismnodiscrimination.blogspot.jp/

21. 프리모 레비, 「익사한 자와 구조된 자」, 『이것이 인간인가』, 돌베개, 2007년, 136쪽.

22. 問いかけながら道をゆく展, http://toikake.tumblr.com/

23. 仮面の赤い息—揺らぐ家の外で, http://wan.or.jp/art/?p=6889

24. 이 단락은 그날 읽어준 글을 필기와 기억에 의존해 재구성한 것으로 원본과 다를 수 있음.

25. 이지선, 「어디에도 (속해) 있지 않은, 어디에나 (속할 수) 있는—히잡 문제를 통해 본 프랑스 이방인 여성의 존재론」, 『공존의 기술—방리유, 프랑스 공화주의의 이면』, 그린비, 2007, 134쪽.

26. コッペ, 프랑스어 coupé, 반추형의 납작한 빵

27. http://anti-secrecy-law.blogspot.jp/. 特定秘密保護法に反対する学者の会.

28. 법 전문은 http://www.tokyo-np.co.jp/feature/himitsuhogo/news/131206zenbun.html

29. http://news.naver.com/main/read.nhn?mode=LSD&mid=sec&sid1=102&oid=001&aid=0006605478

30. https://www.youtube.com/watch?v=RLH6wvQFMoo

31. http://himitsuhokyuen.wordpress.com/2013/12/27/452/

32. 西野瑠美子・東海林路得子・「戦争と女性への暴力」日本ネットワーク編, 『暴かれた真実NHK番組改ざん事件—女性国際戦犯法廷と政治介入』, 現代書館, 2010.

33. 関東大震災時の朝鮮人・中国人虐殺の現場をめぐるフィールドワーク. http://noracismnodiscrimination.blogspot.jp/

34. http://tokyo1923-2013.blogspot.jp/2013_09_01_archive.html. 블로그에 연재한 글들은 2014년에 일본에서 『九月, 東京の路上で—1923年関東大震災ジェノサイドの残響』(ころから, 2014)라는 제목의 단행본으로 출판되었다. 이 책은 2015년 9월에 한국어로 번역·출판되었다. 가토 나오키, 『구월, 도쿄의 거리에서—1923년 간토 대지진 대량 학살의 잔향』, 서울리다리티 옮김, 갈무리, 2015 참고.

35. 差別・排外主義に反対する連絡会. http://noracismnodiscrimination.blogspot.kr/.

36. 이 글은 k와 진행했던 인터뷰 「재일조선인 여성 강사가 일본대학에서 강의하는 법 1, 2」(『수유+너머 위클리』 게재)에 대한 글이며, 글 속의 인용은 많은 부분 이 인터뷰에서 가져왔다.

37. 이 글은 4년간 연재해 온 『수유+너머 위클리』의 마지막 글이었다.

38. "Black Youth-Organized Millions March NYC Draws Tens of Thousands in Movement's Biggest Protest Yet", *Democracy Now!*, Monday, December 15, 2014. (http://www.democracynow.org/2014/12/15/black_youth_organized_millions_march_nyc)

39. "Why Are Our Sons Gunned Down? Parents of Black Victims of Police

Killings Lead D.C. March", *Democracy Now!*, Monday, December 15, 2014. (http://www.democracynow.org/2014/12/15/why_are_our_sons_gunned_down?autostart=true&get_clicky_key=suggested_related)

40. "나는 경찰 총의 폭력과 무자비함에서 생존한 자들을 보러 병원에 갔었어요. 그들은 침대에 쇠사슬로 묶여 있었어요. 그 누구도 내가 느낀 트라우마를 상상할 수 없을 거예요. 왜냐면 나는 어떤 이유도 없이 총에 맞아 쓰러진 젊은이들을 보고 나왔거든요. 나의 아들은 그 상태로 절대로 살 수 없었어요. 그는 가망이 없었어요.", "Why Are Our Sons Gunned Down? Parents of Black Victims of Police Killings Lead D.C. March", *Democracy Now!*, Monday, December 15, 2014. (http://www.democracynow.org/2014/12/15/why_are_our_sons_gunned_down?autostart=true&get_clicky_key=suggested_related)

41. Jacques Derrida & Maurizio Ferraris, "I Have a Taste for the Secret," *A Taste for the Secret*, Polity Press, 2001, p. 3.

42. 그랜드센트럴 터미널(Grand Central Terminal): 뉴욕에 있는 세계에서 가장 크다는 터미널형 역이다. 뉴욕 근교 거주자들이 이 역을 통해 통근하는데, 역의 천장에는 2,500개의 별들이 장식되어 있고 호화로운 식당가와 상점가로 이뤄져 있다.

43. Editorial, by MARC SANTORA and AL BAKER, "In Unpredictable New York Protests, Organized Criticism of Police" *New York Times*, Dec. 5, 2014 (http://www.nytimes.com/2014/12/06/nyregion/in-unpredictable-new-york-protests-organized-criticism-of-police.html?_r=0).

44. http://millionhoodies.net/ Million Hoodies Movement for Justice

45. 박인규, 「100년이 지나도 벗어나지 못한 '전쟁의 시대' (주간 프레시안 뷰 ― 2014년 5대 국제 이슈)」, 『프레시안』, 2014.12.31. (http://www.pressian.com/news/article.html?no=122822). 쿠바는 "1만 5,000명의 의사, 간호사가 에볼라 진원지인 서아프리카 파견을 자원"했고, "10월 21일 에볼라 확산을 막기 위해 라이베리아에 도착한 쿠바 의사 호날두 에르난데스 토레스는 페이스북에 다음과 같은 글을 남"겼다고 한다. "나는 혁명가적 의사의 의무를 다하기 위해 이곳에 왔다. 에볼라 전염병과 싸우는 아프리카 인민들을 돕는 것이 그것이다. 우리는 어제 도착했고 곧 에볼라와의 싸움에 나설 것이다. 인류가 아프리카에 진 빚을 갚아야 한다. 에볼라가 전 세계로 퍼지는 것을 막을 유일한 방법은 바로 이곳에서 에볼라를 멈추게 하는 것이다. 이 위대한 대륙에 더 이상 에볼라 희생자가 나타나지 않도록 나는 온 힘을 다할 것이다."

46. 2014년 10월 첫 주 *The Times* 기사.

47. 크레올(Creole): 서로 의사소통이 되지 않는 사람들 사이에서 형성된 임기응변적인 혼성어를 피진(pidgin)이라고 하는데 이 피진을 사용하는 범위가 확대되거나 피진을 사용하는 부모와 함께 자란 아이들이 그것을 공용어로 사용하게 되면 그것을 크레올이라고 지칭한다.

48. 이날 이벤트 영상은 유튜브에서 확인할 수 있다. https://www.youtube.com/watch?v=CvXCLdTejDY

49. The National Black Theatre. http://www.nationalblacktheatre.org/

50. 그의 뮤직 비디오는 여기서 다시 볼 수 있다. https://www.youtube.com/watch?v=AsSz5_s6iZ8

51. Kathy Durkin, "Ebola hits U.S. amid charges of racism", *Workers World*, October 13, 2014, p.27.

52. 사무엘 잭슨 버전: http://youtu.be/TT9bumC4EGc 그 이외의 버전을 보려면: https://www.youtube.com/watch?v=iZQ8Z58HclM

53. Theodore W. Allen, *The Invention of the White Race*, Verso, November 20, 2012.

54. 이민영, 「시민의 승리!… 흑인 소요 퍼거슨市 '경찰 개혁'」, 『서울신문』, 2014.09.11.

55. "Black Youth-Organized Millions March NYC Draws Tens of Thousands in Movement's Biggest Protest Yet", *Democracy Now!*, Monday, December 15, 2014 (http://www.democracynow.org/2014/12/15/black_youth_organized_millions_march_nyc). 이후 사람들의 발언 인용은 모두 이 기사에서 발췌한 것이다.

56. Liz Robbins and Nikita Stewart, "At Demonstrations, a Change in Tone after Officers are Killed", *New York Times,* Dec. 21, 2014.

57. Liz Robbins and Nikita Stewart, 앞의 글.

58. Editorial "Charlie Hebdo and Free Expression," *New York Times*, Jan.18, 2015.

59. "Did the NYPD Let Eric Garner Die? Video Shows Police Ignored Pleas to Help him after Chokehold", *Democracy Now*, Friday, December 5, 2014 (http://www.democracynow.org/2014/12/5/did_the_nypd_let_eric_garner).

60. "Black Youth-Organized Millions March NYC Draws Tens of Thousands in Movement's Biggest Protest Yet", Monday, December 15, 2014 (http://www.democracynow.org/2014/12/15/black_youth_organized_millions_march_nyc). 이후 사람들의 발언 인용은 모두 이 기사에서 발췌한 것이다.

61. 이 글은 다음 글을 수정한 것이다. 신지영, 「'~이후 시간'들의 아카이브 그리고 문학의 공간 : '저곳'에서 '이곳'을 말하기」, 『(내일을여는) 작가』, 통권 66호, 2014 하반기, 69~91쪽.

62. "A Survivor's Burden : Columbia Student Carries Mattress on Campus until Alleged Rapist is Expelled", *Democracy Now!,* September 16, 2014 (http://www.democracynow.org/2014/9/16/a_survivors_burden_columbia_student_carries). 그리고 Alexandra Svokos, "Students Bring out Mattresses in Huge 'Carry that Weight' Protest against Sexual Assault", *IMPACT*, October 29, 2014. (http://www.huffingtonpost.com/2014/10/29/carry-that-weight-columbia-sexual-assault_n_6069344.html)

63. 일반적으로 번역하자면 "짐을 져라" 혹은 "부담을 떠맡아라" 정도가 될 것이지만, 여기서

는 "무게를 옮기자"라고 상징적으로 번역한다. 원문의 의미는 대학 내 성폭력 피해자들이 광범위한 가해자, 즉 직접적이고 신체적인 가해자 남성, 이를 묵인한 학교 시스템, 또 다시 이러한 묵인을 묵인한 사회 전체에게 "짐을 겨라"라고 비판적 명령을 내리는 것이라고 생각한다. 그러나 이는 동시에 피해자인 그녀들에게만 부과된 온갖 신체적 정신적 무거움과 고통을 그녀에게서 옮기는 것이 되어야 한다. 짐을 진다는 것이 곧 그녀의 무게감을 옮기는 것이 되어야 한다는 바람을 담아, 여기서는 "무게를 옮기자"라고 번역한다. 이는 그녀의 고통으로 무거워진 기숙사의 매트릭스를 함께 짊어지고 옮김으로써, 사회 전체의 묵인 시스템을 폭로하고 저곳에 있을 수많은 그녀들을 결집해 나가는 행위, 활동 그 자체를 부각시키기 위한 것이기도 하다.

64. 인터뷰 「재일조선인 여성 강사가 일본대학에서 강의하는 법 1+2」, 『수유+너머 위클리』. 그리고 신지영, 「전 세계적 우경화 속 특수성을 듣고-쓰는 법」, 『수유+너머 위클리』, 2014. 3. (이 책의 4장 7번 째 글 참조)

65. 1882 Woodbine Street. http://woodbine.nyc/

66. 윤수종, 「가타리의 생태학적 문제제기 : 세 가지 생태학」, 『진보평론』 35호, 2008년 봄, 42~44쪽. 그리고 フェリックス·ガタリ著, 杉村昌昭譯, 『三つのエコロジー』, 平凡社, 2008, 10 頁. 생태 철학이란 écologie와 philosophie를 결합시킨 조어로 "환경, 사회적 제 관계, 인간적 주관성이라는 세 가지 작용영역의 윤리 정치적 절합(articulation)을 의미한다."

67. 〈세월호 참사 200일 추모식〉, 안산 합동 분향소, 2014.11.1. http://www.youtube.com/watch?v=CM5Y2yVGDXE

68. "'Negro Spring':Ferguson Residents, Friends of Michael Brown Speak out for Human Rights", *Democracy Now!*, Thursday, August 21, 2014 (http://www.democracynow.org/2014/8/21/negro_spring_ferguson_residents_friends_of).

69. 같은 영상.

70. "가족대책위 공식입장 기자회견", 〈416TV〉, 2014.11.2. 10월 31일에는 여야가 〈세월호 특별법〉에 합의하고 가족 대책위는 기자회견을 갖고 계속적인 감시를 통해 대응해 가겠다는 입장을 밝힌다 (http://www.youtube.com/watch?v=g7WknKF642w).

71. 「일본, '특정비밀보호법' 강행 … 반대 목소리 속출」, 『뉴시스』, 2014.10.15. 이 법은 "안보에 영향을 줄 수 있는 국방, 외교 등과 관련된 정보를 '특정 비밀'로 지정"하고 이를 "유출한 공무원에 최고 징역 10년까지, 유출을 교사한 사람도 징역 5년까지 처"하도록 되어 있다. 그런데 "외무성, 방위성, 경찰청, 원자력규제위원회, 국가안보회의 등 19개 행정기관"이 그 '특정비밀'이 무엇인지 지정하고 결정할 수 있다 (http://www.newsis.com/ar_detail/view.html?ar_id=NISX20141015_0013232454&cID=10102&pID=10100).

72. 신지영, 「'우리'들'의 비밀을 되찾는 주문, 'A 씨가 나다' ─ 특정비밀보호법(12월6일) 강행 체결의 시간들」, 『수유+너머 위클리』, 2013.12. (이 책의 4장 6번째 글 참조)

73, 이와사부로 코소, 「끝없이 회귀하는 경찰의 가혹행위 ─ 숀 벨 사건과 그 후」, 『죽음의 도시 생명의 거리』, 서울리다리티 옮김, 갈무리, 2013, 212쪽.

74. 같은 책, 211쪽.

75. Slow Slow Down Protest. 일반적으로 번역하면 "준법 시위"가 될 테지만 여기서는 도시의 흐름과 속도를 끊는다는 의미가 있어서 속도를 낮춰 시위로 번역했다.

76. 이와사부로 코소, 앞의 책, 214쪽. 이 단락의 내용은 같은 페이지로부터의 인용임.

77. 세월호 유가족 유경근 강연회, 〈우리는 세월호 이전으로 돌아갈 수 없습니다 : 기소권과 수사권이 보장된 특별법은 왜 필요한가〉, 이화여자대학교, 2014.9.22. (http://www.youtube.com/watch?v=9qN56hrWedo).

78. Jacques Derrida, *Points … Interviews, 1974~1994*, Standford University PRess, 1995, p. 152 (김성진,「문학교육의 학제적 접근 : 애도의 서사 윤리와 문학치료」,『문학교육학』, 37호, 2012, 73쪽 재인용).

79. 세월호 유가족 유경근 강연회, 앞의 영상.

80. 신지영,「항시적 재해와 잠재적 코뮌-일본의 대재해와 코뮌적 계기를 중심으로」,『문화과학』2012년 겨울 호 (통권72호), 2012, 42~79쪽 참고.

81. 田中志穂,「被災外国人女性のための雇用創出」,『女たちの21世紀』No.69 (特集:尊厳ある生活再建へ向けて―東日本大震災から1年 動く女性たち), 2012年 3月.

82. 신지영,「'3·11' 이후, 일본 비정규직 노동자와 비정규 노동운동 ― 불안에서 대중-지성으로, 불안정에서 텐트-코뮌으로」,『만국의 프레카리아트여, 공모하라!』, 그린비, 2012.

83. 關根修一郎,「災難便乘解雇,派遣切りの現狀と課題」,『勞働法律旬報 ― 大震災にともなう勞働問題』1744号, 2011年5月下旬号, 旬報社, 25頁.

84. 신지영,「사라지지 않는 무한대-우리'들' ― 6·11 야숙자 추방에 항의하며」,『수유+너머 위클리』, 2012.7. (이 책의 3장 6번째 글 참조)

85. 신지영,「점거텐트, 그 마을들의 노래」,『수유+너머 위클리』, 2011.12. (이 책의 2장 9번째 글 참조)

86.「반기지 반원전, 미래의 상상력」,『지하대학』, 2011.12.17.

87. 〈"Negro Spring"…〉, 같은 영상.

88.「'구명조끼 먼저 입고 나가라' 외친 선생님이 … 안 보여요」,『한겨레 뉴스』, 2014.4.17. (http://www.hani.co.kr/arti/society/area/633361.html).

89.「(박점규의 노동여지도) ― 세월호를 빼닮은 노동재난 구역 안산」,『주간경향』1093호, 2014.9.23. (http://weekly.khan.co.kr/khnm.html?mode=view&code=115&artid=20140 9161345461&pt=nv).

90.「그녀들은 운다 ― '불안해하는' 여성들의 '불안하게 하는' 점거」,『수유+너머 위클리』, 2011.11. (이 책의 2장 8번째 글 참조)

91. 〈이런 엄마들도 있습니다.〉, 2014.10.16. (http://www.youtube.com/watch?v= OAunfUPUz68).

92. "Stop the Violence from Ferguson to Gaza : 90-Year-Old Holocaust Survivor Arrested in St. Louis", *Democracy Now!*, Wednesday, August 20, 2014. (http://www.

democracynow.org/2014/8/20/stop_the_violence_from_ferguson_to)

93. 〈세월호 척척박사 84세 할머니〉, 2014.10.12. (http://www.youtube.com/watch?v=M0ZN1mYFZa8).

94. 〈잊지 않을게! 끝까지 밝혀줄게!" 세월호 추모대회 참가자 선언〉, 『세월호 참사 200일 추모대회 — 청계 광장』, 2014.11.1. (http://www.youtube.com/watch?v=MIebjKbowIQ).

에필로그 : 끝나며 시작하는 글

1. 「沖縄の作家•目取真俊さんが語る「抵抗の海」(오키나와 작가 메도루마 슌 씨가 말하는 '저항의 바다), 『東京新聞』, 2015年 8月 9日, 25面.

2. 『東京新聞』, 2015年 8月 11日.

3. 「基地あるから事故起きる― 翁長知事「県外」重ねて訴え」, 『東京新聞』, 2015年 8月 13日, 1面.

4. 「「反対多数」世論の中 川内原発再稼働」, 『東京新聞』, 2015年 8月 12日, 1面.

5. 같은 기사.

6. 「安保国会 論点進行表」, 『東京新聞』, 2015年 8月 9日, 2面의 정리에 따른다.

7. 쓰나가와 사건은 1957년 미군이 다치카와(立川) 기지를 확장하려 하자 이에 반대하는 학생들이 기지 내부로 진입하여 점거했고, 〈미일안보조약〉을 어긴 것이 되어 체포 기소된 사건이다.

8. 「安保法案 憲法 学者9割「違憲」本紙調査に204人回答」, 『東京新聞』, 2015年 7月 9日, 1面.

9. 鷲野史彦, 「'입헌주의의 위기' 강한 우려 — 정부의 해석 변경」, 『東京新聞』, 2015年 7月 9日, 1面.

10. 「前 수상 5인, 안보 법안 반대」, 『東京新聞』, 2015年 8月 12日, 1面 및 2面.

11. 「「まじ おかしい」が原動力 SEALDs」, 『東京新聞』, 2015年 7月 12日, 30面.

12. 「安保法案反対 地方へママへ」, 『東京新聞』, 2015年 7月 12日, 1面.

13. 「「まじ おかしい」が原動力 SEALDs」, 『東京新聞』, 2015年 7月 12日, 30面.

14. 고병권, 『민주주의란 무엇인가』, 그린비, 2011.

15. 「전후 70년과 일본 사회 — 역사와 미래의 교점」(戦後70年と日本社会 — 歴史と未来の交点), 『神奈川大学評論』 81号, 2015年, 21~22頁. 좌담회 참여자는 시인인 아사 비나도(アーサー•ビナード), 요네타니 마사후미(米谷匡史), 아베 호키(阿部浩己)이며, 인용은 대담 중 요네타니 마사후미의 발언이다. (대담의 특성상 발화자와 제목을 번역하는 게 필요하다고 판단하여 한국어를 병기한다. — 인용자)

16. 岡本恵徳, 「日本を相対化すること」, 『世界』, 1972年8月号.

17. 新城郁夫, 「日本占領再編ツールとしての沖縄返還」, 『現代思想』 vol.43-12, 2015年 8月, 96~97面.

18. SEALDs의 홈페이지 : http://www.sealds.com/

19. 北村紗衣의 블로그 「国会前抗議に行ってきた」. http://d.hatena.ne.jp/saebou/20150725/p1

20. 릭 로울리(Rick Rowley) 감독이 만든 〈이것이 바로 민주주의!〉(This is What Democracy Looks Like, 2000)라는 영화도 있다. 이 영화는 1999년 시애틀의 반세계화 투쟁을 기록한 것이며, 감독 자신을 포함해 백여 명의 활동가들이 찍은 영상을 모아 편집한 다큐멘터리이다. 이 다큐멘터리는 약 50개국에 '지하배급'되었고, 한국어를 포함해 6개국 이상의 언어로 번역·배포되었다고 한다. (참조: 손봉석, 「"이제 세계가 연대해 싸워야 한다" — 〈인터뷰〉 멕시코 '사빠띠스따'를 세계에 알린 릭 로울리 감독」, 『프레시안』, 2003.3.26.)

21. "Will Prosecutors Charge Officers who Lied to Protect Ray Tensing after he Fatally Shot Sam DuBose?", *Democracy Now!*, 2015, July, 31 (http://www.democracynow. org/2015/7/31/will_prosecutors_charge_officers_who_lied). 이하 인용은 모두 이 인터뷰에서의 인용이다.

22. 에릭 가너는 세금이 붙지 않은 낱개 담배를 판다는 이유로 수색을 받고 비무장 상태로 수색에 임했음에도 다섯 명의 경관에 의해 땅에 눕혀져 진압당했다. 에릭은 심장질환이 있어서 "숨을 쉴 수 없다"고 11번이나 호소했으나 이를 듣지 않은 백인 경관들의 목 누르기(half nelson)에 의해 사망했다. 이 부분에 대해서는 이 책 4장의 여덟 번째 글 「무엇이 '블랙'인가? — 인종주의에 대항한 뉴욕의 블랙 운동, 2014.8.~2015.1.의 기록」을 참조.

23. 「鉄柵で圧迫、キャンドルもダメ」, 『東京新聞』, 2015年 8月 6日.

24. "Gitmo is a "Rights-Free Zone" : Dissident Psychologists Speak Out on APA Role in CIA-Pentagon Torture", *Democracy Now!*, 2015년 8월 7일. (http://www. democracynow.org/2015/8/7/gitmo_is_a_rights_free_zone). 이후 관련된 내용은 모두 이 인터뷰에서의 인용임.

25. 「安保法案反対 地方へママへ」, 『東京新聞』, 2015年 7月 12日, 1面.

26. 「미국 거주 軍위안부 피해자 박유년 할머니 별세(종합)」, 『연합 뉴스』, 2015년 8월 9일. 2015년 12월 5일, 최갑순 할머니께서 돌아가셔서, 현재 46분만이 생존해 계신다.

27. 「'평화헌법 수호·과거 반성' 日사회당 거물들 잇달아 타계」, 『연합뉴스』, 2015년 8월 5일.

28. 金時鐘, 「日本語の石笛」, 『思想の科学』, 1955年 5月号. (인용은 「日本語の石笛」, 『わが生と詩』, 岩波書店, 2004).

29. 森崎和江, 『闘いとエロス』, 1960年, 三一書房, 2頁.